D1717746

Wiltraut Rupp-von Brünneck (1912–1977)

Fabian Michl, Dr. iur., ist Juniorprofessor für Staats- und Verwaltungsrecht mit Schwerpunkt Recht der Politik an der Universität Leipzig.

Fabian Michl

Wiltraut Rupp-von Brünneck (1912–1977)

Juristin, Spitzenbeamtin, Verfassungsrichterin

Campus Verlag
Frankfurt/New York

Gedruckt mit freundlicher Unterstützung der Gerda Henkel Stiftung, Düsseldorf

ISBN 978-3-593-51523-6 Print
ISBN 978-3-593-44997-5 E-Book (PDF)
ISBN 978-3-593-44998-2 E-Book (EPUB)

Das Werk einschließlich aller seiner Teile ist urheberrechtlich geschützt. Jede Verwertung ist ohne
Zustimmung des Verlags unzulässig. Das gilt insbesondere für Vervielfältigungen, Übersetzungen,
Mikroverfilmungen und die Einspeicherung und Verarbeitung in elektronischen Systemen.
Trotz sorgfältiger inhaltlicher Kontrolle übernehmen wir keine Haftung für die Inhalte externer Links.
Für den Inhalt der verlinkten Seiten sind ausschließlich deren Betreiber verantwortlich.
Copyright © 2022 Campus Verlag GmbH, Frankfurt am Main
Umschlaggestaltung: Guido Klütsch, Köln
Umschlagmotiv: Portrait der Bundesverfassungsrichterin Wiltraut Rupp-von Brünneck in Amtsrobe
(1967) © Bundesarchiv, B 145 Bild-F023852-0011 / Fotograf: Engelbert Reineke
Satz: le-tex xerif
Gesetzt aus der Alegreya
Druck und Bindung: Beltz Grafische Betriebe GmbH, Bad Langensalza
Beltz Grafische Betriebe ist ein klimaneutrales Unternehmen (ID 15985-2104-1001).
Printed in Germany

www.campus.de

Inhalt

Prolog	9
Jugend in Preußen (1912–1932)	17
Familie und Tradition	17
Heldentod	20
Schule der Nation	22
Frauendienst am Volk	26
Studium im Umbruch (1932–1936)	31
Berlin 1932/33	31
Königsberg 1933	33
Göttingen 1933/34	36
Heidelberg 1934/35	37
Berlin 1935/36	53
Juristin in der Volksgemeinschaft (1937–1945)	59
»Die Aufgaben der Frau im Recht«	59
Reichsberufswettkampf	64
Volksgenossinnen	73
Referendarin »aus Eigensinn«	80
Triumph an allen Fronten	91
Institut für Arbeitsrecht	96
Freundinnen	107
Wendepunkte	111
Grundbuchreferat	117
»Führergeburtstag«	129
Onkel Richard und Onkel Karl	137

Zwischenzeit (1945–1950) 141

    Kriegsende 141

    Zonenwechsel 142

    Katastrophenjahr 147

    Neubeginn 153

    Altlastenbeseitigung 156

    Wiesbadener Republik 167

    Gleichberechtigung nach Fristablauf 172

    Bonner Republik 177

Rotes Hessen (1950–1963) 183

    Referentin mit Sonderaufgaben 183

    »Trommelfeuer« für die Gleichberechtigung 189

    Regiment der Zinn-Soldaten 195

    Gleichberechtigungsgesetz 199

    Notstandsverfassung 206

    Ministerpräsidentenkonferenz 208

    Preußischer Kulturbesitz 210

    Fernsehstreit 224

    »Mittelpunkt des Geschehens« 237

Im Namen des Menschen (1963–1971) 243

    »Schatten über Karlsruhe« 243

    Kein »Übermensch« 250

    »Brücke zwischen den Senaten« 257

    Spiegel-Urteil 269

    Wurst-Affäre 273

    Unehelichenbeschluss 279

    Adoptionsbeschluss 291

    Heiratsklauseln 294

    Dissenting Opinion 297

    Mephisto-Beschluss 308

    Spanier-Beschluss 314

»Mittelpunkt des Wertsystems« 320

Mehrheit und Minderheit (1971–1977) 327

    »Seeschlange von Loch Ness« 327

    Österreichfälle 331

    Filmeinfuhr-Beschluss 338

    Ostverträge 342

    Grundlagenvertrag 346

    Hochschulurteil 354

    Lebach-Urteil 365

    Araber-Beschluss 372

    »Der Fortschritt ist eine Schnecke« 375

    Soziale Gleichheit 381

    Abtreibungsurteil 388

    Rote Fäden 415

    Hetzblatt-Beschluss 418

    »Kampfgeist« 424

Eine Lebensbilanz 433

    Lebensfragen 433

    Methoden 449

    Wirkungen 455

Dank 461

Anmerkungen 463

Anhang

Lebenslauf 511

Schriften 513

Entscheidungen 517

Sondervoten 521

Abkürzungen 523

Abbildungsverzeichnis 529

Quellen und Literatur 531
    Quellen 531
    Literatur 535

Personenregister 549

Entscheidungsregister 557

Prolog

Im September 1963 trat Wiltraut Rupp-von Brünneck die Nachfolge von Erna Scheffler als einzige Frau unter den sechzehn Richtern des Bundesverfassungsgerichts an. Bis zu ihrem frühen Tod im August 1977 sollte sie die Rechtsprechung des Karlsruher Gerichts prägen wie nur wenige Richter vor oder nach ihr. In Erinnerung geblieben sind vor allem ihre pointierten Sondervoten zu besonders umstrittenen Entscheidungen der siebziger Jahre – zum Mephisto-Beschluss von 1971, zum Hochschulurteil von 1973 und zum Abtreibungsurteil von 1975. »Gerade in solchen Entscheidungen, die in politisch äußerst kontroversen Materien ergangen sind, konnten sich Teile der Bevölkerung in der von ihr veröffentlichten abweichenden Meinung wiederfinden«, sollte der Präsident des Bundesverfassungsgerichts Ernst Benda rückblickend sagen. Er charakterisierte seine streitbare Kollegin in Anspielung auf US-amerikanische Vorbilder als den »Great Dissenter« von Karlsruhe.[1] Wiltraut Rupp-von Brünnecks abweichende Meinungen sind heute Klassiker der verfassungsrechtlichen Prosa. Darüber gerät leicht in Vergessenheit, dass sie vor allem dann maßgebenden Einfluss auf die Rechtsprechung des Bundesverfassungsgerichts nahm, wenn sie eine Mehrheit der Richter für ihren Entscheidungsvorschlag gewinnen konnte, beim Unehelichenbeschluss von 1969 etwa, beim Spanier-Beschluss von 1971 oder beim Lebach-Urteil von 1973.

Dieses Buch erzählt die Lebensgeschichte einer Juristin, von der manche sagen, »sie sei die bedeutendste Richterin in der deutschen Rechtsgeschichte gewesen«.[2] Ihre Verdienste um die Verfassungsordnung des Grundgesetzes, um Gleichberechtigung, Sozialstaatlichkeit und Demokratie haben bereits Anlass zu mehr als einer Würdigung ihres Lebens und Wirkens gegeben. Hierzulande, wo Richterbiographien keine Tradition haben,[3] ist allein das bemerkenswert. Doch gehen die bisherigen Darstellungen über biographische Skizzen kaum hinaus. Sie stützen sich auf veröffentlichte Urteile und Voten, eigene Wahrnehmungen der Verfasser und anekdotische Überlieferungen.[4] 45 Jahre nach dem Tod der Juristin, Spitzenbeamtin und Verfassungsrichterin ist die Zeit reif für eine umfassendere und differenziertere Lebensbeschreibung. Das ist der Anspruch dieses Buches. Dabei versteht sich von selbst, dass eine Biographie nur Annäherung an die Vergangenheit, nicht aber getreues Abbild dessen sein kann, »was eigentlich« im Leben der Protagonistin »gewesen« ist.

Die Präzision der Annäherung hängt entscheidend von Umfang und Qualität der Quellen ab. Für die meisten Lebensabschnitte ist die Quellenlage günstig: Wer vierzig Jahre lang im Staatsdienst tätig war, hinterlässt Spuren in den Akten seiner Dienststellen. In Wiltraut Rupp-von Brünnecks Fall sind das in chronologischer Reihenfolge das Berliner Kammergericht (1937–1941), die Friedrich-Wilhelms-Universität zu Berlin (1941–1943), das Reichsjustizministerium (1943–1945), die Justiz der sowjetisch besetzten Provinz Sachsen (1945/46), das hessische Justizministerium (1946–1952), die hessische Staatskanzlei (1953–1963), schließlich das Bundesverfassungsgericht (1963–1977). Die Personalakten dieser Dienststellen sind in staatlichen Archiven in Berlin, Koblenz, Magdeburg und Wiesbaden fast lückenlos überliefert. Für die Dienstzeiten am Reichsjustizministerium und in den hessischen Ministerien ließen sich dort auch Sachakten ermitteln, die Einblicke in Wiltraut Rupp-von Brünnecks Tätigkeit auf ihren jeweiligen Dienstposten gewähren. Diese umfangreiche archivalische Überlieferung bildet die Grundlage der ersten fünf Kapitel dieses Buches. Sie wird durch Bestände weiterer öffentlicher und privater Archive ergänzt, in denen vor allem Nachlässe von Weggefährten Wiltraut Rupp-von Brünnecks überliefert sind. Die Reste ihres eigenen Nachlasses und des Nachlasses ihres Ehemannes Hans Rupp verwahrt ihr Neffe Alexander von Brünneck.

Etwas dürftiger ist die Quellenlage für Wiltraut Rupp-von Brünnecks letzten, zugleich aber prominentesten Lebensabschnitt, die zwei Amtszeiten als Richterin des Bundesverfassungsgerichts. Zwar ist die Personalakte aus dieser Zeit erhalten, doch lässt sie nur wenige Rückschlüsse auf die richterliche Tätigkeit zu. Die anderen Akten der Verwaltung des Bundesverfassungsgerichts aus den sechziger und siebziger Jahren sind verschollen. Die entscheidungsrelevanten Akten der einzelnen Verfahren unterliegen einer besonderen gesetzlichen Sperrfrist von 60 Jahren. Da Wiltraut Rupp-von Brünneck erst ab Ende der sechziger Jahre eigene Akzente am Gericht setzte und ihre Sondervoten alle aus den siebziger Jahren stammen, wird noch einige Zeit ins Land gehen, ehe sich der »Schleier des Beratungsgeheimnisses« lüften lässt.[5] Dieses Buch kann daher nicht mit Enthüllungen über die gerichtsinternen Kontroversen aufwarten, die Wiltraut Rupp-von Brünneck zur Abfassung ihrer Sondervoten bewegt haben. Auch kann es ihren Einfluss als Berichterstatterin nicht anhand von Voten und Beratungsprotokollen rekonstruieren. Die Darstellung des letzten Lebensabschnitts ist daher weitgehend auf die veröffentlichten Texte der Entscheidungen und Sondervoten verwiesen. Zusammen mit der quellengesättigten Beschreibung ihres Lebens vor dem Richteramt vermitteln diese Texte aber einen Gesamteindruck von der Rolle, die Wiltraut Rupp-von Brünneck am Bundesverfassungsgericht einnahm.

Hans-Peter Schneider, der 1983 Wiltraut Rupp-von Brünnecks gesammelte Schriften und Sondervoten herausgab, würdigte sie als eine »große Richterin«.[6] Diemut Majer, die als wissenschaftliche Mitarbeiterin einige Monate in Wiltraut Rupp-von Brünnecks Dezernat gearbeitet hatte, charakterisierte sie 1993 als »eine der eindrucksvollsten Richterpersönlichkeiten, die im Bundesverfassungsgericht wirkten«.[7] Anne Lenze schloss sich dieser Einschätzung in ihrer 2016 veröffentlichten Analyse der Sondervoten an und betonte, dass es Wiltraut Rupp-von Brünneck »gewiss nicht in die Wiege gelegt« gewesen sei, »eine der eindrucksvollsten Richterinnen zu werden, die je im Bundesverfassungsgericht gewirkt haben«.[8] Die Verfassungsrichterin Wiltraut Rupp-von Brünneck steht im Fokus aller bisherigen biographischen Würdigungen.[9]

Dieses Buch setzt einen etwas anderen Akzent. Es erzählt die Lebensgeschichte einer Juristin, von deren vierzig Jahren im Staatsdienst weniger als die Hälfte auf die richterliche Tätigkeit in Karlsruhe entfielen. Die längste Zeit ihres Lebens war Wiltraut Rupp-von Brünneck Ministerialbeamtin, zuerst zwei Jahre im Reichsjustizministerium, dann sechzehn Jahre in Hessen, wo sie nicht nur juristische, sondern auch politische Erfahrungen sammelte. Als Spitzenbeamtin im sozialdemokratisch regierten »Roten Hessen« entwickelte sie ein Verständnis für die parlamentarische Demokratie, das sie später mehr als einmal in Konflikt mit ihren Karlsruher Richterkollegen bringen sollte, wenn diese darangingen, demokratische Mehrheitsentscheidungen zu korrigieren. Die verfassungspolitischen Überzeugungen, denen Wiltraut Rupp-von Brünneck in ihren Sondervoten Ausdruck verlieh, lassen sich ohne eine Berücksichtigung ihrer Ministerialtätigkeit nicht erklären, zumal ihr Lebensweg bis 1945 keineswegs in eine freiheitlich-demokratische Richtung wies.

Aufgewachsen im deutschnationalen Milieu der Weimarer Jahre, arrangierte sie sich während ihres Studiums in der Zeit des politischen Umbruchs mit dem Nationalsozialismus. Sie wollte als »Rechtswahrerin« in der nationalsozialistischen »Volksgemeinschaft« Karriere machen, positionierte sich mit programmatischen Schriften, engagierte sich in NS-Organisationen und nahm ein Promotionsvorhaben bei dem regimetreuen Rechtswissenschaftler Wolfgang Siebert auf. 1943 trat sie in den Dienst des Reichsjustizministeriums, wo sie tief in die Abgründe der nationalsozialistischen Herrschaft blickte. Jahre später sollte sie in ihren Sondervoten den Nationalsozialismus als »Unrechtsregime« charakterisieren[10] und die NS-Verbrechen klar benennen.[11] Sie ließ keinen Zweifel an ihrer freiheitlich-demokratischen Grundhaltung aufkommen und trat autoritären Tendenzen immer wieder entschieden entgegen. Der unermüdliche Einsatz für Demokratie, Freiheit und die Rechte des Einzelnen, der ihr juristisches Wirken nach 1945 prägte, steht in einem gewissen Widerspruch zu den ersten Jahren ihrer Laufbahn – ein Widerspruch, der sich biographisch nicht vollständig auflösen lässt und gerade dadurch charakteristisch ist für den Lebensweg einer deutschen Juristin im 20. Jahrhundert.

Wiltraut Rupp-von Brünneck stammte aus einer Juristenfamilie, väterlicher- wie mütterlicherseits. Ihr Vater war Geheimer Justizrat und Vortragender Rat im preußischen Justizministerium, ihr Großvater väterlicherseits Professor für Rechtsgeschichte, ihr Großvater mütterlicherseits Präsident des Kammerge- richts und Kronsyndikus. Sie selbst absolvierte Studium und Vorbereitungs- dienst mit Bravour: Ihre beiden Examina (1936/1941) legte sie mit der äußerst selten vergebenen Bestnote »ausgezeichnet« ab (heute: »sehr gut«). Wer die No- tenfixierung des deutschen Juristenstandes kennt, weiß, was das bedeutet: Mit zweimal »ausgezeichnet« liegt einem die Welt der juristischen Berufe zu Füßen. So mag es nur folgerichtig erscheinen, dass der so exzellent Examinierten im Al- ter von 51 Jahren das höchste Justizamt anvertraut wurde, das die Bundesrepublik zu vergeben hat, das Amt einer Richterin des Bundesverfassungsgerichts.

Natürlich ist eine solche Folgerung unzulässig, nicht nur, weil die Richterpos- ten am Bundesverfassungsgericht durch eine politische Wahl vergeben werden, bei der die fachliche Qualifikation nur einer von vielen Faktoren ist, die über Er- folg und Misserfolg eines Kandidaten entscheiden, sondern vor allem, weil sich eine teleologische Deutung der Lebensgeschichte von vornherein verbietet. Es wäre schlechte Historiographie, Wiltraut Rupp-von Brünnecks Karriere vom En- de her zu denken. Ihr Werdegang folgte keinen Naturgesetzen, sondern war das Ergebnis von persönlichen Entscheidungen, glücklichen und unglücklichen Um- ständen, eigenen Ambitionen und fremder Förderung, freundschaftlichen Netz- werken, politischen Allianzen und nicht zuletzt: Zufällen. Keineswegs führte die Laufbahn von Anfang an nach Karlsruhe. An jeder Wegmarke hätte sie anders ab- zweigen können.

Es sind diese Wegmarken, die im Folgenden besonders im Vordergrund ste- hen werden: die Entscheidung für ein Jurastudium am Abend der Weimarer Re- publik, der Eintritt in den Vorbereitungsdienst trotz schlechter Berufsaussichten, die vorzeitig beendete Tätigkeit an der Universität, der Eintritt in den Dienst ei- nes Staates, der sich als Aggressor mit der halben Welt im Krieg befand, der strau- chelnde Neuanfang in einem besetzten Land, der rasche Aufstieg in der hessi- schen Ministerialverwaltung und schließlich der Wechsel nach Karlsruhe, den sie anfangs »oft genug verwünscht« hatte, wie sie selbst bekannte, der ihr aber nicht nur öffentliche Anerkennung, sondern – in Gestalt ihres Richterkollegen Hans Rupp – auch eine unverhoffte »Lebensveränderung und -bereicherung« besche- ren sollte.[12] Die eheliche Verfestigung dieser Lebensveränderung sollte der Dop- pelname nach außen dokumentieren. Wiltraut Rupp-von Brünneck selbst kürzte das Adelsprädikat den traditionellen Usancen entsprechend ab und stellte es ohne Leerzeichen vor den Namen, also: Rupp-v.Brünneck.[13]

Der ungewöhnliche Doppelname verweist auf einen weiteren biographisch relevanten Aspekt: das Geschlecht. Wiltraut Rupp-von Brünneck betrachtete es nie als ein »grundsätzliches Problem«, eine Frau zu sein. Sie machte die Erfahrung, dass man als Frau »von den Kollegen verhältnismäßig schnell und in einer fairen Weise akzeptiert« werde, wenn man eine »entsprechende Leistung aufzuweisen« hatte. Doch sie ließ keinen Zweifel daran, dass eine Frau dafür »immer noch etwas mehr leisten muss als der vergleichbare Mann«.[14] Zu dieser Mehrleistung war sie stets willens und imstande. Das darf aber nicht darüber hinwegtäuschen, dass sich Wiltraut Rupp-von Brünneck stets in männlich dominierten Kontexten beweisen musste. Ob während ihrer juristischen Ausbildung in den dreißiger Jahren, ihrer frühen Berufstätigkeit in den vierziger Jahren oder in der Ministerialverwaltung der fünfziger Jahre, stets gaben Männer den Ton an. In der Regel war sie die einzige Frau, die mitredete. Für sie selbst mochte das über die Jahre zur Selbstverständlichkeit geworden sein. Für die meisten Männer war ihr Anspruch auf gleichberechtigte Mitsprache aber gewöhnungsbedürftig. Noch 1998 sprach der Verfassungsrechtler Peter Häberle davon, dass »große Verfassungsrichter wie Frau *Rupp-von Brünneck, K. Hesse* [und] *H. Simon*« das Bild des Bundesverfassungsgerichts geprägt hätten.[15] Häberle sah sich noch Ende des 20. Jahrhunderts genötigt, bei der einzigen Frau in seiner Aufzählung statt der Initiale die Anrede zu verwenden, um über das Geschlecht keinen Zweifel aufkommen zu lassen. Die anderen sind »selbstverständlich« Männer.

Dass mit dem Geschlecht stereotype Zuschreibungen einhergehen, die eine Karriere behindern oder befördern können, steht außer Frage. Dieses Buch – von einem Mann geschrieben – ist bemüht, sich von solchen Zuschreibungen so weit wie möglich freizumachen, ohne ihre biographische Relevanz zu leugnen. Natürlich war Wiltraut Rupp-von Brünnecks Frausein für sie und ihren Lebensweg von Bedeutung. Natürlich setzte sie sich für die Gleichberechtigung ein – viel stärker als bislang bekannt. Doch bildete ihr Geschlecht keine feste biographische Größe. In den verschiedenen Kontexten, in denen sie lebte und wirkte, konnte es stets etwas anderes bedeuten, eine Frau zu sein, obwohl hartnäckige Geschlechterstereotype die Systembrüche der jüngeren deutschen Geschichte überdauert haben. Die Berücksichtigung des Geschlechts darf umgekehrt nicht zu generalisierenden Deutungen verleiten, die selbst in stereotype Narrative münden und tradierte Rollenmodelle anhand der Ausnahme bestätigen: »Heroines do not help«.[16] So wird sich dieses Buch davor hüten, Wiltraut Rupp-von Brünneck zu einer weiblichen Heldin zu stilisieren. Ihr Geschlecht wird relevant sein, aber nicht den Fokus der Darstellung bilden. Sie war eine Frau, aber noch vieles mehr: Tochter aus altem preußischem Adel, Juristin mit Bestnoten, juristische Pragmatikerin, kluge Taktikerin und gewiefte Verhandlungsführerin. Es ist der Anspruch dieses Buches, seine Protagonistin mit all ihren Facetten abzubilden, die Entwicklung ihrer Persönlichkeit nachzuzeichnen und dabei nicht der Versuchung zu erliegen, sie auf eine Eigenschaft oder »Identität« zu reduzieren. Es geht um die Betonung von Komplexität und Ambivalenz, nicht um die Schaffung eines Rollenmodells.

Ein Juristinnenleben verläuft nicht isoliert von der Außenwelt. Es wird geprägt durch gesellschaftliche, politische und rechtliche Kontexte, ohne die sich eine Karriere in Justiz und Verwaltung nicht denken lässt. Dieses Buch nimmt sich die Zeit, diese Kontexte so ausführlich wie nötig darzustellen. Die dabei angestrebte historische Genauigkeit verlangt den Leserinnen und Lesern an manchen Stellen etwas Geduld ab, doch ist sie unverzichtbar. Es macht, um ein Beispiel herauszugreifen, einen Unterschied, ob man die Karrierechancen einer Juristin im Jahr 1936, 1941 oder 1943 beurteilt. Mit der pauschalen Beschreibung der schlechten Berufsperspektiven von Juristinnen in der NS-Zeit ist es nicht getan. Denn in den zwölf Jahren der nationalsozialistischen Herrschaft veränderten sich diese Perspektiven ständig. Die dafür ursächlichen Rahmenbedingungen müssen erfasst werden, will man verstehen, warum Wiltraut Rupp-von Brünneck trotz mäßiger Aussichten auf dem juristischen Arbeitsmarkt 1937 ihr Referendariat begann und 1941 »aus Eigensinn« das zweite Examen ablegte, warum sie 1943, ohne die Promotion abgeschlossen zu haben, ihre Assistentenstelle an der Berliner Universität aufgab, um in den Dienst des Reichsjustizministeriums einzutreten, wie sie dort ein Jahr später zur Regierungsrätin ernannt werden konnte und damit eine juristische Laufbahn begann, die nach den gängigen Darstellungen über Juristinnen im Nationalsozialismus eigentlich nicht möglich gewesen wäre.

Die historische Kontextualisierung ist jedoch nicht von reinen Sachzwängen getrieben. Mit ihr versucht dieses Buch vielmehr seinem letzten, aber wohl ambitioniertesten Anspruch gerecht zu werden, nämlich über die individuelle Lebensbeschreibung hinaus einen Beitrag zur juristischen Zeitgeschichte zu leisten. Zu den prägenden Kontexten zählen nicht nur gesellschaftliche und politische Ereignisse, die wie Emanationen höherer Gewalt auf Wiltraut Rupp-von Brünnecks Werdegang einzuwirken scheinen. Zu ihnen gehören vielmehr auch Menschen, mit denen die Protagonistin in vielfältigen Beziehungen stand: der kleinere und größere Kreis der Familie, die engsten Kommilitoninnen, mit denen sie lebenslange Freundschaften pflegte, ihre Ausbilder, Vorgesetzten, Kollegen und Förderer, aber auch ihre Kontrahenten und Rivalen. Die meisten von ihnen waren ebenfalls Juristen, denen Wiltraut Rupp-von Brünneck in verschiedenen Lebens- und Karriereabschnitten immer wieder begegnete. Diesen »Beziehungsmenschen« wird im Folgenden einige Aufmerksamkeit zuteil. Denn nur so lassen sich die Netzwerke durchdringen, die Persönlichkeit und Werdegang der Protagonistin beeinflussten. Mit der Berücksichtigung dieser Milieus soll das Buch zugleich das Bild einer Juristengeneration zeichnen, die das rechtliche Fundament der Bundesrepublik Deutschland legte – kein repräsentatives Bild vielleicht, aber ein buntes.

Ob und inwieweit die Ansprüche dieses Buches im Folgenden erfüllt werden, obliegt den Leserinnen und Lesern zu beurteilen. Der Autor kann nur hoffen, dass ihnen nach der Lektüre nicht der Vers aus Shakespeares *Verlorene Liebesmüh* in den Sinn kommt, den Wiltraut Rupp-von Brünneck unter dem Stichwort »Redezeit« in ihr Aphorismen-Büchlein notierte: »Von einem Dutzend Worte sind zwölf zu viel.«[17]

Jugend in Preußen (1912–1932)

Familie und Tradition

»Am 7. August 1912 wurde ich als Tochter des Geheimen Justizrats und Vortragenden Rats im Justizministerium Dr. Werner von Brünneck und seiner Ehefrau Margarete, geborene von Schmidt, in Berlin-Lankwitz geboren. Mein Vater fiel am 9. September 1914 in der Marne-schlacht. Ich begann meine Schulzeit Ostern 1919 in der Wiedermannschen Privatschule in Berlin-Lankwitz und besuchte von Ostern 1921 ab das Lankwitzer Lyzeum. Nach 4 Jahren kam ich in die Auguste-Viktoria-Studienanstalt in Berlin-Steglitz und bestand dort Ostern 1931 die Reifeprüfung. Nach dem Abitur ging ich für ein Jahr in die Landwirtschaftliche Frauenschule Luisenhof bei Bärwalde/Neumark und machte dort das Frauenlehrjahr durch.«

So fasste die 29-jährige Wiltraut von Brünneck im Jahr 1941 ihre Kindheit und Jugend zusammen, über die es natürlich mehr zu berichten gibt, als der hand-schriftliche Lebenslauf in der Personalakte der Friedrich-Wilhelms-Universität zu Berlin in seinem beamtischen Duktus verrät.[1]

Emmy Agathe Carola Margarete Wiltraut von Brünneck wurde in eine ur-adelige Familie hineingeboren, deren Ursprünge sich ins 14. Jahrhundert zu-rückverfolgen lassen.[2] Seit Mitte des 16. Jahrhunderts waren die Brünnecks in Brandenburg ansässig, ab Ende des 17. Jahrhunderts auch in Westpreußen. Sie dienten der preußischen Monarchie. Wilhelm Magnus von Brünneck (1727–1817) brachte es bis zum Generalfeldmarschall im preußischen Heer. Sein Sohn Ma-gnus (1786–1866) war ebenfalls Offizier und machte sich als Politiker einen Namen. König Friedrich Wilhelm IV. verlieh ihm das Amt des Oberburggrafen, eines der vier »hohen Landesämter«. Magnus von Brünnecks Besitz umfasste das Gut Bellschwitz in Westpreußen, wo er ein Schloss im Tudorstil errichten ließ, sowie die Güter Trebnitz, Hermersdorf und Wulkow im brandenburgischen Kreis Lebus. Nach ihm teilte sich die Familie in zwei Linien auf. Die erste beginnt mit Siegfried (1814–1871), Magnus' Sohn aus erster Ehe. Sie war in Bellschwitz ansässig und wurde in den preußischen Grafenstand nach dem Recht der Erst-geburt erhoben.[3] Wilhelm (1839–1917), Magnus' Sohn aus zweiter Ehe, erhielt die Güter Hermersdorf und Wulkow. Er war Wiltrauts Großvater.

Wilhelm von Brünneck ist der erste Jurist in der väterlichen Ahnenreihe. 1862 wurde er in Halle mit einer lateinischen Dissertation über das Jagdeigentum promoviert.[4] Er entschied sich für die akademische Laufbahn und erhielt 1866 ebenfalls in Halle die Lehrbefugnis für die Fächer Deutsches Recht und Deutsche Rechtsgeschichte.[5] Im selben Jahr unterbrachen der Tod seines Vaters und die herausfordernde Nachlassregelung seine Karriere. 1870/71 nahm er am Krieg gegen Frankreich teil, erlitt eine Verwundung und wurde mit dem Eisernen Kreuz ausgezeichnet, das er bis zu seinem Lebensende mit Stolz trug. 1882 wurde Wilhelm von Brünneck außerordentlicher, 1885 ordentlicher Professor in Halle, wo er sein wissenschaftliches Hauptwerk verfasste: eine zweibändige *Geschichte des Grundeigentums in Ost- und Westpreußen* (1891/1895). Ein Nachruf in der prestigeträchtigen *Savigny-Zeitschrift* würdigte ihn als einen »Edelmann nicht nur nach seiner Geburt. War er auch nicht einer unserer Größten, so doch einer unserer Besten.«[6] In der Familienüberlieferung blieb der Professor für seine »liebenswerte Weltfremdheit« in Erinnerung.[7]

1868 heiratete Wilhelm von Brünneck Elisabeth »Elly« von Schön. Als eines von zehn Kindern der Eheleute kam 1875 in Königsberg Wiltrauts Vater Werner zur Welt. Über ihre Großmutter stammte Wiltraut von Brünneck von einem der bedeutendsten Diener des modernen Staates Preußen ab: Ellys Großvater war Theodor von Schön, der als Oberpräsident den Provinzen Westpreußen und Preußen vorgestanden hatte und vom König zum Staatsminister ernannt worden war. Als exponierter Repräsentant des Gutsbesitzerliberalismus[8] verfolgte er eine freiheitliche Verwaltungspolitik und setzte sich für die Pflege der litauischen Sprache ein. Anlässlich des Regierungsantritts des konservativen Romantikers Friedrich Wilhelm IV. im Jahr 1840 verfasste der liberale Staatsminister die kritische Denkschrift *Woher und Wohin?*,[9] deren Veröffentlichung ihn zwei Jahre später das Amt kostete. Sein Ausscheiden aus dem aktiven Dienst machte auf die Zeitgenossen einen solchen Eindruck, dass sein Freund Joseph von Eichendorff das Ereignis in dem Gedicht »Der brave Schiffer« verewigte. Doch Theodor von Schöns politische Karriere war noch nicht zu Ende. Nach der Märzrevolution 1848 leitete er als Alterspräsident die Sitzungen der Preußischen Nationalversammlung, die aus den ersten allgemeinen und gleichen Wahlen hervorgegangen war.

Mütterlicherseits nimmt sich Wiltraut von Brünnecks Stammbaum auf den ersten Blick nicht ganz so illuster aus. Bekannte preußische Namen fehlen. Wiltrauts Mutter Margarete war 1879 als Tochter der Eheleute August und Henriette Berta Schmidt, geb. Büttner, in Düsseldorf zur Welt gekommen. Die weit verzweigte Familie Schmidt stammt aus Brücken in der Goldenen Aue im heutigen Sachsen-Anhalt,[10] wo sie seit dem 16. Jahrhundert belegt ist.[11] Wiltraut von Brünnecks Großvater August d. J. gehörte zum Älteren Roßlaer Zweig, den die Familiengenealogen »Juristenzweig« nannten.[12] Bereits Wiltrauts Ururgroßvater Friedrich Schmidt (1773–1853) war Jurist im Dienst der Grafen zu Stolberg-Roßla gewesen. Sein Sohn August d. Ä. (1806–1875) studierte ebenfalls Jura, verlegte sich aber auf die Landwirtschaft. 1853 erwarb er ein Rittergut in Oberröblingen an der Helme.[13] Das Gut ging auf Wiltrauts Großvater August d. J. (1844–1907) über, der es seinen Nachkommen hinterließ. In Wiltrauts Leben sollte Oberröblingen eine wichtige Rolle spielen.

Auch der Großvater selbst dürfte ihr Orientierung gegeben haben, obwohl sie ihn nie kennenlernte. Denn als ihr Vater Werner von Brünneck am 26. April 1906 in Berlin-Charlottenburg Margarete von Schmidt heiratete, ehelichte er nicht die Tochter irgendeines Gutsbesitzers aus der Provinz Sachsen, sondern eines der prominentesten Juristen des Königreichs. August Schmidt d. J. war der Familientradition gefolgt, hatte Jura studiert und war 1873 in den Justizdienst getreten. Seine Laufbahn führte ihn über mehrere Stationen nach Halle an der Saale, wo er 1896 Landgerichtspräsident wurde. Am 18. Januar 1901 wurde er »aus Anlaß der Zweihundertjahr-Feier des Königreichs Preußen« in den erblichen preußischen Adelsstand versetzt.[14] Drei Jahre später wurde seine Karriere mit der Ernennung zum Präsidenten des Berliner Kammergerichts gekrönt. August von Schmidt hatte damit das prestigeträchtigste Richteramt inne, das in Preußen zu vergeben war. Zugleich wurde er zum Kronsyndikus bestellt und zählte damit offiziell zum Kreis der »hervorragendsten Juristen Preußens«.[15] Das sprichwörtliche preußische Pflichtbewusstsein kultivierte er zur Tugend. Noch »auf dem letzten Krankenlager« soll der lungenkranke Kammergerichtspräsident seine Dienstgeschäfte verrichtet haben, ehe er 1907 im Alter von nur 63 Jahren starb.[16] Sein Pflichtethos machte in der Familie Schule. Siebzig Jahre später würde seine Enkelin, inzwischen selbst Richterin des höchsten deutschen Gerichts, ihre letzte Senatsentscheidung auf dem Krankenbett unterzeichnen, ehe auch sie einer schweren Krankheit erlag.

Wiltrauts Vater Werner von Brünneck war ebenfalls Jurist. Nach dem Studium in Halle und Berlin wurde er 1897 mit einer strafrechtlichen Dissertation bei Franz von Liszt promoviert.[17] Er trat in den Dienst des preußischen Justizministeriums. Bereits mit Mitte dreißig wurde er zum Vortragenden Rat befördert und mit dem Ehrentitel »Geheimer Justizrat« ausgezeichnet. Er tat sich vor allem durch die Mitarbeit an dem Entwurf für ein preußisches Fideikommissgesetz hervor,[18] das die Sondervermögen adeliger Familien auf eine neue rechtliche Grundlage stellen sollte. Obwohl der Entwurf die gröbsten Missstände des Fideikommisswesens beseitigen sollte, hielt er an dem umstrittenen Rechtsinstitut fest und machte es sogar bürgerlichen Grundbesitzern zugänglich. Der prominenteste Kritiker des Vorhabens war Max Weber, der in der Ausweitung der Fideikommisse einen Ausdruck des »gewissenslosesten ›Manchestertum[s]‹« erblickte.[19]

Heldentod

Für Wiltraut von Brünneck waren Karrieren wie die ihres Vaters, des aufstrebenden Ministerialbeamten, oder die ihres Großvaters, des nobilitierten Kammergerichtspräsidenten, bei ihrer Geburt nicht vorgesehen. In dem Umfeld, in dem sie aufwuchs, war es unvorstellbar, dass eine Frau solche Ämter und Würden anstreben könnte. Selbst bescheidenere juristische Laufbahnen waren Frauen in Preußen verwehrt. Zwar durften sie seit 1908 Jura studieren, wurden aber nicht zum Examen zugelassen und konnten damit schon die formalen Voraussetzungen für die Rechtsberufe nicht erfüllen. Ihr Studium konnten sie bestenfalls mit einer Promotion abschließen, die ihnen aber keinen Weg in die Wissenschaft eröffnete, wie ihn Wiltrauts Großvater Wilhelm von Brünneck beschritten hatte. Keine deutsche Juristenfakultät hätte eine Frau habilitiert. Selbst in progressiveren Teilen des Reichs wie dem Königreich Bayern, das wenige Tage vor Wiltrauts Geburt als erstes deutsches Land Frauen zur ersten juristischen Staatsprüfung zugelassen hatte, hatten Juristinnen keine Berufsperspektiven. Denn die Examinierten wurden nicht in den Vorbereitungsdienst übernommen und waren damit vom höheren Justiz- oder Verwaltungsdienst ebenso ausgeschlossen wie von der Rechtsanwaltschaft.

In der Familie von Brünneck fiel die Rolle des juristischen Stammhalters Wiltrauts zwei Jahre älterem Bruder Götz zu. Für ihre beiden Töchter Helga (geb. 1908) und Wiltraut stellten sich Werner und Margarete von Brünneck einen Werdegang vor, wie er für Frauen aus Adel und Großbürgertum im Kaiserreich üblich war. Nach dem Besuch eines Lyzeums und einer Frauenschule, an der vor allem hauswirtschaftliche Fähigkeiten vermittelt wurden, sollten Helga und Wiltraut einen Rittergutsbesitzer, Beamten oder Offizier heiraten und sich der Familie widmen. Dass für Wiltraut alles anders kommen, sie lange Jahre überhaupt nicht heiraten und in Amt und Würden sogar ihren Großvater, den Kammergerichtspräsidenten, übertreffen würde, lag jenseits des Vorstellungshorizonts des Jahres 1912. In einer Rede anlässlich ihres 60. Geburtstags bemerkte sie ironisch, es sei damals wahrscheinlicher gewesen, dass sie einen Landwirt geheiratet hätte, sodann in ein »norddeutsche[s] von Hypotheken belastete[s], von Witterungsgefahren und Mansholtplänen bedrohte[s] Rittergut« gezogen wäre, um sich fortan um die Erhaltung »eine[s] pompösen, vermutlich düsteren, womöglich holzwurmverdächtigen Herrenhaus[es]« zu sorgen.[20]

Damit alles anders kommen konnte, musste die Katastrophe des Ersten Weltkrieges über die Welt und die Familie von Brünneck hereinbrechen. Der Krieg veränderte alles. Wiltrauts Vater folgte dem Ruf des Kaisers »zu den Waffen« und tauschte – dem Vorbild seiner Vorfahren folgend – den Gehrock des Beamten gegen den Waffenrock des Offiziers. Als Oberleutnant der Landwehr nahm er am

JUGEND IN PREUßEN (1912–1932) 21

Marsch auf Paris teil, der die deutschen Truppen im Spätsommer 1914 bis an die
Marne führte. Dort gelang es Franzosen und Briten, die Offensive durch einen
überraschenden Gegenangriff zu stoppen und die Deutschen in einen vier Jahre dauernden Stellungskrieg zu zwingen. Die Marneschlacht Anfang September
1914 war der Wendepunkt des Krieges im Westen. Werner von Brünneck kämpfte
im Zentrum des Geschehens. Er fiel an dem Tag, an dem die deutschen Truppen
zum Rückzug gedrängt wurden, am 9. September 1914 zwischen den Dörfern Puisieux und Le Plessis-Placy bei einem Gefecht am Fluss Ourcq.[21]

»Reg[imen]t bittet Frau v. Bruenneck mitzuteilen, daß ihr Mann Oblt. d. L.
v. Bruenneck am 9.9. bei Puisieux den Heldentod an der Spitze seiner Komp. gefunden hat – Res. Inf. Rgt. 66.«[22] Mit dieser Telegrammzeile erhielt Margarete von
Brünneck am 12. September 1914 Nachricht vom Tod ihres Mannes. Wiltraut war
da gerade zwei Jahre alt. Der Verlust ihres Vaters in der Marneschlacht hatte sie zu
einer der zahllosen Halbwaisen gemacht, die sich nach dem Krieg an ihren Vater
nicht mehr erinnern konnten. Anders als viele ihrer Schicksalsgenossen war sie
wirtschaftlich abgesichert. Der »Heldentod« des Vaters bedeutete zudem in den
nationalgesinnten Kreisen, in denen sie aufwuchs, keinen sozialen Makel. Noch
in den vierziger Jahren sollten ihre Vorgesetzten hervorheben, dass ihr Vater an
der Marne gefallen sei.[23] Die Familie traf der »Heldentod« dennoch schwer. Von
Wiltrauts Großvater Wilhelm von Brünneck ist überliefert, dass er aufgrund des
Verlusts seines Sohnes seinen Lebensabend in »Trübsal« und »Schmerz« verleb-
te. Der Professor starb am 10. April 1917 im Alter von 79 Jahren, »ohne eigentlich
krank gewesen zu sein«.[24] In seinem Testament, das er kurz nach Kriegsbeginn
errichtet hatte, setzte Werner von Brünneck seine Frau als Vorerbin vor den drei
gemeinsamen Kindern ein. Sein Vermögen bestand im Wesentlichen aus dem
hälftigen Miteigentum an dem Hausgrundstück in der Lankwitzer Luisenstraße (Nr. 11a), das er zusammen mit seiner Frau erworben hatte. Aus Gründen der
Familientradition vermachte er den Brillantring seines Urgroßvaters, des Gene-
ralfeldmarschalls, den grünen Wappenring des Oberburggrafen, »den Ring mit
der Schlange von Kesselsdorf« und die Familienbilder als Voraus seinem Sohn
Götz. Im Übrigen sollten die drei Kinder zu gleichen Teilen nach ihrer Mutter erben.[25]

Margarete von Brünneck blieb nicht lange Witwe. Am 18. Juli 1918 heiratete
sie im Alter von 39 Jahren den zwanzig Jahre älteren Hans Schede,[26] der aus einer
angesehenen Hallenser Familie stammte.[27] Hans Schede war Offizier und bei der
Eheschließung noch »im Felde«, wie der Standesbeamte vermerkte.[28] Die Hintergründe der Verbindung sind unklar. Sie könnte auf eine Bekanntschaft zwischen den Familien Schede und Schmidt zurückgegangen sein, für die die gemeinsame Herkunft aus der Provinz Sachsen zumindest einen geographischen
Anhaltspunkt bietet. Fest steht, dass die Ehe Versorgungscharakter hatte. In der

Familienüberlieferung gilt Hans Schede als »Protektor« der Witwe und ihrer drei Kinder.[29] Nach dem Waffenstillstand zog er in das Brünneck'sche Wohnhaus in Lankwitz.[30] Da ihm mit der Pensionierung 1918 der Charakterdienstgrad eines Generalmajors verliehen worden war, zeichnete fortan seine Ehefrau mit »Frau General Margarete Schede, geb. v. Schmidt, verw. v. Brünneck«.[31] Ob Hans Schede seinen Stiefkindern ein Vaterersatz sein konnte, ist ungewiss. Sein Testament legt nahe, dass er mit seinem Stiefsohn mehr anzufangen wusste als mit den beiden Stieftöchtern: Götz sollte den »Ehrendegen« und die »in Kalisch erbeuteten Pistolen« erhalten. Helga und Wiltraut erwähnte der General nicht.[32]

Schule der Nation

Von den Unruhen, die Berlin um die Jahreswende 1918/19 in Atem hielten, war im großbürgerlichen Lankwitz nicht viel zu spüren. Die sechsjährige Wiltraut von Brünneck erlebte den revolutionären Übergang von der Monarchie zur Republik als äußerlich friedlichen Vorgang, der aber vieles von dem hinwegfegte, für das ihre Familie seit Generationen gestanden hatte, allem voran die preußische Monarchie. Nach den Osterfeiertagen des Jahres 1919 begann ihre Schulzeit trotz der angespannten politischen Lage in relativer Ruhe. Wiltraut besuchte zunächst die Wiedermannsche Privatschule in Lankwitz, ab Ostern 1921 das Lankwitzer Lyzeum, das nur wenige Jahre zuvor von einer neunstufigen Höheren Töchterschule zu einer zehnstufigen Mädchenrealschule ausgebaut worden war.[33] Auch ihre Schwester Helga ging ans Lyzeum und wusste noch viele Jahre später von den »Nöten« zu berichten, die Wiltraut in den Handarbeitsstunden ausstand. Es war ihr nie gelungen, »einen Schlafanzug mit zwei gleich großen Beinen zu produzieren«.[34]

Die traditionellen Beschäftigungen höherer Töchter waren Wiltraut von Brünnecks Sache nicht. Nach Ostern 1925 wechselte sie im Alter von zwölf Jahren an die städtische Auguste-Viktoria-Schule im Berliner Bezirk Steglitz, zu dem Lankwitz seit der Gründung Groß-Berlins im Oktober 1920 gehörte.[35] Die Auguste-Viktoria-Schule, die in einem im Reformstil errichteten Gebäude in der Rothenburgstraße untergebracht war,[36] vereinte Lyzeum und gymnasiale Oberstufe (»Studienanstalt«) unter einem Dach und eröffnete so den Töchtern der großbürgerlichen Steglitzer Familien den Zugang zur hochschulqualifizierenden Reifeprüfung. Die überlieferten Jahresberichte des Schulleiters vermitteln einen guten Einblick in das Schulleben. So gab es neben einer Schülermitverwaltung verschiedene freiwillige Arbeitsgemeinschaften, einen Ruderverein und sogar eine Skigruppe.

JUGEND IN PREUßEN (1912–1932)   23

Abb. 1: Die Geschwister Helga, Wiltraut und Götz v. Brünneck um 1918
Quelle: Privatbesitz H. Theis

24   JUGEND IN PREUßEN (1912–1932)

Besonders aktiv war an der Schule der *Verein für das Deutschtum im Ausland* (VDA), der bereits im März 1919 an die Schulbehörden mit dem Wunsch herangetreten war, »den Belehrungen über Wert und Wesen des Grenz- und Auslandsdeutschtums auch im Unterricht einen würdigen Platz zu schaffen«. Nach der Unterzeichnung des Versailler Vertrags am 11. Juni 1919 verfolgte der VDA ein revisionistisches Programm mit völkischer Ausrichtung: »Deutschtum« war für ihn keine durch Staatsangehörigkeit vermittelte Eigenschaft, »Deutschland« nicht das Deutsche Reich in den Grenzen von 1919, sondern eine durch die »geistige Kulturgemeinschaft aller Volksgenossen diesseits und jenseits staatlicher Grenzen« vermittelte »Volksgemeinschaft«. Politisch stand der Verein der DNVP nahe, sprach aber mit seiner politischen Agenda und seinen kindgerechten Aktivitäten ein breites Publikum weit über die deutschnationale Wählerschaft hinaus an. Ende 1921 gestattete der preußische Kultusminister dem VDA, an den Schulen aktiv Mitglieder zu werben. Besondere Erfolge verbuchte der Verein »in den bürgerlichen und großbürgerlichen Einzugsbereichen der Villen- und Gründerzeitviertel von Wilmersdorf, Lichterfelde, Lankwitz und Steglitz«, mithin in den Stadtbezirken, in denen »sich der volksgemeinschaftliche Gedanke in einem Gewebe verschiedener ›nationaler‹ Verbände besonders regte«.[37]

Auch am Lankwitzer Lyzeum und an der Steglitzer Auguste-Viktoria-Schule gab es Anfang der zwanziger Jahre mitgliederstarke VDA-Gruppen. Wiltraut von Brünneck wurde 1921 zum VDA angemeldet.[38] An der Auguste-Viktoria-Schule erlebte sie eine besonders aktive Vereinstätigkeit, die der nationalgesinnte Schulleiter mit großem Wohlwollen dokumentierte. Für Wiltraut von Brünneck war das Vereinsleben prägend. Noch bei ihrem 60. Geburtstag im Jahr 1972 sollte sie sich an die »Aktivitäten im VDA auf den Spuren der älteren Geschwister« erinnern.[39] Das Reifezeugnis aus dem Jahr 1931 bescheinigt ihr »sehr wertvolle Führereigenschaften«. Es liegt nahe, dass sie diese in den Jahren zuvor im VDA unter Beweis gestellt hatte. Denn der Verein war die einzige Institution an der Schule, in der den Schülerinnen bei der Organisation von Werbeveranstaltungen, der Verteilung von Zeitschriften, der Sammlung von Spenden und dem Beitreiben von Mitgliedsbeiträgen Führungsqualitäten abverlangt wurden. Unabhängig davon, wie sehr sich die junge Wiltraut in das Vereinsleben im Einzelnen eingebracht haben mag, machte sie der VDA früh mit Konzepten wie »Deutschtum«, »Volksgemeinschaft« und »Volksgenossen« vertraut. Es waren die Schlüsselbegriffe der völkisch-nationalen Bildungsarbeit des Vereins, der seinen Mitgliedern schon in den zwanziger Jahren Hans Grimms Buch *Volk ohne Raum* als »Roman der Jugend« zur Lektüre empfahl.[40]

Auch jenseits der VDA-Aktivitäten standen nationale Themen und Feierlichkeiten an der Auguste-Viktoria-Schule hoch im Kurs. 1930 feierte man die »Rheinlandbefreiung«, 1931 wurde der »60jährigen Wiederkehr des Tages der

Reichsgründung« gedacht. Im selben Jahr fand im Anschluss an den Volkstrau-
ertag eine »Flexfeier« statt, bei der die Schülerinnen an den völkischen Dichter
Walter Flex erinnerten, der 1917 an der Front den »Heldentod« gefunden hatte.[41]
Besonders eindrucksvoll ist der Bericht des Schulleiters über die »unvergessli-
che[n] Huldigungsfeier der deutschen Jugend«, die im Herbst 1927 anlässlich des
80. Geburtstags des Reichspräsidenten Paul von Hindenburg im Grunewalder
Stadion veranstaltet wurde – die Schule war mit einer Delegation vertreten.
Ein »Riesenchor« von fast 8.000 Schülerinnen und Schülern rühmte das greise
Staatsoberhaupt, den »Helden von Tannenberg«, »durch das Deutsche Lied«.
Die Veranstaltung mit 48.000 Teilnehmern nahm vieles von dem vorweg, was in
den dreißiger Jahren die nationalsozialistische Propaganda so effektvoll in Szene
setzen würde. Der Schulleiter konnte seine eigene nationale Verzückung bei der
Abfassung des Berichts kaum verbergen:

»Tiefen Eindruck hinterliessen die Lieder, die aus den jungen Herzen und frischen Kehlen dieser ausgewählten Sänger strömten, unvergesslich die zarte Frage des Massenchores: ›Hast du
nicht dieses verspüret?‹ oder die erschütternde Mahnung: ›Heldenblut ist dir geflossen, mein
Vaterland! Dir sank der Jugend schönste Zier:‹ Noch klingt in uns der Jubel der Kinder nach, als
Hindenburg langsam im Kraftwagen über die Aschebahn des gewaltigen Stadions fuhr, noch
seine schlichte, ergreifende Ansprache. Zum Glück wurde diese Feierstunde bei schönstem Wetter durch keinen Unfall, keine Störung getrübt.«[42]

Allem Nationalismus und Revanchismus zum Trotz war die Auguste-Viktoria-
Schule ein moderner Lernort, an dem Töchter des gehobenen Bürgertums in
der vollen Fächerbreite auf Studium und Berufsleben vorbereitet wurden. Am
10. März 1931 legte Wiltraut von Brünneck die Reifeprüfung mit Auszeichnung
ab. Die Bestnote »sehr gut« auf der vierstufigen Notenskala erreichte sie in den
Fächern Deutsch, Latein, Französisch, Erdkunde und Mathematik. Mit »gut«
wurden ihre Leistungen in Religion, Englisch, Geschichte, Physik, Chemie, Bio-
logie, Leibesübungen und Spanisch bewertet. Lediglich auf die Note »genügend«
kam sie im Zeichen- und Kunstunterricht und im Fach Musik. Die kreativen
Disziplinen waren nicht ihre Stärke. Der Prüfungsausschuss notierte auf dem
Zeugnis, dass »das Fräulein von Brünneck« Jura studieren wolle.[43] Schon mit
18 Jahren hatte sie also den Entschluss gefasst, ihrem Vater und den beiden
Großvätern beruflich nachzueifern. Außer ihr bekundete nur eine der insgesamt
29 Abiturientinnen Interesse an einem Jurastudium. Die anderen strebten ein
geistes- oder naturwissenschaftliches Studium oder eine Berufsausbildung an.[44]
   Das Spektrum der Berufe, die gut ausgebildete junge Frauen der oberen
Schichten für sich in Betracht zogen, war in den Weimarer Jahren größer geworden. Auch der Studienwunsch »Jura« war im Jahr 1931 nicht mehr so aussichtslos
wie noch zu Kaisers Zeiten. Die Republik, von der die meisten der im deutschnationalen »Geist« erzogenen Abiturientinnen der Auguste-Viktoria-Schule keine

hohe Meinung gehabt haben dürften, hatte den Frauen nicht nur das Wahlrecht gebracht, sondern auch den Zugang zu Berufen eröffnet, die im Hohenzollernstaat reine Männersache gewesen waren – auch zu den Rechtsberufen.[45] Anfang der dreißiger Jahre war zwar nur eine geringe Zahl von Frauen mit richterlichen Dienstgeschäften betraut. Eine Statistik aus dem Mai 1930 zählt 74 Frauen, davon vier Amts- oder Landgerichtsrätinnen, vier ständige Hilfsarbeiterinnen und 66 Gerichtsassessorinnen.[46] Doch diese Wenigen zeigten den nachfolgenden Jahrgängen, dass – trotz aller Ressentiments – eine Frauenkarriere in der Justiz möglich war. Studentinnen waren in der Spätphase der Weimarer Republik eine kleine Minderheit an den juristischen Fakultäten. Im Wintersemester 1931/32, für das sich Wiltraut von Brünneck immatrikulieren hätte können, kamen sie auf einen Anteil von 6,13 Prozent an der Gesamtzahl der Rechtsstudenten. Doch war ihre Zahl im Vergleich zu Wiltraut von Brünnecks Geburtsjahr 1912, in dem der weibliche Anteil nur 0,36 Prozent betragen hatte, merklich gestiegen.[47] Obwohl sie noch immer hohe gesellschaftliche Hürden überwinden mussten, waren die Berufsaussichten von Juristinnen am Ende der Weimarer Republik besser denn je zuvor.

Frauendienst am Volk

Wiltraut von Brünneck setzte ihren Studienwunsch nach ihrer Reifeprüfung nicht sogleich in die Tat um, sondern ging nach dem Osterfest 1931 für ein Jahr an die Landwirtschaftliche Frauenschule Luisenhof bei Bärwalde im Kreis Königsberg in der Neumark. Den Besuch der Landfrauenschule wird man als Konzession an die Erwartungen ihres familiären Umfelds verstehen können.[48] Zum engeren Familienkreis zählten im Frühjahr 1931 ihre Mutter und ihre beiden Geschwister. Der Stiefvater Hans Schede war am 15. Januar 1931 im Alter von 73 Jahren gestorben. Nach seinem Tod erwarb die zweifache Witwe Margarete Schede ein Haus im Lankwitzer Villenbezirk »Rosenthalsches Viertel« nordwestlich des Bahnhofs.[49] Wiltrauts Schwester Helga hatte 1929 im Alter von 21 Jahren den promovierten Ökonomen Werner Genzmer geheiratet, mit dem sie ein Haus in Zehlendorf bewohnte.[50] Der Bruder Götz war nur noch selten in Berlin. Er studierte seit dem Frühjahr 1928 Jura in Heidelberg, wo er der Studentenverbindung *Saxo-Borussia* angehörte, die vor allem Adelssöhne zu ihren Mitgliedern zählte.[51]

Das Brünneck'sche Gut in Wulkow bewirtschaftete Karl von Brünneck, der älteste Bruder des Vaters. Er hatte ihren Eltern »sehr nahe« gestanden, sollte Wiltraut von Brünneck später sagen,[52] und dürfte auch für sie eine wichtige Bezugsperson gewesen sein. Die Osterferien verbrachte sie gewöhnlich bei Onkel Egbert

JUGEND IN PREUßEN (1912–1932)   27

und Tante Stefanie in Niederschlesien. Egbert von Brünneck verwaltete dort für die französischen Herzöge von Talleyrand-Périgord das Schloss Sagan. Dort lebte bis zu ihrem Tod im Jahr 1938 auch Wiltrauts Urgroßmutter Elly. Besonders eng war Wiltrauts Beziehung zu Tante Stefanie, mit der sie bis zu ihrem Tod verbunden bleiben sollte. Zu den Brünnecks in Wulkow und Sagan kamen weitere Onkel und Tanten in Berlin, Göttingen und Hannover hinzu.

Mütterlicherseits war Wiltraut von Brünnecks familiäres Umfeld Anfang der dreißiger Jahre überschaubar: Der kinderlose Onkel Gerhard von Schmidt (1874–1942), ein promovierter Jurist und königlich preußischer Regierungsrat a. D., lebte auf dem Rittergut in Oberröblingen, wo er Pferde züchtete. Später zog er nach Berlin.[53] Er hatte 1927 seinen Erbanteil an einen Dritten verkaufen wollen. Seine Schwestern übten ihr Vorkaufsrecht aus und waren fortan allein für das wirtschaftlich gebeutelte Rittergut verantwortlich.[54] Wiltrauts unverheiratete Tante Mathilde von Schmidt (1883–1960), genannt »Tilla«, lebte teils in Göttingen, teils auf dem Rittergut. In der Oberröblinger Dorfgemeinschaft spielten die »Schmidt-Erbinnen« eine wichtige Rolle. Als Inhaberinnen des Kirchenpatronats hatten sie ein Mitspracherecht bei der Besetzung der Pfarr- und der Lehrerstelle.[55] Sie beschäftigten Dienstmädchen, Knechte und Landarbeiter, verpachteten Felder und waren an der Oberröblinger Zuckerfabrik beteiligt, an die die örtlichen Landwirte ihre Rübenernte verkaufen konnten.

Die politische Einstellung der Familie Brünneck war – bei allen Vorbehalten, die gegenüber einer solchen Pauschalisierung angebracht sind – deutschnational. Die Republik lehnten die Brünnecks ab. Wiltrauts Bruder Götz und ihr etwas älterer Vetter Wilhelm waren 1929 dem paramilitärischen *Stahlhelm* beigetreten,[56] der republik- und demokratiefeindlich agitierte. Ihr Onkel Karl war ebenfalls Mitglied im *Stahlhelm*. Er gehörte außerdem der *Christlich-deutschen Bewegung* an, deren Agenda die »Bejahung der völkischen Eigenart der Deutschen, die Absage an die Republik, de[n] Kampf gegen Liberalismus und Marxismus und de[n] Einsatz für die ›rechtmäßige‹ Staatsform der Monarchie« umfasste.[57] Es handelte sich um eine elitäre Organisation, die vor allem bei ostelbischen Rittergutsbesitzern Zuspruch fand, unter ihnen auch Wiltrauts Großonkel Manfred Graf von Brünneck-Bellschwitz. Auf der Mitgliederliste steht auch die Direktorin der Landwirtschaftlichen Frauenschule Luisenhof, die nur vierzig Kilometer von den Brünneck'schen Gütern im Kreis Lebus entfernt lag. Es liegt nahe, zumal in der Mitgliederliste noch eine weitere Bewohnerin des Luisenhofs verzeichnet ist, dass Karl von Brünneck aus diesen Kreisen Anregungen für die Auswahl einer standesgemäßen Bildungsstätte für seine Nichte erhalten hatte.[58]

Die Landfrauenschule Luisenhof, deren Name an die Preußenkönigin erinnerte, wurde von der *Evangelischen Frauenhilfe* unter der Schirmherrschaft von Kaiserin Auguste Viktoria errichtet und nahm 1914 den Lehrbetrieb auf.[59] Sie war dem *Reifensteiner Verband* angeschlossen, der sich dem Bildungskonzept Ida von Kortzfleischs verschrieben hatte, das die Arbeit von Frauen »auf weiblichen Tätigkeitsfeldern in Beziehung zur Nation setzen sollte«.[60] Kortzfleischs Programm überschritt die »herkömmliche Grenze und Beschränkung auf Häuslichkeit und Mutterschaft«. Der Dienst der Frauen an der Gesamtheit sollte der Nation eine »weibliche Note« geben und dem Weiblichkeitsbild eine »nationale Dimension«.[61] Kortzfleisch wollte aus den jungen adeligen und großbürgerlichen Frauen einen »tüchtigen Offiziers- und Unteroffiziersstand« ausbilden, der nach dem Vorbild der männlichen Funktionselite des Kaiserreichs dem Dienst an der deutschen Nation verpflichtet sein sollte.[62]

Nach 1918 mussten sich die Reifensteiner Schulen mit den neuen politischen Verhältnissen arrangieren, hielten aber an ihrer Treue zur Monarchie und ihrer dezidiert nationalen Ausrichtung fest. In diesem Spannungsverhältnis zwischen persönlicher Treubindung zum abgedankten Monarchen und der Verpflichtung zum Dienst am Staate – der nunmehr Republik war! – wurde an den Landfrauenschulen in der Weimarer Zeit ein »banal nationalism« wirkmächtig, den Ortrud Wörner-Heil wie folgt beschreibt:

»Der Dienst an der Nation konkretisierte sich in drei Dimensionen: die Schulen des Reifensteiner Verbandes entwickelten ein nationales Leitbild, übernahmen eine nationalpädagogische Aufgabe, und als Bildungsstätte boten sie selbst einen nationalen Erfahrungsraum. Ein Leitbild für die Zusammenarbeit von Adel und Bürgertum war die gut qualifizierte Hausfrau im Dienste der Nation. Die Reifensteiner Ausbildung war daran beteiligt, dass Vorstellungen einer wissenschaftlich informierten und kulturell gestalteten Haushaltsführung weit in die Diskurse über nationale Identität vordrangen. Schule und Haushalt wurden Orte, an dem sich für Frauen ein Nationalgefühl entwickelte und festmachte. In wenig spektakulären und dennoch wirkmächtigen Formen wurden hier – im Alltag – die Nation ebenso wie nationale Attitüden und Einstellungen evoziert, sozialisiert und reproduziert.«[63]

Wiltraut von Brünneck beeindruckte das »Banale« dieses Nationalismus wenig. Es war nach wie vor ihr Ziel, Jura zu studieren und ihren Beitrag zur Nation durch den Dienst in Justiz und Verwaltung zu leisten, nicht durch Land- und Hausfrauenarbeit. Wie wenig Freude ihr die Ausbildung in Spinnerei und Weberei, in der Säuglingspflege, der Milch- und Molkereiwirtschaft und der Lehrküche bereitet hat, klingt noch in der Wortwahl des zehn Jahre später verfassten Lebenslaufs an, in dem sie angab, das Frauenlehrjahr »durchgemacht« zu haben. Dem nationalen Erfahrungsraum, den die Schule ihr und den anderen »Maiden« – wie die Reifensteiner Schülerinnen altertümelnd genannt wurden – bot, wird sie sich dennoch nicht verschlossen haben. Die Ideologeme der deutschen »Volksgemeinschaft« und des »Volks ohne Raum«, die ihr aus der VDA-Arbeit bereits vertraut waren, hatten auch auf dem Luisenhof, in unmittelbarer Nachbarschaft zur »unerlösten Ostmark« gelegen, Konjunktur.

Ohne dass die Zeitgenossen dies wussten, hatte die Reichstagswahl vom 14. September 1930 die Endphase der noch jungen Republik von Weimar eingeläutet. Die NSDAP ging aus der Wahl mit 18,3 Prozent der Stimmen als zweitstärkste politische Kraft hervor. Wahlverlierer war neben der SPD vor allem die DNVP. Die Brünnecks nahmen die Machtverschiebung innerhalb der politischen Rechten unterschiedlich auf. Wiltrauts Bruder Götz bestärkte sie in seinem Engagement für die deutschnationale Sache. Er trat im April 1931 in die DNVP ein, die seit Abspaltung des moderaten Flügels im Jahr zuvor nunmehr einen ungezügelt republikfeindlichen und antidemokratischen Kurs einschlug. Trotz der Annäherung zwischen DNVP und NSDAP in der »Harzburger Front« vom Oktober 1931 hielt er Abstand zum Nationalsozialismus. Noch Anfang 1933 trat er in Heidelberg als Wahlkampfredner des *Nationalen Blocks* auf, der bei den Hochschulwahlen in Konkurrenz zum *Nationalsozialistischen Deutschen Studentenbund* (NSDStB) um die Gunst der nationalgesinnten Studenten buhlte.[64] Ähnlich distanziert dürften die Wulkower Brünnecks der NS-Bewegung in der »Kampfzeit« gegenübergestanden haben. Vom Nationalsozialismus trennte sie weniger die völkische Ideologie als der proletarische Habitus, den vor allem der Flügel um Gregor Strasser demonstrativ zur Schau stellte.

Für Adelige war die sozialrevolutionäre Seite des Nationalsozialismus wenig attraktiv, stellte sie doch die besondere gesellschaftliche Stellung infrage, die sich die Nobilität trotz ihrer verfassungskräftigen Aufhebung durch Landbesitz und politische Netzwerke in der Republik erhalten hatte. Ein Mitglied der Familie Brünneck aber ließ sich von der proletarischen Attitüde nicht abschrecken: Wiltrauts Onkel Harald von Brünneck (1880–1958), der aus der Bellschwitzer Linie stammte und das unweit von Wulkow gelegene Gut Trebnitz bewirtschaftete. Mit dem Pamphlet *Werde politisch oder stirb!*, das Anfang 1928 auf Veranlassung Heinrich Himmlers und Gregor Strassers anonym im *Kampfverlag* gedruckt wurde, wies er sich als überzeugter Nationalsozialist aus.[65] 1929 trat er der NSDAP bei. Unter seinen adeligen Standesgenossen wurde Harald von Brünneck dadurch zum Paria. In der Forschung zum Verhältnis von Adel und NS-Bewegung gilt er als einer der ersten Landadeligen, die sich offen zum Nationalsozialismus bekannten.[66] Am Abend der Weimarer Republik war er damit in seiner Familie noch ein Außenseiter.

JUGEND IN PREUẞEN (1912–1932)

Abb. 2: Die Familie Brünneck 1938

Das Foto wurde bei der Feier des 90. Geburtstags von Wiltrauts Urgroßmutter Elisabeth v. Brünneck, geb. v. Schön, (sitzend Mitte) am 3. Juni 1938 in Wulkow bei Trebnitz aufgenommen. In der Mitte stehend hinter der Jubilarin Wiltrauts Onkel Gerhard, Karl und Egbert v. Brünneck (v. l.). Mittlere Reihe sitzend, 2. v. r. die Mutter Margarete Schede, verw. v. Brünneck, geb. v. Schmidt; dahinter stehend die Geschwister Helga Genzmer, geb. v. Brünneck, (5. v. r.), Götz (6. v. r., teilweise verdeckt) und Wiltraut v. Brünneck (7. v. r.). Ganz rechts stehend ihr Vetter Wilhelm v. Brünneck.

Quelle: Privatbesitz A. v. Brünneck

Studium im Umbruch (1932–1936)

Berlin 1932/33

Am 15. April 1932 begannen an der Friedrich-Wilhelms-Universität zu Berlin die Vorlesungen des Sommersemesters. Für Wiltraut von Brünneck war es das erste Semester ihres Jurastudiums, das sie nach sieben weiteren Semestern und vier Hochschulwechseln im August 1936 mit der ersten Staatsprüfung abschließen sollte. So unstet wie ihre Studienzeit waren die politischen Verhältnisse, in denen sich die junge Frau die Juristerei aneignete. Sie begann ihr Studium in der Hauptstadt einer taumelnden Demokratie und beendete es in der Hauptstadt einer gefestigten Diktatur. Der politische Umbruch von 1933, den die nationalsozialistische Propaganda zur »Machtergreifung« stilisierte, würde seine Spuren hinterlassen, im Kleinen wie im Großen, im Werdegang der Jurastudentin, an den Universitäten, an denen sie studierte, und im deutschen Staatswesen, in dem sie nach ihrem Studium Fuß fassen wollte.

Wiltraut von Brünnecks erstes Studienjahr an der Berliner Universität war zugleich das letzte Jahr der Weimarer Republik. Als die Vorlesungen begannen, waren nur wenige Tage vergangen, seit Paul von Hindenburg im zweiten Wahlgang der Reichspräsidentenwahl Adolf Hitler noch einmal in die Schranken weisen konnte. Ein letztes Mal behaupteten sich unter dem greisen Weltkriegshelden die Institutionen der Republik gegenüber dem Nationalsozialismus. Zwei Tage vor Vorlesungsbeginn hatte Hindenburg auf Vorschlag des Innenministers die paramilitärischen Organisationen der NSDAP aufgelöst. Das »SA-Verbot« sollte auf den Straßen der Reichshauptstadt Ruhe herstellen. Für Wiltraut von Brünneck bedeutete dieses letzte Abwehrgefecht der Republik, dass sie ihr Studium in einer einigermaßen geordneten Umgebung beginnen konnte, obwohl auch die Berliner Universität zuvor Proteste und Krawalle erlebt hatte.[1]

Welche Vorlesungen sie im Sommersemester 1932 besuchte, lässt sich heute nicht mehr mit Gewissheit sagen, da die Belegscheine im Krieg vernichtet wurden. Als Frau war sie in der Studentenschaft der Rechtswissenschaftlichen Fakultät Teil einer kleinen Minderheit. Rund 230 Studentinnen waren 1932 in Berlin für Jura immatrikuliert. Mit etwa acht Prozent an der Gesamtzahl der Jurastudenten erreichten sie immerhin den größten Anteil in der gesamten Weimarer Zeit – fünf Jahre zuvor hatte der Frauenanteil noch bei mageren drei Prozent gelegen.[2]

Das kalendarische Ende der Vorlesungszeit im Sommersemester 1932 fiel auf den 31. Juli 1932, den Tag der Reichstagswahl, in der die NSDAP mit 37,3 Prozent der Stimmen zur stärksten Partei avancieren sollte. Vorausgegangen war der Regierungswechsel von Brüning zu Papen, die Auflösung des Reichstags, die Aufhebung des SA-Verbots und der blutigste Wahlkampf, den die Republik bis dahin erlebt hatte. Die Straßenkämpfe forderten reichsweit dutzEnde Todesopfer. Auch an der Universität Berlin war es wieder zu Ausschreitungen gekommen. Am 20. Juli 1932 – wenige Tage vor dem Ende der Vorlesungen – hatte die Reichsregierung die sozialdemokratisch geführte Landesregierung von Preußen entmachtet und damit gezeigt, wie rasch sich eine demokratische Ordnung beseitigen lässt, wenn sie nicht über genügend Rückhalt in der Bevölkerung verfügt. Als Wiltraut von Brünneck nach den Sommerferien, die sie wie üblich auf dem Rittergut in Oberröblingen verbracht haben wird, im November 1932 für die Vorlesungen nach Berlin zurückkehrte, stand schon wieder eine Reichstagswahl ins Haus. Die Nationalsozialisten mussten zwar Verluste hinnehmen. Aufgrund des Stimmenzuwachses bei der KPD kam dennoch keine republikfreundliche Mehrheit zustande. Zu Beginn des zweiten Studiensemesters lag die Weimarer Republik im Todeskampf, der am letzten Vorlesungstag, dem 28. Februar 1933, mit dem Inkrafttreten der Reichstagsbrandverordnung sein folgenschweres Ende finden sollte.

Die politische Umbruchssituation um die Jahreswende 1932/33 wirkte sich auch auf Universität und Fakultät aus. Zwar war es dem Rektor Eduard Kohlrausch anfangs noch gelungen, gewalttätige Auseinandersetzungen und Polizeieinsätze an der Universität zu verhindern, doch in der zweiten Semesterhälfte nahmen die Spannungen merklich zu, vor allem aufgrund der Provokationen nationalsozialistischer Studenten.[3] Mitte Januar 1933 mündete eine Kundgebung des NSDStB auf dem Hegelplatz in Gewalttaten. Zwei Wochen später, am 31. Januar, versammelten sich NSDStB-Mitglieder und Gleichgesinnte erneut auf dem Hegelplatz – diesmal um die Ernennung Hitlers zum Reichskanzler zu feiern, die tags zuvor nur wenige Schritte von der Universität entfernt im Palais des Reichspräsidenten stattgefunden hatte. Auf die Professoren der Fakultät schien die »Machtübernahme« keinen besonderen Eindruck gemacht zu haben. Der Slawist Max Vasmer erinnerte sich später, dass im Januar und Februar 1933 »kaum jemand von den Professoren den Nationalsozialismus ernst« genommen habe. Selbst jüdische Kollegen hätten darüber Witze gemacht, unter ihnen der Strafrechtsprofessor James Goldschmidt.[4]

Welchen Eindruck die Machtübernahme Hitlers auf Wiltraut von Brünneck machte, lässt sich nicht sagen. Über ihre Haltung zur NSDAP in der Umbruchszeit ist nichts bekannt. 1946 sollte sie im Fragebogen der US-Besatzungsmacht auf die Frage, welche politische Partei sie in der Novemberwahl 1932 gewählt habe, antworten:»nicht wahlber[echtigt]«[5]. Diese Antwort war kurios. Denn das Mindestalter für die Stimmabgabe lag bei 20 Jahren und Wiltraut von Brünneck hatte am 7. August 1932, drei Monate vor der Reichstagswahl, ihren 20. Geburtstag gefeiert. Hatte sie, die Jurastudentin, die ihr Examen mit Bestnote ablegen sollte, sich wirklich im Irrtum über das gesetzliche Wahlalter befunden? Irrte sie auch noch bei der Reichstagswahl am 5. März 1933, bei der sie nach ihren Angaben auch »nicht wahlber[echtigt]« gewesen sein will? Oder handelt es sich – wie bei anderen Fragen – um »kreative« Antworten, mit denen sie der unangenehmen, möglicherweise karriereschädlichen Wahrheit ausweichen wollte? Vieles spricht für eine biographische Strategie, mit der sich die Befragte als unpolitisch darstellte. Auf diese Strategie wird noch zurückzukommen sein.

Königsberg 1933

Nach den Osterfeiertagen Mitte April 1933 ging Wiltraut von Brünneck nach Königsberg, ihrem neuen Studienort. Über die Motive für den Wechsel von der Reichshauptstadt in die abgelegene Provinzhauptstadt lassen sich nur Vermutungen anstellen. Der akademische Ruf und das Studienangebot dürften kaum ausschlaggebend gewesen sein. Den Vergleich mit der Berliner Juristenfakultät konnte die Rechts- und Staatswissenschaftliche Fakultät der Königsberger Albertus-Universität nicht bestehen. Wahrscheinlicher ist, dass Wiltraut von Brünneck das Studium in Königsberg als eine Art nationalen Dienst an der wirtschaftlich und kulturell darniederliegenden Provinz Ostpreußen verstand, die infolge des Versailler Vertrages vom Rest Deutschlands getrennt worden war. Dass die Unterstützung Ostpreußens als »Vorposten« des Deutschtums im nationalen Interesse lag, war Wiltraut von Brünneck bereits in ihrer Schulzeit nahegebracht worden. Nach Ostpreußen hatte sie zudem familiäre Verbindungen: Ihr Großonkel Manfred Graf von Brünneck-Bellschwitz, Gutsnachbar des Reichspräsidenten Hindenburg, war dort ansässig. Ihr Vater war in Königsberg zur Welt gekommen, wo ihr Ururgroßvater Theodor von Schön einst als Oberpräsident amtiert hatte.

Auch ohne familiäre Verbindungen war ein – kurzzeitiges – Studium (»Ostsemester«) in Königsberg unter nationalgesinnten Studenten nicht ungewöhnlich. Man stärkte den deutschen Osten durch die eigene Anwesenheit. Der besondere nationale Reiz des Landstrichs brachte es mit sich, dass, bereits lange bevor die Nationalsozialisten die Albertus-Universität als »Grenzlanduniversität«

im Osten ausriefen, die Mehrheit der dortigen Studenten dem völkisch-nationalen Lager zuzurechnen war. Im Sommersemester 1933 waren 1076 Studierende an der Rechts- und Staatswissenschaftlichen Fakultät der Albertina eingeschrieben, 59 davon waren Frauen.[6] Das Personalverzeichnis führt sechs ordentliche Juraprofessoren auf. Einer von ihnen, Albert Hensel, konnte seine Lehrveranstaltungen nicht beginnen. Gestützt auf das *Gesetz zur Wiederherstellung des Berufsbeamtentums* wurde er im April 1933 als »Nicht-Arier« entlassen. Sein öffentlich-rechtlicher Fachkollege Ernst von Hippel begrüßte zur gleichen Zeit die »Entfernung der ›Juden‹ von der Universität« als »Ablehnung des alten Wissenschaftsbegriffs«. »Materialismus, Liberalismus, Rationalismus, Relativismus«, »formales Denken« und »römische Rechtslehre« wollte er »zugunsten einer deutschen Staatsgestaltung« ablösen: »Denn tatsächlich hängen alle diese Ismen mit dem alten Wissenschaftsbegriff zusammen, dessen logische und empirische Seite durch sie gekennzeichnet wird.«[7]

Welche Lehrveranstaltungen Wiltraut von Brünneck in ihrem dritten Studiensemester besuchte, ist nicht überliefert. Eine andere Veranstaltung, die nicht im Vorlesungsverzeichnis angekündigt war, wird aber Eindruck auf sie gemacht haben. Anfang Mai 1933 verbreitete die Studentenschaft der Königsberger Universität den Aufruf »Wider den undeutschen Geist!«. Die »[d]eutsche[n] Männer und Frauen« wurden aufgefordert, sich am Kampf der Studenten »gegen das jüdisch-marxistische Schrifttum« zu beteiligen: »Säubert Euren Bücherschrank von diesem Unrat und liefert diese Erzeugnisse artfremden Geistes bei unseren Sammelstellen ab. Sie werden am Mittwoch, 10. Mai 1933, abds. 19.30 Uhr, öffentlich auf dem Trommelplatz verbrannt werden [...].« Die »Arbeiter der Stirn und der Faust« sollten dazu »in Massen« erscheinen.[8] Ob Wiltraut von Brünneck dem Aufruf gefolgt ist, wissen wir nicht. Völlig entziehen konnte man sich dem Geschehen kaum. Denn die Königsberger Studentenschaft inszenierte die Bücherverbrennung mit maximalem Effekt.[9]

Schon in den Morgenstunden des 10. Mai 1933 wurde auf dem Trommelplatz der »Schandpfahl« errichtet: ein über zwei Meter hoher Baumstamm, umwickelt mit der schwarz-rot-goldenen Flagge der Republik und behängt mit besonders verhassten Schriften und Büchern. Nachdem tagsüber die als »undeutsch« verfemten Bücher mit großem Eifer gesammelt worden waren, wurden sie abends zu einem Scheiterhaufen aufgetürmt. Das Autodafé begann mit Einbruch der Dunkelheit. Der Historiker Werner Treß schildert das Geschehen im Detail:

»Die Verbände des NS-Studentenbundes, des SA-Studentensturms, des Stahlhelm-Studentenrings Langemarck und der Burschenschaften nahmen im Viereck um den Scheiterhaufen Aufstellung. Außerhalb dieses aus mehreren Menschenreihen bestehenden Vierecks sammelten sich zahlreiche Schaulustige. Innerhalb des Vierecks hatte man als Rednertribüne einen Pkw mit heruntergeklapptem Verdeck bis auf wenige Meter an den Scheiterhaufen herange-

STUDIUM IM UMBRUCH (1932–1936)   35

fahren. Direkt vor dem Scheiterhaufen wurden zwei Studenten in SA-Uniform postiert. Beide standen stramm, mit einer brennenden Fackel in der Hand. Im Pkw stehend hielt der ›Älteste der Studentenschaft der Universität‹, Horst Krutschina, die Feuerrede.«

Die »Feuerrede« beschwor die Reinigung und Erneuerung des Volkstums »von allen Schlacken dieses Ungeistes«. Dann wurde der Scheiterhaufen angezündet. Mit den verfemten Büchern brannte die Flagge der Republik. Die Menge sang das Deutschlandlied, Sieg-Heil-Gebrüll schloss sich an.[10]

Wiltraut von Brünneck wollte ihren Dienst am »Deutschtum« im Osten auch noch nach dem Ende der Vorlesungen verrichten. Sie meldete sich für den siebenwöchigen Arbeitsdienst der *Deutschen Studentenschaft* (DSt), die im »Grenzland« mehrere Lager eingerichtet hatte, von denen aus die Studenten den örtlichen Landwirten bei der Ernte zur Hand gingen. Wiltraut von Brünneck war in Rostken[11] und in Krupinnen[12] im »Ernteeinsatz«. Beide Dörfer lagen im dünnbesiedelten Kreis Lyck in Masuren. Die Gegend hatte in der völkisch-nationalen Ostideologie eine besondere Bedeutung. In den Kriegsjahren 1914 und 1915 war sie Schauplatz deutscher Siege über die russischen Truppen gewesen, derer mit dem Tannenberg-Denkmal bei Hohenstein gedacht wurde. Außerdem hatte sich die masurische Bevölkerung bei einer Volksabstimmung 1920 mit großer Mehrheit für einen Verbleib bei Deutschland und damit gegen Polen ausgesprochen, das Anspruch auf den Landstrich erhob.

Schon in der Weimarer Zeit war der »Landdienst« in Masuren Ausdruck des gelebten »Grenzlandkampfes«. In ihm drückte »sich der erklärte Wille der konservativ, national und nationalsozialistisch orientierten Jugend der Weimarer Republik praktisch aus, die Ergebnisse des Versailler Vertrages nicht widerstandslos hinzunehmen«.[13] 1933 knüpfte die nationalsozialistisch kontrollierte DSt an diese Tradition an und rief die Studenten dazu auf, durch Erntehilfe ihren tätigen Beitrag zur Festigung des Deutschtums an der östlichen Reichsgrenze zu leisten. Während ein zehnwöchiger Arbeitseinsatz seit Juni 1933 für alle männlichen Studenten der ersten vier Semester verpflichtend war,[14] war der Landdienst für Studentinnen noch freiwillig. Für Wiltraut von Brünneck war er eine Selbstverständlichkeit, war ihr doch in der VDA-Bildungsarbeit und in der Landfrauenschule vermittelt worden, dass Frauen gerade durch die tätige Mithilfe in der Landwirtschaft einen Beitrag zur nationalen Sache leisten könnten.

Göttingen 1933/34

Nach ihrem »Ostsemester« mit anschließendem »Ernteeinsatz« ging Wiltraut von Brünneck für das Wintersemester 1933/34 nach Göttingen. Mit seiner prestigeträchtigen Georg-August-Universität und seiner Lage in der Mitte Deutschlands hatte die Stadt mehr zu bieten als das entlegene Königsberg. Der neue Studienort hatte für die Studentin noch einen weiteren Vorzug: Sie konnte in der Wohnung ihrer Tante Mathilde von Schmidt wohnen, die sich die meiste Zeit in Oberröblingen aufhielt.[15] Ihr Bruder Götz verbrachte das Winterhalbjahr 1933/34 im nahegelegenen Goslar, dem Sitz des Reichsnährstandes, wo er – vom juristischen Vorbereitungsdienst beurlaubt – auf dem Klostergut Riechenberg eine Ausbildung zum Landwirt absolvierte. Er sollte einst das Rittergut in Oberröblingen übernehmen.

Der Semesterbeginn in Göttingen fiel erneut mit politischen Zäsuren zusammen. Am 14. Oktober 1933 hatte Hitler den Austritt des Deutschen Reiches aus dem Völkerbund erklärt und dafür großen Beifall erhalten, auch aus bürgerlich-konservativen Kreisen. Am 12. November 1933 wurde ein neuer Reichstag gewählt, für den nur noch eine NSDAP-geführte Einheitsliste zur Abstimmung stand. Das Parlament, das sich mit dem Ermächtigungsgesetz vom 24. März 1933 selbst marginalisiert hatte, war damit vollständig »gleichgeschaltet«. Auch die Universität Göttingen und ihre Rechts- und Staatswissenschaftliche Fakultät passten sich den neuen politischen Verhältnissen an.[16] Noch waren aber nicht alle politisch missliebigen oder rassistisch diskriminierten Professoren aus ihren Ämtern gedrängt worden. So hörte Wiltraut von Brünneck die Vorlesung »Verwaltungsrecht« bei Herbert Kraus, der noch im Mai 1933 scharfe Kritik an der Außenpolitik des NS-Regimes geübt hatte,[17] und belegte bei ihm das »Seminar für Völkerrecht und Diplomatie, A. Praktisch-Politische Abteilung«.[18] Kraus sollte 1937 zwangspensioniert werden.[19]

Der Großteil der Göttinger Rechtswissenschaftler hatte sich mit dem Nationalsozialismus arrangiert. Manche wirkten aktiv beim »Aufbau« des NS-Staates mit, wie Julius Binder, bei dem Wiltraut von Brünneck »Grundlagen der Politik« und »Rechtsphilosophie« hörte, und Karl Siegert, dessen Vorlesung »Strafrecht, Allgemeiner Teil« sie belegte. Binder und Siegert waren im Frühjahr 1933 der NSDAP beigetreten und dienten sich dem Regime publizistisch an. Auch ohne Parteibuch setzte sich Hans Würdinger, dessen »Übungen im Bürgerlichen Recht« Wiltraut von Brünneck besuchte, politisch »markant in Szene«.[20] Hermann Mirbt, bei dem sie Steuerrecht hörte, tat seine Regimetreue durch die Unterzeichnung des »Bekenntnisses der deutschen Professoren zu Adolf Hitler« kund. Auch Julius von Gierke, an dessen Handelsrechtspraktikum Wiltraut von Brünneck teilnahm, bekannte sich zum Regime, konnte seine antisemitisch motivierte Verdrängung aus dem Amt damit aber nur hinauszögern.[21] Kurz vor dem Ruhestandseintritt standen Paul Schoen, bei dem Wiltraut von Brünneck »Kirchenrecht« und »Kirchliches Eherecht« hörte, und Robert von Hippel, dessen Vorlesung »Strafrecht, Besonderer Teil« sie besuchte. Beide hielten Distanz zum Nationalsozialismus und konnten es sich aufgrund ihres fortgeschrittenen Alters erlauben: »Niemand nahm sie mehr so recht ernst; eine Gefahr für die noch keineswegs gefestigte ›Bewegung‹ ging von ihnen nicht aus.«[22]

Wiltraut von Brünneck besuchte in Göttingen nicht nur juristische Veranstaltungen.[23] Bei dem Mediävisten Percy Ernst Schramm belegte sie eine Vorlesung über die »Geschichte der deutschen Kaiserzeit (900–1250)« und die in den Abendstunden (20.30 bis 22.00 Uhr) stattfindenden »Mittellateinische[n] Übungen: Literatur der Reformationszeit«. Hinzu kamen ein Französischkurs und die verpflichtenden »Leibesübungen«. Nicht obligatorisch, aber gern gesehen war ihre Teilnahme an der Vortragsreihe »Rasse, Volk und Staat«, die für Hörer aller Fakultäten angeboten wurde.[24] Die sechzehn Abendvorträge der Reihe behandelten zentrale Elemente der NS-Ideologie: von den »Probleme[n] der deutschen Außenpolitik« (Ulrich Karstedt) über den »deutsche[n] Lebensraum in Mitteleuropa« (Hans Dörries) bis hin zur »Rassenhygiene« (Lothar Löffler). Die Juristen waren mit Vorträgen über den »deutsche[n] Rechtsgedanke[n]« (Friedrich Schaffstein) und den »Deutsche[n] Volksstaat« (Julius Binder) vertreten.

Die Mitarbeit in den studentischen Fachschaften, die der politischen Indoktrination dienten, war zwar seit August 1933 verpflichtend, beschränkte sich aber zunächst auf die Teilnahme an Vortragsabenden.[25] Studentinnen waren im ersten Jahr nach der Machtübernahme nicht das Zielpublikum der NS-Studentenfunktionäre. Mit der *Arbeitsgemeinschaft Nationalsozialistischer Studentinnen* (ANSt) gab es für sie zwar eine eigene NS-Organisation. Der Organisationsgrad lag am Ende des Wintersemesters 1933/34 reichsweit aber nur bei 13 Prozent.[26] Ob Wiltraut von Brünneck bereits in Göttingen Kontakt zur ANSt hatte, ist nicht überliefert.

Heidelberg 1934/35

Im Frühjahr 1934 wechselte Wiltraut von Brünneck von Göttingen nach Heidelberg. Das vor ihr liegende Studienjahr an der altehrwürdigen Ruprecht-Karls-Universität würde sich als eine Prägezeit erweisen, in der sie Freundschaften knüpfen und Netzwerke aufbauen sollte, die alle Umbrüche überdauerten. Die Wahl des Studienorts dürfte auf eine Anregung aus der Familie zurückgegangen sein: Ihr Bruder Götz hatte ebenfalls in Heidelberg studiert und war dort, nachdem er das Examen in Berlin abgelegt hatte, im Frühjahr 1933 mit der von

Gerhard Anschütz betreuten Dissertation *Privilegium, Individualrechtssatz und Verfügung* zum Doktor der Rechte promoviert worden. Obwohl die Dissertation ein rechtstheoretisches Erkenntnisinteresse verfolgte, ließ sich das politische Zeitgeschehen nicht völlig ausklammern. Nach Abschluss der Arbeit war, wie Götz von Brünneck in einem Einschub ausführt, »durch die nationale Revolution vom 5. März 1933 eine Umgestaltung des geltenden Verfassungsrechts vollzogen worden«. Der demokratische Staat sei in einen autoritären Staat umgewandelt worden. Das Ermächtigungsgesetz vom 24. März 1933 habe die »Trennung von Gesetzgebung und Verwaltung [...] für die oberste Spitze der Verwaltung, die Regierung aufgehoben«.[27]

Götz von Brünnecks Stellungnahme zum Ermächtigungsgesetz wurde in der Rückschau als offene Kritik der »Verdrängung des liberalen durch den nationalen Rechtsstaat« gedeutet – Gedanken, die Wiltraut von Brünneck »[b]ei vielen intensiven Gesprächen« mit ihrem Bruder aufgenommen haben soll.[28] Sie selbst betonte noch Jahre später, wenn sie auf die NS-Zeit angesprochen wurde, dass ihr Bruder das Ermächtigungsgesetz kritisiert habe.[29] Doch bei näherem Hinsehen lassen dessen Ausführungen keine Ablehnung der »nationalen Revolution« erkennen. Er relativierte lediglich die verfassungstheoretischen Implikationen des Ermächtigungsgesetzes: An eine »dauernde Ausschaltung der Legislative« sei nicht gedacht. Auch der Grundsatz der Gesetzmäßigkeit der Verwaltung sei nicht aufgehoben worden: »Nur die Regierung ist Gesetzgeber geworden, nach wie vor bleibt die übrige Verwaltung an die Gesetze gebunden.«[30] Da die Kernthese der Dissertation auf den Prinzipien der Gewaltenteilung und Gesetzesbindung fußt, musste der Doktorand ungeachtet seiner politischen Überzeugung an diesen festhalten, wollte er nicht seine eigene Arbeit infrage stellen.

Politisch gab sich Götz von Brünneck, der bis zur Auflösung der Partei im Juni 1933 DNVP-Mitglied blieb, betont konservativ. Den »frühen Liberalismus«, der »den Schutz von ›Freiheit und Eigentum‹ der Sicherheit des Staates voranstellte«, wies er zurück:

»Es steht [...] fest, daß es einen Liberalismus in diesem Sinne schon lange nicht mehr gibt. Erst recht geht die konservative Staatsauffassung davon aus, daß die Sicherung des Lebens des Staates und der Nation allem anderen voranginge. Aber der Gedanke der Erhaltung alles organisch Gewordenen verlangt andererseits gerade um des Staates willen, daß die Rechts- und Freiheitssphäre des einzelnen Volksgenossen vor Willkür und vor Unordnung geschützt sei. Die Anforderungen des Staates mögen deshalb – das ist das preußisch-konservative Prinzip – so hoch gespannt sein, wie notwendig, sie müssen jedoch rechtmäßig sein, das heißt durch die dafür zuständige Staatsführung mit oder ohne Mitwirkung einer Volksvertretung bestimmt werden. Nur in diesem Sinne ist ein Staatsnotrecht, als dessen Anhänger sich außer Koellreutter auch C. Schmitt bekennt, anzuerkennen. Allein die Führung des Staates kann entscheiden, ob es notwendig wird, unter Beseitigung bisherigen Rechts neues zu schaffen, um die ›Not des Volkes zu beheben‹. Niemals kann das Staatsnotrecht jedoch Instrument in der Hand unterer Organe

STUDIUM IM UMBRUCH (1932–1936)

amtlicher oder nichtamtlicher Art sein, wenn anders man nicht den Begriff des Rechts aus der Staatsverwaltung überhaupt entfernen will. So ist neben einer unabhängigen Rechtspflege die Gesetzmäßigkeit der Verwaltung Kennzeichen und Grundlage auch des ›nationalen Rechtsstaates‹.«

Als Kronzeuge für diese konservative Deutung der »nationalen Revolution« rief Götz von Brünneck den Reichskanzler Adolf Hitler persönlich an.[31]

Als Wiltraut von Brünneck im Frühjahr 1934 in Heidelberg ankam, war die Rechts- und Staatswissenschaftliche Fakultät der Ruprecht-Karls-Universität nicht mehr die Fakultät, an der ihr Bruder studiert hatte. Der überzeugte Demokrat Gerhard Anschütz hatte bereits ein Jahr zuvor, kurz nach Götz' Doktorprüfung, um die vorzeitige Emeritierung ersucht, weil er sich zu »dem jetzt im Werden begriffenen neuen deutschen Staatsrecht« nicht bekennen wollte.[32] Sein strafrechtlicher Kollege, der SPD-Politiker und frühere Reichsjustizminister Gustav Radbruch war im Mai 1933 auf der Grundlage des *Gesetzes zur Wiederherstellung des Berufsbeamtentums* entlassen worden. Zuvor hatte der regimetreue Dekan Wilhelm Groh das Amt als Rektor der Universität übernommen und firmierte fortan als »Führer der Universität«. Seine Nachfolge im Dekanat trat Karl Engisch an, der auf Radbruchs Lehrstuhl berufen worden war.[33] Groh und Engisch waren Opportunisten, die sich von einem Bekenntnis zum NS-Regime persönliche Vorteile versprachen und diese auch erhielten. Reinhard Höhn, der im Sommersemester 1934 Anschütz' früheren Lehrstuhl vertrat, war hingegen Nationalsozialist aus Überzeugung, der im Hörsaal schon einmal in der schwarzen Uniform der SS erschien. Zugleich war er ein »Mann der Tat«, der sich mit großem Eifer am Aufbau von Reinhard Heydrichs *Sicherheitsdienst des Reichsführers SS* beteiligte.[34] Aufgrund seines »überbordende[n] Selbstbewusstsein[s]« bei den Professoren nicht wohl gelitten[35] verkörperte der dreißigjährige Privatdozent das Idealbild des aufstrebenden nationalsozialistischen Rechtswissenschaftlers. Die Gleichschaltung des Heidelberger Lehrkörpers war noch nicht abgeschlossen: Mit Walter Jellinek, Ernst Levy und Max Gutzwiller waren Professoren aktiv, die aufgrund ihrer politischen Überzeugung oder ihrer Abstammung nicht in das Wissenschaftsbild des NS-Staates passten. Sie sollten in den folgenden Jahren aus ihren Ämtern gedrängt werden, sahen sich aber bereits seit der Machtübernahme Anfeindungen durch nationalsozialistische Studenten ausgesetzt.

Der Lehrbetrieb begann am 18. April 1934. Wiltraut von Brünneck belegte die Vorlesungen »Zivilprozessrecht« und »Strafprozessrecht« bei Herbert Engelhard, »Deutsches Staatsrecht« bei Reinhard Höhn, »Völkerrecht« bei Walter Jellinek, »Internationalprivatrecht« bei Max Gutzwiller, »Genossenschaftsrecht« bei Eberhard von Künßberg, »Finanzwirtschaft« bei Carl Brinkmann und »Praktische Volkswirtschaftslehre« bei Siegfried Wendt. Hinzu kamen »Übungen im

Strafrecht« bei Karl Engisch und »Übungen im Staats- und Verwaltungsrecht« bei Walter Jellinek.[36] Jellinek, mit dem Wiltraut von Brünneck nach dem Krieg korrespondierte, erinnerte sich nicht gern an »diese schlimme Zeit«. »[W]ohl aber erinnere ich mich«, schrieb er seiner früheren Studentin, »daß Sie und Ihr Herr Bruder Koryphäen auf dem Gebiete der Rechtswissenschaft waren.«[37] Ihren mit 29 Stunden prall gefüllten Studienplan ergänzte die »Koryphäe« wie schon in Göttingen um weitere Veranstaltungen aus der Philosophischen Fakultät.[38] Ihre Auswahl entsprach dem Zeitgeist: Bei Hermann Güntert, regimetreuer Sprachwissenschaftler und Vorsitzender des VDA, hörte sie Vorlesungen über »Die Religion der Germanen« und »Altnordisches Heldentum in Sagen und Schriften«.[39] Bei dem aufstrebenden Kunsthistoriker Hubert Schrade, einem Riemenschneider-Experten, der in kämpferischen Schriften das »Nationale« in der Kunst beschwor, belegte sie die Vorlesung »Plastik des Hochmittelalters«.[40]

Für die politische Indoktrination der Studenten waren die Fachschaften zuständig, in denen »[j]eder deutsche Student (Studentin) entsprechend seinem Studium Mitglied« war.[41] Die Organisation der Fachschaften oblag der Heidelberger Studentenschaft unter Gustav Adolf Scheel, einem Medizinpromovenden und Parteigenossen seit der »Kampfzeit«, der in Personalunion die NSDStB-Hochschulgruppe leitete.[42] Die Studentenfunktionäre sahen ihre Kommilitonen in der Pflicht, »eine neue Wissenschaft aufzubauen« – »Stoßtrupp zu sein gegen die alte und Avantgarde für die neue Hochschule und Wissenschaft ist die Aufgabe der studentischen Fachschaften!«[43] Auch die Studentinnen sollten in den Fachschaften mitarbeiten. Ihr Anteil an der Gesamtstudentenzahl der Heidelberger Universität war im Sommersemester 1934 mit 20,3 Prozent vergleichsweise hoch. Unter den Jurastudenten waren sie jedoch eine verschwindend kleine Minderheit: Auf 434 Studenten kamen dreizehn Studentinnen. Eine davon war Wiltraut von Brünneck, die, um ihrer Pflicht zur Fachschaftsarbeit gerecht zu werden, ebenfalls an einer der juristischen Arbeitsgemeinschaften teilnahm. Wählen konnte sie zwischen den Themen »Das Rechtsdenken des Nationalsozialismus«, »Volkstum, Rasse, Recht«, »Öffentliches Recht und seine Verankerung in Rasse und Volk« sowie »Die Grundlagen der nationalsozialistischen Bevölkerungspolitik und die Auswirkung auf das Recht«.[44]

Im Juni 1934 veranstaltete die juristische Fachschaft ein »Wochenend-Schulungslager«, das die »drei tragenden Volksgruppen einer jeden wirklichen Revolution, Arbeiter[n], Bauern und Studenten«, zusammenbringen sollte. Die Studenten sollten zugleich Gelegenheit erhalten, »der umwohnenden Bevölkerung ihren ehrlichen Willen zur Volksgemeinschaft zu beweisen«. Im Lager bildeten sich geschlechtergetrennt zwei Arbeitsgemeinschaften, bestehend aus elf Juristinnen und zwanzig Juristen. Damit nahmen fast alle der insgesamt dreizehn Heidelberger Jurastudentinnen an dem Lager teil, vermutlich auch Wiltraut von Brünneck. Gemeinsam mit ihren männlichen »Kameraden« diskutierten sie über den »Begriff des Liberalismus, liberalistische Elemente in Recht und Hochschulerziehung, den Rassegedanken im Recht und das Verhältnis der Juristen zum Rechtsberuf, das in diesem Zusammentreffen von Juristen und Juristinnen besondere Bedeutung hatte«. Freilich konnten – wohl gerade mit Blick auf die letzte Frage – keine »[e]ndgültigen Lösungen« gefunden werden, doch war jedem klargeworden, »daß es um etwas Neues geht, um die Erkenntnis eines neuen Lebensprinzips, um etwas, was nicht gewußt, sondern gelebt sein will und Einsatz jedes Einzelnen fordert«.[45]

Trotz der Einbindung in das Schulungslager fühlten sich die Studentinnen bei der Fachschaftsarbeit nicht besonders ernst genommen. Noch im Sommersemester 1935 konstatierte die »Führerin« der NS-Studentinnen in Heidelberg, dass in ihren eigenen Reihen »stellenweise Unsicherheit« über ihre Aufgabe innerhalb der Studentenschaft bestehe. Sie begründete dies zum einen mit dem Mangel an Tradition weiblicher Mitwirkung bei der studentischen Selbstverwaltung, zum anderen mit den zum Teil »heftigen Angriffen, die im Sturm der ersten revolutionären Umwandlung von einigen Übereifrigen gegen [ihre] studentische Existenz gerichtet« worden seien.[46] Die Anfeindung durch männliche Kommilitonen war kein auf Heidelberg beschränktes Phänomen, sondern auch an anderen Universitäten des Reiches an der Tagesordnung. Selbst einige in der ANSt engagierte Studentinnen ließen sich dadurch abschrecken. Die ANSt selbst verlor im Januar 1934 ihre Selbständigkeit und wurde in den NSDStB eingegliedert.[47]

Zwar wurde die von der NS-Propaganda betonte »Mutterrolle« der Frau von den männlichen Studenten gern aufgegriffen, um gegen das Frauenstudium zu polemisieren. Die Führung von Partei und Staat sah hingegen anfangs noch von Maßnahmen gegen Studentinnen ab. Der Fokus lag zunächst auf der Vertreibung politisch missliebiger und »nicht-arischer« Studenten von den Universitäten – davon waren natürlich auch Frauen betroffen, aber nicht wegen ihres Geschlechts. Wiltraut von Brünneck hatte daher bis zu ihrem Studium in Heidelberg keinen konkreten Anlass, sich um ihre beruflichen Perspektiven zu sorgen. Seit Ende 1933 geriet die »Frauenfrage« an den Universitäten aber zunehmend in den Blick der NS-Bildungspolitik.[48] Das Reichsinnenministerium legte Obergrenzen für Abiturientinnen fest, denen die Hochschulreife zuerkannt werden sollte. Es wurden weniger Stipendien an Studentinnen vergeben, wodurch vor allem einkommensschwache junge Frauen vom Studium abgehalten wurden. Zudem wurde Frauen der Zugang zu bestimmten akademischen Berufen erschwert. Die Rechtsberufe waren davon zwar noch nicht betroffen, doch schon im Sommer 1934 war zu spüren, woher der Wind wehte.[49] Unter dem NS-Regime bekamen die Stimmen Auftrieb, die schon vor 1933 gegen die

42 STUDIUM IM UMBRUCH (1932–1936)

Öffnung der juristischen Berufe für Frauen opponiert und die Überzeugung nie aufgegeben hatten, dass »die Hereinnahme der Frauen in die Gerichtsbarkeit [...] ein schweres Unrecht wider den Mann wie gegen die Frau selbst« bedeute.[50]

Wiltraut von Brünneck und ihre zwölf Heidelberger Kommilitoninnen mussten sich durch solche Polemiken persönlich herausgefordert fühlen, strebten doch die meisten von ihnen eine Karriere in den klassischen Rechtsberufen an. Anders als die Angehörigen der ersten Generation deutscher Juristinnen, die in der Weimarer Republik als Richterinnen oder Anwältinnen Fuß gefasst hatten, waren die angehenden Juristinnen des Jahres 1934 dem nationalsozialistischen Gedankengut aber nicht prinzipiell abgeneigt. Im Gegenteil hatte auch viele von ihnen die ambivalente Aufbruchsstimmung erfasst, die Deutschland seit der »nationalen Revolution« des Jahres 1933 beherrschte. Das galt besonders für Bürger- und Adelstöchter aus dem protestantisch-preußischen Milieu, in dem Wiltraut von Brünneck großgeworden war. Mit der deutschnationalen Grundhaltung, die ihnen in Kindheit und Jugend vermittelt worden war, konnten sie mühelos an die Ideologeme der Nationalsozialisten anknüpfen: »Volksgemeinschaft« und »Deutschtum«, »Herrenrasse« und »Lebensraum« waren Konzepte, mit denen sie von klein auf vertraut waren. Zurückweisen mussten sie aber die frauenberufsfeindlichen Tendenzen, die ihnen gleichsam als Missverständnis im völkischen Denken erschienen. Dieses Missverständnis galt es aufzuklären, aber nicht dadurch, die NS-Ideologie als solche zurückzuweisen, sondern durch den Beweis, dass die Frau als Akademikerin einen Platz in der »Volksgemeinschaft« hatte.

An verschiedenen Universitäten protestierten Mitglieder der ANSt gegen die Anfeindungen durch ihre männlichen »Kameraden« und gegen die Maßnahmen, mit denen das Regime die Zahl der Studentinnen geringhalten wollte.[51] Da sie die einzige noch zugelassene Organisation für Studentinnen in Deutschland war, fiel ausgerechnet der ANSt die Aufgabe zu, die Interessen der Studentinnen insgesamt gegenüber der nationalsozialistischen Bildungspolitik zu wahren. Die aus rassistischen und politischen Gründen unerwünschten Studentinnen waren von diesem Vertretungsanspruch ausgenommen. Sie gehörten schließlich nicht zur »Volksgemeinschaft«, wie sie in der ANSt propagiert wurde. Die örtlichen ANSt-Führerinnen leiteten in Personalunion das Hauptamt für Studentinnen der jeweiligen Studentenschaft und konnten so erheblichen Einfluss auf ihre Kommilitoninnen ausüben. Aus den ANSt-Hochschulgruppen selbst waren ab Ende 1933 diejenigen Mitglieder entfernt worden, die der Organisation – aus Sicht der »echten« Nationalsozialistinnen – aus Opportunismus beigetreten waren.[52] Vom 15. Januar 1934 bis zum 1. April 1934 galt eine Mitgliedersperre, die den weiteren Zustrom von Studentinnen verhindern sollte, die sich mehr um das eigene Fortkommen sorgten als um die nationalsozialistische Sache. In erster

STUDIUM IM UMBRUCH (1932–1936)   43

Linie war die ANSt eine Organisation, die einen genuin weiblichen Beitrag zur nationalsozialistischen Umgestaltung der Universitäten leisten wollte – keine feministische Selbsthilfegruppe oder ein ideologiefreies Karrierenetzwerk.

Die in der ANSt verbliebenen und nach Ende des Aufnahmestopps hinzugekommenen Mitglieder begannen ab dem Frühjahr 1934, sich verstärkt für das Frauenstudium und für den Platz der Frau in akademischen Berufen einzusetzen. Einen theoretischen Ausgangspunkt zu finden – wie es sich für Akademikerinnen gehörte –, war nicht leicht. Schließlich hatte sich die ANSt das Ziel gesetzt, die traditionelle Frauenbewegung, die sie als »marxistisch-proletarisch« schmähte, »auszurotten«. Der Rückgriff auf feministische Theorien war den ANSt-Kameradinnen damit verwehrt, obwohl in ihrem Schulungsprogramm auch Schriften von August Bebel, Helene Lange, Gertrud Bäumer und Lily Braun zu finden waren. »Frauenrechtlerinnen« wollten sie nicht sein. Sie begriffen die »NS-Frauenbewegung« als Fortentwicklung der traditionellen Frauenbewegung, die unter dem »Einfluss jüdischer Führerinnen« verderbt worden sei. Nicht im »Geschlechterkampf«, sondern im »wesensgemäßen« Einsatz für die Volksgemeinschaft sahen die ANSt-Kameradinnen die Bestimmung der Frau.[53] Auf dieser Grundlage ließ sich das Frauenstudium nationalsozialistisch rechtfertigen. Denn was die Männer den Frauen als Schwäche auslegten – die angebliche Unfähigkeit zu »objektivem« und »abstraktem« Denken –, wandelte sich in der Deutung der ANSt-Kameradinnen zu ihrer eigentlichen Stärke. Die Göttinger ANSt-Führerin formulierte diesen Gedanken wie folgt:

»Die Gefahr der Blutlosigkeit, der Abkapselung vom Leben, der ›Wissenschaft an sich‹, diesen Gefahren der gewesenen Universität waren wir Frauen nie so ausgeliefert wie der Mann. Wir sind totaler, wir leben tiefer in der Einheit von Blut und Geist, wir denken und arbeiten immer aus der Ganzheit des Lebens. Man wirft uns vor, wir könnten nicht ›objektiv‹, nicht ›vorurteilsfrei‹ denken, wir könnten nicht ›abstrahieren‹, heute wissen wir wieder, daß dieses eine Kraft ist. Wir sind den natürlichen und wirklichen Dingen tiefer verhaftet als der Mann [...].«[54]

Wie ihre Göttinger Kameradin dachten auch die nationalsozialistischen Studentinnen in Heidelberg. Ihren bislang unpolitisch gebliebenen Kommilitoninnen wollten sie diese »Einsichten« nahebringen. Die Heidelberger ANSt-Führerin gab zum Ende des Wintersemesters 1933/34 für die künftige Arbeit folgende Losung aus:

»Als oberste und verantwortungsvollste Aufgabe fällt der ANSt die politische Schulung zu. Die Schulung der Mitgliedschaftsanwärterinnen liegt in den Händen einer ANSt-Kameradin, die durch wöchentliche Übungen das Programm des Semesters durcharbeitet und erklärt. Die weitere Ausbildung erfolgt in den Schulungsarbeiten der verschiedenen Zellen[,] an denen sich jedes ANSt-Mädel durch Referate, Protokolle und Wochenberichte beteiligen muß. Auf diese Weise entsteht innerhalb der Studentenschaft eine Gruppe, die so gebildet ist, daß ihr Einfluß auf die anderen Studentinnen nur im nationalsozialistischen Sinn ausgeübt wird.«

Für die Mitgliedschaft in der ANSt sei das Leistungsprinzip entscheidend. Das »ANSt-Mädel« könne seine Verantwortung, Studentinnen zu schulen, nur tragen, wenn es für seine Befähigung durch Leistungen Beweise liefere. »Der Sinn für das Praktische, für das Gesunde, der durch den Kameradschaftsgeist innerhalb der ANSt gefördert« werde, müsse ebenso ausgebildet werden wie die Bereicherung des Wissens. ANSt-Arbeit und Studium seien sehr wohl miteinander zu vereinbaren. Schließlich sei »Pflicht und Schuldigkeit« jeder »deutschen Studentin« alles zu tun, was in ihren Kräften stehe – »sonst gehört sie nicht auf die Hochschule«.[55]

Wiltraut von Brünneck kam diesem Aufruf durch ihre Teilnahme an den wöchentlichen Schulungsveranstaltungen der ANSt nach.[56] Dort lernte sie die fünf Jahre ältere Anna Kottenhoff kennen.[57] Die Fabrikantentochter aus Haspe bei Hagen in Westfalen studierte seit 1932 Jura, arbeitete seit November 1933 im NSDStB »an führender Stelle mit und griff in Heidelberg tatkräftig die oft noch verworrenen Studentinnenfragen an«.[58] Zusammen mit einem »kleine[n] Kreis Heidelberger Juristinnen« begann sie, ihre Kommilitoninnen im nationalsozialistischen Sinne »zu erziehen und sie für den Neubau der Hochschule zu aktivieren«.[59] Anna Kottenhoff wollte rein weibliche Fachschaften gründen, um den Studentinnen den Raum zur Entfaltung zu geben, den sie in der männlich dominierten Fachschaftsarbeit vermissten.[60] Für das Sommersemester 1934 konnte sie durchsetzen, »daß jede Fachschaft eine Fachschaftsreferentin erhielt, die es sich zur Aufgabe machte, auch die letzte Kameradin der Fachschaft für diese Arbeit zu gewinnen«.[61] Für die juristische Fachschaft übernahm sie selbst das Amt der Fachschaftsreferentin und war damit zugleich für die politische Schulung ihrer Kommilitonin Wiltraut von Brünneck zuständig.

Am 1. Juli 1934 trat Wiltraut von Brünneck dem *Nationalsozialistischen Deutschen Studentenbund* bei (Mitglieds-Nr. 51881) und wurde dadurch zugleich Mitglied der Heidelberger ANSt. Sie hatte sich in den vorangegangenen zwei Monaten als »Anwärterin« bewährt. Im Wintersemester 1934/35 wartete bereits eine Leitungsaufgabe auf sie. Anna Kottenhoffs Vorschlag, eine eigene Arbeitsgemeinschaft für Juristinnen einzurichten, wurde nunmehr in die Tat umgesetzt. Die nachmalige Heidelberger ANSt-Führerin Lili Michaelis notierte rückblickend:

»Wir bauten innerhalb der Fachschaften sorgfältig vorbereitete und von älteren ANSt-Kameradinnen geleitete Arbeitsgemeinschaften auf, wir versuchten immer aufs neue, jede einzelne Kameradin persönlich zu erfassen, bis es uns gelungen war, sie von der Notwendigkeit und Wichtigkeit der studentischen Fachschaftsarbeit zu überzeugen.«[62]

Anna Kottenhoff übernahm die universitätsweite Organisation der Fachschaftsarbeit der Studentinnen.[63] Die Leitung der »Freiwilligen Arbeitsgemeinschaft für Juristinnen«, die offiziell im Vorlesungsverzeichnis angekündigt wurde,[64]

STUDIUM IM UMBRUCH (1932–1936)   45

vertraute sie Wiltraut von Brünneck an.[65] Die Veranstaltung war nicht als Ersatz
für die verpflichtenden juristischen Arbeitsgemeinschaften konzipiert, sondern
als Zusatzangebot für Studentinnen. Sie fand in einem 14-tägigen Rhythmus
statt, »damit sie keinen Anlaß [...] zur Verletzung anderer studentischer Pflichten« gab. Den Studentinnen lag es fern, sich »von der Arbeit zusammen mit ihren
Kollegen absondern zu wollen«. Die Arbeitsgemeinschaft sollte ihnen »abgesehen
von dem Zweck der Selbsterziehung und Disziplin« vielmehr »die Möglichkeit
geben, daneben die für [sie] besonders wichtigen Fragen wissenschaftlich zu
behandeln«.[66] Im Wintersemester 1934/35 standen die Themen »Stellung der
Frau im National-Sozialismus« sowie »Studium und Beruf« im Vordergrund.[67]
     Unter Wiltraut von Brünnecks Leitung diskutierten die Heidelberger Jurastu-
dentinnen über ihren Platz im NS-Staat, auf dessen Wohlwollen sie angewiesen
waren. Denn eine juristische Karriere »jenseits des Systems« war ausgeschlossen. Selbst wenn die angehenden Juristinnen nach ihrem ersten Examen keine
Beschäftigung in Justiz oder Verwaltung anstrebten, waren Vorbereitungsdienst
und zweite Staatsprüfung Voraussetzung für jede andere ausbildungsgemä-
ße Tätigkeit, sei es als Rechtsanwältin oder in der Wirtschaft. Die Ausbildung
der Referendare lag in der Zuständigkeit der gleichgeschalteten Justiz, die seit
1934 die neue reichseinheitliche *Justizausbildungsordnung* und die Vorgaben des
Reichsjustizprüfungsamts zu beachten hatte.[68]
     Dass die »Verreichlichung« der Juristenausbildung für Frauen nichts Gutes
mit sich bringen würde, machte ein Blick in die Ausbildungsordnung deutlich,
deren Paragraphen den Geist der männlich dominierten Volksgemeinschaft at-
meten. Schon für die Zulassung zur ersten juristischen Staatsprüfung wurde der
Nachweis verlangt, »daß der Bewerber mit Volksgenossen aller Stände und Berufe
in enger Gemeinschaft gelebt, die körperliche Arbeit kennen und achten gelernt,
Selbstzucht und Einordnung geübt und sich körperlich gestählt hat, wie es einem
jungen deutschen Manne zukommt«.[69] Was das für die junge deutsche Frau bedeutete, erläuterte der Kommentar zur Justizausbildungsordnung, den der Präsident des Reichsjustizprüfungsamts Otto Palandt mit seinem Mitarbeiter Heinrich Richter verfasst hatte.[70] Für Frauen, hieß es darin, enthalte die Ausbildungsordnung keine besonderen Bestimmungen, da sie davon ausgehe, es sei »Sache
des Mannes«, das Recht zu wahren. Zwar könne Frauen die Zulassung zum Examen derzeit nicht verwehrt werden. Man müsse ihnen aber dringend davon ab-
raten, sich dem Rechtsstudium zu widmen, denn sie könnten nicht damit rechnen, im Justizdienst beschäftigt zu werden. Auch die Rechtsanwaltstätigkeit biete
Frauen »erfahrungsgemäß in aller Regel« keine Möglichkeit, sich den nötigen Lebensunterhalt zu verdienen.[71]
     Die Heidelberger Jurastudentinnen mussten sich von dieser unmissverständ-
lichen Positionierung der obersten Juristenausbilder herausgefordert sehen. Ihre

Berufs- und Lebenspläne – oft noch geschmiedet in der Weimarer Zeit – waren im NS-Staat ernstlich bedroht. Eine Teilnehmerin der Arbeitsgemeinschaft berichtete viele Jahre später, dass sich »[a]us der Formulierung der verschiedenen Eingaben an den Minister, seinen Staatssekretär und an die Reichsfrauenführerin [...] eine großartige Solidarität dieser Frauengruppe« entwickelt habe.[72] Auch Wiltraut von Brünneck erinnerte sich an »[u]nsere damalige hartnäckige und erfolgreiche Verteidigung gegen die nationalsozialistischen Tendenzen zu einem Verbot des juristischen Frauenstudiums« und betonte den »soziale[n] und reformerische[n] Impuls des Heidelberger Juristinnenkreises«.[73] Mit Reformpostulaten oder gar der Forderung nach Gleichberechtigung hätten die Heidelberger Juristinnen bei Reichsjustizminister Franz Gürtner, seinem Staatssekretär Roland Freisler und der Reichsfrauenführerin Gertrud Scholtz-Klink freilich kein Gehör finden können. Sie mussten ihren Anspruch auf Teilhabe an Studium und Berufsleben vielmehr *anhand* der nationalsozialistischen Ideologie begründen. Es galt, wie Anna Kottenhoff formulierte, die »Sonderaufgaben der Frau« zu identifizieren,[74] die diese als Juristin in der Volksgemeinschaft übernehmen konnte, ja nachgerade übernehmen musste.

Wiltraut von Brünneck publizierte ihre Auffassung von den »Aufgaben der Frau im Recht« im November 1937, drei Jahre nach Übernahme der »Freiwilligen Arbeitsgemeinschaft für Juristinnen«.[75] Im Wintersemester 1934/35 wird sie sich an den Thesen Ilse Eben-Servaes' orientiert haben, die später den Ausgangspunkt ihrer eigenen Überlegungen bilden sollten. Die fünfzigjährige promovierte Rechtsanwältin Eben-Servaes war die Vorzeigejuristin des NS-Regimes. Ursprünglich DNVP-Mitglied, trat sie im April 1933 in die *NS-Frauenschaft* (NSF) ein.[76] 1934 wurde sie Rechtsreferentin in der Reichsfrauenführung. Im März desselben Jahres ernannte sie der Reichsjustizkommissar Hans Frank zur Sonderbeauftragten für Juristinnen im *Bund Nationalsozialistischer Deutscher Juristen* mit der Aufgabe, die Juristinnen auf Reichs- und Gauebene zu organisieren.[77] Im Sommer 1934 folgte die Berufung in die *Akademie für Deutsches Recht.* Im November 1934 veröffentlichte Eben-Servaes, die selbstbewusst als »Führerin der Deutschen Juristinnen« auftrat, einen Artikel in der Frauenbeilage der Parteizeitung *Völkischer Beobachter* mit der programmatischen Überschrift »Die Aufgabe der Frau als Juristin«.[78]

Gleich zu Beginn grenzt sich Eben-Servaes darin von der »vollkommen irregeleiteten Frauenbewegung« ab: »Leider wird noch oft die Frage der Frau als Juristin als eine Frauenfrage im allgemeinen betrachtet.« Für nationalsozialistische Frauen gebe es aber keine Frauenfrage im früher üblichen Sinne mehr:

»Für uns gibt es [...] nur Fragen, die unser Volk an uns stellt, und die wir immer nur als Teil dieses Volkes mit den Männern lösen werden, und zwar unserer Art als Frauen entsprechend. Daher kann die Frage auch nicht lauten: Hat die Frau das Recht, die juristischen Berufe, die früher Männern vorbehalten waren, auszuüben, kann sie in diesen Berufen dasselbe leisten wie der Mann? Sondern die Frage muss lauten: Hat die Frau eine besondere Aufgabe als Juristin zu erfüllen, durch die sie der Volksgemeinschaft dient, kann sie in diesem Berufe etwas anderes, etwas das die Tätigkeit des Mannes ergänzt, leisten?«

Die Suche nach einer ergänzenden Rolle der Juristin klingt bescheiden. Doch Eben-Servaes entwickelt daraus ein emanzipatorisches Programm *innerhalb* des nationalsozialistischen Rechtsdenkens, das die bisherige »verkehrte Einstellung zum Recht« überwunden habe:

»Heute aber, wo unsere ganze Auffassung vom Recht eine andere ist, wo wir ein volksgebundenes, blutgebundenes Recht erstreben, kommt es wesentlich auf die Persönlichkeit des Rechtswahrers an. Da das richtige Recht mit der Volksseele verwurzelt sein muß, muß ein Recht, das die Fragen des Schicksals der Kinder, der Familie, der Frau, betrifft, auch dem Wesen und Empfinden der deutschen Frau entsprechen.«

Die von den Nationalsozialisten hochgehaltenen Geschlechterstereotype dienten den Juristinnen zur Selbstbehauptung in der imaginierten Volksgemeinschaft: Die Juristin hatte »eine wesentliche Aufgabe [...] im nationalsozialistischen Deutschland«, weil nur sie als Frau die Probleme der Frauen wirklich verstehen konnte. Ausgehend von dieser Prämisse definiert Eben-Servaes die einzelnen Aufgabenfelder der Juristin. »[A]uf dem Gebiete der Rechtserneuerung« werde sie »vor allem bei der Lösung der Fragen des Familienrechts mitarbeiten«. Außerdem werde es die Aufgabe der Juristin sein, »der deutschen Frau das Vertrauen zum Recht wiederzugeben«, das aufgrund der »tiefe[n] Kluft zwischen Volk und Recht« in der Vergangenheit geschwunden sei:

»Einmal wird sie dazu helfen können durch aufklärende Vorträge in der N.S.-Frauenschaft und im Deutschen Frauenwerk. Sodann wird sie diese Aufgabe gerade auch als Anwältin erfüllen können. Der Beruf der Anwältin wird auch deshalb immer ein Beruf der Frau sein, weil die beratende, helfende Tätigkeit dem inneren Wesen der Frau entspricht.«

Als Richterin werde die Frau überall dort ein »Aufgabengebiet« haben, wo es auf »weibliches Verstehen und Einfühlungsvermögen« ankomme:

»Sie wird auf dem Gebiete des Familienrechts deshalb heute mehr als je Wertvolles leisten können, da bei einer Rechtsprechung, die dem Wesen des Volkes entspricht, der Richter neben einem klaren Verstand und juristischem Können vor allem ein starkes Rechtsgefühl haben muß. Hier wird die Juristin durch tieferes Verstehen der Frau bei der Rechtsfindung die Tätigkeit des männlichen Richters wertvoll ergänzen können.«

Schließlich werde die Juristin »in der Verwaltung der Wohlfahrtspflege, Gesundheitspflege, Mutterschutz, Amtsvormundschaft, Schulverwaltung, Berufsberatung, Polizei und im Gefängniswesen Aufgaben haben, die sie als Frau mit den ihr arteigenen Kräften zum Wohle der Volksgemeinschaft erfüllen« werde.

Wie attraktiv dieses auf Ergänzung des Mannes angelegte dualistische Aufgabenverständnis den Mitgliedern der Heidelberger Arbeitsgemeinschaft erschien, lässt sich nicht mit Gewissheit sagen. Anna Kottenhoff und Wiltraut von Brünneck knüpften später an den von Ilse Eben-Servaes skizzierten Aufgabendualismus an. Die Betonung des »wesensgemäßen Einsatzes« der Frau im Recht war die einzig plausible Strategie, um den frauenfeindlichen Tendenzen in Juristenausbildung und Justiz etwas entgegenzusetzen. Es ist daher nicht falsch, wenn Wiltraut von Brünnecks Engagement in Heidelberg später als »Förderung der Frauenrechte« gedeutet wurde,[79] nur hätten die Mitglieder der Arbeitsgemeinschaft es so nicht formuliert. Es ging ihnen nicht um »Gleichberechtigung«, sondern um einen Platz in der »Volksgemeinschaft«, an deren Aufbau sie wie ihre männlichen Kommilitonen mitwirken wollten. Zu weit geht daher die Deutung, dass es sich bei der Heidelberger Arbeitsgemeinschaft um eine »beachtenswerte Form des Widerstandes gegen das Regime« gehandelt habe.[80] Die »Freiwillige Arbeitsgemeinschaft für Juristinnen« war nicht nur formal Teil des politischen Schulungsprogramms der Fachschaft. Sie bewegte sich auch inhaltlich in den Bahnen des nationalsozialistischen Denkens,[81] wenngleich mit einer spezifisch weiblichen Note.

Die gemeinsame Sorge um die berufliche Zukunft schweißte die Teilnehmerinnen der Heidelberger Arbeitsgemeinschaft zusammen. Wiltraut von Brünneck knüpfte in diesem Kreis enge Freundschaften, die ein Leben lang bestehen sollten. Neben Anna Kottenhoff sind drei weitere Mitglieder der Gruppe namentlich bekannt, denen sie verbunden blieb: Anneliese Cüny, Marie Luise Hilger und Helga Einsele.

Die zwei Jahre jüngere Anneliese Cüny lernte Wiltraut von Brünneck schon im Sommersemester 1934 in den ANSt-Schulungen kennen. Die Tochter eines Hauptmanns war in Karlsruhe aufgewachsen. Im Sommersemester 1932 begann sie ihr Jurastudium in Heidelberg, wechselte nach Freiburg und München, ehe sie wieder nach Heidelberg zurückkam. Dem NSDStB war sie am 1. Mai 1934, zwei Monate vor Wiltraut von Brünneck, beigetreten.[82] Sie tat sich als zuverlässige Mitarbeiterin des Fachschaftsleiters Karl Lang und der Fachschaftsreferentin Anna Kottenhoff hervor.[83]

Im Wintersemester 1934/35 kam Marie Luise Hilger zur »Freiwilligen Arbeitsgemeinschaft für Juristinnen« hinzu.[84] Wenige Tage nach Wiltraut von Brünneck im August 1912 in Bremen geboren, war sie in Heidelberg aufgewachsen, wo ihr Vater ein Handelshaus gegründet hatte. Nach dem Abitur ging sie für einen einjährigen Studienaufenthalt in die französischsprachige Schweiz und absolvierte danach eine Dolmetscherausbildung. Für das Sommersemester 1932 schrieb sie sich an der philosophischen Fakultät der Universität Heidelberg ein, besuchte bis

STUDIUM IM UMBRUCH (1932–1936)   49

zum Sommer 1933 aber vor allem rechtswissenschaftliche und volkswirtschaftli-
che Vorlesungen. Im Herbst 1933 studierte Marie Luise Hilger als DAAD-Stipen-
diatin ein Jahr in London. Nach ihrer Rückkehr widmete sie sich ganz dem Jurastudium in Heidelberg. Dem NSDStB trat sie erst nach ihrem Wechsel an die
Universität Kiel im Jahr 1936 bei.

Wiltraut von Brünneck, Anneliese Cüny und Marie Luise Hilger hatten ihr Studium in der politischen Umbruchszeit begonnen und erlebten die Universität als
Schauplatz von politischen Unruhen, Gleichschaltung und Indoktrination. Helga
Einsele kannte den Hochschulbetrieb noch aus demokratischen Zeiten. Sie war
am 9. Juni 1910 als Helga Hackmann in Dölau bei Halle an der Saale zur Welt gekommen.[85] Die Tochter eines liberalen Oberstudiendirektors begann ihr Jurastudium im Sommer 1929 in Königsberg, wo sie dem *Sozialistischen Deutschen Studentenbund* (SDS) beitrat. Ende des Wintersemesters 1929/30, das sie in Breslau verbrachte, wurde sie Mitglied der SPD. Sie wechselte nach Heidelberg, um bei Gustav Radbruch zu studieren, der ihr die Betreuung ihrer Doktorarbeit in Aussicht
stellte. Auch in Heidelberg engagierte sie sich hochschulpolitisch und gehörte der
SDS-Fraktion im AStA an. 1931 unterbrach Helga Hackmann ihr Studium, um mit
ihrem Verlobten, dem Biologen Wilhelm Einsele, nach New York zu gehen, wo
dieser einen Forschungsaufenthalt absolvierte. Sie arbeitete währenddessen bei
einer kriminalpräventiven Abteilung der New Yorker Polizei und sammelte Material für ihre Dissertation über »[d]as Frauengericht in New York«.[86] 1932 heiratete sie ihren Verlobten und kehrte im Oktober desselben Jahres mit ihm nach
Deutschland zurück, um ihr Studium in Heidelberg abzuschließen. Die Machtübernahme der Nationalsozialisten bedrohte Helga Einseles berufliche Zukunft
unmittelbarer als die ihrer jüngeren Kommilitoninnen. Sie wusste, dass ihr das
sozialdemokratische Engagement jederzeit zum Verhängnis werden konnte: Im
Sommer 1933 war ihre jüngere Schwester Erdmute Hackmann, ebenfalls Jurastudentin in Heidelberg, vom Studium ausgeschlossen worden, weil sie den Wahlvorschlag einer kommunistischen Hochschulgruppe unterzeichnet hatte.[87]

Obwohl Helga Einsele dem Nationalsozialismus ablehnend gegenüberstand,
nahm sie an Wiltraut von Brünnecks »Freiwilligen Arbeitsgemeinschaft für
Juristinnen« teil. Daraus wurde später auf die Überparteilichkeit der Arbeitsgemeinschaft geschlossen,[88] derer sich die Teilnehmerinnen nach dem Krieg selbst
berühmten. So betonte Wiltraut von Brünneck in einem Entlastungszeugnis
für Marie Luise Hilger, die sich 1947 vor einer Spruchkammer verantworten
musste, dass der Arbeitsgemeinschaft »Studentinnen und Referendarinnen der
verschiedensten politischen Richtungen« angehört hätten. Auch »rassisch Verfolgte« seien von ihr unterstützt worden.[89] Diese Angaben müssen im Kontext
der Entnazifizierung kritisch gesehen werden, zumal sie vage bleiben und keine
Namen nennen. Fest steht nur, dass Helga Einsele im Kreis der Heidelberger

Juristinnen, deren führende Köpfe dem NSDStB angehörten, akzeptiert wurde. Sie sollte später sagen, dass man von ihr einen »so raschen Gesinnungswandel« nicht erwartet habe.[90] Die Solidarität unter den Heidelberger Jurastudentinnen war offenbar größer als die politischen Differenzen. Helga Einsele konnte ihr erstes Examen unbehelligt im September 1935 ablegen. Erst danach ließ sie das Regime spüren, dass für sie kein Platz im NS-Staat war: Ihre Übernahme in den Vorbereitungsdienst wurde mit der Begründung abgelehnt, dass sie »als verheiratete Frau« dafür ungeeignet sei und ihre »politische Einstellung« die Zulassung zur Beamtenlaufbahn als nicht erwünscht erscheinen lasse.[91] Wiltraut von Brünneck hatte zu diesem Zeitpunkt Heidelberg bereits verlassen.

Für die Unterstützung »rassisch Verfolgter« durch die Heidelberger Juristinnengruppe gibt es keine Belege. Dass die vormalige Fakultätsassistentin Susanne Schwarzenberger, die wegen ihres jüdischen Ehemannes diskriminiert wurde, an den Treffen der Gruppe teilgenommen habe,[92] gehört ins Reich der Legenden. In ihren Lebenserinnerungen erwähnt Susanne Schwarzenberger zwar ihre Freundschaft mit Helga Einsele. Doch bezieht sich die Passage auf die Zeit vor Einseles Amerikaaufenthalt. Als Wiltraut von Brünneck im Sommersemester 1934 nach Heidelberg kam, war Susanne Schwarzenberger bereits mit ihrem Ehemann nach England emigriert.[93] Andere »rassisch Verfolgte« im Umfeld der Heidelberger Juristinnen sind nicht bekannt. Man wird die Erwähnung ohne Namensnennung daher auf das Konto der »Entnazifizierungsgeschichten«[94] verbuchen können.

Über ihr Engagement in ANSt und Fachschaft verlor Wiltraut von Brünneck nicht aus den Augen, dass sie nach Heidelberg gekommen war, um ihr Jurastudium voranzutreiben. Im Wintersemester 1934/35 hörte sie »Deutsche Rechtsgeschichte« bei Eberhard von Künßberg, »Konkursrecht« bei Herbert Engelhard, »Urheber- und Erfinderrecht« sowie »Arbeitsrecht« bei Eugen Ulmer und »Grundzüge des Reichsfinanzrechts« bei Walter Jellinek. Außerdem belegte sie die »Übungen im Zivilprozessrecht« bei Heinz Hildebrandt und besuchte das »Rechts- und Staatsphilosophische Seminar« über den Deutschen Idealismus, das Karl Engisch und Reinhard Höhn gemeinsam veranstalteten. Aus dem Vorlesungsangebot der Philosophischen Fakultät wählte sie »Deutsche Geschichte von 1918 bis zur Gegenwart« bei dem nationalsozialistischen Historiker Paul Schmitthenner.[95] Am meisten beeindruckte sie ein junger Lehrstuhlvertreter, der bereits im Sommersemester Künßbergs Vorlesung zum Genossenschaftsrecht übernommen hatte. Im Wintersemester belegte Wiltraut von Brünneck bei ihm die Vorlesungen »Deutsches Privatrecht« und »Deutsches Bauernrecht«: Wolfgang Siebert.[96]

Siebert entsprach dem, was sich die nationalsozialistischen Studenten in Heidelberg »unter einem Dozenten an der neuen Hochschule vorstell[t]en«. Er war ihnen »Freund und Führer«. Der Privatdozent aus Halle stand am Anfang einer

STUDIUM IM UMBRUCH (1932–1936)   51

aussichtsreichen Karriere im nationalsozialistischen Wissenschaftsbetrieb. Obwohl – oder gerade weil – er der NSDAP erst am 1. Mai 1933 beigetreten war, profilierte er sich während seiner Zeit in Heidelberg als Vorkämpfer des ideologiegerechten Umbaus von Recht und Rechtswissenschaft. Für einen Privatdozenten war Siebert jung: Zu Beginn des Sommersemesters 1934 feierte er seinen 29. Geburtstag. Seinem Äußeren nach wirkte er noch jünger. Als er im Mai 1934 am »Wissenschaftslager« der juristischen Fachschaft teilnahm, an dem sich vermutlich auch Wiltraut von Brünneck beteiligt hatte, wurde er »von einigen, die ihn noch nicht kannten, als Student [...] begrüßt«. Auf diese »lustige[n] Episode« blickte Fachschaftsleiter Karl Lang gern zurück. Denn was den nationalsozialistischen Studenten »Herr Dr. Siebert in dieser Verkennung war, das blieb er [ihnen] seitdem durch zwei Semester: ein Kamerad in der gemeinsamen Arbeit«.[97]

Wolfgang Siebert sollte in den folgenden Jahren eine wichtige Rolle in Wiltraut von Brünnecks weiterem Werdegang spielen. Zunächst waren aber ihre »Kameradinnen« und Freundinnen Marie Luise Hilger und Anneliese Cüny am Zug, die von dem charismatischen jungen Privatdozenten gleichermaßen angetan waren. Als Siebert im Sommer 1935 einen Ruf der Kieler Fakultät annahm, folgte ihm Hilger, um bei ihm nach dem Examen zu promovieren.[98] Cüny blieb zunächst in Heidelberg und legte Ende Januar 1936 in Karlsruhe ihr Examen ab. Im Frühjahr 1936 ging auch sie nach Kiel, wo Siebert inzwischen als Arbeitsrechtler der »Kieler Schule« die nationalsozialistische »Rechtserneuerung« vorantrieb. Auf Empfehlung eines Heidelberger »Kameraden« erhielt Cüny eine Stelle als Mitarbeiterin am Kieler Institut für Weltwirtschaft und Gelegenheit zur Promotion. Empfehlungs- und Bewerbungsschreiben sind in Wolfgang Sieberts Nachlass überliefert.[99] Die Briefe belegen, wie eng das Verhältnis der Jurastudenten zu ihrem »[l]iebe[n] Kamerad[en] Siebert« war, der die Heidelberger Fachschaft auch nach seiner Berufung nach Kiel durch gelegentliche Besuche beehrte.[100] Die Korrespondenz dokumentiert zugleich das kollegiale Verhältnis zwischen Männern und Frauen im nationalsozialistischen Heidelberger Studentenmilieu. Der »Kamerad« setzte sich in seinem Schreiben mit einigem rhetorischen Aufwand für das Fortkommen seiner »Kameradin« ein und attestierte ihr »Kenntnisse und Leistungen«, die »über ihrer Examensnote« (befriedigend) lägen. Nach anfänglichen Unsicherheiten im Umgang miteinander war das wechselseitige Misstrauen gewichen, waren die angehenden »Rechtswahrer« beiderlei Geschlechts in Heidelberg als »Kameraden« geeint – eine Einheit gestiftet durch die geteilte Imagination der Volksgemeinschaft, die sie aufbauen wollten.

Abb. 3: Die Studentin Wiltraut v. Brünneck um 1934
Quelle: Nachlass H. Rupp

Berlin 1935/36

Während ihre Freundinnen Marie Luise Hilger und Anneliese Cüny von Heidelberg nach Kiel wechselten, ging Wiltraut von Brünneck zum Sommersemester 1935 zurück nach Berlin, wo sie ebenfalls als juristische Fachschaftsreferentin amtierte und eine kleine Gruppe von Jurastudentinnen um sich scharte. Auf die Zusammensetzung der Gruppe und ihre Aktivitäten wird im nächsten Kapitel zurückzukommen sein. Denn das »große Finale« von Wiltraut von Brünnecks Engagement in der ANSt sollte erst nach ihrem Examen gegeben werden. Ausschlaggebend für den erneuten Wechsel des Studienortes dürfte weniger die Politik als die Vorbereitung auf die Staatsprüfung gewesen sein. Die Rechts- und Staatswissenschaftliche Fakultät der Friedrich-Wilhelms-Universität zu Berlin war unter den Nationalsozialisten zur besten Adresse für die Juristenausbildung in Deutschland avanciert. Für die Examensvorbereitung wurden verschiedene Wiederholungskurse angeboten. Kaum anders als heute verließen sich die meisten Examenskandidaten aber nicht auf die universitäre Vorbereitung, sondern nahmen zusätzlich die Dienste privater Repetitoren in Anspruch, an denen in Berlin kein Mangel bestand.

Wiltraut von Brünneck belegte Kurse bei einem Repetitor, von dem sie nicht ahnen konnte, dass er über die Examensvorbereitung hinaus für ihre Karriere von Bedeutung sein würde: Kurt Georg Kiesinger. Der junge Rechtsanwalt, der Ende Februar 1933 der NSDAP beigetreten war – angeblich um Schlimmeres zu verhindern –,[101] war seinem eigenen Bekunden nach in seinem Repetitorium »gegen den nationalsozialistischen Strom« geschwommen. Man mag das glauben oder nicht. Fest steht, dass der joviale Pauker bei den Examenskandidaten wegen seiner reflektierten Didaktik beliebt war. Kiesinger wollte »nicht repetieren, sondern [...] lehren«. In seinen Memoiren nennt der »juristische Privatlehrer« seine »Schüler« nicht beim Namen, berichtet aber stolz, dass einige von ihnen »das äußerst seltene mit ›Auszeichnung‹ bewertete höchste Prädikat« erhalten hätten, dass er sich nicht erinnern könne, dass einer seiner Hörer in der Hierarchie des Nationalsozialismus eine berufliche Karriere gemacht hätte, dass dagegen aber viele von denen, die den Krieg überlebt hätten, in der Bundesrepublik erfolgreiche berufliche Laufbahnen eingeschlagen hätten, unter ihnen »zwei Bundesverfassungsrichter«.[102] Ein kleiner Hinweis auf Wiltraut von Brünneck findet sich also doch. Der andere Bundesverfassungsrichter war Martin Hirsch, der Kiesinger später gegenüber dem Vorwurf der NS-Belastung in Schutz nehmen sollte.[103]

Ob Wiltraut von Brünneck und Martin Hirsch in Kiesingers Repetitorium zusammentrafen, ist nicht überliefert. Eine andere Bekanntschaft lässt sich aber in diese Zeit zurückverfolgen. Bei der gemeinsamen Examensvorbereitung lernte Wiltraut von Brünneck die zwei Jahre jüngere Irmgard, genannt »Irmel«, von

Keudell kennen, »die Freundin schlechthin«.[104] Irmel stammte aus einer einfluss-reichen Familie. Ihr Vater Walter von Keudell war Rittergutsbesitzer, Jurist, Forst-experte und Politiker. Wegen Unterstützung des Kapp-Putsches war er 1920 als Landrat von Königsberg (Neumark) in den Ruhestand versetzt worden. Vier Jah-re später zog er für die DNVP in den Reichstag ein und amtierte von Januar 1927 bis Juni 1928 als Reichsminister des Innern. Seit 1932 setzte er sich für die NSDAP ein, der er kurz vor der Reichstagswahl im März 1933 beitrat. Hermann Göring er-nannte ihn 1934 zum »Generalforstmeister« im Rang eines Staatssekretärs. Seine Tochter Irmgard hatte in München, Bonn und Breslau (»Ostsemester«) Jura stu-diert, ehe sie nach Berlin wechselte, wo sie sich wie ihre Freundin Wiltraut von Brünneck 1936 für das Examen anmeldete.[105]

Die Examensvorbereitung der beiden Adelstöchter stand unter keinem guten Stern. Im Januar 1936 ließ das Reichsjustizministerium den Ankündigungen Taten folgen und ordnete an, dass Frauen »künftig in der richterlichen oder staatsanwaltschaftlichen Laufbahn nicht mehr zur Anstellung gebracht werden« sollten.[106] Auch für den Zugang zu den anderen Rechtsberufen ließ diese erste offen gegen Juristinnen gerichtete Maßnahme nichts Gutes erwarten. Was man als Juristin mit dem Examen würde anfangen können, war zu Beginn des Jahres 1936 völlig offen. Dennoch war Wiltraut von Brünneck entschlossen, in der Prü-fung das Beste zu geben, wohl nicht zuletzt, um unter Beweis zu stellen, dass Frauen sehr wohl den Anforderungen gewachsen sein konnten, die der NS-Staat an »Rechtswahrer« stellte. Der Erfolg im Examen war zudem eine Art familiärer Verpflichtung: Ihr Bruder Götz hatte 1932 die erste Staatsprüfung mit der selten vergebenen Note »sehr gut« abgelegt.[107] Er war noch nach dem alten preußischen Recht geprüft worden. Wiltraut von Brünneck musste sich im Sommer 1936 der neuen »verreichlichten« Staatsprüfung stellen.

Das Examen begann mit einer häuslichen Arbeit, die nicht mehr wissen-schaftlich ausgerichtet war, sondern »entsprechend der anderen, auf praktischen Dienst am Volk gerichteten Zielsetzung des Studiums einen mehr praktischen Charakter« hatte.[108] In dieser Akzentverschiebung manifestierte sich der An-ti-Intellektualismus der nationalsozialistischen Juristenausbildung, der – in paradoxer Weise vermengt mit einem progressiven Impetus – bereits die Wei-marer Reformdiskussion beherrscht hatte.[109] Das traditionelle Jurastudium hatte schon lange vor der Machtübernahme der Nationalsozialisten als lebens-fern, weltfremd, »blutleer« gegolten. Die 1934 »erneuerte« Juristenausbildung sollte die angehenden »Rechtswahrer« auf den konkreten Dienst an der Volksge-meinschaft vorbereiten. Daher wurde in der häuslichen Arbeit, »nicht lediglich eine theoretische Streitfrage zur Erörterung« gestellt, sondern ein »einfache[r] Rechtsfall aus dem Leben«, an dem die Prüflinge in einer Bearbeitungszeit von

STUDIUM IM UMBRUCH (1932–1936)

drei Wochen ihre Urteilsfähigkeit beweisen sollten.[110] Auch die fünf schriftlichen Aufsichtsarbeiten, die sich an die häusliche Arbeit anschlossen, waren auf die Überprüfung praktischer Fähigkeiten ausgerichtet. Man erwartete keine »große[n] wissenschaftliche[n] Erörterungen«. Vielmehr sollte der Prüfling zeigen, dass er »erkannt hat, worauf es ankommt, daß er seine Gedanken klar und folgerichtig entwickeln kann – was nicht etwa mit künstlichen Konstruktionen einer überlebten Begriffsjurisprudenz zu verwechseln ist –, daß er schon eine Vorstellung hat von den Vorgängen des wirklichen Lebens, und daß er Urteilsfähigkeit besitzt«.[111]

Die Klausuren schrieb Wiltraut von Brünneck im August 1936 am Berliner Kammergericht, im Trubel der Olympischen Spiele, die das NS-Regime propagandistisch ausschlachtete. Vier Aufgaben stammten aus den juristischen Prüfungsfächern, die im neuen Sprachgebrauch umschrieben wurden, mit Wendungen wie »das Recht der Herrschaft über die Sachgüter« oder »das Recht des deutschen Bauern«. In der fünften Klausur wurde die Bearbeitung einer »geschichtlichen Aufgabe« verlangt, bei der die Prüflinge zeigen sollten, dass sie ihre »allgemeine Bildung« so vervollkommnet hatten, wie es die Ausbildungsordnung von ihnen verlangte. Jeder Rechtsstudent sollte sich »einen Überblick über das gesamte Geistesleben der Nation verschaffen, wie man es von einem gebildeten deutschen Manne erwarten muss« – die gebildete deutsche Frau war nicht vorgesehen. Neben der »Kenntnis der deutschen Geschichte und der Geschichte der Völker, die die kulturelle Entwicklung des deutschen Volkes fördernd beeinflusst haben« (darunter Griechen und Römer) gehörte dazu die »ernsthafte Beschäftigung mit dem Nationalsozialismus und seinen weltanschaulichen Grundlagen, mit dem Gedanken der Verbindung von Blut und Boden, von Rasse und Volkstum, mit dem deutschen Gemeinschaftsleben und mit den großen Männern des deutschen Volkes«.[112]

Den Schwerpunkt des Examens bildete die mündliche Prüfung vor einem fünfköpfigen Prüfungsausschuss, die sich an die Aufsichtsarbeiten anschloss. Für die nationalsozialistischen Juristenausbilder war sie »der wichtigste und entscheidendste Teil der Prüfung«, denn in ihr trat »der Prüfling selbst den Prüfern entgegen, während er bis dahin nur Zeugnisse und schriftliche Arbeiten zur Begutachtung vorgelegt hatte, die nur mittelbar einen Schluß auf seine Persönlichkeit und seine Fähigkeiten gestatteten«.[113] Spätestens am Tag vor der mündlichen Prüfung bildete sich außerdem der Ausschussvorsitzende in einem Gespräch mit dem Prüfling ein Bild von dessen Persönlichkeit.[114] Erneut ging es um die Lebensnähe der Prüfung, diesmal aber nicht bezogen auf die Aufgabe, sondern auf den Prüfling selbst. Dieser könne, versichert der Kommentar zur Ausbildungsordnung, »wenn er die nötige Eignung zum Beruf besitzt und seine Ausbildung gewissenhaft gefördert hat, alle Sorge dahinten lassen«. Er solle vielmehr »unbefangen und mit frischem Mut sich dem Urteil der Prüfer stellen«.[115] Die Prüfungskommission bildete im Anschluss an die mündliche Prüfung eine Gesamtnote aus den schriftlichen und mündlichen Leistungen, bei deren Festsetzung »jede Prüfungsmathematik zu unterbleiben« hatte. Entscheidend war der Gesamteindruck, den der Kandidat in der Prüfung hinterlassen hatte.[116]

Wiltraut von Brünnecks Prüfungsakten haben den Krieg nicht überdauert. Glaubt man dem Bericht ihrer Berliner Kommilitonin Charlotte Schmitt, die ebenfalls im Sommer 1936 zur Prüfung angetreten war, wurden Frauen im mündlichen Examen nicht gezielt benachteiligt. Im Gegenteil seien die Prüfer »sogar sehr höflich« gewesen, erinnerte sich Charlotte Schmitt, mit der Wiltraut von Brünneck viele Jahre später um den Posten der ersten Richterin des Bundesverwaltungsgerichts konkurrieren sollte. »Wir wurden nach dem Alphabet gesetzt, und ich war danach eigentlich diejenige, an die die erste Frage [...] zu richten war. Die Prüfer waren aber so höflich, an der anderen Seite anzufangen. Das kann natürlich auch Herablassung gewesen sein.« Doch das Gefühl, dass es ein Nachteil gewesen sei, habe sie nicht gehabt. Nur der von den Prüflingen spöttisch so genannte »Völkische Beobachter«, der die lebensweltliche und weltanschauliche Festigung der Kandidaten überprüfen sollte und meist kein Jurist war,[117] habe sie gefragt, ob sie wisse, aus welchen Bestandteilen ein Automotor bestehe. »Nun war es damals mit dem Autofahren der Frauen noch nicht gang und gebe wie heute, und ich hatte wirklich nicht den Schimmer einer Ahnung von einem Automotor. Ich gestand das fröhlich, und es wurde mir gar nicht übel genommen.«[118]

Auch Wiltraut von Brünneck machte in der mündlichen Prüfung am 26. August 1936 keine unangenehme Erfahrung, sofern das Ergebnis diesen Schluss auf den Ablauf der Prüfung zulässt. Denn nach dem vierstündigen Prüfungsgespräch und der anschließenden Schlussberatung des Prüfungsausschusses verkündete der Vorsitzende die Note, mit der ihre Leistungen bewertet wurden: »ausgezeichnet«. Das war die beste Note auf der damaligen siebenstufigen Skala. »Ausgezeichnet« entspricht der heutigen Note »sehr gut« und wurde so selten wie diese vergeben. Die Bewertung stand für eine »ganz ungewöhnliche Leistung«.[119] Die Mühen hatten sich gelohnt, der Beweis war geführt. Wiltraut von Brünneck erfüllte nicht nur die Anforderungen, die an einen angehenden »Rechtswahrer« gestellt wurden, sondern übertraf diese sogar um Längen. Was sie als Juristin in der »Volksgemeinschaft« mit ihrem herausragenden Examen würde anfangen können, stand auf einem anderen Blatt.

Die Rahmenbedingungen für eine juristische Karriere hatten sich im Sommer 1936 noch einmal verschlechtert. Am 5. August 1936, während Wiltraut von Brünneck ihre häusliche Arbeit schrieb, fand im Reichsjustizministerium eine Besprechung mit Vertretern der NSDAP »wegen der Zulassung von Frauen zur Anwaltschaft« statt. Da »die Partei an diesen Dingen auch ein besonderes Interesse hatte« trug Reichsleiter Martin Bormann die Angelegenheit »dem Führer« persönlich vor. Hitler entschied, »dass Frauen weder Richter noch Anwalt werden sollen«. Bormann folgerte daraus, dass Juristinnen zukünftig »nur in der Verwaltung verwandt werden« könnten.[120] In seiner Rede »zur deutschen Frauenschaft« auf dem Reichsparteitag im September 1936 bekräftigte Hitler seine Haltung:

»Man sagt mir oft: Sie wollen die Frau aus den Berufen drücken. Nein, ich will ihr nur in weitestem Ausmaße die Möglichkeit verschaffen, eine eigene Familie mitgründen und Kinder bekommen zu können, weil sie dann unserem Volke am allermeisten nützt. Wenn heute eine weibliche Juristin noch soviel leistet und nebenan eine Mutter wohnt mit fünf, sechs, sieben Kindern, die alle gesund und erzogen sind, dann möchte ich sagen: Vom Standpunkt des ewigen Wertes unseres Volkes hat die Frau, die Kinder bekommen und erzogen hat und die unserem Volke damit das Leben in die Zukunft wieder geschenkt hat, mehr geleistet, mehr getan!«[121]

Juristin in der Volksgemeinschaft (1937–1945)

»Die Aufgaben der Frau im Recht«

»Jede Erörterung, die sich heute mit der Stellung der Frau im Berufsleben befaßt, muß von zwei selbstverständlichen Grundvoraussetzungen ausgehen: sie muß diese Frage ausschließlich vom Blick auf das Volksganze her sehen, und sie muß von der Überzeugung ausgehen, daß der besonderen Art der Frau gegenüber der des Mannes eine eigene Aufgabe innerhalb des Volksganzen entspricht.«

Mit diesem programmatischen Statement leitete die 25-jährige Rechtsreferendarin Wiltraut von Brünneck ihren Beitrag »Die Aufgaben der Frau im Recht« ein, den sie 1937 im Novemberheft der Zeitschrift *Frauen-Kultur im Deutschen Frauenwerk* veröffentlichte.[1] Das Heft widmete sich der Tätigkeit von Frauen in akademischen Berufen – ein Thema, das nicht gerade an erster Stelle auf der Agenda des *Deutschen Frauenwerks* stand, eines nationalsozialistischen Frauenverbandes, der sich durch Koch- und Haushaltskurse, die Organisation des »Reichsmütterdiensts« und die Einrichtung von »Reichsbräuteschulen« hervortat.[2] Doch es gab in der nationalsozialistischen Volksgemeinschaft, so jedenfalls der Grundton des Novemberhefts der *Frauen-Kultur*, auch einen Platz für akademisch gebildete Frauen. Die Artikel, allesamt von jungen Akademikerinnen verfasst, legten dies für die einzelnen Berufsfelder dar. Unabhängig davon, ob es um »Die Ärztin«, »Die Mitarbeit der Frau in der Wirtschaftswissenschaft« oder »Die Aufgaben der Frau im Recht« ging, bildeten Bedürfnisse der Volksgemeinschaft die maßgebliche Bezugsgröße. Die Autorinnen dachten vom »Volksganzen« her, in das sich »die Frau« ihrem »Wesen« gemäß einzufügen hatte.

Mit dieser Prämisse grenzten sie sich von der traditionellen Frauenbewegung ab, die für die Gleichberechtigung der Geschlechter im Berufsleben eingetreten war. Diese Forderung war im NS-Staat nicht mehr anschlussfähig, spätestens seit Hitler auf dem Reichsparteitag 1936 erklärt hatte, dass es »zwei Welten im Leben eines Volkes« gebe: »die Welt der Frau und die Welt des Mannes«.[3] Viele Frauen hatten sich schon zuvor vom Gleichberechtigungspostulat abgewandt, gerade die jüngeren, gebildeten, unter denen die Sehnsucht nach der Volksgemeinschaft als einer »harmonische[n], von keinem politische[n] Repräsentationssystem getrübte[n] Gesellschaftsordnung« besonders ausgeprägt war.[4] Mit Lebensstil und Programmatik der traditionellen Frauenbewegung wussten sie nichts anzufangen. Die Grundpositionen der politisch engagierten Frauen der Weimarer Zeit, die neben der Gleichberechtigung meist für Pazifismus, Internationalismus und Liberalismus eingetreten waren, lehnten sie ab.[5] Sie sahen ihre Aufgabe darin, einen Beitrag zur nationalen »Erneuerung« zu leisten, die mit der Machtübernahme der Nationalsozialisten eingesetzt hatte. Der »Geschlechterkampf« sollte der Vergangenheit angehören, was aber nicht bedeutete, dass die jungen Akademikerinnen ihre Erfüllung in der Mutterrolle suchten. »Das Thema ›Mutter‹ [war] für sie, wenn überhaupt, allenfalls ein wissenschaftliches oder löst[e] sich im persönlichen Einsatz in der Familienbetreuung für hilfsbedürftige Mütter auf.«[6] Sie selbst versuchten, »sich mit dem Aufbau einer ›weiblichen Sphäre‹« in der Volksgemeinschaft der »Konfrontation mit der Realität ihrer gesellschaftlichen Benachteiligung zu entziehen«.[7] Die imaginierte Volksgemeinschaft war für die jungen Frauen Selbstermächtigung[8] und Realitätsflucht zugleich.

In ihrem Beitrag für die *Frauen-Kultur* tritt ein weiterer Aspekt der Volksgemeinschaftsideologie hervor, der zu einer festen Größe in Wiltraut von Brünnecks Rechtsdenken werden und alle Systembrüche überdauern sollte: Die Zurückweisung abstrakter Logik. Von dem Ausgangspunkt, dass der besonderen Art der Frau eine eigene Aufgabe innerhalb des Volksganzen entspreche, schreibt sie, könnte man »zu dem logischen Schluß kommen, daß die eigene weibliche Art gerade wegen ihrer Besonderheit auf allen Arbeitsgebieten zur Ergänzung der männlichen Gestaltung erforderlich sei. Man könnte weiter von dieser Erkenntnis aus ganz allgemein die Offenhaltung aller Arbeitsgebiete für die Frau fordern [...].« Doch sogleich folgt die Einschränkung:

»Aber diese Art zu folgern, würde dem nationalsozialistischen Denken nicht entsprechen. Nationalsozialistisches Denken geht nicht von einer logisch abstrakt gewonnenen Erkenntnis zu praktischen Forderungen über, sondern es geht zunächst von der völkischen Wirklichkeit aus. Im nationalsozialistischen Sinne kann deshalb ein Weitergehen von dem erwähnten Ausgangspunkt nur so geschehen, daß in der völkischen Wirklichkeit die Aufgaben aufgezeigt werden, deren Lösung die Mitarbeit der Frau verlangt, und dann für diese konkreten Aufgaben der Einsatz der Frau gefordert wird.«[9]

»Wirklichkeitsnähe« und »Konkretheit« – Wiltraut von Brünneck hatte diese Axiome der Volksgemeinschaftsideologie in ihrer Studienzeit verinnerlicht und verstand es, sie auf das juristische Denken zu übertragen. An die Stelle von »abstrakter« Logik trat bei ihr »konkrete« Erkenntnis, wie sie die NS-Juristen als »konkretes Ordnungsdenken« propagierten.[10] Es ist diese auf die »völkische Wirklichkeit« ausgerichtete Rechtswissenschaft, die Wiltraut von Brünneck mit ihrem Artikel in der *Frauen-Kultur* den Juristinnen erschließen wollte. Ihr vorangestellter Überblick über die rechtspraktischen Aufgaben der Frau liefert

JURISTIN IN DER VOLKSGEMEINSCHAFT (1937–1945)   61

gegenüber den Thesen Ilse Eben-Servaes' – auf die sie sich ausdrücklich bezieht
– hingegen nichts Neues: Der »Einsatz der Frau im Recht« liege »überall dort, wo
in Rechtsschöpfung und Rechtsfindung der natürliche Lebenskreis der Frau betroffen wird, dort, wo rechtswahrende Tätigkeit zugleich betreuenden Charakter
hat, und schließlich dort, wo es sich um – richtig verstandene – Selbstverwaltung
von Frauenangelegenheiten handelt«.

»Nun fragt es sich«, fährt sie fort, »wie sich die Rechtswissenschaft zu einer
Mitarbeit der Frau verhält.« Dabei sei zuerst »die besondere Situation, in der sich
die heutige Rechtswissenschaft befindet, zu klären«:[11]

»Wir wissen, daß die totale Wende, die die nationalsozialistische Revolution auf allen Lebensgebieten bedeutete, im Gebiete der Wissenschaft erst langsam erkennbar wird. Die Struktur dieses Gebietes macht eine plötzliche Veränderung unmöglich. Dennoch muß es auch hier allmählich zu einer vollkommenen Umwandlung der bisherigen Anschauungen und Begriffe kommen,
wenn die Idee der Revolution wirklich erfaßt ist. [...] [W]ir wissen, daß die Richtung dadurch gegeben ist, daß mit einer unerhörten Folgerichtigkeit die Idee des Volkes in den Mittelpunkt jedes
wissenschaftlichen Denkens gestellt worden ist. Das bedeutet für die Rechtswissenschaft eine
grundlegende Änderung ihrer Methode. Die Rechtswissenschaft muss sich davon abwenden,
nach absoluter Gültigkeit zu streben und sich in einem möglichst lückenlosen Normensystem
zu erschöpfen. Sie muß lernen, wieder allein von der völkischen Wirklichkeit auszugehen und
ihre Aufgabe in einer dem völkischen Rechtsgefühl entsprechenden Ordnung der natürlichen
Lebenskreise zu sehen. [...] Auf diese Weise wird auch die Rechtswissenschaft wieder in Einklang mit einem durch Erziehung geschulten Rechtsempfinden im Volke gebracht werden und
wird dann keine ›Geheimwissenschaft‹ mehr sein, deren Entscheidungen auch dem einzelnen
Volksgenossen oft dunkel und unverständlich sind.«

Die Forderung nach einer Neuausrichtung der Rechtswissenschaft an der »völkischen Wirklichkeit« entsprach dem wissenschaftlichen Zeitgeist. Wiltraut von
Brünneck bemüht Phrasen und Wendungen, die von den führenden nationalsozialistischen Rechtswissenschaftlern geprägt worden waren,[12] nicht zuletzt von
den Vertretern der »Kieler Schule«, in der sich der junge Arbeitsrechtsprofessor
Wolfgang Siebert als »Rechtserneuerer« hervortat. Bemerkenswert war, was Wiltraut von Brünneck aus der Neuausrichtung der Rechtswissenschaft für die »Aufgaben der Frau« folgerte:

»In den sich hier auftuenden bedeutungsvollen Aufgaben innerhalb der Rechtswissenschaft ist
[...] die Mitarbeit der Frau nicht nur wünschenswert, sondern sogar unentbehrlich. Die Fähigkeit der Frau, die geistige Arbeit stets unter die Bezugnahme auf das konkrete Leben zu stellen,
ihre Abneigung gegen ein sich vom Wirklichen ins Abstrakte verlierendes unfruchtbares Denken, ist früher von einer falschen Ansicht über die Aufgabe der Wissenschaft als ein Mangel hin-
gestellt worden. Die Frau die wissenschaftlich arbeiten wollte, mußte erst unter Beweis stellen,
daß sie auch fähig war, ohne Rücksicht auf die naturgegebenen Grundlagen des Lebens logisch
abstrakte Erkenntnisse zu gewinnen. Die veränderte Haltung der heutigen Wissenschaft wird
gerade diese Gebundenheit des Denkens an die völkische Wirklichkeit als positiv bewerten.«

Der »Einsatz der Frau« in der Rechtswissenschaft war für Wiltraut von Brünneck, die als Referendarin gerade erste Erfahrungen in der Rechtspraxis sammelte, »eine konkret gegebene Notwendigkeit«. »Durch ihre natürliche Lebensnähe, ihre starke Verbundenheit mit dem praktischen Geschehen« sei die Frau »zur Mitarbeit berufen«. Die Aufgabe der Frau in der Rechtswissenschaft sei gegenüber den rechtspraktischen Aufgaben »nicht weniger konkret«, in ihrer »Bedeutung aber noch sehr viel größer«:

»Der Bestand des nationalsozialistischen Staates und damit der Bestand des deutschen Volkes hängt entscheidend davon ab, ob es gelingt, auf geistigem Gebiet das Alte zu verdrängen und ein Neues an die Stelle zu setzen. Hier im Gebiet des Rechtes durch Einsatz ihrer besonderen Kräfte einen Beitrag zur Lösung dieser Frage im positiven Sinne zu geben, wird deshalb die *größte* und *verantwortungsvollste Aufgabe der Rechtswahrerin* darstellen.«[13]

Was bezweckte Wiltraut von Brünneck mit dieser kühnen Forderung nach einer Mitwirkung der Frau in der Rechtswissenschaft? Glaubte sie wirklich, dass die Juristinnen, die zur gleichen Zeit aus den praktischen Rechtsberufen gedrängt wurden, Karrierechancen an den gleichgeschalteten Universitäten haben würden? Machte sie sich womöglich selbst Hoffnungen auf eine Laufbahn in der nationalsozialistisch »erneuerten« Rechtswissenschaft? – Sie wäre bitter enttäuscht worden. Die juristischen Fakultäten waren in der Weimarer Zeit fest in Männerhand gewesen und sollten es auch im Nationalsozialismus bleiben. Einige Professoren wie Wolfgang Siebert mochten zwar Frauen bei sich promovieren lassen und sie sogar als Assistentinnen beschäftigten. Aber eine Karriere über solche befristeten Anstellungen hinaus konnten sie ihnen kaum ernsthaft in Aussicht stellen. Es sollte bis 1948 dauern, ehe die erste deutsche Juristin eine ordentliche Professur an einer Rechtsfakultät erhalten würde – in der sowjetischen Besatzungszone. War die eskapistische Komponente der Volksgemeinschaftsideologie so wirkmächtig, dass Wiltraut von Brünneck glaubte, die »totale Wende, die die nationalsozialistische Revolution auf allen Lebensgebieten bedeutete«, würde ihr und ihren »Volksgenossinnen« den Weg zu Professuren öffnen? Wohl kaum.

Mit dem Artikel in der *Frauen-Kultur* dürfte die Referendarin – allem Pathos zum Trotz – bescheidenere Ziele verfolgt haben. In erster Linie wird es ihr darum gegangen sein, Juristinnen die Promotionsmöglichkeit zu erhalten, die angesichts der ideologischen Beschränkung der Frau auf die Mutterrolle ebenso bedroht war wie der Zugang zum juristischen Arbeitsmarkt. Den Entschluss zur Promotion dürfte sie im November 1937 bereits gefasst haben. Dass sie – anders als ihre Kommilitoninnen – nicht gleich nach dem Examen darangegangen war, mag daran gelegen haben, dass die Betreuungskapazitäten des ins Auge gefassten Doktorvaters bereits erschöpft waren. Bei Wolfgang Siebert promovierten

Anneliese Cüny über den »Tarifvertrag in der faschistischen Arbeitsverfassung« und Marie Luise Hilger über »[d]ie Arbeitsbedingungen im französischen Arbeitsrecht«. Es liegt nahe, dass Wiltraut von Brünneck abwartete, bis ihre Heidelberger Freundinnen ihre Vorhaben abgeschlossen haben würden, ehe sie selbst der Promotionsabsicht nähertrat. Der juristische Vorbereitungsdienst, den sie zwischen 1937 und 1941 absolvierte, füllte diese »Lücke« hinreichend aus.

Inspiration und Motivation für den Artikel könnten sich auch aus dem »1. Wissenschaftslager von Dozentinnen und Studentinnen« ergeben haben, an dem sie im Sommer 1937 teilgenommen hatte.[14] Organisiert wurde das »Lager« von Anna Kottenhoff, die nach ihrem ersten Examen im Juli 1935 von Heidelberg nach Berlin gegangen war, um bei Reinhard Höhn zu promovieren. Anfang 1936 war der Professor in SS-Uniform zum Direktor des Berliner Instituts für Staatsforschung ernannt worden und betreute mit Vorliebe Promotionen von verdienten »Kameraden« aus Heidelberg.[15] Im November 1936 wurde Anna Kottenhoff Beauftragte für Wissenschaft und Facherziehung Amt Studentinnen der Reichsstudentenführung.[16] Auch diesen Posten verdankte sie dem Heidelberger Netzwerk. Denn das neue Spitzenamt des »Reichsstudentenführers« war dem früheren »Führer« der Heidelberger Studentenschaft Gustav Adolf Scheel anvertraut worden, der beim Aufbau seiner Behörde auf bewährte Kräfte setzte. Die Leitung des Amtes für Wissenschaft und Facherziehung übertrug er Fritz Kubach, der in Heidelberg die Fachschaftsarbeit organisiert hatte. Karl Lang, der inzwischen – ebenfalls bei Höhn – promovierte[17] frühere Leiter der juristischen Fachschaft in Heidelberg, übernahm die Leitung der Reichsfachgruppe Rechtswissenschaft.

Anna Kottenhoff und Wiltraut von Brünneck waren auch in Berlin in engem Kontakt geblieben, geeint in dem Willen, die Position der Juristinnen in der Volksgemeinschaft zu stärken. Beide engagierten sich in der juristischen Fachschaft, in deren Rahmen Wiltraut von Brünneck wieder eine Juristinnen-Arbeitsgemeinschaft leitete. Für beide beantragte die Gau-ANSt-Referentin Ende Oktober 1936 bei der Propagandaleitung des NSDAP-Gaus Groß-Berlin »Gau-Fach-Redneraus-weise«.[18] Auf diese Weise legitimiert nahmen sich Anna Kottenhoff und Wiltraut von Brünneck in der Reichshauptstadt der politischen Schulung der angehenden »Rechtswahrerinnen« an. Teil dieser Bemühungen war das »Wissenschaftslager«, dessen Inhalte im Einzelnen nicht überliefert sind. Dass es um die Aufgabe der Frau in der nationalsozialistisch erneuerten Wissenschaft ging, steht aber außer Zweifel. Zur Pflichtlektüre bestimmte Anna Kottenhoff Bernhard Kummers reichlich obskures Werk *Persönlichkeit und Gemeinschaft*, Band I aus *Herd und Altar – Wandlungen altnordischer Sittlichkeit im Glaubenswechsel*.[19] Die Schrift des »Germanenbernhards«, dessen Thesen selbst unter Nationalsozialisten umstritten waren,[20] dürfte hinreichend Stoff für Diskussionen über die Volksgemeinschaft im Allgemeinen und die Stellung der Frau im Besonderen gegeben haben.

Reichsberufswettkampf

Dass Juristinnen zur Rechtsentwicklung im NS-Staat etwas beizutragen hatten, wollten Anna Kottenhoff und Wiltraut von Brünneck mit einem konkreten Beispiel untermauern. Gelegenheit dazu bot der »Reichsberufswettkampf«. Dieser »Berufswettkampf aller schaffenden Deutschen« war ein Gemeinschaftsprojekt der Reichsjugendführung und der Deutschen Arbeitsfront, das sich vornehmlich an die »Arbeiter der Faust« richtete. Schon 1934, als der Wettkampf das erste Mal ausgerichtet worden war, hatten sich aber auch Studenten mit praktisch verwertbaren Ausarbeitungen daran beteiligt. Beim Reichsberufswettkampf 1936/37 wurde der »Leistungskampf der Studenten« von der Reichsstudentenführung koordiniert.[21] Wettkampfleiter war der frühere Heidelberger Studentenfunktionär Fritz Kubach, der Anna Kottenhoff zur »Beauftragten für Studentinnen im Reichsberufswettkampf der deutschen Studenten« ernannte.[22] Der Aufgabendualismus in der Volksgemeinschaft setzte sich im Wettkampf fort: Während den Studenten die »männlich« konnotierten »Kampfsparten« wie »Wirtschaft«, »Recht« und »Architektur« und »Volkstumsforschung« vorbehalten waren, traten die Studentinnen in »weiblichen« Fächern wie »Erziehung«, »Textil und Mode« oder »Gymnastik« an. Frauen, die ein »männliches« Fach studierten, konkurrierten nicht mit ihren Kommilitonen, sondern reichten ihre Beiträge in der »Kampfsparte 10: Studentinnen« ein, die – wie alle anderen »weiblichen« Sparten – von Anna Kottenhoff betreut wurde.

Für Artur Axmann, Obergebietsführer der Hitlerjugend und Leiter des Reichsberufswettkampfes, war es »symbolisch, daß die jungen Arbeiter der Stirn und der Faust gemeinsam zum Wettkampf« antraten. »Hier vollzieht sich das kameradschaftliche Bündnis zwischen Jungarbeitern und Studenten«, frohlockte der aufstrebende NS-Funktionär, der später zum Reichsjugendführer aufsteigen sollte. Er verband mit diesem integrativen Ansatz ein spezifisches Wissenschaftsverständnis:

> »Der Reichsberufswettkampf der Studenten aktiviert die wissenschaftliche Facharbeit. [...] Er führt eine Auseinandersetzung mit allen für unser Volk entscheidenden grundsätzlichen und aktuellen Problemen herbei. Es ist das geeignetste Mittel, alle schöpferischen Kräfte unserer Hochschulen für den deutschen Aufstieg zu mobilisieren. Die Studenten werden an die Fragen herangeführt, die gegenwärtig einer dringenden Lösung bedürfen. Die Arbeit der Studenten soll sich nicht in weltfremden und abstrakten Abhandlungen erschöpfen. Sie soll vielmehr für die Praxis des Lebens verwertbar sein.«[23]

Der Wettkampf der Studenten war der Inbegriff des volks- und lebensnahen Wissenschaftsverständnis, das Wiltraut von Brünneck im November 1937 in ihrem Artikel in der *Frauen-Kultur* propagieren sollte. Sie wusste, wovon sie sprach, hatte sie sich doch selbst mit einer Gruppe Berliner Juristinnen am Reichsberufswettkampf beteiligt.

Man darf davon ausgehen, dass die Teilnahme der Berliner Juristinnen am Reichsberufswettkampf in enger Absprache mit Anna Kottenhoff erfolgte, wenn von ihr nicht sogar die Initiative ausging. Geleitet wurde die Wettkampfgruppe von Wiltraut von Brünneck, die zu diesem Zweck – obwohl bereits als Gerichtsreferendarin vereidigt –[24], den Beginn ihres Vorbereitungsdiensts auf das Frühjahr 1937 hinausschob. Ihre Mitstreiterinnen rekrutierte sie aus den Reihen der Berliner Arbeitsgemeinschaft für Juristinnen,[25] die sie über das Examen hinaus leitete. Die Namen der Wettkampfteilnehmerinnen sind in den Unterlagen der Reichsstudentenführung überliefert: Erdmute Hackmann, Ingeborg Höhlmann, Irmgard von Keudell, Marie-Elisabeth Krohn, Helga Friese und Erika Zachariat.[26] Von Wiltraut von Brünnecks enger Freundschaft mit Irmgard von Keudell war bereits die Rede. Auch mit Erdmute Hackmann, der jüngeren Schwester ihrer Heidelberger Kommilitonin Helga Einsele, sollte sie verbunden bleiben. Erdmute Hackmann war nach ihrem politisch motivierten Ausschluss vom Jurastudium im November 1934 »begnadigt« worden und setzte das Studium in Berlin fort.[27] Helga Friese und Ingeborg Höhlmann sollten nach dem Krieg in der Westberliner Justiz tätig sein.[28] Wiltraut von Brünneck scheint zu ihnen keinen Kontakt mehr gehabt zu haben, auch nicht zu Erika Zachariat, die nach 1945 in der Ostberliner Bibliotheksverwaltung arbeitete.[29] Marie-Elisabeth Krohns Spur verliert sich nach dem Erscheinen ihrer Dissertation im Jahr 1942.[30]

Die Mitglieder der Wettkampfgruppe waren zwischen 22 und 24 Jahre alt und stammten überwiegend aus Beamtenfamilien.[31] Mit Irmgard von Keudell und Marie-Elisabeth Krohn gehörten der Gruppe sogar zwei Töchter von Staatssekretären an: Walter von Keudell war Staatssekretär im Reichsforstamt und Generalforstmeister, Johannes Krohn Staatssekretär im Reichsarbeitsministerium. Die meisten Mitglieder der Gruppe hatten das erste Examen in den Monaten zuvor abgelegt, gingen also nur noch mit gutem Willen als »Studentinnen« durch. Ingeborg Höhlmann hatte im Juni 1936 sogar schon ihre Doktorprüfung bestanden.[32] Fast alle hatten »seit zwei oder mehr Semestern innerhalb des größeren Kreises gemeinschaftlich Fachschaftsarbeit geleistet«, was – wie Wiltraut von Brünneck später berichtete – die Arbeit wesentlich erleichtert habe, »da hierdurch von vornherein eine gewisse Einheitlichkeit der Ausrichtung gewährleistet« worden sei. Da fast alle Gruppenmitglieder in den nachfolgenden Jahren Promotionsvorhaben verfolgen sollten, liegt es nahe, dass sie die Wettkampfbeteiligung als Generalprobe für ihre künftige wissenschaftliche Tätigkeit begriffen. Es ging ihnen darum, als junge Rechtswissenschaftlerinnen in der nationalsozialistischen Volksgemeinschaft ernst genommen zu werden. Dieses Ziel galt es, bei der Auswahl des Themas zu berücksichtigen, das der praxisnahen

Ausrichtung des Reichsberufswettkampfes entsprechen und zugleich eine weibliche Note haben musste. Die Anregung dazu »kam aus dem größeren Kreis der Arbeitsgemeinschaft«: *Die Industriearbeiterin im deutschen Recht.*[33]

Aktueller und praxisnäher hätte ein Beitrag von Juristinnen zum Reichsberufswettkampf 1936/37 kaum sein können. Denn die »Frauenarbeit« stand seit der Bekanntgabe des Vierjahresplans im Herbst 1936 plötzlich ganz oben auf der wirtschaftspolitischen Agenda der NS-Führung.[34] Ohne einen »Arbeitseinsatz« der Frau in der Industrie waren die ambitionierten Aufrüstungs- und Autarkieziele, die Hitlers Plan vorsah, nicht zu erreichen. Die Ablehnung der Frauenarbeit, die bislang die nationalsozialistische Frauenpolitik ausgezeichnet hatte, musste sich den Vierjahresplanzielen unterordnen: »Die ideologischen Bedenken gegen die Frauenarbeit wurden zwar offiziell nie widerrufen, aber auch nicht mehr geäußert«, resümiert Dörte Winkler in ihrer Studie *Frauenarbeit im »Dritten Reich«.*[35] Es ging nun darum, den unverzichtbaren Arbeitseinsatz der Frau mit der ideologiekonformen Mutterrolle in Einklang zu bringen. Die Wettkampfgruppe der Berliner Juristinnen wollte dazu einen praktisch verwertbaren Beitrag leisten und positionierte sich zugleich selbstbewusst im Arbeitsrecht, einem Rechtsgebiet, das besonderes Potential für künftige Doktorarbeiten bot. »In Bezug auf die Aufgabenstellung«, schrieb Wiltraut von Brünneck, »bedarf es keiner besonderen Begründung dafür, daß hier ein Thema aus dem Arbeitsrecht – einem Rechtsgebiete, dessen Neugestaltung durch den Nationalsozialismus mit am frühesten in Angriff genommen wurde – gewählt wurde.« Dass Juristinnen an dieser »Neugestaltung« mitwirken konnten, ja mussten, stand für sie außer Frage:

> »Wenn innerhalb dieses Gebietes die arbeitende *Frau* in den Mittelpunkt der Arbeit gestellt wurde, so geschah dies in der Erkenntnis, daß die vordringlichen Aufgaben, die die Rechtswahrerin zu erfüllen hat, selbstverständlich dort liegen, wo das Recht den Lebenskreis der Frau ergreift.«[36]

Die Arbeitsweise der Wettkampfgruppe ist in Wiltraut von Brünnecks Bericht gut dokumentiert. Nachdem sie das Thema gemeinsam mit dem größeren Kreis der Arbeitsgemeinschaft »endgültig abgegrenzt« und den Aufbau der Arbeit festgelegt hatten, teilten sich die Mitglieder der »Kerngruppe« die Materie in einzelne Abschnitte auf, die sie jeweils selbstständig bearbeiteten:

> »Ihre Aufgabe war es zunächst das einschlägige Schrifttum zu verarbeiten und zu verwerten. Nicht minder wichtig war aber die Fühlungnahme mit den Stellen, die Auskunft über die Erfahrungen und Bedürfnisse der Praxis geben konnten, mit den Aemtern der Deutschen Arbeitsfront, der Reichsanstalt für Arbeitsvermittlung und der Arbeitslosenversicherung u. a. m.«

Manche Gruppenmitglieder konnten diese Erkenntnisse aus der Praxis durch »das persönliche Erlebnis [...] im Fabrikdienst der Studentinnen« anreichern, »der für dieses Lebensgebiet ein tieferes Verständnis weckte und das Verlangen nach einer Beschäftigung mit der rechtlichen Regelung hervorrief«.[37] Das eigene

JURISTIN IN DER VOLKSGEMEINSCHAFT (1937–1945)　　67

Erleben als Ausgangspunkt wissenschaftlicher Erkenntnis war der Inbegriff der wirklichkeitsnahen Rechtswissenschaft, wie sie Wiltraut von Brünneck in ihrem Artikel über die Aufgaben der Frau im Recht vertreten sollte. Sie selbst würde die Erfahrung später nachholen, zu einer Zeit, als der »Fabrikdienst der Studentinnen«[38] noch eine weitere, nämlich kriegswichtige Bedeutung erlangt hatte.

Die Wettkampfarbeit der Berliner Juristinnen hat den Krieg nicht überdauert. Ihre Spur verliert sich in der Universitätsbibliothek Unter den Linden, an die das Original im Frühjahr 1937 abgeliefert wurde.[39] Wiltraut von Brünnecks Wettkampfbericht, der 1937 im Juni-Heft der *Jugend und Recht* veröffentlicht wurde, gibt jedoch einen Überblick über Ausrichtung und Inhalt der Arbeit. Die Darstellung versuchte, »die Industriearbeiterin in ihrer gesamten Rechtsstellung zu erfassen«. Dafür seien zwei Gründe maßgebend gewesen: »die Grundhaltung des neuen Arbeitsrechts überhaupt und die Bedeutung der besonderen Fragen, die die Industriearbeit der Frauen an die rechtliche Regelung stellt«. Die Berliner Juristinnen verstanden die nationalsozialistische Machtübernahme als Zäsur in der Entwicklung des Arbeitsrechts:

»Sah man früher das Recht des Arbeiters vorwiegend unter dem Gesichtspunkt des Schutzes – lange Zeit wurden die Begriffe ›Arbeitsschutz‹ und ›Arbeitsrecht‹ geradezu als identisch angesehen und verwandt –, so geht das nationalsozialistische Arbeitsrecht von entscheidend anderen Gedanken aus. Es kommt ihm nicht in erster Linie darauf an, eine besondere Schicht des Volkes vor gesundheitlichen und wirtschaftlichen Gefahren [...] zu schützen. Das Arbeitsrecht will vielmehr den ganzen Lebenskreis des arbeitenden Menschen erfassen und ihm eine Ordnung geben. Wenn diese Aufgabe erfüllt werden soll, dann muß die rechtliche Regelung der Arbeitsverfassung, des Arbeitsverhältnisses und des Arbeitsschutzes unter dem gleichen Grundgedanken stehen und in gegenseitiger Ergänzung auf das gleiche Ziel hinwirken.«

Das Ziel selbst ergab sich für die Juristinnen »klar aus den Forderungen der nationalsozialistischen Bewegung und ihrer Verwirklichung im Dritten Reich: es ist die Einbeziehung des deutschen Arbeiters in die gesamtdeutsche Volksgemeinschaft und die Lösung aller sozialen Fragen aus der Erkenntnis, daß das Volk den höchsten Wert darstellt und jedes Einzel- oder Gruppeninteresse zugunsten des Volksganzen zurücktreten muß.«[40]

Die nationalsozialistische Volksgemeinschaft versprach die »Lösung aller sozialen Fragen« – Fragen, die weder Monarchie noch Republik zu lösen vermocht hatten, weil sie Einzel- oder Gruppeninteressen den Vorzug gegeben hatten. In dieser Deutung war die Volksgemeinschaft eine progressive Verheißung, die gerade bei jungen, gebildeten Frauen wirkmächtig war, wie Haide Manns in ihrer Studie über nationalsozialistische Akademikerinnen nachweist: »Die positive Haltung der Frauen gegenüber der Volksgemeinschaftsidee ist [...] auch dadurch bedingt, daß diese Idee auf der Ebene der sozialen Beziehungen den totalen Ganzheitsgedanken, der eine homogene Gesellschaft verspricht, zu repräsentieren scheint.«[41] Dass diese Homogenisierung mit Ausgrenzungen einherging, nahmen die nationalsozialistisch orientierten Studentinnen gleichsam als notwendige Prämisse hin: Die durch Ausgrenzung »entwerteten Menschen« existierten von vornherein nicht in ihren »Vorstellungen von der zukünftigen ›Volksgemeinschaft‹«. Die jungen Akademikerinnen verstanden die Volksgemeinschaft »nicht in erster Linie als ein Bollwerk [...] gegen den äußeren und inneren ›Feind‹ [...], sondern als ein[n] Gedanke[n], der im Gegenteil dazu auffordert, sozial und politisch aktiv für den ›Aufbau‹ zu arbeiten«.[42] Es ist diese integrativ-aktivierende Dimension der Volksgemeinschaftsideologie, an die Wiltraut von Brünneck und ihre Mitstreiterinnen mit ihrer Wettkampfarbeit anknüpften.

Dabei verloren sie den Aufgabendualismus der Geschlechter nicht aus den Augen:

»Zwar steht die Frau in der Industriearbeit gleichgeordnet neben den männlichen Beschäftigten, es gilt für sie die gleiche Grundordnung des Arbeitslebens und viele Fragen auf dem Gebiet des Arbeitsverhältnisses und des Arbeitsschutzes sind für sie die gleichen wie für ihre Berufskameraden. Aber daneben gilt für sie noch etwas anderes: wie jede schaffende Frau bleibt auch die Industriearbeiterin der allgemeinen Frauenaufgabe verpflichtet, Mutter der kommenden Generation zu werden und den Kindern eine gesicherte Entwicklung in der Familie zu geben.«

Am nationalsozialistischen Mutterkult wollten die Berliner Juristinnen nicht rütteln. Sie leiteten aus der »erste[n] und höchste[n] Aufgabe« der Frau für das »Volksganze« vielmehr die Forderung nach einer rechtlichen Ordnung ab, die dieser Aufgabe gerecht wird. »Dafür genügt aber nicht die Schaffung und der Ausbau eines Sonderrechtes innerhalb des allgemeinen Arbeitsschutzes, sondern alle Einzelgebiete des Arbeitsrechtes müssen, soweit sie die Arbeiterin erfassen, unter diesem einheitlichen Grundgedanken stehen.«[43]

Die rechtliche »Ordnung« der Industriearbeiterin wurde in der Wettkampfarbeit in neun Teilgebiete gegliedert: »Arbeitseinsatz, Arbeitsverfassung, Soziale Ehre, Erfassung der Arbeiterin durch die DAF, Arbeitsverhältnis, Arbeitsschutz, Mutterschutz und schließlich zwei Sonderkapitel über die jugendliche Arbeiterin und die Heimarbeiterin«. Die Berliner Juristinnen versuchten, einen »Ueberblick über das geltende Recht in einer Form« zu geben, »die weiteren Kreisen zugänglich« war. Sie beanspruchten keine »wissenschaftliche Breite«, sondern dachten »an eine spätere Verwendbarkeit für Schulungszwecke in den einzelnen Organisationen oder für die Männer und Frauen, die nicht rechtskundig sind und an irgendeiner Stelle Arbeiterinnen betreuen«. Das entsprach nicht nur dem Anforderungsprofil des Reichsberufswettkampfs, sondern vermied auch die »Gefahr einer rein theoretischen abstrakten Darstellung«. Dass die Mitglieder der Wett-

JURISTIN IN DER VOLKSGEMEINSCHAFT (1937–1945)

kampfgruppe ihre Beiträge bereits als Vorarbeiten für eine Promotion begriffen, belegen die späteren Dissertationsthemen.

Erdmute Hackmann wurde 1939 in Heidelberg mit der von Eduard Bötticher betreuten Dissertation *Die Mutterschaftsversicherung in Deutschland* promoviert. Im Vorwort legte sie offen, dass sie im Wintersemester 1936/37 »im Rahmen einer Gemeinschaftsarbeit Berliner Juristinnen über ›Die Industriearbeiterin im deutschen Recht‹ den Abschnitt über Mutterschutz« bearbeitet hatte.[44] Irmgard von Keudell folgte 1941 mit einer Arbeit über *Soziales Ehrenrecht und Strafrecht*.[45] Ihr Doktorvater war Wolfgang Siebert, der 1938 einem Ruf nach Berlin gefolgt war. Ebenfalls bei Siebert wollte Helga Friese mit der Dissertation *Schutz und Fürsorge für die deutsche Industriearbeiterin insbesondere nach 1933* promovieren. Das Verfahren kam aber während des Krieges nicht mehr zum Abschluss.[46] Von Wiltraut von Brünnecks – ebenfalls kriegsbedingt – gescheiterter Promotion bei Wolfgang Siebert wird noch die Rede sein. Marie-Elisabeth Krohn, die 1941 in Berlin promoviert wurde, entfernte sich mit ihrer Schrift über *Staat und Sozialversicherung in Großbritannien und Deutschland* thematisch etwas von der Wettkampfarbeit, blieb aber der sozialrechtlichen Grundausrichtung treu. Bei der Wahl des Doktorvaters folgte sie ebenfalls dem Trend: Wolfgang Siebert.[47] Nur Erika Zachariat scheint keine Promotionsabsicht gefasst zu haben.

Die Gemeinschaftsarbeit der Berliner Juristinnen war die Probe aufs Exempel, dass Frauen in der nationalsozialistischen Rechtswissenschaft etwas zu sagen hatten, dass sie mitreden konnten – sofern es ihren »Lebenskreis« betraf. Der Erfolg gab ihnen Recht. Die Arbeit wurde zur »Reichssiegerarbeit« in der »Kampfsparte 10: Studentinnen« erklärt. Die Bewertung hatte die Landgerichtsrätin Victoria Eschke übernommen, eine der wenigen Juristinnen aus der Weimarer Zeit, die nach 1933 Karriere in der Justiz machten. Nach der Beurteilung ihrer Vorgesetzten wurzelte Eschke »fest im Volksganzen und bejaht[e] den neuen Staat und seine weltanschaulichen Grundlagen aus innerer Überzeugung«.[48] Die Bewertung der Wettkampfarbeit durch diese Vorzeigerichterin des »neuen Staates« ist nicht überliefert. Doch offenbar wusste sie den Einsatz der jungen Berliner Juristinnen für die Verbesserung der Rechtsstellung der Industriearbeiterin zu schätzen.

Auch bei anderen Nationalsozialistinnen konnten sich Wiltraut von Brünneck und ihre »Kameradinnen« der Anerkennung ihrer Leistung gewiss sein. Am 1. Juni 1937 platzierte Anna Kottenhoff in der gleichgeschalteten *Neuen Deutschen Frauenzeitschrift* einen Artikel über *Mann und Frau in geistiger Zusammenarbeit*, in dem sie die Wettkampfarbeit der Berliner Juristinnen als gelungenes Beispiel für die Wahrnehmung der »Sonderaufgaben der Frau« in der Wissenschaft anpries.[49] Das DAF-Journal *Frau am Werk* und die gleichgeschaltete Monatszeitschrift der

Frauenbewegung *Die Frau* berichteten ebenfalls über den Wettkampferfolg, der noch einige Jahre später von der Reichsfrauenführung als Beleg dafür angeführt wurde, dass die »Studentinnen Seite an Seite mit ihren Kameraden bewiesen« hätten, »daß sie am Neubau der deutschen Sozial- und Volksordnung ausgezeichnet mitarbeiten und gleichzeitig wissenschaftlich Wertvolles leisten können«.[50]

Die Arbeit wurde aber nicht nur in der NS-Frauenszene positiv aufgenommen. Interesse bekundeten auch das Sozialamt der Deutschen Arbeitsfront und *Der Angriff*, die Berliner NSDAP-Zeitung.[51] Die NS-Studentenverwaltung wusste den Erfolg der Berliner Juristinnen ebenfalls für sich zu nutzen. Im Zuge des studentischen »Fabrikdiensts« waren wiederholt »Fragen aufgetaucht nach der Notwendigkeit und dem Grund der industriellen Fabrikarbeit der Frau [und] nach dem Schutz, der der Arbeiterin als Frau und Mutter gewährt« wurde. Die NS-Studentenzeitung *Die Bewegung* brachte daher im März 1937 einen ganzseitigen Artikel mit der Überschrift »Die Industriearbeiterin im deutschen Recht«, in dem die Fragen der Studentinnen »von einer Kameradin klar und eindeutig beantwortet« wurden. Die Kameradin war Wiltraut von Brünneck,[52] die darum bemüht war, den Wettkampferfolg – der zugleich den krönenden Abschluss ihres eigenen Engagements in der *Arbeitsgemeinschaft Nationalsozialistischer Studentinnen* bildete – publik zu machen.

Unterstützt wurde sie dabei von Anna Kottenhoff, die ihre Kontakte spielen ließ, um einen Bericht über die »Reichssiegerarbeit« in der Zeitschrift *Jugend und Recht* (JuR), dem »Organ der Jungen Rechtswahrer des National-Sozialistischen Rechtswahrerbundes und der Reichsfachgruppe Rechtswissenschaft der Reichsstudentenführung« abdrucken zu lassen.[53] Anna Kottenhoff hatte einen kurzen Draht zur JuR. Denn der Leiter der Reichsfachgruppe Rechtswissenschaft war ihr Heidelberger »Kamerad« Karl Lang, der auch Wiltraut von Brünneck aus der Fachschaftsarbeit kannte. Lang erhielt das Manuskript Ende Mai 1937,[54] so dass der Bericht schon im Juni-Heft der JuR erscheinen konnte. Die Platzierung war prominent, denn auf der ersten des Hefts lobte der »Reichsrechtsführer« Hans Frank ein Stipendium »mit dem Zwecke der Auslese und Förderung hervorragend befähigter nationalsozialistischer Rechtsstudenten« aus. Diese »Auslese« sollte »in erster Linie auf Grund der Leistungen im Reichsberufswettkampf erfolgen«. Damit führe ein klarer Weg vom studentischen Einsatz an der Hochschule zum Beruf des deutschen Rechtswahrers: »Die Besten unter Euch werden in Zukunft diesen Weg gehen. Zu ihnen zu gehören, im Kampf um unser deutsches Recht in vorderster Front zu stehen, das ist das große Ziel, das Euch, deutsche Rechtsstudenten, heute vorangestellt ist.«[55] Es war die von Wiltraut von Brünneck vorgestellte Siegerarbeit der Juristinnen, die in der JuR den angehenden »Rechtswahrern« beiderlei Geschlechts als Vorbild präsentiert wurde. Die Berliner Juristinnen erhielten das Stipendium zwar noch nicht. Anna Kottenhoff war aber bemüht, dem Wettkampferfolg Aufmerksamkeit bei der politischen Führung zu verschaffen. Über Ilse Eben-Servaes ließ sie Hans Frank berichten, »daß die Juristinnen eine Reichssiegerarbeit geliefert« hätten, verbunden mit der Anregung, Frank möge die Kosten für die Drucklegung übernehmen.[56]

Auch die »Reichsfrauenführerin« Gertrud Scholtz-Klink wurde über den Wettkampferfolg informiert. Scholtz-Klink, die eng mit Eben-Servaes zusammenarbeitete und deren frauenberufspolitische Ansichten teilte,[57] hatte im Jahr 1937 die Hoffnung auf einen »wesensgemäßen« Platz für akademisch gebildete Frau in der Volksgemeinschaft noch nicht aufgegeben. Gerade mit den beruflichen Perspektiven von Juristinnen setzte sie sich immer wieder – auch öffentlich – auseinander und forderte zumindest deren Mitarbeit in den als »weiblich« identifizierten Rechtsbereichen: »Daß die Frau [...] als Juristin in der gesamten Rechtsfindung und Rechtsberatung, in der ganzen Arbeit für Mütter und Kind, in den Jugendgerichten sehr wohl ihren Anteil haben kann, das ist für uns selbstverständlich«, erklärte Scholtz-Klink im Februar 1937 bei einem Besuch in Stockholm. Die Dinge seien »alle noch lange nicht am Ende angelangt«.[58] Ein praktisch verwertbarer Erfolg der Berliner Juristinnen im Reichsberufswettkampf kam da gerade Recht. Am 7. Juni 1937 empfing Scholtz-Klink die Mitglieder der Wettkampfgruppe im Haus der Reichsfrauenführung, um ihnen persönlich ihre Anerkennung auszusprechen. Anna Kottenhoff nahm ebenfalls am Empfang teil – immerhin war der Erfolg der Berliner Juristinnen in gewisser Weise auch ihr Erfolg. Die Kleiderordnung entsprach dem feierlichen Anlass: »dunkler Rock, weiße Bluse, ANSt-Abzeichen«.[59]

Das Lob der Reichsfrauenführerin und die Erwähnung der Wettkampfarbeit in Frauen- und Nachwuchsjournalen waren Wiltraut von Brünneck nicht genug. Sie wusste, dass der Fachdiskurs die Ergebnisse ihrer Untersuchung nur dann wahrnehmen würde, wenn diese in einem Organ mit größerer Reichweite publiziert würden. Daher erörterte sie mit Anna Kottenhoff die Möglichkeit einer Veröffentlichung in der Zeitschrift *Deutsches Recht*, dem »Zentralorgan des Nationalsozialistischen Rechtswahrerbundes«.[60] Die Zeitschrift war kein gewöhnliches Fachjournal, sondern brachte »nur rechtspolitisch ausgearbeitete Artikel«, wie Anna Kottenhoff durch Annemarie Vocke, einer anderen Heidelberger Kommilitonin und Doktorandin Reinhard Höhns,[61] in Erfahrung brachte. Die Wettkampfarbeit habe »insofern einen ganz anderen Charakter«.[62] Wiltraut von Brünneck war bereit, ihr Manuskript den Vorgaben der Zeitschrift anzupassen, und Anna Kottenhoff ließ erneut ihre Kontakte spielen, um – über Karl Lang – an die Schriftleitung heranzutreten.[63]

Am 15. März 1938 erschien schließlich in der Zeitschrift *Deutsches Recht* der Beitrag der Rechtsreferendarin Wiltraut von Brünneck über »[d]ie Industriearbeiterin im Recht«. Der Ursprung in der Siegerarbeit des Reichsberufswettkampfs war nicht mehr zu erkennen. Die Verfasserin hatte das Thema rechtspolitisch aufbereitet. So fügte sich ihr Aufsatz in die Gesamtkonzeption des Heftes ein, das der Rechtsstellung der Frau in der nationalsozialistischen Volksgemeinschaft gewidmet war. Auf der Titelseite prangte ein Auszug aus einer Rede, die Hitler auf dem Frauenkongress des Reichsparteitages 1935 gehalten hatte: »Wir sehen in der Frau die ewige Mutter unseres Volkes und die Lebens-, Arbeits- und auch Kampfgefährtin des Mannes.« Darunter ein Zitat der Reichsfrauenführerin Scholtz-Klink:

> »Wir wissen, daß für die Möglichkeit unserer fraulichen Mitarbeit, wie wir sie heute haben, eines notwendig war, was den Generationen vor uns nicht beschieden gewesen ist: Die einheitliche politische Zielsetzung und die einheitliche große nationale Idee. Nachdem wir durch das Werk des Führers in der Weltanschauung des Nationalsozialismus diese Einheitlichkeit gewonnen haben, ist erst jetzt der Frauenarbeit ihre ganze Wirkungsmöglichkeit erschlossen. Damit meinen wir alle Frauen, die als Arbeit der Hände und als Arbeit des Geistes ihren Teil beitragen zum Gesicht unserer Nation.«

Wiltraut von Brünneck stimmte in diesen Grundton ein: »Die Industriearbeiterinnen bilden eine der größten Berufsgruppen innerhalb der gesamten weiblichen Erwerbstätigkeit in Deutschland. [...] Die gewaltige Steigerung der deutschen Produktion, die uns in der Führerrede am 20. Februar so eindrucksvoll vor Augen gestellt wurde, war nur dadurch möglich, daß jede verfügbare Arbeitskraft erfaßt und dabei in großem Umfang auch die weiblichen Arbeitskräfte herangezogen wurden.« Der »früher oft geführte[n] Streit um das Für und Wider der industriellen Frauenarbeit« müsse nun »endgültig« beendet werden. Er habe schon immer etwas »lebensfremd« angemutet, nun aber habe »die Wirklichkeit« eindringlich gezeigt, dass der Einsatz weiblicher Arbeitskräfte in der industriellen Arbeit für die Wirtschaft unentbehrlich sei. Lebensnähe, Wirklichkeitsbezug – da waren sie wieder, die Leitgedanken, an denen Wiltraut von Brünneck ihre wissenschaftliche Tätigkeit ausrichtete.[64]

Sie verstand es, ihr Engagement in den größeren politischen Kontext einzuflechten, in dem sie auf die fachliche Anerkennung ihrer Leistungen hoffen durfte. Denn mit dem Verweis auf die »Führerrede« vom 20. Februar 1938 stellte sie ihren Beitrag in die Mitte des Tagesgeschehens. Hitler hatte darin die Steigerung von Rohstoffförderung und Industrieproduktion seit seiner Ernennung zum Reichskanzler herausgestellt, an deren Zwecksetzung er keinen Zweifel aufkommen ließ: Aufrüstung für einen Eroberungskrieg. »Was immer wir aber auch durch eine solche Steigerung der Produktion erreichen«, rief er seinen Claqueuren im Reichstag zu, »es kann die Unmöglichkeit der deutschen Raumzumessung dadurch nicht beseitigt werden.« Von der Steigerung der Produktion leitete er über zum Ausbau der Wehrmacht, zur Situation der Deutschen im Ausland – vor allem in Polen und der Tschechoslowakei – und zum Verhältnis des Deutschen Reichs zur Republik Österreich, deren »Anschluss« nach dem Berchtesgadener Abkommen vom 12. Februar bereits unmittelbar bevorstand. Die »Führerrede vom 20. Februar« war die rhetorische Ouvertüre zur aggressiven Expansionspolitik, die in den folgenden Jahren den europäischen Kontinent erschüttern und verheeren sollte. Der Einsatz der Frau in der Industriearbeit, dem Wiltraut von Brünneck in ihrem Beitrag eine ideologiekonforme rechtliche »Ordnung« geben wollte, war Teil der Kriegsvorbereitungen, die seit 1936 vorangetrieben wurden. Wer die »Führerrede vom 20. Februar« gehört hatte, konnte daran keinen Zweifel haben. Wiltraut von Brünneck hatte sie gehört.

Volksgenossinnen

Angesichts Wiltraut von Brünnecks Engagement in der *Arbeitsgemeinschaft Nationalsozialistischer Studentinnen* zwischen 1934 und 1937 und ihrer Veröffentlichungen aus den Jahren 1937 und 1938 drängt sich die Frage nach ihrer Haltung zum NS-Regime auf. Begrüßte sie wirklich die »totale Wende, die die nationalsozialistische Revolution auf allen Lebensbereichen bedeutete«?[65] Ließ sie sich wirklich von »Führerreden« mitreißen, die den »Aufstieg« Deutschlands und die »Erweiterung des Lebensraums« propagierten? Wollte sie wirklich als »Volksgenossin« im »Volksganzen« aufgehen? Kurzum: War Wiltraut von Brünneck eine Nationalsozialistin? Man wird diese Frage differenziert und in dem Bewusstsein beantworten müssen, dass sich letzte Gewissheit nicht erreichen lässt. Egodokumente wie Tagebuchaufzeichnungen oder private Briefe aus der Zeit vor 1945 sind nicht überliefert. Einem Entnazifizierungsverfahren, dessen Feststellungen – bei aller gebotener Quellenkritik – Rückschlüsse auf ihre politische Einstellung zulassen könnten, musste sie sich nie unterziehen. Man kann sich der Frage nur anhand von Kontext und Indizien nähern.

Zum Kontext gehört Wiltraut von Brünnecks Erziehung im deutschnationalen Milieu. Seit ihrer frühen Jugend war sie mit den Konzepten vertraut, auf die auch die Nationalsozialisten ihre Ideologie aufbauten: »Deutschtum«, »Volksgemeinschaft« und »Lebensraum« waren für sie keine Fremdwörter, sondern verinnerlichte Begriffe aus Schule, VDA-Arbeit und Landfrauenschule. Von den Nationalsozialisten in der »Kampfzeit« hatte sich ihr Umfeld vor allem wegen des sozialrevolutionären Habitus der NS-Bewegung abgegrenzt. Die *inhaltliche* Kluft zwischen deutschnationalem Adel auf der einen und nationalsozialistischen »Proletariern« auf der anderen Seite war aber nie so groß gewesen, wie die *habituelle*

74 JURISTIN IN DER VOLKSGEMEINSCHAFT (1937–1945)

Abneigung vermuten ließ. Wie Stephan Malinowski herausgearbeitet hat, teilten Adlige und Nationalsozialisten die politischen Feindbilder (Demokraten, Liberale, Sozialisten), fanden mit dem Antisemitismus eine »kommunikative[r] Brücke« zueinander, zelebrierten gleichermaßen »Führertum« und »Antibürgerlichkeit« und waren sich einig in der Lebensraumideologie.[66] Die inhaltlichen Differenzen über Staatsform, Religion und Wirtschaftssystem waren nicht so groß, dass sie eine Integration des Adels nach der Machtübernahme der Nationalsozialisten verhindert hätten. Letzte Hindernisse beseitigte Hitler mit dem demonstrativen Schulterschluss am »Tag von Potsdam« und der Ermordung der SA-Führung im sogenannten Röhm-Putsch. Der massenhafte Parteibeitritt von »Märzgefallenen« verbürgerlichte die NSDAP und baute den habituellen Gegensatz ab.

Man kann diese Annäherung anhand der Familie von Brünneck nachvollziehen, die – mit Ausnahme des »alten Kämpfers« Harald von Brünneck – dem Nationalsozialismus vor 1933 ablehnend gegenübergestanden hatte. Mit der Selbstauflösung der DNVP Ende Juni 1933 waren die Brünnecks politisch heimatlos geworden. Götz wechselte Ende September 1933 vom Stahlhelm zur SA, aber nicht zur gewöhnlichen Schlägertruppe, sondern zur exklusiven Reiter-SA. Im April 1934 wurde er Scharführer im Reitersturm 6/29 in Berlin-Tempelhof.[67] Bereits im Februar 1934 war er dem *Bund Nationalsozialistischer Deutscher Juristen* (später: *NS-Rechtswahrerbund*) beigetreten. Ein Parteibeitritt war ihm aufgrund der Aufnahmesperre verwehrt. Er holte ihn bei nächster Gelegenheit am 1. Mai 1937 nach (Mitglieds-Nr. 5370291).[68] Am selben Tag wurde der Wulkower Vetter Wilhelm bei der NSDAP registriert (Mitglieds-Nr. 5118522).[69] Sein Vater Karl soll ebenfalls Parteigenosse gewesen sein.[70] Die Mitgliedschaften haben gewiss nur indizielle Bedeutung, zeigen aber, dass die Brünnecks – wie viele andere adlige Familien – ihre Distanz zum Nationalsozialismus aufgaben, nachdem sich das NS-Regime gefestigt hatte.

Zum Kontext gehört aber auch der Anpassungsdruck, dem Wiltraut von Brünneck und ihre Kommilitoninnen bereits während des Studiums ausgesetzt waren. Da war zum einen die gezielte Inpflichtnahme durch NS-Studentenfunktionäre, die in Heidelberg besonders einflussreich waren. Ihren Erwartungen konnte man nur gerecht werden, wenn man sich an der Fachschaftsarbeit aktiv beteiligte. Das galt auch und besonders für die Führungsfiguren der *Arbeitsgemeinschaft Nationalsozialistischer Studentinnen*, die es sich zum Ziel gesetzt hatten, auch die letzte Kommilitonin zu »erfassen« und durch politische Schulung auf Linie zu bringen. Wie in jeder anderen NS-Organisation gab es auch in der ANSt Aktivistinnen und Mitläuferinnen. Zu den Aktivistinnen zählte Anna Kottenhoff. Sie sollte es bis zur Gaufrauenschaftsführerin von Salzburg bringen. Aber auch Wiltraut von Brünnecks Engagement in der ANSt in Heidelberg und Berlin geht über bloßes Mitläufertum hinaus. Sie leitete als Fachschafsreferentin die Arbeitsgemeinschaften für Juristinnen, was – wie sie später selbst bestätigte – eine »führend[e]« Tätigkeit in einer studentischen Organisation war.[71]

Die Arbeitsgemeinschaften für Juristinnen waren zwar politische Schulungsveranstaltungen, sie verfolgten aber – nüchtern betrachtet – auch einen eigennützigen und damit unideologischen Zweck, nämlich die Karriereperspektiven für Juristinnen unter den widrigen Bedingungen des nationalsozialistischen Regimes zu erhalten. Dass sich Wiltraut von Brünneck und ihre Mitstreiterinnen dabei den Ideologemen und der Rhetorik des Nationalsozialismus bedienten, sagt noch nichts über ihre persönliche Haltung zum Regime aus: Wenn sie überhaupt auf einen Erfolg hoffen durften, dann nur, sofern sie ihre Position innerhalb des semantischen Rahmens formulierten, den die NS-Ideologie absteckte. Der Zentralbegriff der Volksgemeinschaft erwies sich als hinreichend offen, um ihn mit Deutungen aufzuladen, die den eigenen Standpunkt stützten. Dabei konnten sich die jungen Juristinnen an Vorbildern wie Ilse Eben-Servaes oder Gertrud Scholtz-Klink orientieren, die ihre Aufgabe (auch) darin sahen, Akademikerinnen einen Wirkungskreis in der Volksgemeinschaft offenzuhalten. Dass diese Bemühungen nur in begrenztem Maße erfolgreich waren und die Reichsfrauenführung nie einen nennenswerten Einfluss auf die offizielle Politik des NS-Staates erlangen konnte, darf nicht darüber hinwegtäuschen, dass die nationalsozialistischen Frauen es dennoch versuchten.

Es wäre zu kurz gegriffen, die deutschen Juristinnen pauschal als Opfer der Frauenfeindlichkeit des NS-Regimes anzusehen, die sich der Diskriminierung nur durch politische Anpassung oder den Rückzug aus dem Berufsleben hätten entziehen können. Lange wurde die Geschichte der Juristinnen im Nationalsozialismus als reine Diskriminierungsgeschichte erzählt. Das entsprach nicht nur der einmütigen Darstellung der »betroffenen« Frauen, die in Entnazifizierungsverfahren die »frauenberufsfeindlichen Tendenzen des Nationalsozialismus, insbesondere seine Maßnahmen gegen die akademischen Frauenberufe« hervorhoben, um sich selbst oder andere zu entlasten – wie es Wiltraut von Brünneck für Marie Luise Hilger getan hatte.[72] Es entsprach auch, wie Sybille Steinbacher formuliert, dem Ansatz der »auf positive weibliche Identitätsstiftung« zielenden feministischen Forschung, die ab den siebziger Jahren den Nationalsozialismus »als männlich beherrschtes System« darstellte und Frauen »in erster Linie als Objekte und Opfer patriarchalischer Herrschaftsstrukturen« sah.[73] In den Fokus der gegenläufigen Forschungstendenz, die ab Mitte der achtziger Jahre Frauen als »Täterinnen« betrachtete,[74] gerieten die Juristinnen nie,[75] was auch daran liegen mag, dass die nach außen wirkenden Vertreter der NS-(Straf-)Justiz allesamt Männer waren.

Erst seit Mitte der neunziger Jahre betrachtet die zeithistorische Forschung »die vielfältigen Tätigkeitsfelder [...], auf denen Frauen im Dritten Reich aktiv gewesen sind«[76] und bezieht dabei auch die Juristinnen ein.[77] So weist Jennifer E. Walcoff darauf hin, dass für Juristinnen, »die bereit waren, für den NS-Staat und sein Ideal der ›Volksgemeinschaft‹ zu arbeiten und in den NS-Frauenorganisationen aktiv zu sein, [...] bemerkenswerte Karrieren möglich« gewesen seien. Zwar seien die Juristinnen vom höheren Justizdienst ausgeschlossen worden, ihnen hätten sich aber »verschiedene Berufsmöglichkeiten, vor allem in der NS-Frauenschaft, den Wohlfahrts- und Arbeitsämtern« geboten. »Juristinnen wurden dort akzeptiert und ihre Betätigung im NS-Apparat wurde ausdrücklich befürwortet.«[78] Marion Röwekamp verwendet dreißig Seiten ihrer achthundert Seiten starken Geschichte der ersten deutschen Juristinnen auf die »Ideologie und Partizipation der nationalsozialistischen Juristinnen«.[79] Wie Walcoff kommt sie zu dem Schluss, dass sich den Juristinnen »innerhalb der noch verbleibenden Berufsausübungsmöglichkeiten ein weites Feld an Entscheidungs- und Handlungsmöglichkeiten« geboten habe.[80] Karrieren wie die der arrivierten Frauenfunktionärin Ilse Eben-Servaes oder die der aufstrebenden Studentenfunktionärin Anna Kottenhoff dienen ihr als eindrucksvolle Beispiele. Röwekamp arbeitet auch die Machtpositionen heraus, die Juristinnen in den NS-Frauenorganisationen und in der Sozialverwaltung erlangen konnten. Der Wirkungskreis dieser Positionen konnte den als »weiblich« markierten Bereich weit übersteigen.[81]

Man muss das Engagement und die Veröffentlichungen Wiltraut von Brünnecks vor diesem facettenreichen Hintergrund betrachten. Ihre Haltung zum Nationalsozialismus wurde von einem Amalgam aus inhaltlicher Zustimmung, aufgenötigter Anpassung und opportunistischer Selbstinszenierung bestimmt, dessen Zusammensetzung sich nicht mehr im Einzelnen nachvollziehen lässt. Sie ging zum Regime nicht auf Distanz, war aber auch keine glühende Verfechterin der NS-Politik. Wenn sie sich in ihren Veröffentlichungen zustimmend äußerte, ging sie über Gemeinplätze kaum hinaus und nutzte die nächste Gelegenheit, um die Aufgaben der Frau als Juristin oder ein soziales Reformanliegen in den Vordergrund zu rücken. Wenn sie sie eine rechtspolitisch affirmative Haltung einnahm – wie in ihrem Beitrag für die Zeitschrift *Deutsches Recht* –, gelang es ihr kaum, die rhetorische Mühe zu verbergen, die ihr das bereitete. So bezeichnet sie etwa den freiwilligen Ausgleich der Differenz zwischen Lohn und Krankengeld im Mutterschutz als ein »besonders schönes Zeichen des Wandels der sozialen Einstellung, der sich mit dem Nationalsozialismus vollzogen« habe.[82]

Dass solche äußerlichen Anbiederungen an das Regime in Wiltraut von Brünnecks Umfeld gängig waren, zeigt ein Blick in Erdmute Hackmanns Dissertation über »[d]ie Mutterschaftsversicherung in Deutschland«. Die Arbeit erschöpfte sich weitgehend in einer wertungsfreien Aneinanderreihung von Statistiken und Rechtsvorschriften. Das kurze rechtspolitische Kapitel beginnt Hackmann hingegen mit einem Hinweis auf die »Fortschritte«, die im Bereich der Mutterschaftshilfe »namentlich seit der nationalsozialistischen Machtergreifung erzielt worden« seien. Dass aus ihrer Sicht noch einiges mehr für die Mütter getan werden musste, begründete sie mit einem wörtlichen Zitat des »Reichsleiter[s]« Alfred Rosenberg, der »aus der weltanschaulichen Zielsetzung des Nationalsozialismus und aus realpolitischen Erwägungen heraus« gesagt habe: »Unser Volk braucht gesunde und starke Menschen. Gesunde und starke Menschen aber können nur von kraftvollen und ihrer Kraft bewußten Frauen geboren werden«.[83] Ihrem Doktorvater Eduard Bötticher, einem Parteigenossen und Profiteur der Vertreibung »nicht-arischer« Professoren,[84] dürfte die Erwähnung des NS-Chefideologen Rosenberg gefallen haben.

Wie viel innere Überzeugung hinter solchen bekenntnishaften Äußerungen stand, lässt sich nicht mit Gewissheit sagen. Ein Gutteil der NS-Rhetorik dürfte Wiltraut von Brünneck und ihren Mitstreiterinnen dazu gedient haben, ihre sozialreformerischen Anliegen in ein regimekonformes Gewand zu kleiden. Erdmute Hackmann war, daran lässt ihre Ausarbeitung keinen Zweifel, aufrichtig an der Verbesserung der sozialen Lage von Müttern gelegen, für die sie im NS-Staat nur »überzeugend« in der Sprache des Regimes werben konnte. Auch Wiltraut von Brünnecks aufrichtiges Bemühen um die Verbesserung der Rechtsstellung der Industriearbeiterin steht angesichts der vielfältigen Verbesserungsvorschläge, die sie in ihrem Artikel in der Zeitschrift *Deutsches Recht* machte, außer Frage. So forderte sie etwa die Einrichtung von Fabrikkindergärten, die zweckmäßige Einteilung der Freizeit und die Gewährung zusätzlichen Urlaubs, um die Industriearbeiterinnen zu entlasten, deren »Ausschaltung [...] aus dem Arbeitsprozess« angesichts der »gegenwärtigen Wirtschaftslage« nicht möglich sei.[85] Die Betonung der »Mutterschaftsaufgabe«, deren Erfüllung »für jede Frau [...] an erster Stelle stehe«,[86] machte solche Reformpostulate ideologisch anschlussfähig.

Ihre zumindest äußerliche Bindung an das Regime bekräftigte Wiltraut von Brünneck in den Jahren 1937 und 1938 durch Eintritte in weitere NS-Organisationen.[87] Im Januar 1937 trat sie dem *Deutschen Frauenwerk* (DFW) bei, das als Sammelorganisation der gleichgeschalteten nationalistischen, völkischen und konservativen Frauenverbände fungierte und gleichzeitig der politischen Bindung nationalsozialistisch gesinnter Frauen diente. Diese konnten seit einem Aufnahmestopp im Februar 1936 nicht mehr ohne weiteres der *NS-Frauenschaft* (NSF) beitreten, sondern mussten sich erst im DFW bewähren. Beide Frauenverbände waren organisatorisch eng miteinander verbunden. Sie wurden in Personalunion von Gertrud Scholtz-Klink geführt.[88] Ihre Aktivitäten unterschieden sich nur geringfügig voneinander. Obwohl es für sie im DFW ein breites Betätigungsfeld gab, strebte Wiltraut von Brünneck die Mitgliedschaft in der

NSF an, die sich selbst als Eliteorganisation der nationalsozialistischen Frauen verstand, während das Frauenwerk als Massenorganisation konzipiert war.[89] Die Mitglieder der NSF beanspruchten die »geistige Führung« der Frauen und überließen die allgemeine soziale und politische Bindung dem Frauenwerk.[90] Ihren elitären Anspruch konnte die NSF indes nie einlösen, zumal sie stets mehr Mitglieder zählte als das DFW.[91]

Die Mitgliedschaft in der NSF war nach den Maßstäben der Zeit schon deshalb erstrebenswert, weil es sich um eine Gliederung der NSDAP handelte und die Zugehörigkeit mit einem entsprechenden Prestige verbunden war. Für Juristinnen war die NSF besonders attraktiv, weil sie Gaurechtsreferentinnen bestellte und Schlichtungsstellen für Frauen einsetzte, deren Entscheidungskompetenzen in manchen Bereichen an die Zuständigkeiten staatlicher Gerichte heranreichten. Voraussetzung für die Übernahme solcher Ämter war die Mitgliedschaft in NS-DAP oder NSF.[92] Wollte sie sich den Zugang zu solchen Positionen offenhalten, die ihr als Juristin zugleich ein berufliches Tätigkeitsfeld eröffneten, führte für Wiltraut von Brünneck an einem Beitritt zur NSF kaum ein Weg vorbei. Darüber hinaus dürfte es ihrem Selbstverständnis entsprochen haben, an der »geistigen Führung« der Volksgenossinnen mitzuwirken.

Am 1. März 1938 wurde Wiltraut von Brünneck vom Frauenwerk in die NSF übernommen (Mitglieds-Nr. 2349643).[93] Während der Aufnahmesperre, die bis 1939 galt, wurde die Übernahme grundsätzlich nur Führerinnen des BDM, des Frauenarbeitsdienstes und des DAF-Frauenamts gewährt.[94] Für Wiltraut von Brünneck wurde davon eine Ausnahme gemacht, vermutlich weil man ihre führende Tätigkeit in der ANSt den anderen Führungsämtern gleichstellte. Hinzu kam der zunehmende Bedarf an Juristinnen in der NSF.[95] Ihr Engagement in der Heidelberger und Berliner ANSt, ihr Erfolg beim Reichsberufswettkampf und ihre nachfolgenden Veröffentlichungen ließen Wiltraut von Brünneck als eine verdiente »Kameradin« erscheinen, der man die Mitwirkung an der »geistigen Führung« der Frauen anvertrauen konnte. Diese Erwartung sollte sie nicht enttäuschen. Nach ihrer Aufnahme in die NSF leitete sie eine der »Ortsjugendgruppen« (vermutlich in Lankwitz)[96] die sich in zunehmendem Maße als das Rückgrat der NS-Frauenorganisationen erwiesen und überall dort einsprangen, wo die älteren »Kameradinnen« an ihre Grenzen gerieten.[97] Die Übernahme dieses – wenn auch niederen – Leitungsamts ging über eine bloß formale Bindung an das Regime hinaus.

Bereits am 1. September 1937 war Wiltraut von Brünneck dem *NS-Rechtswahrerbund* (NSRB) beigetreten, eine Mitgliedschaft, die für Juristen zwar nicht verpflichtend, aber opportun war, zumal für Referendare, denen Loyalität zum Regime abverlangt wurde. Weniger auf Opportunität als auf Freundschaft dürfte der Beitritt zur *Hochschulgemeinschaft Deutscher Frauen* (HGDF) am 1. Juli 1937 zu-

JURISTIN IN DER VOLKSGEMEINSCHAFT (1937–1945) 79

rückgehen. Die HGDF war im Monat zuvor von der Leiterin des Hauptamts »Studentinnen« in der Reichsstudentenführung Inge Wolff und ihrer Mitarbeiterin Anna Kottenhoff gegründet worden. Die Gründung stand in unmittelbarem Zusammenhang mit der Aufwertung der *NS-Studentenkampfhilfe* (ab 1938: *NS-Altherrenbund*), zur »einzige[n] Vertreterin des deutschen Altherrentums, die von der Partei anerkannt« wurde.[98] Die *NS-Studentenkampfhilfe* sollte den nationalsozialistisch gesinnten Studenten nach Abschluss ihres Studiums eine politische Heimat bieten und die Altherrenbünde der aufgelösten traditionellen Studentenverbindungen ersetzen. Der Beitritt wurde ab dem Sommer 1937 intensiv beworben, gerade unter Juristen. So forderte Hans Frank alle »deutschen Rechtswahrer«, die sich der Jugend verbunden fühlten, dazu auf, sich der Studentenkampfhilfe anzuschließen.[99] Die HGDF war das weibliche Pendant.[100] Mit ihrem Beitritt zum 1. Juli 1937 war Wiltraut von Brünneck Mitglied der ersten Stunde. Ihre Heidelberger Freundinnen folgten dem Vorbild: Anneliese Cüny im August,[101] Marie Luise Hilger im November 1937. Sogar Helga Einsele – früher SPD-Mitglied – trat der HGDF im November 1938 bei.[102] Die Leitung der Organisation übernahm Anna Kottenhoff. Damit waren die »Kameradinnen« aus dem Heidelberger Juristinnenkreis wieder unter einem Dach vereint. Bedeutsame Aktivitäten scheint die HGDF allerdings nicht entfaltet zu haben.[103]

Mitgliedschaften in NS-Organisationen waren in Wiltraut von Brünnecks Umfeld üblich, lassen aber Abstufungen in der Bindung an das Regime erkennen. Der »überzeugte[n] Nationalsozialistin«[104] Anna Kottenhoff konnte es mit dem Beitritt zur NSDAP nicht schnell genug gehen. Mit dem Ablauf der Mitgliedersperre im Mai 1937 wurde sie Parteigenossin.[105] Zum gleichen Zeitpunkt trat Irmgard von Keudell der NSDAP bei.[106] Anfang 1938 wurde sie zudem Mitglied der NSF (auch die Parteimitgliedschaft befreite von der Aufnahmesperre) und des NSRB.[107] Marie Luise Hilger beantragte die Aufnahme in die NSDAP im November 1937 und wurde rückwirkend zum Mai 1937 aufgenommen. Den Beitrittsantrag für die NSF stellte sie im Januar 1938.[108] Anneliese Cüny war ausweislich des Fragebogens der Militärregierung aus dem Februar 1947 weder Mitglied der NSDAP noch der NSF oder des NSRB gewesen.[109] Zweifel an diesen Angaben sind jedoch angebracht, da sie die Zugehörigkeit zum *NS-Altherrenbund*, die mit ihrer Mitgliedschaft in der HGDF einherging, verschwieg und wegen ihrer Tätigkeit in der Reichsstudentenführung ein Berufsverbot befürchten musste. Bei anderen Mitgliedern des Heidelberg-Berliner Juristinnenzirkels ist das Fehlen von Mitgliedschaften glaubhafter. So gehörte Helga Einsele außer der HGDF, der sie aus freundschaftlicher Verbundenheit mit Anna Kottenhoff beigetreten sein dürfte, keiner weiteren NS-Organisation an.[110] Erdmute Hackmann hielt sich – soweit ersichtlich – von der NSDAP, ihren Gliederungen und

Verbänden fern, ebenso wie Wiltraut von Brünnecks Berliner Studienfreundin Margarete Lambeck.[111]

Referendarin »aus Eigensinn«

Im Frühjahr 1937 trat Wiltraut von Brünneck den Vorbereitungsdienst an. Für die meisten Berufe, die ihr als »Rechtswahrerin« in der Volksgemeinschaft zugedacht waren, wäre das zweite Examen nicht erforderlich gewesen. Dennoch war sie entschlossen, das dreijährige Referendariat zu absolvieren und mit der großen Staatsprüfung abzuschließen. Viele Jahre später erzählte sie einem Journalisten, sie habe »den Assessor« »aus Eigensinn« gemacht.[112] Angesichts der miserablen Karriereaussichten von Juristinnen im Frühjahr 1937 brauchte man dafür in der Tat eine große Portion Selbstbewusstsein. Die NS-Führung war zwar von ihrer ablehnenden Haltung gegenüber der »Frauenarbeit« in der Industrie abgerückt, um die Aufrüstung voranzutreiben. Die Verwendung von Frauen im höheren Justiz- und Verwaltungsdienst war für die Erreichung der Rüstungsziele aber entbehrlich. Wie Wiltraut von Brünneck ihre eigenen Karriereperspektiven einschätzte, lässt sich schwer nachvollziehen. Sie wird bereits fest ins Auge gefasst haben, nach dem Assessorexamen zu promovieren und so – zumindest für eine bestimmte Zeit – wissenschaftlich tätig zu sein. Immerhin würde sie sich ein halbes Jahr später mit dem Artikel *Die Aufgaben der Frau im Recht* unmissverständlich als Rechtswissenschaftlerin positionieren. Ob sie sich nach Referendariat und Promotion eine »standesgemäße« Beschäftigung im Staatsdienst ausrechnete, ist unklar.

Ihr Bruder Götz, der im Sommer 1937 das zweite Examen mit »lobenswert« (heute: »gut«) bestand, strebte eine Ministeriallaufbahn an. Er bewarb sich beim Reichs- und preußischen Ministerium des Innern, wo man ihn »auch gerade was die künftige Verwaltung politischer Stellen anlagt[e]« für geeignet ansah.[113] Schließlich entschied er sich aber für das Reichs- und preußische Ministerium für Ernährung und Landwirtschaft, dessen Aufgabenbereich ihm – dem ausgebildeten Landwirt – mehr zusagte.[114] Götz hatte die Wahl, aber er war ja auch ein Mann. Wiltraut von Brünneck könnte gehofft haben, dass man angesichts ihrer Erfolge im Examen und im Reichsberufswettkampf für sie eine Ausnahme machen würde. Angesichts der Wertschätzung, der sie allenthalben begegnete, lag das nicht völlig fern, zumal Frauen vom höheren Verwaltungsdienst, einschließlich der Laufbahn in den Ministerien, nicht offiziell ausgeschlossen worden waren. Vielleicht glaubte sie auch, die Nationalsozialisten würden sich allmählich an die Juristinnen gewöhnen, wenn sie gesehen hätten, wie erfolgreich diese in den NS-Organisationen und der Sozialverwaltung wirkten. Dass sich Frauen innerhalb der »Volksgemeinschaft« zu behaupten wussten, wurde an der zunehmenden Akzeptanz des Frauenstudiums deutlich, an dessen Berechtigung schließlich »niemand mehr« zweifelte.[115] Wieso sollten sich vergleichbare Fortschritte nicht auch bei den juristischen Berufen erzielen lassen?

Welche Motive Wiltraut von Brünneck auch hatte, ihr »Eigensinn« dürfte den Entschluss, sich auf den steinigen Weg zur Volljuristin zu machen, befördert haben. Diesen Eigensinn musste man sich leisten können. Denn Referendare erhielten grundsätzlich keine Dienstbezüge. Unterhaltsbeihilfen wurden nur in Ausnahmefällen gewährt. 1935 lebten 30 Prozent der Referendare unter dem Existenzminimum, weiteren 50 Prozent wurde eine »bedrückende[n]« Finanzlage bescheinigt.[116] Wiltraut von Brünneck war hier – wie schon zu Studienzeiten – privilegiert. Zwar verfügte ihre Familie über keine unermesslichen Reichtümer, stand aber mit dem Wohnhaus in Berlin-Lankwitz, Kapitalerträgen und dem auskömmlichen Witwengeld der Mutter finanziell gut da.[117] So unbeschwert konnten nicht viele Juristinnen den Vorbereitungsdienst antreten. Auch in ihrem Umfeld gab es Fälle, in denen Geldnot und Perspektivlosigkeit den Weg zum »Assessor« verstellten. Helga Friese etwa, ihrer Mitstreiterin in der Berliner Wettkampfgruppe, war es »aus pekuniären Gründen« nicht möglich, das Referendariat zu beginnen.[118] Sie musste eine Stelle als Sachbearbeiterin in der Rechtsabteilung der Reichsstelle für Milcherzeugnisse, Öle und Fette antreten, um sich und ihre verwitwete Mutter zu versorgen. Ähnlich erging es Anneliese Cüny, die nach einer erfolgreichen Promotionsphase bei Wolfgang Siebert – sie hatte unter anderem als »Mussolini-Stipendiatin« in Rom geforscht – den Vorbereitungsdienst nicht antreten konnte, weil sie ihren Eltern finanziell unter die Arme greifen musste. Cüny trat eine Stelle beim *Deutschen Frauenwerk* an. Später machte sie ihr Heidelberger »Kamerad« Gustav Adolf Scheel zur Abteilungsleiterin für die soziale Betreuung und Förderung der Studentinnen in der Reichsstudentenführung. Ihre Bemühungen, parallel zu dieser zeitraubenden Berufstätigkeit das Referendariat zu absolvieren, scheiterten.[119]

Die Beispiele zeigen, dass es für finanziell weniger gut situierte Juristinnen in der zweiten Hälfte der dreißiger Jahre kaum möglich war, das Referendariat »aus Eigensinn« anzutreten. Obwohl es ihren männlichen Kollegen kaum besser ging, waren Frauen benachteiligt. Wie Helga Frieses und Anneliese Cünys Fälle nahelegen, traf sie stärker als die Männer die soziale Erwartung, für Angehörige zu sorgen und dafür einem nicht ausbildungsgemäßen Broterwerb nachzugehen. Drei Jahre unbezahlten Vorbereitungsdienst konnten sich nur Juristinnen leisten, die sich um Geld keine Sorgen machen mussten, wie Wiltraut von Brünneck, ihre Kommilitonin Charlotte Schmitt, die aus einer Berliner Juristendynastie stammte, und ihre Freundin Marie Luise Hilger, deren Familie von den Erträgen des Handelsunternehmens lebte, das ihr Vater 1927 in Heidelberg gegründet hatte.[120]

Angesichts der Ressentiments, die gegenüber Frauen im Justizdienst verbreitet waren, machten die Referendarinnen nicht nur gute Erfahrungen mit ihren Ausbildern.[121] Charlotte Schmitt erinnerte sich, dass es in der Referendarzeit »nicht schwierig« gewesen sei, eine Frau zu sein, wenn sie auch in einigen Ausbildungsstationen »nicht gerade freudig und freundlich begrüßt« worden sei. Das habe vor allem für ihren ersten Ausbilder an einem Amtsgericht in der Uckermark gegolten, einem Parteigenossen. Sonst habe sie unter den Richtern »nicht viele« Nationalsozialisten kennengelernt, wohl aber unter den Beamten im mittleren Justizdienst, vor denen »man sich häufig in acht« habe nehmen müssen.[122] Wiltraut von Brünneck scheint solche Erfahrungen nicht gemacht zu haben. Ihr begegnete im Referendariat aber anderes Ungemach, wie sie 1971 in einem Interview für die *Abendschau Baden-Württemberg* erzählte:

»Das einzig weniger erfreuliche Erlebnis dieser Art stammt aus meiner Referendarzeit, als ein Vorgesetzter mir einen Heiratsantrag machte und mich dann im weiteren Verlauf der Ausbildungsstation doch recht schlecht behandelte, weil ich diesen Antrag abgelehnt hatte.«[123]

Wer der verschmähte heiratswillige Ausbilder war, ließ sich nicht ermitteln, da die Personalakte, die das Kammergericht über die Referendarin Wiltraut von Brünneck geführt hatte, 1944 »durch Feindeinwirkung vernichtet« wurde.[124] Es sind daher auch keine Stationszeugnisse überliefert. Zumindest teilweise kann diese Überlieferungslücke anhand von Abschriften geschlossen werden, die das Reichsjustizministerium 1943 für seine Personalakte fertigte, darunter der tagesgenaue Beschäftigungsnachweis mit der Bezeichnung der Stationen, einzelne Verfügungen des Kammergerichtspräsidenten und Auszüge aus dem Prüfungsprotokoll der großen Staatsprüfung.

Wiltraut von Brünneck begann ihren Vorbereitungsdienst am 7. Mai 1937 mit der achtmonatigen Station beim Amtsgericht, die sie in Sangerhausen, dem Nachbarort von Oberröblingen, ableistete, wo bereits ihr Bruder das Referendariat begonnen hatte. Anfang Januar 1938 ging sie zurück nach Berlin, wo sie zunächst die viermonatige Zivilstation am Landgericht absolvierte, um im Anschluss weitere vier Monate am Landgericht und bei der Staatsanwaltschaft im Strafrecht ausgebildet zu werden. Parallel zur praktischen Ausbildung wurde sie mit ihren Referendarkollegen in einer Arbeitsgemeinschaft »theoretisch« geschult, in der ein besonderes Augenmerk auf »weltanschauliches Lernen« gelegt wurde.[125] Gemeinschaftserlebnisse wie Ausflüge und Besichtigungen, »Ostlandfahrten« und Besuche des »angeschlossenen« Österreichs sowie des ins Reich »heimgekehrten« Sudetenlandes standen bei den Arbeitsgemeinschaftsleitern hoch im Kurs. »Das gemeinsame Erleben und Erfühlen der ›Wirklichkeit‹, der Natur, der Verbundenheit des Einzelnen und Volk und Gemeinschaft« waren Kernelemente der nationalsozialistischen Volksgemeinschaftsideologie, die auch in der Referendarausbildung ihren Niederschlag fanden. Damit sollte, wie Martin Würfel in seiner Studie über das Reichsjustizprüfungsamt beschreibt, auch »der Gefahr vorgebeugt werden, am Ende des Vorbereitungsdienstes blässliche, vergeistigte und somit vom Volk verfremdete Juristen vorzufinden, die das Recht niemals lebens- und volksnah zur Geltung würden bringen können«.[126]

An welchen »Volksgemeinschaftserlebnissen« dieser Art Wiltraut von Brünneck teilnahm, ist nicht überliefert. Aus den Aktenfragmenten geht aber hervor, dass sie sich im August 1938 Urlaub »zu besonderen Zwecken« gewähren ließ,[127] den sie für einen »Studienbesuch« in Frankreich nutzte.[128] Ob sie dort nur die Sprache studierte – die sie auch Jahre später noch flüssig beherrschte –, oder sich auch juristisch fortbildete, ließ sich nicht aufklären. Da für die Gewährung von Sonderurlaub ein gewisser dienstlicher Bezug erforderlich gewesen sein dürfte, ist es wahrscheinlicher, dass Wiltraut von Brünneck die Reise für die Vorbereitung eines Promotionsvorhabens bei Wolfgang Siebert nutzte, der ein besonderes Interesse am ausländischen Arbeitsrecht hatte und gute Kontakte zu französischen Universitäten unterhielt. Marie Luise Hilger arbeite zur gleichen Zeit an ihrer Dissertation über »[d]ie Gestaltung der Arbeitsbedingungen im französischen Arbeitsrecht« und sollte im März 1939 gemeinsam mit ihrem Doktorvater nach Paris und Lyon reisen.[129] Ihre Doktorarbeit erschien Ende 1939 als zweiter Band der von Wolfgang Siebert im *Deutschen Rechtsverlag* herausgegebenen Schriftenreihe zum ausländischen Arbeitsrecht.[130] Eröffnet worden war die Reihe im selben Jahr mit Anneliese Cünys Dissertation über »[d]en Tarifvertrag in der faschistischen Arbeitsverfassung«.[131]

An den Frankreichaufenthalt schloss sich die fünfmonatige Rechtsanwaltsstation an. Wiltraut von Brünneck ging dafür nicht zu irgendeinem Winkeladvokaten, sondern wählte einen der prominentesten Rechtsanwälte Berlins: Dr. Rüdiger Graf von der Goltz, Rechtsanwalt und Notar, Unter den Linden 3a – »im ersten Stock an der Ecke zur Wilhelmstraße; wenn schon, denn schon!«[132] Rechtsanwalt von der Goltz, mit dem Wiltraut von Brünneck eine entfernte Verwandtschaft verband,[133] war eine schillernde Persönlichkeit, deren Biographie noch geschrieben werden muss.[134] Im Ersten Weltkrieg hatte der 1894 geborene Sohn des gleichnamigen Generals[135] seinen rechten Oberschenkel verloren. Nach dem Krieg studierte er Jura und ließ sich als Rechtsanwalt und Notar in Stettin nieder. Wie sein Vater war er DNVP-Mitglied, trat aber bereits im April 1932 der NSDAP bei und gewann rasch das Vertrauen von führenden Nationalsozialisten. Vor deren Machtübernahme verteidigte er Joseph Goebbels, als dieser sich wegen Beleidigung des Reichspräsidenten vor Gericht verantworten musste. Hermann Göring ernannte den Grafen 1933 zum Mitglied des preußischen Staatsrats. In den Jahren 1933 und 1934 überwachte von der Goltz als »Treuhänder der Arbeit« die Gleichschaltung der Betriebe in der Provinz Pommern. 1934 übersiedelte er mit seiner Kanzlei nach Berlin, wo er das kurzlebige Amt des »Führers der Wirtschaft« bekleidete. 1936 zog er auf der Einheitsliste der NSDAP in den Reichstag ein. Er saß in den Aufsichtsräten einiger Unternehmen mit Reichsbeteiligung, gehörte bis zum Herbst 1938 der Strafrechtskommission des Reichsjustizministeriums an, war Laienrichter am Volksgerichtshof – ein Amt, das er angeblich nie ausübte – und Vorsitzender des Ehrengerichts der Wirtschaft. Vor allem aber war er ein erfolgreicher Rechtsanwalt, zu dessen Mandantschaft große Wirtschafts- und Versicherungsunternehmen zählten. Daneben vertrat er Einzelpersonen in Straf-, Disziplinar- und Zivilsachen, darunter Angehörige des preußischen Adels, mit denen seine Familie freundschaftlich oder verwandtschaftlich verbunden war.

In seinen nach 1954 verfassten Memoiren erinnert sich Rüdiger Graf von der Goltz an das Vorstellungsgespräch, das er 1938 mit der Referendarin Wiltraut von Brünneck führte: »›Sie sind doch die Tochter des gefallenen Kammergerichtsrats, eines hochgeschätzten Vetters meines Vaters‹, fragte ich. ›Ja‹ sagte sie sehr höflich und bescheiden, ›aber deshalb brauchen Sie mich nicht zu nehmen, ich habe auch sehr gute Zeugnisse!‹« In der Tat sei sie »der einzige Mensch« gewesen, den er kennengelernt habe, »der beide Staatsexamina mit dem völlig seltenen Prädikat Eins hinter sich brachte – als Frau und Nicht-PG im Dritten Reich«, ergänzte Goltz, der sich in seinen Memoiren als vom Nationalsozialismus geläuterter aufrichtiger Jurist mit Verbindungen zum Widerstand präsentierte. Das Fräulein von Brünneck sei in ihrer Referendarzeit für ihn selbst wie für die Klienten zu einer »Persönlichkeit bedingungslosen Vertrauens« geworden.[136]

Zur Mandantschaft des Grafen von der Goltz gehörte der Großonkel seiner Referendarin, Harald von Brünneck, der aufgrund seiner sozialrevolutionären Haltung noch immer die Gutsbesitzer gegen sich aufbrachte. Als dieser wegen seiner Homosexualität aus der NSDAP ausgeschlossen werden sollte, übernahm von der Goltz die Vertretung vor dem Obersten Parteigericht und warf dabei seine Kontakte in die Waagschale. 1935 schrieb er an Rudolf Heß, um seinem Mandanten die schmachvolle Entlassung zu ersparen. Doch die Partei, in die Harald von Brünneck als Anhänger des ausgeschalteten Strasser-Flügels nicht mehr passte, blieb unerbittlich. »[J]eder gleichgeschlechtlich Veranlagte, jeder Träger dieses Pestbazillus« müsse aus ihr »ausgeschieden werden«, erhielt von der Goltz zur Antwort. Auf Verlangen der Parteikanzlei überzeugte schließlich der Gauleiter der Kurmark den »Delinquenten« im Mai 1938 davon, mit einem Entlassungsgesuch seinem unehrenhaften Ausschluss zuvorzukommen.[137]

Als Rüdiger Graf von der Goltz sich 1947 vor der Spruchkammer Schongau am Lech verantworten musste, trat Wiltraut von Brünneck als Entlastungszeugin auf. Sie erklärte, sich für die Kanzlei entschieden zu haben, weil ihr schon bekannt gewesen sei, dass dort »handfeste juristische Arbeit« geleistet werde. In der Tat kamen im November 1938 »rechtlich sehr schwierige Sachen« auf den Rechtsanwalt und seine Referendarin zu. Womit die Kanzlei zu dieser Zeit befasst war, ließ Wiltraut von Brünneck ebenfalls in ihrer Zeugenaussage durchblicken, wenn auch etwas kryptisch und mit dem Ziel, ihren früheren Ausbilder zu entlasten. Graf von der Goltz habe sich »in vielen Fällen gegen die Verfolgung der Juden eingesetzt«, gab die Zeugin zu Protokoll und erinnerte sich an Details:

»Auch ich habe selber in solchen Sachen gearbeitet. Goltz vertrat in vielen Fällen die Versicherungsgesellschaften. Bei diesen Versicherungsgesellschaften befand sich eine Aufruhrklausel. Wir haben uns bei den Prozessen auf den Standpunkt gestellt, dass die Versicherungsgesellschaften nicht haften brauchen, weil es sich um Aufruhr handelt. Zu sagen, dass das ein Aufruhr war, dazu gehörte ein ungeheurer Mut. Die Haltung, die Goltz in diesem Falle bewiesen hat, hat er auch in zahlreichen anderen Fällen bewiesen, von denen ich erfahren habe, dass er durch seine besondere Einsatzbereitschaft den Menschen auf dem rechtlichen Wege zum Siege verhalf.«[138]

Man darf bezweifeln, dass die nicht besonders verfolgungseifrigen Spruchkammerrichter eine Ahnung davon hatten, von welchem »Aufruhr« da die Rede war. Nachfragen stellten weder sie noch der öffentliche Kläger. Nachdem der bereits durch seine Mitgliedschaften und Ämter schwer belastete Rechtsanwalt in einem aufsehenerregenden Verfahren als »Entlasteter« eingestuft worden war, legte der Berufungskläger Rechtsmittel gegen den Spruch ein. Die Verfahrensakte mit der protokollierten Zeugenaussage Wiltraut von Brünnecks wurde an den Berufungssenat Weilheim in Oberbayern übersandt, dessen Vorsitzender – ein promovierter Jurist – offenbar begriff, wovon die ehemalige Referendarin gesprochen hatte. Empört notierte er an den Rand: »Das richtete sich aber gegen d[ie] Juden!« Er hatte Recht. Die Aufruhrklauseln, die Wiltraut von Brünneck in ihrer Zeugenaussage zugunsten des schwer belasteten Rechtsanwalts anführte, standen pars pro toto für einen Vorgang, den man ohne Übertreibung den moralischen Tiefpunkt der deutschen Versicherungswirtschaft nennen kann. Sie waren das juristische Vehikel zur kostenneutralen Abwicklung eines gewaltigen Versicherungsfalles, der im November 1938 auf die Allianz und die anderen deutschen Versicherer zukam: die sogenannte Reichskristallnacht.

Die Zerstörung von hunderten Synagogen und tausenden »jüdischen« Geschäften in der Nacht vom 9. auf den 10. November 1938 stellte die Versicherungswirtschaft vor gewaltige Herausforderungen. Denn die Geschädigten waren gegen Glasbruch, Brand, Einbruch und Diebstahl versichert. Es sprach alles dafür, dass sie die Schäden, die ihnen SS, SA und der antisemitische Mob zugefügt hatten, regulieren lassen würden. Die politischen Entscheidungsträger waren sich zwar einig, dass den geschädigten »Juden« keinesfalls Entschädigungen zufließen sollten. Goebbels notierte in sein Tagebuch: »Sie müssen ihre Geschäfte selbst wieder in Ordnung bringen. Die Versicherungen zahlen ihnen nichts.«[139] Es musste aber eine juristisch tragfähige Lösung gefunden werden, bei der die kollateral geschädigten »Arier« schadlos gestellt würden und zugleich der Schein des Rechtsstaats aufrechterhalten bliebe. Die deutsche Versicherungswirtschaft hätte um ihre Glaubwürdigkeit auf dem internationalen Versicherungsmarkt bangen müssen, wenn sie sich mit Billigung der Partei allzu offensichtlich aus der Verantwortung gestohlen hätte.

Die versicherungsrechtlichen Vorgänge um die Novemberpogrome waren komplex.[140] Die Aufruhrklauseln in den allgemeinen Versicherungsbedingungen, mit denen der Rechtsanwalt der Versicherungswirtschaft Rüdiger Graf von der Goltz »den Juden« geholfen haben soll, spielten dabei eine entscheidende Rolle. Denn sie schlossen »Gefahren durch Krieg, Aufruhr, Plünderung, Verfügung von hoher Hand und Streiks« vom versicherten Risiko aus. Seit einem Urteil des Reichsgerichts aus dem Jahr 1923 war geklärt, dass ein »Aufruhr« immer dann gegeben war, wenn »Teile des Volkes, die nicht als zahlenmäßig unerheblich zu gelten haben, in einer die öffentliche Ruhe und Ordnung störenden Weise in Bewegung geraten und Gewalttätigkeiten, sei es gegen Personen, sei es gegen Sachen, verüben«.[141] Nichts anderes war in der Nacht vom 9. auf den 10. November geschehen. Die Berufung auf die Klauseln war jedoch politisch nicht unproblematisch. Goebbels' Propagandaministerium hatte schon früher die Streichung des Worts »Aufruhr« aus den Versicherungsbedingungen gefordert, weil es in der Volksgemeinschaft schon begrifflich keinen Aufruhr geben könne. »[U]ngeheurer Mut«, wie Wiltraut von Brünneck vor der Spruchkammer behauptete, gehörte dennoch nicht dazu, die Pogrome als »Aufruhr« zu bezeichnen. So machte sich Herrmann Göring dieses Vokabular zu eigen, weil er irrig annahm, »die Juden« hätten sogenannte Aufruhrversicherungen abgeschlossen, über die sich durch den Rückgriff auf ausländische Rückversicherer Devisen erwirtschaften ließen. In der Folge verlegten sich auch die von Rüdiger Graf von der Goltz beratenen Versicherungsunternehmen auf diese Deutung.[142] »Das richtete sich aber gegen d[ie] Juden«, wie der Vorsitzende des Berufungssenats im Spruchkammerverfahren zutreffend notierte. Denn die jüdischen Geschädigten sollten gestützt auf die Aufruhrklauseln um ihre Entschädigung gebracht werden.

Weder der Rechtsanwalt noch seine frühere Referendarin waren vor der Spruchkammer um anekdotische Berichte verlegen, die von der Goltz als einen Rechtsvertreter mit weißer Weste darstellen sollten. So wusste Wiltraut von Brünneck zu berichten, dass sie in der Kanzlei nie gefragt worden sei, ob sie Parteigenossin sei, und festgestellt habe, dass die übrigen Mitarbeiter sich auch (sic!)

JURISTIN IN DER VOLKSGEMEINSCHAFT (1937–1945)　　87

nicht politisch betätigten. Sie habe »hauptsächlich die schwierigen rechtlichen Angelegenheiten zu bearbeiten« gehabt, aber auch erfahren, dass von der Goltz »vielen von der Gestapo, Partei oder SS Verfolgten half und sich hierbei ohne Rücksicht auf das für ihn damit verbundene Risiko mit aller Tatkraft einsetzte«. Konkrete Fälle konnte sie nicht nennen, nur an eine Episode erinnerte sie sich:

»Einmal war Graf von der Goltz sehr erregt. Ich kam gerade dazu und da erzählte er mir den Fall. Es handelte sich hierbei um ein Testament oder eine andere rechtsverbindliche Erklärung betreffend das Vermögen. Der Mann wurde in Schutzhaft genommen, weil er sich weigerte, sein Vermögen an einen anderen zu übergeben. Graf von der Goltz fragte mich, was ich von der Sache rechtlich halte. Ich sagte, die Sache ist anfechtbar. Graf von der Goltz sagt[e], so ein Vorgehen sei unglaublich, er werde sich mit allen Kräften dafür einsetzen, dass der Mann zu seinem Recht kommt. Graf von der Goltz ist das auch gelungen. Von der erpressten Erklärung im Konzentrationslager wurde kein Gebrauch gemacht.«[143]

Es gibt keinen Anlass, am wahren Kern dieser Schilderung zu zweifeln. Denn Rüdiger Graf von der Goltz war nicht nur ein bestens vernetzter Nationalsozialist, sondern auch ein engagierter Rechtsanwalt, für den die Belange seiner Mandantschaft Vorrang vor politischen Rücksichten hatten. Wenn sich die Interessen seiner Mandanten mit denen des Regimes deckten – wie in den Versicherungsfällen –, kam ihm dies gelegen. Aber er schreckte auch nicht davor zurück, sich für seine Mandantschaft gegen Partei und Staat zu stellen, wenn es darauf ankam.[144] Der Strafverteidiger Goebbels' und Staatsrat von Görings Gnaden konnte sich ein solches Berufsethos erlauben. Gerade deshalb war seine Kanzlei die erste Adresse für all jene, die bei »Führer« und Partei in Ungnade gefallen waren. Wiltraut von Brünnecks Großonkel, der homosexuelle Sozialrevolutionär, war einer von ihnen.

Zur gleichen Zeit vertrat von der Goltz auch eine deutlich prominentere Persönlichkeit – freilich »ganz geheim«. Er habe alles mit der Hand geschrieben, erklärte er vor der Spruchkammer: »Mein ganzes Büro wusste nichts davon. Ich war 6 Wochen ausser Haus, ich kümmerte mich um nichts.«[145] Auch in der Familie verbat sich der Rechtsanwalt jedes Gespräch über den Fall.[146] Der Mandant, dessen Angelegenheit eine solche Geheimhaltung erforderte, war der Oberbefehlshaber des Heeres Generaloberst Werner von Fritsch, dem aufgrund einer von Göring orchestrierten Intrige ebenfalls homosexuelle Neigungen zur Last gelegt wurden. Fritsch war mit der Familie Goltz befreundet.[147] Der Rechtsanwalt erwirkte für seinen Mandanten einen Freispruch, nachdem es ihm gelungen war, eine Personenverwechslung aufzuklären, die der Intrige zugrunde lag. In seinem Spruchkammerverfahren führte von der Goltz auch den Fritsch-Prozess als Beweis für seine widerständige Haltung an, die seine frühere Referendarin zu untermauern suchte, auch wenn sie von dem Verfahren nichts mitbekommen hatte. Auf die Frage des Kammervorsitzenden, ob sie glaube, »dass die Handlungsweise des Goltz und die Art der anwaltschaftlichen Betreuung zum Teil bedingt war durch einen

Kampf gegen den Nationalsozialismus«, antwortete sie mit einer – für ihre sonst sehr klare Ausdrucksweise – geradezu sibyllinischen Formulierung: »Ja. Ich habe nicht gewusst, dass Goltz sich aktiv bei der Widerstandsbewegung betätigte. Ich hätte es aber durchaus für möglich gehalten, nach seiner ganzen Haltung. Den Eindruck, dass Goltz Anhänger des Nationalsozialismus war, habe ich schon 1938 nicht mehr gehabt.« Der Graf fügte hinzu: »Verständlicherweise war ich nach aussenhin sehr vorsichtig.«[148]

Von Anfang November 1938 bis Ende Juni 1939 war Wiltraut von Brünneck in der Kanzlei von der Goltz beschäftigt. In dieser Zeit wurde ihr zweimal – vom 16. Februar bis zum 22. April und vom 8. bis zum 31. Mai 1939 – Urlaub »zu besonderen Zwecken« gewährt. Der »besondere Zweck« lässt sich nicht mehr mit Gewissheit rekonstruieren. Es spricht aber viel dafür, dass sie den Urlaub für die Arbeit an einer aufwendigen Veröffentlichung nutzte, die ihr im Laufe ihres Referendariats angetragen wurde: die Kommentierung des Devisenrechts in der 10. Auflage von *Julius von Staudingers Kommentar zum Bürgerlichen Gesetzbuch*.

Der *Staudinger* war bereits damals der führende Großkommentar zum bürgerlichen Recht. In den drei Jahrzehnten zwischen der ersten Auflage und der Machtübernahme der Nationalsozialisten waren acht Neuauflagen des monumentalen Erläuterungswerks erschienen. Ab Mitte der dreißiger Jahre wurde der Kommentar den neuen politischen Verhältnissen »angepasst«. Die zehnte Auflage des Staudingers sollte den weitgehend unverändert gebliebenen Paragraphen des Bürgerlichen Gesetzbuchs den Geist der nationalsozialistischen »Rechtserneuerung« einhauchen und so die ideologiegerechte Uminterpretation des bürgerlichen Rechts wissenschaftlich vorantreiben. Der *Schweitzer-Verlag*, in dessen Programm der Staudinger erschien, bemühte sich um regimekonforme Juristen, die die Bände und Teilbände des voluminösen Erläuterungswerks umarbeiten sollten. Für den ersten Teilband des zweiten Bandes (»Recht der Schuldverhältnisse«), der die §§ 241 bis 245 BGB behandelte, fiel die Wahl auf den Berliner Amtsgerichtsrat Wilhelm Weber. Der 1887 geborene Richter, der neben einem Philosophie- und einem Jurastudium nebst den einschlägigen Promotionen auch ein Psychologie- und Volkswirtschaftsstudium vorzuweisen hatte, war bereits 1934 publizistisch mit dem Büchlein *Ueber die Eignung zum Juristen* hervorgetreten, in dem er das Anforderungsprofil juristischer Berufe aus psychologischer Sicht untersuchte. Er verstand das als einen Beitrag »zur Entwicklung und Förderung des deutschen Rechts und einer deutschen Rechtsprechung«.[149]

Weber war ein Mann der großen Linien, nicht der mühevollen Detailarbeit, die für eine Gesetzeskommentierung unverzichtbar war. Bei der Rechtserneuerungsauflage der Schuldrechtskommentierung im Staudinger wandte er eine besondere Technik an. Er behielt das Gerüst der Vorauflage bei und arbeitete nur an bestimmten Stellen neuere Literatur und Rechtsprechung ein. Den neuen »Geist«, den der Nationalsozialismus dem Schuldrecht gegeben habe, stellte er in einer 200-seitigen »Einleitung« voran, die sich wie eine Einführung in das nationalsozialistische Privatrechtsdenken liest. Das Vorgehen entsprach der seinerzeit gängigen Methode der Uminterpretation des bürgerlichen Rechts, die Bernd Rüthers als »unbegrenzte Auslegung« charakterisiert hat.[150] Mit § 242 BGB – der Generalklausel von »Treu und Glauben« – kommentierte Weber die Vorschrift des Bürgerlichen Gesetzbuchs, die der grenzenlosen Auslegung Tür und Tor öffnete. Auf sie sollte er 999 Randnummern auf 224 Kommentarseiten verwenden. Das entsprach 40 Prozent des ganzen Teilbandes, mit dessen Fertigstellung der Amtsgerichtsrat im Frühjahr 1939 bereits in Verzug war. Da die Bände zum Allgemeinen Teil und zum besonderen Schuldrecht bereits erschienen waren, musste Weber schleunigst liefern, um keine Lücke im Kommentarprojekt zu hinterlassen.

Dafür musste er – neben § 242 BGB – noch eine weitere Hürde überwinden: § 244 BGB. Der unscheinbare Paragraph, der die Zahlung einer in ausländischer Währung ausgedrückten Geldschuld auch »in Reichswährung« gestattete, hatte es in sich. »Fremdwährungsschulden«[151] waren im NS-Staat nämlich nicht nur ein privatrechtliches, sondern auch ein außenwirtschaftsrechtliches und damit zugleich ein politisches Problem, für das man ein eigenes Rechtsgebiet – das Devisenrecht – geschaffen hatte.[152] Die Devisenbewirtschaftung war schon vor 1933 reglementiert worden, um den Abfluss von Gold und Deckungsdevisen aus Deutschland zu verringern. Die nationalsozialistischen Wirtschaftspolitiker bauten daran anknüpfend ein »geschlossenes Überwachungssystem« auf, um die Tilgung von Auslandsschulden zu vermeiden. Die intensivierte Devisenbewirtschaftung brachte eine »Springflut von neuen rechtlichen Regelungen mit sich«,[153] die allesamt direkt oder indirekt auf die Benachteiligung ausländischer Gläubiger abzielten. Das wuchernde Devisenrecht wurde nicht ins Bürgerliche Gesetzbuch übernommen, sondern fand seine Grundlage in zahlreichen Sondervorschriften. Weber musste daher seiner Erläuterung des § 244 BGB eine Darstellung voranstellen, die den Einfluss der Sonderregelungen auf die Erfüllung von Schuldverhältnissen zumindest in groben Zügen aufzeigte. Für diese wenig dankbare Aufgabe suchte er einen begabten und fleißigen Juristen, der bereit war, seinen Teil zum »rechtserneuerten« *Staudinger* beizutragen, ohne dafür mit der Anerkennung der Fachwelt belohnt zu werden. Denn der Name des Bearbeiters sollte im Kommentar nicht abgedruckt werden. Der Amtsgerichtsrat fand seinen »Ghostwriter« in Wiltraut von Brünneck, die er vermutlich als Referendarausbilder kennengelernt hatte. So kam die junge Juristin zu ihrer ersten großen Veröffentlichung, in die gut und gerne ein Vierteljahr Arbeitszeit geflossen sein wird.

Die Ausführungen über das Devisenrecht und seinen »Einfluß auf die Erfüllung von Schuldverhältnissen« nehmen 45 in kleinster Frakturschrift bedruckte Kommentarseiten in Anspruch. In 128 Randnummern, versehen mit hunderten Nachweisen aus dem weit verzweigten devisenrechtlichen Schrifttum, legte die 27-jährige Referendarin die Entwicklung und den Stand des Devisenrechts, die Dogmatik der devisenrechtlichen Verbote und Genehmigungen, ihre Auswirkungen auf Schuld- und Prozessrecht sowie die Stellung des Devisenrechts im internationalen Privatrecht dar. Die Darstellung ist positivistisch-deskriptiv. Wiltraut von Brünneck ermittelte die gesetzgeberischen Zwecke der einzelnen devisenrechtlichen Vorschriften und brachte diese bei der Auslegung zur Geltung. Eine wichtige Quelle waren dabei die »Richtlinien« des Reichswirtschaftsministers zur Devisenbewirtschaftung, die konsolidiert als Verordnung Ende 1938 im Reichsgesetzblatt veröffentlicht worden waren.[154] Zu Beginn der Kommentierung gab Wiltraut von Brünneck den Hauptzweck der Regelungen als wörtliches Zitat aus den Richtlinien an: Das Devisenrecht diene dazu, »zur Erhaltung der Stabilität der deutschen Währung und zur Sicherung des lebensnotwendigen Einfuhrbedarfes für die deutsche Wirtschaft, ›die vorhandenen und anfallenden Devisen für die Befriedigung der Bedürfnisse des deutschen Volkes [...] zur Verfügung zu stellen, den Devisenanfall zu erhöhen und die Entstehung jedes unnötigen Devisenbedarfes zu verhindern‹ (Richtlinien I, 3 zum Devisengesetz 1938)«.[155]

Einen anderen Zweck des Devisenrechts erwähnte sie nicht – nicht, weil sie ihn übersehen hätte, sondern weil er für die privatrechtlichen Folgen des Regelungskomplexes von keiner besonderen Bedeutung war. Dennoch gab dieser »Nebenzweck« dem Rechtsgebiet ein besonderes Gepräge: Das Devisenrecht war nämlich nicht nur ein wirtschaftsrechtliches Steuerungsmittel, sondern zugleich ein rassistisches Diskriminierungsinstrument.[156] Es diente seit 1935 dazu, das Vermögen jüdischer Emigranten vor der Ausreise zu beschlagnahmen. Die Rechtsgrundlage dafür bildete § 58 des Devisengesetzes, wonach Juden »im Reiseverkehr andere als die zum persönlichen Gebrauch unbedingt erforderlichen Gegenstände nur mit Genehmigung ins Ausland« mitnehmen durften. Die Richtlinien fügten weitere diskriminierende Vorschriften hinzu: So wurde beispielsweise die devisenrechtliche Genehmigung für Versicherungsleistungen an »Devisen-Ausländer« kategorisch ausgeschlossen, wenn der Begünstigte Jude war. Jenseits solcher explizit an den Rechtsstatus »Jude« anknüpfender Vorschriften benachteiligte das Devisenrecht faktisch vor allem jüdische Emigranten und Flüchtlinge. Ihnen wurde der Kapitaltransfer an den Fluchtort so gut wie unmöglich gemacht. Der Gestapo gaben die devisenrechtlichen Verbote die Möglichkeit, im Zusammenwirken mit den Devisenbehörden Vermögenswerte von Juden einzufrieren oder einzuziehen. Dass Wiltraut von Brünneck dieser Diskriminierungszweck des Devisenrechts bekannt war, wenn er auch nicht im Mittelpunkt ihrer auf § 244 BGB ausgerichteten Darstellung stand, zeigt der knappe Hinweis auf die »Sonderbestimmungen für Juden« in Randnummer 64 der Kommentierung.

Obwohl das Devisenrecht eine undankbare Materie war, empfand Wiltraut von Brünneck die Mitarbeit an der 10. Auflage des Staudinger mehr als Ehre denn als Last. Sie war stolz auf ihre Arbeit, auch wenn sich ihr Name in dem 1941 endlich erschienenen Teilband an keiner Stelle finden sollte. Ihrem Umfeld war sehr wohl bekannt, wer das Devisenrecht im führenden BGB-Kommentar so gründlich und verständlich erläutert hatte. Denn Wiltraut von Brünneck wollte keine Ghostwriterin bleiben und gab die Veröffentlichung selbstbewusst als eigene an, etwa in einem Fragebogen der *NS-Dozentenschaft* aus dem Februar 1943, wo sich unter der Rubrik »Wissenschaftliche Arbeiten« der eigenhändige Eintrag findet: »Devisenrecht im ›Staudinger-Weber‹, Kommentar zum BGB, Recht der Schuldverhältnisse Allgem. Teil 10. Aufl.«[157] Auch ihre späteren Vorgesetzten im Reichsjustizministerium wussten ihre devisenrechtliche Expertise zu schätzen. Ministerialdirektor Josef Altstötter vermerkte in einer Beurteilung aus dem November 1943: »Mit scharfem Verstand und guter Auffassungsgabe verbindet sie gründliche und umfassende Kenntnisse des bürgerlichen Rechts, auch auf entlegenen Gebieten (Devisenrecht), die sie durch ihre akademische und schriftstellerische Tätigkeit vertieft hat.«[158]

Triumph an allen Fronten

Ab dem 1. Juli 1939 wurde Wiltraut von Brünneck am Amtsgericht Berlin und am Amtsgericht Schöneberg ausgebildet. Ihre viermonatige Station am »großen Amtsgericht« musste sie Ende August unterbrechen. Im Rahmen der Generalmobilmachung für den bevorstehenden Überfall auf Polen wurde sie am 28. August 1939 zum Flugmeldedienst einberufen, den sie als Telefonistin ableistete.[159] Als der Krieg drei Tage später begann, waren über Berlin keine feindlichen Flugzeuge zu sehen. So hatte Wiltraut von Brünneck genug Zeit, um neben dem Flugmeldedienst weitere praktische Erfahrungen in der Kanzlei des Grafen von der Goltz zu sammeln, der die »überdurchschnittlich befähigte Referendarin« auch über die Anwaltsstation hinaus bei sich beschäftigte.[160]

In diesen Tagen wird sie in Presse und Wochenschau aufmerksam den Verlauf des Polenfeldzuges verfolgt haben, an dem ihr Bruder teilnahm. Schon am 20. September 1939 war Götz von Brünneck wieder in der Heimat, um mit seinem

JURISTIN IN DER VOLKSGEMEINSCHAFT (1937–1945)

Abb. 4: Wiltraut v. Brünneck Anfang der vierziger Jahre
Das Foto entstammt der Personalakte des Reichsjustizministeriums (ab 1941).
Quelle: BArch, PERS 101/84360

JURISTIN IN DER VOLKSGEMEINSCHAFT (1937–1945)   93

Regiment auf den nächsten »Blitzkrieg« zu warten. Der Flugmeldedienst seiner
Schwester endete ebenfalls nach kurzer Dauer. Am 8. Januar 1940 konnte sie ihre
Ausbildung am Amtsgericht Schöneberg fortsetzen. Die Dienstzeit als Flugmelderin wurde ihr voll auf die Verwaltungsstation angerechnet.[161] Nach der Station
am großen Amtsgericht stand im Frühjahr 1940 der letzte Ausbildungsabschnitt
an: die praktische Ausbildung am Kammergericht, dem einst ihr Großvater August von Schmidt präsidiert hatte. Für die Station waren fünf Monate eingeplant,
während derer sich die Referendarin auf das Examen vorbereiten musste. Die
zeitraubende Teilnahme am »Gemeinschaftslager Hanns Kerrl« in Jüterbog blieb
ihr erspart. Dieses ganz spezielle Gemeinschaftserlebnis war männlichen Refe-
rendaren vorbehalten.[162]

Am 10. Mai 1940 begann der Feldzug im Westen. Wiltraut von Brünneck
musste diesmal nicht zum Flugmeldedienst einrücken und auch um ihren Bruder musste sie sich keine Sorgen machen. Er war zwar noch bei der Truppe,
blieb aber im Hinterland. Erst im September wurde er wieder einem aktiven
Regiment zugeteilt, das an der französischen Kanalküste auf den Beginn der
Invasion Englands wartete. Als diese abgesagt wurde, erhielt Götz Urlaub vom
Dienst bei der Truppe und kehrte auf seinen Posten im Reichsernährungs-
ministerium zurück.[163] In der Zwischenzeit hatte auch seine Schwester ihren
Beitrag zum »Endsieg« erbracht, an dem im zweiten Kriegsjahr nur wenige
zweifelten. Im August 1940 leistete sie den »studentischen Fabrikdienst« ab,[164]
den die Reichsstudentenführung in den Berliner Werken der *Deutschen Waffen-
und Munitionsfabriken AG* und der *Siemens & Halske AG* organisierte. Der Fabrikdienst war für Studentinnen seit 1940 verpflichtend. Doch davon war Wiltraut
von Brünneck als Referendarin nicht betroffen. Sie meldete sich freiwillig zum
Einsatz in der Rüstungsproduktion und wird darin neben der Erfüllung einer
nationalen Pflicht auch die Gelegenheit gesehen haben, praktische Erfahrungen
im Arbeitsrecht zu gewinnen, einem Thema, das sich angesichts ihrer Vorarbeit
im Reichsberufswettkampf für eine spätere Doktorarbeit anbot. Ihr lebens-
nahes Wissenschaftsverständnis ließ persönliche Eindrücke vom rechtlich zu
»ordnenden« Lebensbereich unverzichtbar erscheinen.

Im Januar 1941 beantragte Wiltraut von Brünneck die Zulassung zur großen
Staatsprüfung, für die sie der Vizepräsident des Kammergerichts nach den
Stationszeugnissen und den Beurteilungen ihrer Ausbilder als »lobenswert vorbereitet« erachtete. »Lobenswert« war die zweitbeste Note. Doch Wiltraut von
Brünneck spielte auch bei der großen Staatsprüfung nicht um die Plätze. Ihr Ziel
war es, wieder die Beste zu sein. Das Examen bot ihr erneut die Gelegenheit,
ihre juristische Exzellenz unter Beweis zu stellen und durch den eigenen Erfolg
zu belegen, dass die Juristinnen ihren Platz in der Volksgemeinschaft zu Recht

einforderten. Vor ihr standen wie im ersten Examen eine praktische Hausarbeit, fünf Aufsichtsarbeiten und die mündliche Prüfung.[165] Die Hausarbeit war nach Ausgabe der Aufgabenstellung innerhalb von drei Wochen einzureichen. Wiltraut von Brünneck erhielt die Aufgabe im Februar 1941. Über den Inhalt ist nichts überliefert, wohl aber, dass Wiltraut von Brünneck diese erste Herausforderung der großen Staatsprüfung mit Bravour meisterte: »ausgezeichnet«.

Von den fünf Klausuren, die sie zwischen Ende Februar und Mitte März schrieb, stammten vier aus den juristischen Prüfungsfächern: A. Bürgerliches Recht, B. Zwangsvollstreckung und freiwillige Gerichtsbarkeit, C. Strafrecht, D. Verwaltungs-, Bauern-, Arbeits- oder Handelsrecht. Die Kandidatin konnte hier nicht ganz an ihre Vorleistungen anknüpfen: Klausur A bestand sie mit der Note »gut«, Klausur B mit der Note »lobenswert«, in den Klausuren C und D erzielte sie jeweils nur die Note »befriedigend«. Rein rechnerisch stand sie damit insgesamt auf der drittbesten Notenstufe »gut« (heute: »vollbefriedigend«), mit der sie wohl kaum zufrieden gewesen wäre, zumal ihr Bruder die Gesamtnote »lobenswert« (heute: »gut«) erreicht hatte. Doch ihre Leistungen besserten sich bei der fünften Aufsichtsarbeit aus dem Prüfungsgebiet G. Geschichte und Wirtschaftskunde, in der die »allgemeine völkische Bildung« abgeprüft wurde. Martin Würfel hat in seiner Studie über das Reichsjustizprüfungsamt diese Aufgabe besonders unter die Lupe genommen. Seine Auswertung der Prüfungsunterlagen ergab, dass es sich bei der »Aufsichtsarbeit G« um »keine ›geschichtliche‹ Aufgabe im engeren Sinne« gehandelt habe. Vielmehr wurde auch nach aktuellen Ereignissen gefragt: »Ein (Lippen-)Bekenntnis zur nationalsozialistischen Weltanschauung im weitesten Sinne wurde von den Prüflingen, die sich nicht gänzlich disqualifizieren wollten, eindeutig verlangt.«[166]

Wiltraut von Brünneck konnte hier glänzen. Sie beherrschte, wie sie schon in ihren Aufsätzen unter Beweis gestellt hatte, die Rhetorik des Regimes und ihr Engagement in ANSt, Fachschaft und NSF wird den Prüfern nicht verborgen geblieben sein. Der Präsident des Reichsjustizprüfungsamts Otto Palandt hatte schon 1936 erklärt, dass es »[f]ür die richtige Beurteilung der G-Arbeiten [...] oft von Wert sein [werde], den Lebensweg des Prüflings zu kennen«.[167] Daher wurden dem »volkskundlichen Prüfer«, der die G-Arbeit zu bewerten hatte, die Personalvorgänge des Prüflings zugeleitet. Herkunft, Lebensweg und Mitgliedschaften des Prüflings sollten in die Bewertung einfließen. Es handelte sich um eine Charakterprüfung, die Palandt so wichtig war, dass er sich die Akten aller Referendare vorlegen ließ, die in der G-Arbeit die Note »lobenswert« oder besser erzielt hatten. Offensichtlich ging es darum, anhand der geschichtlichen Arbeit die politisch zuverlässigen Nachwuchskräfte für Justiz und Verwaltung auszuwählen.[168] Dazu gehörte auch Wiltraut von Brünneck, deren G-Arbeit mit »lobenswert« bewertet wurde. Ausweislich des Terminkalenders des Reichsjustizprüfungsamts

JURISTIN IN DER VOLKSGEMEINSCHAFT (1937–1945)   95

hatte sie die Klausur am 18. März 1941 geschrieben[169] und dabei aus drei Aufgabenstellungen wählen können: 1. »Der Beitritt Rumäniens und Bulgariens zum Dreimächtepakt, die Gründe und die Bedeutung«, 2. »Schließen sich Kapitalismus und Sozialismus aus?« und 3. »Können, Wissen und Tat in ihrer Bedeutung füreinander«. Welche Aufgabe sie bearbeitete, ist ungewiss. Die Statistik spricht für die erste Aufgabe, für die sich 17 der 20 Prüflinge entschieden,[170] aus einem naheliegenden Grund: Bulgarien war nur wenige Tage zuvor der »Achse Berlin-Rom-Tokio« beigetreten. Presse und Wochenschau berichteten ausführlich über diesen außenpolitischen Erfolg des NS-Regimes, der nicht weniger war als die diplomatische Vorbereitung des Angriffs auf die Sowjetunion.

Am 27. März 1941 trat Wiltraut von Brünneck zur mündlichen Prüfung an. Es war der vierte Prüfungstermin des Jahres 1941, an dem in ganz Deutschland vier Referendare geprüft wurden, zwei davon in Berlin, auch der zweite Berliner Prüfling war eine Frau. Überhaupt war der weibliche Anteil an den Prüfungskandidaten seit 1939 kontinuierlich gestiegen. 1941 waren 15 von insgesamt 74 Prüflingen Frauen, das entsprach immerhin einem Anteil von fast zwanzig Prozent. Hintergrund dieser Verschiebung war weniger die Zunahme der Zahl der Referendarinnen als die Abnahme der Zahl ihrer männlichen Kollegen. Der Krieg hinterließ in der Juristenausbildung seine Spuren. Im Januar 1941 waren mehr als drei Viertel aller Referendare zum Kriegsdienst eingezogen worden. Für sie wurden der Vorbereitungsdienst verkürzt und gesonderte Kriegsteilnehmerprüfungen angesetzt.[171]

Der Prüfungsausschuss, vor dem Wiltraut von Brünneck und ihre Kollegin antreten mussten, bestand natürlich nur aus Männern. Ursprünglich war der Präsident des Reichsjustizprüfungsamts Otto Palandt persönlich für den Vorsitz eingeteilt gewesen, doch wurde er kurzfristig durch den Vizepräsidenten Kurt Creutzfeldt ersetzt. Auch die drei weiteren Prüfer kamen aus dem Reichsjustizministerium: Ministerialrat Hugo Hornung, Leiter des Referats für Kolonialrecht, Kammergerichtsrat Otto Dabringhaus, Referent für Familienrecht, und Ministerialrat Karl Krug, der in der Strafrechtsabteilung des Ministeriums Gnadensachen und Hochverratssachen in der Zuständigkeit des Volksgerichtshofs bearbeitete. Alle vier waren regimetreue Nationalsozialisten. Bei Creutzfeldt sprechen dafür seine hervorgehobene Position unter dem überzeugten Parteigenossen Palandt[172] und sein Verbleiben im Amt nach dem Ministerwechsel im Jahr 1942.[173] Hornung war seit 1933 SA-Mann und seit 1937 NSDAP-Mitglied. Das von ihm bearbeitete Kolonialrecht war für die NS-Lebensraumideologie von nicht zu unterschätzender Bedeutung.[174] Dabringhaus war seit 1940 linientreuer Parteigenosse, wenn er auch nach dem Krieg seine politische Verwicklung kleinredete.[175] Der fanatischste Nationalsozialist in der Prüfungskommission war Karl Krug, Parteigenosse seit 1932, der unter Staatssekretär Roland Freisler

Karriere gemacht hatte.[176] Er war im Prüfungsgespräch für die Feststellung der ideologischen Festigung der Kandidatinnen zuständig, als »volkskundlicher Prüfer«.[177]

Wiltraut von Brünneck reüssierte beim Prüfungsgespräch in allen Bereichen. Die Inhalte sind nicht überliefert, wohl aber die Noten: »ausgezeichnet« für den Aktenvortrag, »lobenswert und besser« für das fachliche Können, und erneut »lobenswert und besser« für Allgemeinbildung, Staats- und Volkskunde. An diesen herausragenden Bewertungen ist abzulesen, dass die Kandidatin die Prüfungskommission sowohl in juristischer als auch in ideologischer Hinsicht überzeugt hatte. Die hervorragende Note »ausgezeichnet« für den Aktenvortrag legte einen gewissen Schwerpunkt auf die fachliche Exzellenz. Die Note »lobenswert und besser« in den beiden anderen Kompetenzbereichen stand der Bewertung des Vortrages aber kaum nach. Nach dem Durchschnitt aus den neun Einzelleistungen der großen Staatsprüfung hätte die Gesamtnote bei gleicher Gewichtung der Teile »lobenswert« lauten müssen.[178] Schon diese zweithöchste Stufe auf der Notenskala wäre herausragend gewesen. Im PrüfungsJahr 1941 hätte nur ein weiterer der insgesamt 74 Kandidaten dieselbe Note erreicht. Doch Wiltraut von Brünneck hatte ihre Prüfer offenbar derart überzeugt, dass der Prüfungsausschuss für die Gesamtleistung die Bestnote festsetze: »ausgezeichnet«. Die Prüfer konnten sich dabei auf die Vorgaben des Reichsjustizprüfungsamts stützen, nach denen »jede Prüfungsmathematik zu unterbleiben«, jeder Prüfling »unter Berücksichtigung seiner Eigenart zu beurteilen« sei – und Wiltraut von Brünneck war »nach dem Gesamteindruck« eine hervorragende Juristin. Erneut war ihr also das Prädikat einer »ganz ungewöhnlichen Leistung« verliehen worden. Kein anderer Prüfungsteilnehmer erreichte im Jahr 1941 diese herausragende Gesamtbewertung.[179]

Institut für Arbeitsrecht

Fünf Jahre nach dem Ausschluss der Frauen von den klassischen Rechtsberufen hatten sich die Karriereaussichten der Juristinnen kaum verbessert. Im FrühJahr 1941 litten Justiz, Rechtsanwaltschaft und Verwaltung noch nicht unter dem Mangel an männlichen Nachwuchskräften, der sich wenig später einstellen sollte, als der Krieg zum Weltkrieg wurde. Noch meinte man, auf Juristinnen verzichten zu können, mochten sie fachlich noch so gut sein. Der Vorsitzende des Prüfungsausschusses Creutzfeldt nahm daher im Protokoll über die Besprechung des Prüfungsergebnisses einige handschriftliche Änderungen vor, damit der Vordruck auf Wiltraut von Brünneck passte. Ziffer 2 des Vordrucks lautete: »Der Referendar … will seine Übernahme in den Justizdienst – nicht – beantragen.« Creutzfeld machte daraus: »~~Der Referendar~~ *Ich habe die Referendarin nicht gefragt, ob sie* ~~will seine~~ *ihre* Übernahme in den Justizdienst – ~~nicht~~ – beantragen. *will*.« Aus seiner Sicht kam eine Anstellung Wiltraut von Brünnecks bei der Justiz nicht infrage. Dennoch reichte er die Prüfungsvorgänge an den für Personalfragen zuständigen Ministerialrat im Reichsjustizministerium Werner Grussendorf weiter, mit dem Vermerk, dass das »Fräulein v. Brünneck« bei ihrer Mutter wohne, »die wiederverheiratet war mit einem General Schede«, und dass sie sich bis Anfang Mai auf Reisen befinde.

Grussendorf veranlasste erst einmal nichts. Womöglich hatte er die Akte der Assessorin beiseitegelegt, weil er mit einer Frau im höheren Justizdienst nichts anzufangen wusste. Vielleicht war ihm erst später aufgefallen, dass diese Assessorin beide Examina mit der Bestnote »ausgezeichnet« bestanden hatte und es sich daher lohnen könnte, für sie eine Ausnahme zu machen. Wie dem auch sei, erst am 12. Juli 1941 setzte er ein Schreiben auf:[180]

Sehr geehrtes Fräulein von Brünneck!

Es wäre mir erwünscht, mit Ihnen die Möglichkeiten Ihrer etwaigen Verwendung im Reichsjustizdienst zu besprechen. Ich würde es deshalb sehr begrüßen, wenn Sie mich an einem der nächsten Werktage in den Vormittagsstunden zwischen 10 und 13 Uhr aufsuchen würden.

Heil Hitler

Ihr sehr ergebener

Grussendorf

Die Eingeladene hatte in der Zwischenzeit anders disponiert, wie sich aus dem Gesprächsvermerk Grussendorfs ergibt: »Frl. v. B. ist z. Zt. bei Prof. Siebert tätig und hat sich für 1 ½ Jahre verpflichtet. Beschäftigung im RJM wäre ihr erwünscht, aber die geringen Aussichten für ein Weiterkommen stehen entgegen.«[181] Wiltraut von Brünneck wollte also zunächst die akademische Karriere weiterverfolgen, mit der sie schon 1937 geliebäugelt hatte, als sie in der *Frauen-Kultur* »[d]ie Aufgaben der Frau im Recht« skizzierte. Zumindest bis zur Promotion wollte sie kommen. Der »Dr. jur.« gehörte in ihrer Familie zum guten Ton. Der Plan, dieses Vorhaben wie ihre Freundinnen Anneliese Cüny und Marie Luise Hilger bei Wolfgang Siebert in die Tat umzusetzen, den sie in Heidelberg kennengelernt hatte, dürfte schon früh gereift sein. Noch attraktiver wurde die Beschäftigung bei dem charismatischen Professor dadurch, dass dieser Ende 1938 von Kiel nach Berlin gewechselt war und sein Institut für Arbeitsrecht dorthin verlegt hatte.

Von der Avance des Reichsjustizministeriums dürfte Wiltraut von Brünneck hingegen überrascht gewesen sein. Denn nach der bisherigen Einstellungspraxis gab es für sie keine Möglichkeit einer »Verwendung im Reichsjustizdienst«, jedenfalls nicht in einer Position, die ihrer Qualifikation entsprochen hätte, also als Gerichts- oder Regierungsassessorin mit Aussicht auf eine Planstelle im Justiz- oder Verwaltungsdienst. Selbst wenn Grussendorf ihr im persönlichen Gespräch eine solche Anstellung in Aussicht gestellt haben sollte, änderte dies nichts daran, dass Wiltraut von Brünneck ihre »Aussichten für ein Weiterkommen« gering ein- schätzte. Außerdem stand sie bei Wolfgang Siebert im Wort. Für den Moment er- schien es ihr daher ratsam, das Angebot auszuschlagen. Grussendorf zeigte sich verständnisvoll und brachte zugleich zum Ausdruck, dass im Reichsjustizminis- terium stets ein Platz für eine ausgezeichnete Juristin wie sie sein werde: »Ich habe ihr anheim gegeben, sich an uns zu wenden, wenn sie den Wunsch hat[,] in der Justiz beschäftigt zu werden.«[182]

Aufgrund der Lücke, die der Krieg in der Korrespondenz Wolfgang Sieberts hin- terlassen hat, lässt sich nicht rekonstruieren, wann er mit Wiltraut von Brün- neck über eine Anstellung mit Promotionsgelegenheit übereingekommen war. Der Universitätsverwaltung lagen die Einstellungsunterlagen Anfang April 1941 vor. Es spricht aber manches dafür, dass Wiltraut von Brünneck bereits deutlich früher mit Wolfgang Siebert ein Promotionsvorhaben verabredet hatte, mögli- cherweise nach Sieberts Wechsel von Kiel nach Berlin im November 1938, unter Umständen sogar schon in Heidelberg oder während Sieberts Zeit in Kiel, in der sie über ihre Freundinnen Anneliese Cüny und Marie Luise Hilger zumindest mit- telbar mit dem Professor verbunden blieb. Während Cüny nach ihrer Doktorprü- fung in Kiel im Oktober 1938 ausgeschieden war,[183] arbeitete Hilger noch am In- stitut für Arbeitsrecht, als Wiltraut von Brünneck dort im Frühjahr 1941 angestellt werden sollte. Mitte Mai 1941 gab Marie Luise Hilger ihre Stelle auf und machte damit für Wiltraut von Brünneck Platz.[184] Sie konzentrierte sich ganz auf den Vor- bereitungsdienst, den sie 1939 begonnen hatte.[185] Vermutlich hatten die Freun- dinnen schon damals die »Rochade« mit Wolfgang Siebert vereinbart.

Wer war dieser Professor, der als 29-jähriger Lehrstuhlvertreter auf die Hei- delberger Studentinnen einen solchen Eindruck gemacht hatte, dass sie noch Jah- re später bei ihm promovieren wollten?[186] Wolfang Siebert war 1905 als Sohn eines Landgerichtsdirektors und einer Pfarrerstochter in Meseritz (Provinz Posen) zur Welt gekommen und in Danzig und Halle aufgewachsen. Ab 1923 studierte er Jura in Halle und München, legte 1926 die erste, 1930 die zweite Staatsprüfung ab. 1927 wurde er in Halle mit einer Dissertation über den strafrechtlichen Besitzbegriff promoviert.[187] 1932 erhielt er aber die Lehrbefugnis für Bürgerliches Recht, Han- delsrecht, Arbeitsrecht und Rechtsvergleichung aufgrund einer Schrift über das Treuhandverhältnis, ebenfalls in Halle.[188] Im selben Jahr heiratete er die Tochter eines Landgerichtsrats und späteren Senatspräsidenten am Oberlandesgericht Breslau. Aus der Ehe gingen zwischen 1934 und 1941 drei Töchter und ein Sohn

JURISTIN IN DER VOLKSGEMEINSCHAFT (1937–1945)

hervor.[189] Wolfgang Siebert war kein »alter Kämpfer«. Er erkannte die Zeichen der Zeit und trat am 1. Mai 1933 der NSDAP bei. Sogleich tat er sich als eifriger Vorkämpfer des Nationalsozialismus hervor. Dabei war ihm besonders an der »politischen Bildung« der Jugend gelegen. Er trat neben SA, NSRB und NS-Dozentenbund auch der *Hitlerjugend* bei – eine Zugehörigkeit, die er später verleugnete,[190] vermutlich weil er den (belastenden) Rang eines HJ-Oberbannführers bekleidet und in der Reichsjugendführung Fragen des Jugendrechts bearbeitet hatte.[191]

In seinen zahlreichen Abhandlungen – sein Schriftenverzeichnis umfasst 73 Aufsätze aus den Jahren 1934 bis 1944 – ließ Wolfgang Siebert keinen Zweifel an seiner nationalsozialistischen Gesinnung. Nachdem er im April 1935 zum außerordentlichen Professor in Kiel ernannt worden war, widmete er sich mit besonderem Eifer der nationalsozialistischen Umgestaltung des Arbeitsrechts, einem neuen und für die Rüstungswirtschaft bedeutsamen Rechtsgebiet, das ihm Gelegenheit zur akademischen und politischen Profilierung bot.[192] Er beteiligte sich am »Kitzeberger Lager«, das eine »vom nationalsozialistischen Geist getragene deutsche Rechtswissenschaft« schaffen sollte,[193] und wurde in die Akademie für deutsches Recht berufen. Im August 1937 wurde er zum ordentlichen Professor in Kiel ernannt, wo er im April 1938 das Institut für Arbeitsrecht gründete. Aufgrund seiner wissenschaftlichen Leistungen, seiner didaktischen Eignung und seiner nationalsozialistischen Gesinnung belobigt,[194] erhielt er im Oktober 1938 einen Ruf an die Berliner Universität, dem er sogleich folgte.

In Berlin trat Wolfgang Siebert die Nachfolge Hermann Derschs an, der wegen einer jüdischen Großmutter vorzeitig in den Ruhestand versetzt worden war.[195] Sieberts Gewissen dürfte rein gewesen sein, denn er war Antisemit.[196] Im Oktober 1935 erstattete er einen Bericht über die Rechtsfähigkeit von Vereinen und Verbänden bei der von Carl Schmitt geleiteten Arbeitstagung der Reichsfachgruppe Hochschullehrer des *Bundes Nationalsozialistischer Deutscher Juristen* (das öffentlich-rechtliche Referat hielt Ulrich Scheuner). Im Anschluss an die Vorträge wurden vier »Hauptleitsätze« beschlossen, deren erster Bekanntheit erlangte: »Der Rechtsbegriff ›Mensch‹ im Sinne des § 1 BGB verdeckt und verfälscht die Verschiedenheiten von Volksgenosse, Reichsbürger, Ausländer, Jude usw.«[197] – ein unverhohlenes Plädoyer für eine Entrechtung der Juden, die sogar noch über das hinausgehen sollte, was die Nürnberger Gesetze einen Monat zuvor dekretiert hatten. Der Zusammenhang zu den Referaten ist unklar. Es gibt jedoch keinen Grund daran zu zweifeln, dass auch Wolfgang Siebert für die »Hauptleitsätze« votiert hatte. Seinen Antisemitismus lebte er bei der Betreuung von Doktoranden aus. So bemängelte er in seinem Erstgutachten zu Irmgard von Keudells Dissertation über *Soziales Ehrenrecht und Strafrecht*, dass die »Kennzeichnung jüdischen Schrifttums […] noch nicht durchgeführt sei« und »unbedingt« erfolgen müsse. »Allerdings«, fügte er hinzu, »brauchten manche Juden, z. B. Sinzheimer,

überhaupt nicht genannt zu werden, da sie für die Erörterungen der Verf. unerheblich sind.«[198] Der Zweitgutachter Wenzelslaus Graf Gleispach pflichtete ihm
bei, meinte aber, dass Hugo Sinzheimer »als typischer Vertreter [des ›jüdischen‹
Schrifttums, F. M.] hervorgehoben werden« könnte, wenn die anderen wegfie-
len.[199]

Es ist schwer nachzuvollziehen, was Wolfgang Siebert als Doktorvater für
Wiltraut von Brünneck und ihre Freundinnen so attraktiv machte. Man wird
die Gründe in seinen Fähigkeiten als Dozent und akademischer Lehrer suchen
müssen, der einen Sinn für Didaktik hatte und Juristinnen nicht ablehnend
gegenüberstand, sondern sie förderte – in einer Zeit, in der andere Wissen-
schaftler Frauen von den Universitäten verbannen wollten. Marie Luise Hilger,
die Wolfgang Siebert am nächsten stand, schrieb 1975:

»Siebert war ein begnadeter Lehrer. Wenn ich als Studentin aus seiner Vorlesung oder aus seinem Seminar kam, war jedesmal etwas klarer geworden. Ebenso war es später, wenn ich mit
ihm rechtliche Probleme diskutieren durfte. [...] Er machte die Dinge durchsichtig. Sie fügten
sich zu einem Ganzen und Zusammenhänge wurden deutlich, die man noch nicht erkannt hatte. Das Recht blieb bei Siebert schon für Anfänger niemals blaß und abstrakt; es wurde bunt,
lebendig und menschlich. Er lehrte seine Schüler [...] vom ersten Tage an, nicht im Äußern, im
nur Begrifflichen stecken zu bleiben, sondern den Sinn der Norm von ihrem Zweck und vom
Zusammenhang mit der gesamten Rechtsordnung zu verstehen.«[200]

Dass diese Rechtsordnung die Unrechtsordnung der nationalsozialistischen
Volksgemeinschaft war, schien Hilger nicht gestört zu haben. Später hatte sie
auch dafür eine Erklärung:

»Jüngere haben mich gelegentlich gefragt, wie es zu erklären sei, daß ein so verehrter Lehrer
sich früher zum Nationalsozialismus bekannt hatte. Ich glaube, auf diese Frage hätte Wolfgang
Siebert selbst keine Antwort geben können, die seinen hohen Ansprüchen genügte. Nur wer die
soziale Not vor 1933 selbst erlebt hat, mag ermessen können, welche verzweifelten Hoffnungen
damals an den Nationalsozialismus geknüpft wurden. Später, vor allem während des Krieges,
schien es dann keinen Weg zurück zu geben, sondern nur noch die Hoffnung, nach Kriegsende
etwas Neues aufbauen zu können.«

Hilgers Erklärung für Sieberts nationalsozialistische Gesinnung ist zugleich eine
Selbstrechtfertigung. Schließlich war auch sie Parteigenossin gewesen. Der Hinweis auf die »soziale Not vor 1933« offenbart aber zugleich die sozialreformerische
Tendenz in Sieberts Rechtsdenken, die ihn für Juristinnen besonders attraktiv
machte. In seinem Spezialgebiet, dem Arbeitsrecht, in dem es um den Ausgleich
ökonomischer und sozialer Interessen ging, konnten Frauen sich eine volksge-
meinschaftskonforme »Aufgabe« konstruieren. Für Wiltraut von Brünneck kam
noch ein weiterer Aspekt hinzu: Sie war keine Theoretikerin, sondern wollte ei-

JURISTIN IN DER VOLKSGEMEINSCHAFT (1937–1945) 101

ne »lebensnahe« Rechtswissenschaft betreiben, d. h. konkrete rechtliche – und damit soziale – Probleme lösen. Das entsprach dem Wissenschaftsverständnis Wolfgang Sieberts, der das Recht »bunt, lebendig und menschlich« behandelte. Dabei hatte sich sein Ansatz während der dreißiger Jahre verändert. War Siebert zunächst emphatisch für eine am konkreten Ordnungsdenken ausgerichtete Rechtswissenschaft eingetreten, fokussierte er sich nach gut zwei Jahren als Professor in Kiel auf die ideologiekonforme Beantwortung zumeist kleinteiliger Rechtsfragen. Er hatte sich vom »Rechtserneuerer« zum »Rechtsarbeiter« gewandelt, ohne seine nationalsozialistische Grundhaltung aufzugeben.

Bei einem von Karl Lang organisierten »Lager« der Reichsfachgruppe Rechtswissenschaft in der Reichsstudentenführung im Oktober 1937 erklärte Wolfgang Siebert, dass die Rechtswissenschaft sich nun »im ersten Stadium einer zweiten Epoche« befinde. Nachdem man vier Jahre »die Forderungen, die an das neue Recht gestellt wurden, klar und programmatisch« herausgearbeitet habe, gehe es jetzt um eine »mehr nüchterne Einzelbetrachtung«. Man könnte von einem ersten und einem zweiten Vierjahresplan auf dem Gebiet der Rechtswissenschaft sprechen. »Wir müssen zurück zur nüchternen und stillen Kleinarbeit«, heißt es in der Mitschrift des Vortrags, den Siebert nach vier Jahren Erfahrungen im »wissenschaftlichen Kampf« hielt, dessen Methoden ihm »oft merkwürdig« erschienen waren. Mit Sätzen wie »Gemeinnutz vor Eigennutz« – Punkt 24 des NSDAP-Parteiprogramms! – könne man »nicht allein ein neues Wirtschaftsrecht aufbauen«. Auch die Kritik an Rechtsbegriffen wie »Treue, Ehre usw.« ging ihm zu weit: Dass ganze Lehren verworfen würden, »weil zu viel von diesen Worten die Rede war«, mache methodisches Arbeiten unmöglich.[201] Sieberts Abwendung von der Programmatik der frühen NS-Rechtswissenschaft fiel mit dem Ende der »Kieler Schule« zusammen. Mit ihrer Ernennung zu ordentlichen Professoren hatten die jungen Kieler Rechtswissenschaftler ihr unmittelbares Karriereziel erreicht. Zugleich mussten sie feststellen, dass sich ihre Lehren kaum durchsetzten. Siebert machte das in seinem Vortrag mit dem Hinweis deutlich, dass die »Grundanschauungen« seiner strafrechtlichen Kollegen Georg Dahm und Friedrich Schaffstein »sehr bekämpft« und »von der Mehrheit an [den] Hochschulen nicht geteilt« würden.[202] Diesem Schicksal wollte er entgehen. Nach seiner Ernennung zum Ordinarius im August 1937 brachte er sich durch handfeste juristische Arbeit für einen Ruf an eine größere Fakultät in Stellung. Das machte ihn noch interessanter für Wiltraut von Brünneck, der an der »nüchternen und stillen Kleinarbeit« zeit ihres Lebens mehr gelegen war als an theoretischen Höhenflügen.

In seinem Bericht über das Institut für Arbeitsrecht aus dem Januar 1939 formulierte Wolfgang Siebert seine wissenschaftliche Grundhaltung wie folgt:

»Die gegenwärtige Lage des Arbeitsrechts ist gekennzeichnet durch die auf diesem Gebiet besonders bedeutungsvolle Wandlung aller Grundanschauungen. Die wissenschaftliche und praktische Aufgabe, die das neue Arbeitsrecht hierbei zu erfüllen hat, ist von geradezu entscheidender Bedeutung für den inneren Aufbau des Dritten Reiches: es gilt, gegenüber der marxistischen (klassenkämpferischen) Gestaltung des Arbeitslebens und des Arbeitsrechts bei den zwanzig Millionen deutschen Volksgenossen, die in einem Arbeitsverhältnis stehen, eine völlig neue Arbeitsauffassung und eine ihr entsprechende völlig neue Rechtsauffassung im Arbeitsleben mit weitreichenden und geradezu umwälzenden Folgen für Haltung und Rechtsstellung jedes einzelnen zu dauernder Geltung zu bringen. Diese Aufgabe kann nur bewältigt werden, wenn auch von der Wissenschaft hierzu Grundlagen und Mittel bereitgestellt werden, denn der arbeitsrechtlichen Wissenschaft obliegt es, die rechtlichen Wege zur Verwirklichung der nationalsozialistischen Grundsätze aufzuzeigen und die einzelnen praktischen Auswirkungen herauszuarbeiten, die sich aus der nationalsozialistischen Ordnung der Arbeit ergeben.«[203]

Die Forschungsschwerpunkte des Instituts lagen im deutschen und ausländischen Arbeitsrecht sowie im Jugendarbeitsrecht. Siebert erklärte es außerdem zur »vordringliche[n] Pflicht« seines Instituts, »sich um den wissenschaftlichen Nachwuchs auf dem Gebiet des Arbeitsrechts zu bemühen«, dessen Förderung »für das Vorantreiben einer nationalsozialistischen Arbeitsrechtswissenschaft geradezu lebenswichtig« sei.[204] Dass er es auch Frauen zutraute, an der Erfüllung dieser zur Existenzfrage übersteigerten Aufgabe mitzuwirken, stellte er mit der Beschäftigung Marie Luise Hilgers und Wiltraut von Brünnecks unter Beweis. Marie Luise Hilger war nach dem Wechsel von Kiel nach Berlin als wissenschaftliche Hilfskraft, ab Januar 1940 als wissenschaftliche Assistentin im Beamtenverhältnis angestellt worden.[205] Wiltraut von Brünneck musste zunächst mit einer Zweidrittelstelle als wissenschaftliche Hilfskraft Vorlieb nehmen, ehe ihr am 16. Juni 1941 – nach dem Ausscheiden Hilgers – die Verwaltung einer planmäßigen wissenschaftlichen Assistentenstelle übertragen wurde.[206] Anders als Marie Luise Hilger konnte sie nicht zur wissenschaftlichen Assistentin ernannt werden, da ihr die von der Reichsassistentenordnung vorausgesetzte Promotion fehlte.[207] Ihr wurde daher die »Verwaltung der Dienstgeschäfte eines wissenschaftlichen Assistenten« im Rahmen eines privatrechtlichen Dienstvertrags anvertraut.[208] Die Vergütung von monatlich 342,01 RM entsprach ihrer Qualifikation als Assessorin.[209] Nach außen trat die privatrechtliche Hilfskonstruktion nicht in Erscheinung: Das Personal- und Vorlesungsverzeichnis für das Wintersemester 1941/42 wies Wiltraut von Brünneck als (einzige) »Wissenschaftl. Assistentin« am Institut für Arbeitsrecht aus.[210]

Über den Inhalt ihres Promotionsvorhabens ist nichts bekannt. Womöglich wollte sie ihren Teil der Siegerarbeit aus dem Reichsberufswettkampf 1936/37 über die Rechtsstellung der Industriearbeiterin zu einer Dissertation ausbauen. Ebenso gut könnte sie ein auslandsrechtliches oder rechtsvergleichendes Thema im Arbeits- und Sozialrecht erwogen haben, wofür der Frankreichaufenthalt im Som-

JURISTIN IN DER VOLKSGEMEINSCHAFT (1937–1945)   103

mer 1938 spricht. Der Krieg hätte ein solches Vorhaben zwar erschwert, aber nicht vereitelt. Forschungsreisen nach Frankreich, Italien oder Ungarn waren im Sommer 1941 noch möglich. Auch Wolfgang Siebert hatte das Ausland im Blick, vornehmlich Italien, Frankreich und die deutschen Verbündeten in Mittel- und Osteuropa. Noch 1943 veröffentlichte er einen programmatischen Aufsatz über »Europäisches Arbeitsrecht in Vergangenheit, Gegenwart und Zukunft«. Die Grundlage für die Entwicklung eines gemeineuropäischen Arbeitsrechts sah er in »der Arbeiterbewegung im wahrsten Sinne des Wortes von außerordentlichen Umfange«, die Deutschland »unter dem Zwange des Krieges« veranlasst habe. Die Zwangsarbeiter, die für die deutschen Kriegsziele schuften mussten, waren für Siebert »Gastarbeiter«, deren Arbeitseinsatz zu »Angleichungen und Verbesserungen« des Arbeits- und Sozialrechts in den europäischen Staaten führen werde.[211]

Wenn sich auch nicht mehr aufklären lässt, worüber Wiltraut von Brünneck forschte, so ergibt sich doch aus den Akten der Universität Berlin, worin ihre Hauptaufgabe am Institut für Arbeitsrecht bestand: in der Betreuung der Studenten bei der Wehrmacht. Die Vereinbarkeit von Kriegseinsatz und Studium hatte bis 1941 keine große Rolle gespielt, da die Feldzüge rasch beendet waren und sich die Beurlaubung einzelner Soldaten zu Studienzwecken mit der Verwendung als Besatzungstruppe ohne weiteres vereinbaren ließ. Die Situation änderte sich schlagartig, als in den Morgenstunden des 22. Juni 1941 das »Unternehmen Barbarossa« begann. Mit rund drei Millionen Soldaten griff die Wehrmacht die Sowjetunion an, ein Feldzug, der schon zu Beginn mehr Männer band als jeder zuvor. Auch Götz von Brünneck nahm daran teil. Im Juli 1941 wurde er verwundet. Noch während des Lazarettaufenthalts bestellte ihn der Reichsernährungsminister Walther Darré zum Referenten in seinem persönlichen Stab. Als er im Oktober 1941 seine Stelle im Ministerium antreten wollte, wartete bereits eine neue Aufgabe auf ihn. Der Minister schickte ihn nach Oslo zum Reichskommissar für die besetzten norwegischen Gebiete, wo er die Leitung der »Sondergruppe Fischwirtschaft« übernehmen sollte. Während Götz in Norwegen daranging, die Zwangsausfuhren von Fisch nach Deutschland zu steigern – ein »nicht immer gefahrlose[r] Einsatz«, bei dem er »durch seine rastlosen Bemühungen [...] trotz aller Schwierigkeiten grosse Erfolge« erzielte –,[212] nahm sich seine Schwester den Sorgen und Nöten der Berliner Jurastudenten an, die zwischen Baltikum und Schwarzem Meer an der Front standen.

Ihre neue Aufgabe hing unmittelbar mit dem Kriegsgeschehen zusammen. Denn als sich im Herbst 1941 herausstellte, dass der Krieg gegen die Sowjetunion kein »Blitzkrieg« werden würde, trafen die Oberkommandos des Heeres, der Kriegsmarine und der Luftwaffe neue Bestimmungen für die Beurlaubung von Frontsoldaten zu Studienzwecken. Die Universitäten wurden angewiesen, an jeder Fakultät mindestens einem Dozenten die Betreuung der beurlaubten Soldaten zu übertragen. Der Dekan der Berliner Rechts- und Staatswissenschaftlichen Fakultät bat Wolfgang Siebert, die Betreuung für die Studenten der Rechtswissenschaft zu übernehmen. Siebert sagte »umgehend telefonisch« zu und versprach, eine besondere Sprechstunde an seinem Institut in der Behrenstraße 41 einzurichten: »12¼ – 13½ Uhr«, Beginn am 6. Januar 1942.[213] Der Lehrbetrieb wurde den Bedürfnissen der beurlaubten Soldaten angepasst. Die Konzeption der Lehrveranstaltungen war Sache der Professoren. Wiltraut von Brünneck trug Sorge für die organisatorischen Anliegen der Wehrmachtsstudenten. Sie beantwortete Fragen nach den Kurszeiten, erstellte Teilnehmerlisten, nahm Anmeldungen und Abmeldungen entgegen und hielt das Verzeichnis mit den Heimatadressen der Studenten à jour.

Siebert vertraute seiner Assistentin noch eine anspruchsvollere Aufgabe an, die ebenfalls im Zusammenhang mit der steigenden Zahl der Kriegsteilnehmer unter den Studenten stand: die »Fernbetreuung«. Göring hatte als Oberbefehlshaber der Luftwaffe die Hochschulen bereits im September 1941 darum ersucht, für »die im Dienst der Luftwaffe stehenden Jungakademiker« Maßnahmen des »Fernunterrichts« anzubieten, d. h. ihnen eine wissenschaftliche Unterweisung ohne Präsenz am Hochschulort zukommen zu lassen. Die Universität Berlin verpflichtete sich, durch ihre Rechts- und Staatswissenschaftliche Fakultät die angehenden Juristen bei der Luftwaffe aus der Ferne zu betreuen. Parallel dazu erarbeitete das Reichsjustizministerium »Soldatenbriefe für Rechtswahrer«, aus denen sich Juristen im Kriegsdienst über neuere Rechtsentwicklungen informieren konnten. Auch hieran wirkte die Berliner Fakultät tatkräftig mit. Beide Programme, die Weiterbildung der Jungakademiker und die Soldatenbriefe, wurden von der Fakultät in der »Fernbetreuung der Studenten bei der Wehrmacht« zusammengefasst, die im Sommersemester 1942 begann.

Die fachlich-didaktische Verantwortung für die Fernbetreuung lag bei Wolfgang Siebert, die organisatorisch-redaktionelle bei seiner Assistentin Wiltraut von Brünneck. Ende September 1942 verzeichnete die Fakultät bereits 460 Jurastudenten in Fernbetreuung. Die vierteljährigen »Soldatenbriefe«, die das Reichsjustizministerium in großer Zahl an die Front verschickte, wandten sich nicht explizit an Studenten, sondern an alle »Rechtswahrer«. Die Berliner Fakultät rang dem Ministerium aber die Zusage ab, dass in jedem der rund 100-seitigen Hefte »ein Aufsatz enthalten sein soll, der sich in erster Linie an Studenten richtet«.[214] Als Autoren konnte man politisch zuverlässige Professoren gewinnen: Sieberts früherer Kieler Kollege Georg Dahm, inzwischen Ordinarius an der »Reichsuniversität« Straßburg, steuerte eine Einführung in das Strafrecht bei, der Berliner Dekan Paul Gieseke eine Einführung in das Handels- und

Wirtschaftsrecht. Dass Carl Schmitt die Einführung in das öffentliche Recht verfasste, wusste Wolfgang Siebert zu verhindern. Er strich den in Ungnade gefallenen NS-Kronjuristen aus der Liste und ersetzte ihn durch Reinhard Höhn.[215]

Da die Soldatenbriefe des Ministeriums für die Fernbetreuung nur eingeschränkt geeignet waren und Göring für seine Studenten außerdem »Schreibpapier« aus dem Reichsluftfahrtministerium bereitstellen ließ, erarbeitete Wolfgang Siebert zusammen mit Wiltraut von Brünneck zusätzliche »Rundbriefe« für die »Jungakademiker der Luftwaffe«. Zwischen Mai bis August 1942 wurden drei solcher Rundbriefe an rund 350 Soldaten-Studenten verschickt. Die ersten beiden Rundbriefe klärten über Sinn und Zweck der Fernbetreuung auf. Der dritte Rundbrief informierte über einführende juristische Bücher und Zeitschriften. Außerdem enthielt er einen Beitrag Ernst-Rudolf Hubers über *Bau und Gefüge des Reiches*, der sich – Siebert zufolge – wegen seines »ausgezeichneten Überblicks über die Gliederung des Großdeutschen Reiches und über ihre Probleme« besonders als Einführung in das Staatsrecht eignete. Ergänzend wurde ein Auszug aus Reinhard Höhns Abhandlung *Großraum und völkisches Rechtsdenken* abgedruckt, »die sich mehr an die fachlich schon etwas Vorgeschrittenen unter den Betreuten« richtete.[216] Schon die Auswahl dieser beiden in hohem Maße ideologisierten Beiträge zeigt, dass es bei den Rundbriefen nicht nur um die fachliche, sondern auch um die politische Schulung der Studenten ging. Die Rundbriefe sind erst ab der Nummer 13/14 (Sommer 1943) erhalten. Sie wurden als *Feldpost-Briefe der Juristischen Fakultät der Universität Berlin* nachgedruckt.

Die Herstellung und Versendung der alle ein bis zwei Monate erscheinenden Rundbriefe bereitete einen erheblichen Organisations- und Arbeitsaufwand. Zuletzt wurde eine Auflage von etwa 600 Stück erreicht. Wiltraut von Brünneck konnte zwar auf einige freiwillige Helfer aus der Studentenschaft zurückgreifen. Die Fragen der Wehrmachtsstudenten, die sich meist auf den Studiengang und auf bestimmte juristische Berufe bezogen, musste sie jedoch selbst »durch Einzelbriefe« beantworten. Schon die Zuschriften, die auf die ersten drei Rundbriefe eingegangen waren, zeigten, »welch starkes Bedürfnis nach fachlicher Anregung bei den Wehrmachtsteilnehmern vorhanden war«. Die Betreuten hätten ein »außerordentlich lebhaftes Interesse« an den Rundbriefen gezeigt und diese berufliche Information und Förderung dankbar begrüßt. Das habe selbst für manche von denen gegolten, die »in vorderster Linie« gestanden hätten, berichtete Siebert mit sichtlichem Stolz. Neben den Bedürfnissen der Soldaten-Studenten galt es, auf politische Befindlichkeiten Rücksicht zu nehmen. Denn Göring ordnete bei der »großzügigen« Übersendung des Papiers und der Briefumschläge stets an, dass die Lieferung ausschließlich für Luftwaffenangehörige zu verwenden war.[217]

Wiltraut von Brünneck leitete die Fernbetreuung der Wehrmachtsstudenten auch noch nach ihrem Wechsel an das Reichsjustizministerium im Juni 1943 als nebenamtliche Fakultätsassistentin. Den ersten (erhaltenen) eigenen Beitrag steuerte sie dem Rundbrief Nr. 17 aus dem Januar 1944 bei. Es war ein kurzer »Rechtsfall aus dem Bürgerlichen Recht für Anfänger«, der Fragen des Vertragsschlusses zum Gegenstand hatte. Ein weiterer Fall aus ihrer Feder – *Das gestohlene Verlobungsgeschenk* – wurde in Rundbrief Nr. 22 aus dem Oktober 1944 abgedruckt. Die inzwischen zur Regierungsrätin ernannte Juristin zeigte sich bei der Aufgabenstellung besonders sensibel für die Lebensumstände ihrer Adressaten. Es ging nämlich um die Entwendung eines Verlobungsgeschenks, das der Empfänger, der 21 Jahre alte Gefreite August Müller, nach seiner Rückkehr vom Heimaturlaub »im Spind auf seiner Stube« eingeschlossen hatte. Aus dem Spind war das Geschenk – ein kostbarer Bilderrahmen mit dem Konterfei der Verlobten – offenbar »von französischem Personal, das die Reinigung der Stube zu besorgen hatte, gestohlen worden«. »Von der Feldgendarmerie angestellte Ermittlungen liefen erfolglos.« Damit aus dieser Episode ein Rechtsfall wird, muss zuvor das Verlöbnis gelöst und das Geschenk von der Verflossenen herausgefordert worden sein. »Wie ist die Rechtslage?«[218]

Die beiden Fälle, die Wiltraut von Brünneck zu den Feldpostbriefen beisteuerte, könnten heute noch im Jurastudium gestellt werden. Abgesehen von der zeittypischen Einbettung haben sich weder die maßgeblichen Rechtsnormen noch die dogmatischen Grundlagen geändert. Nur einmal klingt in der Lösungsskizze des Verlöbnis-Falles ein Hauch von Rechtserneuerungsdenken an, das aber sogleich wieder beiseitegelegt wird. Nachdem sie ihre Leser durch das unübersichtliche Paragraphengewirr der §§ 1301, 818, 819, 291, 292, 989, 276 BGB geführt hatte, fügte die inzwischen 32-jährige Regierungsrätin einen einordnenden didaktischen Kommentar hinzu:

»Mancher Leser, der bis hierher gefolgt ist, wird vielleicht ein hartes Wort über die merkwürdige Technik des BGB nicht unterdrücken können, das in unserem Falle mit dem Rechtssuchenden eine Art Julklappscherz veranstaltet und statt eines klaren Ausspruchs über die Haftung immer wieder auf andere Vorschriften verweist. Diese Technik ist schon oft angegriffen worden und findet sich in modernen Gesetzen seltener. Sie hat aber auch ihr Gutes. Sie zeigt nämlich, daß das BGB ein in sich geschlossenes System bildet, daß es gewissermaßen von einer höheren Warte die einzelnen Rechtsverhältnisse wägt und einordnet. Daraus folgt, daß innerlich gleiche Rechtskonflikte auch gleich behandelt werden müssen. Die Verweisung deckt also hier einen inneren Zusammenhang auf, dessen Erkenntnis dem Juristen u. U. auch bei der Entscheidung der nicht im Gesetz geregelten Frage eine Hilfe sein kann. Zugleich erspart sie umständliche Wiederholungen.«[219]

Freundinnen

Zeit ihres Lebens unterschied Wiltraut von Brünneck streng zwischen Dienstlichem und Privatem, zwischen Kollegen und Freunden. Selbst als sie einen Richter des Bundesverfassungsgerichts heiratete, pflegte sie ihn bei offiziellen Anlässen nicht ihren Ehemann, sondern einen ihr »nahestehenden« Kollegen zu nennen. Sie lebte in zwei Sphären, einer juristischen und einer familiär-freundschaftlichen. Ihr Werdegang brachte es mit sich, dass die meisten ihrer Freundinnen Juristinnen waren. Doch stand im Austausch mit ihnen stets das Persönliche im Vordergrund. Diese Sphärentrennung dürfte Wiltraut von Brünneck schon während des Krieges eingeübt haben, als sie an den wechselvollen Schicksalen ihrer Freundinnen Anteil nahm. Später sollte sie von den »nicht immer einfachen Erfahrungen« ihrer Generation sprechen, ohne ins Detail zu gehen.[220] Für ihre Persönlichkeit waren diese Erfahrungen nicht minder prägend als die juristischen Tätigkeiten, die sie zwischen 1939 und 1945 ausübte. Ihre engsten Freundinnen in dieser Zeit waren Anneliese Cüny, Marie Luise Hilger, Irmgard von Keudell, Anna Kottenhoff und Margarete Lambeck.

Anneliese Cüny versuchte während des Krieges, ihre Tätigkeit bei der Reichsstudentenführung, die ihr den Lebensunterhalt sicherte, und den Vorbereitungsdienst unter einen Hut zu bringen.[221] Doch sie unterschätzte die Doppelbelastung, die sich mit dem zunehmenden kriegsbedingten Personalmangel in der Studentenverwaltung verstärkte. Ihre Hauptaufgabe bestand in der Durchführung von »Ausleselagern« für Abiturientinnen und Studentinnen, die sich für ein Stipendium des Reichsstudentenwerks bewarben. Mehrfach musste sie sich dafür vom Vorbereitungsdienst beurlauben lassen. Sie wollte sich ihrer »Aufgabe, die ja zugleich ein politischer Auftrag [war], nicht entziehen«.[222] Ab Juli 1943 wurde sie dauerhaft vom Vorbereitungsdienst beurlaubt. Erst im Februar 1945 gelang es ihr, aus ihrem Amt in der Reichsstudentenführung »freizukommen«.[223] Doch der Dienstantritt beim Arbeitsgericht in Tegel, an dem ihre nächste Station beginnen sollte, war infolge der intensivierten Luftangriffe nicht mehr möglich. Kurz vor Beginn der Schlacht um Berlin im April 1945 flüchtete Anneliese Cüny zu Freunden in Schleswig-Holstein.[224]

Marie Luise Hilger gelang es hingegen, ihren Vorbereitungsdienst abzuschließen. Das zweite Examen bestand sie im September 1942 mit der überdurchschnittlichen Gesamtnote »gut« (heute: »vollbefriedigend«). Sie fand eine Anstellung im Reichsstudentenwerk, wo sie die Vorstudienausbildung für Studentinnen leitete.[225] Vermutlich war ihr die Stelle von Anneliese Cüny vermittelt worden, zu deren Aufgaben in der Reichsstudentenführung die Auswahl von Kandidatinnen für die Vorstudienausbildung zählte. Marie Luise Hilger war mit der Beschäftigung im Reichsstudentenwerk zwar beruflich abgesichert – das

Gehalt von 500 RM[226] entsprach ihrer Qualifikation –, erlebte das Jahr 1942 aber als eine Zeit privater Schicksalsschläge: Wenige Wochen vor ihrem Assessorexamen war ihr jüngerer Bruder beim Abschuss seiner Luftwaffenmaschine über der Nordsee ums Leben gekommen.[227] Im Herbst 1942 erlag ihr Verlobter an der Ostfront einer Typhuserkrankung. Marie Luise Hilger erhielt die Nachricht von seinem Tod vier Tage nach ihrer mündlichen Prüfung.[228] Sie sollte nie heiraten. Bis April 1945 arbeitete sie für das Reichsstudentenwerk. Das Kriegsende erlebte sie in ihrer Heimatstadt Heidelberg.[229] Erst später wird sie erfahren haben, dass eine Verwandte – die »Lieblingscousine« ihres Vaters – und deren Ehemann am 24. April 1945 in Berlin-Lankwitz von Soldaten der Roten Armee erschossen worden waren. Sie hatten im Haus der Brünnecks in der Nicolaistraße 45 Zuflucht gesucht, das von den sowjetischen Truppen am selben Tag zerstört wurde.[230]

Irmgard von Keudell hatte früh erfahren müssen, dass der Krieg nicht nur Siegesmeldungen und Gebietsgewinne, sondern auch schmerzliche Verluste mit sich brachte. Am 24. März 1940 heiratete sie den 24-jährigen Offizier Horst von Wallenberg. Die Hochzeit fand auf dem Rittergut der Keudells in Hohenlübbichow statt. Wiltraut von Brünneck war Trauzeugin. Ihr Bruder Götz war ebenfalls unter den Hochzeitsgästen. Wenige Wochen später war Horst von Wallenberg tot. Er fiel Ende Mai 1940 beim Vorstoß der deutschen Truppen auf dem Pas-de-Calais. Seine Witwe verbrachte die Zeit der Trauer bei Wiltraut von Brünneck in Berlin-Lankwitz, mit deren Unterstützung sie ihre Doktorarbeit für die Drucklegung vorbereitete.[231] Ob Irmgard von Wallenberg ihren Vorbereitungsdienst absolvierte, ließ sich nicht ermitteln. Im Juli 1941 trat sie als wissenschaftliche Hilfsarbeiterin in den Dienst des Auswärtigen Amtes, wo sie im Referat XIIa »Nachrichtengebedienst« der Presseabteilung beschäftigt wurde.[232] Die Stelle verdankte sie vermutlich einem anderen wissenschaftlichen Hilfsarbeiter, der seiner Einberufung zur Wehrmacht durch eine Einstellung im Auswärtigen Amt entgangen war und dort bis zum stellvertretenden Leiter der Rundfunkabteilung aufsteigen sollte: Kurt Georg Kiesinger,[233] dessen Repetitorium sie gemeinsam mit Wiltraut von Brünneck besucht hatte und dem sie auch nach dem Krieg verbunden bleiben sollte.[234] In den Kriegsjahren besuchte Irmgard von Wallenberg gelegentlich ihre Freundin Barbara von Borsig auf dem Gut Groß Behnitz.[235] Ob sie wusste, dass deren Ehemann Ernst von Borsig dort die Mitglieder des Kreisauer Kreises und andere Regimegegner empfing,[236] ist ungewiss. Bis März 1945 arbeitete sie im Auswärtigen Amt in Berlin. Im April 1945 floh Irmgard von Wallenberg vor der Roten Armee nach Norddeutschland.

Anna Kottenhoff unterbrach den Vorbereitungsdienst, um ihre Karriere in den NS-Organisationen voranzutreiben. Am 1. Februar 1939 berief sie der Reichsstudentenführer Gustav Adolf Scheel zur Reichs-Referentin der ANSt und machte

JURISTIN IN DER VOLKSGEMEINSCHAFT (1937–1945)   109

Abb. 5: Hochzeit von Horst und Irmgard v. Wallenberg, geb. v. Keudell
Die Feier fand am 24. März 1940 auf dem Rittergut der Keudells in Hohenlübbichow (Neumark) statt. Links
vom Brautpaar stehend Wiltraut v. Brünneck; zweiter v. r. (leicht verdeckt) ihr Bruder Götz.
Quelle: Privatbesitz A. v. Keudell

sie zur Leiterin des Amtes Studentinnen in der Reichsstudentenführung. »Wenn
heute niemand an der Berechtigung des Frauenstudiums zweifelt«, hieß es 1942
in der NS-Studentenzeitung *Die Bewegung*, »wenn heute die gesamte nationalsozialistische Bewegung [...] die ideale Verbindung von fraulichem Einsatz und wissenschaftlicher Arbeit anerkennt, wenn das Verhältnis von Student und Studentin auf eine gesunde Grundlage gestellt ist, dann ist dies vornehmlich der unermüdlichen Arbeit der Reichs-ANSt.-Referentin [...] zuzuschreiben.«[237] Im Frühjahr 1942 folgte Kottenhoff ihrem Förderer Scheel nach Salzburg, wo dieser als
Gauleiter und Reichsstatthalter amtierte. Sie wurde Leiterin der Gaufrauenschaft
von Salzburg. Ihre feierliche Amtseinführung wurde »von musikalischen Darbie-
tungen des Mozarteum-Quartetts Salzburg und von Prof. Elly Ney am Flügel um-
rahmt«.[238] Im April 1942 heiratete Anna Kottenhoff den fünf Jahre jüngeren Günther Dammer, der bereits 1931 – in der »Kampfzeit« – der NSDAP beigetreten
war.[239] Dammer hatte von September 1939 bis April 1941 am Krieg teilgenommen
und war im Anschluss im Wirtschaftsstab Ost und im Reichsministerium für die
besetzten Ostgebiete tätig gewesen. Nach der Eheschließung wurde er Leiter der
Abteilung »Arbeitspolitik und Sozialverwaltung« des Reichs- und Generalkom-

missariats Litauen in Kaunas, wo er in Personalunion als Vertreter der DAF, des Generalbevollmächtigten für den Arbeitseinsatz und des Reichsarbeitsministeriums fungierte. Zu seinen Hauptaufgaben gehörte die Organisation der Zwangsarbeit, bei der tausende Litauer zu Tode kamen.[240] Anna Dammer-Kottenhoff gab Ende 1942 ihr Amt in Salzburg auf, um »als deutsche Frau [...] im neuen Ostgebiet wertvolle menschliche Aufbauarbeit« zu leisten.[241] Die Eheleute blieben bis Mitte 1944 in Kaunas. Als die Rote Armee Litauen erreichte, wurde Günther Dammer zur Parteikanzlei in München abgeordnet.[242] Bei Kriegsende tauchte er mit seiner Frau unter falschem Namen unter, um sich der Auslieferung an die Sowjetunion zu entziehen. Er war in Abwesenheit von einem sowjetischen Kriegsgericht zum Tode verurteilt worden.[243]

Anna Kottenhoff markiert das eine Extrem auf der Skala der politischen Belastung in Wiltraut von Brünnecks Freundeskreis. Sie hatte das NS-Regime in vielfacher Weise gefördert und zur Verbreitung seiner Ideologie beigetragen. Das andere Extrem bildet Margarete Lambeck, die – trotz der unsicheren Quellenlage – als Opfer des NS-Regimes gelten kann. Sie hatte einige Monate nach Wiltraut von Brünneck ihr erstes Examen mit »gut« (heute: »vollbefriedigend«) bestanden. »Da für eine Juristin kaum Aussichten vorhanden« waren,[244] trat sie nicht zum Vorbereitungsdienst an, sondern suchte eine Anstellung in der Wirtschaft, um ihre Promotion über »staats- und wirtschaftsrechtliche Bauerngesetzgebung in Deutschland und Russland« zu finanzieren.[245] Vermittelt durch eine Freundin ihrer Familie kam sie im November 1937 als Aushilfskraft in der Warenzeichen-Abteilung der *IG Farben* in Berlin unter. Im Februar 1938 gab sie die Stelle auf, »um einen ihren Kenntnissen und Fähigkeiten mehr entsprechenden neuen Posten anzutreten«.[246] Sie wurde juristische Referentin in einer Tabakwaren-Großhandelsgesellschaft in Berlin, deren Geschäftsführer, den promovierten Juristen Heinz Trost, sie am 25. Juli 1942 in Berlin-Steglitz heiraten sollte. Wiltraut von Brünneck war als Trauzeugin zugegen.[247] Nach der Hochzeit geriet Margarete Trost, glaubt man den späteren Angaben für die Entnazifizierung, ins Visier des Regimes. Für »ca. 8 Wochen« wurde sie von der Gestapo verhaftet.[248] Eine Notiz ihres Ehemanns gibt den möglichen Grund dafür an: »Meine Frau war zur Halbjüdin erklärt worden.«[249] Auch wenn die Angaben der Eheleute Trost nicht ohne Widerspruch sind,[250] gibt es ein starkes Indiz für eine Verfolgung Margaretes aus antisemitischen Gründen: Bei der Eheschließung gab sie an, dass ihre verstorbene Mutter vor der Heirat mit ihrem Vater »Kutosow« geheißen, diesen Namen aber nach einer Adoption erhalten habe. Der Geburtsname der in Vilnius geborenen Mutter lautete Marie Juliette Antoinette Friedländer – ein Name, der den Nationalsozialisten als »typisch jüdisch« gegolten haben dürfte. Der Standesbeamte ordnete Margarete Trost zwar »rassisch« als »deutschblütig« ein.[251] Den Argwohn der Partei dürfte die Offenbarung des Geburtsnamens der Mutter aber

JURISTIN IN DER VOLKSGEMEINSCHAFT (1937–1945)   111

geweckt haben, zumal Heinz Trost, glaubt man seiner Notiz, bereits früher wegen der Beschäftigung zweier Jüdinnen in Konflikt mit der NSDAP geraten war, der er seit 1933 angehörte. Gewissheit lässt sich über das Verfolgungsschicksal Margarete Trosts nicht mehr erlangen. Fest steht nur, dass sie das Kriegsende bei ihren Schwiegereltern in Wiesbaden erlebte[252] und in Wiltraut von Brünnecks weiterem Lebensweg noch eine entscheidende Rolle spielen sollte.

Wie sich das Schicksal ihrer Freundinnen auf Wiltraut von Brünnecks Einstellung zum NS-Regime auswirkte, ist ungewiss. Zumindest ein Indiz für eine zunehmende Distanzierung liefert ein Eintrag auf einem Personalbogen, den das Reichsjustizministerium im Frühjahr 1941 über die soeben examinierte Assessorin anlegte.[253] Mit Füller trug der Sachbearbeiter darin die Mitgliedschaften Wiltraut von Brünnecks ein, die ihm – vermutlich aus den Prüfungsunterlagen – bekannt waren: NSDStB, NSF, NSRB, NSV, HGDF und VDA. Offenbar nach Rücksprache mit Wiltraut von Brünneck machte er einzelne Nachträge mit Bleistift: »Ortsjugendgruppenführerin«, »Reichsberufswettkampf 37 Reichssiegerin mit einer Gruppe Juristinnen«. Die Zeile »Zugehörigkeit zur NSDAP« hatte er bei seinem Füllereintrag freigelassen. Mit Bleistift trug er nun nach: »Antrag auf Aufnahme in die NSDAP läuft (von der Frauenschaft veranlaßt)«. Doch Wiltraut von Brünneck wurde nicht in die NSDAP aufgenommen. In allen späteren Personalbögen, beginnend ab dem Februar 1943, wird die Frage nach der Parteimitgliedschaft verneint.[254] Es ist jedoch kein Grund dafür ersichtlich, weshalb der »von der Frauenschaft veranlaßt[e]« Antrag durch die Parteikanzlei hätte abgelehnt werden sollen. Wiltraut von Brünneck erfüllte alle Aufnahmevoraussetzungen. Womöglich hatte sie den Antrag zurückgezogen, vielleicht unter dem Eindruck der Inhaftierung ihrer Freundin Margarete Trost im Jahr 1942. Aber das muss angesichts der unzureichenden Quellenlage Spekulation bleiben.

Wendepunkte

Am 10. Januar 1943 begannen die sowjetischen Armeen der Donfront ihre Großoffensive. Binnen weniger Tage zwangen sie die in Stalingrad eingekesselte deutsche 6. Armee zur Kapitulation. Es war der Wendepunkt des Krieges, der Anfang vom Ende des »Großdeutschen Reichs«. Am 12. Januar 1943 fertigte Ministerialrat Grussendorf, der im Reichsjustizministerium nach wie vor für die Einstellung von höheren Beamten zuständig war, folgenden Vermerk:

»Die Assessorin von Brünneck sprach am 11.1.1943 hier vor und erkundigte sich nach den Möglichkeiten einer Beschäftigung im Ministerium. Durch vorherige Fühlungnahme mit

Herrn MinRat Dr. Gramm hatte ich bereits festgestellt, daß H. StSekr. keine grundsätzlichen Bedenken gegen die Beschäftigung der Ass[essorin] hat. Er wünscht aber eine vorherige Vorstellung der Ass[essorin] und Beurteilung über die seit dem Examen verbrachte Zeit. Frl. v. B. ist entsprechend unterrichtet worden. Sie hat mehrere Angebote vorliegen und wird ggf. auf die Angelegenheit zurückkommen. Ihre Ernennung zur RegRätin wäre ihr, falls sie zur Justiz zurückkehrt, erwünscht, m. E. auch gerechtfertigt.«[255]

Schon eineinhalb Jahre nachdem sie die Assistentenstelle am Institut für Arbeitsrecht angetreten hatte, gab Wiltraut von Brünneck die akademische Tätigkeit wieder auf und bemühte sich um eine Anstellung im Ministerium. Dabei war es keineswegs so, dass Wolfgang Siebert seine fachlich herausragende Assistentin nach den eineinhalb Jahren, für die sie sich verpflichtet hatte, wieder loswerden wollte. Im Gegenteil gelang es ihm noch zweimal, ihr die Zusage abzuringen, ihre Dienstzeit am Institut zu verlängern. Es waren »noch verschiedene dringliche Arbeiten abzuschließen«, so dass sich »Fräulein v. Brünneck entgegen ihrer ursprünglichen Absicht auf meine besondere Bitte bereit erklärt [hat], diese Arbeiten noch während des April zu erledigen«, ließ Siebert Ende März 1943 die Universitätsverwaltung wissen.[256] Wiltraut von Brünnecks Entscheidung, von der Wissenschaft in die Praxis zu wechseln, war aber längst gefallen. Am 2. Februar 1943 hatte sie beim Staatssekretär im Reichsjustizministerium Curt Rothenberger vorgesprochen. Dieser verfügte, die Assessorin zum 1. Juni 1943 einzustellen. Der Staatssekretär folgte der Empfehlung des Personalreferenten, Wiltraut von Brünneck der Abteilung VI »Bürgerliches Recht und Rechtspflege« zuzuweisen.[257] Grussendorf hatte – im Einklang mit dem Aufgabendualismus in der Volksgemeinschaft – die Verwendung in einem familienrechtlichen Referat vor Augen.[258] Die nähere Bestimmung des Dienstpostens blieb aber dem Abteilungsleiter Josef Altstötter überlassen. Mit Bescheid vom 12. Februar 1943 wurde Wiltraut von Brünneck »vom 1. Juni ab bis auf weiteres zur Dienstleistung im Reichsjustizministerium« einberufen.

Die Chronologie ist wichtig, denn sie lässt Rückschlüsse auf die Beweggründe Wiltraut von Brünnecks zu. Aus einem Schreiben Sieberts vom 3. Februar 1943 geht hervor, dass sie ursprünglich bereits zum 31. Januar 1943 aus dem Universitätsdienst ausscheiden wollte, um dann »jedenfalls noch im Laufe d[es] J[ahres] in das Reichsjustizministerium ein[zu]treten«.[259] Dass Wiltraut von Brünneck ihre Assistentenstelle aufgeben wollte, ohne promoviert zu sein, ja noch bevor überhaupt ein Promotionsverfahren eingeleitet worden war, erscheint auf den ersten Blick kaum nachvollziehbar. Selbst bei den damals recht schmalen Dissertationen wäre eine Promotionsdauer von zwei bis drei Jahren nicht ungewöhnlich gewesen. Die Assistentenstelle, die Siebert bereit war, über die ursprünglich vereinbarten eineinhalb Jahre hinaus zu verlängern, entsprach ihrer Qualifikation als Assessorin, die Bezahlung war auskömmlich, die Dienstzeiten wären bei einer

JURISTIN IN DER VOLKSGEMEINSCHAFT (1937–1945)   113

späteren Beschäftigung in Justiz oder Verwaltung voll auf das Besoldungsdienst-
alter angerechnet worden.

Der bisherigen biographischen Literatur gab der Wechsel Wiltraut von Brünnecks Rätsel auf. Dass sie die Universität ohne Promotion verließ, war das eine,
dass sie ausgerechnet in den Dienst des Reichsjustizministeriums trat, das andere. Denn das Ministerium wurde seit 1942 von dem überzeugten Nationalsozialisten Otto Thierack geleitet.[260] Auch Staatssekretär Curt Rothenberger, bei dem
Wiltraut von Brünneck sich vorgestellt hatte, war, obwohl er bald in Ungnade fallen sollte, ein skrupelloser Anhänger des Regimes.[261] Josef Altstötter, in dessen
Abteilung sie Dienst tun sollte, bekleidete hohe SS-Ränge und betrieb eine dezidiert antisemitische Rechtspolitik. Rothenberger und Altstötter sollten im Nürnberger Juristenurteil von 1947 für ihre Taten zur Rechenschaft gezogen werden,
wenn sie auch beide 1950 wieder auf freiem Fuß waren.[262] Thierack entzog sich
seiner Verantwortung durch Suizid in der Haftzelle.

Weshalb Wiltraut von Brünneck ausgerechnet in *diesem* Ministerium mit
diesem Führungspersonal um Anstellung nachsuchte, war in der Rückschau nur
schwer nachzuvollziehen. Die bisherigen biographischen Skizzen stellen einen
Zusammenhang mit dem Verlust ihrer Dissertation bei einem Luftangriff her,
der ihre Promotionsabsichten vereitelt habe. »Ein wenig resigniert wandte sie
sich von der Wissenschaft ab und übernahm ein Amt im Reichsjustizministerium«, heißt es bei Hans-Peter Schneider.[263] Es ist ein Opfernarrativ, das in
die gängige Wahrnehmung von Juristinnen in der NS-Zeit passt. Doch es lässt
sich nicht aufrechterhalten, nicht im Allgemeinen – Frauen waren immer auch
Akteurinnen – und nicht im konkreten Fall. Schon unter chronologischen Gesichtspunkten liefert es keine plausible Erklärung für Wiltraut von Brünnecks
Eintritt in den Ministerialdienst. Zwar besteht kein Zweifel daran, dass ihre
Promotionsunterlagen im Bombenhagel verloren gingen. Sie sollte später selbst
erzählen, dass bei einem Luftangriff »zwei Säcke mit Material für eine angefan-
gene Doktorarbeit« vernichtet worden seien.[264] Doch muss das geschehen sein,
nachdem sie beschlossen hatte, ihre Assistentenstelle an der Universität gegen
einen Posten im Ministerium einzutauschen.

Zur Erinnerung: Am 11. Januar 1943 sprach sie erstmals im Ministerium vor.
Wenn der Verlust der Dissertation wirklich das ausschlaggebende Motiv gewesen wäre, hätte sich der ursächliche Luftangriff vor diesem Tag ereignen müssen.
Zwischen Juli 1942 und Januar 1943 kam es aber zu keinem einzigen Luftangriff auf
Berlin, der Wiltraut von Brünnecks Dissertation hätte gefährlich werden können.
Die britische Luftwaffe hatte, nachdem sie im Kriegsjahr 1941 hohe Verluste erlit-
ten hatte, die Angriffe auf Berlin zunächst ausgesetzt.[265] Die Hauptluftschutzstelle verzeichnete in dem Zeitraum nur fünf Fliegeralarme, vier davon mit Bomben-
abwürfen. Es handelte sich um vereinzelte sowjetische »Störflüge«, deren planlos

abgeworfene Sprengkörper nur geringe Schäden verursachten.[266] Weder die Universität noch das Wohnhaus in Lankwitz waren davon betroffen. Erst am 16. Januar 1943 nahm die Royal Air Force ihre Luftangriffe auf Berlin wieder auf.[267] Wiltraut von Brünnecks Entschluss, das Institut für Arbeitsrecht zu verlassen und sich beim Reichsjustizministerium zu bewerben, war da bereits gefallen.

Der für die Promotion fatale Luftangriff könnte sich im August 1943 ereignet haben, als weite Teile von Lankwitz zerstört wurden. Die »Lankwitzer Bombennacht« vom 23. auf den 24. August 1944 ließ offenbar auch Wiltraut von Brünnecks Elternhaus »halbzerstört« zurück.[268] Ebenso in Betracht kommt ein britischer Luftangriff in der Nacht vom 23. auf den 24. November 1943, der das Gebäude des Instituts für Arbeitsrecht vollständig zerstörte. Wolfgang Siebert schilderte die Folgen des »Terrorangriffs« zu Propagandazwecken in den »Feldpost-Briefen«. Er erwähnte neben eigenen Verlusten – »in den ersten Tagen besaß ich praktisch nur ein BGB« – auch die Zerstörung des Büros der Fernbetreuung, die Wiltraut von Brünneck nach ihrem Wechsel an das Ministerium weiter nebenamtlich leitete.[269] Möglicherweise bewahrte sie dort auch das Material für ihre Dissertation auf, an der sie in den Nebenstunden arbeitete. Von ihrem Dienstposten in der Wilhelmstraße 65 war das Institut für Arbeitsrecht in der Behrenstraße 41 nur wenige Gehminuten entfernt. Unabhängig davon, wo die Unterlagen sich befanden, erklärt ihr Verlust nicht den Wechsel an das Reichsjustizministerium, auch wenn Wiltraut von Brünneck darüber akademisch »resiginert[e]«, wie sie später sagen sollte.[270]

Was aber bewegte Wiltraut von Brünneck, ihre Assistentenstelle aufzugeben und auf das Einstellungsangebot zurückzukommen, das ihr der Personalreferent Grussendorf nach ihrem Assessorexamen gemacht hatte? Die spärlichen Quellen lassen verschiedene Deutungen zu. Sie könnte der Tätigkeit am Institut für Arbeitsrecht, besonders der Fernbetreuung, überdrüssig geworden sein. Dagegen spricht jedoch, dass sie auch nach ihrem Wechsel an das Ministerium als nebenamtliche Fakultätsassistentin die Fernbetreuung leitete. Ein persönliches Zerwürfnis mit Wolfgang Siebert erscheint angesichts der Bemühungen des Professors, seine Assistentin am Institut zu halten, unwahrscheinlich. Noch nach dem Krieg fühlte sich Wiltraut von Brünneck ihm »sehr verbunden«.[271] Womöglich hatte sie bereits im Sommer 1941 insgeheim beschlossen, auf das unerwartete Einstellungsangebot des Reichsjustizministeriums zurückzukommen, sobald die eineinhalb Jahre vorüber sein würden, für die sie bei Siebert im Wort stand. Vielleicht erkannte sie während ihrer Tätigkeit am Institut für Arbeitsrecht auch, wie gering ihre Karriereaussichten als Frau in der männlich dominierten Wissenschaft waren. Möglicherweise hatte sie schlicht das Interesse an der wis-

JURISTIN IN DER VOLKSGEMEINSCHAFT (1937–1945)   115

senschaftlichen Tätigkeit verloren und sehnte sich nach dem praktischen Einsatz ihrer ausgezeichneten Rechtskenntnisse.

Welcher auch immer der tragende Gesichtspunkt war, ein Faktor dürfte ihr die Entscheidung erleichtert haben: Die Karriereaussichten für Frauen in Justiz und Verwaltung hatten sich in den eineinhalb Jahren zwischen Juli 1941 und Januar 1943 merklich gebessert. Je mehr junge Männer aus den Amtsstuben und Gerichtsälen an die Front geschickt wurden, umso deutlicher wurde den politischen Entscheidungsträgern, dass sie auf den »Einsatz« von Juristinnen in verantwortungsvollen Positionen nicht völlig verzichten konnten – jedenfalls für die Dauer des Krieges, angesichts der horrenden Verluste aber womöglich über den erhofften »Endsieg« hinaus. So zynisch das klingen mag: Der Krieg mit seinen Millionen Toten war für ambitionierte Juristinnen zumindest eine kleine Chance auf eine Karriere in Justiz oder Verwaltung. Wiltraut von Brünneck wäre nicht die erste gewesen, die diese Chance ergriffen hätte. Bereits 1940 waren vier Frauen zu Regierungsrätinnen im Reichsjustizministerium ernannt worden.[272] Vereinzelt waren nun auch wieder Frauen auf planmäßigen Richterstellen an Amts- und Landgerichten anzutreffen.[273] Obwohl keine verlässlichen Zahlen vorliegen, ist davon auszugehen, dass sich dieser Trend in den Jahren 1941 und 1942 verstärkt hatte. Zumindest eine weitere neuernannte Regierungsrätin im Geschäftsbereich des Ministeriums ist für diesen Zeitraum aktenkundig.[274]

Wiltraut von Brünneck wird die für Frauen günstige Entwicklung des juristischen Arbeitsmarkts während des Krieges nicht verborgen geblieben sein. Sie war in der Juristenszene der Reichshauptstadt gut vernetzt und dürfte als Mitglied des NS-Rechtswahrerbundes auch der »Reichsgruppe für Juristinnen« angehört haben, die Ilse Eben-Servaes im Frühjahr 1941 gegründet hatte.[275] Karrieresprünge von Juristinnen sprachen sich in diesen Zirkeln gewiss rasch herum. Das »laufende« Stellenangebot Grussendorfs aus dem Juli 1941 musste ihr zunehmend attraktiv erschienen sein. Der höhere Justizdienst entsprach zudem der Familientradition: Wiltraut von Brünnecks Großvater August von Schmidt hatte als Richter Karriere gemacht. Die aufstrebende Laufbahn ihres Vaters, der es bereits in jungen Jahren zum Vortragenden Rat im preußischen Justizministerium gebracht hatte, war durch den »Heldentod« an der Marne vorzeitig beendet worden. Das preußische Justizministerium gab es 1943 nicht mehr: Es war im Zuge der »Verreichlichung« der Justiz mit dem Reichsjustizministerium vereinigt worden. Das Hauptgebäude in der Wilhelmstraße 65 war aber noch dasselbe, in dem einst Werner von Brünneck Dienst getan hatte. Womöglich war sein Name den älteren Ministerialbeamten sogar noch ein Begriff. Jedenfalls wird Wiltraut von Brünneck ihre Herkunft nicht als Nachteil erschienen sein, als sie sich für den Ministerialdienst bewarb. Ihre herausragenden Examensnoten taten das Übrige.

Abb. 6: Wiltraut v. Brünneck 1943
Das Foto entstammt dem Personalbogen, den die Juristische Fakultät
der Universität Berlin über die nebenamtliche Fakultätsassistentin
führte.
Quelle: HU UA, Jur.Fak.01, Nr. 580, Bd. 2

Nach allem, was wir wissen, war Wiltraut von Brünnecks Eintritt in das
Reichsjustizministerium eine selbstbewusste Entscheidung für eine Karriere
in der Rechtspraxis, kein erzwungenes Ausweichmanöver eines weiblichen Op-
fers der Zeitumstände. Wiltraut von Brünneck war an dieser entscheidenden
Wegmarke ihres Werdegangs »Herrin des Verfahrens«. Ihre Einstellung als Ge-
richtsassessorin im Reichsjustizministerium war der Beginn einer Laufbahn, die
zwanzig Jahre später durch die Wahl zur Richterin des Bundesverfassungsgerichts gekrönt werden sollte. Vor ihr lagen, als sie am 15. Juli 1943 ihren Dienst
in der Abteilung VI des Reichsjustizministeriums antrat, 34 Jahre fast unun-
terbrochener Tätigkeit im höheren Justiz- und Verwaltungsdienst. Dass sie so
unterschiedlichen Dienstherren wie der »Provinz Sachsen«, dem »Land Hessen«
und der »Bundesrepublik Deutschland« dienen würde, lag für Wiltraut von Brün-

neck im Sommer 1943 jenseits des Vorstellbaren. Ihr erster Dienstherr nannte sich »Großdeutsches Reich« und befand sich im selbsterklärten »totalen Krieg« mit fast allen Staaten der Welt.

Grundbuchreferat

Kurz vor Wiltraut von Brünnecks Dienstantritt im Ministerium hatte der Krieg eine neue Wendung genommen, die den deutschen »Endsieg« in weite Ferne rücken ließ. Am 10. Juli 1943 waren britische und US-amerikanische Truppen auf Sizilien gelandet und eröffneten dort, im Süden Europas, eine neue Front gegen Deutschland und seine Verbündeten. Fast zeitgleich gelang es der Roten Armee, die letzte deutsche Großoffensive an der Ostfront abzuwehren und zum Gegenangriff überzugehen, der den Frontverlauf bis zum Herbst gute 250 Kilometer nach Westen verschieben sollte. Götz von Brünneck war von der Besatzungsverwaltung in Norwegen an die Front zurückgekehrt. Seine Schwester war unterdessen der Unterabteilung A der Zivilrechtsabteilung des Reichsjustizministeriums zugewiesen worden, in der sie in den Referaten Hypothekenrecht, Grundbuchrecht, Erbrecht, Erbrechtliche Einzelsachen von besonderer Bedeutung und Zivilrechtliche Einzelsachen aus den Oberlandesgerichten Bamberg, München und Zweibrücken mitarbeiten sollte. Abteilungsleiter Altstötter überließ die nähere Zuweisung dem Leiter der Unterabteilung A Ministerialdirigent Dr. William Hesse.

Der 50-jährige Hesse war einer der wenigen Führungsbeamten des Ministeriums, die nicht der NSDAP angehörten. Er war Jurist durch und durch. Seine Ministeriallaufbahn hatte er 1928 im preußischen Justizministerium begonnen. 1935 war er in das Reichsjustizministerium übernommen worden. Dort machte er sich vor allem im Grundbuchrecht verdient. Er entwarf die reichseinheitliche *Grundbuchordnung* von 1935, publizierte einführende Aufsätze und verfasste den maßgeblichen Kommentar zu dem neuen Gesetzeswerk, das im Wesentlichen bis heute gilt.[276] William Hesse verschaffte sich damit Anerkennung weit über seinen frühen Tod im Jahr 1945 hinaus. Noch 1982 bezeichnete es der Privatrechtshistoriker Werner Schubert als einen »Glücksfall [...], daß die Vereinheitlichung des Grundbuchrechts mit William Hesse in den Händen eines Juristen lag, der mit großem, vor allem auch historischen Verständnis für die Besonderheiten des partikularen Grundbuchrechts an seine Aufgabe heranging«. Hesse sei ein »sehr feinsinniger, vielseitig gebildeter Jurist« gewesen, dem es darum gegangen sei, »das Grundbuchrecht als einen bedeutsamen Teil der Rechtsordnung zu begreifen und in den rein technischen Regelungen, die übergeordneten Gesichtspunkte deutlich zu machen«.[277]

Dass der »Vater« des deutschen Grundbuchrechts im Juli 1943 die 30-jährige Assessorin Wiltraut von Brünneck zur Mitarbeit im Grundbuchreferat einteilte, kann als Ausdruck besonderer Wertschätzung gedeutet werden. Hesse hatte offenbar sofort erkannt, was für eine fähige Kraft ihm überlassen worden war, und wollte diese dort einsetzen, wo sein juristisches Herz schlug. Die Leitung des Grundbuchreferats hatte er inzwischen an den Kammergerichtsrat Dr. Paul Bodenstein abgegeben, blieb aber als Korreferent an allen wesentlichen Entscheidungen beteiligt.[278] Wiltraut von Brünnecks unmittelbarer Vorgesetzter Bodenstein war ein aktivistischer Nationalsozialist. Die Leitung des Grundbuchreferats sollte nicht seine letzte Station in der NS-Justiz bleiben: Im Februar 1944 kehrte er an das Kammergericht zurück. Im Oktober 1944 wurde er Richter am Sondergericht Berlin II und wirkte dort bis Februar 1945 an mindestens sieben Todesurteilen gegen sogenannte »Volksschädlinge« mit, denen Diebstähle, Einbrüche und andere Eigentumsdelikte zur Last gelegt wurden. Nach dem Krieg kam Bodenstein in der württembergischen Justiz unter. Obwohl gegen ihn wegen der Tätigkeit am Sondergericht ermittelt wurde – die Beteiligung an zwei Todesurteilen räumte er ein –, musste er sich nie dafür verantworten.[279]

Wenn Wiltraut von Brünneck nach dem Krieg auf ihre Tätigkeit im Reichsjustizministerium angesprochen wurde, verwies sie stets darauf, nur im Grundbuchreferat tätig gewesen zu sein.[280] Sie spielte damit auf den vermeintlich unpolitischen Charakter des Grundbuchrechts an. Doch im NS-Staat gab es kein unpolitisches Recht. Alles Recht diente der Aufrechterhaltung der nationalsozialistischen Herrschaft, die Ernst Fraenkel als »Doppelstaat« charakterisierte.[281] In dem einen Bereich des Doppelstaats, dem »Maßnahmenstaat«, handelten »die nationalsozialistischen Funktionsträger unabhängig von allen formalen Regeln und inhaltlichen Gerechtigkeitsvorstellungen so, wie es ihnen zur Erhaltung ihrer Macht und zur Durchsetzung ihrer spezifischen politischen Ziele [...] zweckmäßig« schien. Im »Normenstaat« hingegen galten alte und neue Rechtsvorschriften »in dem Umfang, wie es zur Funktionsfähigkeit des auf Berechenbarkeit angelegten, im Prinzip weiter privatkapitalistisch strukturierten Wirtschaftssystems erforderlich« war.[282] Der Normenstaat stand unter dem ständigen Vorbehalt der »politischen Zweckmäßigkeit«.[283] Sobald eine Angelegenheit von den politischen Instanzen für »politisch« erklärt wurde, unterlag sie dem Regime des Maßnahmenstaats. Machten die politischen Instanzen von ihrer Macht hingegen keinen Gebrauch, richtete »sich das private und öffentliche Leben nach den Normen des überkommenen oder neugeschaffenen Rechts«.[284] Die Funktion des Normenstaats lag in der Akzeptanzsicherung und Stabilisie-

JURISTIN IN DER VOLKSGEMEINSCHAFT (1937–1945)   119

rung der nationalsozialistischen Herrschaft, vor allem der Wirtschaftsordnung, die nicht allein auf »Maßnahmen« gegründet werden konnte. Maßnahmen- und Normenstaat stellten so »ein interdependentes Ganzes« dar.[285]

Wendet man Fraenkels Deutungsschema auf die Tätigkeit des Grundbuchreferats zwischen Sommer 1943 und Frühjahr 1945 an, treten darin beide Facetten des Doppelstaats zu Tage. Im Ausgangspunkt war das Grundbuchwesen Teil des Normenstaats. Es diente der Institution des Privateigentums, die vom NS-Regime als Grundvoraussetzung einer kapitalistischen Wirtschaftsordnung nicht angetastet worden war.[286] Die ordnungsgemäße Verbuchung von grundstücksbezogenen Rechten sicherte das Vertrauen der »Volksgenossen« in das Rechtssystem und ermöglichte die reibungslose Abwicklung von Immobilientransaktionen. William Hesses reichseinheitliche *Grundbuchordnung* von 1935 war ein normenstaatliches Produkt par excellence, dessen Vorzüge allen »aufbauende[n] Kräften des Volkes« zukommen sollten.[287] Sie gewährleistete Rechtssicherheit und Rechtsgleichheit in grundstücksrechtlichen Fällen, soweit diese von den politischen Instanzen nicht ausnahmsweise dem Regime des Maßnahmenstaats unterstellt wurden. Hüterin der normenstaatlichen Prinzipien im Grundbuchrecht war die Justiz: die Amtsgerichte als Grundbuchämter, die Oberlandesgerichte als Beschwerdeinstanzen und das Reichsjustizministerium, das nicht nur die Rechtssetzung im Grundbuchrecht verantwortete, sondern auch in die Rechtsanwendung eingebunden war.[288]

Gleich zu Beginn ihrer Tätigkeit im Grundbuchreferat war Wiltraut von Brünneck mit einem Fall befasst, in dem beide Facetten des Doppelstaats augenfällig wurden. Ausgangspunkt war ein gewöhnlicher Streit um einen Grundstückskaufvertrag. Die Witwe Wenzel verlangte von den Bergmannseheleuten Happ die Auflassung eines Grundstücks, das ihr verstorbener Ehemann 1927 in einem privatschriftlichen Vertrag gekauft hatte. Da das Grundstück noch vermessen werden musste, war es zunächst nicht zur Übereignung gekommen. Als nach Jahren die Grundstücksgrenze abgemarkt worden war, wollte der Bergmann Happ von dem – mangels notarieller Beurkundung nichtigen – Vertrag nichts mehr wissen, »weil die Witwe Wenzel geäußert haben soll, es sei gut, daß sein, Happ's Sohn gefallen sei«. Happ bot Wenzel die Rückzahlung des Kaufpreises an. Die Witwe bestand aber auf Erfüllung und wendete sich an den Gauleiter Karl Weinrich, der sich der Sache persönlich annahm. An den Bergmann Happ schrieb er:

»Mag es nun nach jüdischen Grundsätzen denkbar sein, einen getätigten Verkauf unter Ausnutzung der Notlage des Partners wieder rückgängig zu machen. Nach nationalsozialistischen Grundsätzen und nach altgermanischen Gepflogenheiten aber gilt des Mannes Wort und ein Verkauf ist und bleibt ein Verkauf. Ich werde daher das Gericht anweisen, die Eintragung vorzunehmen, anderenfalls Sie den vollen Verkaufspreis an den Käufer zurückzuzahlen haben.«[289]

Das zuständige Amtsgericht erhielt einen Abdruck des Schreibens »zur weiteren Veranlassung«, fasste es als Weisung auf und legte den Vorgang dem Kasseler Oberlandesgerichtspräsidenten Kurt Delitzsch vor. Delitzsch war selbst Nationalsozialist,[290] trat aber als Garant des Normenstaats auf, da kein politisches Bedürfnis für die maßnahmenstaatliche Intervention des Gauleiters ersichtlich war. Die Happs, die ihren Sohn im Krieg verloren hatten, waren »Volksgenossen«, die dem Schutz des Normenstaates unterstanden.[291] Delitzsch wandte sich daher an das Reichsjustizministerium:

»Wenn [...] auch in sachlichem Kern die Auffassung des Gauleiters nicht von der Hand zu weisen sein wird, so muß die Art seiner Handhabung der Sache umsomehr befremden. [...] Wenn auch der Gauleiter in seinem Schreiben an das Gericht sich darauf beschränkt hat, einer Erwartung Ausdruck zu geben, so liegt doch in der Übersendung der Abschrift des an Happ gerichteten Schreibens ›zur weiteren Veranlassung‹ die in jenem Schreiben erwähnte Anweisung des Gerichts miteingeschlossen. Die Mitteilung einer solchen Anweisung an Happ ist zudem geeignet, in der Bevölkerung falsche und beunruhigende Auffassungen über mangelnde Weisungsfreiheit der Gerichte zu begründen oder zu bestärken.«[292]

Mit anderen Worten: Der Normenstaat wäre in Gefahr, würde dieser unpolitische Fall dem maßnahmenstaatlichen Regime unterstellt werden.

Die Angelegenheit war zu brisant, um sie auf der Ebene des Grundbuchreferats zu entscheiden. Differenzen zwischen der Justiz und einem Gauleiter konnte nicht einmal Minister Thierack klären, dem die Sache sofort vorgelegt wurde. Doch der Minister hatte einen Trumpf im Ärmel: Herbert Klemm, nach der »Machtübernahme« Thieracks persönlicher Referent im sächsischen Justizministerium und seit 1941 hochrangiger Funktionär in der NSDAP-Parteikanzlei. Thierack besprach die Sache mit Klemm, dieser wandte sich an seinen Chef Martin Bormann und konnte schon kurz darauf Vollzug melden: »Den Bericht des Oberlandesgerichtspräsidenten [...] hat Herr Reichsleiter Bormann zum Anlaß genommen, der Gauleitung mitzuteilen, daß es unter keinen Umständen angängig ist, in dieser Weise in ein Justizverfahren einzugreifen.«[293] Wiltraut von Brünneck blieb nicht mehr zu tun, als ein Schreiben aufzusetzen, das dem Kasseler Oberlandesgerichtspräsidenten die frohe Kunde überbrachte.[294] Die Sache hatte sich in der Zwischenzeit erledigt, weil die Witwe Wenzel in einem Termin vor dem Amtsgericht auf die Auflassung verzichtet und den Kaufpreis zurückerhalten hatte. »Das Amtsgericht Neuhoff hat seine Selbständigkeit in der Bearbeitung des Falles durchaus gewahrt, auch haben sich die Eheleute Happ durch das Schreiben des Gauleiters in ihrer Einstellung nicht beeinflussen lassen«, ließ Delitzsch das Ministerium wissen.[295]

Der Normenstaat und die Justiz als seine Hüterin konnten sich im Konflikt mit dem Gauleiter behaupten. Doch die Entscheidung war auf höchster politischer Ebene – in der Parteikanzlei – gefallen, nicht im normenstaatlichen Instan-

JURISTIN IN DER VOLKSGEMEINSCHAFT (1937–1945)   121

zenzug. »Existenz und Funktionen des Normenstaats«, schrieb Ernst Fraenkel, »sind nicht vom Recht gewährleistet, sondern beruhen – so paradox dies auch klingen mag – auf der Durchdringung des Staatsgefüges mit nationalsozialistischem Gedankengut.« Der Nationalsozialismus war der eigentliche »Garant des Normenstaats«,[296] der sich im Fall der Witwe Wenzel nur aufgrund der Parteihierarchie behaupten konnte, und auch nur, weil der Fall auf höchster Ebene als »unpolitisch« betrachtet worden war. Indem das Regime die Grundprinzipien der Rechtsordnung in solchen Fällen wahrte und das Vertrauen der »Volksgenossen« in die Rechtssicherheit und Unabhängigkeit der Gerichte schützte, verschaffte es sich Rückhalt für die maßnahmenstaatliche Behandlung von politischen Fällen. »Weit davon entfernt, eine Abart des Rechtsstaats darzustellen, ist der Normenstaat eine unerläßliche Ergänzung des Maßnahmenstaates und kann nur in diesem Licht verstanden werden.«[297]

Die Akten des Grundbuchreferats zeigen, dass trotz der normenstaatlichen Funktion des Grundbuchrechts »politische« Fälle nicht selten waren und vom Reichsjustizministerium mit maßnahmenstaatlichen Mitteln entschieden wurden. Eine zentrale Rolle spielte dabei § 7 Nr. 1 der *Verordnung zur Vereinfachung des Grundbuchverfahrens* vom 5. Oktober 1942.[298] Die Vorschrift ermächtigte das Ministerium dazu, »Abweichungen von § 41 Abs. 1 Satz 1, § 42 Satz 1 der Grundbuchordnung im Einzelfall zuzulassen und das weitere Verfahren zu regeln, wenn der Brief sich im Ausland befindet und infolge des Krieges oder aus anderen Gründen nicht vorgelegt werden kann«. Gestützt auf diese Vorschrift konnte der eherne Grundsatz des Grundbuchrechts durchbrochen werden, wonach bei Briefhypotheken und Briefgrundschulden Eintragungen (vor allem Löschungen) im Grundbuch nur vorgenommen werden dürfen, wenn dem Grundbuchamt der Brief vorgelegt wird (§ 41 GBO). Obwohl die Abweichungsbefugnis in einem Normtext niedergelegt war, handelte es sich um ein Instrument des Maßnahmenstaats: Die Entscheidung war dem Reichsjustizministerium als höchster Stelle zugewiesen und durch keinerlei inhaltliche Vorgaben begrenzt. Voraussetzung war lediglich, dass der Hypothekenbrief sich im Ausland befand und infolge des Krieges oder aus anderen Gründen nicht vorgelegt werden konnte. Ob in einem solchen Fall von der Vorlagepflicht befreit wurde, richtete sich nach der politischen Zweckmäßigkeit.

Die Befreiung von der Vorlagepflicht bildete die Ausnahme von der normenstaatlichen Regel. Wiltraut von Brünneck brachte das in einem Vermerk aus dem Januar 1944 klar zum Ausdruck: »Der § 7 Ziff. 1 der VO stellt eine ausgesprochene Ausnahmeregelung dar, die in dringenden Fällen die Schwierigkeiten beseitigen soll, die infolge der Kriegsverhältnisse aus dem Rechtsinstitut der mit einem Brief ausgestatteten Grundpfandrechte entstehen.« Es komme »nur eine sparsame und vorsichtige Anwendung« der Bestimmung in Betracht. Soweit wie möglich müsse »vermieden werden, daß im Wege des § 7 Ziff. 1 eine Benachteiligung des wahren Gläubigers erfolgt und das Grundbuch urichtig ist«. Der Normenstaat sollte also nicht ohne Not verdrängt werden. Vielmehr müsse »ein dringendes Interesse an der Vornahme der beabsichtigten Rechtsänderung bestehen«, das nicht schon dann zu bejahen sei, wenn der Hypothekenschuldner über die nötigen Geldmittel zur Ablösung der Hypothekenforderung verfüge. Zwar bestehe ein allgemeines Interesse an der Entschuldung des Grundbesitzes, andererseits sprächen jedoch wirtschaftspolitische Erwägungen für eine Aufrechterhaltung von Auslandsschulden.[299] Wiltraut von Brünneck verwies hier auf ein devisenwirtschaftliches Prinzip, das ihr aufgrund ihrer Staudinger-Kommentierung bestens bekannt war. Die Begleichung von Auslandsschulden sollte verhindert werden, um den politisch unerwünschten Abfluss von Devisen zu begrenzen. Dass ein Hypothekenbrief sich im Ausland befand und während des Krieges nicht beschafft werden konnte, war eine wirksame faktische Sicherung gegen den Devisenabfluss.

Die Anwendung des § 7 Nr. 1 der Vereinfachungsverordnung sollte auf Ausnahmefälle begrenzt bleiben, um den Normenstaat im Grundbuchrecht zu erhalten und zugleich der Devisenpolitik Rechnung zu tragen. Wiltraut von Brünneck hob daher andere Möglichkeiten hervor, mit denen den Interessen der Eigentümer von hypothekarisch belasteten Grundstücken Rechnung getragen werden konnte. Zur Not mussten die Eigentümer abwarten, bis der Krieg zu Ende sein würde und sie wieder in den Besitz der im Ausland befindlichen Hypothekenbriefe gelangen konnten. Welche Fälle aber blieben dann für die Anwendung des § 7 Nr. 1 übrig? Auch darauf gab Wiltraut von Brünneck eine Antwort, die den maßnahmenstaatlichen Charakter der Vorschrift offenlegt: Einen hinreichenden Grund für die Befreiung von der Vorlagepflicht könnten »das Bestreben nach Entjudung des Grundbesitzes« und »nach pfandfreier Abschreibung eines Grundstücks« abgeben, »auf dem ein öffentliches Gebäude errichtet werden soll«. Sofern es um die Löschung jüdischer Pfandrechtsgläubiger aus dem Grundbuch ging oder darum, dem Staat ein lastenfreies Grundstück zu verschaffen, war der Fall politisch, musste der Normenstaat dem Maßnahmenstaat weichen.

Damit das Grundbuchreferat des Reichsjustizministeriums darüber entscheiden konnte, ob der Fall politisch war oder nicht, entwarf Wiltraut von Brünneck eine Checkliste für die Vorprüfung der Anträge nach § 7 Nr. 1 durch die Oberlandesgerichte. Diese sollten als Instanz zwischen Grundbuchamt und Ministerium »Person und Interesse des Antragstellers« ebenso feststellen wie »Person des Gläubigers. Staatsangehörigkeit, wenn fremde, wann erworben? Wenn Jude, wann ausgewandert?« – Das Datum der »Auswanderung« war entscheidend. Denn nach der *Elften Verordnung zum Reichsbürgergesetz* verfiel das Vermögen von

JURISTIN IN DER VOLKSGEMEINSCHAFT (1937–1945)   123

Juden mit deutscher Staatsangehörigkeit dem Reich, wenn diese am 26. November 1941 ihren gewöhnlichen Aufenthalt im Ausland hatten oder nach diesem Stichtag ins Ausland verlegten.[300] »In diesem Fall scheidet eine Maßnahme nach § 7 schon deshalb aus«, vermerkte Wiltraut von Brünneck, »weil die genannte VO ausdrücklich die Erteilung eines neuen Briefes an den jetzigen Berechtigten (das deutsch[e] Reich) vorsieht.«[301] Ob die Betroffenen ihren Aufenthalt freiwillig ins Ausland verlegt hatten oder dorthin verschleppt worden waren, spielte für die Anwendung der *Elften Verordnung zum Reichsbürgergesetz* keine Rolle. Jüdische Grundpfandrechtsinhaber, die nach dem 26. November 1941 in Ghettos und Konzentrationslager außerhalb der Reichsgrenzen deportiert wurden, bereiteten dem Grundbuchreferat des Reichsjustizministeriums daher keine Arbeit. Sie konnten ohne den »Umweg« über § 7 Nr. 1 der Vereinfachungsverordnung aus den Grundbüchern gelöscht werden.[302]

Im ersten Jahr ihrer Tätigkeit am Reichsjustizministerium war Wiltraut von Brünneck mit dutzenden Anträgen nach § 7 Nr. 1 der Vereinfachungsverordnung befasst. Die meisten wurden abgelehnt, da entweder der Tatbestand der Abweichungsbefugnis nicht erfüllt war oder der Fall von vornherein kein dringendes Interesse an der begehrten Grundbucheintragung erkennen ließ. Aber auch in den Fällen mit »politischem Potential« war die Entscheidungspraxis nicht einheitlich, wie die nachfolgende Auswahl zeigt.

Der erste Fall betraf eine Hypothek der US-amerikanischen Staatsangehörigen Frieda Sauter, geb. Stern, wohnhaft in Philadelphia, die auf einem Grundstück in Wangen im Allgäu lastete. Das Grundstück gehörte ursprünglich Frieda Sauters Schwager Erwin Israel Jung, der, wie sich aus den Akten ergibt, »früher in Konstanz Sigismundstr. 21« gewohnt hatte, dann aber »in das Ostgebiet umgesiedelt« war. Im Dezember 1941 hatte Jung – aufgrund seines obligatorischen zweiten Vornamens »Israel« leicht als Jude im Sinne der NS-Rassengesetze zu erkennen – das Grundstück an die Eheleute Walter und Rosalie Fröbel aus Wangen verkauft. Die Parteien vereinbarten einen Kaufpreis von 25.000 RM, den der Landrat gestützt auf die *Verordnung über den Einsatz des jüdischen Vermögens*[303] auf 16.640 RM herabsetzte.[304]

Damit die Eheleute Fröbel das günstig erstandene Grundstück lastenfrei erwerben konnte, musste die Hypothek Frieda Sauters aus dem Grundbuch gelöscht werden. In einem Nachtragsvertrag aus dem April 1942 wurde Erwin Jung verpflichtet, die Hypothek zur Löschung zu bringen. Er handelte bei Abschluss dieser Vereinbarung nicht selbst, sondern wurde von dem Konstanzer Treuhänder Wilhelm Neidhardt vertreten, der eine Vollmacht aus dem November 1941 vorlegen konnte.[305] Der Treuhänder arrangierte auch alles Weitere: Er ließ sich vom Amtsgericht zum Abwesenheitspfleger der Frieda Sauter bestellen, gestattete für diese (mit vormundschaftsgerichtlicher Genehmigung) den Eheleuten Fröbel die Begleichung der Hypothekenforderung durch Zahlung auf ein Devisensperrkonto, holte die dafür erforderliche Devisengenehmigung ein und beantragte schließlich die Löschung der Hypothek aus dem Grundbuch.[306] Bis dahin war die »Arisierung« des Grundstücks und des Grundbuchs reibungslos verlaufen. Doch das Grundbuchamt konnte die Hypothek nicht ohne Vorlage des Hypothekenbriefs löschen. Dieser befand sich (vermutlich) bei Frieda Sauter in den USA, mit der infolge des Krieges kein Kontakt möglich war und die der Löschung auch sonst kaum zugestimmt hätte (die Einzahlung auf das Devisensperrkonto war für sie praktisch wertlos). Der Treuhänder beantragte daher beim Reichsjustizministerium die Befreiung von der Vorlagepflicht.

Aufgrund der devisenrechtlichen Implikationen des Falles musste das Grundbuchreferat die wirtschaftsrechtliche Abteilung VII des Reichsjustizministeriums beteiligen. Der zuständige Referent Dr. Karl Krieger[307] bemängelte die Bestellung des Abwesenheitspflegers durch das Amtsgericht und das Vorgehen des Treuhänders, da die geltende Devisengesetzgebung die Tilgung von Auslandsschulden untersage. Die Entscheidung überließ er aber der »Entschließung« des Grundbuchreferats.[308] Referatsleiter Bodenstein reichte die Angelegenheit an seine Mitarbeiterin weiter, die die devisenrechtlichen Bedenken Kriegers teilte. Da durch die Begleichung der Hypothekenforderung auf das Devisensperrkonto aber eine irreversible Änderung der Rechtslage eingetreten war – die Hypothek war kraft Gesetzes zur Eigentümergrundschuld geworden –, schlug sie dennoch vor, die beantragte Befreiung zu erteilen.[309] William Hesse zeichnete die von Wiltraut von Brünneck entworfene Verfügung ab.[310] Die Eheleute Fröbel konnten dank dieser verständnisvollen Behandlung der Sache das »arisierte« Grundstück lastenfrei erwerben.

Ob Wiltraut von Brünneck bei der Bearbeitung der Akte über das Schicksal des vormaligen Grundstückseigentümers Erwin Jung nachdachte, der »in das Ostgebiet umgesiedelt« war? Für die Entscheidung des Falles hatte diese »Umsiedelung« keine unmittelbare Bedeutung, obwohl der Umstand, dass es sich bei Erwin Jung und seiner Schwägerin um Juden handelte, bei der großzügigen Handhabung des § 7 der Vereinfachungsverordnung eine Rolle gespielt haben wird. Immerhin war das Grundbuch jetzt – im Jargon der NS-Bürokratie – »judenfrei«, ein politisch erwünschter Zustand. Über das Schicksal des Voreigentümers erfuhr Wiltraut von Brünneck aus den Akten nicht mehr, als ihr der »Treuhänder« mitgeteilt hatte. Der traurige Rest sei hier berichtet: Erwin Jung, der seit 1915 mit seiner Ehefrau in Wangen ein Konfektionsgeschäft geführt hatte, zog aufgrund zunehmender antisemitischer Anfeindungen in der Allgäuer Kleinstadt 1938 nach Konstanz, wo es noch eine größere jüdische Gemeinde gab. Das Vorhaben, nach Brasilien auszuwandern, machte eine Erkrankung der Ehefrau zunichte. Als die-

JURISTIN IN DER VOLKSGEMEINSCHAFT (1937–1945) 125

se im Herbst 1941 starb, war es für Erwin Jung bereits zu spät, um Deutschland zu verlassen. Er zog in das jüdische Gemeindehaus in Konstanz, Sigismundstraße 21. Jungs letzte Adresse hatte der Treuhänder Neidhardt dem Ministerium korrekt mitgeteilt. Wie Neidhardt an seine Vollmacht gekommen war, ist ungewiss. Im August 1942 wurde Erwin Jung in das KZ Theresienstadt deportiert. Am 23. Januar 1943 wurde der 59-Jährige nach Ausschwitz gebracht, bei der Ankunft als arbeitsunfähig ausgesondert und in die Gaskammer geschickt.[311]. Als Wiltraut von Brünneck über den Antrag des Treuhänders entschied, war Erwin Jung bereits tot.

Ein nicht minder tragisches Schicksal stand hinter der Hypothekensache Louis Scharlack, bei der es um ein Grundstück im pommerschen Löcknitz ging. Das Grundstück hatte »früher der am 19. Februar 1940 in das Generalgouvernement abgewanderten Jüdin Johanna Sara Scharlac[k]« gehört und war aufgrund der *Elften Verordnung zum Reichsbürgergesetz* dem Reich verfallen. Vertreten durch den Oberfinanzpräsidenten in Pommern verkaufte das Reich das Grundstück an einen Kaufmann und verpflichtete sich zur lastenfreien Übereignung. Doch der Erfüllung dieser Pflicht stand eine Darlehenshypothek über 10.500 Goldmark entgegen, die für den US-amerikanischen Staatsangehörigen Louis Scharlack, wohnhaft in San Antonio, Texas, eingetragen war. Da der Käufer bereits mit Schadenersatzansprüchen drohte, sollte die Hypothek »auf Wunsch des Herrn Oberfinanzpräsidenten« so schnell wie möglich abgelöst werden. Man ging den bewährten Weg: Der Notar, der den Kaufvertrag beurkundet hatte, wurde vom Amtsgericht zum Abwesenheitspfleger für Louis Scharlack bestellt.[312] Die Oberfinanzkasse zahlte die Darlehenssumme nebst Zinsen auf ein Sperrkonto ein.[313] Der Abwesenheitspfleger erteilte im Gegenzug eine löschungsfähige Quittung, die das Amtsgericht vormundschaftsgerichtlich genehmigte. Auch die devisenrechtliche Genehmigung wurde erteilt.[314] Zur Löschung der Hypothek fehlte nur der Hypothekenbrief, der sich in Texas befand. Der Oberfinanzpräsident instruierte den willfährigen Abwesenheitspfleger, beim Reichsjustizministerium einen Antrag auf Befreiung von der Vorlagepflicht zu stellen. Es sei nicht zweckmäßig, die Löschung der Hypothek bis zur Beendigung des Krieges zu vertagen: »Das dem Reich verfallene Judenvermögen muss schnellstens abgewickelt werden.«[315]

Der Fall wies eine Besonderheit auf. Denn der Abwesenheitspfleger hatte noch vor dem Kriegseintritt der USA per Luftpost Kontakt mit Louis Scharlack aufgenommen und ihn über die Verkaufsabsichten des Reiches in Kenntnis gesetzt. Scharlack wollte von einer Ablösung seines Dollar-Darlehens zu den ungünstigen devisenrechtlichen Konditionen nichts wissen. »Ich protestiere gegen den Verkauf des Hauses und gegen jegliche Ablösung meiner Hypothekenforderung in Papiermark«, gab er zur Antwort.[316] An Wiltraut von Brünnecks Behandlung des

126   JURISTIN IN DER VOLKSGEMEINSCHAFT (1937–1945)

Falles änderte dieser Protest wenig. Im Gegenteil belegte er nur, dass der Hypothekenbrief unter keinen Umständen von Scharlack zu erlangen sein würde. Nach Durchsicht der Akten vermerkte sie im Oktober 1943:

»Ich möchte dem Antrag stattgeben. Da hier das Reich selbst auf Löschung drängt, der Reichsfinanzminister lt. Schreiben des Oberfinanzpräsidenten [...] der Durchführung des Kaufvertrags zugestimmt hat und das Hypothekenkapital auch bereits mit devisenrechtlicher Genehmigung auf Sperrkonto eingezahlt ist, kann das erforderliche Interesse an der Löschung wohl bejaht werden.«[317]

Der Vermerk zeigt, dass Wiltraut von Brünneck bereits nach wenigen Monaten im Reichsjustizministerium die Logik des Doppelstaats verinnerlicht hatte. Aufgrund des Interesses des Reiches an einer reibungslosen Transaktion und der damit verbundenen »Arisierung« des Grundbuchs war der Fall für sie politisch. Der Normenstaat musste daher dem Maßnahmenstaat weichen.

Doch erneut meldete Karl Krieger aus der Abteilung VII devisenrechtliche Bedenken an. Die Ablösung der Auslandsschuld widersprach den Grundsätzen der Devisenbewirtschaftung. Nach einem monatelangen Hin und Her setzte sich schließlich Krieger durch, dem es gelungen war, das Reichsfinanzministerium auf seine Seite zu ziehen.[318] In einem von Wiltraut von Brünneck entworfenen Schreiben wurde dem Abwesenheitspfleger mitgeteilt, dass eine Befreiung von der Vorlegung des Hypothekenbriefes nicht in Betracht komme und »[d]ie Bereinigung der Angelegenheit [...] bis Kriegsende zurückgestellt werden« müsse.[319] Dass die normenstaatlichen Grundsätze im konkreten Fall nicht hatten zurücktreten müssen, lag allein daran, dass auf politischer Ebene den devisenwirtschaftlichen Belangen der Vorrang vor dem Interesse an der vollständigen »Arisierung« des Grundbuchs eingeräumt wurden. Erneut hatte sich also der Nationalsozialismus als Garant der bestehenden Rechtsvorschriften erwiesen, die ihre Fortexistenz nur der ökonomischen Nützlichkeit verdankten.

Die menschliche Tragödie der Hypothekensache Louis Scharlack blieb in den Akten des Reichsjustizministeriums hinter den zeittypischen Euphemismen verborgen. Die frühere Eigentümerin des Grundstücks Johanna Scharlack, deren »Judenvermögen« der Oberfinanzpräsident so schnell wie möglich abwickeln wollte, war keineswegs aus freien Stücken in das Generalgouvernement »abgewandert«. Sie war vielmehr ein Opfer der ersten großangelegten Deportation von Juden aus Deutschland, die im Februar 1940 – zwei Jahre vor der Wannseekonferenz – in Pommern stattfand.[320] In der Nacht vom 12. auf den 13. Februar 1940 wurde die 73-Jährige von SS- und SA-Männern aus dem Schlaf gerissen, zum Stettiner Güterbahnhof geschleppt und zusammen mit über eintausend anderen jüdischen Einwohnern Pommerns in einen Güterzug gepfercht. Nach

JURISTIN IN DER VOLKSGEMEINSCHAFT (1937–1945) 127

drei Tagen kam der Zug in Lublin an, von wo aus Johanna Scharlack in das Ghetto Piaski verbracht wurde, das sie nicht mehr lebend verlassen sollte.[321]

Ein letzter Fall zeigt, dass Wiltraut von Brünneck sich mit ihrem Standpunkt zunehmend im Interessengeflecht zwischen Devisenpolitik und »Arisierung« durchzusetzen wusste.[322] Hintergrund war ein Grundstücksgeschäft zwischen dem jüdischen Weingroßhändler Wilhelm Oppenheimer aus Würzburg und dem Lebensmittelhändler Fritz Dehner aus Ochsenfurt im Oktober 1938. Oppenheimer bereitete damit seine Flucht aus Deutschland vor, die ihn noch im selben Jahr zu seinem Schwager nach Kansas City führte. Die näheren Umstände des Vertragsschlusses gehen aus den Akten nicht hervor. Der Kaufpreis von 80.000 RM erscheint jedenfalls niedrig für ein Grundstück in der Würzburger Innenstadt, das mit einem mondänen Wohnhaus und einer größeren Wohnanlage bebaut war. Vermutlich hatte der Käufer ein gutes Geschäft gemacht, das nur durch eine Grundschuld getrübt wurde, die Wilhelm Oppenheimer einige Zeit zuvor seinem Schwager bestellt hatte. Dehner hätte das Grundstück bereits im Oktober 1938 lastenfrei erwerben wollen, war aber mit Oppenheimer, der als Bevollmächtigter seines Schwagers auftrat, übereingekommen, dass die Grundschuld erst fünf Jahre nach Vertragsschluss gekündigt werden könne. Als die Frist abgelaufen war, befanden sich die USA mit Deutschland im Krieg und an eine Erlangung des Grundschuldbriefes war nicht zu denken. Dennoch zahlte Dehner die Grundschuldforderung auf ein Sperrkonto ein. Der Abwesenheitspfleger des Grundschuldgläubigers erteilte daraufhin mit vormundschaftsgerichtlicher Genehmigung die Zustimmung zur Löschung aus dem Grundbuch und stellte einen Befreiungsantrag nach § 7 der Vereinfachungsverordnung.

Wie schon in den Fällen Sauter und Scharlack äußerte die Abteilung VII des Reichsjustizministeriums Bedenken wegen der Tilgung der Auslandsschuld.[323] Wiltraut von Brünnecks »Gegenpart« war diesmal nicht Karl Krieger, der im Zusammenhang mit dem 20. Juli 1944 kurzzeitig verhaftet worden war, sondern Ernst Féaux de la Croix, der es in der Bundesrepublik bis zum Ministerialdirektor im Bundesfinanzministerium bringen sollte.[324] Wiltraut von Brünneck, die inzwischen als Regierungsrätin die Leitung des Grundbuchreferats übernommen hatte, bestand auf eine maßnahmenstaatliche Behandlung der Sache. »Der Fall liegt hier doch insofern besonders«, schrieb sie an Féaux de la Croix, »als der jetzige Grundstückseigentümer schon bei dem früheren Grundstückserwerb (Entjudungsgeschäft) die Grundschuld zurückzahlen und löschen lassen wollte und sich dann nur auf Wunsch des Verkäufers zu einem 5jährigen Stehenlassen bereit fand.« Da das Vormundschaftsgericht die Ablösung der Grundschuld genehmigt habe, sei »der Prüfung, ob die Löschung der Grundschuld mit den Interessen des Pfleglings vereinbar ist, Genüge getan«. Natürlich wusste sie, dass die Einzahlung des Betrages auf ein Sperrkonto niemals im Interesse eines US-amerikanischen Gläubigers liegen konnte. Anders als Féaux de la Croix, dem es um die Aufrechterhaltung der Auslandsschuld, nicht um das Interesse des Gläubigers ging, nahm sie am Vorgehen des Vormundschaftsgerichts keinen Anstoß und gab sich pragmatisch: »Nachdem die Sache einmal dieses Stadium erreicht hat, möchte ich die Genehmigung nicht mehr versagen.«[325] Sie setzte sich durch und ermöglichte die Löschung der Grundschuld aus dem Grundbuch.[326]

Das Befreiungsverfahren nach der Vereinfachungsverordnung diente der Abwicklung der grundbuchrechtlichen Folgen der massenhaften Vertreibung und Ermordung der deutschen Juden. Doch das Grundbuchreferat des Reichsjustizministeriums war auch mit der Vernichtungsmaschinerie selbst befasst. Schließlich mussten auch Konzentrationslager grundbuchmäßig erfasst werden. Das war angesichts der »ziemlich verwickelten Eigentumsverhältnisse« keine einfache Sache, vor allem wenn ein Konzentrationslager in einem annektierten polnischen Gebiet errichtet und erweitert werden sollte, wie der Lagerkomplex Auschwitz. Der Chef des SS-Wirtschafts-Verwaltungshauptamts Oswald Pohl drängte darauf, »[d]as Eigentum an allen Grundstücken im Interessengebiet des Konzentrationslagers Auschwitz [...] auf möglichst einfachem und schnellem Wege auf die Waffen-SS« zu übertragen. Da sich dieses »Interessengebiet« aber aus polnischen und »jüdischen« Privatgrundstücken, aus städtischem und gewerblichem Grundbesitz, Liegenschaften des ehemaligen polnischen Staates, Gemeindeeigentum, Kircheneigentum und dem Eigentum von »Volksdeutschen« zusammensetzte, waren »verschiedenste oberste Reichsbehörden zuständig«. Der SS erschien es »durchaus unzweckmäßig, daß jede dieser obersten Reichsbehörden die Überführung des in ihrer Zuständigkeit liegenden Grundeigentums in das Eigentum der Waffen-SS gesondert abwickelt«. Sie forderte eine maßnahmenstaatliche Lösung: Alle beteiligten Behörden sollten das SS-Bodenamt in Kattowitz dazu ermächtigten, die Grundstücke einzuziehen und in das Eigentum der SS zu übertragen.[327] Bei einer Besprechung im Dezember 1942 schwenkten die Vertreter der beteiligten Behörden auf diese Linie ein.[328] Das Grundbuchreferat des Reichsjustizministeriums wurde darüber in Kenntnis gesetzt. Aus Sicht des Ministerialdirigenten Hesse war »nichts besonderes zu veranlassen«. Er gab den Vorgang »daher zu den Akten«.[329]

Die SS hatte die Rechnung allerdings nicht mit dem Grundbuchrichter Günther Hindemith am Amtsgericht Auschwitz gemacht. Hindemith, der nach dem Krieg bei den Nürnberger Prozessen als Hilfsverteidiger auftreten sollte,[330] weigerte sich, dem Umschreibungsantrag des SS-Bodenamtes ohne weiteres stattzugeben, weil sich aus der Einziehungsverfügung nicht ergebe, welche Grundstücke im Einzelnen der Waffen-SS übertragen worden seien. Das Bodenamt hatte kurzerhand das gesamte »Interessengebiet« eingezogen.[331] Der Grundbuchrichter sah sich durch diese pauschale Verfügung daran gehindert, die Eigentums- und Belastungsverhältnisse nachzuvollziehen.[332] Offenbar hatte er allen Ernstes vor, die Berechtigung der Waffen-SS an jedem einzelnen »der vielen tausend Grundstücke« zu prüfen, die in dem ca. 4.640 Hektar umfassenden »Interessengebiet« des Konzentrationslagers lagen.[333] Für diese Gründlichkeit nahm er einen Konflikt mit der SS-Führung in Kauf.

Das Grundbuchreferat des Reichsjustizministeriums verfolgte den Vorgang aufmerksam, ohne jedoch einzugreifen. Das beredte Schweigen lässt sich vermutlich damit erklären, dass der Grundbuchrichter aus normenstaatlicher Perspektive Recht hatte. Doch in der Grundbuchsache Auschwitz musste der Normenstaat dem Maßnahmenstaat weichen. Wie das »Problem« im Sinne der SS gelöst wurde, geht aus einem Bericht des Oberlandesgerichts Kattowitz an das Reichsjustizministerium hervor. Demnach hatte zum 1. Januar 1944 bei dem Amtsgericht Auschwitz ein Richterwechsel stattgefunden. Hindemith war also versetzt worden. Sein Nachfolger war »der Auffassung, daß nach dem Wortlaut und dem Sinn der Einziehungsverfügungen des Bodenamts das Eigentum und sämtliche dinglichen Rechte an allen Grundstücken einer Gemarkung [...] eingezogen sein sollen«.[334] Die »früheren Meinungsverschiedenheiten« zwischen dem SS-Bodenamt und dem Grundbuchamt seien damit beseitigt.[335] Wiltraut von Brünneck musste nur noch einen Vermerk fertigen: »Gesehen! Abschrift zu diesen Akten.«[336]

»Führergeburtstag«

Wiltraut von Brünneck versah ihren Dienst im Grundbuchreferat zur großen Zufriedenheit ihrer Vorgesetzten. »Mit scharfem Verstand und guter Auffassungsgabe verbindet sie gründliche und umfassende Kenntnisse des bürgerlichen Rechts, auch auf entlegenen Gebieten (Devisenrecht), die sie durch ihre akademische und schriftstellerische Tätigkeit vertieft hat«, notierte Ministerialdirektor Josef Altstötter in einer Beurteilung vom 9. November 1943. »Fräulein Assessor von Brünneck« stelle bereits jetzt eine wertvolle Hilfskraft dar, die zunehmende Beherrschung des technischen Apparates des Hauses werde diesen Wert noch steigern, prognostizierte der Abteilungsleiter.[337]

Der technische Apparat des Ministeriums sollte die geringere Herausforderung im Arbeitsalltag der belobigten Assessorin sein. Denn bei den schweren Luftangriffen auf Berlin-Mitte im November 1943 ging nicht nur das Institut für Arbeitsrecht in der Behrenstraße in Flammen auf. Auch die Gebäude des Reichsjustizministeriums in der Wilhelmstraße nahmen Schaden. Die Hitze des Feuers, das in den Diensträumen des Grundbuchreferats wütete, war so gewaltig, dass ein stählerner Panzerschrank, in dem Grundakten aufbewahrt wurden, deformiert wurde. Erst Monate später gelang es, ihn aufzuschweißen und den »verkohlten und z. T. versengten Inhalt[s]« zu bergen.[338] Nach dem Luftangriff stand fest: Berlin war kein sicherer Ort mehr für das Ministerium, seine Beschäftigten und seine sensiblen Unterlagen. Die Abteilung VI wurde daher an einen Ausweichort im »Sudetengau« ausgelagert, abseits der Angriffs-routen der alliierten Bomberverbände. Am 6. Dezember 1943 trat Wiltraut von Brünneck ihren neuen Dienstposten in der Kleinstadt Bömisch-Leipa (heute: Česká Lípa) im Regierungsbezirk Aussig an, wo inzwischen alle Referate der Ab-teilung VI untergebracht worden waren. Das Grundbuchreferat kam im Gebäude des Kreisgerichts unter, einem wuchtigen Repräsentationsbau aus der Zeit der Habsburgermonarchie.

Zur selben Zeit bereiteten ihre Vorgesetzten Wiltraut von Brünnecks Ernen-nung zur Regierungsrätin vor, die sie ihr schon bei der Einstellung in Aussicht gestellt hatten. Der Unterstützung des Ministeriums konnte sich die fähige Juris-tin gewiss sein. Doch musste möglichen Bedenken der Parteikanzlei wegen ihres Geschlechts der Wind aus den Segeln genommen werden. Einwände gegen die Ernennung wären nicht rein ideologischer Natur gewesen, sondern hätten sich auf das geltende Beamtenrecht stützen können. Ministerialdirigent Willers aus der Personalabteilung vermerkte dazu:

»Die beamtenrechtlichen Voraussetzungen für eine planmäßige Anstellung zunächst auf Wi-derruf – Frl. von Brünneck vollendet erst am 7.8.1947 das 35. Lebensjahr – sind erfüllt. Fraglich kann nur sein, ob die Vorschrift des § 1 Abs. 3 der Laufbahnverordnung [...] entgegensteht, wo-nach weibliche Beamte nur für solche Stellen zuzulassen sind, die ihrer Art nach mit weiblichen Beamten besetzt werden *müssen*. Diese Bestimmung wird in einem Runderlaß des Generalbe-vollmächtigten für die Reichsverwaltung vom 20.5.1940 [...] dahin ausgelegt, daß auch im höhe-ren Dienst die Anstellung von Frauen nicht ausgeschlossen ist und insbesondere dann zulässig ist, wenn eine ihrer Art nach *auch* für Frauen geeignete Stelle im Einzelfall zweckmäßiger durch eine Frau als durch einen Mann besetzt wird.«[339]

Von der Stelle im Grundbuchreferat ließ sich nicht gerade behaupten, dass sie »zweckmäßiger durch eine Frau als durch einen Mann besetzt« werden sollte. Doch die Personalreferenten hatten bereits einen Weg ausgeklügelt, wie man Wil-traut von Brünneck der Parteikanzlei als zweckmäßigste Besetzung schmackhaft machen könnte. Ein Bleistiftvermerk über eine interne Besprechung im Januar 1944 weist die Richtung: Um die Zustimmung der Parteikanzlei zu erlangen, sei das Arbeitsgebiet der Kandidatin so zu umgrenzen, dass sich Bedenken wegen ihres Geschlechts nicht ergäben.

JURISTIN IN DER VOLKSGEMEINSCHAFT (1937–1945)　131

»Man müßte also etwa sagen, daß das Frl. v. Br. im Ministerium als RegRin mit Angelegenheiten der freiwilligen Gerichtsbarkeit, namentlich auch familienrechtl. Sachen, befasst werden solle; z. Zt. ist sie allerdings im Familienrechtsreferat noch nicht eingesetzt, als Frau scheint sie mir zur Mitarbeit dort aber besonders geeignet zu sein. Ein Hinweis auf ihre besondere juristische Tüchtigkeit sowie darauf, daß sie die Tochter eines im Weltkrieg gefallenen MR im pr. JM ist, müsste sich empfehlen.«[340]

Die konjunktivische Formulierung macht deutlich, dass das Ministerium bereit war, den Sachverhalt etwas »kreativ« darzustellen, um die Parteikanzlei zu überzeugen. Man behauptete kurzerhand, dass Wiltraut von Brünneck »neuerdings« dem Referat für Familienrecht zugeteilt sei und dort Vormundschafts- und Sorgerechtssachen bearbeite. Aus Sicht des Abteilungsleiters Altstötter sei es sehr erwünscht, »daß auf dem von Frl. v. Brünneck betr[e]uten Gebiete des Familien-, Vormundschafts- und Sorgerechts *auch* eine Frau an den gesetzgeberischen Arbeiten des Justizministeriums beteiligt« sei. »Die Zustimmung des Leiters der Parteikanzlei dürfte bei dieser Sachlage wohl erteilt [werden].«[341]

Natürlich hatte Altstötter nicht vor, seine eingearbeitete Fachkraft vom Grundbuchreferat abzuziehen und im Familienrecht einzusetzen, dessen Referate personell gut aufgestellt waren. Eine entsprechende Änderung des Geschäftsverteilungsplans im Februar 1944, in dem Wiltraut von Brünneck neben dem Grundbuchreferat auch als Mitarbeiterin in zwei familienrechtlichen Referaten aufgelistet wird,[342] erfolgte wahrscheinlich nur zum Schein. Nachdem sie zur Regierungsrätin ernannt worden war, verschwand ihr Name wieder aus den familienrechtlichen Sachgebieten.[343] Gearbeitet hat sie dort nie. Jedenfalls hinterließ sie keine Spuren in den zahlreich überlieferten familienrechtlichen Akten.

Die Scharade, die Altstötter gemeinsam mit den Verantwortlichen in der Personalabteilung inszenierte, um Wiltraut von Brünnecks Ernennung zur Regierungsrätin abzusichern, wurde von der Führung des Ministeriums nicht nur geduldet, sondern sogar aktiv unterstützt. An die Stelle des in Ungnade gefallenen Staatssekretärs Curt Rothenberger war inzwischen Herbert Klemm getreten, der enge Vertraute des Ministers Thierack, den dieser aus der Parteikanzlei abgeworben hatte.[344] Nachdem der Leiter der Personalabteilung des Justizministeriums SS-Sturmbannführer Rudolf Letz[345] bei Klemm vorstellig geworden war, ordnete der Staatssekretär an, die Ernennung zu betreiben. In dem Schreiben an die Parteikanzlei möge die »besondere Güte« des Fräuleins von Brünneck hervorgehoben und außerdem mitgeteilt werden, dass sie »auch noch in der Jugendwohlfahrt und im Jugendgerichtswesen« beschäftigt werden solle. Klemm wusste genau, was seine früheren Kollegen in der Parteikanzlei hören wollten, war er dort doch selbst für Justizangelegenheiten zuständig gewesen. Die Bemühungen des Ministeriums waren erfolgreich. Die Parteikanzlei erhob keine Einwände gegen die

132 JURISTIN IN DER VOLKSGEMEINSCHAFT (1937–1945)

Ernennung. Am 28. März 1944 wurde die Urkunde ausgestellt. Der Minister hielt sie aber noch zurück, um sie dem »Fräulein Regierungsrätin Wiltraut von Brünneck« an einem besonders feierlichen Tag zu übermitteln: dem 20. April 1944. Die Inszenierung verfehlte ihre Wirkung nicht. Noch drei Jahrzehnte später würde sich Wiltraut Rupp-von Brünneck daran erinnern, dass sie »an Führers Geburtstag 1944« zur Regierungsrätin ernannt worden war.[346]

Mit dem neuen Amt wuchs Wiltraut von Brünnecks Verantwortungsbereich. Ihr Referatsleiter Bodenstein war im Februar 1944 an das Kammergericht zurückgekehrt. Schon zuvor hatte er sich auf die Bearbeitung des Erbrechts beschränkt, das ebenfalls in seiner Verantwortung gelegen hatte, und Wiltraut von Brünneck faktisch das Grundbuchreferat überlassen.[347] Offiziell übernehmen konnte sie die Referatsleitung erst mit ihrer Ernennung zur Regierungsrätin, so dass der Geschäftsverteilungsplan vom 15. Februar 1944 wieder William Hesse als Referatsleiter auswies.[348] An der Aufgabenverteilung dürfte das kaum etwas geändert haben. Der nächste Geschäftsverteilungsplan vom 1. September 1944 verzeichnete dann erstmals die Regierungsrätin als Leiterin des Referats für Grundbuchrecht.[349] Hesse fungierte als Korreferent und war aufgrund seines Leitungspostens in der Unterabteilung A zugleich ihr unmittelbarer Vorgesetzter. Wiltraut von Brünneck war die einzige Frau, der in der Zivilrechtsabteilung die Leitung eines juristischen Referats anvertraut worden war.[350] Das ist auch deshalb bemerkenswert, weil die beiden anderen namentlich bekannten Regierungsrätinnen – ein Fräulein Dr. Schneider, Schwägerin des ausgeschiedenen Staatssekretärs Rothenberger, und Charlotte Blume, eine »alte Kämpferin« mit Beziehungen zu Hans Frank –, die zu dieser Zeit in der Zivilrechtsabteilung Dienst taten, bei ihren Vorgesetzten nicht gut gelitten waren. Man hielt sie für entbehrlich und wollte sie an andere Abteilungen oder Behörden abgeben.[351]

Als Referatsleiterin gab Wiltraut von Brünneck auch in prominenten Fällen den Ton an. Ihr Einfluss wird an der Behandlung einer Eingabe des wohl bekanntesten deutschen Schwerindustrie-Unternehmens deutlich, der Firma *Fried. Krupp.* Die Familie Krupp stand in der Gunst Hitlers, der in dem Unternehmen einen »nationalsozialistischen Musterbetrieb« sah.[352] Als Ende 1943 die Übergabe des Unternehmens von Bertha Krupp von Bohlen und Halbach an ihren ältesten Sohn Alfried anstand, entlohnte Hitler die treuen Dienste des Rüstungskonzerns mit einem besonderen Gunsterweis.[353] Durch einen »Führererlass« ermächtigte er die Inhaberin des Familienvermögens, mit diesem Vermögen, das im Wesentlichen aus den Aktien der *Fried. Krupp AG* bestand, »ein Familienunternehmen mit besonders geregelter Nachfolge zu errichten«. Krupp habe sich »in 132 Jahren überragende, in ihrer Art einzige Verdienste um die Wehrkraft des deutschen Volkes erworben« und solle daher »als Familienunternehmen erhalten« bleiben.[354]

JURISTIN IN DER VOLKSGEMEINSCHAFT (1937–1945)   133

Die Aktiengesellschaft wurde in ein Einzelunternehmen eigener Art umgewandelt. Die von Hitler genehmigte Unternehmenssatzung regelte die Nachfolge dergestalt, dass das Unternehmen »als geschlossenes Ganzes« auf das vom jeweiligen Inhaber bestimmte Familienmitglied übergehen sollte.[355] Der Inhaber wurde durch ein »Direktorium« mit Gesamtprokura unterstützt. Hinzu trat ein »Familienrat«, der sinngemäß die gleichen Aufgaben erfüllte wie der Aufsichtsrat einer Aktiengesellschaft.[356] Im Handelsregister wurde das neuartige Gebilde als Firma *Fried. Krupp* ohne Rechtsformzusatz eingetragen. Weitere Eintragungen wiesen den Alleininhaber Alfried Krupp von Bohlen und Halbach und die Mitglieder des Direktoriums namentlich aus.[357]

In einem nächsten Schritt sollten die Grundbücher an die neue Rechtsform angepasst werden. Hier kam das Grundbuchreferat des Reichsjustizministeriums ins Spiel. Denn das Krupp-Direktorium – an Vorzugsbehandlungen durch Partei und Staat gewöhnt – hielt es »mit Rücksicht auf die besonderen Gegebenheiten des Falles für sachdienlich, dass als grundbuchmässig Berechtigter nicht der Inhaber des Familienunternehmens unter seinem bürgerlichen Namen eingetragen wird, sondern dass vielmehr allein die Firma Fried. Krupp als Berechtigte im Grundbuch in Erscheinung tritt«. Diese Eintragung könne im Fall der Nachfolge weitergeführt werden, ohne dass eine Grundbuchberichtigung nötig wäre.[358] Der Sache nach verlangte das Direktorium einen Dispens von § 15 der *Grundbuchverfügung*,[359] wonach bei Einzelunternehmern Vor- und Familienname des Inhabers in das Grundbuch einzutragen waren. Dahinter stand (und steht bis heute) das Prinzip der »Grundbuchwahrheit«: Aus dem Eintrag muss der wirkliche Berechtigte hervorgehen, damit sich der Rechtsverkehr auf das Grundbuch verlassen kann. Mit der gewünschten Eintragung wäre die Grundbuchwahrheit nicht mehr gewährleistet gewesen. Denn durch die besondere Konstruktion des Unternehmens war nicht sichergestellt, dass der jeweilige Unternehmensinhaber stets auch Eigentümer der Grundstücke war. Außerdem wäre der öffentliche Glauben des Grundbuchs (§ 892 BGB) beeinträchtigt worden, also die Vermutung der Richtigkeit des Grundbuchinhalts zugunsten eines gutgläubigen Grundstückserwerbers. Denn bei Eintragung des »jeweiligen Inhabers«, wäre die für den Rechtsverkehr »wichtigste Frage«, wer der jeweilige Inhaber sei, offengeblieben. Mit diesen Argumenten wies Ministerialdirigent Hesse im Frühjahr 1944 das Ansinnen des Direktoriums zurück.[360] So leicht wollte er sich das grundbuchrechtliche System, das er 1935 entworfen hatte, nicht von den schwerindustriellen Hitler-Günstlingen durcheinanderbringen lassen.

Abteilungsleiter Altstötter, der Hesses Schreiben abzeichnete, scheint schon geahnt zu haben, dass die Krupps es dabei nicht bewenden lassen würden. Er leitete daher eine Abschrift des Schreibens über Staatssekretär Klemm dem Chef der Parteikanzlei Martin Bormann zu und bat um Gelegenheit zur Stellungnahme, falls sich »die Familie Krupp oder die Firma« an die Partei wenden sollten. Im Konflikt mit den Krupps war der Normenstaat auf die Unterstützung der Parteiführung angewiesen. Klemm warb in einem Begleitschreiben um Verständnis für die Ablehnung.[361] Diesmal hatte er die Reaktion der Parteikanzlei aber falsch eingeschätzt. Statt der erhofften Rückendeckung erhielt Klemm postwendend ein Schreiben seines früheren Vorgesetzten Gerhard Klopfer, der dem »lieben Herbert« mitteilte, dass Bormann die Auffassung des Ministeriums »nicht für richtig« halte. Im Krieg müsse jede unnötige Arbeit vermieden werden. Dazu gehöre auch das Umschreiben von Grundbüchern. Die Krupp-Werke stellten einen »absoluten Sonderfall« dar. Die Rechtsstellung der Firma Krupp sei »einwandfrei geklärt«. Der promovierte Jurist Klopfer untermauerte diese politische Einschätzung mit Ausführungen zur »besondere[n] rechtlichen Erscheinungsform« des Unternehmens *Fried. Krupp*. Falls das Krupp-Direktorium noch einmal in der Sache vorstellig werden sollte, möge das Ministerium diesen Erwägungen »Rechnung tragen«.[362] Der sichtlich verärgerte Klemm notierte an den Rand: »aber nur dann«.

Das Direktorium wurde noch einmal vorstellig. Vier Monate nach dem Schriftwechsel mit der Parteikanzlei musste sich das Grundbuchreferat, inzwischen unter der Leitung von Wiltraut von Brünneck, erneut mit der Angelegenheit befassen. Altstötter hatte die Referentin um Rücksprache gebeten, nachdem er – vermutlich auf informellem Wege – wieder auf die Sache gestoßen worden war.[363] Zur Vorbereitung ihres Vortrags beim Abteilungsleiter fertigte Wiltraut von Brünneck einen Vermerk. »Die in dem Schreiben der Parteikanzlei [...] vorgebrachten Gegenargumente dürften nicht stichhaltig sein«, leitete sie ihre Stellungnahme ein. Die Sorge vor einem übermäßig großen Verwaltungsaufwand durch Umschreibungen sei unberechtigt, da »für einen mehrmaligen Inhaberwechsel *während des Krieges* bei gewöhnlichem Verlauf der Dinge kein Anhaltspunkt« bestehe. Die Sonderstellung der Firma Krupp habe »ihren tieferen Grund in der großen Bedeutung dieser Werke für die gesamte deutsche Volkswirtschaft und in der Notwendigkeit, mit Rücksicht darauf die Geschlossenheit des Unternehmens zu wahren«. Das rechtfertige aber nicht, der Firma »auch dort eine Sonderstellung zu geben, wo ähnliche Gesichtspunkte ausscheiden«. Mit der Last der Grundbuchberichtigung im Fall der Nachfolge stehe die Firma nicht allein da, sondern habe die gleichen Schwierigkeiten, »wie sie in zahlreichen anderen Fällen privaten Grundbesitzes auftreten, sowohl bei großen Einzelunternehmen in der Industrie wie bei großen Land- oder Waldgütern« – die Tochter einer Rittergutsbesitzerin wusste, wovon sie sprach. Im Interesse des Rechtsverkehrs, namentlich mit Rücksicht auf den öffentlichen Glauben des Grundbuches müsse dies in Kauf genommen werden.[364]

JURISTIN IN DER VOLKSGEMEINSCHAFT (1937–1945)   135

Die juristischen Argumente der Parteikanzlei sezierte Wiltraut von Brünneck mit dem juristischen Skalpell, indem sie die Unterschiede zwischen dem Unternehmen Krupp und den von Klopfer erwähnten Gesellschaftsformen herausarbeitete.[365] Der Zustimmung ihres Vorgesetzten William Hesse konnte sie sich gewiss sein: »Gesehen; einverstanden« notierte er auf dem Vermerk, den er dem »Frl. v. Brünneck« zurückreichte, »mit der Bitte, die Sache zum demnächstigen Vortrag bei Herrn MD VI bereit zu halten«. Obwohl Ministerialdirektor Altstötter – Träger des goldenen Parteiabzeichens sowie des SS-Totenkopfrings und persönlicher Freund Heinrich Himmlers – für politische Erwägungen und maßnahmenstaatliche Mittel stets ein offenes Ohr hatte, scheint auch er von der normenstaatlichen Darlegung seiner Referentin überzeugt gewesen zu sein. Nach dem Vortrag wies Altstötter das Ansinnen der Krupps (offenbar erneut auf informellem Weg) endgültig zurück. Wiltraut von Brünneck gab die Sache im September 1944 zu den Akten. Der Maßnahmenstaat hatte gegenüber dem Normenstaat den Kürzeren gezogen.

Die überlieferten Akten des Grundbuchreferats lassen keine zuverlässigen Schlüsse auf die politische Haltung Wiltraut von Brünnecks in den letzten Kriegsjahren zu. Fest steht, dass sie das Vertrauen ihrer Vorgesetzten genoss, die bei Abteilungsleiter Altstötter angefangen über Staatssekretär Klemm bis hinauf zu Minister Thierack überzeugte Nationalsozialisten waren. Für ihren unmittelbaren Vorgesetzten William Hesse mag das nicht in gleichem Maße gegolten haben. Doch hatte auch er sich den politischen Gegebenheiten angepasst. Die nach seinem frühen Tod im November 1945 in die Welt gesetzte Behauptung, er sei aufgrund seiner Resistenz gegenüber nationalsozialistischem Denken »auch persönlichen Benachteiligungen durch die damaligen Machthaber ausgesetzt« gewesen, entbehrt jeder Grundlage.[366] Hesse war ein Funktionsjurist, der politische Vorgaben ohne moralische Hemmungen in Rechtsform goss. In der Grundbuchsache Auschwitz fertigte er beispielsweise einen Vermerk darüber, wie dem Anliegen der SS juristisch am besten entsprochen werden könnte, welche Vorschriften dabei eine Rolle spielten und wie diese Vorschriften auszulegen seien, um zum gewünschten Ziel zu kommen. Hesse war jemand, der im Paragraphengewirr des NS-Rechts den Überblick behielt und aus hochtechnischen Rechtstexten eine passgenaue »Lösung« für die Erweiterung des größten Lagerkomplexes erarbeiten konnte, den die deutsche Vernichtungsmaschinerie hervorbringen sollte – für Auschwitz, den Inbegriff des Holocausts.

Es waren »feinsinnige Juristen« wie William Hesse[367] die den Normenstaat aufrechterhielten, um die NS-Herrschaft zu stabilisieren, aber auch vor maßnahmenstaatlichen Mitteln nicht zurückschreckten. Wiltraut von Brünneck war als junge Ministerialbeamtin mit begrenzter Entscheidungsgewalt keine Zentralfigur des »Doppelstaats«. Doch auch sie beherrschte seine beiden Spielarten. Während sie im Fall Krupp den Normenstaat gegen schwerindustrielle Anmaßungen verteidigte, verhalf sie mit ihren Entscheidungen nach § 7 der Vereinfachungsverordnung dem Maßnahmenstaat mehr als einmal zum Durchbruch. Sie ermöglichte Arisierungsprofiteuren einen lastenfreien Grundstückserwerb und war sich dabei des antisemitischen Hintergrunds der Transaktionen bewusst: Wer das dringende Interesse an einer Ausnahmeregelung mit »Entjudung« begründete, wusste, was er tat. Gewiss wird sie davon überzeugt gewesen sein, »rein juristisch« zu arbeiten. Doch mit ihrer Tätigkeit im Grundbuchreferat hatte sie einen Anteil an der massenhaften Entrechtung derjenigen, die aus der »Volksgemeinschaft« ausgegrenzt wurden. Sie spielte zwar keine Hauptrolle, war aber doch mehr als nur eine Statistin. In ihrem Sondervotum zum Mephisto-Beschluss des Bundesverfassungsgerichts aus dem Jahr 1971 sollte sie den Nationalsozialismus als »Unrechtsregime« bezeichnen.[368] Ob sie sich die Verfassungsrichterin Wiltraut Rupp-von Brünneck eine Mitschuld an diesem Unrecht zuschrieb, wissen wir nicht.

Den Untergang des »Großdeutschen Reiches« erlebte Wiltraut von Brünneck in den letzten Monaten ihrer Tätigkeit am Reichsjustizministerium hautnah mit. Alle zwei Wochen fuhr sie von ihrem Dienstort im Sudetenland nach Berlin, um sich als nebenamtliche Fakultätsassistentin der Fernbetreuung der Wehrmachtsstudenten anzunehmen. Bei jeder dieser Dienstreisen konnte sie neue Zerstörungen besichtigen, die der Bombenkrieg ihrer Heimatstadt zufügte. Im Dezember 1944 wurde die Zivilrechtsabteilung des Reichsjustizministeriums wieder nach Berlin verlegt. Das Sudetenland war angesichts der herannahenden Ostfront nicht mehr sicher. Wegen der Bombenschäden im Regierungsviertel wurde nur die Abteilungsleitung in der Wilhelmstraße untergebracht. Wiltraut von Brünneck bezog ein Büro im Gebäude des Amtsgerichts Lichterfelde,[369] Zimmer-Nr. 103, Tür an Tür mit William Hesse.[370] Der halbstündige Fußweg von der Lankwitzer Nicolaistraße zu ihrem neuen Dienstposten führte sie durch eine Trümmerlandschaft.

Ab August 1944 erarbeitete sie im Auftrag des Abteilungsleiters »Maßnahmen aus Anlaß des totalen Krieges in Grundbuchsachen«.[371] Mit »einschneidenden Einschränkungsmaßnahmen auf dem Gebiet des Grundbuchverfahrens«[372] sollten die letzten menschlichen Ressourcen in den Grundbuchämtern für den Fronteinsatz freigesetzt werden. Zeitgleich mehrten sich die Berichte von Amtsgerichten aus dem ganzen Reich darüber, dass ihre Grundakten »bei einem der letzten Terrorangriffe« durch »Feindeinwirkung« zerstört worden seien und sich, wenn überhaupt, nur noch mit großem Aufwand wiederherstellen ließen.[373] Die Grundbuchreferentin musste hilflos zusehen, wie die personellen und sachlichen Grundlagen der von ihr verantworteten Rechtsmaterie schwanden, wie sich das

JURISTIN IN DER VOLKSGEMEINSCHAFT (1937–1945)   137

Grundbuchrecht immer mehr zu einer theoretischen Übung ohne Anwendungsbereich in der Praxis entwickelte.

Onkel Richard und Onkel Karl

An der Familie von Brünneck ging das Kriegsgeschehen ebenfalls nicht spurlos vorüber. Götz, zwischenzeitlich von der Ostfront nach Norwegen zurückgekehrt, stand seit Sommer 1944 wieder »im Felde«.[374] Die Mutter Margarete Schede hatte zusammen mit ihrer ältesten Tochter Helga Genzmer und deren drei Kindern auf dem Rittergut in Oberröblingen Zuflucht gesucht. Sie war »schwer lungenkrank«. Ihr Zustand hatte sich im Laufe des Jahres 1944 »erneut verschlimmert«.[375] Helga, die sich in Berlin noch tatkräftig um ihre Mutter gekümmert hatte, bekam ihr viertes Kind und konnte die Pflege der 66-Jährigen nicht mehr übernehmen.[376] Eine zwischenzeitlich engagierte Pflegekraft wurde rasch wieder entlassen, eine neue konnte »nicht beschafft« werden. So musste Wiltraut von Brünneck am 28. August 1944 die Reise von Böhmisch-Leipa nach Oberröblingen auf sich nehmen, um die Dinge selbst in die Hand zu nehmen. Die einfache Fahrt dauerte mehr als zehn Stunden und erforderte fünf Umstiege.[377] Schon wenige Tage später saß die pflichtbewusste Regierungsrätin wieder an ihrem Schreibtisch.

Bei dem Besuch in Oberröblingen erfuhr Wiltraut von Brünneck vom Schicksal ihres Onkels Richard Drache, der nur vierzig Kilometer entfernt in Teutschenthal bei Halle lebte. Der 68-jährige Kammergerichtsrat a. D., mit dem sie mütterlicherseits verwandt war,[378] war 1920 aus dem preußischen Justizdienst ausgeschieden, »um in den umfangreichen industriellen und landwirtschaftlichen Betrieben [s]eines langjährigen Jugendfreundes, des Oberamtmanns C. Wentzel in Teutschenthal die juristische Oberleitung zu übernehmen«.[379] Carl Wentzel führte von seinem Rittergut aus eines der größten deutschen Agrarunternehmen.[380] In den dreißiger Jahren lernte er den Leipziger Oberbürgermeister Carl Friedrich Goerdeler und den Großindustriellen Paul Reusch kennen, mit denen er während des Krieges verbunden blieb. Reusch gründete einen Gesprächskreis, zu dem führende Persönlichkeiten aus Industrie und Landwirtschaft gehörten, darunter Carl Friedrich von Siemens, Fritz Thyssen und Carl Wentzel. Die Runde erörterte bei ihren Treffen die wirtschaftliche und politische Entwicklung Deutschlands. Wentzel stellte dafür mehrfach sein Gut zur Verfügung.[381] Im November 1943 kam Goerdeler, der seit Kriegsbeginn Regimegegner um sich gesammelt hatte, nach Teutschenthal, um dem Reusch-Kreis die wirtschaftspolitischen Vorhaben nach dem geplanten Umsturz zu erläutern. Der Gastgeber befürwortete eine Ablösung Hitlers, distanzierte sich aber von den Attentatsplä-

Abb. 7: Die Mutter Margarete Schede auf dem Rittergut Oberröblingen
Das Foto wurde im August 1944 aufgenommen, als Wiltraut v. Brünneck
ihre Mutter in Oberröblingen besuchte.
Quelle: Nachlass W. Rupp-v. Brünneck

nen, da sie seinem »christlichen Verständnis« widersprachen.[382] Als das Atten-
tat auf Hitler am 20. Juli 1944 scheiterte, geriet Wentzel ins Visier der Gestapo,
die durch einen Denunzianten vom Vortrag Goerdelers in Teutschenthal erfahren hatte. Am 30. Juli wurde Wentzel in Haft genommen.[383] Fünf Tage später ver-
haftete die Gestapo auch Richard Drache, der als Wentzels Vertrauter der Mit-
wissenschaft verdächtigt wurde. Drache wurde als Untersuchungshäftling in das
Berliner Zellengefängnis »Lehrter Straße« gebracht, wo er seinen Prozess vor dem
Volksgerichtshof erwartete. Aufgrund von entlastenden Aussagen seines Freun-
des wurde das Strafverfahren gegen ihn eingestellt. Wentzel wurde hingegen zum

JURISTIN IN DER VOLKSGEMEINSCHAFT (1937–1945)   139

Tode verurteilt und am 20. Dezember 1944 hingerichtet. Trotz der Verfahrensein-
stellung behielt die Gestapo Richard Drache in Haft.

Seine Verwandten bemühten sich um seine Freilassung. Wiltraut von Brünneck erinnerte sich an einen alten Heidelberger »Kameraden«, der im NS-Staat
eine beachtliche Karriere gemacht hatte und daher behilflich sein konnte: Karl
Lang, der frühere Leiter der Heidelberger Juristenfachschaft und Leiter der
Fachgruppe Rechtswissenschaft in der Reichsstudentenführung. Lang war inzwischen persönlicher Referent des Staatssekretärs Gerhard Klopfer in der
Parteikanzlei. An ihn trat Wiltraut von Brünneck mit der Bitte heran, ihren Onkel
aus der Gestapo-Haft zu befreien. Lang habe »ohne jedes Zögern« seine Hilfe
zugesagt, »namens der Parteikanzlei eine Beschwerde an die Gestapo, Berlin,
Albrechtstrasse« eingereicht und auch mündlich dort nachgefragt. Das jedenfalls
sollte Wiltraut von Brünneck 1947 vor der Lagerspruchkammer Ludwigsburg
aussagen, vor der sich ihr schwer belasteter Studienfreund verantworten musste. Sie vergaß nicht hinzuzufügen, dass die Intervention für Lang »mit einem
erheblichen Risiko verbunden« gewesen sei, »da er gewärtigen mußte[,] durch
solches Eintreten für einen Gegner des Systems selbst zur Verantwortung gezogen zu werden«. Ob Langs Eingreifen Erfolg gehabt habe, habe sie nicht mehr
feststellen können, »da es bereits in die Zeit vom März 1945« gefallen sei.[384] Sofern
Karl Lang überhaupt tätig geworden sein sollte – sein Schreiben konnte nicht
ermittelt werden –, scheint er nichts ausgerichtet zu haben. Richard Drache
blieb bis zum 21. oder 22. April 1945 in Haft. Erst als die sowjetischen Truppen
die Reichshauptstadt eingekesselt hatten, wurde er entlassen.[385]

Die Folgen des 20. Juli 1944 waren auch bei Wiltraut von Brünnecks Verwandten in Wulkow zu spüren. Kein Familienmitglied hatte sich an den Umsturzplänen beteiligt. Doch ihre verwandtschaftlichen und gesellschaftlichen Beziehungen reichten in die Kreise der adeligen Widerstandskämpfer hinein. Im Herbst
1944 weilte ein Oberst von Sanden, ein Vetter Helenes, der Ehefrau des Gutsbesitzers Karl von Brünneck, als »Bombengast« in Wulkow.[386] Er behauptete von sich,
ein »großer Gegner« Hitlers zu sein, und war offenbar nach dem 20. Juli kurzzeitig inhaftiert worden, ohne dass ihm eine Beteiligung an den Umsturzplänen
nachgewiesen werden konnte.[387] Sein Aufenthalt mag die Aufmerksamkeit der
Gestapo auf Wulkow gelenkt haben. Noch mehr dürften sich die Ermittler aber
für die Beziehungen Karl von Brünnecks zu Carl-Hans Graf von Hardenberg interessiert haben, der am 21. Juli verhaftet worden war. Wulkow liegt nur wenige
Kilometer von Hardenbergs Schloss in Neuhardenberg entfernt. Ende Oktober
1944 kamen Beamte der Gestapo nach Wulkow und verhörten Wiltrauts Onkel
Karl von Brünneck über mehrere Stunden. Obwohl der 74-Jährige nichts zu be-

fürchten hatte, erregte er sich über die Vernehmung so sehr, dass er kurz darauf einen Herzinfarkt erlitt, an dessen Folgen er am 1. November 1944 verstarb.[388]

Für die Beerdigung des Onkels, der ihren Eltern »sehr nahe« gestanden hatte, erhielt Wiltraut von Brünneck eine Dienstbefreiung.[389] So konnte sie am 6. November 1944 dabei sein, als der Älteste der Brünnecks zu Grabe getragen wurde. Über hundert Verwandte, Freunde und Bekannte kamen aus allen Teilen Deutschlands, um dem angesehenen Gutsbesitzer das letzte Geleit zu geben. Nach der Trauerfeier in der Wulkower Kirche trug sich ein denkwürdiges Ereignis zu, an das sich Dina Mickel, die damals 19-jährige Enkelin des Verstorbenen, noch Jahre später erinnerte:

»Eine Kutsche, die alten Glaskutschen sagten wir dazu, wo die Fenster zu waren, man konnte nicht reingucken, die Gardinen waren zugezogen. Und da kam raus eine völlig verschleierte Dame, und kam also zur Großmutter, sie fing an zu raunen und sagte: ›Die Gräfin Hardenberg‹. Und die kam mit ihrem Sohn, und die waren beide für vogelfrei erklärt. Das heißt, jeder hätte sie nehmen können und ins nächste Kittchen schmeißen. Und es war der Kreisleiter da, es war der vom Wehrkommando da, also, es waren die Spitzen der Regierung da [...]. Die Gräfin Hardenberg kam auf Großmutter zu und umarmte sie. Meine Mutter und wir küßten ihr die Hand, und dann drehte sie sich um, stieg in die Kutsche und weg waren sie wieder.«[390]

Die Schilderung wird in einem Brief der Gräfin Hardenberg an ihren Schwager bestätigt: »Von Wulkow hörte ich zunächst nichts, aber als ich im Dezember zur Beerdigung des alten Brünneck drüben war, fiel Frau von Brünneck mir weinend um den Hals und sagte laut vor allen Umstehenden: ›Sie haben es ja noch viel schwerer als wir alle.‹«[391]

Zwischenzeit (1945–1950)

Kriegsende

Bis Ende März 1945 verrichtete Wiltraut von Brünneck ihren Dienst als Grundbuchreferentin im Reichsjustizministerium. Ihr letzter Vermerk, der den Weg in die Akten gefunden und den Krieg überdauert hat, datiert vom 12. März 1945.[1] Die US-Truppen hatten da schon den Rhein überschritten; die sowjetische Offensive auf die Reichshauptstadt stand unmittelbar bevor. In den letzten Märztagen wurde die Zivilrechtsabteilung des Reichsjustizministeriums aufgelöst und das Personal auf Gerichte und Behörden in noch nicht besetzte Teile des Reichs verteilt. Abteilungsleiter Josef Altstötter, der sich selbst aus der Reichshauptstadt absetzen sollte, berücksichtigte offenbar die Ortswünsche seiner Beamten. Wiltraut von Brünneck wurde dem Amtsgericht Sangerhausen zugewiesen, das nur wenige Kilometer vom mütterlichen Rittergut in Oberröblingen entfernt war. Dort hatte sie 1937 als Referendarin ihre juristische Laufbahn begonnen.

Auf dem Rittergut lebten im Frühjahr 1945 neben Wiltraut von Brünnecks tuberkulöser Mutter Margarete ihre Schwester Helga Genzmer mit den vier Kindern – das jüngste war ein Jahr alt – und ihre 62-jährige Tante Mathilde, genannt »Tilla«. Während Margarete Schede im Obergeschoss des Oberröblinger »Schlösschens« das Bett hütete, nahm sich Tante Tilla gemeinsam mit den älteren Genzmer-Töchtern durchziehenden Flüchtlingen aus Ostdeutschland an, die auf dem Gutshof in einer behelfsmäßig eingerichteten Großküche »durchgefüttert« wurden.[2] Nicht nur Flüchtlinge kamen in den letzten Kriegstagen nach Oberröblingen, auch Häftlinge aus dem nahegelegenen KZ Dora-Mittelbau wurden durch den Ort getrieben.[3] An ein Opfer des Todesmarsches erinnert heute ein namenloser Grabstein auf dem Oberröblinger Friedhof.

Wiltraut von Brünnecks Dienstantritt am Amtsgericht Sangerhausen war für den 10. April 1945 vorgesehen. Doch seit dem 7. April überzog die US-Luftwaffe Stadt und Bahnhof mit schweren Bombardements, die das öffentliche Leben weitgehend zum Erliegen brachten. Dass Wiltraut von Brünneck unter diesen Bedingungen ihren Dienst antreten konnte, ist unwahrscheinlich. Ein geordneter Gerichtsbetrieb dürfte ohnehin nicht mehr möglich gewesen sein. Am Vormittag des 12. April 1945 besetzte die Vorhut der 3. US-Panzerdivision Oberröblingen, ohne auf Widerstand zu stoßen. Am Nachmittag erreichten die Amerikaner Sangerhausen. Mit dem Eintreffen der US-Truppen wurde der Gerichtsbetrieb formal eingestellt. Ein Gesetz des Alliierten Hauptquartiers erklärte alle ordentlichen Gerichte in dem von den alliierten Truppen besetzten Gebiet mit Beginn der Besetzung für geschlossen und entzog ihnen die Amtsgewalt.[4] Die örtlichen Militärkommandanten wachten über den Vollzug. Es war der Zustand eingetreten, für den die deutsche Zivilprozessordnung seit jeher in § 245 Vorkehrung getroffen hatte: der Stillstand der Rechtspflege.

Für Wiltraut von Brünneck waren andere Dinge drängender. Denn die Amerikaner hatten nicht nur die Hoheitsgewalt übernommen, sondern auch die Zwangsarbeiter befreit, die auf den Feldern und in den Betrieben des Schmidt'schen Ritterguts im Einsatz gewesen waren. Mit der Ankunft der US-Truppen war für sie der Tag der Abrechnung gekommen. Sie machten sich von ihren Quartieren auf den Weg zum Rittergut, in dessen Gutshaus – dem »Schlösschen« – sie Reichtümer vermuteten. Die Frauen auf dem Gut waren von den Dorfbewohnern gewarnt worden und hatten sich in aller Eile schmutzige Schürzen übergeworfen und Kopftücher umgebunden, so dass sie selbst wie Arbeiterinnen aussahen. Als die befreiten Zwangsarbeiter darangingen, das Schlösschen zu plündern, mischten sich Tante Tilla, Helga Genzmer mit ihren Töchtern und Wiltraut von Brünneck kurzerhand unter sie, »bestahlen« sich selbst und konnten auf diese Weise einen Teil der Wertsachen in Sicherheit bringen.[5]

Zonenwechsel

Vom Übergang der Hoheitsgewalt auf die Besatzungsmacht und von der Schließung der Gerichte blieb die individuelle Rechtsstellung der Justizbediensteten zunächst unberührt. Die Amerikaner verpflichteten sie sogar, »bis auf weiteres auf ihren Posten zu verbleiben und alle Befehle und Anordnungen der Militärregierung [...] zu befolgen und auszuführen«.[6] Zugleich kündigten sie an, den deutschen Gerichten die Wiederaufnahme ihrer Tätigkeit zu gestatten, sobald »die Zustände« es zuließen. Bis zum Ende der Kampfhandlungen war daran nicht zu denken. Mit der bedingungslosen Kapitulation der Wehrmacht am 8. Mai 1945 änderte sich die Situation. Der Krieg war vorbei und die Militärkommandanten vor Ort konnten die »Wiederbelebung« der deutschen Justiz in Angriff nehmen.

Wiltraut von Brünneck wollte daran mitwirken. Es entsprach ihrem Dienstethos, auch im Besatzungszustand die Funktionsfähigkeit der deutschen Justiz,

ZWISCHENZEIT (1945–1950)

der sie nach wie vor angehörte, aufrechtzuerhalten. Außerdem hatte sie ihre letzte Gehaltszahlung im März erhalten.[7] Weil mit der Bewirtschaftung des Gutes zunächst keine Erträge zu erzielen waren, hatte sie ein handfestes pekuniäres Interesse am besoldeten Richterdienst. Sie war die einzige erwerbsfähige Bewohnerin des »Schlösschens«: Ihr Bruder Götz hatte sich von der Front nach Berlin durchgeschlagen. Ihr Schwager Werner Genzmer war am 20. April 1945 als Volkssturmmann bei dem Versuch gefallen, den sowjetischen Vormarsch auf die Reichshauptstadt aufzuhalten.[8] Ob die Frauen in Oberröblingen von diesen Schicksalen wussten, ist ungewiss. Jedenfalls ließ die Abwesenheit der Männer eine rasche Wiederverwendung Wiltraut von Brünnecks im Justizdienst unverzichtbar erscheinen.

In der ersten Maihälfte des Jahres 1945 waren dem US-Militärkommandanten von Sangerhausen – vermutlich durch den Bürgermeister – Vorschläge für die Zulassung von Richtern übermittelt worden, mit denen das Amtsgericht seinen Betrieb wiederaufnehmen sollte. Die Vorgeschlagenen mussten einen Fragebogen ausfüllen, auf dessen Grundlage die US-Kommandantur über die Zulassung entschied.[9] Wiltraut von Brünnecks Name stand nicht auf der Liste. Wahrscheinlich wurde sie übersehen, weil sie vor dem Einmarsch der Amerikaner nicht mehr in das Planstellenverzeichnis des Gerichts aufgenommen worden war. Außerdem firmierte sie nicht – wie es von einer Richterin zu erwarten gewesen wäre – als »Amtsgerichtsrätin«, sondern als »Regierungsrätin«.[10] Es ist unklar, ob überhaupt irgendjemand am Amtsgericht Sangerhausen oder in den örtlichen Verwaltungsbehörden von der Versetzung der Ministerialbeamtin an das Gericht kurz vor Kriegsende Notiz genommen hatte.

Die Amerikaner ließen zunächst nur zwei der insgesamt sieben Richter des Amtsgerichts Sangerhausen zu. Wiltraut von Brünneck wollte sich damit nicht abfinden und ergriff die Initiative. Eine unmittelbare Kommunikation mit der Besatzungsmacht scheint ihr nicht möglich gewesen zu sein. Sie musste das an den »commander of Sangerhausen« gerichtete Empfehlungsschreiben für einen Dritten – womöglich für den Bürgermeister oder einen Justizbeamten – aufsetzen, der es dann an den Kommandanten weitergab. Dass sie dafür ein altes Schulheft ihrer Mutter aus dem Jahr 1898 verwendete und ihre Briefkonzepte in kaum leserlicher Bleistiftschrift zwischen deutsche Gedichte und Übungen in italienischer Grammatik kritzelte, besagt viel über die chaotische Situation, in der sie sich im Mai 1945 befand. Datiert auf den 15. Mai 1945 ist folgender Entwurf in ihrer Handschrift überliefert:

»[...] I report a further person belonging to the officers of justice of the designed named court, [...] Regierungsrätin (councillor of the government) Wiltraut v. Brünneck living in O.R./Helme. This officer of justice in the ministry for justice and has been assigned to the designed district court on occasion of the solution. This department having been dissolved she has been assigned to the named district court of this place. She [was] born in 7.8.12 in Bln-Lankwitz and never belonged to the N. S. party.«

An der Mitteilung der letzten Information lag Wiltraut von Brünneck so viel, dass sie den Satz bereits beim überwiegend deutschsprachigen Vorentwurf des Briefs auf Englisch notiert hatte. Doch anders als Wiltraut von Brünneck vermutete, maß die US-Kommandantur der Frage der Parteimitgliedschaft keine große Bedeutung bei. Einer der beiden bereits zugelassenen Richter war einschlägig belastet und hatte seine NSDAP-Mitgliedschaft auch im Fragebogen der Besatzungsmacht angegeben. Umgekehrt fanden sich unter den nicht zugelassenen Richtern auch formal unbelastete Personen.[11] Die Gleichgültigkeit der Besatzer mag dem Umstand geschuldet gewesen sein, dass die verantwortlichen US-Offiziere bereits wussten, dass ihre Herrschaft zeitlich begrenzt war: Der Kreis Sangerhausen sollte nach den Vereinbarungen der Alliierten zur sowjetischen Zone gehören. Die Amerikaner überließen die gründliche Entnazifizierung des Justizapparats ihren Nachfolgern.[12] Ihnen genügten zwei Amtsrichter, um den Gerichtsbetrieb in Sangerhausen provisorisch in Gang zu setzen. Kurz vor dem Abzug richteten sie noch eine Staatsanwaltschaft mit einem Beamten ein. Der US-Militärkommandant hatte Wiltraut von Brünneck zwar inzwischen als Richterin zugelassen, jedoch nicht vereidigt. Der Stellenplan des Amtsgerichts aus dem Juni 1945 führt sie mit der Bemerkung auf: »z. Zt. nicht beschäftigt, mündlich zugelassen, nicht vereidigt«.[13]

Am 30. Juni 1945 begannen die US-amerikanischen Truppen mit dem Abzug. In den ersten Julitagen rückten die Sowjets in Sangerhausen und Oberröblingen ein. So paradox es klingen mag, war die Ankunft der gefürchteten »Russen« für Wiltraut von Brünneck eine berufliche Chance. Denn die neue Besatzungsmacht war gekommen, um zu bleiben. Sie würde sich nicht mit zwei Amtsrichtern und einem Staatsanwalt begnügen können. Für eine stabile Besatzungsherrschaft war die *Sowjetische Militäradministration in Deutschland* (SMAD) auf voll funktionsfähige deutsche Justizbehörden angewiesen. In den bereits im Frühjahr 1945 von der Roten Armee besetzten Gebieten waren die Militärkommandanten unterschiedliche Wege beim Wiederaufbau der Justiz gegangen. In Berlin eröffneten sie die ordentlichen Gerichte wieder, andernorts setzten sie mit Laien besetzte Volksgerichte ein.[14] In Sangerhausen fanden die Sowjets das bereits von den Amerikanern wiedereröffnete Amtsgericht und eine kleine Zahl von Justizbeamten vor, die von sich behaupten konnten, auf ihre NS-Belastung überprüft worden zu sein.[15] Damit konnte man arbeiten – vorerst jedenfalls.

Für Wiltraut von Brünneck begann die Zeit der sowjetischen Besatzung einigermaßen dramatisch. Kurz nach dem Eintreffen der sowjetischen Truppen

ZWISCHENZEIT (1945–1950)　　　145

wurde sie verhaftet und musste einige Tage im Gewahrsam der Besatzer verbringen.[16] Über die Gründe lässt sich nur spekulieren. Ihre dienstliche Stellung konnte kaum der Anlass gewesen sein. Schließlich waren die Sowjets froh darüber, dass ihnen die Amerikaner »vorsortiertes« Justizpersonal hinterlassen hatten. Verhaftet wurden grundsätzlich nur solche Justizangehörige, die als aktivistische Nationalsozialisten bekannt waren oder für Justizverbrechen verantwortlich gemacht wurden. Wiltraut von Brünneck musste sich weder das eine noch das andere vorwerfen lassen. Möglicherweise hatte ihre Vorbeschäftigung im Reichsjustizministerium ausgereicht, um sie verdächtig erscheinen zu lassen. Hinzu kam ihr Name, der sie als Angehörige der sozialen Schicht auswies, die nach Auffassung der Sowjets und der deutschen Kommunisten an »Faschismus« und »Kriegstreiberei« einen gehörigen Anteil gehabt hatte.

Zur gleichen Zeit geriet Götz von Brünneck in Berlin in das Visier der SMAD. Zuletzt hatte ihn seine Verlobte am 15. Juni 1945 in der sowjetischen Militärkommandantur in Groß-Glienicke gesehen.[17] Am 17. Juni 1945 wurde er als »aktives Mitglied der NSDAP« von den Sowjets verhaftet und in das SMAD-Gefängnis in Berlin-Lichtenberg gebracht.[18] Anlass für die Verhaftung dürften auch bei ihm der adlige Hintergrund und die Tätigkeit in einem Reichsministerium, nicht aber ein aktives Eintreten für den Nationalsozialismus gewesen sein. Denn er hatte außer dem (niederen) Rang eines Scharführers in der Reiter-SA kein Parteiamt bekleidet und war auch sonst – soweit ersichtlich – nicht als aktivistischer Nationalsozialist in Erscheinung getreten. Während Götz eine jahrelange Lagerhaft bevorstand, wurde seine Schwester nach wenigen Tagen wieder aus der Haft entlassen. In der Justiz der Provinz Sachsen, die Mitte Juli 1945 von der SMAD wieder eingerichtet worden war, war im Wortsinne Not am Mann. So konnte die 32-jährige Juristin am 15. Juli 1945 eine Richterstelle am Amtsgericht Sangerhausen antreten, in dessen Haftzelle sie noch kurz zuvor gesessen hatte.

Wiltraut von Brünneck arbeitete in der freiwilligen Gerichtsbarkeit,[19] vermutlich mit einem Schwerpunkt im Vormundschaftsrecht.[20] Im September überstand sie die erste Phase der Entnazifizierung der Justiz in der Provinz Sachsen. Am 3. September hatte die Provinzverwaltung bereits eine größere Zahl an Richtern im Amt bestätigt, die vorher einer politischen Überprüfung unterzogen worden waren.[21] Wiltraut von Brünneck war nicht dabei gewesen – womöglich wurde sie bei der zentralen Überprüfung erneut wegen ihrer immer noch irreführenden Amtsbezeichnung »Regierungsrätin« übersehen. Wenig später erhielt auch sie die Aufforderung, sich beim Beauftragten der Militärregierung zur Bestätigung vorzustellen.[22] Wie intensiv der SMAD-Vertreter ihre NS-Belastung überprüfte, lässt sich nicht sagen. Sofern das übliche Verfahren angewendet wurde, lagen ihm ein Lebenslauf und eine auf Russisch übersetzte »Charakteristik« vor. Teilweise soll es bei der Vorstellung von Justizpersonal zu »recht ausführlichen Vernehmungen« gekommen sein.[23] Das Augenmerk lag in dieser ersten Phase der Entnazifizierung auf einer Mitgliedschaft in der NSDAP,[24] die sich Wiltraut von Brünneck nicht vorzuwerfen hatte.

Die Fokussierung auf die Parteimitgliedschaft entsprach dem SMAD-Befehl Nr. 49 vom 4. September 1945, der die Entnazifizierung der Justiz in der sowjetischen Zone vereinheitlichen sollte.[25] Der Chef der SMAD ordnete darin an, dass »sämtliche[n] früheren Mitglieder der NSDAP aus dem Apparat der Gerichte und Staatsanwaltschaften zu entfernen« seien. Neben den früheren Parteigenossen waren vom Befehl explizit nur solche Personen erfasst, die »an der Strafpolitik unter dem Hitler-Regime unmittelbar teilgenommen« hatten.[26] Die Durchführung überwachte außer der SMAD die Ende Juli 1945 eingerichtete *Deutsche Justizverwaltung* (DJV) mit Sitz in Berlin. Ihr stand der frühere Reichsjustizminister Eugen Schiffer vor, der wie der Präsident der Provinz Sachsen Erhard Hübener vor 1933 DDP-Mitglied gewesen war und nun der *Liberaldemokratischen Partei Deutschlands* (LDPD) angehörte. Der überzeugte Antifaschist Schiffer war alles andere als zufrieden mit der Entnazifizierungspolitik seines Parteifreundes in der Provinz Sachsen. Nach seiner Einschätzung beschäftigte die Provinzverwaltung immer noch zu viele belastete Juristen. Damit meinte er nicht nur frühere Parteigenossen, sondern auch andere »faschistische Elemente«. Am 20. September 1945 ordnete Schiffer an, auch die Angehörigen von NSDAP-Gliederungen aus dem Justizdienst zu entlassen, zu denen neben HJ, SA, SS, NSKK und *NS-Dozentenbund* auch die NSF und der NSDStB zählten.[27]

Wiltraut von Brünneck hätte nach dieser Maßgabe ebenfalls entlassen werden müssen, da sie zwei Gliederungen angehört hatte: der NSF und dem NSDStB. Dass sie dennoch am 26. September 1945 in ihrem Amt bestätigt und am 1. Oktober 1945 förmlich zur »Gerichtsrätin« ernannt wurde, hatte sie der Renitenz des Provinzpräsidenten zu verdanken, der die Vorgaben der DJV als »zu scharf« zurückwies.[28] Noch Ende September 1945 wurden in der Provinz Sachsen Richter und Staatsanwälte aufgrund einer Einzelfallprüfung zugelassen, bei denen belastende Mitgliedschaften kein Ausschlusskriterium darstellten. Bei einer Besprechung am 25. September 1945 – einen Tag vor Wiltraut von Brünnecks Bestätigung im Amt – hatte der Provinzpräsident die DJV davon abbringen können, gegenüber der SMAD »auf die sofortige Entfernung aller Kräfte hinzuwirken, die einmal Mitglieder der NSDAP oder einer Gliederung gewesen waren«.[29] Die Funktionsfähigkeit der Justiz sollte Vorrang vor der formalen Entnazifizierung haben. Die strikte Säuberung des Justizapparats war damit aufgeschoben.[30] Wiltraut von Brünneck erreichte die frohe Kunde ihrer Bestätigung und Ernennung Anfang Oktober 1945.[31]

Katastrophenjahr

Die Ernennung zur Gerichtsrätin am Kreisgericht Sangerhausen, wie das Amtsgericht infolge einer kurzlebigen Neuorganisation inzwischen hieß, gab Wiltraut von Brünneck allen Grund, mit Zuversicht in die Zukunft zu blicken. Auf eine hervorragend qualifizierte Juristin wie sie würde man beim Wiederaufbau staatlicher Strukturen nicht verzichten können. Im Herbst 1945 sah alles danach aus, als erhielte sie unter sowjetischer Besatzung eine neue unerwartete Karrierechance. Doch es sollten gerade einmal zwölf Monate vergehen, bis sich die hoffnungsvollen Aussichten in Luft auflösten. Vor Wiltraut von Brünneck lag ein Jahr, in dem ihr berufliches und privates Leben in den Grundfesten erschüttert werden sollten, ein Katastrophenjahr.

Die erste Katastrophe bahnte sich schon seit dem Sommer 1945 an. Mit einer Bodenreform wollte die KPD-Führung in Berlin die Landarbeiter und Kleinbauern in der sowjetischen Zone hinter sich vereinen. Eine Umverteilung des Ackerlandes sollte dem »Feudalismus« ein Ende setzen und die sozio-ökonomische Macht der Rittergutsbesitzer brechen.[32] Die Provinz Sachsen bot sich wegen des bedeutenden Großgrundbesitzes und der vergleichsweise starken Stellung der Kommunisten als Modellregion für die Bodenreform an. Seit August 1945 warb die KPD um Zustimmung für die Umverteilung bei der Bevölkerung, wobei Slogans wie »Junkerland in Bauernhand« bei der Landbevölkerung durchaus verfingen, war mit den meist adeligen Großgrundbesitzern doch zugleich eine gesellschaftliche Schicht zur Hand, die man für die nationalsozialistischen Verbrechen verantwortlich machen konnte. Das Ideologische verband sich mit dem Nützlichen und so begann auch die Oberröblinger KPD-Ortsgruppe das Schmidt'sche Rittergut als »Junkerkasten« zu schmähen.[33]

Am 3. September 1945 verabschiedete das Präsidium der Provinz Sachsen die Bodenreformverordnung. In den Kreisen und Gemeinden wurden Bodenkommissionen gebildet. Der Gemeindebodenkommission Oberröblingen saß ein KPD-Mitglied vor. Im Übrigen gehörten ihr Kleinbauern und Landarbeiter an. Am 1. Oktober 1945 wurde der von der Kommission beschlossene Verteilungsplan im Gemeindebüro öffentlich zur Einsicht ausgelegt. Drei Tage später gab die Kommission bekannt, dass die ehemaligen Arbeiter des Rittergutes sich entschlossen hätten, die von ihnen erworbenen Grundstücke in eine Genossenschaft einzubringen. Alle anderen Interessenten, nämlich »landlose und landarme Bauern« sowie »Umsiedler« (Flüchtlinge und Vertriebene) erwarben Parzellen aus dem Bestand des Ritterguts. Am 13. Dezember 1945 wurde dem örtlichen Militärkommandanten gemeldet, dass der Bestand des Ritterguts – 409 Hektar Ackerland und Wiesen mit sechzehn Arbeiterhäusern, einem Wirtschaftsgebäude, Stallung und Scheune – im Wert von einer Million Reichsmark aufgeteilt und

148 ZWISCHENZEIT (1945–1950)

die von der Militäradministration angeordnete »demokratische Bodenreform« damit verwirklicht sei.[34]

Der Verlust des Ritterguts, das hundert Jahre zuvor August Schmidt d. Ä. erworben und zum Stammsitz seiner Familie gemacht hatte, lastete schwer auf seinen Nachfahren, auf Wiltraut von Brünneck, ihrer Mutter und ihrer Schwester ganz besonders, lag doch ihre »erste« Heimat, das Haus in Lankwitz, in Trümmern. Tante Tilla siedelte nach Göttingen über.[35] Doch die anderen Familienmitglieder waren an Oberröblingen gebunden: Margarete Schede war infolge ihrer Lungenerkrankung transportunfähig. Helga Genzmer wusste nicht, wohin mit ihren vier Kindern. Wiltraut von Brünneck musste alle mit ihrem Richtersalär über Wasser halten. Immerhin blieb ihnen die Zwangsumsiedlung in einen anderen Kreis erspart. Denn die »Schmidt-Erben« genossen unter den Dorfbewohnern von Oberröblingen ein hohes Ansehen. So sorgte man sich im Oktober 1945 darum, dass die enteigneten Frauen im Ort einigermaßen würdig unterkommen konnten. Helga Genzmer bezog mit ihren Kindern ein kleines Haus mit Gemüsegarten am Ortsrand. Margarete Schede wurde von der Familie des Direktors der Zuckerfabrik aufgenommen.[36] Wiltraut von Brünneck fand eine Wohnung in der Oberröblinger Hauptstraße, nur wenige Meter vom »Schlösschen« entfernt.[37]

Der Gesundheitszustand Margarete Schedes verschlechterte sich nach dem erzwungenen Umzug zusehends. Am 18. März 1946 starb sie im Alter von 66 Jahren. Sie war das letzte Familienmitglied, das in der Schmidt'schen Erbbegräbnisstätte auf dem alten Oberröblinger Friedhof beigesetzt wurde. Das Grabmal zeugt von besseren Tagen. Wiltraut von Brünnecks Großvater, der Kammergerichtspräsident August von Schmidt, hatte es kurz vor seinem Tod im Jahr 1907 durch den Königlichen Landbauinspektor Karl Illert errichten lassen.[38] Illert hatte sein Können zuvor beim Bau des Landgerichtsgebäudes in Halle unter Beweis gestellt, das »[a]ls einer der aufwendigsten Justizpaläste der Wilhelminischen Zeit [...] hauptstädtisches Architekturniveau in die Provinz« tragen sollte.[39] Während das Gerichtsgebäude sich »an die hallesche Architektur des frühen und mittleren 16. Jahrhunderts anlehnt«,[40] ist das Schmidt'sche Erbbegräbnis im neoromanischen Stil ausgeführt, der um die Jahrhundertwende in der Reichshauptstadt in Mode gekommen war. Den spitzen Giebel des säulengestützten Vorbaus ziert ein keltisches Kreuz, darunter das Christusmonogramm mit Alpha und Omega. Über dem Eingang zur Gruft prangt das Familienwappen mit dem Schriftzug »Ruhestätte der Familie von Schmidt«. Zu beiden Seiten des Vorbaus sind Blendarkaden mit dunklen Granitplatten angebracht. Auf den drei linken Platten befinden sich Grabinschriften für August Schmidt d. Ä. nebst Gattin und Kindern. Von den rechten Platten ist nur eine beschriftet. Sie erinnert an Wiltrauts Vater Werner von Brünneck, Dr. jur., Geheimer Justizrat und vortragender

ZWISCHENZEIT (1945–1950)   149

Rat im Justizministerium zu Berlin, Ehrenritter des Johanniterordens, gefallen in der Marneschlacht. Darunter wurden im Frühjahr 1946 zwei weitere Namen angebracht: Margarete Schede, verw. von Brünneck, geb. von Schmidt, und Hans Schede, Generalmajor z. D. Es spricht für die Zeitumstände, dass der Steinmetz »Brümeck« statt »Brünneck« in den Granit meißelte.

Die Platte ist aber noch in anderer Hinsicht bemerkenswert. Der Gedächtnisinschrift für Werner von Brünneck ist ein rätselhaftes Epigraph vorangestellt:

Das Ohr geht auf, es öffnet sich mein Auge.
Das Licht in meinem Herzen wird lebendig.
Was soll ich sagen und was soll ich dichten?
Gott ist die Liebe und wer in der Liebe bleibt,
der bleibt in Gott und Gott in ihm.

Die beiden letzten Verse zitieren den 1. Brief des Johannes (4, 16). Die ersten drei entstammen dem hinduistischen Rigveda, das erst 1875 ins Deutsche übersetzt wurde. Hing Margarete Schede, die die Inschrift für den gefallenen Ehemann in Auftrag gegeben haben dürfte, einer Erfüllungstheologie an, in der die tastenden Fragen des Hinduismus im Christentum eine Antwort finden? Spiegelt sich in der Verknüpfung des vedischen Texts mit dem Johannesbrief in der Lutherübersetzung die Vorstellung einer Verbundenheit von Indern und Germanen wider, die im »Arierkult« ihren unheilvollen Niederschlag fand? Houston Stewart Chamberlain hatte die zitierte Rigveda-Passage in seinen 1899 erschienenen *Grundlagen des Neunzehnten Jahrhunderts* prominent gemacht. Demonstrativ stellte er darin die indischen Verse den »ersten Versen irgend eines Psalmes« gegenüber, um zu verdeutlichen, »welch' wichtiges Element des Glaubens der Wille ist«. »Während der erkenntnisreiche Arier ›in weite Fernen suchend ziehet‹, lässt der willensstarke Jude Gott sein Gezelt ein für alle Mal in seiner Nähe aufschlagen«.[41] Woher auch immer die Inspiration für die Inschrift stammte, im März 1946, als Margarete Schede im Schmidt'schen Erbbegräbnis ihre letzte Ruhe fand, stand sie sinnbildlich für die Überlegenheitsphantasien, aus denen heraus die selbsternannten »Arier« erst Millionen Unschuldige und dann sich selbst ins Unglück gestürzt hatten.

Nach dem Tod ihrer Mutter zog Wiltraut von Brünneck von Oberröblingen nach Sangerhausen. Von ihrer Wohnung im Husarenpförtchen waren es nur noch wenige Meter bis zum Sangerhäuser Schloss, dem Sitz des Gerichts, das inzwischen wieder »Amtsgericht« hieß.[42] Doch ihr Arbeitsweg sollte sich bald deutlich verlängern. Am 6. Juli 1946 wurde sie mit sofortiger Wirkung an das Landgericht im rund 60 Kilometer entfernten Merseburg versetzt,[43] wo sie in der Verwaltung des Präsidenten und der zivilrechtlichen Beschwerdekammer tätig sein sollte.[44] Am 23. Juli 1946 trat Wiltraut von Brünneck ihren Dienst in Merseburg an.[45] Von nun an lebte sie nur noch für den Beruf, der schon aufgrund der umständlichen Bahnverbindung tagesfüllend war. Morgens nahm sie den Zug um 4.23 Uhr oder 5.10 Uhr und kehrte abends, je nachdem, ob sie in Halle den Anschluss erreichte, um 21.00 Uhr oder 00.30 Uhr zurück.[46]

Inzwischen braute sich über ihr die dritte Katastrophe zusammen. Denn die politische Säuberung der provinzialsächsischen Justiz war noch nicht abgeschlossen. Allein der Personalmangel hatte verhindert, dass im Frühjahr 1946 eine größere Zahl von NS-belasteten Richtern und Staatsanwälten entlassen worden waren. Da fast alle vor Kriegsende tätigen Richter und Staatsanwälte der NSDAP oder einer ihrer Gliederungen angehört hatten – die Provinzverwaltung schätzte im Mai 1946 den Anteil der formal unbelasteten Justizangehörigen auf nur fünf Prozent! –, hatte man nicht so konsequent gegen die »faschistischen Elemente« vorgehen können, wie es die DJV in Berlin forderte. Seit Ende 1945 wurden »Volksrichter« in sechsmonatigen Schulungen ausgebildet. Auch durch »Richter im Soforteinsatz«, die vorher meist als Rechtspfleger oder Juristen ohne Assessorexamen tätig waren, wollte man den Personalmangel mit unbelasteten Kräften ausgleichen.[47] Diese Maßnahmen zeigten zwar geringe Wirkung, doch intensivierte sich die Entnazifizierung ab dem Frühjahr 1946 merklich. In den Blick gerieten nun wieder Richter, die zwar nicht der NSDAP, aber einer ihrer Gliederungen angehört hatten. Zu dieser Gruppe gehörte auch Wiltraut von Brünneck.

Kurz nach der Versetzung forderte die Provinzialjustizabteilung Wiltraut von Brünnecks Personalakten an,[48] offenbar um sie einer erneuten politischen Überprüfung zu unterziehen. Der Abteilungsleiter war nach Berlin einbestellt und von der SMAD zur konsequenten Durchführung des Entnazifizierungsbefehls angehalten worden.[49] Er ging daraufhin die Personalakten der im Jahr zuvor bestätigten Richter und Staatsanwälte erneut durch. In Wiltraut von Brünnecks Akte fand er drei Lebensläufe vor.[50] Der erste datierte vom 10. Oktober 1945. In ihm berichtete die bestätigte Richterin kurz über ihren Werdegang, machte jedoch keine Angaben zu Mitgliedschaften. Vermutlich aus diesem Grund musste sie am 18. Oktober 1945 ein weiteres Curriculum nachreichen. Die Schilderung war nun etwas ausführlicher, vor allem gab Wiltraut von Brünneck nun erstmals ihre Examensnoten an: zweimal »ausgezeichnet«. Sie schloss mit einem Satz, den sie schon unter der US-amerikanischen Besatzung verinnerlicht hatte: »Ich bin nicht Mitglied der NSDAP gewesen.« Ihre Zugehörigkeit zur NSF gab sie nicht an. Im Lebenslauf vom 13. April 1946 konnte sie diese Angabe nicht mehr guten Gewissens vermeiden. Obwohl mit »Lebenslauf« überschrieben, handelte es sich dabei um einen Fragebogen. Explizit wurde darin die Zugehörigkeit zu politischen Parteien und ihren Gliederungen vor und nach 1933 abgefragt. Wiltraut von Brünneck

ZWISCHENZEIT (1945–1950)   151

dürfte geahnt haben, dass von der Antwort viel abhing. Mit einer offenen Angabe der Mitgliedschaft in der NSF hätte sie ihre gerade erst begonnene Richterlaufbahn aufs Spiel gesetzt. Doch auch ein Verschweigen schien ihr nicht angängig, sei es aus Pflichtbewusstsein, sei es, weil sie ihre Mitgliedschaften bereits bei ihrer ersten Anhörung durch den SMAD-Offizier im September 1945 erwähnt hatte. Sie wählte einen Mittelweg zwischen Wahrheit und Lüge und gab an, von 1938 bis 1943 einer »Jugendgruppe der Frauenschaft« angehört zu haben. Auf die Frage nach ihrer »[j]etzige[n] politische[n] Einstellung« antwortete sie diplomatisch: »Ich gehöre zur Zeit noch keiner der Blockparteien an.«

Dem Abteilungsleiter lagen diese Informationen im Juli 1946 vor, als er Wiltraut von Brünneck nach Merseburg versetzte. Er veranlasste jedoch nichts. Noch immer war ihm mehr an der Funktionsfähigkeit der Justiz als an ihrer konsequenten politischen »Säuberung« gelegen. Im September 1946 nahm der Druck aus Berlin aber zu. Die SMAD beanstandete, dass in der Provinz Sachsen noch immer 22 belastete Richter tätig waren. Sie wies die DJV daraufhin an, den aus ihrer Sicht unhaltbaren Zuständen ein Ende zu bereiten und bis zum 1. Oktober 1946 Vollzug zu melden. Die DJV gab die Weisung sofort an die Provinzverwaltung weiter, wo sie der Abteilungsleiter umzusetzen hatte. Ausdrücklich waren nun auch Mitglieder der Gliederungen der NSDAP zu entlassen, zu denen man SS, SA, HJ, NSKK, NSFK und NSF zählte.[51] Nur für eine kleine Zahl unverzichtbarer Justizangehöriger konnte die Provinzverwaltung Ausnahmegenehmigungen oder Übergangsregelungen erwirken.[52] Die übrigen durch Mitgliedschaften belasteten Richter und Staatsanwälte wurden umgehend entlassen.

Wiltraut von Brünneck gehörte zur zweiten Gruppe. Sie erfuhr von der Entlassung zunächst mündlich durch den Landgerichtspräsidenten in Merseburg. Am 3. Oktober 1946 stellte sie ihre richterliche Tätigkeit ein.[53] Drei Wochen später hielt sie die Entlassungsurkunde in Händen. Die persönlichen Vorbehalte gegen das rigide Vorgehen vermochte der provinzialsächsische Abteilungsleiter darin kaum zu verbergen:

»In Durchführung des Befehls Nr. 49 des Obersten Chefs der SMAD vom 4.9.1945 bin ich genötigt, Sie hiermit ab sofort aus dem richterlichen Dienst der Provinz Sachsen zu entlassen. Für Ihre seit dem 1.9.1945 geleistete loyale Mitarbeit an dem Aufbau einer demokratischen Rechtspflege spreche ich Ihnen meinen Dank aus.«[54]

Es ist schwer nachzuvollziehen, wie Wiltraut von Brünneck die Nachricht ihrer Entlassung aufnahm. Einerseits war sie nun frei von jeder örtlichen Bindung und konnte der sowjetischen Zone den Rücken kehren. Andererseits hatte sie ihr Richteramt verloren, das sie sich in unsicherer Zeit hart erkämpft und in dem sie seit Juli 1945 unter widrigsten Bedingungen noch härter gearbeitet hatte. Die Versetzung nach Merseburg hatte ihr gezeigt, dass man sie als ausgezeichnete Juristin

152   ZWISCHENZEIT (1945–1950)

in verantwortungsvollen Positionen benötigte und dass für sie eine Karriere in der sowjetzonalen Justiz möglich war. Selbst die politischen Rahmenbedingungen waren nicht so ungünstig, wie es in der übergeneralisierenden Rückschau auf »die Ostzone« erscheinen mag. Welchen politischen Kurs die Provinz Sachsen einschlagen würde, war noch offen. Sogar eine Orientierung an »bürgerlichen« Vorbildern war trotz des Einflusses von SMAD und SED möglich: Bei der Landtagswahl am 20. Oktober 1946 wurde die SED zwar mit 45,8 Prozent stärkste Partei, doch Liberal- (29,9 %) und Christdemokraten (21,8 %) kamen zusammen auf eine knappe Mehrheit im Landtag. Am 3. Dezember 1946 wählten die Abgeordneten von LDPD und CDU den liberalen Provinzpräsidenten Erhard Hübener zum einzigen Regierungschef in der Sowjetischen Besatzungszone, der nicht der SED angehörte. 1947 sollte die Provinz in »Land Sachsen-Anhalt« umbenannt werden, das bis zur Auflösung der Länder in der DDR Bestand hatte.

Für Wiltraut von Brünneck war jedoch kein Platz mehr in der sowjetischen Zone. Sie musste sich nach Westen orientieren, wo beim Aufbau der Länder ausgezeichnete Juristen wie sie dringend benötigt wurden. Noch im Oktober 1946 sah sie sich nach Möglichkeiten um, in einer der Westzonen unterzukommen. Dabei wird die prekäre Wohnungsfrage eine wichtige Rolle gespielt haben. Auch in politischer Hinsicht musste sie einige Dinge klären. Obwohl die Entnazifizierung in den Westzonen nicht so rigide durchgeführt wurde wie unter der Aufsicht der SMAD, stellte eine amtlich attestierte NS-Belastung auch dort ein Hindernis für eine Tätigkeit in Justiz und Verwaltung dar. Am 1. November 1946, noch in Sangerhausen, schrieb Wiltraut von Brünneck daher an das Provinzpräsidium:

»Hierdurch bitte ich um Ausstellung einer Bescheinigung, daß ich lediglich deshalb entlassen worden bin, weil ich Mitglied der Jugendgruppe der Frauenschaft war. Ich benötige diese Bescheinigung deshalb, weil die mir übersandte Entlassungsverfügung bei Außenstehenden den Eindruck erwecken könnte, als sei ich Mitglied der NSDAP gewesen.«[55]

Sie erhielt postwendend Antwort:

»Wunschgemäß bescheinige ich Ihnen, daß Ihrer Entlassung der Befehl Nr. 49 des Obersten Chefs der SMAD vom 4.9.1946 zugrunde liegt. Der Befehl beinhaltet, daß sämtliche Mitglieder der NSDAP aus dem Gerichtsapparat zu entfernen sind. Weisungsgemäß ist dieser Befehl auch auf die Angehörigen der Gliederungen der NSDAP sinngemäß anzuwenden. Da Sie nach Ihren eigenen Angaben von 1938 bis 1943 Mitglied der NS-Frauenschaft waren, mußte Ihre Entlassung verfügt werden.«[56]

Zufriedenstellend war diese Bescheinigung für Wiltraut von Brünneck nicht. Denn ihre diplomatische Sprachregelung, sie sei (nur) in der »Jugendgruppe der Frauenschaft« Mitglied gewesen, hatte die Provinzverwaltung nicht übernommen. Es verwundert daher nicht, dass Wiltraut von Brünneck die erbetene Bescheinigung später niemandem vorlegen sollte, der über die Gründe für ihre

ZWISCHENZEIT (1945–1950) 153

Entlassung in der »Ostzone« sinnierte. Wenn die Sprache auf das Thema kam, verwies sie – die »»mit Stumpf und Stiel enteignete‹ Junker-Tochter« –[57] auf ihre adelige Herkunft, die eine Entfernung aus dem sowjetzonalen Justizdienst plausibel erscheinen ließ.

Neubeginn

Den Neubeginn im Westen ermöglichte eine Studienfreundin aus Berlin: Margarete Trost, die 1944 aus der zerbombten Reichshauptstadt zu ihren Schwiegereltern nach Wiesbaden gezogen war. Nach Kriegsende hatte sie Anstellung als Gerichtsdolmetscherin bei der US-Militärregierung gefunden.[58] Anfang 1946 war sie als juristische Hilfsarbeiterin in die Kanzlei des Rechtsanwalts Hans Laternser gewechselt, der sich auf die Verteidigung von NS-Tätern spezialisierte und bei den Nürnberger Prozessen als Verteidiger von Generalstab und Oberkommando der Wehrmacht auftrat.[59] Margarete Trost wollte sich als Rechtsanwältin selbständig machen, musste jedoch zunächst für ihren Ehemann sorgen, der im September 1946 schwerkrank aus der sowjetischen Kriegsgefangenschaft entlassen worden war. Ende Oktober 1946 starb Heinz Trost.[60] Zwei Wochen später nahm seine Witwe Wiltraut von Brünneck bei sich auf. Im mondänen Haus der Schwiegereltern auf der Bierstadter Höhe[61] war genug Platz für einen »Zonenflüchtling«.

Margarete Trost schlug ihrer Freundin vor, gemeinsam eine Kanzlei zu gründen.[62] Sie sollte den Entschluss im Januar 1947 allein umsetzen und sich ebenfalls auf die Verteidigung von NS-Verbrechern spezialisieren. Wiltraut von Brünneck schloss eine Tätigkeit als Rechtsanwältin für sich aus. Für die Enkeltochter des Kammergerichtspräsidenten und Tochter eines Vortragenden Rats im preußischen Justizministerium kam nur der Staatsdienst infrage. Aber welchem Staat konnte sie dienen? Den preußischen Staat, dem seit Generationen die Loyalitäten ihrer Familie gegolten hatten, gab es Ende 1946 de facto nicht mehr. Wenig später sollten die Alliierten die Existenz Preußens auch de jure beenden.[63] Wiesbaden, die ehemalige Hauptstadt der preußischen Provinz Hessen-Nassau, war schon seit Oktober 1945 Hauptstadt des Staates Groß-Hessen, den die US-amerikanische Besatzungsmacht aus der Taufe gehoben hatte. Regiert wurde das neue Staatsgebilde auf der Grundlage eines provisorischen Staatsgrundgesetzes von einem Staatsministerium unter dem Vorsitz des Ministerpräsidenten, dem neun Fachminister zur Seite standen. Für Wiltraut von Brünneck lag es nahe, ihre Karriere in der Justiz fortzusetzen. Kurz nach ihrer Ankunft in Wiesbaden bewarb sie sich mit einem handschriftlichen Schreiben vom 16. November 1946 beim Justizminister »um Einstellung in den Großhessischen Justizdienst«. Mehr als einen

Lebenslauf, den obligatorischen Fragebogen der Militärregierung sowie Abschriften ihres Entlassungsbescheids und ihres Abiturzeugnisses konnte sie der Bewerbung nicht beilegen, denn ihre Papiere waren »fast gänzlich durch Feindeinwirkung in Berlin« vernichtet worden.[64]

Die Richtigkeit der Angaben, die Wiltraut von Brünneck »in ihrem Einstellungsgesuch [...], insbesondere dem beigefügten Fragebogen über ihre frühere politische Betätigung und ihre berufliche Laufbahn« machte, versicherte Margarete Trost »aus eigener Kenntnis« an Eides statt.[65] Das war ein großer Freundschaftsdienst, denn mit der Richtigkeit der Angaben im Fragebogen war es nicht weit her. Wiltraut von Brünneck hatte in der Provinz Sachsen gelernt, dass sich Ehrlichkeit nicht auszahlte, und nahm es daher diesmal mit der Wahrheit nicht ganz so genau. Die Frage nach der Mitgliedschaft in der NSF, die sie im Osten das Richteramt gekostet hatte, verneinte sie ebenso wahrheitswidrig wie die Frage nach der Zugehörigkeit zum NSDStB. Die Mitgliedschaft in diesen Organisationen wäre auch in Hessen ein Karrierehindernis gewesen. Das *Gesetz zur Befreiung von Nationalsozialismus und Militarismus*,[66] auf dessen Grundlage die Entnazifizierung im Westen stattfand, knüpfte die formale Belastung auch an die Zugehörigkeit zu NSDAP-Gliederungen. Da Wiltraut von Brünneck zudem die Ämter einer Ortsjugendgruppenführerin und einer Fachschaftsreferentin bekleidet hatte, konnte sie nicht einmal sicher sein, als »Mitläuferin« eingestuft zu werden. In jedem Falle hätten die Mitgliedschaften ihre Einstellung in den Justizdienst bis zum Abschluss eines Spruchkammerverfahrens verzögert, da das Befreiungsgesetz für alle Mitglieder von NSDAP-Gliederungen ein Beschäftigungsverbot in der öffentlichen Verwaltung anordnete. Zulässig war nur eine Beschäftigung »in gewöhnlicher Arbeit«, nicht aber im höheren Dienst.[67]

Der Fragebogen stellte die Bewerberin vor ein Dilemma: Machte sie wahrheitsgemäße Angaben, würde sie nicht mit einer Einstellung als Richterin rechnen können. Zudem war unklar, wie sehr ein Spruchkammerverfahren ihre weiteren Karriereaussichten schmälern würde. Der geringe Verfolgungseifer der Spruchkammern war Ende 1946 noch nicht absehbar. Umgekehrt hätte eine Falschauskunft im Fragebogen bei Aufdeckung nicht nur strafrechtliche Folgen haben können, sondern auch ihre angestrebte Anstellung mit einer schweren Hypothek belastet. Die Amerikaner hatten im Mai 1945 große Teile der Mitgliederkarteien der NS-Organisationen vor der Vernichtung bewahren können und machten sie im *Berlin Document Center* den deutschen Behörden zugänglich. Wiltraut von Brünneck milderte das Dilemma etwas ab. Mit interpretationsoffenen Angaben im Fragebogen hielt sie sich ein Hintertürchen für den Fall offen, dass ihre Mitgliedschaften bekannt werden würden. So notierte sie in der Freizeile für weitere Mitgliedschaften »Jugendgruppe d. Frauenschaft« sowie »2-3 Monate Vertretung d. erkrankten Teilortjugendgruppen Führerin«. Auch

ZWISCHENZEIT (1945–1950)   155

die Mitgliedschaft in der »ANSt« gab sie an – die Abkürzung dürfte ohnehin nur Eingeweihten etwas gesagt haben –, aber nicht beim NSDStB, sondern als handschriftlichen Zusatz in der Zeile »Deutsche Studentenschaft«, die gerade keine NSDAP-Gliederung war. Dass es sich bei diesen Angaben um Irrtümer handelte, wird man ausschließen können. Wiltraut von Brünneck hatte drei Jahre zuvor im Fragebogen der Berliner Dozentenschaft ihre Zugehörigkeit zu NSF und NSDStB mit den ausgeübten Ämtern korrekt notiert.[68] Im Fragebogen der Besatzungsmacht vermerkte sie im Übrigen nur die – nicht belastenden – Mitgliedschaften in NSV, DFW, NSRB und VDA.

Doch nicht nur bei den Angaben zu ihren Mitgliedschaften verfolgte Wiltraut von Brünneck eine biographische Strategie. Auch an anderer Stelle klafft im Fragebogen eine bemerkenswerte Lücke. Denn sie musste zusätzlich den »Besonderen Fragebogen für Richter, Gerichtsbeamte, Staats- und Amtsanwälte« ausfüllen, der nach »Juristischen Veröffentlichungen« fragte. Hier wären jedenfalls ihre Beiträge in den Zeitschriften *Jugend und Recht* und *Deutsches Recht* aus den Jahren 1937 und 1938 zu erwähnen gewesen, wenn man die Aufsätze in der Zeitschrift *Frauen-Kultur* und der Zeitung *Die Bewegung* nicht als »juristisch« begreift und die in fremdem Namen erschienene Staudinger-Kommentierung beiseite lässt. Auch an dieser Stelle konnte sich Ehrlichkeit nicht auszahlen. Die Zeitschriften *Jugend und Recht* und *Deutsches Recht* waren rechtspolitisch ausgerichtete Organe des NSRB gewesen, dessen »Führer« Hans Frank soeben in Nürnberg als Hauptkriegsverbrecher verurteilt und hingerichtet worden war. Und so sagte die Befragte auch hier die Unwahrheit und schrieb unter die Rubrik »Juristische Veröffentlichungen«: *keine.*

Die Strategie zahlte sich aus. Das Justizministerium reichte die Bewerbung zur Überprüfung an das Ministerium für politische Befreiung weiter,[69] das auf der Grundlage der Angaben im Fragebogen »[k]eine Bedenken« gegen die Einstellung hatte.[70] Angesichts der herausragenden Qualifikationen der Bewerberin und des großen Personalbedarfs war die Entscheidung Formsache. Am 25. November 1946 wurde Wiltraut von Brünneck zur Landgerichtsrätin beim Landgericht Wiesbaden[71] ernannt und zugleich an das Justizministerium abgeordnet. Außerdem wurde ihr bis zum 31. Dezember 1946 Urlaub bewilligt, damit sie »noch einmal in die russische Zone fahren« konnte, »um dort ihren Umzug abzuwickeln«.[72] Ihrer Karriere im Westen stand damit nichts mehr im Wege. Nur einen Monat, nachdem sie ihr Richteramt in der Provinz Sachsen verloren hatte, hatte sie in Hessen wieder eine aussichtsreiche Anstellung gefunden. Von Aufbruchsstimmung war zum JahresEnde 1946 freilich noch nicht viel zu spüren. Zu präsent waren die Kriegsfolgen, zu zerstört die Städte, zu groß die Zahl der Kriegstoten, Gefangenen, Vertriebenen und Flüchtlinge.

156   ZWISCHENZEIT (1945–1950)

Wiltraut von Brünneck war von diesen Kriegsfolgen selbst betroffen: Sie hatte mit dem Elternhaus in Berlin und dem mütterlichen Gut in Oberröblingen beide Orte verloren, die sie »Heimat« nannte. Ihre Mutter war tot, die verwitwete Schwester mit Kindern in der sowjetischen Zone geblieben. Von ihrem Bruder gab es seit seiner Verhaftung im Sommer 1945 kein Lebenszeichen mehr. Seine Verwandten wussten nicht, dass er in »Speziallagern« der sowjetischen Besatzungsmacht gefangen gehalten wurde. Dort sollte der promovierte Jurist und gelernte Landwirt mit anderen »Männer[n] der Praxis« eine »heimliche Volkshochschule« organisieren, um die »ungeheure Gefahr der Verblödung« zu bannen, »die das untätige Warten und Herumsitzen mit sich brachte«.[73] Am 12. April 1948 starb er im Lager Mühldorf an Lungen-TBC. Seine Schwester wähnte ihn die ganze Zeit über im fernen Russland, dabei fand er sein trauriges Ende nur eine halbe Tagesreise von Wiesbaden entfernt. Wiltraut von Brünneck sollte davon erst viele Jahre später erfahren. Zu anderen Familienmitgliedern konnte sie hingegen Kontakt halten. So nutzte sie ihre Reise in die sowjetische Zone nicht nur dazu, »einiges an herrschaftlichen Festutensilien wie Tafeltücher und Silber« aus Oberröblingen zu holen, sondern stattete auch ihrer Tante Stefanie einen Besuch ab. Diese war beim Heranrücken der Roten Armee aus Schlesien geflüchtet und bewohnte nunmehr ein »bereits von 3 Personen und einem Hund belegte[s] Zimmer« in Sachsen. Dort empfing sie zu Silvester 1946 ihre Nichte und kredenzte ihr »Karpfen polnisch«, eines der »köstliche[n] schlesische[n] Gerichte«, die der jungen »Willy« früher während der Osterferien serviert worden waren.[74]

Altlastenbeseitigung

Während Wiltraut von Brünnecks Reise in die »Ostzone« wurden in Hessen die Weichen für die Zukunft gestellt. In der Volksabstimmung am 1. Dezember 1946 votierten zwei Drittel der Stimmberechtigten für die *Verfassung des Landes Hessen*, die dem Staat nicht nur einen neuen Namen, sondern auch eine neue rechtliche Grundlage gab. Aus der zeitgleich abgehaltenen Landtagswahl ging die SPD mit 43 Prozent der Stimmen als stärkste Partei hervor. Die CDU kam auf 31, die FDP auf 16 und die KPD auf 11 Prozent. SPD und CDU bildeten eine große Koalition, mit deren Stimmen der Sozialdemokrat Christian Stock zum Ministerpräsidenten gewählt wurde. Im Amt des Justizministers gab es keinen Wechsel. An der Spitze des Ministeriums, in dem Wiltraut von Brünneck am 10. Januar 1947 ihren Dienst antrat, blieb Georg August Zinn.[75]

Schon mit 18 Jahren war der 1901 in Frankfurt am Main geborene Zinn der SPD beigetreten, hatte nach einer Ausbildung in der Kommunalverwaltung Jura

ZWISCHENZEIT (1945–1950)

Abb. 8: Wiltraut v. Brünneck um 1947
Quelle: Privatbesitz H. Theis / Fotostudio Müller

studiert und sich 1931 in Kassel als Rechtsanwalt niedergelassen. Zinn war ein Mann der Republik, gehörte dem Kasseler Stadtparlament an, engagierte sich im *Reichsbanner Schwarz-Rot-Gold* und leistete Widerstand, als die Nationalsozialisten in Kassel die Macht übernahmen. Im Juli 1933 wurde er vorübergehend in »Schutzhaft« genommen, setzte sich aber auch in der Folge als Rechtsanwalt für Verfolgte des Regimes ein. 1940/41 wurde er zunächst in einer »Wehrmannschaft« der SA vormilitärisch ausgebildet, dann zur Wehrmacht eingezogen. Er kämpfte in Frankreich, später an der Ostfront und geriet 1945 in US-amerikanische Kriegsgefangenschaft. Die US-Besatzungsmacht sah in Zinn einen fähigen Juristen, auf den sie beim demokratischen Wiederaufbau setzen konnte. Die vormilitärische Ausbildung durch die SA war als solche nicht belastend. Davon abgesehen hatte Zinn stets Distanz zum Nationalsozialismus gehalten. Er kam daher als Kandidat für höhere Justizämter in Betracht.[76] Im Oktober 1945 wurde er Landgerichtsdirektor in Kassel, wenige Tage später großhessischer Justizminister. Im Frühjahr 1946 fungierte Zinn als stellvertretender Vorsitzender des Vorbereitenden Verfassungsausschusses, der einen Verfassungsentwurf ausarbeitete. Grundlage der Beratungen bildeten Vorschläge des Heidelberger Staatsrechtslehrers Walter Jellinek, dessen Vorlesungen Wiltraut von Brünneck zwölf Jahre zuvor besucht hatte. Der Verfassungberatenden Landesversammlung, die die Verfassung verabschieden sollte, gehörte Zinn nicht an. Aufgrund seines maßgebenden Einflusses auf den Verfassungstext galt er aber gemeinsam mit dem christdemokratischen Kultusminister Erwin Stein als einer der »Väter« der Hessischen Verfassung, die am 1. Dezember 1946 als erste westdeutsche Nachkriegsverfassung in Kraft trat.

Aufgrund der schmerzlichen Weimarer Erfahrungen wusste Georg August Zinn nur zu gut, dass es mit der Verfassungsgebung nicht getan war. Um die Demokratie in Hessen zu etablieren, mussten Justiz und Verwaltung nach rechtsstaatlichen und demokratischen Prinzipien von Grund auf neu aufgebaut werden. Dafür war ein verlässlicher Rechtsrahmen, vor allem aber eine besonnene Personalpolitik unverzichtbar. In Personalunion mit seinem Ministeramt übernahm Zinn daher die Leitung des Landespersonalamts, das als Zentralbehörde für die Personalangelegenheiten des öffentlichen Dienstes zuständig war. Zinn war erpicht darauf, dass nur unbelastetes Personal in verantwortungsvolle Positionen gelangte. Im Januar 1947 schrieb er an Eugen Schiffer, den Präsidenten der sowjetzonalen DJV, auf deren Betreiben Wiltraut von Brünneck in der Provinz Sachsen entlassen worden war, dass er sich bemühe, eine Justiz aufzubauen, die frei von jedem nationalsozialistischen Einfluss sei. »Ich bin deshalb bestrebt, nur politisch unbelastete Richter und Staatsanwälte einzustellen«, ließ er Schiffer wissen. Unabhängig von Spruchkammerbescheiden wolle er »von Fall zu Fall« persönlich prüfen, ob die Einstellung nominell belasteter Juristen in Betracht komme. Leitende Stellen könnten »selbstverständlich nur von auch formell völlig unbelasteten Personen bekleidet werden«.[77]

Wiltraut von Brünneck erschien dem Justizminister unbelastet. Um ihr offenkundiges juristisches Talent so gewinnbringend wie möglich einzusetzen, wies er sie der öffentlich-rechtlichen Abteilung seines Ministeriums zu, wo sie im Referat Ia tätig sein sollte, in dessen Zuständigkeit neben allgemeinen Fragen des Verfassungs- und Verwaltungsrechts[78] vor allem das für den demokratischen Wiederaufbau zentrale Beamten- und Arbeitsrecht lag.[79] Das Beamtengesetz aus dem November 1946 klärte zwar die wesentlichen Fragen der Beschäftigung von Beamten und Angestellten im öffentlichen Dienst. Doch bestand, zumal unter der Geltung der Verfassung vom 1. Dezember 1946, weiterhin Unsicherheit darüber, wer unter welchen Voraussetzungen in Justiz und Verwaltung des Landes Hessen beschäftigt werden konnte. Vor allem die Frage nach der Anstellung politisch belasteter Personen war im Jahr 1947 virulent. Es entbehrt nicht einer gewissen historischen Ironie, dass ausgerechnet Wiltraut von Brünneck, die ihre eigene – nach zeittypischen Maßstäben freilich nicht schwerwiegende – politische Belastung durch irreführende Angaben im Fragebogen verschleiert hatte, an der Klärung dieser Frage einen maßgeblichen Anteil hatte.

Ein Vorgang aus dem Juni 1947 verdeutlicht dies: Der Finanzminister hatte angeordnet, Personen, die von der Spruchkammer als »Mitläufer« eingestuft worden waren, in seinem Ressort nur auf der Basis eines privatrechtlichen Arbeitsvertrages zu beschäftigen, nicht jedoch zu Beamten zu ernennen. Der Leiter der Personalabteilung des Justizministeriums bat Wiltraut von Brünneck um ihre Einschätzung und erhielt sie postwendend. Die Regelung hielt sie »für unzweckmäßig, ja für rechtlich bedenklich«. Zum einen widerspreche sie dem Beamtengesetz, nach dem Beamtenstellen mit Beamten zu besetzen seien. Zum anderen seien Schwierigkeiten im Disziplinar- und Sozialversicherungsrecht zu befürchten und es ergebe sich ein Wertungswiderspruch, wenn privatrechtlich auf Beamtenstellen beschäftigte Bedienstete einen günstigeren Kündigungsschutz genössen als ihre verbeamteten Kollegen. Wiltraut von Brünneck zeigte einen Weg auf, wie man dem Bedürfnis nach einem minderen Beamtenstatus von Mitläufern gerecht werden könnte: »Soweit [...] die Mitläufer tatsächlich in Beamtenstellungen eingesetzt werden sollen, dürfte die Anstellung als Beamter auf Widerruf den Bedürfnissen der Verwaltung, den Grundgedanken der Richtlinien und auch dem Interesse der Mitläufer am besten Rechnung tragen.«[80]

Kurz nachdem sie sich mit der Mitläuferfrage beschäftigt hatte, holte sie die eigene politische Vergangenheit ein. Im Sommer 1947 stand plötzlich wieder alles auf dem Spiel. Denn bei der Vorbereitung ihrer Ernennung zur Oberregierungsrätin hatte der Leiter der Personalabteilung Hans Puttfarcken Einsicht in ihre Per-

160   ZWISCHENZEIT (1945–1950)

sonalakte genommen. Puttfarcken zeigte allgemein eine »sensible Aufmerksamkeit für mögliche Belastungen von Justizpersonen aus der NS-Zeit«, da er aufgrund seines Engagements in der Bekennenden Kirche und wegen seiner »volljüdischen« Ehefrau von den Nationalsozialisten verfolgt worden war.[81] Er genoss das volle Vertrauen seines Ministers, der ihn nicht nur als »einen Mann von ungewöhnlichem Gerechtigkeitsgefühl und höchster persönlicher Sauberkeit« schätzte, sondern ihm auch eine »entschieden demokratische Einstellung« attestierte. »Mit ungewöhnlicher Entschiedenheit« habe Puttfarcken auf die Einhaltung der Richtlinien geachtet, die verhüten sollten, »dass sich irgendwie in der Justizverwaltung nazistische oder militaristische Einflüsse geltend« machten.[82] In der Tat gelang es Puttfarcken, durch seine strengen Überprüfungen das Justizministerium weitgehend frei von Belasteten zu halten. Ein Personaltableau vom 1. Dezember 1948 weist bei einer Gesamtbeschäftigtenzahl von 117 Personen nur 15 Mitläufer nach, von denen nur einer im höheren Dienst angestellt war.[83]

Im Juli 1947 blätterte Hans Puttfarcken in Wiltraut von Brünnecks Personalakte. Dabei stolperte er über ihre Angaben im Fragebogen, vor allem über den handschriftlichen Zusatz »Jugendgruppe d. Frauenschaft«. Er ahnte, dass sich dahinter mehr verbarg als eine vermeintlich unschuldige Jugendverbandsaktivität, zumal »Frauenschaft« im zeittypischen Jargon nur für die NS-Frauenschaft gebraucht worden war, der Wiltraut von Brünneck ausweislich ihrer weiteren Angaben aber gerade nicht angehört haben wollte. Puttfarcken wollte nicht voreilig den Stab über der von ihm und seinem Minister geschätzten Juristin brechen. Aus den »Mitteilungen an die Kammern« des württemberg-badischen Befreiungsministeriums erfuhr er, dass offenbar viele jüngere Frauen eine Zugehörigkeit zu »Jugendgruppen« angegeben hatten. Entscheidend war eine exakte Einordnung, denn Mitgliedschaften in BDM und Deutschem Frauenwerk, die ebenfalls »Jugendgruppen« unterhielten, waren nicht belastend.

Puttfarcken bat das Ministerium für politische Befreiung um Auskunft, »ob die Zugehörigkeit zur Jugendgruppe der Frauenschaft als Zugehörigkeit zu einer Gliederung zu werten« sei.[84] Das Befreiungsministerium verwies seinerseits auf die württembergisch-badischen »Mitteilungen«: »Danach scheint Frau Landgerichtsrätin Wiltraut von Brünneck nicht Mitglied der NS.-Frauenschaft, sondern lediglich Mitglied des Deutschen Frauenwerks gewesen zu sein. Die alleinige Mitgliedschaft im Frauenwerk ist nicht belastend.« Allerdings vermochte das Ministerium »nach den gemachten Angaben« nicht abschließend zu beurteilen, ob Wiltraut von Brünneck vom Frauenwerk in die Frauenschaft überführt worden war. »Die Tätigkeit als Vertreterin der erkrankten Teilortsjugendgruppenführerin für die Dauer von etwa 2 bis 3 Monaten dürfte kaum von Bedeutung sein, jedoch wird es sich empfehlen nachzuprüfen, ob Frau von Brünneck als Amtsträgerin bestellt

ZWISCHENZEIT (1945–1950) 161

war.« In diesem Falle würde sie nämlich bis zur Widerlegung als Belastete gelten und dem Beschäftigungsverbot des Befreiungsgesetzes unterfallen.[85] Wiltraut von Brünneck erhielt eine Abschrift der Auskunft. Für eine kurze Zeit musste sie fürchten, dass die Nachforschungen Puttfarckens ihre Mitgliedschaft in der NSF und ihr Amt als Ortsjugendgruppenführerin zutage fördern würden. Doch Puttfarcken verzichtete – entgegen der Empfehlung des Befreiungsministeriums – auf weitere Ermittlungen. Er stellte keine Anfrage beim *Berlin Document Center*, das Wiltraut von Brünnecks Aufnahmeerklärung für das Deutsche Frauenwerk verwahrte, auf der sich ein verräterischer roter Stempel befindet:»Übernahme in die N.S. Fr. Nr. 2341643«.[86] Auch um die Personalakten des Reichsjustizministeriums oder der Universität Berlin, in denen alle Mitgliedschaften und Ämter penibel notiert waren, bemühte sich Puttfarcken nicht. Angesichts der hehren Entnazifizierungsziele des Justizministeriums war die Behandlung der Sache von einer bemerkenswerten Nachlässigkeit geprägt. Einiges spricht dafür, dass der Leiter der Personalabteilung – vermutlich im Einvernehmen mit dem Minister – bei der ausgezeichneten Juristin ein Auge zudrückte. Anfang August fand das Befreiungsministerium heraus, dass ab 1935 eine Aufnahmesperre für die NSF bestanden hatte und dass die württembergisch-badischen Spruchkammern Frauen, die »nach dem 30.9.1935 angeblich in die NS.-Frauenschaft eingetreten« seien, grundsätzlich nur als Mitglieder des Frauenwerks ansahen.[87] Das genügte Hans Puttfarcken, um die Sache ad acta zu legen. Ein Spruchkammerverfahren musste Wiltraut von Brünneck nicht fürchten: Am 6. August 1947 erhielt sie die Bescheinigung, vom Entnazifizierungsgesetz »nicht betroffen« zu sein.[88] Ihrer weiteren Laufbahn im hessischen Justizdienst stand damit nichts mehr im Wege.

Nicht alle Juristinnen und Juristen, mit denen Wiltraut von Brünneck in Verbindung stand, wussten ihre »Altlasten« bereits im Sommer 1947 beseitigt. Ihre Studienfreundinnen Anneliese Cüny und Marie Luise Hilger erwarteten wegen belastender Mitgliedschaften und Ämter ein Spruchkammerverfahren. Anneliese Cüny kam die »Weihnachts-Amnestie« des Jahres 1947 zugute. Marie Luise Hilger musste sich ab dem Februar 1947 vor der Spruchkammer in Heidelberg verantworten.[89] Sie brachte eine Reihe von Entlastungszeugnissen bei, die für ihre untadelige Gesinnung bürgten. Auch Wiltraut von Brünneck stellte ihr eine »Bescheinigung« aus. Sie charakterisierte ihre Freundin als »Vertreterin humaner und liberaler Anschauungen im besten Sinne«. Während der gemeinsamen Studienzeit habe Marie Luise Hilger die »immer wieder unternommenen Versuche« abgelehnt, »sie zum Eintritt in eine NS-Organisation zu bewegen«, und habe sich der »Absicht, ihr eine Führerstellung in der studentischen Organisation zu übertragen, durch einen Wechsel der Universität« entzogen.[90] Dass dieser Wechsel im Zusammenhang mit der Berufung Wolfgang Sieberts nach Kiel gestanden hatte, erwähnte sie nicht. Die Nennung des NS-Vorzeigejuristen hätte Marie Luise Hilger wohl mehr geschadet als genützt.

Stattdessen berichtete Wiltraut von Brünneck über die Teilnahme Marie Luise Hilgers an »einer freien Arbeitsgemeinschaft Juristinnen«, die ihre Aufgabe darin gesehen habe, »die sozialen Ideen der Frauenbewegung weiterzutragen und in engem Zusammenschluss die frauenberufsfeindlichen Tendenzen des Nationalsozialismus, insbesondere seine Maßnahmen gegen akademische Frauenberufe, zu bekämpfen«. Da die ursprüngliche Absicht, diese Ziele in offener Opposition zu vertreten, mit dem zunehmenden Erstarken des NS-Systems undurchführbar geworden sei, hätten »maßgebliche[r] Mitgliede[r] der Arbeitsgemeinschaft versucht, durch Eintritt in die nationalsozialistische[n] Frauenorganisationen und Gewinnung von Führerstellen eine Aufklärung und Werbung innerhalb dieser Organisationen zu unternehmen«. Mit dieser eigenwilligen Interpretation der unter dem Dach der ANSt durchgeführten Juristinnen-Arbeitsgemeinschaft baute sich die Entlastungzeugin zugleich selbst eine goldene Brücke, war sie doch als Leiterin der Arbeitsgemeinschaft das »maßgeblichste« Mitglied gewesen. Beitritte zu NS-Organisationen ließen sich in diesem Deutungsschema mit dem Kampf um Gleichberechtigung erklären:

> »Aus diesem Grunde hat sich auch Dr. M. L. Hilger gegen ihre ursprüngliche Überzeugung zum Beitritt entschlossen und ihre Tätigkeit in diesen Organisationen stets in diesem Sinne aufgefaßt. Wie ich aus zahlreichen politischen Gesprächen weiß, hat sie ihre innere ablehnende Haltung zum Nationalsozialismus niemals geändert und ließ sich von dem häufigen Wunsch sich von jeder organisatorischen Tätigkeit zurückzuziehen, nur durch die Überzeugung abhalten, daß sie in ihrer Stellung manches Unrecht verhindern und positiv für die Rechte der berufstätigen Frauen eintreten könnte.«[91]

Die Spruchkammer stufte Marie Luise Hilger antragsgemäß als Mitläuferin ein und erlegte ihr eine Sühneleistung von 500 RM auf.[92] Gravierendere Konsequenzen hatten Wiltraut von Brünnecks Heidelberger »Kameraden« Anna Kottenhoff und Karl Lang zu befürchten. Beide hatten Ämter in der Reichsstudentenführung innegehabt und waren danach in der Parteihierarchie aufgestiegen: Anna Kottenhoff zur Gaufrauenschaftsführerin von Salzburg, Karl Lang zum persönlichen Referenten von Staatssekretär Gerhard Klopfer in der Parteikanzlei. Beide mussten damit rechnen, als Belastete eingestuft zu werden, was nach dem Befreiungsgesetz ein mindestens fünfjähriges Berufsverbot, den Ausschluss von der Anwaltschaft, Vermögensverfall, unter Umständen sogar die Einweisung in ein Arbeitslager nach sich gezogen hätte.

Karl Lang, der Frau und Kind bei einem Luftangriff verloren hatte, stellte sich seiner Verantwortung. Im November 1946 meldete er sich »zur Internierung« in München.[93] Er wurde in ein Internierungslager bei Ludwigsburg verbracht, wo er auf das Spruchkammerverfahren wartete. In der Zwischenzeit sammelte er

ZWISCHENZEIT (1945–1950)   163

Entlastungszeugnisse, die ihm seine alten Bekannten bereitwillig erteilten. So bescheinigte ihm Karl Michaelis, einst Mitglied der »Kieler Schule«, gegenüber dem Reichsjustizministerium für den Erhalt römisch-rechtlicher Vorlesungen eingetreten zu sein.[94] Wolfgang Siebert erklärte, Karl Lang sei »mit besonderem Nachdruck für die Freiheit von Forschung und Lehre an den Universitäten, besonders an den rechtswissenschaftlichen Fakultäten, eingetreten«. Die Machtansprüche von Staats- und Parteistellen – »überhaupt alle unwissenschaftlichen Sonderwünsche und Einflußversuche« – habe er im Rahmen seiner Stellung abzuwenden versucht, »sehr oft ohne Rücksicht auf ihm drohende persönliche Nachteile«.[95] Die Aussagen der beiden nationalsozialistischen Rechtswissenschaftler dürften auf die Spruchkammer freilich keinen großen Eindruck gemacht haben. Auch die Bescheinigungen seiner früheren Vorgesetzten Gustav Adolf Scheel und Gerhard Klopfer waren von geringem Wert.

Von anderer Qualität war die Bescheinigung, die Karl Lang von seiner Heidelberger Kommilitonin Helga Einsele erhielt. Lang habe sie, obwohl er gewusst habe, dass sie »Gegnerin des Nationalsozialismus und vor 1933 Mitglied der SPD« gewesen sei, »als vollwertiges Mitglied der Studentenschaft« behandelt, erklärte sie. »Ja, es wurde mir erzählt«, fügte sie hinzu, »er habe geäußert, man könne ein plötzliches Abrücken von meinen früheren Ansichten nicht von mir erwarten und müsse sich begnügen, wenn ich dem neuen Staat gegenüber auf gegnerische Aktivität verzichtete«. Es sei sogar möglich gewesen, in seiner Gegenwart Kritik am Nationalsozialismus zu üben, »ohne dass man fürchten musste, von ihm denunziert zu werden«. In ihren »gegnerisch eingestellten Kreisen« habe Lang als »absolut ›anständig‹« gegolten.[96]

Attestierte Anständigkeit genügte freilich nicht, um Karl Lang zu entlasten. Wegen seines SS-Ranges (Hauptsturmführer im SD) wurde er sogar als »Hauptschuldiger« angeklagt. Von größerem Nutzen muss ihm die eidesstattliche Erklärung seiner Kommilitonin Wiltraut von Brünneck erschienen sein, die mit der Glaubwürdigkeit einer vom Befreiungsgesetz nicht betroffenen Ministerialbeamtin auftreten konnte. Sie kenne seine politische Entwicklung genau und könne daher nach bester Überzeugung sagen, dass Lang niemals zu den »sogenannten Aktivisten« gehört habe, sondern zu denen, die es als ihre Aufgabe angesehen hätten, innerhalb der NS-Organisationen nach ihren Kräften für die sozialen Gedanken einzutreten und Unrecht und Gewalt zu verhindern und zu mildern. Lang habe sich als »junger Student in Heidelberg [...] durch seine unbedingte idealistische Einstellung« ausgezeichnet und sich »vor allem durch die sozialistischen Forderungen der nationalsozialistischen Bewegung« täuschen lassen. Als sie ihn nach längerer Unterbrechung Anfang des Krieges in Berlin wieder gesehen habe, habe sie »seine politische Einstellung völlig verändert« gefunden:

164 ZWISCHENZEIT (1945–1950)

»Während er früher zwar nicht blind gegen die Unzulänglichkeit des nationalsozialistischen Systems gewesen war, aber doch im jugendlichen Idealismus an die Möglichkeit einer Entwicklung zum Besseren geglaubt hatte, übte er nun offene Kritik am Nationalsozialismus, insbesondere der Partei und den anderen maßgebenden NS-Organisationen, sowie an der Kriegspolitik und äußerte namentlich seine Empörung und Verbitterung über die Rechtlosigkeit und Gewalt[h]errschaft.«

Die Entlastungszeugin entsann sich unter anderem »einer Äußerung in dem Sinne, daß, wenn die Soldaten erst in die Heimat zurückkehrten, sie mit der Parteiherrschaft und dem Bonzensystem schon Schluß machen würden, und daß dann wieder rechtsstaatliche Grundsätze verwirklicht werden würden«.[97]

Wiltraut von Brünneck stellte ihrem Studienfreund, dem sie die Anbahnung ihrer Veröffentlichungen in den Zeitschriften *Jugend und Recht* und *Deutsches Recht* verdankte, einen Persilschein erster Güte aus. Dazu gehörte nicht nur ein positives politisches Gesamturteil – »Persönlich kann ich Dr. Lang nur das beste Zeugnis ausstellen« –, sondern auch die Behauptung, dass dieser seinen Dienst in der Parteikanzlei »nur mit Widerstreben« verrichtet und »immer wieder versucht« habe, »sein Amt dort niederzulegen«. »Wenn er dies nicht tat«, erklärte sie, »so geschah dies in dem Gefühl der Verpflichtung, seinen Einfluß und seine Kräfte innerhalb der Parteikanzlei zur Verhütung noch schlimmeren Unrechts einzusetzen, insbesondere die geistige Freiheit der Wissenschaft zu verteidigen und das Leistungsprinzip durchzusetzen.« Zu einem guten Persilschein gehörte aber auch die Bescheinigung einer Widerstandshandlung. Wiltraut von Brünneck erzählte die Geschichte ihres Onkels Richard Drache, der nach dem 20. Juli 1944 verhaftet worden war. »[O]hne jedes Zögern« habe Lang ihr Hilfe zugesagt, namens der Parteikanzlei eine Beschwerde an die Berliner Gestapo eingereicht und mündlich dort nachgefragt. »Dies war für ihn mit einem erheblichen Risiko verbunden, da er gewärtigen mußte durch solches Eintreten für einen Gegner des Systems selbst zur Verantwortung gezogen zu werden.«[98]

Die Drache-Episode war die einzige Passage der Erklärung, die die Spruchkammer würdigte. Doch sie reichte als mildernder Umstand nicht aus. Karl Lang hatte die Kammer nur davon überzeugen können, nicht aktiv für die SS tätig gewesen zu sein, so dass er statt als Hauptschuldiger als Belasteter eingestuft wurde. Als Sühnemaßnahmen wurden ihm eineinhalb Jahre Arbeitslager, die Einziehung von zwanzig Prozent des Vermögens und Berufsbeschränkungen für fünf Jahre auferlegt.[99] Langs Verteidiger legte gegen den Spruch Berufung ein und beantragte, zur mündlichen Verhandlung zwei Zeugen zu laden: Wolfgang Siebert und Wiltraut von Brünneck.[100]

Siebert war wenige Wochen zuvor in der britischen Zone als Entlasteter eingestuft worden.[101] Gebürgt hatten für ihn seine Professorenkollegen Rudolf Smend, Hellmuth von Weber, Arthur Nikisch und Walter Jellinek. Entscheidend für die

ZWISCHENZEIT (1945–1950)

überraschend milde Entscheidung dürfte aber eine Bescheinigung Ursula Schleichers, der älteren Schwester Dietrich Bonhoeffers und Ehefrau des im April 1945 ermordeten Ministerialrats Rüdiger Schleicher gewesen sein. Sie berichtete, Siebert um ein Gnadengesuch für ihren Mann gebeten zu haben, nachdem dieser im Februar 1945 vom Volksgerichtshof wegen Hochverrats zum Tode verurteilt worden sei. Rüdiger Schleicher war Honorarprofessor an der Juristischen Fakultät der Universität Berlin, der Siebert als Dekan vorgestanden hatte. »Herr Prof. Siebert hat sich äusserst tatkräftig eingesetzt«, notierte Ursula Schleicher, »ohne Rücksicht auf irgendwelche persönlichen Nachteile, die ihm mit dem Eintreten für meinen Mann hätten entstehen können.« Um dem Rektor die Unterschrift zu erleichtern, habe Siebert »das Gesuch so abgefasst, dass sein eigener Name an den Anfang gesetzt wurde, und so die ganze Verantwortung auf sich genommen, obwohl er natürlich auch gewarnt worden ist, sich in einem Verfahren, das mit dem 20. Juli zusammenhing, einzusetzen«. Aufgrund des Gnadengesuchs sei die Vollstreckung der Todesstrafe tatsächlich aufgeschoben, wenn auch nicht aufgehoben worden.[102]

Dem derart entlasteten Professor und seiner früheren Assistentin blieb die Reise nach Ludwigsburg erspart. Denn die Berufungskammer stufte Karl Lang am 28. Juli 1949 in die Gruppe der Minderbelasteten ein, ohne Zeugen zu vernehmen. Die Kammer sah es als erwiesen an, dass Lang »unter nicht geringer persönlicher Gefährdung« planmäßig bemüht gewesen sei, »zu verhindern, dass mächtige Nazi das an den deutschen Universitäten gepflogene Rechtsstudium durch eine ›Rechts‹-Schulung nazistischer Art ersetzten«.[103] Die Sühnemaßnahmen wurden aufgehoben. Zu seiner »polit[ischen] Bewährung im Sinne eines friedlichen demokratischen Staates« wurde Karl Lang eine Frist von einem Jahr gesetzt. Danach galt er als Mitläufer.[104]

Karl Lang stieg in das Verlags- und Druckereiunternehmen seines Schwiegervaters Georg Kohl in Brackenheim ein. Dort erhielt er gelegentlich Besuch von seinen früheren »Kameradinnen« Wiltraut von Brünneck und Anna Kottenhoff,[105] die beide einem Spruchkammerverfahren entgangen waren: Wiltraut von Brünneck durch unrichtige Angaben im Fragebogen, Anna Kottenhoff durch einen falschen Namen, unter dem sich ihr zum Tode verurteilter Ehemann der Auslieferung an die Sowjetunion entzogen hatte: »Schmidt«. 1954, als sie keine Auslieferung mehr befürchten mussten, ließen die Eheleute ihren Namen förmlich ändern und hießen nunmehr Schmidtdammer.[106] Während Günther Schmidtdammer in der Industrie Karriere machte, legte seine Frau 1957 ihr Assessorexamen ab[107] und ließ sich in Düsseldorf als Rechtsanwältin nieder. Den Namen hatte sie geändert, ihre Überzeugungen nicht. Mit ihrem Neffen spazierte die von »Altlasten« unbeschwerte Anna Schmidtdammer noch Ende der fünfziger Jahre über die Königsallee und erklärte ihm am Beispiel von Passanten, wie man »Untermen-

166 ZWISCHENZEIT (1945–1950)

schen« von »Ariern« unterscheiden könne. Das Haus der Schmidtdammers in Büderich war ein beliebter Treffpunkt für »alte Kameraden«, die aus ihrer nationalsozialistischen Gesinnung keinen Hehl machten.[108]

Nicht nur unter ihren Kommilitonen war Wiltraut von Brünneck als Entlastungszeugin gefragt. Auch ihr früherer Ausbilder Rüdiger Graf von der Goltz erinnerte sich an seine hervorragende Referendarin, als er sich im Dezember 1947 vor der Spruchkammer Schongau am Lech verantworten musste. Über Wiltraut von Brünnecks – entlastende, aber zugleich entlarvende – Zeugenaussage, die sich vor allem auf die Rechtsanwaltstätigkeit des Grafen in den Jahren 1938 und 1939 bezog, wurde bereits berichtet. Die Geschichte mit den »Aufruhrklauseln« war am Ende nicht ausschlaggebend dafür, dass der durch Mitgliedschaften, Ämter, Ehrungen und einen günstigen »Arisierungskauf« schwer belastete Staatsrat von Görings Gnaden seinen Kopf aus der Schlinge des Berufsverbots ziehen konnte. Weder die Spruchkammer noch die Presse, die über das aufsehenerregende Verfahren berichtete, würdigten die Aussage der einstigen Referendarin.[109]

Im Fokus des Verfahrens stand vielmehr die Beteiligung des Rechtsanwalts am 20. Juli 1944. Rüdiger Graf von der Goltz hatte im Vorfeld des »Unternehmens Walküre« die Widerstandskämpfer Ludwig Beck und Fritz-Dietlof Graf von der Schulenburg beraten. Schulenburg beherbergte er 1943 sogar in seinem Privatanwesen in Berlin, das er auch für konspirative Treffen zur Verfügung gestellt haben soll. Das jedenfalls berichtete Schulenburgs Witwe den Schongauer Spruchkammerrichtern.[110] Ihre Angaben wurden durch eine eidesstattliche Versicherung des Grafen von Hardenberg bestätigt. Der Gutsnachbar der Wulkower Brünnecks gab zudem an, dass sich von der Goltz schon im Herbst 1942 dem »revolutionären Komitee« zur Verfügung gestellt und immer wieder darauf gedrungen habe, »die Angelegenheit zu beschleunigen und ganze Arbeit zu machen, d. h. unbedingt Adolf Hitler und Heinrich Himmler zu töten«. An der »eigentlichen Aktion« sei er nur wegen seiner körperlichen Behinderung – Goltz hatte im Ersten Weltkrieg ein Bein verloren – nicht beteiligt gewesen. Die Widerstandskämpfer hätten ihn aber »für einen wichtigen Posten« nach dem geglückten Umsturz vorgesehen, »obwohl er selbst alles andere als ein Postenjäger« gewesen sei.[111] Die Spruchkammer stufte Rüdiger Graf von der Goltz daraufhin als Entlasteten ein. Die Entscheidung war sogar den Nachrichtenagenturen eine Meldung wert.[112]

Wiesbadener Republik

In den ersten dreieinhalb Jahren seines Bestehens richtete sich das Verfassungsleben des Landes Hessen allein nach der Landesverfassung vom 1. Dezember 1946, deren Text eine sozialdemokratische Handschrift trug. Stärker als die anderen westdeutschen Landesverfassungen betonte die Hessische Verfassung die Bedeutung der menschlichen Arbeitskraft für das Gemeinwesen. Den Staat verpflichtete sie unter anderem dazu, für alle Angestellten, Arbeiter und Beamten ein einheitliches Arbeitsrecht zu schaffen. Außerdem erkannte Art. 29 Abs. 4 explizit das Streikrecht an, unter der Voraussetzung, dass »die Gewerkschaften den Streik erklären«. Eine Garantie des Streikrechts, die von nichts mehr abhing als der einseitigen Erklärung der Gewerkschaften, war der deutschen Verfassungstradition fremd. Sie sollte die Leistungsfähigkeit der Verfassung schon bald nach ihrem Inkrafttreten auf eine harte Probe stellen. Denn die Gewerkschaften zögerten nicht, den Verfassungstext in gelebte Verfassungspraxis umzusetzen. Anlässe für Arbeitskämpfe gab es genug. Vor allem die schlechte Ernährungslage machte der arbeitenden Bevölkerung zu schaffen. Am 8. Dezember 1947 hatten die Gewerkschaften zu einer »Arbeitsruhe« in Wiesbaden aufgerufen. Im Januar 1948 fanden in Frankfurt und andernorts Proteststreiks statt.[113] An den Aktionen beteiligten sich neben den Industriearbeitern auch Polizisten und Feuerwehrleute, obwohl ihnen die US-Militärregierung die Teilnahme an Streiks ausdrücklich verboten hatte.

Um sich für einen Konflikt mit den Amerikanern zu rüsten, erbat das hessische Innenministerium eine juristische Einschätzung des Justizministeriums, das Minister Zinn als »Verfassungsministerium« verstand.[114] Das Schreiben des Innenministeriums wurde nicht etwa an den Leiter der Abteilung I des Justizministeriums adressiert, sondern direkt »z. Hdn von Oberregierungsrätin Frl. v. Brünneck« gesandt. Diese Abkürzung des Dienstwegs war weder vorschriftsgemäß noch üblich – der Abteilungsleiter »korrigierte« sie später demonstrativ –[115], zeigt aber, dass Wiltraut von Brünnecks fachliche Expertise bereits nach einem Jahr im hessischen Ministerialdienst über das eigene Haus hinaus bekannt und gefragt war. Die Referentin beteiligte den ressortzuständigen Arbeitsminister und formulierte eine eigene Einschätzung, die sich weitgehend mit der des Innenministeriums deckte: Der Streikartikel der Hessischen Verfassung sehe keine Ausnahme für Beamte vor und finde daher auch auf Polizei und Feuerwehr Anwendung, obwohl »die Konsequenzen hieraus sehr weitreichend« seien.[116] Dass die sonst pragmatisch argumentierende Juristin so stark am Verfassungswortlaut haftete, dürfte nicht zuletzt mit der sozialdemokratischen Ausrichtung ihres Ministeriums zu erklären sein, das bei Fragen des Streikrechts keine Zugeständnisse machen wollte. Zu dieser parteipolitischen Deutung der

Streikrechtskontroverse passt auch, dass das CDU-geführte Arbeitsministerium eine abweichende Haltung einnahm. Zwar sei das Streikrecht als »Verfassungsgrundrecht« auch den Beamten gewährleistet, heißt es in der Stellungnahme, die Arbeitsminister Josef Arndgen persönlich unterzeichnet hatte. Doch fänden die Grundrechte ganz allgemein ihre Grenze dort, »wo der Rechtssuchende die Ordnung der Gesellschaft« gefährde.[117]

Die Kontroverse über den Streikartikel war für Wiltraut von Brünneck ein Lehrstück in verfassungsrechtlicher Argumentation. Früh erkannte sie, dass Bedeutung und Tragweite von Grundrechtsbestimmungen, vor allem Fragen der politischen Aushandlung, nicht der juristischen Ableitung waren. Gewiss mussten die Argumente juristisch formuliert werden, um im verfassungsrechtlichen Diskurs gehört zu werden. Doch änderte die Form des Arguments nichts an seiner politischen Natur. Wie das Verfassungsleben Hessens in vielerlei Hinsicht ein »Laboratorium« für die Verfassungskultur der späteren Bundesrepublik war, war es für Wiltraut von Brünneck ein individueller Erfahrungsraum, in dem sie Bedeutung und Wirkweise juristischer Argumente in einem freiheitlichen, demokratischen Verfassungsstaat studieren und erproben konnte. Als Referentin in der Abteilung I des »Verfassungsministeriums« war sie an den maßgeblichen Aushandlungsprozessen selbst beteiligt und verstand sich darauf, die politischen Vorgaben ihres Ministers in juristische Argumente zu übersetzen. In der Wiesbadener Republik würde sie sich vieles aneignen, was sie in der Bonner Republik für höchste Ämter qualifizieren sollte.

Wie sehr die verfassungsrechtliche Argumentation vom eigenen Standpunkt und den konkreten Umständen abhing, wurde der 35-jährigen Oberregierungsrätin schon kurz nach dem Meinungsaustausch mit Innen- und Arbeitsministerium deutlich. Denn Mitte Mai 1948 hatten die Gewerkschaften auch das Justizpersonal dazu aufgerufen, ihre Bemühungen für eine Verbesserung der Lebensmittelversorgung zu unterstützen. Der Betriebsrat der Justizbeschäftigten in Kassel wollte eine Urabstimmung über die Frage abhalten, ob die Gewerkschaften »mit allen zu Gebote stehenden Mitteln« unterstützt werden sollten. Das kam einer Streikdrohung nahe. Die Verantwortlichen in Kassel ersuchten daher das Justizministerium um Auskunft darüber, wie sie reagieren sollten. Die Antwort fiel zurückhaltend aus: Ob der Streikartikel der Verfassung auch das Streikrecht von Beamten und Angestellten im öffentlichen Dienst gewährleiste, sei »zweifelhaft«. Eine Vorabstimmung darüber sei zwar »nicht ohne weiteres als unzulässig« anzusehen, es empfehle sich aber, »in vorsichtiger Form« mit dem Betriebsrat Rücksprache zu nehmen und ihn »auf das Zwecklose und den Behördenbetrieb Schädigende« eines etwaigen Streiks hinzuweisen.[118]

ZWISCHENZEIT (1945–1950)

Die »Fühlungnahme mit dem Betriebsrat« konnte nur einen Teil der Kasseler Justizangestellten davon abhalten, dem Aufruf der Gewerkschaft zur »Arbeitsruhe und Teilnahme an einer Demonstration für eine Verbesserung der Ernährung« zu folgen. Zwar war es nicht »zu ernsthaften Störungen des Behördenbetriebes« gekommen, doch stand zu befürchten, dass »sich derartige Fälle wiederhol[t]en und gerade in unruhigen Zeiten zu erheblichen Schwierigkeiten führ[t]en«.[119] Nachdem sie Rücksprache mit Ministerialdirektor Karl Canter, dem Amtschef des Justizministers, gehalten hatte, setzte Wiltraut von Brünneck ein weiteres Schreiben an das Innenministerium auf, in dem sie auf die Linie des Arbeitsministers in der Streikfrage einschwenkte:

»M. E. gelten die von Seiten des Ministers für Arbeit und Wohlfahrt [...] gemachten Ausführungen in vollem Umfange auch für die Angehörigen der Justizverwaltung, gleichgültig, ob es sich um Staatsanwaltschaften und Gerichte oder um Behörden und Betriebe des Strafvollzugs handelt. Die Justiz ist ein integrierender Bestandteil eines demokratischen Staatswesens. Ihre Funktion ist nicht nur für die öffentliche Ordnung und Sicherheit, sondern für das Bestehen des Staates schlechthin unerläßlich. Ein ›Streikrecht‹, das die Grundlagen der Verfassung selbst in Frage stellt, kann aber niemals anerkannt werden [...].«

Die Eigenrationalität des Justizressorts hatte die anfängliche Zurückhaltung gegenüber den Streikwilligen in den Hintergrund treten lassen. Wiltraut von Brünneck ergänzte die Argumente des Arbeitsministers um Ausführungen, die nicht nur ihre bei Wolfgang Siebert erworbenen Kenntnisse im Arbeitsrecht, sondern auch ihre verfassungsrechtlichen Grundpositionen erkennen lassen, die sie sich in Hessen angeeignet hatte:

»Die für das allgemeine Verhältnis des Arbeitnehmers zum Arbeitgeber geltende innere Berechtigung des Streikrechts fehlt im Verhältnis des Bediensteten zu seinem Dienstherrn. Das Streikrecht ist die schärfste Waffe des Arbeiters im kollektiven Arbeitskampf. Durch die Anwendung des Streikrechts als äußerstem Kampfmittel erzwingt der sozial schwächere Arbeitnehmer im kollektiven Zusammenschluß eine Verbesserung der Arbeitsbedingungen von den sozial besser gestellten, regelmäßig gleichfalls kollektiv zusammengeschlossenen Unternehmern. Im Verhältnis der Bediensteten zum Staat fehlt es bereits an dieser Partnerschaft, die den kollektiven Arbeitskampf erzwingt und voraussetzt. Der Staat ist einem Arbeitgeber [...] nicht gleichzusetzen, er steht gerade in der Demokratie seinen Bediensteten nicht als kapitalistischer Unternehmer gegenüber. Die gegenteilige Anschauung dürfte letzten Endes auf einer Überspitzung der juristischen Denkform der juristischen Person des Staates beruhen. In Wirklichkeit ist der Staat kein Lebewesen, er ist nichts anderes als die Organisationsform des menschlichen Zusammenlebens, in der Demokratie die Form, in der der Volkswille in Erscheinung tritt und das Zusammenleben der Staatsangehörigen regelt. Diese Verwirklichung der Demokratie bedarf notwendig der Bediensteten: Der Beamte und Angestellte des Staates ist derjenige, der in den zahllosen kleinen Einzelakten des täglichen Lebens den in gesetzlichen und anderen Regelungen normierten Volkswillen erst in die Praxis umsetzt, im Handeln der Beamten und Angestellten tritt also der Staat recht eigentlich erst in die äußere Erscheinung. Es ist deshalb widersinnig, wenn der

Bedienstete gegen den Staat, der doch tatsächlich als Lebewesen nicht existiert und erst durch den Bediensteten selbst repräsentiert wird, streiken, d. h. kämpfen will.«

Wie sehr Wiltraut von Brünneck im Sommer 1948 die repräsentative Demokratie als Regierungsform verinnerlicht hatte, wird an den Überlegungen deutlich, die sie über die »Formen« anstellte, »in denen der Bedienstete die nötige Verbesserung seiner Arbeitsbedingungen durchsetzen« könne:

»Die Regelung der Arbeitsbedingungen der Bediensteten ist ein Teil der Normen, die die Form und Organisation des Staatsgefüges bestimmen. Sie werden auf dem Gebiete der Gesetzgebung von der Volksvertretung in ihren größeren und kleineren Gremien, auf dem Gebiet der Exekutive von den der Volksvertretung verantwortlichen Ministerien bestimmt. Der richtige Weg zu einer Änderung der Regelungen über die Arbeitsbedingungen ist daher die Benutzung der allgemeinen parlamentarischen Formen der Änderung von Gesetzen sowie die parlamentarische Kontrolle der Minister [...]. Wenn man überhaupt von einem Arbeitgeber der Bediensteten sprechen will, kann dieser im demokratischen Staat nur das Volk (die Gemeinschaft der Staatsbürger), repräsentiert durch seine verfassungsmäßigen Organe sein. Dem entspricht es, wenn auch das Volk, wiederum repräsentiert durch seine verfassungsmäßigen Organe, in den vorgesehenen verfassungsmäßigen Formen die erforderlichen Änderungen vornimmt.«

Wiltraut von Brünneck hatte Staatsrecht in Heidelberg bei Reinhard Höhn gehört. Der Professor in SS-Uniform dürfte am Parlamentarismus kaum ein gutes Wort gelassen haben. Im hessischen Justizministerium durchlief sie ihre zweite staatsrechtliche »Ausbildung«, diesmal im Umfeld von überzeugten Demokraten, allen voran dem Georg August Zinn. Der Minister hatte die Führungspositionen in seinem Ministerium mit Beamten besetzt, die über jeden politischen Zweifel erhaben waren. Ein SPD-Parteibuch war dafür keine Voraussetzung, wohl aber eine demokratische Gesinnung. Von Ministerialrat Hans Puttfarcken, der die Personalabteilung leitete, war bereits die Rede. Der 1889 geborene Ministerialdirektor Karl Canter, mit dem Wiltraut von Brünneck nicht nur in der Beamtenstreikfrage eng zusammenarbeitete, war vor 1933 Mitglied der *Zentrumspartei* gewesen und hatte sich im *Katholischen Beamtenverein* engagiert. Obwohl er auch nach 1933 weiter im Staatsdienst tätig war, hatte er sich von der NSDAP ferngehalten.[120]

Zu den engsten Mitarbeitern des Ministers zählte Adolf Arndt,[121] der als Ministerialrat die Strafrechtsabteilung leitete und gemeinsam mit Puttfarcken die Entnazifizierung des Justizpersonals überwachte.[122] Arndt war 1904 als Sohn eines vom Judentum zum evangelisch-lutherischen Glauben konvertierten Rechtswissenschaftlers in Königsberg zur Welt gekommen. Er hatte in Berlin Jura studiert und war nach einer vorübergehenden Rechtsanwaltstätigkeit in den Justizdienst eingetreten. Nach seiner Zwangsbeurlaubung im April 1933 ersuchte er um Entlassung, wurde wieder Rechtsanwalt, aber auch aus diesem Beruf verdrängt und fand sich im Juli 1944 als Zwangsarbeiter wieder. Bei Kriegsende gelang ihm

ZWISCHENZEIT (1945–1950)

die Flucht. Als er im Sommer 1945 zu seiner Mutter nach Hessen zog, um sich dort als Rechtsanwalt niederzulassen, drängten ihn die Amerikaner dazu, das Amt des Oberstaatsanwalts in Marburg zu übernehmen. Nach wenigen Wochen holte Georg August Zinn ihn ins Justizministerium. 1946 trat Adolf Arndt der SPD bei. »Die Einordnung eines geistig so originellen und eigenwilligen Außenseiters in die Beamtenhierarchie hätte unter anderen Voraussetzungen Schwierigkeiten bereitet«, erinnerte sich Wiltraut Rupp-von Brünneck später:

»[D]er damalige Justizminister [...] Zinn, der mit Arndt das Engagement für grundlegende Fragen der Rechtspolitik und des Verfassungsrechts teilte und ihm bald freundschaftlich verbunden war, gab ihm eine Sonderstellung, kraft derer er in einer Zeit, als der staatliche Wiederaufbau noch allein bei den Ländern lag, seine Fähigkeiten selbständig einsetzen konnte.«

Als Jurist und Politiker habe Arndt »seine glänzende Begabung, seine umfassende Bildung, seine überragende Persönlichkeit dafür eingesetzt, den Geist des neuen Staates entscheidend mitzuprägen«.[123]

Im Frühjahr 1948 kam ein weiterer sozialdemokratischer Jurist nach Wiesbaden, mit dem Wiltraut von Brünneck eng zusammenarbeitete: Martin Drath.[124] 1902 im sächsischen Blumenberg geboren und in einem protestantischen Pfarrhaus aufgewachsen, studierte Drath Jura und wurde 1926 bei Walter Jellinek promoviert. Im selben Jahr trat er der SPD bei. Er arbeitete als Sachbearbeiter für Rechtsfragen beim SPD-nahen *Allgemeinen Deutschen Beamtenbund*, ab 1931 als Sachbearbeiter beim *Gesamtverband der Arbeitnehmer der öffentlichen Betriebe Berlins*. Im April 1931 vermittelten ihm Hermann Heller und Rudolf Smend eine Stelle als nebenamtlicher Fakultätsassistent in Berlin. Er dozierte Staatsrecht an der Deutschen Hochschule für Politik und plante eine Habilitation. Im Oktober 1932 folgte er Hermann Heller nach Frankfurt am Main, wo er hauptamtlicher Dozent an der Akademie der Arbeit wurde. Ende 1933 aufgrund des Berufsbeamtengesetzes in den Ruhestand versetzt, schlug sich Drath als Buchhalter und Revisor durch. Durch seine Beitritte zu NSV und NSRB machte er moderate Zugeständnisse an das Regime. 1940 wurde er zur Wehrmacht eingezogen und als Militärverwaltungsrat in Belgien und Nordfrankreich eingesetzt, wo er unter anderem mit der Verwaltung von »arisiertem« Vermögen betraut war. Im März 1945 wurde er aus der Wehrmacht entlassen und erlebte das Kriegsende im thüringischen Ilmenau.

Der sozialdemokratische Thüringer Regierungspräsident Hermann Brill, den Martin Drath noch aus Weimarer Zeit kannte, vermittelte ihm einen Lehrauftrag an der Rechts- und Staatswissenschaftlichen Fakultät in Jena. Im Februar 1946 schloss Drath seine bereits vor dem Krieg konzipierte (kritische) Schrift über »Carl Schmitts Freund-Feind-Theorie« ab, mit der er im Juli 1946 habilitiert wurde. Drath, der nach der Zwangsvereinigung von KPD und SPD Mitglied der SED

172 ZWISCHENZEIT (1945–1950)

geworden war, trug sich da schon mit dem Gedanken, Jena zu verlassen. Brill war inzwischen Chef der Staatskanzlei in Wiesbaden geworden und bemühte sich – letztlich erfolglos –, seinem Protegé eine Professur in Hessen zu verschaffen. Im Oktober 1946 wurde Martin Drath außerordentlicher Professor in Jena. Ab März 1947 gehörte er dem rechtspolitischen Ausschuss beim Zentralkomitee der SED an. Im Lauf des Jahres 1947 verschlechterte sich sein Verhältnis zu den Machthabern zusehends. Im April 1948 nahm Drath die ihm angebotene Stelle als Regierungsdirektor im hessischen Landespersonalamt an und verließ die sowjetische Besatzungszone. In seiner neuen Funktion arbeitete er eng mit Wiltraut von Brünneck zusammen, ehe er im November 1949 einem Ruf an die Freie Universität Berlin folgte.

Für Wiltraut von Brünneck, die noch wenige Jahre zuvor in Berlin für führende NS-Juristen wie Rüdiger Graf von der Goltz, Wolfgang Siebert, Josef Altstötter, Herbert Klemm und Otto Thierack gearbeitet hatte, war die Personenkonstellation der Wiesbadener Republik eine neue Erfahrung. Opportunistische oder überzeugte Nationalsozialisten waren aufrechten Demokraten gewichen, die schon aufgrund der eigenen Lebens- und Leidensgeschichte jede Art von Totalitarismus verabscheuten und für einen demokratischen Neuaufbau eintraten: »Deutschland [kann] nur als demokratisches Gemeinwesen eine Gegenwart und Zukunft haben«, heißt es in der Präambel der Hessischen Verfassung, deren Verwirklichung sich Georg August Zinn und sein Umfeld verschrieben hatten. In der Zusammenarbeit mit Zinn, Canter, Puttfarcken, Arndt, Drath und weiteren handverlesenen Juristen in hessischen Diensten,[125] die auf den Trümmern der Kriegsjahre eine funktionsfähige parlamentarische Demokratie errichten wollten, erhielt Wiltraut von Brünneck ihre zweite politische Prägung.

Gleichberechtigung nach Fristablauf

Im Sommer 1948 neigte sich die »Zeit, als der staatliche Wiederaufbau noch allein bei den Ländern lag«,[126] dem Ende zu. Die Westalliierten waren auf der Londoner Sechsmächtekonferenz übereingekommen, einen westdeutschen Staat zu schaffen, in den sich die Länder einfügen sollten. Die Übergabe der Frankfurter Dokumente an die Ministerpräsidenten am 1. Juli 1948 setzte den Prozess der Verfassungsgebung förmlich in Gang. Drei Monate später trat in Bonn der Parlamentarische Rat zusammen, der auf der Grundlage des Herrenchiemseer Entwurfs den Text einer westdeutschen Bundesverfassung erarbeiten sollte. Mit Heinrich von Brentano (CDU) und Georg August Zinn (SPD) stellte Hessen zwei einflussreiche Abgeordnete. Beide hatten bereits maßgeblich an der Ausarbeitung der Hessischen Verfassung mitgewirkt und in verantwortungsvollen Positionen das hessische Verfassungsleben mitgestaltet: Brentano als Vorsitzender der CDU-Landtagsfraktion, Zinn als Justizminister. Im Parlamentarischen Rat war Heinrich von Brentano stellvertretender Vorsitzender der CDU/CSU-Fraktion und stellvertretender Vorsitzender des Hauptausschusses. Georg August Zinn war Mitglied des Ausschusses für Grundsatzfragen, der den Grundrechtskatalog der künftigen Verfassung ausarbeiten sollte.

Aufgrund ihrer persönlichen Verbundenheit bildeten die beiden hessischen Koalitionäre eine »Brücke« zwischen den beiden großen Fraktionen und bemühten sich um einen Ausgleich christ- und sozialdemokratischer Interessen. Gemeinsam mit dem FDP-Abgeordneten Thomas Dehler bildeten sie den Allgemeinen Redaktionsausschuss, der im November 1948 mit der Aufgabe betraut wurde, die Vorschläge der Fachausschüsse zu einem Gesamtentwurf zusammenzufassen.[127] Die Redaktionsarbeit war eine gewaltige Herausforderung, da die Texte der Ausschüsse nur schwer miteinander kompatibel waren. Brentano, Dehler und Zinn – versierte Rechtspolitiker, die sie waren – verstanden sich nicht als bloße Kompilatoren, sondern nutzten den Redaktionsausschuss dafür, eigene Akzente zu setzen und durch eigene Vorschläge Kompromisse im Hauptausschuss vorzubereiten. Diese »Hinterzimmer«-Politik blieb nicht ohne Kritik, erwies sich aber als ausgesprochen wirkungsvoll.[128] Ein hohes Maß an juristischer Formulierungskunst war vonnöten, um die einzelnen Entwürfe in eine Synthese zu bringen und zugleich Impulse für die Arbeit des Parlamentarischen Rates zu setzen. Zu dritt war diese Aufgabe nicht zu leisten, zumal die drei Ausschussmitglieder zugleich an anderen Ausschuss- und Fraktionssitzungen teilnehmen mussten. Daher wurden dem Allgemeinen Reaktionsausschuss »eine Reihe wissenschaftlicher Mitarbeiter« beigeordnet.[129] Näheres über diesen Mitarbeiterstab ist nicht bekannt. Vermutlich benannten die Ausschussmitglieder je eine Person ihres Vertrauens.

Georg August Zinn war dabei in einer komfortablen Lage. Er konnte auf die personellen Ressourcen seines Ministeriums zurückgreifen. Eine Mitarbeiterin hatte sich durch ihre Tätigkeit in der öffentlich-rechtlichen Abteilung besonders ausgezeichnet: Wiltraut von Brünneck. Zinn wusste, was er an der 36-jährigen Oberregierungsrätin hatte. Er schätzte ihre fachliche Expertise, ihre juristische Formulierungsgabe, gewiss auch ihren lebensnahen Pragmatismus. Wiltraut von Brünnecks Name taucht in den Protokollen, Drucksachen und sonstigen Veröffentlichungen des Parlamentarischen Rats an keiner Stelle auf. Über die Besprechungen des Allgemeinen Redaktionsausschusses im »Hinterzimmer« wurden keine Niederschriften geführt. Auch in den Akten des hessischen Justizministeriums hat die Tätigkeit in Bonn keine Spuren hinterlassen. Dass sie aber im Parlamentarischen Rat mitgearbeitet und dabei auf Augenhöhe mit den Abgeordneten über die Formulierung der Textvorschläge gerungen hatte, belegt ein Briefwechsel mit Heinrich von Brentano aus dem Jahr 1955. Brentano, inzwischen Vorsitzender der CDU/CSU-Bundestagsfraktion, bedankte sich bei Wiltraut von Brünneck für die Zusendung eines Sonderdrucks und fügte hinzu:

»Unsere Zusammenarbeit im Redaktionsausschuß des Parlamentarischen Rates habe ich noch in sehr guter Erinnerung; ich meine, daß es eine gute Zeit war, als wir uns in diesem Kreis gemeinsam bemühten, die verfassungsrechtliche Grundlage für die Bundesrepublik zu schaffen.«[130]

Überliefert ist, dass Wiltraut von Brünneck an der Formulierung eines Artikels beteiligt war, der die westdeutsche Rechtsordnung wie kaum eine andere Grundgesetzbestimmung verändern sollte, obwohl er auf den ersten Blick nicht mehr war als eine Übergangsvorschrift: Artikel 117 Abs. 1 GG – »Das dem Artikel 3 Absatz 2 entgegenstehende Recht bleibt bis zu seiner Anpassung an diese Bestimmung des Grundgesetzes in Kraft, jedoch nicht länger als bis zum 31. März 1953.« Art. 3 Abs. 2 GG lautete in seiner ursprünglichen Fassung: »Männer und Frauen sind gleichberechtigt.«

Die SPD-Abgeordnete Elisabeth Selbert hatte sich für die Aufnahme des Gleichberechtigungsgebots in das Grundgesetz stark gemacht und war dabei auf heftigen Widerstand gestoßen. Ihre taktische Ausgangslage war ungünstig. Sie gehörte zwar dem Hauptausschuss, nicht aber dem Ausschuss für Grundsatzfragen an, der die Grundrechtsbestimmungen ausarbeitete. Dort trug ihre Fraktionskollegin Friederike Nadig am 30. November 1948 den Textvorschlag für ein Gleichberechtigungsgebot vor, das über die ursprünglich vorgesehene Formulierung weit hinausging. Nadig, die aus der Sozialfürsorge kam, fehlten die rhetorischen Mittel, um sich gegen den scharfen Widerspruch Thomas Dehlers zur Wehr zu setzen, der – zutreffend – erklärte:»Dann ist das Bürgerliche Gesetzbuch verfassungswidrig.« Nadig konzedierte, dass »[i]n den Übergangsbestimmungen [...] eine Regelung bis zur Neugestaltung des Familienrechts getroffen werden« müsse, hatte aber keinen konkreten Textvorschlag parat.[131]

Über den Grundsatzausschuss – das scheint Elisabeth Selbert geahnt zu haben – würde sie nicht zum Erfolg kommen. Ohne eine Übergangsbestimmung, die verhinderte, dass mit dem Inkrafttreten des Grundgesetzes das Familienrecht verfassungswidrig würde, konnte sie auch im Hauptausschuss keine Mehrheit für das unbedingte Gleichberechtigungsgebot organisieren. So suchte Selbert nach einflussreichen Verbündeten für ihr Projekt und fand sie in ihrem Parteifreund Georg August Zinn, der wie sie aus Kassel kam, und dessen Mitarbeiterin Wiltraut von Brünneck. Dreißig Jahre später sollte Elisabeth Selbert sich erinnern »zusammen mit der Staatsrechtlerin Wiltraut Rupp-von Brünneck, die später Richterin

ZWISCHENZEIT (1945–1950)   175

am Bundesverfassungsgericht wurde, den Artikel 117 erarbeitet [zu haben], wonach das dem Gleichberechtigungsgrundsatz entgegenstehende Recht noch bis zum 31. März 1953 Geltung haben sollte«.[132]

Die beiden Juristinnen formulierten Art. 117 Abs. 1 GG so, dass er nicht nur die Angst vor einer plötzlichen Verfassungswidrigkeit des Familienrechts zerstreute, indem er den Gesetzgeber zur »Anpassung« des bestehenden Rechts verpflichtete, sondern zugleich diese Verpflichtung scharfstellte, indem er die Fortgeltung des alten Familienrechts auf den 31. März 1953 befristete. Sie entwarfen ein Konzept der »Gleichberechtigung nach Fristablauf«, das auf den ersten Blick harmlos daherkam, bei näherem Hinsehen aber eine gewaltige rechtliche Wirkung entfalten konnte. Elisabeth Selbert machte sich dabei nicht nur Wiltraut von Brünnecks Formulierungskunst zunutze, sondern auch deren Verbindung zu Georg August Zinn, über dessen Einfluss im Allgemeinen Redaktionsausschuss es möglich war, den Textvorschlag unauffällig in den weiteren Beratungsprozess einzuspeisen. Der Plan ging auf: Bereits sechs Tage vor (!) Friederike Nadigs Scheitern im Grundsatzausschuss hatte der Allgemeine Redaktionsausschuss einen Vorläufer des heutigen Art. 117 Abs. 1 GG in eine Stellungnahme aufgenommen.[133]

Auf diese Vorarbeit konnte Elisabeth Selbert am 3. Dezember 1948 aufbauen, als sie den Antrag ihrer Fraktion, der auf volle Gleichberechtigung lautete, im Hauptausschuss begründete. Bei der Einordnung des Redebeitrags, dem Selbert bis heute ihre Bekanntheit als Vorkämpferin der Gleichberechtigung verdankt, darf man nicht vergessen, dass der Hauptausschuss das einzige öffentlich tagende Arbeitsgremium des Parlamentarischen Rates war. Während in den Fachausschüssen an der Sache gearbeitet wurde, ging es im Hauptausschuss darum, die eigene Position möglichst effektvoll in Szene zu setzen.[134] »[I]n meinen kühnsten Träumen habe ich nicht erwartet«, erklärte Selbert, »daß der Antrag im Grundsatzausschuss abgelehnt werden« würde. Es ist eine Selbstverständlichkeit, daß man heute [...] den Frauen die Gleichberechtigung auf allen Gebieten geben muß. [...] Die Frau, die während der Kriegsjahre auf den Trümmern gestanden und den Mann an der Arbeitsstelle ersetzt hat, hat heute einen moralischen Anspruch darauf, so wie der Mann bewertet zu werden.« Dem erwarteten Einwand »Durch diesen Artikel macht ihr mir mit einem Schlag das bürgerliche Recht insoweit verfassungswidrig« nahm sie unter Verweis auf den Textvorschlag des Allgemeinen Redaktionsausschusses den Wind aus den Segeln:

»Sie müssen jedoch den Art. 4 im Zusammenhang mit der Übergangsbestimmung sehen, die wir inzwischen geschaffen haben. Art. 148d sieht vor, daß bis zur Reform des bürgerlichen Rechts, die spätestens bis zum 31. März 1953 zu erfolgen hat, die bisherigen Bestimmungen des Familienrechts in Kraft bleiben. Das bedeutet, daß diese Zeit überbrückt wird, daß aber eines Tages, und zwar vor Ablauf des 31. März 1953, das bürgerliche Recht diesem Grundsatz angepaßt werden muß.«[135]

176   ZWISCHENZEIT (1945–1950)

Trotz der Übergangsbestimmung wurde der SPD-Antrag mit elf zu neun Stimmen abgelehnt. Das ist nicht ausschließlich mit ideologischen Differenzen zu erklären. Zwar gab es in den Reihen von CDU/CSU und FDP gewiss Abgeordnete, die am patriarchalischen Familienrecht festhalten wollten. Manche Mitglieder des Hauptausschusses waren aber durch das plötzliche »Auftauchen« der Übergangsbestimmung schlicht überrumpelt worden. Schließlich hatte der Textvorschlag für eine Übergangsvorschrift dem Grundsatzausschuss bei seinen Verhandlungen nicht vorgelegen – auch Selberts Fraktionskollegin Nadig hatte ihn nicht gekannt! Den Mitgliedern des Hauptausschusses war er kurz vor der Sitzung zugeleitet worden. So erklärte die CDU-Abgeordnete Helene Weber: »Ich behalte mir eine weitere Antragstellung für die zweite Lesung vor, wenn mir dieser Übergangsartikel, von dem ich heute nachmittag zum ersten Mal höre, näher bekannt ist.«[136]

Elisabeth Selbert war eine geschickte Parteipolitikerin. Das Zögern der überrumpelten CDU-Abgeordneten bot ihr die willkommene Gelegenheit, die Gleichberechtigung als SPD-Position zu reklamieren. Ein öffentlicher Proteststurm schütte »in großen Bergen« Eingaben »in die Beratungen des Parlamentarischen Rates« hinein.[137] Während Elisabeth Selbert darin ein Aufbegehren der enttäuschten Frauen sah, unterstellten ihr andere, den Sturm selbst entfacht zu haben: »Man kann ja Stürme machen«, bemerkte Helene Weber. Theodor Heuss fügte hinzu:

»Ich bin kein Fachmann für Meteorologie. Infolgedessen weiß ich nicht genau, wie man Stürme macht oder wie sie entstehen. Aber man muß offenbar das, was in den Zeitungen und Zeitschriften drin war, als Sturm ansehen, während es doch nur ein wildgewordenes Mißverständnis ist. Ich möchte infolgedessen von mir aus etwas zur Entpathetisierung dieser Debatte sagen, die deshalb entstanden ist, weil Frau Selbert nicht im Grundsatzausschuß gewesen ist.«[138]

Er lag so falsch nicht: Hätte dem Grundsatzausschuss Ende November die bereits ausgearbeitete Übergangsbestimmung vorgelegen, wäre der weitere Diskussions- und Entscheidungsprozess vermutlich anders, jedenfalls auf anderer Grundlage verlaufen.

Über die Fristbestimmung wurde man sich, nachdem alle Abgeordneten von ihr Kenntnis genommen hatten, rasch einig. Der CDU-Abgeordnete Adolf Süsterhenn unternahm zwar einen letzten Versuch, dem Artikel seine juristische Kraft zu nehmen, indem er für eine bloße Anpassungspflicht ohne Frist plädierte. Aber Georg August Zinn verteidigte den Textvorschlag, den seine Mitarbeiterin Wiltraut von Brünneck gemeinsam mit Elisabeth Selbert ausgearbeitet hatte: »Wenn Sie es schon mit der Vorschrift der Grundrechte ernst meinen, die die Gleichstellung der Frau festlegt, dann müssen Sie auch auf die von mir angeregte Art einen Zwang auf den Gesetzgeber ausüben. Alles andere ist nichts weiter als Deklaration.«[139] Der Hauptausschuss stimmte daraufhin am 14. Januar 1949 mit 19 Stimmen bei zwei Enthaltungen für die Übergangsbestimmung.[140] Vier Tage später wurde der Satz »Männer und Frauen sind gleichberechtigt« einstimmig beschlossen.[141]

Elisabeth Selbert quittierte es »mit Genugtuung, daß die Vertreter, insbesondere der CDU, jetzt eine solche Stellung einnehmen und nicht mehr ›ja aber‹, sondern vorbehaltlos ›ja‹ sagen«.[142] Sie hatte ihr Ziel erreicht: Die unbedingte Gleichberechtigung der Geschlechter war in den Verfassungstext aufgenommen und durch die unscheinbare Übergangsbestimmung scharfgestellt worden. Der Triumph gehörte ihr – bis heute. Ein wenig davon gab sie viele Jahre später und eher beiläufig an ihre inzwischen verstorbene Mitstreiterin Wiltraut von Brünneck ab,[143] die mit ihrer juristischen Formulierungskunst und ihrem Einfluss auf Georg August Zinn tatkräftig mitgeholfen hatte, die »Gleichberechtigung nach Fristablauf« im Grundgesetz zu verankern. Anders als die Vollblutpolitikerin Elisabeth Selbert hat die Vollblutjuristin Wiltraut von Brünneck ihren Anteil an diesem großen verfassungspolitischen Erfolg nie öffentlich herausgestellt.

Bonner Republik

Der erste Tag der Bonner Republik war für Wiltraut von Brünneck ein gewöhnlicher Arbeitstag im Wiesbadener Justizministerium. Seit mehreren Wochen hatte sie intensiv an einem Entwurf für ein neues hessisches Beamtengesetz gearbeitet. Als am 23. Mai 1949 das Grundgesetz in feierlicher Sitzung des Parlamentarischen Rats ausgefertigt und verkündet wurde, verfasste sie eine Stellungnahme zur Auslegung einer im Kabinett umstrittenen Vorschrift über die Weiterbeschäftigung von Beamten.[144] Die neue Verfassungsordnung sollte sich bald in ihrem Arbeitsalltag bemerkbar machen. Ende Juni 1949 war aber erst einmal Zeit für einen Urlaub – ärztlich verordnet »wegen allgemeiner körperlicher Erschöpfung«.[145]

Wiltraut von Brünneck führte ein kurzes Reisetagebuch – in dem alten Notizbuch ihrer Mutter, in dem sie vier Jahre zuvor den Brief an den US-Militärkommandanten von Sangerhausen aufgesetzt hatte. Die Reisenotizen zeigen, wie im Sommer 1949, während der Wahlkampf für die erste Bundestagswahl in vollem Gange war, eine Art bürgerlicher Normalität in das Leben der überarbeiteten Oberregierungsrätin zurückkehrte. Den Urlaub verbrachte sie bei Ludwig Rühl, der in Höchst im Odenwald als Amtsgerichtsrat tätig war. Die beiden hatten sich fünf Jahre zuvor in der Zivilrechtsabteilung des Reichsjustizministeriums kennengelernt. Dienstlich und persönlich waren sie damals viel zusammengekommen,[146] zunächst am Ausweichort Böhmisch-Leipa, ab Dezember 1944 in Berlin, wo Wiltraut von Brünneck ihrem Kollegen eine Wohnung in einem Haus ihres Schwagers Werner Genzmer verschaffte.[147] Kurz vor Kriegsende trennten sich ihre Wege: Wiltraut von Brünneck verließ die Reichshauptstadt in Richtung Sangerhausen, Ludwig Rühl kehrte ins heimische Hessen zurück.

In Höchst im Odenwald hatte Ludwig Rühl einen alten Steinbruch gekauft, auf dessen Gelände er ein Wohnhaus für sich und seine Familie errichtete. Wiltraut von Brünneck war während ihres Urlaubs mit ihm häufig »auf dem Bau«, half ihm bei der Gartenarbeit, ging mit den drei Kindern ins Schwimmbad (»gute Anlage«), genoss das lange Ausschlafen, die Zeit zum Lesen – Hermann Kasacks *Die Stadt hinter dem Strom*, Thomas Manns *Lotte in Weimar* – und die unbeschwerte Atmosphäre der Landschaft, die in der gelockerten Kleiderordnung ihren Ausdruck fand: »Gute Sachen« waren im Odenwald »nicht erforderlich«, notierte sie, als würde sie einen Aktenvermerk fertigen. Ein »graues Kostüm für kältere Tage, Dirndlkleid u. hellblaues Kleid f. wärmere« seien völlig ausreichend. Am Sonntag, den 26. Juni, stand eine ausgedehnte Radtour (»83 km«) auf dem Programm. Die Fahrt führte über das malerische Michelstadt – »Besichtigung der Einhardsbasilika [um 827 erbaut, F. M.] u. des Schlosses Fürstenau« –, die Nibelungenstraße entlang zu einer Frühstücksrast im Gasthaus »Zur Spreng«. Dort wurde die Radpartie von der jüngeren deutschen Vergangenheit eingeholt, denn der Gastwirt Wilhelm Schwinn hatte noch wenige Jahre zuvor – was Wiltraut von Brünneck in ihrem Reisebericht notierte – als NSDAP-Kreisleiter fungiert. Sein Wirtshaus hatte sich in den dreißiger Jahren als eine der ersten »judenfreien« Gaststätten in Deutschland überregionaler Beliebtheit erfreut.[148]

Es war kein Zufall, dass der Amtsrichter aus dem Odenwald seiner früheren Kollegin diesen Ort zeigte. Denn seine allzu enge Verbindung zum Kreisleiter hatte ihn nach dem Krieg in eine Bredouille gebracht, aus der ihm Wiltraut von Brünneck herausgeholfen hatte. Rühl hatte sich wegen seiner politischen Belastung einem Entnazifizierungsverfahren unterziehen müssen, bei dem er einiges zu verlieren hatte. Er war nämlich nicht nur SA- und NSDAP-Mitglied gewesen, sondern hatte Ämter im NSKK und in der HJ übernommen und sich 1940 auf eigenen Wunsch »nach dem Osten« versetzen lassen, wo er bis Juni 1944 das Amtsgericht Leslau (Włocławek) im annektierten »Reichsgau Wartheland« leitete. Nach der Einschätzung seiner früheren Mitarbeiter in Höchst hatte Rühl »als guter Nationalsozialist und Pionier des Ostens«, wie er sich immer genannt habe, »Hitlers Staat in Polen aufbauen helfen« wollen.[149]

Besonders belastend war ein Brief, den Rühl am 26. Juni 1944 an den »lieben Kreisleiter« aus dem Odenwald geschickt hatte, zu dessen Gaststätte er die Radpartie im Juni 1949 führte. Der Brief war eine seltsame Mischung aus Wehklage und Anbiederung an den einflussreichen NS-Funktionär, von dem sich Rühl eine Stelle im Odenwald versprach. Vom Osten hatten er und seine Familie genug.

Seine Frau, die wie Wiltraut von Brünneck eine Jugendgruppe der NSF leitete, vertrug das Klima nicht, und zwar »nicht nur das ›örtliche‹ mit dem trockenen Wind und den dauernden Wetterumschlägen, sondern auch das ›seelische‹ des Ostens mit all dem Dreck, Polenvolk und seiner ungeheuren Hässlichkeit«. Rühl wollte sich lieber in seiner hessischen Heimat für das »besinnliche Kulturschaffen der Bauern« einsetzen – »eine Existenzfrage für unser Volk«. Außerdem wollte er – drei Wochen nach der Landung der Alliierten in der Normandie – vom Kreisleiter wissen, was die Odenwälder dazu sagten, »dass der Krieg jetzt erst richtig los geht«. Stolz hob er in einem PS hervor, dass er zuletzt als kommissarischer Kreisrechtsberater des örtlichen Kreisleiters fungiert und als Auszeichnung für seine Tätigkeit als »Bannrechtsreferent der Hitler-Jugend in 3 Bannen«, wohl »ein Amt in der Reichsjugendführung erhalten« werde.[150]

Ludwig Rühl kehrte am 15. März 1945 im Zuge der Auflösung der Zivilrechtsabteilung des Reichsjustizministeriums nach Hessen zurück, wo er – nach unbestätigten Angaben des Gerichtspersonals in Höchst – »kurze Zeit am Sondergericht in Darmstadt tätig gewesen sein« soll. Fest steht, dass er sich kurz vor dem Einmarsch der US-amerikanischen Truppen in das bayerische Oberland absetzte, »angeblich mit dem Kreisstab oder anderen führenden Persönlichkeiten der NSDAP«.[151] In Neuhaus am Schliersee wurde er im Juni 1945 »aufgrund einer Denunzierung von den Amerikanern in politische Haft genommen« und ein Dreivierteljahr im Lager Moosburg interniert. Als er entlassen wurde und nach Hessen zurückkehrte, standen seiner Weiterbeschäftigung im Justizdienst die politischen Altlasten entgegen, die sich durch das Entnazifizierungsverfahren nicht ohne weiteres beseitigen ließen. Der öffentliche Kläger beantragte, Ludwig Rühl in die Gruppe der Belasteten einzureihen,[152] was ein mindestens fünfjähriges Berufsverbot nach sich gezogen hätte.

Am Ende kam Ludwig Rühl mit einer Einstufung als Mitläufer davon und konnte schon kurze Zeit später wieder als Amtsgerichtsrat an das Gericht zurückkehren, das er 1940 verlassen hatte, um »Hitlers Staat in Polen« aufzubauen.[153] Das milde Urteil hatte er nicht zuletzt seiner früheren Kollegin Wiltraut von Brünneck zu verdanken, die Anfang März 1947 eine eidesstattliche Versicherung zu seinen Gunsten abgegeben hatte und ihre Angaben später als Zeugin vor der Spruchkammer bestätigte. Bereits kurz nach Rühls Einberufung ins Reichsjustizministerium habe sie feststellen können, dass er »in keiner Weise zu den aktiven Nationalsozialisten« gehört habe:

»Ich erinnere mich noch deutlich unserer ersten Gespräche, bei denen mir auffiel, wie offen Dr. Rühl Massnahmen der nationalsozialistischen Staatsführung, insbesondere der Partei, kritisierte, obwohl er mich und meine Einstellung damals nicht näher kannte. Dieser Eindruck verstärkte sich im weiteren Verlauf unserer Bekanntschaft, da wir oft über die nationalsozialis-

180 ZWISCHENZEIT (1945–1950)

tische Gewaltpolitik[,] insbesondere die Kriegsmassnahmen diskutierten, wobei Dr. Rühl seiner Ablehnung schärfsten Ausdruck gab.«[154]

Diese Gespräche müssen zu der Zeit stattgefunden haben, in der Rühl seinen entlarvenden Brief an den Kreisleiter schrieb. Doch für Wiltraut von Brünneck war Ludwig Rühl »ein Idealist, dem jeder Fanatismus und jede Intoleranz fremd« gewesen seien:

»Deshalb verabscheute er vor allem die Judenverfolgungen und die religiösen Verfolgungen, namentlich aber die Polenpolitik des nationalsozialistischen Systems, deren Auswirkungen er aus eigener Erfahrung hatte feststellen können. Gerade die letztere war häufig Gegenstand unserer Unterhaltungen, in denen deutlich zu erkennen war, dass Dr. Rühl seine Aufgabe als Richter im Osten darin gesehen hatte, die Gewaltpolitik der Partei und SS nach Möglichkeit zu mildern und ohne Rücksicht auf die damit für ihn verbundenen Nachteile für Gerechtigkeit und Menschlichkeit gegenüber der polnischen Bevölkerung einzutreten.«[155]

Für die Spruchkammer, der es bei der Verhandlung in erster Linie darauf ankam festzustellen, »ob der Betroffene als Jurist auch tatsächlich in der Rechtsprechung objektiv geblieben ist«, war Wiltraut von Brünnecks Entlastungszeugnis »in dieser Hinsicht« besonders aufschlussreich. Ihre Ausführungen ließen die belastendenden Umstände in den Hintergrund treten.[156]

Ludwig Rühl wusste, was er seiner früheren Kollegin zu verdanken hatte, als er ihr im Sommer 1949 die Annehmlichkeiten des Odenwalds zeigte. Die schönen Tage, die Wiltraut von Brünneck bei der Familie Rühl verbrachte, waren die Anerkennung für einen großen Freundschaftsdienst. Als die beiden im Gasthaus des ehemaligen Kreisleiters einkehrten, konnten sie gelassen auf die gemeinsame Vergangenheit zurückblicken: Sie wussten, dass diese ihren Justizkarrieren in der soeben aus der Taufe gehobenen Bundesrepublik Deutschland nicht mehr im Wege stehen würde. Wiltraut von Brünnecks Urlaub dauerte bis zum 7. Juli 1949, nur kurz unterbrochen für eine Sitzung der Beamtenrechtskommission und eine Hamlet-Aufführung des Londoner »Gate Theatre« in Wiesbaden. Es war eine erholsame Zeit mit Wanderungen, weiteren Radtouren und gutem Essen – abends gab es wahlweise Wein oder »Eis mit Schnaps«. Man merkt den Reisenotizen an, dass die Juristin begann, sich in Hessen heimisch zu fühlen. Die Unsicherheit der unmittelbaren Nachkriegszeit war einer gewissen Zuversicht gewichen.

Bei der Bundestagswahl am 14. August 1949 errang Georg August Zinn das Direktmandat im Wahlkreis Kassel. Sein Nachfolger als hessischer Justizminister wurde Kultusminister Erwin Stein von der CDU, der das Justizressort zusätzlich zu seinem eigenen Ministerium übernahm. Auch Wiltraut von Brünneck ging im Herbst 1949 nach Bonn: Sie wurde zur hessischen Landesvertretung beim Bund abgeordnet. Ob sie – zwischenzeitlich zur Regierungsdirektorin befördert

ZWISCHENZEIT (1945–1950)   181

–[157] selbst um die Abordnung ersucht hatte oder auf fremdes Geheiß dorthin geschickt worden war, lässt sich ihrer Personalakte nicht entnehmen. Wohl aber ist dokumentiert, dass ihre Akten kurz nach ihrem Dienstantritt in Bonn an den Bundesminister der Justiz übersandt wurden.[158] Das war im ersten Kabinett Adenauer der FDP-Politiker Thomas Dehler, mit dem Wiltraut von Brünneck noch wenige Monate zuvor im Allgemeinen Redaktionsausschuss des Parlamentarischen Rates zusammengearbeitet hatte und den seither eine persönliche Freundschaft mit Georg August Zinn verband.

Schon kurz nach der Bundestagswahl hatten sich Dehler und Zinn über den Aufbau des künftigen Bundesjustizministeriums ausgetauscht. Zinn, dessen Partei keine Aussicht auf eine Regierungsbeteiligung hatte, trieb die »Sorge um die Justiz« um. Er wollte seinen Freund davon überzeugen, dass die FDP Anspruch auf das Ressort erheben sollte. Zinn wusste aus Erfahrung, welche zentrale Funktion ein Justizministerium übernehmen konnte:

»Dieses Ministerium wird weit über den Rahmen des eigentlichen Justizrechts hinaus in den ersten Jahren des Aufbaus eine ganz besondere Bedeutung haben. Es wird sich auf allen Gebieten zum Hüter der Rechtseinheit machen und versuchen müssen, die zerstörte Rechtseinheit wiederherzustellen. Es wird sich vor allen Dingen darum bemühen müssen, daß die Verfassungsgesetzgebung ihm entweder ressortmäßig zugeteilt wird oder doch maßgebend seinen Stempel trägt.«

Diese Aufgabe sollte »eher in die Hand eines aufgeschlossenen Vertreters der FDP als in die eines CDU-Mannes gelegt werden«, bemerkte er und ließ Dehler wissen: »Ich persönlich bin der Meinung, daß du dafür der geeignete Mann bist.«[159]

Nachdem Thomas Dehler am 20. September 1949 zum Bundesminister der Justiz ernannt worden war, erwiderte er das Vertrauen und tauschte sich mit seinem »lieben Georg« über Personalvorschläge für das Bundesjustizministerium und die Bundesgerichte aus.[160] So brachte Zinn seinen früheren Amtschef Karl Canter erfolgreich als Kandidaten für den Bundesgerichtshof ins Spiel und erteilte Dehler Auskunft über die fachliche Eignung und politische Zuverlässigkeit anderer hessischer Juristen, die in den Dienst des Bundes übernommen werden sollten. Wiltraut von Brünnecks Name findet sich in der Korrespondenz zwar nicht. Doch trafen sich Dehler und Zinn wiederholt in Bonn, um über Kandidaten persönlich zu sprechen. Es ist nicht unwahrscheinlich, dass die Sprache dabei auf die Regierungsdirektorin kam, die sich nicht zuletzt durch ihre Tätigkeit im Parlamentarischen Rat für Höheres qualifiziert hatte.

Dehler übernahm sie dennoch nicht in sein Ministerium. Ihre Personalakten ließ er ein halbes Jahr nach der Anforderung zurücksenden. Die Gründe sind unklar. Fachlich war Wiltraut von Brünneck über jeden Zweifel erhaben und erfüllte angesichts ihrer beiden ausgezeichneten Examina auch die hohen fachlichen

Anforderungen, die der Minister an die Beamten des Ministeriums stellte. Womöglich sah Dehler in ihr eine »Frauenrechtlerin« vom Schlage Elisabeth Selberts, mit der er im Bundesjustizministerium nichts anzufangen wusste. Ganz anders war das der neue hessische Justizminister Erwin Stein eingestellt. Kurz nach seinem Amtsantritt widerrief er Wiltraut von Brünnecks Abordnung an die hessische Landesvertretung, da er die bewährte Kraft »zur Erledigung dringender Aufgaben des Justizministeriums weiterhin nicht entbehren« konnte.[161] Anfang 1950 kehrte sie nach Wiesbaden zurück, wo sie längst unverzichtbar geworden war.

Abb. 9: Wiltraut v. Brünneck in Wiesbaden um 1950
Quelle: Nachlass W. Rupp-v. Brünneck

Rotes Hessen (1950–1963)

Referentin mit Sonderaufgaben

Ein Jahr nachdem Erwin Stein zusätzlich zum Kultusministerium das Justizministerium übernommen hatte, war seine Ministerlaufbahn zu Ende. Aus der Wahl zum zweiten Hessischen Landtag am 16. November 1950 ging die CDU mit nur 18,8 Prozent der Stimmen als drittstärkste Partei hervor, weit abgeschlagen hinter der SPD mit 44,4 Prozent und der FDP mit 31,8 Prozent. Die Sozialdemokraten errangen 47 der 80 Landtagsmandate und waren auf keinen Koalitionspartner angewiesen. Der bisherige Ministerpräsident Christian Stock liebäugelte dennoch mit einer Fortsetzung der rot-schwarzen Koalition, doch das wurde ihm rasch zum Verhängnis. Die Bundes-SPD unter Kurt Schumacher erwartete, dass die hessischen Sozialdemokraten allein regierten und so ein strategisches Gegengewicht zur Dominanz der Union auf Bundesebene bildeten. Hessen sollte »zum Kernland eines künftig sozialdemokratisch geprägten Deutschlands« werden.[1] Da Christian Stock dafür keine Gewähr bot, wurde er durch einen ambitionierten Bundestagsabgeordneten abgelöst, der bereit war, Schumachers Pläne für ein »Rotes Hessen« in die Tat umzusetzen: Georg August Zinn.[2]

Am 14. Dezember 1950 wählte der Hessische Landtag Zinn zum Ministerpräsidenten. Das war der Beginn einer politischen Ära, die erst mit Zinns krankheitsbedingten Rücktritt im Jahr 1969 ihr Ende finden würde. Fast zwei Jahrzehnte sollte Zinn die Geschicke des »Roten Hessen«[3] lenken, in dem die CDU keinen Fuß auf den Boden bekam. Die Fundamente für diesen Erfolg, der in der jungen Bundesrepublik seinesgleichen suchte, legte der Ministerpräsident in seiner ersten Amtszeit. Er bildete ein kleines Kabinett, dem neben ihm nur vier Minister angehörten. Auf die Ernennung eines Justizministers verzichtete er und übernahm selbst die Leitung des Ressorts, mit dem er bestens vertraut war. Das Kabinett war voll und ganz auf die Person des Ministerpräsidenten zugeschnitten.[4]

In seiner Regierungserklärung vom 10. Januar 1951 stellte Georg August Zinn sein Programm für die nächsten vier Jahre hessischer Landespolitik vor. Es war eine sozialdemokratische Reformagenda, geprägt von den besonderen Herausfor-

derungen der Nachkriegszeit: Neuregelung des Beamtenrechts, gerechte Verteilung des wachsenden Wohlstandes, Verwaltungs- und Gebietsreform, Eingliederung der Heimatvertriebenen und Flüchtlinge, sozialer Wohnungsbau und Ausbau des Fürsorgewesens, Schul- und Bildungsreformen sowie Abschluss der Entnazifizierung. Bedeuteten diese innenpolitischen Projekte schon ein gewaltiges
Arbeitspensum für seine Ministerialverwaltung, so setzte Zinn mit dem bundespolitischen Fokus seiner Regierungspolitik noch eines drauf. Das »Rote Hessen«
sollte ein Gegenmodell zur konservativen Adenauerrepublik bilden und progressive Akzente in der Bundespolitik setzen.[5] »Die Regierung hat das Recht und die
Pflicht, über den Bundesrat auf die Politik des Bundes und damit die gesamtdeutsche Entwicklung Einfluß zu nehmen«, erklärte Zinn im Landtag.[6]

Wiltraut von Brünneck sollte in der bundespolitischen Agenda des »Roten
Hessen« bald eine Schlüsselposition einnehmen. Bei Aufnahme der Regierungs-
geschäfte durch das neue Kabinett um die Jahreswende 1950/51 war sie noch auf
ihrem alten Dienstposten in der öffentlich-rechtlichen Abteilung I des Justizministeriums tätig. Der demokratische Aufbau von Justiz und Verwaltung, der in
den Jahren zuvor die Kapazitäten des Ministeriums gebunden hatte, war weitgehend abgeschlossen, aber die Herausforderungen waren nicht kleiner geworden.
Nach wie vor war die Abteilung I vor allem mit Fragen des Arbeitskampfrechts
beschäftigt, dessen Praxis sich seit Inkrafttreten der Hessischen Verfassung als
besonders dynamisch erwiesen hatte. Nachdem sich die Ernährungslage gebessert hatte, versuchten die Gewerkschaften, ihre Forderung nach Mitbestimmung
mit Streikaktionen durchzusetzen. Da über Inhalt und Tragweite des Streikrechts immer noch Unklarheit herrschte, verfolgten Wiltraut von Brünneck und
ihre Kollegen in der Abteilung I diese Entwicklung aufmerksam.

Außerhalb des Ministeriums hatte Wiltraut von Brünneck eine hervorragend
ausgewiesene Ansprechpartnerin für arbeitsrechtliche Fragen: ihre frühere Kommilitonin und Institutskollegin Marie Luise Hilger, die seit April 1947 als wissenschaftliche Schriftleiterin den sozialrechtlichen Teil der Fachzeitschrift *Der Betriebs-Berater* verantwortete, die von der *Heidelberger Verlagsgesellschaft Recht und
Wirtschaft mbH* herausgegeben wurde.[7] Die Akten des Justizministeriums legen
nahe, dass sich die beiden Studienfreundinnen auch privat über Fragen des Arbeitsrechts austauschten. Von Marie Luise Hilger erhielt Wiltraut von Brünneck
wertvolle Hinweise für ihre Arbeit im Ministerium, etwa auf Rechtsgutachten,
die von anderen Behörden und Verbänden in Auftrag gegeben worden waren.[8]
Sie revanchierte sich mit kleineren Beiträgen für den *Betriebs-Berater*: »Arbeitsrechtliche Bestimmungen im Bonner Grundgesetz – Ein erster Überblick« (1949),
»Die Verwaltungsgerichtsbarkeit im Verhältnis zur Arbeitsverwaltung und Sozialversicherung« (1949), »Bemerkungen zum Bundesbeamtenrecht« (1950) und

»Zuständigkeit der Verwaltungsgerichte für Entscheidungen der Schwerbeschädigtenausschüsse und Hauptfürsorgestellen« (1950).

Durch die Veröffentlichungen im *Betriebs-Berater* hielt Wiltraut von Brünneck zugleich Kontakt mit dem Betreuer ihrer kriegsbedingt gescheiterten Promotion Wolfgang Siebert, der im Januar 1949 Gesellschafter des Verlags *Recht und Wirtschaft* geworden war. Der als »entlastet« eingestufte Doyen des nationalsozialistischen Arbeitsrechts betätigte sich zunächst als Repetitor in Göttingen. 1950 erhielt er einen Lehrauftrag für Arbeitsrecht an der dortigen Universität. Im Jahr darauf wurde er als Rechtsanwalt zugelassen und vertrat ab dem Wintersemester 1951/52 den Lehrstuhl des beurlaubten DFG-Präsidenten Ludwig Raiser. Die Lehrstuhlvertretung ebnete ihm den Weg zurück in die Wissenschaft. Anfang 1953 beantragte die Göttinger Fakultät beim niedersächsischen Kultusminister, Wolfgang Siebert ein Ordinariat zu übertragen. »Professor Siebert ist ein sehr guter Lehrer, ungemein kenntnisreich, fleissig und produktiv«, schrieb der Dekan Werner Weber. »[E]r beherrscht sein Spezialgebiet, das Arbeitsrecht, bis in alle Einzelheiten und gibt davon in zahlreichen, von der Wirtschaft stark beachteten Artikeln, namentlich in der Zeitschrift ›Der Betriebsberater‹, Kenntnis. Seine Aufnahme in den Schoss der Fakultät würde für diese in jeder Hinsicht einen Gewinn bedeuten.«[9] Das Ministerium folgte dem Antrag. Im August 1953 wurde Wolfgang Siebert zum ordentlichen Professor für Bürgerliches, Handels- und Wirtschaftsrecht an der Universität Göttingen ernannt. 1957 folgte er einem Ruf nach Heidelberg, wo er 1934 als junger Lehrstuhlvertreter die Studentinnen Wiltraut von Brünneck, Marie Luise Hilger und Anneliese Cüny kennengelernt hatte.

Während Marie Luise Hilger ihrem Doktorvater eng verbunden blieb – Siebert betreute ihre Habilitation –,[10] ist über Wiltraut von Brünnecks Kontakt zu ihm nichts Näheres bekannt. Als Wolfgang Siebert 1959 im Alter von nur 54 Jahren verstarb, hielt die Heidelberger Fakultät eine Gedenkstunde zu seinen Ehren ab. Auf der Einladungsliste standen auch die inzwischen zur Richterin am Bundesarbeitsgericht ernannte Marie Luise Hilger, die Karlsruher Amtsgerichtsrätin Anneliese Cüny, und die Ministerialrätin Wiltraut von Brünneck aus Wiesbaden. Sie alle kamen »gern«, wie sie in ihren Anmeldungsschreiben vermerkten. Wiltraut von Brünneck ließ den Dekan der Heidelberger Fakultät wissen, dass sie sich dem verstorbenen Professor »durch eine langjährige enge Bekanntschaft sehr verbunden fühle«.[11]

Die Titel der Beiträge im *Betriebs-Berater* zeigen die Bandbreite der arbeits- und sozialrechtlichen Probleme, mit denen sie befasst war. Aber kein Thema verlangte ihr so viel ab wie das Streikrecht, das im »Roten Hessen« nicht eine Rechtsmaterie unter vielen war, sondern Chefsache. Als Sozialdemokrat konnte Georg August Zinn keine Konflikte mit den Gewerkschaften riskieren, war aber dennoch darum bemüht, das Streikgeschehen in geordnete Bahnen zu lenken. Als im SpätSommer 1951 ein wilder Landarbeiterstreik Niedersachsen erschütterte – Ausläufer waren auch in Nordhessen zu spüren –, war Zinn mit der Frage konfrontiert, »inwieweit Ausschreitungen bei Streiks von amtswegen strafrechtlich verfolgt werden« sollten. Als Justizminister konnte er den Staatsanwaltschaften in dieser Frage Vorgaben machen und hielt es für zweckmäßig, »bei Arbeitskämpfen neutral zu bleiben [...] und [...] daher, das Vorliegen eines öffentlichen Interesses an der Strafverfolgung weitgehend verneinen zu müssen«.[12]

Der Landarbeiterstreik gab Anlass dazu, endlich die letzten Zweifelsfragen über die Tragweite der verfassungsrechtlichen Garantie des Streikrechts zu klären. Der Ministerpräsident bestellte daher den Leiter der Abteilung I seines Justizministeriums Ministerialrat Hugo Berger und dessen Referentin Regierungsdirektorin Wiltraut von Brünneck zum persönlichen Vortrag in Sachen Streikrecht ein. »Um für die interessierten Kreise (offenbar in erster Linie die Gewerkschaften), die möglicherweise falsche rechtliche Vorstellungen haben, Klarheit zu schaffen«, erbat er von seinen Verfassungsrechtsexperten ein »kurze[s] Gutachten« über die Bedeutung des Streikartikels der Hessischen Verfassung.[13] Der Auftrag band die Kapazitäten des Referats Ia für rund zwei Monate. Die Hauptlast trug Wiltraut von Brünneck. Auf der Grundlage eines Vorgutachtens ihres Vorgesetzten und der Materialsammlung eines Kollegen stellte sie in wenigen Wochen ein Gutachten zusammen,[14] das die Fragen des Ministerpräsidenten so umfassend und differenziert wie möglich beantwortete. »Zusammenstellen« ist eine höfliche Untertreibung, mit der die Urheberschaft des Abteilungsleiters unterstrichen werden sollte. In Wirklichkeit stammen die meisten rechtlichen Einschätzungen und Argumente aus der Feder Wiltraut von Brünnecks. Noch war sie nicht in der Position, ihren Namen unter maßgebliche Dokumente zu setzen. Georg August Zinn dürfte aber gewusst haben, wer hinter dem Elaborat stand – das »kurze Gutachten« hatte sich zu einer 30-seitigen Abhandlung ausgewachsen.[15]

Georg August Zinn betraute Wiltraut von Brünneck immer wieder mit »Sonderaufgaben«, die sie zusätzlich zu ihrem ohnehin schon erdrückenden Arbeitspensum erledigen musste (bis ca. 1950 war sie auch noch als nebenamtliche Richterin am Verwaltungsgericht Wiesbaden tätig). So sollte die Referentin Anfang 1951 für den ersten Nachkriegsband des *Jahrbuchs des öffentlichen Rechts* »mit Genehmigung und auf Wunsch des Herrn Ministers« eine Darstellung über »die Genese und Systematik« der Hessischen Verfassung verfassen. Nachdem die zugesagte dienstliche Entlastung für diesen Sonderauftrag ausblieb, bemühte sie sich, die Mehrarbeit in ihrer Freizeit zu erledigen, zog sich jedoch eine »zweimalige Grippeerkrankung« zu und musste schließlich feststellen, dass »sich die Beschaffung und Sichtung des Materials für den Beitrag als schwieriger erwiesen [hatte,] als vorauszusehen war«. Sie beantragte daher eine Dienstbefreiung von »wenigstens 14 Tage[n]«, um den Beitrag noch irgendwie »innerhalb der nächsten Wochen« abschließen zu können.[16] Ob sie die Abgabefrist einhalten konnte, ist ungewiss. Die 40-seitige Abhandlung erschien erst drei Jahre später in Band 3 des *Jahrbuchs des öffentlichen Rechts*.[17]

Wenn der Ministerpräsident eine komplexe, meist politisch brisante verfassungsrechtliche Frage geklärt haben wollte, wandte er sich mitunter – ohne Rücksicht auf den Dienstweg – direkt an Wiltraut von Brünneck. So gab er etwa im Februar 1952 bei dem »Fräulein Regierungsdirektor Dr. [sic!] v. Brünneck« ein »kurzes schriftliches Gutachten« über die Auslegung des Artikels 108 der Hessischen Verfassung in Auftrag. Die Vorschrift regelt die Befugnis der Landesregierung zur Ernennung der Landesbeamten, die das Kabinett wiederholt durch einfachen Beschluss auf andere Dienststellen übertragen hatte. Da die Zulässigkeit dieser Übertragung »von gewisser Seite« bestritten wurde, erbat der Ministerpräsident Wiltraut von Brünnecks Einschätzung zu der Frage und, falls sie ebenfalls zu der Auffassung kommen sollte, »auch um einen Vorschlag, in welcher Weise man am zweckmäßigsten die fehlerhaften Ernennungen der Vergangenheit heilt.«[18]

Die Referentin erstattete das gewünschte Gutachten ganz im Sinne des Ministerpräsidenten: Die Ernennungen seien wirksam und bedürften daher keiner Heilung. Vorsorglich zeigte sie aber Möglichkeiten auf, wie »für die Zukunft« alle Zweifel ausgeschlossen werden könnten.[19] Anders als ihr Auftraggeber hielt sie den Dienstweg ein und gab das Gutachten zuerst an ihren Vorgesetzten Hugo Berger, der seine Verärgerung über den unmittelbaren Zugriff des Ministerpräsidenten auf »sein« Personal nur mit Mühe verbergen konnte: »Ich übersende hiermit das mit dem oben bezeichneten Schreiben von meiner Referentin, Regierungsdirektorin v. Brünneck, unmittelbar erbetene Gutachten.«[20] Hugo Berger sollte mit Wiltraut von Brünneck noch bis Anfang 1953 im hessischen Justizministerium zusammenarbeiten. 1954 wurde er zum Richter des neu gegründeten Bundesarbeitsgerichts gewählt, 1959 zum Richter des Bundesverfassungsgerichts. In dessen Ersten Senat war er unter anderem mit Fragen des Kollektivarbeitsrechts befasst,[21] die er ab 1963 wieder mit seiner früheren Referentin diskutieren konnte – diesmal ohne jede Statushierarchie.

Zu Beginn des Jahre 1952, als sie für Zinn das Gutachten zu Art. 108 der Hessischen Verfassung erstellte, arbeitete Wiltraut von Brünneck bis zur Erschöpfung und darüber hinaus. Die Abteilung I des Justizministeriums war aufgrund des »wochenlange[n] Ausfall[s] eines Mitarbeiters in einer Zeit besonders starken Arbeitsanfalls« völlig überlastet. Zu allem Überfluss hatte sie der Ministerpräsident noch mit einem weiteren »größeren Sonderauftrag« betraut.[22] Die übermäßige dienstliche Inanspruchnahme brachte die Vierzigjährige dem physischen und psychischen Zusammenbruch nahe. Ihr Arzt bescheinigte dem »Fräulein Regierungsdirektor« Mitte Februar 1952, infolge fortgesetzter Überarbeitung an Erschöpfungserscheinungen des Kreislaufes und des Nervensystems zu leiden. Sie solle so bald wie möglich für drei bis vier Wochen eine südliche Höhenlage aufsuchen.[23] Wiltraut von Brünneck nahm drei Wochen Urlaub zur Wiederherstellung ihrer Gesundheit. Statt eine südlichen Höhenlage aufzusuchen, reiste sie nach Karlsruhe,[24] wo ihre Freundin Anneliese Cüny seit einem Jahr eine Planstelle als Amtsgerichtsrätin innehatte.

Wenige Tage vor Urlaubsantritt war Wiltraut von Brünneck ein weiteres Amt übertragen worden. Die Kirchensynode der Evangelischen Kirche in Hessen und Nassau hatte sie am 15. Februar 1952 zum Mitglied des neu gegründeten kirchlichen Verfassungs- und Verwaltungsgerichts gewählt. Den Vorschlag verdankte sie dem Leiter der Personalabteilung des Justizministeriums Hans Puttfarcken, der dem Benennungsausschuss der Kirchensynode vorsaß. Puttfarcken lobte seine Kandidatin in den höchsten Tönen: »Fräulein von Brünneck, Tochter des früheren Ministerialrats im Preußischen Justizministerium von Brünneck, 39 Jahre alt, das einzige Mitglied der hessischen Justiz, das sämtliche Examina mit Auszeichnung bestanden hat« – das Protokoll der Synode vermerkt hier »Beifall« –, »ohne richterliche Erfahrung, dafür aber einer der erfahrensten Juristen in Deutschland im öffentlichen Recht; auch jetzt ist sie im öffentlichen Recht tätig. Sie war in sehr jungen Jahren, ich glaube, wohl mit 32 Jahren, selbständige Referentin für Grundbuchwesen im Preußischen Justizministerium; ich darf versichern, daß das wohl fast einmalig ist, daß jemand in diesem Alter dazu kam.«[25]

Wiltraut von Brünneck wurde zum Mitglied der ersten Kammer des Gerichts bestimmt, die für das kirchliche Verfassungsrecht zuständig war. Den Vorsitz führte der Präsident des Landgerichts Frankfurt am Main Joachim Greiff, der bis 1949 Wiltraut von Brünnecks unmittelbarer Vorgesetzter in der Abteilung I des Justizministeriums gewesen war. Das erste Urteil des Kirchengerichts, das sie als Berichterstatterin vorbereitete, erging 1955 in einem Rechtsstreit zwischen einer Frankfurter Kirchengemeinde und der Synode über die Gründung des Frankfurter Gemeindeverbandes. Die Anträge der Gemeinde wurden als unzulässig zurückgewiesen, da das Kirchenrecht keinen statthaften Rechtsbehelf vorsah. »Der kirchliche Gesetzgeber geht [...] erkennbar davon aus«, heißt es in den Entscheidungsgründen, »daß im kirchlichen Raum Streitigkeiten in der Regel auf andere Weise und durch andere Instanzen beizulegen sind und ein formelles gerichtliches Verfahren hierzu nur in bestimmten Fällen als geeignet und notwendig erscheint«.[26] Aufgrund dieser beschränkten Zuständigkeit des Kirchengerichts hielt sich die mit dem Richteramt verbundene Arbeitslast in Grenzen. Zwischen 1955 und 1963 sind nur zwei weitere Verfahren verzeichnet, in denen Wiltraut von Brünneck als Berichterstatterin fungierte.[27] Dem Gericht gehörte sie – mehrfach wiedergewählt – bis zu ihrem Tod an.

»Trommelfeuer« für die Gleichberechtigung

Wiltraut von Brünneck entwickelte sich im hessischen Justizministerium zu einer Beamtin, die nicht nur die Vorgaben ihrer Vorgesetzten umsetzte, sondern das politische Geschehen aufmerksam verfolgte und, wo es ihr opportun erschien, eigene Akzente setzte. Sie war in diesem (untechnischen)[28] Sinne eine politische Beamtin. Ihr Handlungsspielraum war selbstverständlich durch die staats- und parteipolitischen Ziele und Interessen ihres Ministerpräsidenten begrenzt. Doch stellte dies für Wiltraut von Brünneck kein Hindernis dar. Ihre politischen Anliegen deckten sich weitgehend mit denen Georg August Zinns, in dessen Umfeld sie – auch ohne SPD-Parteibuch – »sozialdemokratisiert« worden war. Exemplarisch dafür steht ihr Einsatz für die Verwirklichung des grundgesetzlichen Gleichberechtigungsgebots, die in der jungen Bundesrepublik nur schleppend vorankam. Im Parlamentarischen Rat hatte Wiltraut von Brünneck gemeinsam mit Elisabeth Selbert und Georg August Zinn das Konzept der »Gleichberechtigung nach Fristablauf« durchgesetzt, das seine Leistungsfähigkeit nun beweisen musste: Bis zum 31. März 1953 hatte der Bundesgesetzgeber Zeit, das dem Art. 3 Abs. 2 GG entgegenstehende Recht an die Vorgaben des Grundgesetzes anzupassen.

Die Verwirklichung der Gleichberechtigung stand auf der Agenda der konservativ-liberalen Regierungskoalition aus CDU/CSU, FDP und DP nicht an erster Stelle. Am 15. Juli 1952 verabschiedete die Bundesregierung den Entwurf eines Familienrechtsgesetzes, das die Gleichberechtigung von Mann und Frau auf dem Gebiet des bürgerlichen Rechts herstellen sollte.[29] Als der Entwurf den Bundestag im Oktober 1952 erreichte, blieben gute fünf Monate, um innerhalb der Frist des Art. 117 Abs. 1 GG zu einer verfassungskonformen Neuregelung zu kommen. Wiltraut von Brünneck war mit der Familienrechtsreform nicht dienstlich befasst, wirkte aber im »Aktionsausschuss« für die Gleichberechtigung der Frau im Familienrecht mit, der unter dem Dach des überparteilichen Frauenverbands Hessen das Gesetzgebungsvorhaben kritisch begleitete.[30]

Schon im Juni 1952 hatten die organisierten hessischen Frauen von der »Frauenreferentin« im Bundesinnenministerium Dorothea Karsten erfahren, dass alsbald mit dem Entwurf eines Familienrechtsgesetzes zu rechnen sei. Sie mobilisierten daraufhin ihre Verbündeten. Der hessische Ministerpräsident wurde gebeten, bei den anstehenden Beratungen des Gesetzentwurfs im Bundesrat Juristinnen zuzuziehen, »die besonders intensiv an den Fragen der neuen Familienrechtsgesetzgebung gearbeitet haben und zum Teil auch in einer grossen Zahl von Vortragsveranstaltungen die Meinung der Frauen, die ja in erster Linie betroffen werden, kennengelernt haben«. Unter den Vorgeschlagenen waren Elisabeth Selbert und Wiltraut von Brünneck.[31] Der Regierungsentwurf des Familienrechtsgesetzes entsprach keineswegs dem, was sich die Konstrukteurinnen der »Gleichberechtigung nach Fristablauf« erwarteten. Die *Vereinigung weiblicher Juristen und Volkswirte* – der spätere *Deutsche Juristinnenbund*, dem auch Elisabeth Selbert und Wiltraut von Brünneck angehörten –,[32] beanstandete in einer Stellungnahme das Letztentscheidungsrecht des Mannes in Eheangelegenheiten, das väterliche Alleinvertretungsrecht für die Kinder und den sogenannten Stichentscheid des Vaters bei Uneinigkeit in Erziehungsfragen.[33]

Der hessische Aktionsausschuss teilte die Kritik.[34] Im September 1952 kam er auf Einladung Georg August Zinns im hessischen Justizministerium zusammen, wo Wiltraut von Brünneck – als eigentliche Gastgeberin – gemeinsam mit ihren Mitstreiterinnen eine Stellungnahme zur Behandlung des Gesetzentwurfs im Bundestag ausarbeitete. Die hessischen Frauen verlangten die Einsetzung eines Sonderausschusses, in dem weibliche Abgeordnete maßgeblich vertreten sein sollten. Außerdem baten sie Zinn darum, Vertreterinnen des Aktionsausschusses »zu einem der nächsten Bierabende« der Bundestagsabgeordneten aus Hessen einzuladen, »um die Wünsche vieler Frauen gerade unseren Abgeordneten nahe zu bringen«.[35]

Am 27. November 1952 fand die erste Lesung des Gesetzentwurfs im Bundestag statt. Nach einer wenig engagierten Debatte in den Abendstunden lehnte das Plenum mit den Stimmen der Regierungsfraktionen die von der SPD beantragte Einsetzung eines Sonderausschusses ab und überwies den Entwurf an den Rechtsausschuss.[36] Dieser war aber »bis oben au[f] mit Arbeit vollgepfropft«, so dass es ausgeschlossen erschien, dass das Familienrechtsgesetz noch rechtzeitig verabschiedet werden würde.[37] Eine Delegation des hessischen Aktionsausschusses war nach Bonn gereist, um die Debatte von den Zuschauerrängen des Plenarsaals aus zu verfolgen. Sie kehrte ernüchtert nach Hessen zurück. Wiltraut von Brünneck nahm daraufhin – vermittelt durch die Düsseldorfer Verwaltungsrichterin Hildegard Krüger – »Fühlung« mit dem Abgeordneten Walter Menzel auf, der sich »innerhalb der SPD-Fraktion mit dem Familienrecht beschäftigt[e]« und »als Geschäftsführer der SPD-Fraktion eine wichtige Position« innehatte. Sie ließ Menzel wissen, »dass die hessischen Frauen über den Verlauf der Debatte im Bundestag sehr enttäuscht gewesen« seien.[38] Die Enttäuschung gründete nicht zuletzt auf der mäßigen »rhetorische[n] Form«,[39] in der die Position der SPD zum Gesetzentwurf vorgetragen worden war. Die Aufgabe war Friederike Nadig zugefallen, der schon im Grundsatzausschuss des Parlamentarischen Rates die rhetorischen Mittel gefehlt hatten, um wirkungsvoll für die Gleichberechtigung einzutreten.

Es war gewiss kein Zufall, dass die hessischen Frauen sich nicht an Friederike Nadig wandten, sondern an ihren einflussreichen Fraktionskollegen Walter Menzel, der von 1946 bis 1950 als nordrhein-westfälischer Innenminister amtiert hatte. Zwischen dem Minister a. D. und der Regierungsdirektorin entwickelte sich eine lebhafte Korrespondenz darüber, wie in Sachen Gleichberechtigung weiter verfahren werden sollte. Ihr und den »massgebenden Vertreterinnen der hessischen Frauenverbände« scheine es nicht richtig zu sein, schrieb Wiltraut von Brünneck, »zu resignieren und auf eine Beratung des Gesetzentwurfs durch den jetzigen Bundestag zu verzichten«. Der Aktionsausschuss lehne eine Verlängerung der Frist des Art. 117 Abs. 1 GG ab. Denn »nach den bisherigen Erfahrungen« bedeute »jede weitere Verschiebung nur eine Verwässerung der Gleichberechtigung«. Man müsse »nur die geradezu prophetischen Worte von Frau Dr. Selbert in den Debatten des Parlamentarischen Rates nachzulesen, um zu sehen, wie sehr si[ch] schon seit 1949 die Auffassung zu Ungunsten der Frauen verschoben« habe. Der Bundesregierung warf sie vor, »schon seit geraumer Zeit auf eine Vertagung« zu spekulieren. Dass das Kabinett die Vorlage des Entwurfs so lange verzögert habe, sei »nur mit taktischen Gesichtspunkten« zu erklären:

»Wenn man bedenkt, welche Fülle von zum Teil überflüssigen, jedenfalls aber weniger wichtigen Gesetzesvorlagen inzwischen von der Bundesregierung dem Bundestag vorgelegt worden sind, so ist es schlechterdings nicht mehr zu verstehen, weshalb der Entwurf, dessen Vorlage von der Verfassung gefordert wird, jetzt erst in den Bundestag gelangt. [...] Hoffen wir, dass die SPD auch insoweit ihrem Ruf als Vorkämpferin der Gleichberechtigung der Frauen treu bleibt.«[40]

Menzel zeigte sich besorgt, dass bei einem Ablauf der Frist des Art. 117 Abs. 1 GG und einem automatischen Außerkrafttreten des alten Familienrechts ein »Durcheinander in der Rechtsprechung« eintreten werde, das »der Forderung nach der Gleichberechtigung viel an Stoßkraft nehmen« könnte. »Hierzu Ihre Meinung und die der hessischen Frauen zu hören, wäre mir sehr interessant«, schrieb er an Wiltraut von Brünneck.[41] Sie antwortete mit dem ihr eigenen Pragmatismus:

»Falls die Verabschiedung des Entwurfs etwa erst bis zum Mai oder Juni 1953 gelingen sollte, so könnte hierdurch kein großer Schaden entstehen. Die Rechtsunsicherheit von 2 – 3 Monaten ist immer noch das kleinere Risiko gegenüber dem größeren, dass die Verwirklichung der Gleichberechtigungen ad callendas [sic!] graecas hinausgeschoben wird.«[42]

Da sich Wiltraut von Brünneck offenbar nicht sicher war, ob Menzel und seine Genossen daraus die richtigen Schlüsse ziehen würden, bot sie ihm an, mit Hildegard Krüger, ihr selbst oder mit den »entsprechenden Vertreterinnen der hessischen Frauen« die »taktischen und sachlichen Fragen« zu erörtern.[43] Die Bedenken des Abgeordneten waren in der Tat nicht ganz »weggeräumt«. Er sah die Gefahr einer »buntscheckige[n]« Rechtsprechung »bis zum kleinsten Amtsgericht hinunter«.[44] Dass die Gefahr einer ständigen Vertagung der Gleichberechtigung durch eine verfassungsändernde Fristverlängerung viel größer war, erkannte er nicht.

Wiltraut von Brünneck reagierte alarmiert auf Menzels zurückhaltende Antwort, die eine Zustimmung der SPD zu einer Verlängerung der Frist des Art. 117 Abs. 1 GG nicht unwahrscheinlich erscheinen ließ. Kurz nach NeuJahr 1953 schrieb sie der Geschäftsführerin des hessischen Frauenverbandes, dass »jetzt im Januar ein Trommelfeuer auf die Bundestagsabgeordneten niedergehen müsse, in dem sämtliche Frauenverbände kategorisch verlangen, dass das Familienrechtsgesetz noch von diesem Bundestag verabschiedet wird«. Es komme nicht darauf an, ob die Verabschiedung bis zum 1. April 1953 gelinge, wenn sie nur in der laufenden Legislaturperiode stattfinde. Die Rechtsunsicherheit könne für einige Monate hingenommen werden. »Ehe die Praxis wirklich realisiert, dass das alte Familienrecht nicht mehr gilt, wird das neue dann schon da sein«, gab sich die pragmatische Juristin zuversichtlich. Für die wenigen Fälle, die in der Zwischenzeit streitig werden würden, würden die Gerichte »schon einen Weg finden«. Sie könnten etwa »mit allen Vorbehalten aus dem Grundsätzlichen doch auch einige Ergebnisse und Erfahrungen der ostzonalen Rechtsprechung übernehmen«.[45]

Am 13. Januar 1953 kam der Aktionsausschuss des Frauenverbandes Hessen erneut in Wiesbaden zusammen, »um Frau Dr. v. Brünneck eine Teilnahme zu ermöglichen«.[46] Die Frauen eröffneten das »Trommelfeuer« für die Gleichberechtigung mit einem ausführlichen Schreiben an Walter Menzel:

»Wir meinen, dass in erster Linie mit allen Mitteln versucht werden sollte, eine dem Art. 3 GG entsprechende Familienrechtsreform noch von diesem Bundestag zu verabschieden. Wir verkennen nicht die technischen Schwierigkeiten, die dem entgegenstehen, halten sie aber nicht für unüberwindlich, besonders dann nicht, wenn der Bundestag noch etwa bis Juni dieses Jahres aktionsfähig sein sollte. [...] Wenn der Bundestag [...] bereit und willens ist, den Entwurf noch in dieser Wahlperiode zu verabschieden, so könnte man erwägen, durch eine Verfassungsänderung die Frist des Art. 117 um wenige Monate, also längstens bis zum Ende der Wahlperiode hinauszuschieben. Wir würden aber eine solche Fristverlängerung nicht für notwendig halten, weil eine Rechtsunsicherheit von wenigen Monaten ohne weiteres in Kauf genommen werden kann. [...] Zwar wäre eine solche Situation für den deutschen Richter etwas ungewöhnlich, aber wir haben das Vertrauen, dass er ebenso wie der englische und amerikanische Richter und vielleicht besser als der Richter in der Sowjetzone mit diesem Problem fertig werden wird.«[47]

Wiltraut von Brünnecks Einfluss auf Inhalt und Formulierung ist unverkennbar. Sie setzte nicht nur die Schreiben des Aktionsausschusses auf, sondern organisierte auch mit Unterstützung Georg August Zinns eine »Zusammenkunft für eine Aussprache in der Familienrechtsgesetzgebung zwischen einer Gruppe Hessischer Frauen (nach Möglichkeit aus dem Fach) und Bundestagsabgeordneten«, die am 22. Januar 1953 in Bonn stattfand.[48] Enttäuscht mussten die Frauen feststellen, dass nur vier Abgeordnete gekommen waren.[49] Aufgrund von Informationen, die sie Anfang März 1953 »fernmündlich aus Bonn« erhielt, rechnete Wiltraut von Brünneck mit dem Schlimmsten. Im Rechtsausschuss des Bundestages sei man sich darüber einig geworden, berichtete sie Elisabeth Selbert in einem eiligen Brief, dass eine Verabschiedung des Gesetzes in der laufenden Legislaturperiode nicht mehr möglich sei. Die SPD werde einer Fristverlängerung zustimmen, von der nur das Arbeitsrecht ausgenommen werden solle. Wiltraut von Brünneck zeigte sich besorgt:

»Nach diesen Informationen habe ich die größten Befürchtungen, daß die Sache nun doch schief läuft, wenigstens für das Familienrecht. Sicher ist schon Wesentliches für die Frauen gewonnen, wenn wenigstens auf dem Gebiete des Arbeitsrechts die Gleichberechtigung ab 1. April restlos durchgeführt werden muß [...]. Aber das Kerngebiet der Gleichberechtigungsfrage bleibt doch nach wie vor das Familienrecht, und wenn wir hier eine Verfassungsänderung erleben, so weiß niemand, wann und ob überhaupt die Gleichberechtigung jemals noch kommt.«

Eindringlich bat sie Elisabeth Selbert darum, die SPD davon abzubringen, sich »auf Teillösungen der vorgeschlagenen Art« einzulassen: »Soweit ich es beurteilen kann, besteht auch für die SPD kein Grund, in dieser Frage, in der die Schuld so eindeutig bei der Regierung liegt, für die Koalitionsparteien die Kastanien mit aus dem Feuer zu holen.« Auch mit dem »Herrn Ministerpräsidenten« wollte sie noch einmal sprechen.[50]

Der Einsatz zahlte sich aus, zumindest teilweise. Die SPD lehnte eine Änderung des Art. 117 Abs. 1 GG schließlich ab und forderte, das Familienrechtsgesetz noch in der laufenden Legislaturperiode zu verabschieden. Für die Sozialdemokraten sprach erneut Friederike Nadig, die an ihrer Rhetorik gearbeitet hatte: »[W]ir haben auch ernstlichen Grund zu der Befürchtung, daß die beantragte Änderung des Grundgesetzes eine Vertagung dieser gesetzgeberischen Aufgabe auf den Sankt-Nimmerleins-Tag bedeutet.«[51] Etwas vornehmer, aber gleichsinnig hatte es Wiltraut von Brünneck in einem ihrer Briefe an Walter Menzel formuliert: »ad calendas graecas«. Nicht nur an dieser Stelle von Nadigs Rede drängt sich der Eindruck auf, dass Menzel seiner Fraktionskollegin die Korrespondenz mit der hessischen Regierungsdirektorin zur Vorbereitung ihrer Rede überlassen hatte. Von einem »eintretenden Chaos, ja, von einer Katastrophe auf dem Gebiete des Familienrechts« nach Fristablauf wollte Friederike Nadig – wie Wiltraut von Brünneck – nichts wissen. Es entstehe am 31. März 1953 kein Vakuum, vielmehr gelte das Grundgesetz als unmittelbar anwendbares Recht, bei dessen Ausgestaltung die »umfangreichen Auseinandersetzungen über diesen ganzen Fragenkomplex, die in den letzten Jahren im Parlament und in juristischen Fachkreisen geführt« worden seien, »gewisse Anhaltspunkte« bieten könnten.[52]

Die SPD verhinderte die Fristverlängerung, scheiterte aber mit ihrem Antrag auf Einsetzung eines Sonderausschusses. So verstrich am 31. März 1953 die Frist des Art. 117 Abs. 1 GG, ohne dass das Familienrecht geändert worden wäre. Ein halbes Jahr später endete die Wahlperiode des ersten Deutschen Bundestages und der Gesetzentwurf verschwand in der Versenkung der parlamentarischen Diskontinuität. Der Ball lag nun im Feld der Dritten Gewalt, die dem »Verfassungswidrigwerden« weiter Teile des überkommenen Familienrechts Rechnung tragen musste. Der historische Zufall will es, dass das Verfahren, an dem sich die Dinge entscheiden sollte, in Wiesbaden seinen Ausgang nahm. Dort wollten sich nämlich die Eheleute Hildegard und Fritz Kühn scheiden lassen – »ein Allerweltsfall für ein Familiengericht, aber nun plötzlich unlösbar«, schreibt Thomas Darnstädt in seiner Rekonstruktion des Verfahrens:

»Denn Frau Kühn wollte einen Vorschuss von ihrem Ehemann für die Prozesskosten haben. Das Geld hätte Herr Kühn nach den überkommenen Regeln des BGB auch herausrücken müssen, wer auch sonst, war er doch Inhaber und Verwalter des gesamten ehelichen Vermögens. Galt das noch?«[53]

Wiltraut von Brünneck hatte sich zuversichtlich gezeigt, dass die Gerichte das »Chaos im Patriarchat«[54] durch einen Rückgriff auf den Gleichberechtigungsgrundsatz des Art. 3 Abs. 2 GG pragmatisch beseitigen würden. Doch so einfach machte es sich das Oberlandesgericht Frankfurt am Main nicht. Es befasste vielmehr das Bundesverfassungsgericht mit der Angelegenheit, nicht etwa, weil es das Familienrecht für verfassungswidrig hielt – daraus hätte es selbst die Konsequenz ziehen müssen –, sondern weil es davon ausging, dass die Verfassungsbestimmung des Art. 117 Abs. 1 GG selbst nichtig sei. Der Artikel verletze »die übergeordneten Grundsätze der Rechtssicherheit und der Gewaltenteilung«, indem er den Gerichten die Herstellung verfassungskonformer Zustände überlasse, meinten die Frankfurter Oberlandesgerichtsräte.[55] Der Bundesgerichtshof stimmte ihnen zu und steuerte eine naturrechtliche Begründung bei. Die Familie sei »nach der Schöpfungsordnung eine streng ihrer eigenen Ordnung folgende Einheit«. Mann und Frau seien »ein Fleisch«, an diesen »Urtatbestand [...] Rechtsformen gesellschaftlicher Art herantragen zu wollen« sei widersinnig, denn der Mann zeuge die Kinder, die Frau empfange, der Mann sei das Haupt der Familie, die Frau widme sich der inneren Ordnung. An dieser »fundamentalen Verschiedenheit« könne »das Recht nicht doktrinär vorübergehen, wenn es nach der Gleichberechtigung der Geschlechter in der Ordnung der Familie« frage.[56]

Die westdeutsche Justiz wollte die »Gleichberechtigung nach Fristablauf« als mit der Schöpfungsordnung unvereinbares Menschenwerk kurzerhand außer Kraft setzen.

Doch das Konstrukt, das Elisabeth Selbert und Wiltraut von Brünneck im Parlamentarischen Rat erarbeitet hatten, bewährte sich in den Händen der einzigen Richterin des Bundesverfassungsgerichts Erna Scheffler, die zur Berichterstatterin in der Gleichberechtigungssache bestimmt wurde. Schon sechs Tage nach Eingang der Vorlage präsentierte sie einen Entscheidungsvorschlag. Nach einigem Hin und Her gelang es Erna Scheffler, den Senat davon zu überzeugen, dass eine Entscheidung in der Sache trotz der (nicht ganz unbegründeten) Zweifel an der Zulässigkeit der Richtervorlage angebracht war. Am 18. Dezember 1953 verkündete der Senat sein Urteil: »Artikel 117 Absatz 1 GG ist insoweit wirksam, als er das dem Artikel 3 Absatz 2 entgegenstehende bürgerliche Recht auf dem Gebiete von Ehe und Familie mit Ablauf des 31. März 1953 außer Kraft setzt.« Das Gleichberechtigungsgebot sei nach Ablauf der Frist unmittelbar anwendbar und verpflichte die Gerichte, Gesetzeslücken »in schöpferischer Rechtsfindung zu schließen«.[57]

Regiment der Zinn-Soldaten

Unter der immer noch kleinen Zahl von Juristinnen in der jungen Bundesrepublik machte sich Wiltraut von Brünneck rasch einen Namen. Als das Bundesinnenministerium im Herbst 1952 die *Vereinigung weiblicher Juristen und Volkswirte* aufforderte, »geeignete Richterinnen« für das in Berlin gegründete Bundesverwaltungsgericht vorzuschlagen, benannte der Vorstand vier Kandidatinnen: die Berliner Landgerichtsdirektorin Lucia Finger, die beiden Düsseldorfer Verwaltungsrichterinnen Hildegard Krüger und Charlotte Schmitt und die hessische Regierungsdirektorin Wiltraut von Brünneck.[58] Nur zwei der Vorgeschlagenen schafften es auf die Liste »von Herren«, die das Ministerium »in die engere Wahl« zog: Wiltraut von Brünneck und Charlotte Schmitt.[59] Die Vorstellungsgespräche führten die beiden Staatssekretäre Hans Ritter von Lex (CSU) und Karl Theodor Bleek (FDP). Wiltraut von Brünneck scheint dabei keinen schlechten Eindruck gemacht zu haben. Das Ministerium forderte wenig später ihre Personalakten zur Einsichtnahme an.[60]

Selbst wenn sie das Interesse der beiden Staatssekretäre geweckt haben mochte, war das kein Freifahrtschein nach Berlin. Über die Stellenbesetzung entschied nicht das Ministerium, sondern ein Richterwahlausschuss, der sich aus den Innenministern der Länder und einer gleichen Zahl von Bundestagsabgeordneten zusammensetzte. Der Bundesinnenminister führte den Vorsitz, hatte aber kein Stimmrecht.[61] Als der Richterwahlausschuss Ende Februar 1953 erstmals zusammentrat, stand Wiltraut von Brünnecks Name nicht auf der Vorschlagsliste.[62] Dem Ausschuss lagen die Lebensläufe von 21 Juristen vor – allesamt Männer. Die nächste Sitzung fand Mitte März 1953 statt. Auch diesmal war die hessische Regierungsdirektorin nicht unter den Vorgeschlagenen, wohl aber Charlotte Schmitt. Wiltraut von Brünneck konnte zwar die längere Vorbeschäftigung im höheren Staatsdienst und die besseren Examensnoten vorweisen. Als nebenamtliche Richterin am Verwaltungsgericht Wiesbaden und Mitglied des kirchlichen Verfassungs- und Verwaltungsgerichts verfügte sie zudem über praktische richterliche Erfahrung. Dennoch machte Charlotte Schmitt das Rennen.

Weshalb Wiltraut von Brünneck den Kürzeren zog, ergibt sich nicht aus den Akten.[63] Dass Charlotte Schmitt im CDU-regierten Nordrhein-Westfalen tätig war, dürfte ihre Ausgangslage gegenüber der Ministerialbeamtin aus dem »Roten Hessen« verbessert haben. Denn die Union hatte im Richterwahlausschuss eine Mehrheit. Möglicherweise profitierte Charlotte Schmitt von der Unterstützung Hildegard Gethmanns, die nicht nur Vorsitzende der *Vereinigung weiblicher Juristen und Volkswirte* war, sondern sich auch in der nordrhein-westfälischen CDU engagierte. In der Frühphase des *Juristinnenbundes* gaben konservative Juristinnen den Ton an, zu denen wohl auch Charlotte Schmitt zu rechnen war. Jedenfalls war sie – anders als Wiltraut von Brünneck – nicht als exponierte Vorkämpferin für die Gleichberechtigung in Erscheinung getreten, der man eine Nähe zur SPD hätte nachsagen können. Geradezu demonstrativ erschien Charlotte Schmitt zum Vorstellungsgespräch im Ministerium »mit Ehemann!«, wie in den Akten vermerkt wurde.[64] Der Ehemann Rudolf Schmitt war Oberlandesgerichtsrat in Düsseldorf. Er wurde ebenfalls im März 1953 zum Richter am Bundesgerichtshof gewählt. Den beiden Staatssekretären muss Charlotte Schmitt als die ideale Richterin für das Bundesverwaltungsgericht erschienen sein. Mehr als eine Frau war für die Erstbesetzung ohnehin nicht vorgesehen. Es sollte bis 1967 dauern, ehe der Richterwahlausschuss eine weitere Frau nach Berlin entsandte.

Die gescheiterte Kandidatur für das Bundesverwaltungsgericht war kein Hindernis für Wiltraut von Brünnecks weitere Karriere, wenn ihr ein Ortswechsel auch aus privaten Gründen attraktiv hatte erscheinen müssen. In der alten Heimat lebte seit Ende der vierziger Jahre wieder ihre Schwester Helga mit den Kindern – die einzigen näheren Verwandten, die ihr geblieben waren und die sie laufend finanziell unterstützte.[65] Nachdem die »Frauenstelle« am Bundesverwaltungsgericht anderweitig besetzt worden war, musste sie ihre Zukunft in der »Wahlheimat« Hessen einrichten, wo Georg August Zinn die Juristin seines Vertrauens für Hö-

ROTES HESSEN (1950–1963) 197

heres auserkoren hatte. Am 2. Feburar 1953 ernannte er sie zur Ministerialrätin. Zwei Monate später holte er sie in die Staatskanzlei, wo sie in leitender Position in seinem »Regiment der Zinn-Soldaten« dienen sollte, das »in verschnörkelten Altvillen der Kurstadt Wiesbaden untergebracht« war.[66] Der Wechsel markiert Wiltraut von Brünnecks Aufstieg zur Spitzenbeamtin. In der Staatskanzlei übernahm sie die Leitung der Abteilung IV »Bundesratsangelegenheiten«, wo sie ihre juristischen Fähigkeiten, ihr taktisches Geschick und ihre politische Initiative zum größten Nutzen des »Roten Hessen« einsetzen konnte.

Die Abteilung IV der Staatskanzlei war die bundespolitische Schaltstelle des Landes, in dem es bis 1963 kein Ministerium für Bundesangelegenheiten gab. Die Bundespolitik war in Zinns sozialdemokratischem Gegenentwurf zur Adenauerrepublik Chefsache, die er bei der »außergewöhnlich qualifizierte[n] Juristin« Wiltraut von Brünneck in den besten Händen sah.[67] Die Aufgabenteilung war klar: Der Ministerpräsident bestimmte die Agenda, die Abteilungsleiterin setzte diese in die (Rechts-)Praxis um. Der Bundesrat hatte dabei weitgehend instrumentellen Charakter. Es ging Georg August Zinn und seiner politisch denkenden Beamtin darum, aus Hessen heraus so viel sozialdemokratischen Einfluss auf die Bundespolitik zu nehmen, wie unter den widrigen Bedingungen der fünfziger Jahre möglich war. Eine Regierungsbeteiligung der SPD im Bund war in weiter Ferne. Umso wichtiger waren die Einflussmöglichkeiten des Bundesrats, in dem Hessen 1953 das einzige Land mit einer SPD-Alleinregierung war. Insgesamt kamen die Länder mit sozialdemokratischer Regierungsbeteiligung auf 23 Stimmen, denen nur 16 Stimmen aus dem Adenauerlager gegenüberstanden.

Ein Jahr nach Übernahme der Abteilungsleitung fertigte Wiltraut von Brünneck eine Übersicht über die bisherige Bundesratstätigkeit Hessens.[68] Daraus ergibt sich, dass das Land »nicht sehr häufig« mit eigenen Gesetzesvorschlägen auf die Bundespolitik Einfluss genommen hatte. Die Abteilungsleiterin betonte aber, dass die Zahl der Initiativ- und Änderungsanträge allein »kein geeigneter Maßstab« sei, um die Mitwirkung Hessens im Bundesrat zu würdigen. Der Schwerpunkt liege vielmehr auf der Ausschussarbeit. In den Ausschüssen, in denen die Länder durch Fachminister und deren Beauftragte vertreten waren, werde »die wesentliche Vorarbeit für die Beratung der Gesetzentwürfe« geleistet. Alle Länder versuchten, »schon bei diesen Ausschußberatungen ihre Auffassung durchzusetzen«.[69] Bei Gesetzentwürfen der Bundesregierung, die den Regelfall bildeten, hatten die Länder zweimal die Gelegenheit, Einfluss zu nehmen: Im »ersten Durchgang«, bei dem der Bundesrat vorab Stellung zu einer Regierungsvorlage nahm, und im »zweiten Durchgang«, bei dem der Bundesrat über seine Haltung zu dem vom Bundestag beschlossenen Gesetz entschied. In beiden Fällen bereiteten die Ausschüsse die Beschlussfassung des Plenums durch

Empfehlungen vor. Anders als im Plenum, wo die Stimmen nach Einwohnerzahl verteilt waren, hatten in den Ausschüssen alle Länder die gleiche Stimmenzahl, so dass es gelingen konnte, Beschlussempfehlungen gegen den parteipolitischen »Mainstream« zu formulieren. Diese Chance und die Notwendigkeit, (partei-)politische in fachliche Argumente zu übersetzen, um von den Fachkollegen im Ausschuss gehört zu werden, machte die Ausschussarbeit gerade für Hessen attraktiv, das mit seinen sozialdemokratischen Positionen im Plenum nur selten durchdringen konnte.

Einen Bundesratsausschuss hob Wiltraut von Brünneck besonders hervor: den Rechtsausschuss, in dem sie selbst das Land Hessen vertrat.[70] Formal setzte sich der Rechtsausschuss aus den Landesjustizministern zusammen, die aber in aller Regel Ministerialbeamte nach Bonn schickten. Georg August Zinn – in Personalunion Ministerpräsident und Justizminister – behielt mit der Entsendung Wiltraut von Brünnecks als hessische Vertreterin auch insoweit die Zügel in der Hand. Und das aus gutem Grund, denn der Rechtsausschuss war aufgrund seiner Aufgaben das Gremium, in dem das »Rote Hessen« den größten Einfluss auf die Bundespolitik nehmen konnte. Genau der richtige Ort also, um die Expertise der Juristin seines Vertrauens mit voller Wirkung einzusetzen. Wie die anderen Fachausschüsse des Bundesrates arbeitete der Rechtsausschuss diskret. Er beriet in nicht öffentlichen Sitzungen. Die Protokolle unterlagen der Geheimhaltung. Da seine Zuständigkeit der des Bundesjustizministeriums entsprach, wurden so gut wie alle Gesetzgebungsverfahren im Rechtsausschuss behandelt.

Hessen war im Rechtsausschuss für die ständige Mitberichterstattung im Arbeits- und Sozialrecht und im Nebenstrafrecht eingeteilt, beteiligte sich aber auch in anderen Rechtsmaterien mit eigenen Vorschlägen an den Beratungen. In den zehn Jahren, in denen sie das Land Hessen im Rechtsausschuss des Bundesrates vertrat, war Wiltraut von Brünneck an zahlreichen Gesetzgebungsverfahren beteiligt, übernahm dutzende Male den Vorsitz eines Unterausschusses oder einer Ad-Hoc-Kommission und brachte die hessischen Positionen durch Änderungsanträge und Stellungnahmen in die Ausschussberatungen ein. Vieles davon war »Kleinarbeit«, wie sie es ausdrückte.[71] Nicht selten standen aber die großen politischen Themen der Ära Adenauer auf der Tagesordnung. Bei diesen zog sich Wiltraut von Brünneck nicht auf diplomatische Floskeln zurück, sondern brachte die Position ihres Landes Hessen stets in deutlichen Worten zum Ausdruck. Auf die anderen Ausschussmitglieder – in den fünfziger Jahren waren das fast ausschließlich Männer – dürfte ihr selbstbewusstes Auftreten einigen Eindruck gemacht haben. Die Ausschussprotokolle legen nahe, dass sich manch ein Teilnehmer erst an die Kollegin gewöhnen musste. Da Wiltraut von Brünneck ihre Argumente stets in geschliffener juristischer Rhetorik vortrug, wurde sie

ROTES HESSEN (1950–1963)　　199

(fast) immer gehört, wenn es ihr auch in parteipolitisch umstrittenen Fragen
selten gelang, eine Mehrheit hinter sich zu versammeln.

Abb. 10: Wiltraut v. Brünneck im Rechtsausschuss des Bundesrates 1962
Das Foto wurde am 26. Juni 1962 während der Beratung des Regierungsentwurfs für ein neues Strafgesetz-
buch aufgenommen. Rechts neben Wiltraut v. Brünneck (2. v. l.) der hessische Justizstaatssekretär Erich
Rosenthal-Pelldram.
Quelle: BRA

Gleichberechtigungsgesetz

Ein Gesetzesvorhaben, das den Rechtsausschuss des Bundesrates ab Januar 1954
beschäftigte, führte die hessische Vertreterin auf vertrautes Terrain: der *Entwurf*
eines Gesetzes über die Gleichberechtigung von Mann und Frau auf dem Gebiete des bürger-
lichen Rechts.[72] Mit dem Gleichberechtigungsgesetz wollte die Bundesregierung,
die aus der Bundestagswahl vom 6. September 1953 gestärkt hervorgegangen
war, den Zustand der verfassungsunmittelbaren Gleichberechtigung beenden,
der nach Ablauf der Frist des Art. 117 Abs. 1 GG im Frühjahr 1953 eingetreten
war. Von »Gleichberechtigung« waren die vorgeschlagenen Neuregelungen aber

weit entfernt. Der Gesetzentwurf hielt an der patriarchalen Familienstruktur fest: Bei Meinungsverschiedenheiten in der Ehe sollte der Mann das letzte Wort haben (§ 1354 BGB). Familienname war der Name des Mannes; die Frau durfte ihren Geburtsnamen lediglich hinzufügen (§ 1355 BGB). Sie sollte den Haushalt in eigener Verantwortung führen und nur zur Erwerbstätigkeit berechtigt sein, soweit dies mit ihren Pflichten in Ehe und Familie vereinbar war (§ 1356 Abs. 1 BGB). Bei Differenzen in Erziehungsfragen sollte der Vater entscheiden können (§ 1628 Abs. 1 BGB – »Stichentscheid«). Ihm allein oblag die Vertretung des Kindes (§ 1629 Abs. 1 BGB). Nur im Güter- und im Unterhaltsrecht sollte die Stellung der Frau verbessert werden. Von voller Gleichberechtigung konnte aber auch in diesen Bereichen nicht die Rede sein.

Für Wiltraut von Brünneck waren die Inhalte des Gesetzentwurfs keine Neuigkeiten, als dieser den Bundesrat im ersten Durchgang erreichte. Der Aktionsausschuss des *Frauenverbandes Hessen* hatte die kabinettsinterne Willensbildung mit großer Aufmerksamkeit verfolgt.[73] An der Sitzung des Aktionsausschusses am 8. Januar 1954 konnte Wiltraut von Brünneck nicht teilnehmen.[74] Sie debattierte zur gleichen Zeit in einem Unterausschuss des Bundesrats-Rechtsausschusses über den Regierungsentwurf. Ausnahmsweise war sie in dieser Runde nicht die einzige Frau: Passend zum Thema hatte auch Nordrhein-Westfalen eine Ministerialbeamtin entsandt. Die anderen Länder ließen sich – wie üblich – durch Männer vertreten, Hamburg durch den dreißigjährigen Landgerichtsrat Dietrich Katzenstein. Zwei Jahrzehnte später sollten er und Wiltraut von Brünneck wieder miteinander über verfassungsrechtliche Fragen diskutieren, allerdings in einem ganz anderen Gremium: dem Ersten Senat des Bundesverfassungsgerichts.

Trotz der Zugehörigkeit zu unterschiedlichen politischen Lagern waren im Unterausschuss Kompromisse möglich. So stimmte Katzenstein, dessen Land von einem »bürgerlichen Block« aus CDU, FDP und DP regiert wurde, für den Antrag der SPD-Länder Hessen und Niedersachsen, das »einseitige Entscheidungsrecht des Mannes bei Meinungsverschiedenheiten zwischen den Ehegatten« aus dem Entwurf zu streichen und durch eine gegenseitige Rücksichtnahmepflicht zu ersetzen.[75] Mit weiteren progressiven Vorschlägen – etwa der Abschaffung der Haushaltsführungspflicht der Ehefrau – blieb Wiltraut von Brünneck im Unterausschuss jedoch erfolglos.

Im Anschluss an die zweitägige Sitzung in Bonn fuhr sie nach Wiesbaden, um mit Vertreterinnen des Aktionsausschusses das weitere Vorgehen zu besprechen. Erneut kamen ihre Dienstaufgaben mit ihrem persönlichen Engagement zur perfekten Deckung. Das »Rote Hessen« und die Frauenorganisationen zogen in Sachen Gleichberechtigung am selben Strang. Angesichts des Meinungsbildes im Unterausschuss befürchtete Wiltraut von Brünneck, dass das Gleichberechtigungsgesetz die patriarchalen Strukturen des Familienrechts eher bestätigen als abbauen würde. Sie schlug ihren Mitstreiterinnen daher eine Reihe von Aktionen vor, mit denen auf den Bundestag Einfluss genommen werden sollte. Geplant wurde eine öffentliche Veranstaltung mit Abgeordneten von CDU, SPD und FDP. Außerdem sollten die Bürgersprechstunden der hessischen Abgeordneten von »fachlich qualifizierten Frauen besucht werden, die mit vorbereiteten einwandfreien Stellungnahmen und Begründungen« den Standpunkt des Aktionsausschusses vertreten konnten. Dies erschien Wiltraut von Brünneck nicht nur zur Unterrichtung der Abgeordneten »durchaus notwendig«, sondern sollte diese auch »in möglichst vollem Umfang« auf die Gleichberechtigung festlegen, »damit sie sich nachher [...] nicht darauf herausreden könn[t]en, sie hätten nicht Bescheid gewusst«.[76]

Bei dem »jetzigen Stand der Dinge« war es nach Wiltraut von Brünnecks Meinung nicht ausreichend, »wenn nur aus einzelnen Ländern etwas unternommen« werde. Vielmehr müssten auch die Bundesorganisationen der Frauenverbände »und dabei selbstverständlich in erster Linie der Deutsche Frauenring handeln und auftreten«. Die Zeit drängte, da bereits am 22. Januar 1953 die Plenarsitzung des Bundesrats anstand. Der *Deutsche Frauenring* müsse daher sofort »an sämtliche Landesregierungen [...] herantreten«, erklärte Wiltraut von Brünneck: »In den Stellungnahmen müsste die Forderung ausgesprochen werden, dass sich die Länder in unserem Sinne einsetzen.« Obwohl ihr die Aussichten nicht sehr groß erschienen, wollte sie doch nichts unversucht lassen. Zweckmäßigkeit und Chancen eines nachgelagerten Vorgehens vor dem Bundesverfassungsgericht schätzte sie noch geringer ein. »Im Interesse des Rechtsfriedens« war es ihr wichtig, dass es nicht zu einer Verfassungsbeschwerde komme. Besser sei es, wenn die Landesregierungen und die Abgeordneten »auf die wichtigsten sachlichen Gesichtspunkte aufmerksam« gemacht würden und die Frauenverbände so »vielleicht doch durch den Hinweis auf das Grundgesetz noch etwas« erreichten.[77]

Ihre Hoffnung, auf legislativem Weg die Gleichberechtigung im Familienrecht zu verwirklichen, sollte schon in der Plenarsitzung des Bundesrates am 22. Januar 1954 enttäuscht werden. Die hessischen Anträge, mit denen die Vorrechte des Mannes abgeschafft werden sollten, wurden sämtlich abgelehnt.[78] Nicht einmal die Abschaffung des Letztentscheidungsrechts in Ehefragen, für die sich der Rechtsausschuss ausgesprochen hatte, fand eine Mehrheit. Der Versuch Hessens, im Bundesrat »seiner Auffassung von einer echten Verwirklichung der Gleichberechtigung und einer dem Wesen der Ehe entsprechenden Ordnung dieses Rechtsgebietes zum Durchbruch zu verhelfen«, war gescheitert.[79]

Am 12. Februar 1954 beriet der Bundestag in erster Lesung über den Regierungsentwurf des Gleichberechtigungsgesetzes und die konkurrierenden Entwürfe der FDP- und der SPD-Fraktion.[80] Dabei tat sich eine Abgeordnete hervor, deren Eintreten für die Gleichberechtigung angesichts ihres CDU-Parteibuchs nicht zu erwarten war: Elisabeth Schwarzhaupt. Die promovierte Juristin, die der *Vereinigung weiblicher Juristen und Volkswirte* angehörte und das Außenamt der Evangelischen Kirche in Frankfurt am Main leitete, war Ende 1953 zum Aktionsausschuss des *Frauenverbands Hessen* hinzugestoßen.[81] Für ihre leidenschaftliche Rede im Bundestag erhielt sie mehr Applaus von »links« als aus den eigenen Reihen. Die Debatte dauerte fünf Stunden und 45 Minuten. Am Ende wurde beschlossen, den Gesetzentwurf nicht wie von der SPD beantragt an einen Sonderausschuss, sondern an den überlasteten Rechtausschuss zu überweisen – mit der Folge, dass sich die weiteren Beratungen über drei Jahre hinzogen.

Am 12. April 1957 legte der Rechtsausschuss des Bundestages seinen Bericht vor.[82] Das Ende der Legislaturperiode war wieder einmal zum Greifen nahe: Im September 1957 stand die nächste Bundestagswahl an. Doch diesmal waren die Abgeordneten entschlossen, das Gleichberechtigungsgesetz zu verabschieden, um den Rückgriff der Gerichte auf Art. 3 Abs. 2 GG auszuschließen. Der Ausschuss empfahl dem Plenum, den Regierungsentwurf mit geringen Modifikationen anzunehmen. Wegfallen sollte – entgegen der Meinung einer »starke[n] Minderheit« –[83] das Letztentscheidungsrecht des Mannes in Ehefragen (§ 1354 BGB). Demgegenüber hielt der Ausschuss mehrheitlich an der Verantwortlichkeit der Ehefrau für den Haushalt sowie an den besonders umstrittenen Vorrechten des Vaters in der Kindererziehung fest. Weder der Stichentscheid (§ 1628 BGB) noch das Alleinvertretungsrecht (§ 1629 BGB) sollten entfallen. Die Berichterstatterin Elisabeth Schwarzhaupt hob hervor, dass »eine erhebliche Minderheit des Ausschusses« dieser Lösung nicht zugestimmt habe.[84] Am 3. Mai 1957 wurde die Ausschussfassung vom Plenum angenommen, nachdem ein Vorschlag aus den Reihen der Unionsfraktion gescheitert war, § 1354 BGB in die Ursprungsfassung zurückzuversetzen.[85]

Wiltraut von Brünneck hatte noch einmal die Gelegenheit, auf das Gleichberechtigungsgesetz Einfluss zu nehmen. Denn der Bundesrat musste dem Gesetz seine Zustimmung erteilen. Die Entscheidung darüber sollte am 24. Mai 1957 getroffen werden. Erneut bereitete der Rechtsausschuss eine Beschlussvorlage vor und griff dabei auf die Vorarbeiten eines Unterausschusses zurück, an dessen Beratungen sich die hessische Vertreterin rege beteiligt hatte. Der Unterausschuss hatte einstimmig die Streichung von § 1354 BGB gebilligt. Bei den anderen Vorschriften war man sich jedoch uneins gewesen. Wiltraut von Brünneck hatte an verschiedenen Stellen – im Namensrecht, bei der Schlüsselgewalt, vor allem bei den strittigen §§ 1628, 1629 BGB – beantragt, den Vermittlungsausschuss anzurufen. Es war ihr aber nicht gelungen, dafür Mehrheiten zu organisieren.[86]

Am 16. Mai 1957 kam der Rechtsausschuss zur Verabschiedung der Beschluss-empfehlung zusammen. Aufgrund der politischen Bedeutung des Beratungsge-genstandes war die Zusammensetzung prominenter als üblich. Einige Länder schickten Minister oder Staatssekretäre, darunter Hessen, das von Justizstaats-sekretär Erich Rosenthal-Pelldram vertreten wurde. Wiltraut von Brünneck nahm daher ohne Stimmrecht an der Sitzung teil. Hessen blieb mit seinen Anträ-gen abermals erfolglos, jedoch fanden andere Länder mit Änderungsvorschlägen Gehör, so dass sich eine Anrufung des Vermittlungsausschusses abzeichnete. Der christdemokratische Hamburger Senator Renatus Weber, der die Sitzung leitete, erklärte daraufhin, dass der Rechtsausschuss sich bei seinen Vorschlägen auf Anrufung des Vermittlungsausschusses »generell auf Punkte von wesentli-chem Gehalt beschränken« solle. Wenn der Bundesrat wiederholt wegen »wenig bedeutsamer Anliegen« den Vermittlungsausschuss anrufe, bestehe die ernste Gefahr, dass diese Möglichkeit des Bundesrates an Wirksamkeit verliere und unnötige Spannungen zwischen Bundestag und Bundesrat entstünden.[87]

Obwohl über die Sitzung nur ein Kurzprotokoll in indirekter Rede geführt wurde, ist der Niederschrift zu entnehmen, wie empört Wiltraut von Brünneck ob dieser Einlassung war. Sie hielt Weber entgegen, dass es sich beim vorliegen-den Gesetz um eines der wichtigsten Gesetze handele, die der Rechtsausschuss je beraten habe. »Wenn man zu der Auffassung komme, dass dieses Gesetz verbesserungsbedürftig ist«, – zweifellos war sie dieser Auffassung – »so solle man sich von der Anrufung des V[ermittlungs]A[usschusses] nicht wegen au-genblicklicher taktischer Erwägungen abhalten lassen.«[88] In der Abstimmung setzte sie sich durch: Mit knapper Mehrheit empfahl der Rechtsausschuss dem Bundesratsplenum, den Vermittlungsausschusses anzurufen. Hatte Wiltraut von Brünneck es nicht vermocht, die hessischen Positionen im Einzelnen zum Gegenstand der Beschlussvorlage zu machen, so war nicht zuletzt dank ihrer Beharrlichkeit wenigstens ein Verfahren im Vermittlungsausschuss in greifbare Nähe gerückt, in dessen diskreter Atmosphäre man möglicherweise doch noch Fortschritte in Sachen Gleichberechtigung erzielen konnte.

Die Freude über diese Aussicht währte nicht lange. Denn am 24. Mai 1957 be-schloss das Bundesratsplenum mit der Mehrheit der unionsgeführten Länder, den Vermittlungsausschuss nicht anzurufen und stattdessen dem Gleichberech-tigungsgesetz die Zustimmung zu erteilen. Eine Aussprache fand nicht statt. Die Argumente waren ausgetauscht. Am 18. Juni 1957 fertigte Bundespräsident Heuss das *Gesetz über die Gleichberechtigung von Mann und Frau auf dem Gebiete des bürger-lichen Rechts* aus. Drei Tage später wurde es im Bundesgesetzblatt verkündet.[89] Seine zentralen Vorschriften traten ein Jahr später in Kraft. Das Familienrecht war damit dem Gleichberechtigungsgebot des Art. 3 Abs. 2 GG zumindest einen Schritt nähergekommen. Bei dessen Verfechtern – wie das Engagement von Georg August Zinn und Walter Menzel zeigt, nicht nur, aber vor allem Frauen – überwog aber der Unmut darüber, dass die patriarchalen Strukturen nicht vollständig beseitigt worden waren. Vor allem der Stichentscheid in Erziehungsfragen nach § 1628 BGB wurde zum Inbegriff einer Reform, die den Namen nicht verdiente.

Wiltraut von Brünneck hatte anfangs noch »[i]m Interesse des Rechtsfriedens« von einer Anrufung des Bundesverfassungsgerichts abgeraten.[90] Nach dem enttäuschenden Verlauf des Gesetzgebungsverfahrens dürfte sie ihre Bedenken jedoch zur Seite geschoben haben. Ihre Mitstreiterinnen in Sachen Gleichberechtigung wurden jedenfalls rasch in diese Richtung aktiv. So erkundigte sich die FDP-Abgeordnete Marie-Elisabeth Lüders bei Erna Scheffler über die Möglichkeit, ein abstraktes Normenkontrollverfahren einzuleiten. Die Verfassungsrichterin antwortete, dass es »sehr dringend zu wünschen sei, daß ein solcher Antrag gestellt würde, ehe das sogenannte Gleichberechtigungsgesetz in Kraft« trete.[91] Doch ein Normenkontrollantrag wurde nicht gestellt, offenbar nicht zuletzt deshalb, weil die SPD ihr Verhältnis zu den Kirchen verbessern wollte, denen das Gleichberechtigungsgesetz ohnehin schon zu weit ging.[92]

Marie-Elisabeth Lüders schlug daher im November 1957 der Vorsitzenden des *Juristinnenbundes* Hildegard Gethmann vor, ausgewählte verheiratete Frauen mit Kindern als Beschwerdeführerinnen in einem Verfassungsbeschwerdeverfahren vorzuschicken. Erna Scheffler unterstützte diesen Vorschlag, in der Aussicht, dass eine solche Verfassungsbeschwerde in ihrem Dezernat landen würde. Geeignete Beschwerdeführerinnen waren rasch gefunden. Der Vorstand des *Juristinnenbundes*, dem Wiltraut von Brünneck seit 1958 als Beisitzerin angehörte, stellte ihnen mit den Professoren Wolfram Müller-Freienfels und Helmut Ridder zwei exzellente Prozessvertreter zur Seite und finanzierte durch einen Spendenaufruf Honorare und Spesen.[93] Die Protokolle der Vorstandssitzungen in den Jahren 1958 und 1959 sind nicht überliefert.[94] Es liegt jedoch nahe, dass Wiltraut von Brünneck an der Auswahl der beiden Frankfurter Hochschullehrer nicht unbeteiligt gewesen war. Ihre maßgebende Rolle bei der Vorbereitung und Begleitung der Verfassungsbeschwerden unterstreicht der Vortrag, den sie bei der Arbeitstagung des *Juristinnenbundes* Ende Juni 1958 in Kassel hielt: »Verfassungsbeschwerde wegen Verletzung der Gleichberechtigung der Mutter«.[95]

Dass sich Wiltraut von Brünneck der Vorbereitung des Verfahrens »sehr angenommen« hatte, hebt ein Rundschreiben des *Juristinnenbundes* aus dem Juli 1959 hervor. Wiltraut von Brünneck berichtete darin über die mündliche Verhandlung vor dem Bundesverfassungsgericht am 15. Juni 1959. Die beiden Professoren hätten »die Sache der Frau würdig und bestens« vertreten. Müller-Freienfels habe »mehr die familienrechtliche und soziologische Seite« herausgestellt und »in sehr anregender und etwas aufgelockerter Form« vorgetragen, während Ridder ein

»glänzendes staatsrechtliches Plädoyer« gehalten habe. Die Düsseldorfer Rechtsanwältin Maria Müller-Lütgenau, die ebenfalls als Prozessbevollmächtigte aufgetreten war, wurde für die »frische und natürliche Art« gewürdigt, mit der sie »klar
und entschieden den Standpunkt der Mutter und erfahrenen Rechtsanwältin«
dargelegt habe. Alle Ausführungen seien »offensichtlich von großem Eindruck auf
das Gericht« gewesen.[96]

Erneut war es Erna Scheffler, die mit der Autorität des Richteramts die
Gleichberechtigung vorantrieb. Sie war entschlossen, die väterlichen Vorrechte
für verfassungswidrig zu erklären, musste ihr Votum aber gegen die konservativen Kollegen im Ersten Senat des Bundesverfassungsgerichts durchsetzen.
Vor allem Herbert Scholtissek, Erwin Stein und Gebhard Müller, die vor ihrem
Richteramt profilierte CDU-Politiker gewesen waren – Müller hatte als Ministerpräsident von Baden-Württemberg sogar über das Gesetz im Bundesrat
mitabgestimmt –, lieferten ein letztes Rückzugsgefecht des Patriarchats.[97] Den
Sieg trug am Ende die Gleichberechtigung davon. Das Urteil, das Erna Scheffler gemeinsam mit dem Ko-Berichterstatter Joachim Lehmann verfasst hatte,
erklärte die umstrittenen §§ 1628, 1629 Abs. 1 BGB für nichtig.[98] Über die Urteilsverkündung am 29. Juli 1959 berichtete die FAZ auf Seite eins: »Der Richter
am Bundesverfassungsgericht, Frau Dr. Erna Scheffler, verkündete an Stelle des
erkrankten Präsidenten Dr. Müller diese Entscheidung des Ersten Senats mit
einem Lächeln.«[99]

Auch Wiltraut von Brünneck dürfte gelächelt haben, als sie von dem späten
Triumph erfuhr. Dass ihr Engagement in dieser Zeit – anders als das von Elisabeth Selbert, Marie-Elisabeth Lüders, Elisabeth Schwarzhaupt und Erna Scheffler – bislang kaum beachtet wurde, liegt vermutlich daran, dass die Arenen, in
denen sie für die Gleichberechtigung stritt, der Öffentlichkeit verborgen blieben.
Hinzu kommt, dass sie um ihre eigenen Erfolge nicht viel Aufhebens machte. Die
Lorbeeren überließ sie anderen. Als sie 1976 Elisabeth Selbert zum 80. Geburtstag gratulierte, vergaß sie nicht hinzuzusetzen, dass dieser Tag »nicht nur für
die deutschen Juristinnen, sondern für alle Frauen in der Bundesrepublik Anlass
sein« sollte, »mit Stolz und grosser Dankbarkeit an Ihren erfolgreichen Kampf
für die Anerkennung der Gleichberechtigung als Verfassungsgrundsatz zu denken«. »Ohne Sie«, schrieb sie ihrer Mitstreiterin, »wären die darauf aufbauen-
den grundlegenden Entscheidungen des Bundesverfassungsgerichts nicht möglich gewesen und erst recht nicht die Fülle der fortschrittlichen gesetzlichen Regelungen, die inzwischen die rechtliche Gleichberechtigung verwirklicht haben.«[100]

Notstandsverfassung

Die Vertretung des Landes Hessen im Rechtsausschuss des Bundesrates war in erster Linie eine politische Mission, die Wiltraut von Brünneck auch – über die sie persönlich interessierende Frage der Gleichberechtigung hinaus – als solche verstand. Ihre Aufgabe bestand darin, hessische Positionen in juristische Argumente zu übersetzen. Denn nur mit solchen Argumenten wurde man im Rechtsausschuss gehört. Exemplarisch für die Tätigkeit der »politischen« Spitzenbeamtin steht das Ringen um die Notstandsverfassung, die den verfassungspolitischen Diskurs der fünfziger und sechziger Jahre beherrschte. Nachdem ein erster Entwurf 1958 bereits in einem frühen Beratungsstadium gescheitert war, beschloss das Bundeskabinett Anfang 1960 den *Entwurf eines Gesetzes zur Ergänzung des Grundgesetzes betr. das Notstandsrecht*.[101] Der Gegenstand des Gesetzentwurfs war brisant: Es ging um nicht weniger als um die Konstitutionalisierung des »Ausnahmezustands« mit außerordentlichen Vollmachten für die Bundesregierung und einer weitgehenden Ausschaltung von Bundestag und Bundesrat.

Für die SPD war die Regierungsvorlage, die nach dem Bundesinnenminister Gerhard Schröder »Schröder-Entwurf« genannt wurde, nicht akzeptabel.[102] Die Probleme begannen damit, dass der »Ausnahmezustand« im Entwurf denkbar weit umschrieben war. Er erfasste jede drohende Gefahr für den Bestand oder die freiheitliche demokratische Grundordnung des Bundes oder eines Landes, der mit polizeilichen Mitteln nicht begegnet werden konnte. Geregelt wurde also der »innere« ebenso wie der »äußere« Notstand. Für die Ausrufung des Ausnahmezustands genügte ein Bundestagsbeschluss mit einfacher Mehrheit. Bei Gefahr in Verzug konnte sogar der Bundespräsident mit Gegenzeichnung des Bundeskanzlers den Ausnahmezustand »anordnen und verkünden«. Die Notstandsbefugnisse der Bundesregierung waren umfassend: Sie konnte »gesetzesvertretende Verordnungen« erlassen, »und zwar auch auf Sachbereichen, die nicht zur Gesetzgebungszuständigkeit des Bundes« gehörten. Meinungs-, Versammlungs-, Vereinigungs-, Koalitions- und Berufsfreiheit sowie die Freizügigkeit konnten »über das sonst vorgesehene Maß« eingeschränkt und der Richtervorbehalt für Freiheitsentziehungen außer Kraft gesetzt werden. Zur Behebung des Notstands konnten alle Polizeikräfte und erforderlichenfalls die Bundeswehr eingesetzt und »zur einheitlichen Führung« einem Beauftragten unterstellt werden. Der Bundestag wäre bei alledem nur informiert, nicht aber beteiligt worden. Der Bundesrat sollte völlig ausgeschaltet werden.[103]

Der »Schröder-Entwurf« erinnerte an das Notverordnungsrecht des Reichspräsidenten nach Art. 48 der Weimarer Reichsverfassung und an das Ermächtigungsgesetz vom 24. März 1933, das die »Not von Volk und Reich« im Titel getragen hatte. Besonders schlimm waren die Erinnerungen bei denen, die 1933 nicht mitgemacht oder sich weggeduckt hatten, sondern den Willkürakten des NS-Regimes ausgesetzt gewesen waren, unter ihnen Georg August Zinn. Der hessische Ministerpräsident avancierte zum Wortführer der SPD im Streit um die Notstandsverfassung. Die Juristin seines Vertrauens wies er an, dem »Schröder-Entwurf« bereits in den ersten Beratungen des Bundesrats-Rechtsausschusses so offensiv wie möglich entgegenzutreten. Wiltraut von Brünneck tat wie ihr geheißen und schlug »zur Abkürzung des Verfahrens« vor, den Gesetzentwurf im Ganzen abzulehnen. Für die Kritik am »Schröder-Entwurf« fand sie deutliche Worte und zog Parallelen zum Nationalsozialismus und zur DDR. Die Konzentration der Gesetzgebungs- und Vollzugsgewalt bei der Bundesregierung verletzte nicht nur das Bundesstaatsprinzip, sondern auch die Gewaltenteilung. Die weitreichenden Einschränkungen der Grundrechte verstießen gegen das Rechtsstaatsprinzip.[104] Mit sieben zu vier Stimmen beschloss der Ausschuss, dem Bundesrat die Ablehnung des Entwurfs zu empfehlen – ein unerwarteter Erfolg für die SPD-regierten Länder und die Vertreterin des »Roten Hessen«.

Im Plenum des Bundesrates sollte sich der Erfolg nicht wiederholen. Die SPD-regierten Länder kamen dort zusammen auf 15 Stimmen. Ihnen standen fünf Stimmen des CDU-alleinregierten Nordrhein-Westfalens sowie weitere 21 Stimmen von Ländern gegenüber, in denen die Unionsparteien eine Koalition anführten. Die Abstimmung verlief entlang der Parteilinien: Die SPD-regierten Länder Berlin, Bremen, Hamburg, Hessen und Niedersachsen stimmten für die Ausschussempfehlung, dagegen standen die 26 Stimmen der unionsgeführten Länder. Vorangegangen war eine – für die Gepflogenheiten des Hauses – heftige Auseinandersetzung über den »Schröder-Entwurf«, den sein Namensgeber persönlich vorstellte. Den Widerpart gab Georg August Zinn, der in einer »sehr lebhaft« vorgetragenen Rede darlegte, weshalb das Land Hessen sich gezwungen sehe, den Entwurf abzulehnen.[105] Die Parallelen zu Wiltraut von Brünnecks Einlassung im Rechtsausschuss legen nahe, wer den Sprechzettel für den Ministerpräsidenten verfasst hatte.[106]

Georg August Zinn, der »das ganze Maß seiner forensischen Beredsamkeit aufgeboten« hatte, »um Entwurf und Idee eines Notstandsgesetzes zu Fall zu bringen«,[107] war damit zwar gescheitert. Aber auch die unionsgeführten Länder wollten den »Schröder-Entwurf« nicht einfach durchwinken. Die mehrheitlich beschlossene Stellungnahme des Bundesrates regte vielmehr Änderungen an, die die Grundprinzipien des Föderalismus im Notstandsfall sichern sollten. Die Bundesregierung zeigte sich uneinsichtig.[108] Im April 1960 übermittelte sie den »Schröder-Entwurf« dem Bundestag, wo der Graben zwischen Union und SPD zu tief war, um zu einer Verständigung zu gelangen. Mit dem Ende der Legislaturperiode war der Entwurf Geschichte. Ende 1962 bescherte ein neues »Notstandspaket« der Bundesregierung Wiltraut von Brünneck »ziemlich scheussliche Wochen, mit recht viel Nacht- u. Feiertagsarbeit«.[109] Es sollte bis 1968 dauern, ehe CDU/CSU und SPD – inzwischen vereint in der Großen Koalition – sich auf eine Grundgesetzänderung einigten und unter großem öffentlichen Protest die »Notstandsgesetze« verabschiedeten. Wiltraut Rupp-von Brünneck kam es »wie ein makabrer Treppenwitz vor, dass beim Widerstand gegen den ersten, wirklich gefährlich verfassungsändernden Entwurf [...] Hessen allein auf weiter Flur stand [...] – und jetzt gegenüber einen – von einigen bedenklichen Stellen abgesehen – insgesamt bis zur Unpraktikabilität demokratisch abgesicherten Entwurf erhebt sich ein Geschrei von allen Seiten!«[110]

Ministerpräsidentenkonferenz

Die Zuständigkeit der Abteilung IV der hessischen Staatskanzlei erschöpfte sich nicht in der Bundesratsarbeit. Auch alle anderen Fragen, in denen sich Hessen mit dem Bund und den anderen Ländern abstimmen musste, gehörten dazu. Wiltraut von Brünneck verantwortete die gesamte hessische Diplomatie im westdeutschen Föderalismus, dessen Konturen sich erst allmählich abzeichneten. In ihren Verantwortungsbereich fielen die Aushandlung und der Abschluss von Verwaltungsabkommen und Staatsverträgen, der Austausch mit den Fachbeamten der anderen Länder in Gremien wie der Ständigen Vertragskommission oder dem Interministeriellen Ausschuss für Raumordnungsangelegenheiten, aber auch in informellen Gesprächsrunden und Arbeitstreffen. Von größter Bedeutung für Georg August Zinn und damit auch für die Leiterin seiner bundespolitischen Abteilung war die Konferenz der Ministerpräsidenten, die seit 1954 im Jahresturnus stattfand.

Die Ministerpräsidentenkonferenz sollte die »föderative Ordnung der Bundesrepublik« um eine »Kooperation der Länder auch außerhalb des Bundesrates« ergänzen, »nämlich auf jenen Gebieten, auf denen der Bund keine Kompetenzen« besaß und auf denen damit der Bundesrat als Organ des Bundes nichts zu beraten oder entscheiden hatte. »Auch in diesen Angelegenheiten«, sollte Zinn später sagen, »müssen die Länder als Gliedstaaten des Bundes bei ihren Maßnahmen das Gesamtwohl im Auge behalten und die Interessen der anderen Länder berücksichtigen, wie es dem auf Kooperation angelegten Prinzip des Bundesstaats und dem Grundsatz bundesfreundlichen Verhaltens entspricht.«[111] Die Konferenz war als zwei- bis dreitägiges Arbeitstreffen der Regierungschefs konzipiert, die von kleinen Delegationen aus Fachministern, Staatssekretären und hochrangigen Ministerialbeamten begleitet wurden. Zur hessischen Delegation gehörten in der Regel der Beauftragte des Landes beim Bund und der Chef der Staatskanzlei sowie – als ständiges Mitglied – die Leiterin der bundespolitischen Abteilung der Staatskanzlei.

Zwischen 1954 und 1963 nahm Wiltraut von Brünneck an neun Ministerpräsidentenkonferenzen teil. Stets war sie die einzige Frau und rangierte mit ihrer Amtsbezeichnung »Ministerialrätin« hinter den anderen Delegierten, meist Minister, Staatssekretäre und Ministerialdirektoren. Georg August Zinn wusste, was er an seiner Spitzenjuristin hatte, und wollte auf ihre fachliche Expertise und diplomatischen Fähigkeiten bei den für ihn so wichtigen Konferenzen nicht verzichten.[112] Ihre erste Ministerpräsidentenkonferenz führte Wiltraut von Brünneck im Februar 1954 nach München, wo die hessische Delegation im Hotel *Vier Jahreszeiten* logierte. Nach der Eröffnungssitzung, in der der bayerische Ministerpräsident Hans Ehard ein programmatisches Referat hielt, ging es zu einem bayerischen Frühschoppen ins Staatliche Hofbräuhaus. Derart gestärkt trat die Konferenz am Nachmittag in die Beratungen ein. Am Abend waren die Konferenzteilnehmer zum Besuch einer festlichen Aufführung von Richard Strauss' Oper *Arabella* im Prinzregententheater eingeladen. Auch der Folgetag bot ein volles Programm: Arbeitssitzung, Mittagessen, Schlusssitzung, »Presse-Empfang mit Tee im Ministerrats-Saal der Bayerischen Staatskanzlei« und schließlich ein »Empfang, gegeben vom Bayerischen Ministerpräsidenten im Prinz-Carl-Palais«.[113]

Bei allem »Pomp and Circumstance«, den die Bayerische Staatsregierung zur Schau stellte, war die Konferenz einem straffen Arbeitsprogramm verpflichtet: Besprochen wurden »Fragen aus dem Bereich des Schul- und Erziehungswesens, die eine gemeinsame Regelung der Länder wünschenswert« machten, der »Stand der Verhandlungen über gegenseitige Abkommen in Rundfunkfragen«, »Fragen der demokratischen Erziehung in den Ländern« sowie »[a]llgemeine Fragen des Verfassungsschutzes«, über die Georg August Zinn referierte. Die Referate, Besprechungen und Verhandlungen waren von den Fachbeamten vorbereitet worden. Je umfangreicher die Tagesordnungen der Konferenzen über die Jahre wurden, desto mehr wurde bereits auf der Arbeitsebene vorentschieden. Die Ministerpräsidenten kümmerten sich nur noch um die großen Linien und darum, dass alle mit an Bord waren. Denn in der Ministerpräsidentenkonferenz galt das Einstimmigkeitserfordernis. Nur bestens vorbereitete Kompromisse hatten Aussicht darauf, von allen Regierungschefs mitgetragen zu werden. Parteipolitische Differenzen spielten eine geringere Rolle als im Bundesrat, zumal die Bundesregierung konsequent aus den Beratungen herausgehalten wurde. Wo der Bund nicht zuständig war, hatte selbst Konrad Adenauer nichts zu sagen.

Wie groß der Vorbereitungs- und Organisationsaufwand war, der mit der Ministerpräsidentenkonferenz einherging, erfuhr Wiltraut von Brünneck drei Jahre nach ihrem Debüt in München. Nach den Konferenzen in Düsseldorf (1955) und

Bad Pyrmont (1956) kamen die Ministerpräsidenten Ende Februar 1957 in Wiesbaden zusammen. Das Programm, das Wiltraut von Brünneck zusammengestellt hatte, konnte mit dem der Konferenz in München mithalten. Beim kulturellen Abendprogramm kam es sogar zu einem direkten Kräftemessen, denn die Teilnehmer wurden auch in Wiesbaden in die Staatsoper eingeladen. Gegeben wurde – wie drei Jahre zuvor in der bayerischen Landeshauptstadt – Strauss' *Arabella*. Die Hessen boten ihren Staatsgästen aber eine Alternative zum leichten Sujet: die Inszenierung von Gerd Oelschlegels *Romeo und Julia in Berlin* im Wiesbadener Schauspielhaus.[114] Das Schauspiel verlegte die Shakespeare'sche Familienfehde in die geteilte Stadt der fünfziger Jahre.

Preußischer Kulturbesitz

Die hessische Bundespolitik war auf »eine gute Zusammenarbeit des Bundes mit den Ländern« angelegt, »durch die eine Entstehung echter Streitigkeiten von vornherein vermieden werden kann«. Das »Rote Hessen« wollte zu einer »Verfassungspraxis« beitragen, »die zwar Übergriffe in die durch das Grundgesetz eindeutig den Ländern zugewiesenen Kompetenzen ausschließt, die aber andererseits im Rahmen der Möglichkeiten, die eine sinnvolle Auslegung des Grundgesetzes bietet, dem Bund die Kompetenzen zuerkennt, die ihn zur Erfüllung seiner Aufgaben befähigen«.[115] Es gab jedoch Fälle, in denen sich die »Entstehung echter Streitigkeiten« nicht vermeiden ließ, zumal die Adenauerregierung die Kompetenzen des Bundes stets weit interpretierte. Eine dieser Auseinandersetzungen war der Streit um den preußischen Kulturbesitz, der Wiltraut von Brünneck ab 1954 beschäftigte.[116]

Die Ursprünge des Konflikts reichen in die letzten Kriegsjahre zurück, in denen Kunst- und Kulturgüter aus der Reichshauptstadt an sichere Orte ausgelagert wurden, darunter die Kunstschätze der Berliner Museumsinsel und rund 1,4 Millionen Bände der preußischen Staatsbibliothek, die den Krieg in einem hessischen Bergwerksschacht überdauerten. Nach Kriegsende führten Briten und Amerikaner die preußischen Kulturgüter, die sie in ihren Besatzungszonen fanden, in zentralen Sammelstellen zusammen, die Briten in Celle, die Amerikaner in Wiesbaden. Die Landesregierungen von Niedersachsen und Hessen wurden mit der treuhänderischen Verwaltung betraut und nahmen sich dieser Aufgabe mit großem Engagement an.[117] Sie verwahrten die Kulturgüter nicht nur, sondern machten sie auch der Bevölkerung zugänglich. So konnten die Einwohner Wiesbadens weltberühmte Kunstwerke unverhofft im heimischen Landesmuseum bestaunen. Die Büste der Nofretete und das Gemälde *Der Mann mit dem Goldenen Helm*, das damals noch Rembrandt zugeschrieben wurde, waren regelrechte Publikumsmagneten. In Marburg wurden die Bände der preußischen Staatsbibliothek aufgestellt, um Neuerwerbungen ergänzt und für den örtlichen und überörtlichen Leihverkehr verfügbar gemacht.

Das Grundgesetz sanktionierte den besitzrechtlichen Status quo, indem es das Vermögen des aufgelösten preußischen Staates dem Land zuwies, das die mit dem Vermögen verbundenen Verwaltungsaufgaben erfüllte (Art. 135 Abs. 2 GG). Es ließ es aber eine abweichende Regelung durch Bundesgesetz zu, sofern ein überwiegendes Interesse des Bundes oder das besondere Interesse eines Gebietes es erforderte (Art. 135 Abs. 4 GG). Ein früher Versuch der Bundesregierung, dem Bund den ehemals preußischen Kulturbesitz zuzueignen, scheiterte 1951 im Entwurfsstadium. Es folgte ein jahrelanges Ringen um einen Kompromiss, der durch Machtansprüche des Bundes ebenso erschwert wurde wie durch die Verfolgung von Partikularinteressen einzelner Länder. Mit Händen zu greifen waren die Interessen Hessens, das die preußischen Kulturgüter als Startkapital für eine moderne Bildungs- und Kulturpolitik verwenden wollte. Ein besonderer Fokus lag auf dem Bestand der preußischen Staatsbibliothek, der den Grundstock der neu gegründeten *Westdeutschen Bibliothek* in Marburg bildete. Das andere interessierte Land war (West-)Berlin, das auf die vollständige »Rückführung« der im Krieg ausgelagerten Kulturgüter bestand, obgleich sowohl die Museumsinsel als auch die Staatsbibliothek im Ostteil der Stadt lagen.

In bilateralen Verhandlungen waren Hessen und Berlin übereingekommen, Teile der Kulturgüter nach Berlin zu verbringen. Die hessische Landesregierung strebte eine »vorläufige Regelung der Verwaltung des Kulturbesitzes des ehemaligen Landes Preußen« durch eine Vereinbarung an, an der sich alle Länder beteiligen sollten. »Vorläufig« sollte die Regelung deshalb sein, weil über das Schicksal des preußischen Kulturbesitzes endgültig erst nach der Wiedervereinigung entschieden werden sollte. Einstweilen würden die westdeutschen Länder als »Treuhänder« für die ehemals preußischen Gebiete in der DDR agieren. Seit dem Sommer 1954 verhandelten Fachbeamte der Länder über den Inhalt der Verwaltungsvereinbarung. Wiltraut von Brünneck koordinierte die hessischen Ressorts und achtete auf die Wahrung der bundespolitischen Interessen des Landes, die vor allem darauf gerichtet waren, die Bundesregierung so weit wie möglich aus der Verwaltung des preußischen Kulturbesitzes herauszuhalten.[118] Zeitgleich verhandelte sie mit den Vertretern des Landes Berlin über die Bestände der preußischen Staatsbibliothek, die Hessen im Gegenzug für eine Rückgabe des gesamten Museumsbesitzes in Marburg behalten wollte.[119]

Der Berliner Senat blieb hart. Bei einer hochrangigen Besprechung im Anschluss an die Bundesratssitzung am 18. März 1955, »machte Berlin grundsätzliche Schwierigkeiten wegen der Westdeutschen Bibliothek«, wie Wiltraut von

Brünneck vermerkte. Der Regierende Bürgermeister Otto Suhr bestand auf einer Rückgabe der Buchbestände, obwohl er einräumen musste, dass in Berlin kein geeignetes Gebäude für deren Aufstellung vorhanden war und dass der Leihverkehr von Berlin aus unverhältnismäßig schwierig und teuer sein würde. Aus »politischen Gründen« konnte er aber keine Vereinbarung abschließen, die bei den Berlinern den Eindruck eines Verzichts erwecken würde.[120] Georg August Zinn war über das Verhalten seines Parteifreundes derart verärgert, dass er die Verhandlungen abbrechen und es »bei dem derzeitigen Zustand« bewenden lassen wollte.[121] Es war die hessische Spitzenbeamtin und gebürtige Berlinerin Wiltraut von Brünneck, die »[n]ach Rücksprache mit Herrn Ministerpräsidenten« noch einmal zu vermitteln versuchte. Sie rang ihrem Berliner Ansprechpartner die Zusage ab, sich für eine Einigung einzusetzen.[122]

Eine rasche Übereinkunft der Länder über die Verwaltung des preußischen Kulturbesitzes war im FrühJahr 1955 von größter Dringlichkeit. Denn die Bundesregierung wollte die Differenzen auszunutzen und die Verwaltung der Kulturgüter auf eine bundesgesetzliche Grundlage stellen, die ihr selbst erhebliche Mitwirkungsmöglichkeiten einräumen sollte. Ende März 1955 verabschiedete das Kabinett den *Entwurf eines Gesetzes zur Errichtung der Stiftung »Preußischer Kulturbesitz« und der Übertragung von Vermögenswerten des ehemaligen Landes Preußen auf die Stiftung.* Der Entwurf griff die von den Ländern ins Spiel gebrachte Gründung einer Stiftung auf, nur sollte diese – anders als die Länder sich dies vorgestellt hatten – vom Bund kontrolliert werden. Die am preußischen Kulturbesitz interessierten Länder sollten nur über einen Stiftungsrat beteiligt werden. Die Bestimmung des Sitzes der Stiftung überließ der Gesetzesentwurf der Bundesregierung, die in der Gesetzesbegründung in Aussicht stellte, sich für Berlin zu entscheiden.[123]

Im Bundesrat stieß der vom Bundesfinanzministerium erarbeitete Gesetzentwurf auf ein geteiltes Echo. Während der Berliner Senator Günter Klein die Initiative der Bundesregierung begrüßte und »mit allem Nachdruck auf die Dringlichkeit eines baldigen Abschlusses« hinwies, »um die Öffentlichkeit endlich zur Ruhe kommen zu lassen«,[124] stellte die Mehrheit der Ländervertreter die Gesetzgebungszuständigkeit des Bundes infrage. Gesetzgebungskompetenzen für inländische kulturelle Angelegenheiten hatte der Bund nicht. Nur die Grundgesetzbestimmung über die Vermögensnachfolge Preußens bot eine – recht dürftige – Grundlage für eine bundesgesetzliche Regelung. Ein »überwiegendes Interesse des Bundes«, das Art. 135 Abs. 4 GG voraussetzte, vermochten die Fachausschüsse des Bundesrates für die Gründung einer bundesunmittelbaren Stiftung »auf kulturellem Gebiet« nicht anzuerkennen.[125] Gegen die Stimmen Berlins beschloss der Bundesrat Anfang Mai 1955 eine ablehnende Stellungnahme zum Gesetzentwurf. Außerdem stellten sich die Ländervertreter mehrheitlich auf den Standpunkt, dass der Entwurf – anders als die Bundesregierung meinte – der Zustimmung des Bundesrates bedürfe, mithin nicht als bloßes Einspruchsgesetz behandelt werden könne.[126] Dass sich diesen Einwänden auch die Länder anschlossen, die kein Interesse an den preußischen Kulturgütern hatten, zeigt, dass es bei dem Streit um das Stiftungsgesetz um weit mehr ging als um die Regelung einer historisch einmaligen Vermögensnachfolge. Die Gründung der Bundesstiftung wurde als Eindringen des Bundes in die Kulturhoheit der Länder aufgefasst, das es im gemeinsamen Interesse abzuwehren galt. Kaum einer verstand das besser als der hessische Ministerpräsident Zinn, der neben allgemeinen bundespolitischen Zielen das handfeste hessische Landesinteresse verfolgte, die Bestände der preußischen Staatsbibliothek in Marburg zu behalten. Seine Landesregierung hatte für die *Westdeutsche Bibliothek* soeben ein neues Gebäude in Auftrag gegeben.

Die öffentliche Meinung wussten die Länder nicht auf ihrer Seite. Die Presse sprach von »Erbschaftsstreit« und polemisierte gegen den »Länderegoismus«.[127] Der Bundesregierung war es gelungen, die Zusammenführung des preußischen Kulturbesitzes in einer Bundesstiftung zu einer Sache der nationalen Ehre zu stilisieren. Das geteilte Deutschland sollte so als Kulturnation fortbestehen:

»Das Ziel der deutschen Kulturpolitik kann im Einklang mit dem Gesamtziel deutscher Politik überhaupt nur in der Wiederherstellung der Berliner Museumsinsel, also der Einheit der staatlichen Museen, und der Zusammenführung der Bestände der Preußischen Staatsbibliothek liegen. [...] Es ist eine der so bedauernswerten Folgen der Spaltung Deutschlands, daß diese Einheiten zerschlagen worden sind. Wenn ihre Wiederherstellung nun leider aus politischen Gründen nicht sofort erfolgen kann, so muß aber doch alles getan werden, um dieser ›Wiedervereinigung‹ nicht den Weg zu verbauen.«[128]

Der Verfasser dieses Appells war Ernst Féaux de la Croix, der zehn Jahre zuvor als Referent in der wirtschaftsrechtlichen Abteilung des Reichsjustizministeriums mit der jungen Grundbuchreferentin Wiltraut von Brünneck um die Ablösung von Grundpfandrechten ausländischer Gläubiger gerungen hatte. Trotz seiner politischen Belastung war er 1949 im Bundesfinanzministerium untergekommen und hatte es dort bis zum Ministerialdirigenten gebracht.[129]

Da sich im Bundestag eine breite Zustimmung zum Gesetzentwurf abzeichnete, intensivierte Wiltraut von Brünneck ihre Bemühungen um einen Kompromiss unter den Ländern. Mit dem Berliner Senator für Bundesangelegenheiten Günter Klein kam sie überein, dass Hessen erneut die Initiative für Verhandlungen ergreifen werde. Klein ließ »durchblicken«, dass er und andere Mitglieder des Berliner Senats schon früher auf die hessischen Vorschläge eingegangen wären. Die »Widerstände« des Regierenden Bürgermeisters seien »auch ihnen überraschend und nicht ganz verständlich gewesen«.[130] Die Gelegenheit, Otto Suhr an Bord zu holen, bot sich am 24. Mai 1955, als Suhr seinen hessischen Amtskollegen Georg August Zinn zu einem »Staatsbesuch« in Berlin empfing. Wiltraut von Brünneck begleitete ihren Ministerpräsidenten zu dieser diplomatischen Mission, bei der es nicht nur um den preußischen Kulturbesitz, sondern auch um Rundfunkfragen ging, die ebenfalls in ihre Zuständigkeit fielen. Stolz zeigten die Berliner ihren Staatsgästen die Errungenschaften des Wiederaufbaus. Auf dem Besichtigungsprogramm stand die Gemäldegalerie Dahlem, in der die von Hessen zurückgegebenen Bilder ausgestellt wurden, sowie das 1951 errichtete *Haus der Jugend* im Wedding – ein Vorzeigebau der Nachkriegsmoderne.

Am Nachmittag des 24. Mai 1955 fand im Privathaus des Senators Klein eine Besprechung über den preußischen Kulturbesitz in kleiner Runde statt. Nachdem die Differenzen in Sachen *Westdeutsche Bibliothek* noch einmal ausgebreitet worden waren – Berlin bestand auf der Rückgabe, Hessen wollte die Bestände behalten –, schlug der Senator einen Kompromiss vor: Der Kunstbesitz sollte vollständig nach Berlin rückgeführt werden, die Bibliothek aber »vorläufig« in Marburg bleiben, sofern der künftige Verwaltungsausschuss nichts anderes beschließe. Georg August Zinn und Wiltraut von Brünneck erklärten, »daß diese Regelung annehmbar sei, sie sei allerdings das Äußerste, was Hessen an Konzessionen machen könne«. Am nächsten Tag erneuerte Otto Suhr, der offenbar mit Bedacht nicht in die Verhandlungen einbezogen worden war, jedoch seine Forderung nach einer Rückgabe der Bücher. Wiltraut von Brünneck konfrontierte ihn mit Kleins Kompromissvorschlag. »Herr Bürgermeister Suhr gab eine klare Erklärung hierzu nicht ab«, vermerkte sie. Er habe »allenfalls« erkennen lassen, dass er darin eine Verhandlungsgrundlage sehe. Außerdem verlangte er, dass Zinn gegenüber der Presse sein »Verständnis für die besonderen Bedürfnisse Berlins in Bezug auf Bibliotheken« erkläre. Zinn lehnte ab.[131]

Beim anschließenden Empfang zeigte sich Otto Suhr der hessischen Spitzenbeamtin gegenüber enttäuscht und fragte, wie die Verhandlungen nunmehr weitergehen sollten. Sie antwortete, dass ihr Kollege in der nordrhein-westfälischen Staatskanzlei alsbald eine Besprechung in Düsseldorf anberaumen werde. »Herr Bürgermeister Suhr meinte, daß er sich noch überlegen werde, ob er Herrn Senator Klein als Vertreter Berlins dort hinschicken werde«, vermerkte Wiltraut von Brünneck, »dieser sei von mir zu sehr ›eingewickelt‹; vermutlich werde er selber an der Besprechung teilnehmen.« Darüber konnte sie nicht begeistert sein, denn Suhr war für den interföderalen Kompromiss einfach nicht gemacht: »Ich hatte den Eindruck, daß in diesem Falle die Besprechungen vermutlich an derselben Stelle anfangen werden, an der sie vor dem Staatsbesuch standen, und ein Ergebnis ebenso wenig zu erzielen sein wird wie bisher.«[132]

Ihre Befürchtungen waren unbegründet. Der »eingewickelt[e]« Senator Günter Klein hatte Otto Suhr zum Einlenken bewegen können.[133] Am 7. Juli 1955 setzten die Regierungschefs der beteiligten Länder ihre Unterschrift unter den Vertrag. Das Zustandekommen der *Vereinbarung über die vorläufige Regelung der Ver-*

waltung des Kulturbesitzes des ehemaligen Landes Preußen war ein großer diplomatischer Erfolg für das »Rote Hessen«, das mit den Instrumenten des kooperativen Föderalismus einer Unitarisierung der Bundesrepublik durch die Bundesregierung entgegenwirkte. Auch in der Sache konnten der hessische Ministerpräsident und seine Abteilungsleiterin mit der Vereinbarung zufrieden sein. »Das Abkommen hat politische Bedeutung«, notierte Wiltraut von Brünneck, »insofern es den leidigen Bilderstreit mit Berlin beendet, der in den Augen der wenig informierten Öffentlichkeit vielfach zu Lasten Hessens ging.« Das Abkommen erbringe den Beweis, dass die Länder allein in der Lage seien, auch sogenannte überregionale Kulturaufgaben aus eigener Kraft zu lösen. »Eine erfolgreiche Durchführung der Vereinbarung wird das unberechtigte Eindringen des Bundes in den kulturellen Bereich [...] verhindern«, vermerkte sie zuversichtlich.[134]

Abb. 11: Besichtigung des Hauses der Jugend am Nauener Platz in Berlin-Mitte am 25. Mai 1955
Vorn: Ella Kay, Berliner Senatorin für Jugend und Sport (SPD). In der Bildmitte: Wiltraut v. Brünneck; dahinter der hessische Ministerpräsident Georg August Zinn (r.) mit dem Bezirksbürgermeister von Berlin-Wedding Walter Röber (SPD, l.).
Quelle: LAB, F Rep. 290 (06) Nr. 0040257 / Gert Schütz

216 ROTES HESSEN (1950–1963)

Abb. 12: Besichtigung der Gemäldegalerie Dahlem am 24. Mai 1955
Der Berliner Senatsrat Kurt Gehlhoff (Senatsverwaltung für Volksbildung) führt Wiltraut v. Brünneck
durch die Ausstellung der von Wiesbaden nach Berlin zurückgeführten Gemälde.
Quelle: LAB, F Rep. 290 (06) Nr. 0040241 / Gert Schütz

Wiltraut von Brünneck hatte die Rechnung nicht mit der Adenauerregierung
gemacht, die trotz des ablehnenden Votums des Bundesrats und trotz der
Verwaltungsvereinbarung der Länder an ihrem Entwurf eines Stiftungsgesetzes festhielt. Während im Herbst 1955 die Landtage die Ländervereinbarung
ratifizierten, beriet der Bundestag den Entwurf in erster Lesung. Über die Parteigrenzen hinweg wurde die Initiative der Bundesregierung begrüßt. Auch die
SPD-Fraktion war der Auffassung, dass es sich bei der Verwaltung des preußischen Kulturbesitzes um eine »gesamtdeutsche Frage« handelte.[135] Die Taktik
der Bundesregierung, die ihren Gesetzentwurf mit einer umfangreichen kultur-
politischen Begründung versehen hatte, zeigte Wirkung. Der Erfolg, den Hessen
mit der Verwaltungsvereinbarung erzielt hatte, drohte durch diese kulturnatio-
nale Einheitsfront auf Bundesebene zunichte gemacht zu werden. Wiltraut von
Brünneck wollte dabei nicht tatenlos zusehen und betätigte sich als Lobbyistin im
Interesse ihres Landes. Sie schrieb an die Wiesbadener CDU-Bundestagsabge-
ordnete Elisabeth Pitz-Savelsberg, mit der sie bei einer gemeinsamen Bahnfahrt
von Bonn nach Wiesbaden – gewiss nicht zufällig – über den preußischen

ROTES HESSEN (1950–1963)   217

Kulturbesitz ins Gespräch gekommen war,[136] und an den SPD-Abgeordneten
Hermann Schmitt-Vockenhausen aus dem hessischen Groß-Gerau.[137] Dass sie
im November 1955 die Folgen einer Verabschiedung des Stiftungsgesetzes klar
vor Augen standen, ist an einer – aus dem Konzept gestrichenen – Passage des
Briefs an Pitz-Savelsberg zu erkennen:

> »Sollte der Bundestag sich trotzdem für den Regierungsentwurf entscheiden, so ist zu erwarten,
> daß der Bundesrat im zweiten Durchgang auf seiner bisherigen Stellungnahme beharrt und
> sich daraus ein höchst unerfreulicher Verfassungsstreit entwickelt.«[138]

Trotz dieser Gefahr sah die Bundesregierung keinen Grund, auf die Länder zuzu-
gehen. Auf das Angebot der Länder, dass der Bund der Verwaltungsvereinbarung
beitreten könne, antwortete die Bundesregierung nicht. Im Januar 1956 konstitu-
ierte sich der Verwaltungsausschuss der Länder, in dem Hessen durch einen Ministerialdirektor aus dem Kultusministerium und Wiltraut von Brünneck vertreten wurde. Man kam überein, dass Hessen und Niedersachsen sämtliche Kunstschätze nach Berlin überführen und für deren Verwaltung das bereits angestellte Personal zur Verfügung stellen sollten. Erste Anträge auf Ausleihe bestimmter
Kunstwerke von deutschen und ausländischen Museen wurden vom Ausschuss
beschieden.[139] Kurzum: Der kooperative Kulturföderalismus funktionierte.

Am 1. Juni 1956 erklärte die Bundesregierung, dass sie der Verwaltungsvereinbarung über den preußischen Kulturbesitz nicht beitreten werde.[140] Sieben Monate lang war sie den Ländern eine Antwort schuldig geblieben, sieben Monate,
in denen diese ihre kooperative Verwaltungsstruktur weiter ausgebaut und erste
Kulturgüter nach Berlin zurückgeführt hatten. Die Bundesregierung hatte keine Eile. Denn sie konnte bereits absehen, dass ihr Gesetzentwurf im Bundestag
eine Mehrheit finden würde. Im November 1956 schlug der federführende Ausschuss für Kulturpolitik die Annahme des Entwurfs mit einigen Änderungen vor.
Der wichtigste Änderungsvorschlag betraf § 1 des Gesetzes, der nunmehr Berlin zum Sitz der Stiftung »Preußischer Kulturbesitz« bestimmte. Am 21. Februar 1957
verabschiedete das Plenum den Entwurf in der Ausschussfassung mit nur einer
Gegenstimme.[141]

Georg August Zinn hatte im Vorfeld der Abstimmung sein gesamtes politisches Gewicht in die Waagschale geworfen und in einem von Wiltraut von
Brünneck entworfenen Schreiben an alle hessischen und alle sozialdemokratischen Mitglieder des Bundestagsrechtsausschusses seine Bedenken gegen das
Stiftungsgesetz vorgetragen.[142] Doch nicht einmal seinen Vertrauten Adolf Arndt
hatte er für seinen Standpunkt gewinnen können.[143] Auch Wiltraut von Brünneck
hatte sich wieder auf den Lobbyismus verlegt und an den CDU-Abgeordneten
Kurt-Georg Kiesinger geschrieben. Sie halte es für »verhängnisvoll«, ließ sie ihren früheren Repetitor wissen, »wenn – mehr oder weniger aus Prestigegründen

218   ROTES HESSEN (1950–1963)

– der Entwurf [...] vom Bundestag verabschiedet würde mit der Folge, daß ein
höchst unerfreulicher Verfassungsstreit zwischen Bundesrat, Bundesregierung
und Bundestag heraufbeschworen und für die Verwaltung und Finanzierung
des preußischen Kulturbesitzes ein völliges Vakuum entstehen würde«. Sie ap-
pellierte an Kiesingers »vom Vermittlungsausschuß rühmlich bekannten und
erfolgreichen Bemühungen um eine verständnisvolle Zusammenarbeit zwischen den Bundesorganen« und an sein Gewissen als »Wahlberliner«, dem der
preußische Kulturbesitz ebenso sehr am Herzen liege wie ihr –[144] vergeblich.

Nach der Verabschiedung des Stiftungsgesetzes im Bundestag war es Wiltraut
von Brünnecks Aufgabe, die Ausschüsse des Bundesrates gegen das Gesetz zu mo-
bilisieren. Sie erarbeitete für alle befassten Bundesratsausschüsse den gleichlau-
tenden Antrag, dem Gesetz die Zustimmung zu versagen.[145] Georg August Zinn
warb parallel bei seinen Ministerpräsidentenkollegen um Unterstützung.[146] Am
27. Februar 1957 beschloss der Rechtsausschuss einstimmig – bei Enthaltung des
Saarlandes, Schleswig-Holsteins und Berlins – dem Bundesrat zu empfehlen, die
Zustimmungsbedürftigkeit des Gesetzes festzustellen und die Zustimmung zu
verweigern. Sogar der Vertreter Berlins erklärte, dass sich die Verwaltungsvereinbarung »in weitgehendem Maße bewährt« habe.[147] Am 8. März 1957 nahm das
Bundesratsplenum den Beschlussvorschlag des Ausschusses an.[148]
    Aus Sicht des Bundesrates war der Gesetzentwurf damit gescheitert. Ein zu-
stimmungsbedürftiges Gesetz, dem der Bundesrat die Zustimmung verweigert,
kommt nach Art. 78 GG nicht zustande und darf vom Bundespräsidenten nicht
ausgefertigt und verkündet werden. Die Bundesregierung hatte aber bereits
vor der Beschlussfassung im Bundesrat durchblicken lassen, dem Bundespräsidenten das Gesetz dennoch zur Verkündung vorzulegen, da sie von einem
Einspruchsgesetz ausging. Der Präsident des Bundesrates teilte daraufhin dem
Bundespräsidenten mit, dass nach der Auffassung des Bundesrates eine Verkündung des Stiftungsgesetzes verfassungsrechtlich unzulässig wäre.[149] Theodor
Heuss brachte die Meinungsverschiedenheit zwischen Bundesregierung und
Bundesrat in eine unangenehme Situation. Die Möglichkeit, die Zustimmungsbedürftigkeit des Stiftungsgesetzes durch das Bundesverfassungsgericht klären
zu lassen, war ihm durch die Abschaffung des Gutachtenverfahrens im Jahr 1956
genommen worden.[150]
    Der gesundheitlich angeschlagene Bundespräsident saß zwischen den Stüh-
len, neigte aber der Auffassung des Bundesrates zu. Nachdem er sich für seine
»Rekonvaleszenz« nach Badenweiler begeben hatte, teilte sein persönlicher Referent Hans Bott am 26. April 1957 dem hessischen Kultusminister mit, dass Heuss
dem Wunsch des Bundesrats gefolgt sei und das Gesetz nicht unterzeichnet habe.
»Berlin sollte allerdings darunter nicht leiden«, schrieb Bott, »sodaß wir es gern

ROTES HESSEN (1950–1963)   219

sehen würden, wenn inzwischen schon einiges nach dort zurückgeführt werden könnte.«[151] Die Bitte bezog sich auf die Bibliotheksbestände, auf deren Rückführung die Freie Universität in einem Appell an ihren Ehrendoktor Theodor Heuss gedrungen hatte. Das hessische Kabinett konnte sich dem nicht verweigern und beschloss, im dafür zuständigen Verwaltungsausschuss alsbald eine Standortentscheidung zugunsten Berlins zu initiieren.

Als Wiltraut von Brünneck davon erfuhr, war sie fassungslos. Ihrem Unmut verlieh sie in einem denkwürdigen Bericht an ihren Ministerpräsidenten Ausdruck: »Nach meiner Auffassung steht dieser Beschluß im vollkommenen Gegensatz zu der in den letzten Jahren von Hessen in Sachen des preußischen Kulturbesitzes verfolgten Politik.« Man habe die Museumsbestände nach Berlin zurückgeführt, damit im Gegenzug die *Westdeutsche Bibliothek* in Hessen verbleibe, weil nur in diesem Falle eine Benutzung im gegenwärtigen Umfang möglich sei. Wenn Hessen nunmehr selbst die Rückführung der Bibliothek nach Berlin beantrage, habe die Verwaltungsvereinbarung für Hessen ihren eigentlichen Sinn verloren. »Zudem würden die anderen westdeutschen Länder ein einseitiges Vorgehen des Landes Hessen, das von ihnen häufig gegen Berlin unterstützt worden ist, kaum als loyal empfinden.« Für ihre Person sah sie »keinen Weg, den Beschluß des Kabinetts in einer Weise zu vertreten, die dem Interesse der Sache und dem Ansehen des Landes Hessen dient«.[152] Zinn entband sie wunschgemäß von der Teilnahme an der Sitzung des Verwaltungsausschusses, die am 11. Juli 1957 in den Räumen der *Westdeutschen Bibliothek* in Marburg stattfand. Der Ausschuss beschloss, die Möglichkeit einer Überführung nach Berlin begutachten zu lassen. Die Tage der *Westdeutschen Bibliothek*, für deren Erhalt Wiltraut von Brünneck so hart gekämpft hatte, waren gezählt.[153]

Sie mochte sich damit trösten, wenigstens den Kampf um die Kulturhoheit im Bundesstaat gewonnen zu haben. Mit der Weigerung des Bundespräsidenten, das Stiftungsgesetz auszufertigen und zu verkünden, war der Vorstoß der Bundesregierung abgewehrt. Doch Ende Juli 1957 kam die große Überraschung in Gestalt eines Schreibens des Chefs des Bundespräsidialamts an den Präsidenten des Bundesrates: Der Bundespräsident habe die Bundesregierung gebeten, »zu den durch den Bundesrat aufgeworfenen Rechtsfragen nochmals eingehend Stellung zu nehmen«.

»Diese Stellungnahme ist nunmehr zusammen mit dem Gesetz dem Herrn Bundespräsidenten vorgelegt worden. Dieser bedauert, dass so weitgehend voneinander abweichende Auffassungen über die verfassungsrechtliche Zulässigkeit des vom Deutschen Bundestag nahezu einstimmig verabschiedeten Gesetzes bestehen. Er hat sich aber nach eingehender Prüfung nicht davon überzeugen können, dass die verfassungsrechtliche Auffassung der Bundesregierung durch die des Bundesrates widerlegt sei, und hat deshalb heute das Gesetz ausgefertigt.«[154]

Der Adenauerregierung war es gelungen, Theodor Heuss umzustimmen – mit welchen Mitteln, ist ungewiss. Das Bundespräsidialamt mühte sich, das unmissverständliche Schreiben, das Heuss' persönlicher Referent im April an den hessischen Kultusminister geschickt hatte, als »erhebliches Missverständnis« darzustellen.[155] An die Öffentlichkeit drang der unrühmliche Vorgang nie. Vermutlich erschien Georg August Zinn der Schaden für das Amt des Bundespräsidenten als zu groß, um sich öffentlich zur Wehr zu setzen. Am 8. August 1957 verkündete Theodor Heuss das *Gesetz zur Errichtung einer Stiftung* »*Preußischer Kulturbesitz*« *und zur Übertragung von Vermögenswerten des ehemaligen Landes Preußen auf die Stiftung* im Bundesgesetzblatt.[156] Die hessische Landesregierung sah sich in doppelter Hinsicht übervorteilt, hatte sie doch im Vertrauen auf die Zurückweisung des Gesetzes durch den Bundespräsidenten und auf dessen besondere Bitte einer vorzeitigen Rückgabe der Bibliotheksbestände an Berlin zugestimmt. Der soeben noch gewonnen geglaubte Kampf um die Kulturhoheit drohte in einer bitteren Niederlage zu enden.

Georg August Zinn sammelte seine Truppen. Zunächst besprach er die verfahrene Lage mit Wiltraut von Brünneck, deren juristische Fähigkeiten nun, da ein Verfassungsstreit in greifbare Nähe rückte, gefragter waren denn je. »Gegen die Erhebung einer Klage beim Bundesverfassungsgericht sprechen gewisse politische Bedenken und die Erwägung, daß Hessen an der Durchsetzung seines rechtlichen Standpunktes und an der Fortsetzung der gemeinsamen Verwaltung aufgrund der Verwaltungsvereinbarung kein entscheidendes Interesse mehr hat«, notierte sie unter Hinweis auf die anstehende Rückführung der Bibliotheksbestände. Andererseits bestehe »in der gegebenen Situation – auch wenn man von der grundsätzlichen verfassungsrechtlichen Beurteilung abs[ehe] – für Hessen keinerlei Interesse an einem Vollzug des Stiftungsgesetzes, der Hessen zum Mitträger der Stiftung machen würde. [...] Hessen hätte durch die Stiftung nur finanzielle Lasten und keine praktischen Vorteile«. Der Ministerpräsident und seine Abteilungsleiterin waren skeptisch, ob sich der Vollzug des Gesetzes durch eine Politik des leeren Stuhls vermeiden lassen würde: »Bei der mangelnden Standfestigkeit des Bundesrates in Auseinandersetzungen mit der Bundesregierung muß [...] damit gerechnet werden, daß zumindest einige Länder sich zur weiteren Mitarbeit beim Vollzug des Gesetzes verpflichtet fühlen.«[157]

Wider Erwarten blieb der Bundesrat im Streit um den preußischen Kulturbesitz standfest. Bei der Vorbesprechung der Bundesratssitzung am 29. November 1957 setzten die Ministerpräsidenten eine Kommission ein, die die Möglichkeiten eines verfassungsgerichtlichen Vorgehens gegen das Stiftungsgesetz ausloten sollte. Den Ton in der Kommission, die am 11. Dezember 1957 zusammentrat, gaben Wiltraut von Brünneck und ihr bayerischer Kollege Ernst Gerner an. Der SPIEGEL wusste zu berichten, dass an »dem sechs Seiten umfassenden Memo-

ROTES HESSEN (1950–1963)   221

randum dieses Gremiums [...] neben der forschen hessischen Ministerialrätin von
Brünneck der bayrische Ministerialdirigent Professor Dr. Gerner besonderen Anteil« gehabt habe, »den man im Bundesrat wegen seiner sehr speziellen Begabung
als den ›Erfinder des Gerner-Gerätes zur Aufspürung von Länderzuständigkei-
ten‹« schätze.[158] Die forsche Ministerialrätin und der erfinderische Ministerialdirigent – deutlicher hätten die zeittypischen Geschlechterstereotype kaum zum
Ausdruck kommen können.

Die Kommission empfahl dem Bundesrat, vor dem Bundesverfassungsgericht
gegen das Stiftungsgesetz vorzugehen. Die »Wahrung der Stellung des Bundesrates als Verfassungsorgan und als gleichberechtigtes Organ der Gesetzgebung« er-
fordere eine verfassungsgerichtliche Überprüfung der umstrittenen Fragen. Das
gelte umso mehr, »als die Anerkennung der vom Bundesrat bestrittenen Gesetz-
gebungs- und Verwaltungszuständigkeit des Bundes aus Art. 135 GG ernste Folgen für die Bereiche der ausschließlichen Zuständigkeit der Länder haben könnte«. Die Befürchtung, das Bundesverfassungsgericht werde sich der Rechtsauffassung des Bundesrates nicht anschließen, sollte nicht dazu führen, von einer
verfassungsgerichtlichen Klärung abzusehen. Vorgeschlagen wurden sowohl ein
Organstreitverfahren des Bundesrates gegen den Bundespräsidenten – »dass der
Antrag gegen den Bundespräsidenten gestellt werden muss, sollte keine besonderen Bedenken auslösen« – als auch die Einleitung eines Normenkontrollverfahrens durch einzelne Landesregierungen, um die materielle Verfassungsmäßigkeit des Stiftungsgesetzes umfassend überprüfen zu lassen.[159]

Am 20. Dezember 1957 beschloss der Bundesrat, ein Organstreitverfahren gegen den Bundespräsidenten einzuleiten. Am 10. Januar 1958 trat die Länderkommission erneut zusammen und erarbeitete die Antragsschrift,[160] die am 24. Januar 1958 vom Bundesratsplenum gebilligt wurde.[161] Die »Klage« des Bundesrates
gegen den Bundespräsidenten stieß in der Presse auf Unverständnis. »Oberregierungsräte gegen Heuss«, titelte die FAZ herablassend und polemisierte gegen
die Länder als »schlechte Verlierer«:

»Hier haben anscheinend beamtenhafte Zuständigkeits- und Zustimmungsansprüche über
staatspolitische Klugheit und jenen Takt gesiegt, der gerade beim kulturellen Erbe eines nicht
ruhmlos untergegangenen Staatswesens der deutschen Geschichte geboten war.«[162]

Was am Untergang Preußens »nicht ruhmlos« gewesen sein soll, blieb das Geheimnis des sich kulturnational ereifernden Redakteurs. Doch nicht nur die konservative FAZ, sondern auch der linksliberale SPIEGEL kritisierte das Vorgehen
der Länder. Die Überprüfung des Stiftungsgesetzes in einem Normenkontrollverfahren, das Niedersachsen und Hessen parallel zum Antrag des Bundesrates
betrieben, hätte »durchaus genügt«. In dem Verfahren »gegen Heuss« wollten die

Länder nur »ihre eifersüchtig bewachte Kulturautonomie« symbolisch dadurch bestätigen lassen, »daß der Bundespräsident in dem Streit unterliegt«.[163]

Wiltraut von Brünneck spielte hinter den Kulissen eine maßgebliche Rolle in beiden Verfassungsstreitigkeiten um den preußischen Kulturbesitz: dem Organstreitverfahren zwischen Bundesrat und Bundespräsident und dem Normenkontrollverfahren der Länder gegen das Stiftungsgesetz. Bei ihr liefen die Fäden zusammen. Sie übernahm den Vorsitz der Kommission, die für den Rechtsausschuss des Bundesrats das Organstreitverfahren betreute.[164] Zugleich koordinierte sie das Vorgehen der Antragsteller im Normenkontrollverfahren; zu Hessen und Niedersachsen war Baden-Württemberg hinzugekommen, das wegen der Hohenzollernschen Lande am Schicksal des preußischen Kulturbesitzes interessiert war. Für den Rechtsausschuss des Bundesrates erarbeitete sie als Berichterstatterin eine Stellungnahme, die der Bundesrat im Normenkontrollverfahren abgeben sollte. Auf diese Weise wurden beide Verfahren inhaltlich miteinander verknüpft. Obwohl prozessual getrennt, traten der Bundesrat und die Antragsteller im Normenkontrollverfahren nach außen geschlossen auf, geeint in dem Bestreben, den Eingriff des Bundes in die Kulturhoheit der Länder abzuwehren.

Bei der mündlichen Verhandlung über den Normenkontrollantrag im Mai 1959 hielt sich Wiltraut von Brünneck im Hintergrund. Die Prozessvertretung der Antragsteller war dem Staatsrechtslehrer Herbert Krüger übertragen worden, der ein professorales Gegengewicht zum Prozessbevollmächtigten der Bundesregierung bildete, dem Bonner Verfassungsrechtler Ulrich Scheuner. Obwohl sich dafür keine Belege in den Akten finden, darf man einen gewissen Einfluss Wiltraut von Brünnecks auf die Mandatierung Herbert Krügers vermuten. Sie hatte Herbert Krüger in den dreißiger Jahren kennengelernt, als dieser sich in Berlin habilitierte.[165] Der junge Rechtswissenschaftler, der sich in seinen Schriften zum Nationalsozialismus bekannte sowie der SS und der NSDAP angehörte, wurde 1936 Professor in Heidelberg, später in Straßburg. Nach dem Krieg ließ er sich als Rechtsanwalt und Repetitor in Frankfurt am Main nieder. In seinen Veröffentlichungen beschäftigte er sich unter anderem mit dem hessischen Verfassungsrecht.[166] Vermutlich traf er Ende der vierziger Jahre wieder mit Wiltraut von Brünneck zusammen. 1951 ging Herbert Krüger als Geschäftsführer des *Verbandes Deutscher Reeder* nach Hamburg, wo er 1955 einen Lehrstuhl erhielt. Für das »Rote Hessen« war der reinstallierte Professor ein gefragter Gutachter und Prozessvertreter, auch im Streit um den preußischen Kulturbesitz.

Am 14. Juli 1959 verkündete der Zweite Senat des Bundesverfassungsgerichts sein Urteil: »Das Gesetz zur Errichtung einer Stiftung ›Preußischer Kulturbesitz‹ [...] ist mit dem Grundgesetz vereinbar.«[167] Das Gericht folgte im Wesentli-

ROTES HESSEN (1950–1963)   223

chen den Argumenten der Bundesregierung. Der preußische Kulturbesitz sei
Verwaltungsvermögen, für das durch Bundesgesetz nach Art. 135 Abs. 4 GG
– ohne Zustimmung des Bundesrates – eine abweichende Regelung von der
grundgesetzlichen Rechtsnachfolge getroffen werden könne. Das überwiegen-
de Bundesinteresse ergebe sich aus der »national-repräsentativen Funktion«
der ehemals preußischen Sammlungen, deren Erhaltung als Einheit »über die
gegenwärtige Spaltung Deutschlands« hinaus nicht illegitim sei. Auch an der
Gründung einer bundesunmittelbaren Stiftung nahmen die Verfassungsrichter
keinen Anstoß, da Art. 135 Abs. 4 GG eine Abweichung von den Verwaltungskompetenzen zulasse.

Die Niederlage im Normenkontrollverfahren war eine herbe Enttäuschung
für die Länder, für die die Presse nur Häme übrig hatte: »War das nötig?«, titelte die FAZ und lobte das Bundesverfassungsgericht dafür, dass es »mit einem
Spruch von gesundem Menschenverstand« einen Streit aus der Welt geschafft
habe, der »von Anfang an so überflüssig wie unbehaglich gewesen« sei. Die vom
Bundesrat und den Ländern aufgeworfenen Fragen der Zustimmungsbedürftigkeit und der Gesetzgebungskompetenz seien »Spitzfindigkeiten, an denen
die Juristen Pläsier haben mögen; aber angesichts des Zustandes unsers Vater-
lands sind sie grotesk. [...] Querelles allemandes, wann werden wir sie los?«[168] –
Eine Querele wurde das »Vaterland« rasch los: Unter dem Eindruck des Urteils
im Normenkontrollverfahren nahm der Bundesrat seinen Antrag gegen den
Bundespräsidenten zurück.[169] Es sollte noch zwei Jahre dauern, ehe die *Stiftung
Preußischer Kulturbesitz* in Berlin die Geschäfte aufnehmen konnte. Zu der im Stiftungsgesetz vorgesehenen »Neuregelung nach der Wiedervereinigung« kam es
nie. Nach 1990 übernahm die Stiftung auch die ehemals preußischen Kulturgüter
im »Beitrittsgebiet«.

Wiltraut von Brünneck dürfte sich über die Niederlage im Streit um den preußischen Kulturbesitz gegrämt haben. Doch hatte sie vor dem Bundesverfassungsgericht von Anfang an auf ungünstigem Terrain gekämpft. Die Entstehungsgeschichte des Grundgesetzes sprach nämlich entscheidend gegen die von ihr vertretene Rechtsauffassung. Ausgerechnet Georg August Zinn, der vor seinem Amt
als Ministerpräsident ein Föderalismusskeptiker gewesen war, hatte im Hauptausschuss des Parlamentarischen Rates die Zusammenfassung des preußischen
Kulturbesitzes als Anwendungsfall für bundesgesetzliche Regelungen ins Spiel
gebracht:

»Ich könnte mir vorstellen, daß meinetwegen das Kaiser-Friedrich-Museum, dessen Bestand
über das ganze Land oder über verschiedene Länder verstreut ist, zusammengefaßt wird und
daß man nicht das eine Kunstwerk diesem Land und das andere jenem Land überläßt. Hier
sollte der Bundesgesetzgeber eingreifen.«[170]

Es entbehrt nicht der Ironie, dass das Bundesverfassungsgericht in seinem Urteil Zinns Einlassungen im Parlamentarischen Rat zur Stütze seiner Interpretation des Art. 135 Abs. 4 GG anführte.[171]

Fernsehstreit

In einem anderen Rechtsstreit mit dem Bund, der das Bundesverfassungsgericht in den Jahren 1960/61 beschäftigte, war die verfassungsrechtliche Ausgangslage Hessens günstiger. Dennoch bedurfte es eines gehörigen Argumentationsaufwands und taktischen Geschicks, um den strategischen Vorteil in einen Prozesserfolg umzusetzen. Das Verfahren ist unter dem Trivialnamen »Fernsehstreit« noch heute bestens bekannt, nicht zuletzt deshalb, weil das Urteil des Zweiten Senats als die größte innenpolitische Niederlage Konrad Adenauers gilt. »Das ›Fernsehurteil‹ leitete das Ende der Ära Adenauer ein – und den Beginn eines Zeitalters demokratischer Öffentlichkeit«, resümiert Thomas Darnstädt, der dem Verfahren zuletzt eine umfassende Würdigung zuteilwerden ließ.[172] Die Protagonisten des Fernsehstreits waren Bundeskanzler Adenauer auf der einen, die sozialdemokratisch regierten Länder Hamburg, Hessen, Bremen und Niedersachsen auf der anderen Seite. Als gemeinsamer Prozessbevollmächtigter der Länder trat in Karlsruhe der SPD-Bundestagsabgeordnete und Rechtsanwalt Adolf Arndt auf, dessen engagiertem Vortrag bei der mündlichen Verhandlung eine große Wirkung auf das Urteil zugeschrieben wurde. Für den SPIEGEL war Arndt ein »Simson«, der Adenauer und seine Minister »allesamt mit einem Streich erledigt hatte«.[173]

Arndt schlug Adenauer, daran besteht kein Zweifel. Doch es war nicht sein Verdienst allein. Maßgeblichen Anteil am Erfolg der SPD-regierten Länder hatte die versierte Juristin, der Georg August Zinn nicht ohne Grund neben den bundespolitischen Aufgaben die Rundfunkangelegenheiten anvertraut hatte. Wiltraut von Brünneck blieb im Fernsehstreit hinter den Kulissen, wo sie ihre Wirkung am besten entfalten konnte. Bei der mündlichen Verhandlung war sie nur als »Beistand« der hessischen Landesregierung zugegen. Ihr Beitrag zum Prozesserfolg war aber größer, als es diese bescheidene Prozessrolle vermuten lässt. So schrieb Adolf Arndt nach der mündlichen Verhandlung an Georg August Zinn, dass der Verlauf der Verhandlung »entscheidend dadurch beeinflußt worden« sei, »daß sie so ausgezeichnet durch die von Frau Ministerialrätin Dr. v. Brünneck und Herrn Ministerialrat Dr. Barwinski [Leiter der Rechtsabteilung, F. M.] ausgearbeiteten Schriftsätze vorbereitet war«.[174] Der Doktorgrad, den Adolf Arndt Wiltraut von Brünneck »verlieh«, lässt erkennen, wie sehr er

ROTES HESSEN (1950–1963)   225

ihre fachliche Expertise schätzte. Noch größer war die Wertschätzung ihres Ministerpräsidenten , der nach der Urteilsverkündung an die »[l]iebe Frau von Brünneck« – im dienstlichen Verkehr eine ungewöhnliche Anrede! – schrieb:

»Als Sie [...] aus Karlsruhe mit mir telefonierten und mir die entscheidenden Punkte aus dem Urteil des Bundesverfassungsgerichts im Fernsehstreit übermittelten, da spürte ich bei jedem Satz Ihre berechtigte große Freude über den Erfolg unserer Klage. Unser Erfolg ist nicht zuletzt Ihr Erfolg, denn Sie haben in mühevoller Kleinarbeit den Schriftsatz der Klage erarbeitet, auf den dann unsere Vertreter vor dem Bundesverfassungsgericht aufbauen konnten. Dafür darf ich Ihnen meinen und der Hessischen Landesregierung herzlichsten Dank sagen.«[175]

Als Leiterin der Abteilung IV in der hessischen Staatskanzlei und Mitglied der Ständigen Rundfunkkommission der Länder hatte Wiltraut von Brünneck von Beginn an das zähe Ringen um die Neuordnung des Rundfunks in der Bonner Republik miterlebt und mitgestaltet. Jahrelang hatte sie mit den anderen Ländern und dem Bund über die Errichtung eines Langwellensenders (dem Vorgänger des heutigen *Deutschlandradios*) verhandelt und eine für die Länder günstige staatsvertragliche Lösung erreicht.[176] Ende 1958 zeichnete sich ab, dass die Bundesregierung auf das Fernsehen zugreifen wollte. Konrad Adenauer beabsichtigte, neben der von den Rundfunkanstalten der Länder getragenen ARD einen zweiten bundesweiten Fernsehsender einzurichten. Im Verlauf des Jahres 1959 kam es darüber zu einem Konflikt zwischen der Bundesregierung und den Ländern, denn der Kanzler war bestrebt, den Einfluss der Länder auf das zweite Programm so gering wie möglich zu halten.[177] Die Länder fanden auf der Ministerpräsidentenkonferenz in Kiel im Juni 1959 zu einer einheitlichen Linie: Das zweite Fernsehprogramm sollte auf der Grundlage eines Staatsvertrages von den Rundfunkanstalten der Länder betrieben werden, der Bund nur über jeweils ein Drittel der Mitglieder des Fernseh- und Verwaltungsrats beteiligt sein; je ein weiteres Drittel sollten die Länder und die Rundfunkanstalten stellen.

Die Bundesregierung ging auf diesen Vorschlag nicht ein, sondern beschloss Ende September 1959 den *Entwurf eines Rundfunkgesetzes*, das neben zwei neuen Hörfunkanstalten die Gründung einer neuen Fernsehanstalt namens *Deutschland-Fernsehen* vorsah. Bund und Länder sollten in die Aufsichtsgremien die gleiche Zahl von Vertretern entsenden. Die Reaktionen von Ländern und Opposition waren heftig. Am 13. November 1959 lehnte der Bundesrat den Entwurf im ersten Durchgang »aus verfassungsrechtlichen und staatspolitischen Gründen« einstimmig ab.[178] Der Beschluss war von der *Ständigen Rundfunkkommission der Länder* vorbereitet worden, an der Wiltraut von Brünneck als hessische Vertreterin teilgenommen hatte.

Die Einheitsfront, in der die Länder über die Parteigrenzen hinweg Adenauers Machtansprüchen in Rundfunkfragen widerstanden hatten, bröckelte, als die

CDU-geführte schleswig-holsteinische Landesregierung ausscherte und die Gesetzgebungskompetenz des Bundes in Rundfunkfragen bejahte. Adenauer versuchte den Spalt zu vertiefen und führte im Dezember 1959 ein »Parteigespräch« mit den Ministerpräsidenten von CDU und CSU, um sie für seinen Plan eines zweiten Fernsehprogramms zu gewinnen. Im Laufe des Gesprächs bildete sich die Meinung heraus, das zweite Fernsehprogramm zunächst über ein Verwaltungsabkommen zu regeln, an dem sich auch der Bund beteiligen konnte. Die SPD-Ministerpräsidenten stimmten der Bildung einer Verhandlungskommission zu, die jedoch durch den Verlauf der Beratungen des *Rundfunkgesetzes* im Bundestag alsbald obsolet wurde. Es stellte sich heraus, dass die Bundesregierung entgegen ihrer Absprache mit den »eigenen« Ministerpräsidenten auf die gesetzliche Errichtung einer zweiten Fernsehanstalt hinarbeitete. Für Konrad Adenauer war der Rundfunk ein »politisches Führungsmittel«, das er nicht allein den Ländern überlassen wollte. Von einem Verwaltungsabkommen, das ein Gesetz auf fragwürdiger Kompetenzgrundlage vermieden hätte, war plötzlich keine Rede mehr. Der Protest des CDU-Ministerpräsidenten von Rheinland-Pfalz Peter Altmeier konnte nicht verhindern, dass der Bundestag am 29. Juni 1960 den Gesetzentwurf gegen die Stimmen der SPD verabschiedete.

Als sich abzeichnete, dass der Bundesrat im zweiten Durchgang den Vermittlungsausschuss anrufen würde, bestellte Adenauer die Ministerpräsidenten der Unionsparteien erneut zu einem »Parteigespräch« ein. Wiederum stellte er ein Verwaltungsabkommen in Aussicht, das die Errichtung der Fernsehanstalt in Privatrechtsform als *Deutschland-Fernsehen-GmbH* vorsehen sollte. Der Bund sollte daran mit 51 Prozent, die Länder mit 49 Prozent beteiligt sein. Ob die CDU/CSU-Ministerpräsidenten darauf sofort eingingen oder den Vorbehalt machten, zunächst ein »loyales« Gespräch mit ihren sozialdemokratischen Kollegen zu führen, war im Nachhinein umstritten. Jedenfalls lud Ministerpräsident Altmeier die Regierungschefs aller Parteien am 22. Juli 1960 nach Bonn ein, um dort über einen Beitritt der SPD-geführten Länder zur Vereinbarung zu verhandeln. Die sozialdemokratischen Ministerpräsidenten zeigten sich kooperativ, ließen sich aber im Gegenzug garantieren, dass ein drittes Fernsehprogramm eingerichtet werden solle, das allein durch die Länder betrieben werden würde.

Adenauer ging auf diesen Kompromissvorschlag nicht ein und verlegte sich auf eine Politik der vollendeten Tatsachen. Am 25. Juli 1960 schloss er mit Bundesfinanzminister Fritz Schäffer den Gesellschaftsvertrag der *Deutschland-Fernsehen-GmbH* mit Sitz in Köln. Adenauer vertrat dabei die Bundesrepublik Deutschland, für die er 12.000 DM als Stammeinlage erbrachte. Schäffer handelte als »Treuhänder« der Länder bis zu deren Eintritt in die Gesellschaft und erbrachte deren Stammeinlage von 11.000 DM aus seinem privaten Vermögen. Zum vorläufigen Geschäftsführer bestellten die Gründungsgesellschafter Ministerialdirektor

ROTES HESSEN (1950–1963)　　227

Reinhold Mercker, der im Bundeskanzleramt die Abteilung I für Inneres, Justiz und Verteidigung leitete. Der »Treuhänder« Schäffer bot den Ländern an, sich durch Erwerb von Anteilen zu je 1.000 DM an der Gesellschaft zu beteiligen.

Bis dahin ist die Geschichte bekannt. Ebenso ist bekannt, dass die überrumpelten Länder das zweifelhafte Angebot ablehnten. Noch am Nachmittag des 25. Juli 1960 erklärte Georg August Zinn stellvertretend für die sozialdemokratischen Ministerpräsidenten, dass es dem Bundeskanzler nicht um eine Erweiterung des Fernsehangebots, sondern um ein Propagandainstrument für die kommende Bundestagswahl gehe: »Dieser Husarenstreich gegen die Länder erweckt Erinnerungen an das Vorgehen Franz von Papens gegen Preußen im Jahre 1932«, ließ Zinn die Presse wissen und brachte mit der Anspielung auf den »Preußenschlag« deutlich zum Ausdruck, wofür er das Vorgehen des Bundeskanzlers hielt: für einen autoritären Staatsstreich im Rundfunkwesen. Auch Zinns rheinlandpfälzischer Kollege Peter Altmeier kritisierte seinen Parteifreund Adenauer öffentlich. Das bayerische Kabinett forderte den Bundeskanzler sogar dazu auf, den unfreundlichen Zustand unverzüglich zu bereinigen.[179]

Wenig bekannt ist hingegen über die Willensbildung innerhalb der Landesregierungen und über die Abstimmung der Länder untereinander. Die hessische Perspektive ist in den Akten der Staatskanzlei überliefert. Georg August Zinn besprach die Angelegenheit sogleich mit seiner für Rundfunkfragen zuständigen Spitzenbeamtin.[180] Wiltraut von Brünneck nahm Kontakt zu den sozialdemokratisch geführten Staatskanzleien und Landesvertretungen auf und erfuhr, dass der Hamburger Bürgermeister Max Brauer »auf baldige Erhebung einer Klage Hamburgs beim Bundesverfassungsgericht gegen das Vorgehen des Bundes« drang. Die Klageschrift war schon in Arbeit. Das Nähere wolle der Hamburger Bevollmächtigte beim Bund Gerhard Kramer, bei einer Zusammenkunft »anläßlich der Beerdigung des Bundestagsabgeordneten Becker in Hersfeld« mit Zinn persönlich besprechen.[181] Am Grab des hessischen FDP-Politikers Max Becker, dem am 3. August 1960 eine »große Trauergemeinde [...] das letzte Geleit« gab,[182] wurde das weitere Vorgehen der SPD-geführten Länder besprochen. Wiltraut von Brünneck hatte vorher mit mehreren eiligen Vermerken auf ihren Ministerpräsidenten eingewirkt, um ihn von einem taktisch geschickteren Vorgehen zu überzeugen. Sie wollte jeden Angriffspunkt nutzen, den der dubiose Gesellschaftsvertrag des Bundeskanzlers und seines Finanzministers bot, und am besten schon die Eintragung der *Deutschland-Fernsehen-GmbH* in das Handelsregister verhindern.

Jedoch wollten weder WDR noch NDR, die als Konkurrenten der *Deutschland-Fernsehen-GmbH* ein rechtliches Interesse hätten vorbringen können, etwas gegen die Eintragung der neuen Gesellschaft unternehmen. Wiltraut von Brünneck hatte dafür wenig Verständnis: »M. E. ist der Standpunkt der Rundfunkanstalten [...]

falsch«, ließ sie ihren Ministerpräsidenten in einem Vermerk »für die Reise nach Hersfeld« wissen:

»Bei der Bedeutung der Angelegenheit sollte jedes Mittel versucht werden, um die Gründung der Deutschland-Fernsehen-GmbH. anzugreifen. Dazu gehört auch die rechtlich durchaus gegebene Möglichkeit einer Einschaltung in das Eintragungsverfahren [...]. Es ist vielleicht nicht wahrscheinlich, aber doch nicht völlig ausgeschlossen, daß der Richter wegen des Verstoßes des Gesellschaftszwecks gegen die [...] Landes[rundfunk]gesetze die Eintragung ablehnt. Selbst wenn es aber zu einer Aussetzung nach Art. 100 GG käme, wäre dies schon ein gewaltiger Erfolg für die Länder und die Landesrundfunkanstalten und würde in jedem Falle auf die Organisation des 2. Fernsehprogramms hemmend wirken. Denn selbst wenn die Bundesregierung gewillt wäre, mit der noch nicht rechtsfähigen Gesellschaft die Sendungen aufzunehmen, so würde der Mangel der Eintragung doch nach außen klarmachen, daß diese Organisation auf schwankenden Boden steht.«[183]

Wiltraut von Brünneck durchdachte den »Fall« nicht nur juristisch – die Chancen, dass ein Registerrichter das Bundesverfassungsgericht einschalten würde, waren in der Tat gering –, sondern vor allem politisch:

»Sollte der Registerrichter (wider Erwarten) die Eintragung ablehnen oder das Verfahren aussetzen, um die Verfassungsmäßigkeit der dem Gesellschaftsvertrag entgegenstehenden Landesgesetze durch das BVerfGG [sic!] nachprüfen zu lassen, so würde es einer Klageerhebung durch die Länder nicht bedürfen.«[184]

Die Länder müssten sich also nicht exponieren und könnten doch von den Früchten einer verfassungsgerichtlichen Entscheidung profitieren. Zu einem registergerichtlichen Verfahren kam es nicht, offenbar, weil sich die Rundfunkanstalten nicht umstimmen ließen. In Hersfeld wurde vielmehr ein Treffen der SPD-Ministerpräsidenten in Hamburg vereinbart, bei dem die Einzelheiten eines verfassungsgerichtlichen Vorgehens besprochen werden sollten.

Die Abteilungsleiterin fertigte ihrem Ministerpräsidenten erneut einen ausführlichen Vermerk, der ihren politischen Zugriff auf den Fernsehstreit unterstreicht: »In Hamburg müßte vereinbart werden, ob Hamburg diese Klage zunächst ausschließlich allein einreicht und wir und Niedersachsen uns sodann anschließen oder ob vielleicht gemeinsam geklagt werden soll.« Jedenfalls empfahl sie, »vor Erhebung der Klage mit allen Ländern Fühlung« zu nehmen. »Falls die SPD-Länder ohne eine solche Fühlungnahme allein die Klage erheben, werden die CDU-Länder dies zum Anlaß von Vorwürfen in der Öffentlichkeit und zur Rechtfertigung eines eigenen Alleinganges verwenden.« Es verstehe sich von selbst, »daß eine Klage, an der sich ein oder mehrere CDU-Länder beteiligen würden, der Angelegenheit ein ganz anderes Gewicht geben und stärkeren Eindruck auf das Bundesverfassungsgericht machen würde«.

Einen solchen Eindruck erhoffte sie sich auch von juristischen Gutachten, für deren »Beschaffung« sie um Vorschläge nicht verlegen war: Die »Professoren Krüger, Mallmann, Ipsen, Zeidler (bis vor kurzem Hilfsarbeiter im 2. Senat des BVerfG) und Peter Schneider« böten sich an. Hinzu komme das schon früher erstattete Gutachten von Helmut Ridder. »Nach Informationen über das Klima in Karlsruhe [...] wäre es wesentlich, auch den Professor Werner Weber in Göttingen als Gutachter zu gewinnen, der allgemein als Autorität in staats- und verwaltungsrechtlichen Fragen anerkannt ist.« Es erschien ihr »wertvoll, wenn Niedersachsen veranlasst werden könnte, in entsprechende Verhandlungen mit Prof. Weber einzutreten«. Da dieser »von Hause aus kein Föderalist« sei, sei seine Zusage nicht sicher, aber umso wertvoller. »Falls er ablehnt, könnten die Verhandlungen wenigstens das Resultat haben, ihn auch für die Gegenseite zu blockieren.« Die Bundesregierung werde vermutlich die Professoren Hans Schneider, Peters, Scheuner und Forsthoff als Gutachter »einsetzen«.[185]

So präpariert reiste Georg August Zinn am 7. August 1960 nach Hamburg, wo er gemeinsam mit den Regierungschefs von Bremen, Hamburg und Niedersachsen eine Erklärung absetzte, die es in sich hatte. Das Verhalten der Bundesregierung rühre über den eigentlichen Anlass und Gegenstand hinaus an den Fundamenten der staatlichen Grundordnung. Das Vorgehen des Bundeskanzlers verstoße gegen den Geist des Grundgesetzes und trage den »Stempel des Verfassungsbruchs«. Die SPD-Ministerpräsidenten kritisierten die Separatverhandlungen des Bundeskanzlers mit den unionsgeführten Ländern und die Ablehnung des Kompromissvorschlags. Offensichtlich habe Adenauer »das zweite Programm einseitig in den Dienst der Interessen seiner Partei stellen« wollen. Seine »auffällige Hast« könne nur mit der kommenden Bundestagswahl erklärt werden. Es sei zu beklagen, »daß die politischen Interessen des Bundeskanzlers unter Verletzung des föderativen Aufbaus der Bundesrepublik den berechtigten Interessen der Fernsehempfänger an einem zweiten Programm vorangestellt« würden. »Die Länder werden alle politischen und staatsrechtlichen Maßnahmen ergreifen, um den Bundeskanzler auf den Boden des Rechts zurückzuführen.«[186]

Auf diese Kampfansage folgte eine rege Geschäftstätigkeit in den Staatskanzleien und Ministerien der SPD-regierten Länder. Wiltraut von Brünneck ließ ihre Mitarbeiter verschiedene Rechtsfragen im Zusammenhang mit dem Fernsehstreit begutachten.[187] Sie selbst arbeitete an der hessischen Antragsschrift und stimmte sich dabei eng mit den anderen beteiligten Ländern ab. Absprachegemäß hatte der Hamburger Senat den Anfang gemacht und am 19. August 1960 einen Antrag beim Bundesverfassungsgericht eingereicht, der sich auf die Kompetenzfrage im Rundfunkrecht konzentrierte. Ganz anders war der am 19. September 1960 eingereichte und mit 55 Typoskriptseiten doppelt so lange Schriftsatz der hessischen Landesregierung ausgerichtet, den Wiltraut von Brünneck gemeinsam mit ihrem Kollegen Berthold Barwinski, dem Leiter der Rechtsabteilung, verfasst hatte. Schon der Antrag setzte einen eigenen Akzent: »Die Bundesregierung verstößt gegen die Art. 5 und 30 GG i. V. m. Art. 87 Abs. 3 GG sowie gegen die sich aus dem bundesstaatlichen Aufbau des Grundgesetzes ergebende Pflicht zu länderfreundlichem Verhalten [...].«[188]

Das Grundrecht der Meinungs- und Rundfunkfreiheit, auf das die Hamburger Antragsschrift nur am Rande einging, stand im hessischen Schriftsatz an erster Stelle. Erst danach kamen die Kompetenznormen des Grundgesetzes. Mit der »Pflicht zu länderfreundlichem Verhalten« brachte Hessen zudem einen materiellen Topos des Föderalismus ins Spiel – die »Bundestreue« –, der den Streit aus der formalistisch anmutenden Auseinandersetzung um Kompetenzen heraus und auf eine politische Ebene hob. Würde das Bundesverfassungsgericht feststellen, dass die Bundesregierung gegen diese Pflicht verstoßen hatte, ließe sich daraus – zumal in Wahlkampfzeiten – ein größerer politischer Nutzen ziehen als aus der bloßen Klärung der Kompetenzlage. Schon die Anerkennung einer solchen Pflicht durch das Bundesverfassungsgericht würde den SPD-geführten Ländern ein Argument an die Hand geben, das sich in künftigen Konflikten mit der Bundesregierung verwenden ließe.

Dass sie die hessische Antragsschrift nicht nur als Prozesshandlung, sondern als politischen Akt konzipiert hatte, geht aus Wiltraut von Brünnecks Arbeitsunterlagen hervor. Ihren Entwurf – der weitgehend der späteren Antragsschrift entsprach – übersandte sie der Rechtsabteilung »für die weitere Bearbeitung« mit zahlreichen Hinweisen. Gleich an zweiter Stelle regte sie an, »die Erhebung der hessischen Klage publizistisch möglichst auszuwerten«. Zunächst sollte die DPA-Niederlassung in Wiesbaden »spätestens am Tage der Absendung der Klage, möglichst noch etwas früher, unterrichtet werden«. Außerdem schlug sie vor, »am Tage der Absendung der Klage an das Bundesverfassungsgericht oder an einem der nachfolgenden Tage eine Pressekonferenz über diesen Komplex« abzuhalten. Hier schrieb eine politisch denkende Spitzenbeamtin, die den medialen Betrieb der Bonner Republik ebenso gut überblickte wie das Verfassungsrecht. Die »Klage« wollte sie »allen Institutionen und Persönlichkeiten« zukommen lassen, bei denen ein Interesse an der Sache vorausgesetzt werden kann«. Dabei dachte sie »z. B. an die Kirchen, den Zentralrat der Juden in Deutschland, die Gewerkschaften, Arbeitgeberorganisationen, kulturelle Organisationen usw.«[189] Heute würde man von »Multiplikatoren« sprechen.

Wiltraut von Brünnecks inhaltliche Anmerkungen zum Entwurf zeigen ein taktisches Agieren auch in Rechtsfragen. »Zur Gesetzgebungszuständigkeit habe ich absichtlich etwas im Dunkeln gelassen, ob und inwieweit der Bund nach unserer Auffassung für die technische Seite des Rundfunks zuständig ist [...].« »Ab-

ROTES HESSEN (1950–1963)   231

sichtlich nicht verwendet« hatte sie das Gutachten von Paul Mikat, da es einige für den hessischen Standpunkt »recht bedenkliche Thesen« enthielt. Selbst über die Wortwahl und ihre Wirkung auf Gericht und Öffentlichkeit hatte sie sich Gedanken gemacht. Da die Bundesrepublik bei der Gründung der *Deutschland-Fernsehen-GmbH* durch den Bundeskanzler vertreten wurde, »könnte man in dem Schriftsatz natürlich auch überall von Maßnahmen des Bundeskanzlers sprechen«. Sie riet aber davon ab, »weil die Sache dadurch vielleicht einen zu polemischen Anstrich bekommen könnte«.[190]

Auffällig an der hessischen Antragsbegründung ist die Betonung der Meinungs- und Rundfunkfreiheit zu Beginn der Rechtsausführungen. Weil nach hessischer Auffassung »die Veranstaltung von Rundfunksendungen durch eine vom Staat beherrschte privatrechtliche Gesellschaft [...] schlechthin mit Art. 5 Abs. 1 GG unvereinbar« war, kam es auf Kompetenzerwägungen nur noch hilfsweise an.[191] Wiltraut von Brünneck stützte diese Interpretation des Art. 5 Abs. 1 GG nicht nur auf »ihre« Gutachter (Ipsen, Krüger, Mallmann, Maunz und Ridder), sondern auch auf die als bundesregierungsnah eingeschätzten Professoren Forsthoff, Peters, Scheuner und Weber. Sie wollte den Gegner mit den eigenen Waffen schlagen. Die von Herbert Krüger inspirierte Kernthese lautete:

»Die Existenz des Rundfunks birgt [...] schon an sich die Gefahr für die verfassungsmäßige Ordnung der freiheitlichen Demokratie, weil mit Hilfe dieses Instruments Einzelne oder Gruppen die öffentliche Meinung beeinflussen und mit dem Gemeinwohl nicht vereinbare Sonderinteressen verfolgen, ja sogar eine die legitimen demokratischen Gewalten gefährdende Macht entwickeln können.«[192]

Gegen diese Gefahr wende sich Art. 5 Abs. 1 GG, indem er – so formulierte es Scheuner – die Rundfunkfreiheit als »institutionelle Sicherung der öffentlichen Meinungsfreiheit zum Gegenstand hat«.[193] Diese institutionelle Dimension könne »nur durch eine Ordnung gewährleistet werden, die den Rundfunk gegenüber allen politischen, sozialen oder sonstigen Machtgruppen neutralisiert und bewirkt, daß der Rundfunk Medium, nicht Faktor der Meinungsbildung ist«. Neutralität werde nur durch »politisch neutrale und unabhängige Sendeträger« gewährleistet. Die Bundesregierung sei kein »politisch neutrales Organ« und dürfe daher weder selbst noch durch eine privatrechtliche Gesellschaft Rundfunk veranstalten.[194] Im Urteil sollten sich diese Argumente teils wörtlich wiederfinden.[195]

Nach Einreichung der Anträge übernahm Adolf Arndt die Vertretung der hessischen und der Hamburger Landesregierung sowie der Landesregierungen Bremens und Niedersachsens, die dem Verfahren beigetreten waren. Wiltraut von Brünneck stimmte das weitere Vorgehen eng mit ihm ab. Der Rechtsanwalt machte einige Anregungen zur Ergänzung und Korrektur der »sonst ausgezeichneten Klageschrift«, die die Beamtin in einem weiteren Schriftsatz berücksichtigte. Den Vorschlag Arndts, »einige namhafte Staatsbürger« dazu zu veranlassen, parallel zu den Anträgen der Länder eine Verfassungsbeschwerde zu erheben, – »vielleicht Herr Professor Dr. Jesch in Marburg, ein unabhängiger und parteiloser Publizist oder das führende Mitglied einer Vereinigung zur Wahrung der Staatsbürgerrechte« –[196] verfolgten die beiden nicht weiter, vermutlich weil die Verfassungsbeschwerde in die Zuständigkeit des Ersten Senats gefallen wäre.

Wiltraut von Brünneck koordinierte sich nicht nur mit Adolf Arndt, sondern auch mit ihren Kollegen aus den anderen Ländern.[197] Wie im Streit um den preußischen Kulturbesitz liefen auch im Fernsehstreit bei ihr die Fäden zusammen. Ihr Terminkalender war im Herbst 1960 prall gefüllt mit Besprechungen in Sachen »Fernsehklage«. Anfang November empfing Georg August Zinn in Wiesbaden alle maßgeblichen Personen auf Antragstellerseite, um die Taktik für die mündliche Verhandlung zu besprechen.[198] Adolf Arndt bat nach der Besprechung Wiltraut von Brünneck und Berthold Barwinski darum, noch einmal »in kleiner Runde« zusammenzukommen.[199] Schließlich waren es ihre Schriftsätze, auf die er sich in der mündlichen Verhandlung stützen würde. Umgekehrt waren auch die Abteilungsleiter um eine enge Abstimmung mit dem Prozessvertreter bemüht. Als sie einen letzten Schriftsatz vorbereitete, der wenige Tage vor der mündlichen Verhandlung bei Gericht eingehen sollte, sandte Wiltraut von Brünneck den Entwurf an Arndt mit der Bitte um ein persönliches Gespräch, das »nicht in dem großen Kreise«, sondern nur mit ihr und ihrem Kollegen Barwinski stattfinden sollte. Die drei kamen am 19. November 1960 in Bonn zusammen. Es war die letzte Besprechung der Dreierrunde vor der mündlichen Verhandlung, in der es darum ging, »mit Recht Politik [zu] machen«[200] – das beherrschte Arndt wie kaum ein anderer Jurist der Bonner Republik.

In der Zwischenzeit hatte sich die politische und die prozessuale Lage verändert. Adenauer war es gelungen, die Ministerpräsidenten der Union von einem Beitritt zu den Anträgen Hamburgs und Hessens abzubringen. Bei einem Treffen aller Ministerpräsidenten am 23. September 1960 – vier Tage nach Einreichung des hessischen Antrags – wurde das Ende der »Einheitsfront« besiegelt. Während sich die Länderchefs der Union für weitere Verhandlungen mit der Bundesregierung aussprachen, wollten die SPD-Ministerpräsidenten davon nichts mehr wissen. Bei der Stuttgarter Ministerpräsidentenkonferenz am 6. und 7. Oktober 1960 stand nur noch ein »Bericht über die Neuregelung der Rundfunk- und Fernsehverhältnisse in Deutschland« auf der Tagesordnung. Beschlüsse wurden nicht gefasst.[201]

Bereits am 5. Oktober 1960 hatte eine Verfügung des Vizepräsidenten des Bundesverfassungsgerichts Rudolf Katz für Aufregung gesorgt. Katz hatte als

ROTES HESSEN (1950–1963) 233

Vorsitzender des Zweiten Senats die Prozessbeteiligten darauf hingewiesen, dass das Urteil nicht vor dem 1. Januar 1961 zu erwarten sei und das Gericht unter diesen Umständen zu erwägen haben werde, ob der Erlass einer einstweiligen Anordnung gemäß § 32 BVerfGG geboten sei.[202] In Unionskreisen wurde das als Empfehlung des SPD-Mitglieds Katz an die Antragsteller aufgefasst, den Erlass einer einstweiligen Anordnung zu beantragen, um Adenauers Fernsehpläne frühzeitig zu durchkreuzen. Bestätigt wurde diese Deutung durch den Präsidenten des Bundesverfassungsgerichts Gebhard Müller in einem Gespräch mit Kanzleramtschef Hans Globke und dem baden-württembergischen Innenminister Hans Filbinger. Müller erklärte, »dass die Verlautbarung des 2. Senats bezüglich der Fernsehklage gar nicht anders aufgefasst werden könne, als dass die klagenden Parteien eine einstweilige Verfügung gegen die Bundesregierung beantragen sollen. Dies sei [...] ein einmaliger Fall und bisher in der Geschichte des Bundesverfassungsgerichts nicht vorgekommen.« Katz' Hinweis könne man bereits entnehmen, wie der Zweite Senat entscheiden würde: »gegen die Bundesregierung«.[203]

Ganz Parteisoldat, der er war, gab Gebhard Müller zu bedenken, dass es bei dem Urteil weniger um »die Verhinderung des zweiten Fernsehprogramms« als um einen »große[n] und fühlbare[n] Prestigeverlust des Bundeskanzlers« gehe, so dass man den ganzen Prozess »auch im Hinblick auf die nächstjährigen Bundestagswahlen« betrachten müsse. Dass es um die Erfolgsaussichten der Bundesregierung schlecht bestellt war, machte der Gerichtspräsident nicht zuletzt an den professoralen Gutachten fest: »Den sieben Gutachten der klagenden Länder, von denen drei von CDU-Professoren stammen, stehen nur drei der Bundesregierung gegenüber, die keineswegs überzeugend sind.« Wiltraut von Brünnecks taktisches Geschick bei der Auswahl der Gutachter hatte sich offenbar bezahlt gemacht. Thomas Darnstädt, dessen Recherchen die Entdeckung dieses bemerkenswerten »Parteigesprächs« des Gerichtspräsidenten zu verdanken ist, berichtet, dass Müller der Bundesregierung sogar Empfehlungen gab, wie das Schlimmste abgewendet werden könne. Die *Deutschland-Fernsehen-GmbH* sei rasch aufzulösen, um das Verfahren zu blockieren. In einem nächsten Schritt sollte mit der CDU/CSU-Mehrheit im Bundestag das zweite Fernsehprogramm auf eine gesetzliche Grundlage gestellt werden. Zwar könne der Zweite Senat dieses Gesetz in das Verfahren einbeziehen, doch nicht bevor es in Kraft getreten sei. So könne man Zeit gewinnen und den Ausgang des Streits offenhalten.[204]

Wiltraut von Brünneck wird von dieser Kompetenzüberschreitung des Gerichtspräsidenten nichts erfahren haben. Sie war damit beschäftigt, den Antrag auf einstweilige Anordnung zu formulieren, den die hessische Landesregierung am 20. Oktober 1960 beim Bundesverfassungsgericht einreichte. Der Hamburger Senat schloss sich an. Gebhard Müller hatte seinen Kollegen aus dem Zweiten

Senat Unrecht getan: Bereits in seiner Antragsschrift hatte der Hamburger Senat zum Ausdruck gebracht, dass ihm – angesichts der Absicht der Bundesregierung, das Programm der *Deutschland-Fernsehen-GmbH* ab dem 1. Januar 1961 auszustrahlen – »an einer vorher ergehenden Entscheidung des Bundesverfassungsgerichts sehr gelegen« sei. Explizit behielt man sich vor, »wegen der Gefahr, daß dieses Fernsehprogramm im WahlJahr 1961 zu einer einseitigen politischen Beeinflussung der Bevölkerung benutzt wird, zu gegebener Zeit einen Antrag auf Erlaß einer Einstweiligen Anordnung zu stellen, falls es dem Bundesverfassungsgericht nicht möglich sein sollte, seine Entscheidung vor diesem Zeitpunkt zu verkünden«.[205] Als absehbar war, dass eine Entscheidung nicht vor dem 1. Januar 1961 ergehen würde, hatte Vizepräsident Katz gar keine andere Wahl, als den Antragstellern dies mitzuteilen. Anderenfalls hätte er sich dem Vorwurf ausgesetzt, den Rechtsschutz der Länder faktisch zu vereiteln.

Bis Mitte November hatten alle Ministerpräsidenten der unionsgeführten Länder das Verwaltungsabkommen mit der Bundesregierung unterzeichnet und vom »Treuhänder« Fritz Schäffer Anteile an der *Deutschland-Fernsehen-GmbH* erworben. Am 16. November 1960 nahm der Programmbeirat seine Arbeit auf, an dem sich neben den Vertretern der unionsregierten Länder und der Bundesregierung auch die katholische Kirche beteiligte.[206] Mit dem Sendebetrieb sollte so bald wie möglich begonnen werden, nötigenfalls begrenzt auf das Gebiet der unionsregierten Länder. Das war die Lage, wie sie sich dem Zweiten Senat des Bundesverfassungsgerichts darstellte, als er am 28. November 1960 in die dreitägige mündliche Verhandlung im Fernsehstreit eintrat. Die Wortprotokolle nehmen mehr als 200 Seiten in der Dokumentation des Verfahrens ein.[207] Am ersten Verhandlungstag wurden nach den Eingangsplädoyers Zulässigkeitsfragen und erste Kompetenzprobleme erörtert. Der zweite Tag galt den Gesetzgebungs- und Verwaltungskompetenzen im Rundfunk. Am dritten Tag ging es um den Erlass der einstweiligen Anordnung.

Obwohl sich die Diskussion immer wieder in Kompetenzstreitigkeiten verhedderte, die durch die Technizität der Materie verkompliziert wurden, gelang es Adolf Arndt, das Grundrecht der Rundfunkfreiheit mit seinem institutionellen Gewährleistungsgehalt in den Fokus zu rücken: »Wem in diesem Bundesstaat steht es zu, diese Strukturnorm der Verfassung legislatorisch und exekutiv zu füllen und zu sichern?«, fragte er in seinem Eingangsplädoyer. Die Antwort folgte auf dem Fuße:

»Art. 5 GG schließt es aus, daß es im Bund oder in einem Land irgendeine Verwaltungs- oder Gesetzgebungskompetenz geben könnte, die es auch nur erlaubte, die Institution Rundfunk als Multiplikator der politischen Parteinahme der parteigetragenen Regierung zu instrumentalisieren. Es bedarf daher gar keiner Suche, ob es eine derartige Kompetenznorm geben könne,

ROTES HESSEN (1950–1963)   235

wie die Bundesregierung sie behauptet, weil es nach Art. 5 eine Kompetenz zur inhaltlichen Sachgestaltung des Programms, zu seiner Beeinflussung und Lenkung durch ein Staatsorgan gar nicht geben darf.«[208]

Das war kein Gedanke, für den Arndt die Urheberschaft beanspruchen konnte – er hätte es wohl auch nicht getan. Vielmehr findet sich diese zentrale Erwägung, die später das Urteil tragen sollte, bereits in der von Wiltraut von Brünneck ausgearbeiteten und von Berthold Barwinski überarbeiteten hessischen Antragsschrift, die wiederum auf wissenschaftliche Stellungnahmen aufbaute. Adolf Arndt verstand es, das entschedende Argument mit rhetorischer Brillanz im Gerichtssaal zu entfalten. Wiltraut Rupp-von Brünneck sollte später über ihn sagen:

»Arndt beherrschte excellent wie kein anderer die Kunst des Plädoyers. Er wiederholte in der mündlichen Verhandlung nicht – wie leider sonst üblich – den Inhalt der Schriftsätze, sondern umriß kurz die zu entscheidende Rechtsfrage und brachte immer wieder neue Gesichtspunkte. Jedes Plädoyer war sorgfältig handschriftlich vorbereitet; er sprach jedoch völlig frei. Diese Kunst des Vortrages ebenso wie der Reichtum der Gedanken, die überzeugende Zusammenfügung und glänzende Formulierung zwangen das Gericht und die anderen Zuhörer in ihren Bann.«[209]

Die gemeinschaftliche Anstrengung der hessischen Spitzenbeamtin und des Politikers in Robe zahlte sich aus. Am 17. Dezember 1960 erließ der Zweite Senat des Bundesverfassungsgerichts die einstweilige Anordnung.[210] Wiltraut von Brünneck nahm persönlich am Verkündungstermin teil und konnte sogleich ihrem Ministerpräsidenten melden, dass das »Adenauer-Fernsehen« von Karlsruhe vorläufig gestoppt worden war. Die Richter hatten sich davon überzeugen lassen, dass dem gemeinen Wohl schwere Nachteile drohten, »wenn ohne Rücksicht auf die noch nicht abgeschlossenen Verfahren zur Hauptsache von der Deutschland-Fernsehen-GmbH zu veranstaltende Sendungen ab 1. Januar 1961 ausgestrahlt würden«. Gleichzeitig wurde für den 28. Februar 1961 eine Grundsatzentscheidung in Aussicht gestellt, die mit einer Auslegung »fundamentaler Verfassungsprinzipien« aufwarten »und möglicherweise zur Feststellung ihrer Verletzung führen« werde.[211]

In der noch jungen Bundesrepublik war selten so viel über den Inhalt einer Verfassungsgerichtsentscheidung gemutmaßt worden. Die meisten Beobachter erwarteten ein abwägendes Urteil, das beiden Seiten ein Stück vom Rundfunkkuchen zusprechen würde. Auch Adolf Arndt war nur verhalten optimistisch. Er erhoffte lediglich einen »Punktsieg«.[212] Es wurde ein Knockout: Das Bundesverfassungsgericht stellte nicht nur einen Verstoß der Bundesregierung »gegen Artikel 30 in Verbindung mit dem VIII. Abschnitt des Grundgesetzes sowie gegen den Grundsatz des bundesfreundlichen Verhaltens und gegen Artikel 5 des Grundgesetzes fest« – wie es die hessische Landesregierung beantragt hatte –, sondern verneinte zugleich die Gesetzgebungskompetenz des Bundes für die Veranstaltung von Rundfunksendungen.[213] Dass es die Befugnis des Bundes, sendetechnische Anlagen zu betreiben, bestätigte, war in der Tat »nicht mehr als ein Trostpflaster«, wie Eberhard Bitzer in der FAZ kommentierte. Was nutzte schon die Technik, wenn man über den Inhalt nicht bestimmen durfte? »Die klagenden Länder haben also nur ganz geringfügig Terrain verloren«, bilanzierte Bitzer. Ihr Erfolg sei »beinahe ein kompletter Sieg«. Dem Bund dagegen beschneide das Urteil die Möglichkeit, über die Sendetechnik hinaus in die organisatorischen und kulturellen Sphären des Fernsehens vorzustoßen: »Sie bleiben ihm verschlossen. Was er sich [...] mit der ›Deutschland-Fernsehen GmbH‹ zuordnen wollte, bleibt ein Reservat der Länder.«[214]

Auch für die politisch denkende und handelnde Ministerialrätin Wiltraut von Brünneck wird die Bewahrung dieses Reservats der Länder im Vordergrund gestanden haben. Darüber hinaus konnte sie mit den Ausführungen des Urteils zum »Grundsatz bundesfreundlichen Verhaltens« und zur institutionellen Dimension der Rundfunkfreiheit zufrieden sein. Dass diese beiden Aspekte im Fernsehstreit überhaupt eine Rolle gespielt hatten, war der von ihr ausgearbeiteten hessischen Antragsschrift zu verdanken, deren wesentliche Argumente sich in den Urteilsgründen wiederfanden. Mit dem festgestellten Verstoß gegen die »Bundestreue« hatte die SPD ein wertvolles politisches Argument an die Hand bekommen, das sie im anstehenden Wahlkampf gegen Adenauer einsetzen konnte. Mit der Anerkennung der institutionellen Rundfunkfreiheit wurde das Rundfunkrecht in Deutschland auf ein neues verfassungsrechtliches Fundament gestellt, das die freiheitlich-plurale Struktur der Landesrundfunkanstalten zum Maßstab für die weitere Entwicklung machte. Thomas Darnstädt bemerkt dazu anschaulich:

»Am Exempel der Deutschland-Fernsehen GmbH statuierten in kühner Rechtsschöpfung die Richter [...], wie Rundfunk und Fernsehen in der Demokratie des Grundgesetzes zu funktionieren hätten. It's magic: Die ›Rundfunkordnung‹, die 1961 als Zugabe des Gerichts zum ärgerlichen Fall Adenauer in die Welt kam, ist bis heute, ergänzt durch zahlreiche weitere ›Fernsehurteile‹ des Gerichts, die Grundlage für die Arbeit und die Organisation von Rundfunk und Fernsehen in Deutschland. Was die Richter damals unter dem Gliederungspunkt III ins Fernsehurteil schrieben, sollte weit über Deutschlands Grenzen hinaus zum Maßstab für eine freiheitliche Medienordnung werden.«[215]

Liest man das Fernsehurteil im Spiegel der hessischen Antragsschrift und der zugrundeliegenden wissenschaftlichen Gutachten, wird deutlich, dass sich das Bundesverfassungsgericht das geistige Eigentum an dieser »Erfindung des Pluralismus« teilen muss mit den wissenschaftlichen Gutachtern, die die Interpretation des Art. 5 Abs. 1 GG vorgezeichnet, und mit den hessischen Spitzenbeamten

Wiltraut von Brünneck und Berthold Barwinski, die daraus gerichtlich verwertbare Argumente gemacht hatten.

Wiltraut von Brünneck sollte sich ihres Erfolges im Fernsehstreit nie berühmen. Sie hatte schließlich »nur« ihre Pflicht getan. Am überragenden verfassungspolitischen Stellenwert des Urteils ließ sie aber keinen Zweifel. In einer Veröffentlichung aus dem Jahr 1970 – sie gehörte inzwischen selbst dem Bundesverfassungsgericht an – hob sie das Fernsehurteil als ein »berühmtes Beispiel« für die Förderung des Grundrechtsschutzes in einem staatsorganisationsrechtlichen Rechtsstreit hervor. »Diese Entscheidung«, resümierte sie, »bewahrte den deutschen Bürger vor der Monotonie und dem Zerrbild eines Staatsrundfunks und -fernsehens nach der Art der Verhältnisse in Frankreich unter dem Regime von de Gaulle.«[216]

»Mittelpunkt des Geschehens«

Der Triumph im Fernsehstreit markierte den vorläufigen Höhepunkt in Wiltraut von Brünnecks Karriere. Am 7. August 1962 feierte die Ministerialrätin ihren fünfzigsten Geburtstag, wenig später ihr 25-jähriges Dienstjubiläum – gerechnet wurde ab dem Eintritt in das Referendariat im Jahr 1937. Von ihrem Ministerpräsidenten erhielt sie dafür eine Glückwunschurkunde und eine »Ehrengabe von 200 DM«.[217] Die Ehrung fiel in den hessischen Landtagswahlkampf, der am 11. November 1962 in einen sensationellen Wahlsieg der Sozialdemokraten mündete. Die SPD errang die absolute Mehrheit der Stimmen. Obwohl er allein hätte regieren können, setzte Georg August Zinn die Koalition mit der *Gesamtdeutschen Partei* (der Nachfolgerin von BHE und DP) fort und sicherte sich so eine breite Zustimmung für seine progressive Reformpolitik. Das »Rote Hessen« blieb rot, in der pragmatisch-undogmatischen Lesart der Sozialdemokratie, wie sie der Ministerpräsident vorgab.

Für Zinns Regierungserklärung am 30. Januar 1963 formulierte Wiltraut von Brünneck die Passage über die Bundespolitik, und setzte sich dafür ein, dass der neue Minister für Bundesangelegenheiten eine adäquate Amtsbezeichnung erhielt – »nicht nur ›Bundesratsangelegenheiten‹«, wie es Zinn ursprünglich vorgesehen hatte.[218] Die Ausweisung eines eigenen Ressorts für die Bundespolitik, das dem Justizminister Lauritz Lauritzen übertragen wurde, war mehr eine Geste nach außen, die dem Trend in den anderen Ländern folgte, »Bundesministerien« einzurichten. Der Sache nach blieb die bundespolitisch entscheidende Stelle die Abteilung IV der Staatskanzlei,[219] deren Leiterin am 30. Mai 1963 zur Ministerialdirigentin befördert wurde.

Abb. 13: Wiltraut v. Brünneck und Adolf Arndt
Das Foto zeigt die Ministerialrätin und den Rechtsanwalt im Karlsruher Prinz-Max-Palais auf dem Weg zur Verkündung des Fernsehurteils am 28. Februar 1961.
Quelle: picture alliance / Fritz Fischer

Auch privat fühlte sich Wiltraut von Brünneck in Wiesbaden wohl. 1957 war sie von einer Altbauwohnung im Dichterviertel, in der sie zunächst zur Untermiete gewohnt hatte,[220] in ein neugebautes Mehrfamilienhaus auf dem Leberberg gezogen, das dem Geschmack der Zeit entsprach.[221] Ihre neue Wohnung war nur wenige Meter von Kurpark und Staatskanzlei entfernt und wurde – mit einigem Stolz – Freunden und Bekannten präsentiert. Eine Einladung erhielt auch der einstige Leiter des hessischen Landespersonalamts Martin Drath, der 1951 zum Richter des Bundesverfassungsgerichts gewählt worden war.[222] Wiltraut von Brünneck pflegte freundschaftliche Beziehungen zu Kollegen wie Hans-Joachim Reh, der ihr später als Abteilungsleiter in der Staatskanzlei nachfolgen sollte. Bei ihrer Freundin Renate Lenz-Fuchs, die als Notarin im rheinland-pfälzischen Diez an der Lahn tätig war, verbrachte sie »viele schöne Ferientage«, erhielt »eine Fülle kultureller Anregungen« und erlernte dort »nicht zuletzt die Kunst des Autofahrens«,[223] eine Kunst, die sie nach den Erinnerungen ihres Patenkindes – der Tochter ihrer Studienfreundin Irmgard von Reden-Lütcken, geb. von Keudell – aber nur mäßig beherrschte.[224]

Die zwei Jahre ältere Renate Lenz-Fuchs, die ihr Notariat Ende 1945 der französischen Besatzungsmacht abgetrotzt hatte,[225] lernte Wiltraut von Brünneck bei den Veranstaltungen des *Deutschen Juristinnenbundes* kennen, in dem sie sich nach dem erfolgreichen Kampf um die Gleichberechtigung im Familienrecht weiter engagierte. Renate Lenz-Fuchs fungierte bereits Mitte der fünfziger Jahre als zweite Vorsitzende des Juristinnenbundes. Da siezte man sich noch.[226] Bald entwickelte sich aus dem förmlichen Umgang eine Freundschaft, die durch gemeinsame Reisen zu den Kongressen der *Fédération Internationale des Femmes Magistrats et Avocats* (FIFMA) befördert wurde. Im Juli 1956 fand die Tagung dieser internationalen Juristinnenvereinigung in Venedig statt. An ihr nahm auch Wiltraut von Brünnecks alte Freundin Anneliese Cüny teil, die ihre während des Mussolini-Stipendiums erworbenen Sprachkenntnisse zum großen Nutzen der deutschen Delegation einsetzen konnte.[227]

In der zweiten Hälfte der fünfziger Jahre übernahm Wiltraut von Brünneck im *Juristinnenbund* zunehmend mehr Verantwortung. 1956 wurde sie zur Beisitzerin im Vorstand gewählt. Ab 1959 betreute sie die Arbeit der Fachausschüsse und hielt »Fühlung« mit dem Frauenreferat des Bundesinnenministeriums und mit den weiblichen Mitgliedern des Rechtsausschusses des Bundestages.[228] Für solche »politiknahen« Aufgabenfelder war sie als Spitzenbeamtein mit guten Beziehungen nach Bonn prädestiniert. Die meisten anderen Vorstandsmitglieder waren in Justiz oder Rechtsanwaltschaft tätig. Bei der Vorstandssitzung des *Juristinnenbundes* im September 1960 in München, zu der sie trotz der gleichzeitigen Inanspruchnahme durch den Fernsehstreit – wenn auch mit Verspätung –

erschienen war, wurde Wiltraut von Brünneck die Kandidatur als erste Vorsitzende auf der nächsten Jahrestagung angetragen. Sie lehnte ab. Die Arbeitsbelastung war zu groß. Für eine Kandidatur als Mitglied der Ständigen Deputation des *Deutschen Juristentages* stand sie jedoch zur Verfügung.[229] Zur allseitigen Freude wurde neben Wiltraut von Brünneck auch Marie Luise Hilger in die Ständige Deputation gewählt.[230] Hilger war dem Arbeitsrecht treu geblieben und 1959 zur Richterin des Bundesarbeitsgerichts gewählt worden.

Im Juni 1961 holte Wiltraut von Brünneck die Jahrestagung des *Juristinnenbundes*, der inzwischen von Renate Lenz-Fuchs geleitet wurde, nach Wiesbaden.[231] Die Veranstaltung war ein großer Erfolg. »Es waren mehr als 150 Mitglieder da; die Diskussionen waren bewegt, ohne streitend gewesen zu sein«, berichtete Renate Lenz-Fuchs der an der Teilnahme verhinderten Erna Scheffler.[232] Diskutiert wurde über die Strafbarkeit der freiwilligen Sterilisation, der künstlichen Insemination und des Ehebruchs. Der zweite Tag stand im Zeichen der Reform des Unterhaltsrechts, für deren Erörterung Wiltraut von Brünneck neben der Tübinger Landgerichtsrätin Hedwig Maier-Reimer – die als Nachfolgerin Erna Schefflers am Bundesverfassungsgericht gehandelt wurde –[233] die Professoren Wolfram Müller-Freienfels und Peter Schneider hatte gewinnen können. Der hessische Ministerpräsident lud die Juristinnen zu einer Weinprobe auf das Staatsweingut Kloster Eberbach ein. Seine Ansprache war eine »schöne Belohnung für die unermüdliche Arbeit, die viele der anwesenden Juristinnen für die Allgemeinheit und für die Verteidigung der Interessen der Frauen aufgewendet haben«.[234] Bei Georg August Zinn konnten die Juristinnen gewiss sein, dass er es ernst meinte.

Bei der Hannoveraner Tagung des *Juristinnenbundes* im Jahr 1962 wurde Wiltraut von Brünneck zur zweiten Vorsitzenden gewählt. Den ersten Vorsitz hatte weiterhin Renate Lenz-Fuchs inne. Schriftführerin wurde Anne-Gudrun Meier-Scherling, die 1955 zur ersten Richterin am Bundesarbeitsgericht gewählt worden war.[235] Um die Wahl eines neuen Vorstandes nach der 1963 geänderten Satzung zu ermöglichen, legte der Vorstand nach nur einjähriger Amtszeit geschlossen seine Ämter nieder. Wiltraut von Brünneck – inzwischen zur Bundesverfassungsrichterin ernannt – kandidierte nicht erneut für den Posten der zweiten Vorsitzenden, sondern ließ sich wie Renate Lenz-Fuchs nur als Beisitzerin in den Vorstand wählen. Den Vorsitz übernahmen die Berliner Rechtsanwältin Charlotte Graf und die Hamburger Oberregierungsrätin Hertha Engelbrecht.[236]

Dass der *Juristinnenbund* nicht nur eine Interessenvertretung der juristisch ausgebildeten Frauen war, sondern auch als politisches Netzwerk genutzt wurde, belegen Wiltraut von Brünnecks Bemühungen, ihrer Freundin Renate Lenz-Fuchs einen Posten im ZDF-Fernsehrat zu vermitteln. Die Ministerpräsidenten hatten für das Gremium nur eine Frau vorgesehen und es gab mehrere Kandidatinnen aus verschiedenen politischen Lagern. »Frau Dr. Lenz-Fuchs ist parteipolitisch nicht gebunden, eine kluge, sehr aufgeschlossene, sehr gebildete und kulturell interessierte Frau«, ließ Wiltraut von Brünneck ihren Ministerpräsidenten wissen. »Taktisch würde es günstiger sein, wenn der Vorschlag nicht von Hessen[,] sondern vielleicht von Hamburg gemacht würde.«[237] Doch gerade die parteipolitische Ungebundenheit war ein Nachteil, denn es zeichnete sich ab, dass die »Frauenstelle« an die SPD gehen würde. Die niedersächsische Staatssekretärin Theanolte Bähnisch machte sich »für eine Frau Dr. Müller« aus Hannover stark, die dem *Deutschen Hausfrauenverband* vorsaß und der SPD angehörte.[238] Margarete Müller, die sich als Reformerin des Bauwesens vor allem mit Fragen der Küchenorganisation beschäftigte – Eingeweihte nannten sie »die Küchen-Müllerin« –[239], machte am Ende das Rennen.

Ihre Tätigkeit in der hessischen Staatskanzlei, die sie mit ihrem Engagement im *Juristinnenbund* optimal verbinden konnte, bot Wiltraut von Brünneck einen »sachlich und menschlich gleicherweise befriedigenden Wirkungskreis«.[240] Sie fühlte sich wohl in ihrer »Wahlheimat« Hessen unter dem erfolgreichen Ministerpräsidenten Zinn, als dessen Mitarbeiterin sie »die aktivste Zeitspanne« ihres beruflichen Lebens verbrachte, wie sie kurz vor ihrem Tod – nach vierzehn Jahren Tätigkeit am Bundesverfassungsgericht! – sagen sollte.[241] Mit der Ernennung zur Ministerialdirigentin im Mai 1963 hatte die Fünfzigjährige das Ende der Karriereleiter in Wiesbaden allerdings erreicht. Ein weiterer Aufstieg war in der hessischen Ministerialverwaltung kaum möglich. Für einen Posten als Staatssekretärin, wie ihn Theanolte Bähnisch in Niedersachsen bekleidete, oder gar als Ministerin fehlte Wiltraut von Brünneck das Parteibuch. Der SPD trat sie nie bei.[242] Georg August Zinn hätte für die Juristin seines Vertrauens womöglich eine Ausnahme gemacht, etwa bei der anstehenden Nachfolge des Chefs der Staatskanzlei Hermann Bach (1964) oder des Justizstaatssekretärs Erich Rosenthal-Pelldram (1967). Aber er hatte andere Pläne für sie.

Der hessische Ministerpräsident wollte sie in Karlsruhe sehen, als Richterin des Bundesverfassungsgerichts. Spätere Äußerungen Wiltraut von Brünnecks lassen darauf schließen, dass Zinn diese Absicht bereits um die Mitte der fünfziger Jahre an sie herangetragen hatte.[243] Doch ihr missfiel der Gedanke, ihren verantwortungsvollen Posten in Wiesbaden für ein Richteramt in Karlsruhe aufzugeben. Ihr war bewusst, dass die Einflussmöglichkeiten in einem Kollegialgericht geringer waren als in einem hierarchisch organisierten Ministerium. Und darum ging es ihr: Einfluss zu nehmen, nicht aus Eigennutz oder Machtbesessenheit, sondern um den rechtlichen und gesellschaftlichen Fortschritt voranzutreiben, dem sie sich wie ihr Ministerpräsident verpflichtet fühlte. Gremien wie der Rechtsausschuss des Bundesrates, die verschiedenen Bund-Länder-Kommissionen und die Ministerpräsidentenkonferenz boten ihr direktere politische Gestaltungsmöglichkeiten als ein Richteramt, das zur Neutralität verpflichtete.

»[N]ach langem Widerstreben« erklärte sie sich dennoch 1959 »zu einer Kandidatur für Karlsruhe« bereit. Den Ausschlag gab – jedenfalls würde sie dies rückblickend sagen – der »Appell«, den der amtierende Verfassungsrichter Martin Drath an sie gerichtet hatte, und die Aussicht, mit diesem zusammenarbeiten zu dürfen.[244] Obwohl ungewiss ist, wie viel rhetorische Höflichkeit in dieser Mitteilung an Drath steckte, ist es doch nicht unwahrscheinlich, dass er Wiltraut von Brünneck umgestimmt hatte. Die beiden pflegten ein gutes Verhältnis. Sie hatte großen Respekt vor dem zehn Jahre älteren Professor in roter Robe, mit dem sie bereits Ende der vierziger Jahre in Wiesbaden zusammengearbeitet hatte. Er mag ihr verdeutlicht haben, dass die Gestaltungsmöglichkeiten in Karlsruhe nicht so gering waren, wie sie annahm. Immerhin war Martin Drath als Mitglied des Ersten Senats an den großen Grundrechtsurteilen der Gründungsphase beteiligt gewesen, mit denen das Bundesverfassungsgericht der Rechtsordnung der Bundesrepublik einen freiheitlichen Stempel aufdrückte.

Für welche Stelle am Bundesverfassungsgericht Georg August Zinn seine Kandidatin 1959 in Stellung bringen wollte, ist schwer zu rekonstruieren. Es muss sich um einen Posten gehandelt haben, für den die SPD das Vorschlagsrecht hatte. Von diesen waren im Jahr 1959 die Stellen der Richter Joachim Lehmann und Erna Scheffler im Ersten sowie die Stellen der Richter Walter Klaas und Rudolf Katz im Zweiten Senat zu besetzen. Da aber alle amtierenden Richter – trotz teilweise fortgeschrittenen Alters – zur Wiederwahl bereit waren, konnte der hessische Ministerpräsident seinen Plan nicht verwirklichen. Für Wiltraut von Brünneck war der unerwünschte Wechsel von Wiesbaden nach Karlsruhe vorerst abgewendet. Sie konnte weiterhin »im Mittelpunkt des Geschehens« wirken und mit dem Sieg im Fernsehstreit eineinhalb Jahre später den bis dahin größten Erfolg ihrer Laufbahn erringen. Georg August Zinn wird es in der Rückschau nicht bereut haben, dass er seine Spitzenjuristin im »Roten Hessen« hatte behalten müssen. Die nächste Gelegenheit, sie nach Karlsruhe zu schicken, sollte sich bald ergeben.

Im Namen des Menschen (1963–1971)

»Schatten über Karlsruhe«

Am 12. Juli 1963 wählte der Bundesrat Wiltraut von Brünneck, Gregor Geller und Hans Kutscher für eine Amtszeit von acht Jahren zu Richtern des Bundesverfassungsgerichts. Es war die skandalträchtigste Richterwahl, die die junge Bundesrepublik bis dahin erlebt hatte. Ein Schatten lag über dem Bundesverfassungsgericht. So jedenfalls überschrieb Adolf Arndt seinen Artikel über die Richterwahl im *SPD-Pressedienst* vom 19. August 1963: »Schatten über Karlsruhe«. Aufgrund der Vorwürfe, die Arndt darin erhob, und der Drastik, mit der er diese vortrug, sollten ihm seine politischen Gegner entgegenhalten, selbst den »Schatten« geworfen zu haben. Arndt sprach vom Bruch »[f]eierliche[r] Schwüre«, von »[s]kandalöse[n] Umständen« und »üblen Kulissengespräche[n] im Bundesrat«.[1] Die CDU/CSU-Bundestagsfraktion erwiderte, der Bundesrat müsse »sich gegen die brunnenvergiftende Darstellung des Herrn Dr. Arndt« zur Wehr zu setzen.[2] Die Wortwahl zeugt von der Härte, mit der um die Deutungshoheit über die Richterwahl gerungen wurde.

Natürlich echauffierte sich Adolf Arndt, der inzwischen neben seinem Bundestagsmandat das Amt des Berliner Wissenschaftssenators bekleidete, nicht darüber, dass Wiltraut von Brünneck zur Verfassungsrichterin gewählt worden war. Er pflegte zu seiner Mitstreiterin im Fernsehstreit ein vertrauensvolles Verhältnis. Aus seinem scharf formulierten Text sprach vielmehr der Parteipolitiker, der die SPD durch die Richterwahl vom 12. Juli 1963 übervorteilt sah: »Sozialdemokraten weg!« habe das Motto gelautet.[3] Bei der ersten Verkleinerung des Richterkollegiums von 24 auf 20 Mitglieder im Jahr 1956 hatte die SPD mit der Union eine hälftige Aufteilung der Stellen vereinbart.[4] 1963 wurden noch einmal vier Stellen abgebaut, so dass jedem Senat fortan acht Richter angehören sollten. Gestrichen wurden pro Senat je eine Bundestags- und eine Bundesratsstelle: im Ersten Senat die Stellen der Richter Lehmann und Drath (beide SPD), im Zweiten die Stellen der Richter Klaas (SPD-Kontingent) und Friesenhahn (CDU-Kontingent). Aus Altersgründen schieden 1963 Erna Scheffler (Erster Senat, SPD-Kontingent) und Egon Schunck (Zweiter Senat, CDU) aus. Über ihre Nachfolge hatte der Bundesrat zu entscheiden, ebenso wie über die Wiederwahl Hans Kutschers (Zweiter Senat, SPD-Kontingent). Aus dem Kontingent des Bundestages standen der Präsident Gebhard Müller (Erster Senat, CDU) und Gerhard Leibholz (Zweiter Senat, CDU-Kontingent) zur Wiederwahl. Insgesamt wurden 1963 also fünf Richterwahlen durchgeführt, drei durch den Bundesrat, zwei durch den Wahlmännerausschuss des Bundestages.

Die beiden Wahlorgane mussten sich eng miteinander abstimmen, um zur vereinbarungsgemäßen hälftigen Aufteilung der Richterstellen zwischen Union und SPD zu kommen. Wenn der Wahlmännerausschuss des Bundestages die von der CDU vorgeschlagenen Richter Müller und Leibholz im Amt bestätigen würde, hätte der Bundesrat drei SPD-Vorschläge zu wählen, um die Gesamtparität zu wahren. Doch das geschah nicht: Am 19. Juni 1963 wurden Müller und Leibholz zwar einstimmig im Amt bestätigt, der Bundesrat wählte am 12. Juli 1963 aber mit Hans Kutscher und Wiltraut von Brünneck nur zwei SPD-Kandidaten. Der dritte Richter aus dem Bundesratskontingent, Gregor Geller, war CDU-Mitglied. Damit hatte sich die Stellenverteilung zugunsten der Unionsparteien verschoben. Sie stellten nunmehr zehn von insgesamt sechzehn Richtern und hatten sich überdies eine Mehrheit in beiden Senaten gesichert – jeweils fünf zu drei. Adolf Arndts Ärger war berechtigt: Die SPD hatte die CDU-Vorschläge im Bundestag mitgewählt und war so in »Vorleistung« gegangen. Die Gegenleistung – nämlich die Wahl dreier SPD-Vorschläge im Bundesrat – blieb aus.[5]

Arndt beschränkte seine Kritik aber nicht auf die Machtverschiebung, sondern stellte noch einen weiteren Aspekt heraus: »Von der Öffentlichkeit nicht bemerkt kam es in der Geschichte des Bundesverfassungsgerichts zum ersten Male zu Abwahlen.« Einen der »abgewählten« – richtig: nicht wiedergewählten – Richter nannte er namentlich: Martin Drath. Der andere war Joachim Lehmann, dessen Bundestagsstelle weggefallen war. Bislang waren Richter, die für eine weitere Amtszeit bereitstanden, stets wiedergewählt worden. Auch 1963 hätte der Bundesrat die Gelegenheit gehabt, Drath und Lehmann im Amt zu bestätigen. Stattdessen wählte er Wiltraut von Brünneck und Gregor Geller. »Die stillschweigende Abwahl war die notwendige Voraussetzung der Neuwahl«, erklärte Arndt.[6]

Die Kritik an der Richterwahl derart zu personalisieren, war ein taktischer Fehler. Denn einer der beiden Neuzugänge ließ sich zweifelsfrei der SPD zuordnen: Wiltraut von Brünneck. Wenn den SPD-regierten Ländern so viel an der Wiederwahl Martin Draths gelegen war, wie Arndt behauptete, weshalb hatten sie dann die Ministerialdirigentin aus dem »Roten Hessen« ins Rennen geschickt? Erschwerend kam hinzu, dass Georg August Zinn den Vorsitz in der Wahlvorbereitungskommission geführt hatte. Lag es da nicht auf der Hand, dass der hessische Ministerpräsident den amtierenden Richter Drath gegen seine Wunschkandidatin ausgespielt hatte? In ihrer Replik auf Arndt griff die CDU/CSU-Bundes-

IM NAMEN DES MENSCHEN (1963–1971)   245

tagsfraktion diesen Zusammenhang genüsslich auf: Die Sozialdemokraten hätten im Bundesrat die Möglichkeit gehabt, die Wiederwahl Draths zu bewirken, wenn sie nicht anderen eigenen Kandidaten den Vorzug gegeben hätten. Wer die Vorgänge der Richterwahl kenne, wisse, dass insbesondere Hessen eigene Wünsche verfolgt und durchgesetzt habe.[7] Die FAZ erfuhr von »der CDU in Bonn«, dass die Sozialdemokraten Martin Drath »fallengelassen« und stattdessen Wiltraut von Brünneck nominiert hätten.[8] Georg August Zinn hat den verdienten Verfassungsrichter für seine Haus- und Hofjuristin geopfert – das war die Lesart, die die Union ausgab.

Adolf Arndt hatte diese Reaktion antizipiert und versucht, ihr den Wind aus den Segeln zu nehmen, indem er die Umstände der »Abwahl« schilderte:

»Der Staatssekretär im Bayerischen Justizministerium Hartinger [...] war es, der im letzten Augenblick plötzlich die Bundesratsmitglieder mit Behauptungen überfiel, z. B. daß Professor Draht [sic!] eine Vortragsreise durch die sowjetisch besetzte Zone übernommen und daß er den Wunsch gehabt habe, eine Diskussion mit dem Ostberliner kommunistischen Rechtsanwalt Kaul zu leiten.«

Diese Gerüchte seien haltlos gewesen, hätten Drath aber das Amt gekostet. »Die unglaubliche Bösartigkeit dieser Methoden, mit denen aus parteipolitischer Absicht die Abwahl des Bundesverfassungsrichters Prof. Dr. Martin Drath manipuliert wurde, hat unter den Mitgliedern des Bundesverfassungsgerichts berechtigtes Entsetzen hervorgerufen«, schrieb Arndt. In Richterkreisen sei das Wort vom »Rufmord« gefallen.[9] Arndt bezog, wie sich später herausstellte, seine Informationen von einem gut unterrichteten Richter des Bundesverfassungsgerichts. Doch er konnte seine Quelle nicht offenlegen und so klang seine Schilderung nach einer Räuberpistole. Der Kritiker manövrierte sich damit nicht nur selbst ins Abseits, sondern warf – ohne es zu wollen – ein schlechtes Licht auf Georg August Zinn und Wiltraut von Brünneck. Der Schatten lag nicht über Karlsruhe, sondern über Wiesbaden.

Der hessische Ministerpräsident war bemüht, den Schaden zu begrenzen. Doch seine Erklärung, er hätte Wiltraut von Brünneck »gern hierbehalten« und habe sie nur »mit einem weinenden Auge [...] preisgegeben«, konnte kaum überzeugen. Auch seine Beteuerung, »sich ausdrücklich für die Wiederwahl von Draht [sic!] eingesetzt« zu haben, klang angesichts des Ausgangs der Richterwahl schal.[10] Wiltraut von Brünneck war gewählt worden, Martin Drath nicht – was gab es daran zu deuteln? Um die Polemiken der CDU, die sich zunehmend gegen seine Person richteten, zu beenden, griff Georg August Zinn zu einem drastischen Mittel. Die Union vertraue offensichtlich darauf, erklärte er gegenüber der Presse, dass die Protokolle der Kommissionssitzungen vertraulich seien und nicht einmal auszugsweise veröffentlicht werden dürften. »Er habe jedoch keine

Bedenken ›nähere Einzelheiten unter Angabe von Beweismitteln anzugeben‹, falls die unsachlichen Angriffe fortgesetzt werden sollten.«[11] Mit der Drohung, die Protokolle zu veröffentlichen, war die öffentliche Auseinandersetzung beendet. Die Vorgänge, die zur Wahl Wiltraut von Brünnecks geführt hatten, blieben Gegenstand von Spekulationen.

Der Rechtshistoriker Jan Thiessen hat in seiner Studie zum Feldmühle-Urteil die Richterwahl 1963 auf der Grundlage von Primärquellen rekonstruiert. Sein Interesse galt in erster Linie dem angespannten Verhältnis zwischen dem Präsidenten des Bundesverfassungsgerichts Gebhard Müller und dem »abgewählten« Richter Martin Drath. Neben dem bayerischen Justizstaatssekretär Hartinger hatte Arndt nämlich auch Müller für die »Abwahl« Draths verantwortlich gemacht. Der Präsident habe behauptet, dass einer der abgewählten Richter – gemeint war Drath – »so faul« gewesen sei, »daß er in der ganzen Zeit seiner Zugehörigkeit zum Gericht bloß eine einzige Urteilsbegründung zustande gebracht hätte«.[12] Ausgehend von diesem Vorwurf hat Thiessen die Nachlässe von Martin Drath und Gebhard Müller ausgewertet. Die darin überlieferten Dokumente über die Richterwahl belegen, dass Zinn seine Ministerialdirigentin nicht gegen Drath »ausgespielt« hatte,[13] dass aber auch Müllers Einmischungen für die »Abwahl« nicht ausschlaggebend waren. Am Ende fiel Drath – wie Arndt zutreffend behauptet hatte – der Rufmordkampagne des bayerischen Justizstaatssekretärs Hartinger zum Opfer, der tief in die Mottenkiste des Kalten Krieges gegriffen hatte, um den »roten« Professor zu desavouieren.

Die Gründe für die Kampagne gegen Drath bleiben im Dunkeln. Die Akten des Bundesrates über die Richterwahl, die für dieses Buch erstmals ausgewertet wurden, legen nahe, dass die bayerische Staatsregierung einen eigenen Kandidaten an Draths Stelle im Gericht platzieren wollte: Ernst Gerner aus der bayerischen Staatskanzlei, mit dem Wiltraut von Brünneck im Streit um den preußischen Kulturbesitz zusammengearbeitet hatte. Der Plan ließ sich aber nicht verwirklichen, da auch die CDU auf einen Richterposten bestanden hatte und die SPD-regierten Länder nicht bereit gewesen waren, zwei Unionsvorschläge mitzutragen. Schon ein weiterer Vorschlag überschritt das Kontingent von CDU und CSU. Am Ende war die Wahl von Gregor Geller (CDU) und Wiltraut von Brünneck Teil eines Kompromisses zwischen Union und SPD.

Wiltraut von Brünneck war früh für ein Richteramt in Karlsruhe im Gespräch gewesen. Der Vorstand des *Juristinnenbundes* hatte sie schon im März 1963 als Nachfolgerin Erna Schefflers nominiert.[14] Die hessische Spitzenbeamte, die es nicht nach Karlsruhe drängte, hatte jedoch erklärt, »nicht gegen einen der ausscheidenden, aber zur Wiederwahl bereiten Bundesverfassungsrichter kandidieren« zu wollen.[15] Erst als die unionsregierten Länder zu erkennen gegeben

IM NAMEN DES MENSCHEN (1963–1971)

hatten, Martin Drath unter keinen Umständen wiederzuwählen, schlug Georg August Zinn seine Kandidatin zur Wahl vor,[16] und zwar für den Zweiten Senat. Das hätte sowohl den hessischen Landesinteressen als auch ihren persönlichen Interessen entsprochen. Sie hatte ihre »Bereitschaft, zum BVerfG zu gehen, [...] auf der Geschäftsgrundlage des 2. Senates« erklärt.[17] Denn der Zweite Senat war für Fragen des Föderalismus zuständig, mit denen sie seit 1953 in der hessischen Staatskanzlei befasst war. Das wussten auch die Vertreter der unionsregierten Länder, die kein Interesse an einer SPD-nahen Föderalismusexpertin im Zweiten Senat haben konnten, zumal nach der Niederlage Adenauers im Fernsehstreit, die zwei Jahre später noch nachhallte. Dass Wiltraut von Brünneck in den Ersten, Gregor Geller in den Zweiten Senat gewählt wurde, war Teil des Gesamtkompromisses, der am 12. Juli 1963 in letzter Minute – während der laufenden Bundesratssitzung – von der Wahlvorbereitungskommission gefunden wurde.[18] Bundesratspräsident Kurt Georg Kiesinger ließ im Plenum die Länder einzeln über den Kommissionsvorschlag abstimmen. Alle elf stimmten mit »Ja«.[19]

Als Wiltraut von Brünneck vom Ausgang der Wahl erfuhr, zögerte sie. Sie rief den Direktor des Bundesrates an und erklärte, dass sie sich noch überlegen müsse, ob sie die Wahl annehme, nachdem Martin Drath ausgeschieden sei.[20] Auch die Platzierung im Ersten Senat entsprach nicht ihren Vorstellungen. Später würde sie auf die schweren Stunden der Entscheidung mit Ironie zurückblicken: »Als die unerforschlichen Ratschlüsse des Wahlgremiums es anders wollten, sagte ich: Wer zwei sagt, muss auch eins sagen, und schließlich ist es doch dasselbe Gericht!«[21] Im Sommer 1963 war ihr nicht zum Spaßen zumute. Bei Georg August Zinn wäre sie gern geblieben, erzählte sie Jahre später, als die Wogen um ihre Wahl sich längst geglättet hatten, einem Journalisten.[22] Auch dem Präsidenten des Bundesverfassungsgerichts, der ihr zur Wahl gratulierte und sich »überzeugt« zeigte, dass die Zusammenarbeit aufgrund ihrer »bisherigen umfassenden Tätigkeit auf dem Gebiet des Verfassungsrechtes eine fruchtbare und harmonische sein« werde,[23] antwortete sie am 22. Juli 1963 zurückhaltend:

»Es fällt mir nicht leicht, mich von meinem bisherigen sachlich und menschlich gleicherweise befriedigenden Wirkungskreis zu trennen, aber ich freue mich natürlich auf die neue Tätigkeit und werde mich, mit Kräften bemühen, dem mit der ehrenvollen Berufung in mich gesetzten Vertrauen gerecht zu werden.«[24]

Am selben Tag schrieb sie an Martin Drath, zu dem sie ein gutes Verhältnis pflegte. Kurz vor der Richterwahl hatte der professorale Richter die Ministerialdirigentin noch zu sich in den Pfälzer Wald eingeladen. Nun gab sie ihrem »aufrichtigen Kummer« darüber Ausdruck, dass Drath aus dem Bundesverfassungsgericht ausscheiden werde und dass ihr Eintritt in das Gericht mit diesem Ausscheiden »verbunden, ja belastet« sei:

»Als ich mich vor vier Jahren nach langem Widerstreben zu einer Kandidatur für Karlsruhe bereiterklärte, gab letztens Ihr Appell an mich den Ausschlag und die Aussicht, mit Ihnen zusammenarbeiten zu dürfen. Ebenso war bei meiner diesjährigen Abwägung des Für und Wider einer Entscheidung, die mehr theoretischen Charakter zu haben schien, ein eindeutig positiver Punkt für Karlsruhe die selbstverständliche Erwartung und Freude, Sie und Ihre Frau in Karlsruhe zu wissen, Ihren Rat und Ihre Hilfe für den Start erbitten zu können und auf einen engen dienstlichen und menschlichen Kontakt hoffen zu dürfen.«[25]

Wiltraut von Brünneck nahm an, dass Martin Drath inzwischen erfahren habe, wie die für die meisten, nicht zuletzt für sie überraschende Wahl im Bundesrat zustande gekommen sei. Nach ihrer Überzeugung hätte man in Draths Fall schon allein wegen dessen Person, »im übrigen wegen des Prinzips an der bisherigen Praxis festhalten müssen, die Richter, die sich zur Wiederwahl stellen, wiederzuwählen«. Das sei auch die Absicht des hessischen Ministerpräsidenten gewesen, der sich erst unter dem Eindruck der zum Teil »wenig erfreulichen Vorgänge am 11. u. 12.7.« entschlossen habe, »für einen anderen Vorschlag zu stimmen, um die Wahlen nicht ganz streichen zu lassen«.[26] Doch Drath war von Zinn nicht über die »wenig erfreulichen Vorgänge« informiert worden.[27] Er musste über die Gründe seiner »Abwahl« spekulieren und konnte nicht völlig ausschließen, dass ihn sein alter Freund hintergangen hatte.

Der Präsident des Bundesverfassungsgerichts Gebhard Müller schürte diesen Verdacht. Am 26. Juli 1963 war er von Draths Ehefrau Dorothea wegen seiner Beteiligung an der »Abwahl« zur Rede gestellt worden. Müller beteuerte seine Unschuld und tischte der Richtergattin verschiedene Versionen des Geschehens auf. Unter anderem behauptete er, schon vor Wochen gehört zu haben, »eine Frau solle kommen«, nämlich Wiltraut von Brünneck. Er habe Drath daher nahegelegt, etwas für seine Wiederwahl zu tun. Dorothea Drath erwiderte, dass ihr Mann es ablehne, dass Richter etwas für ihre Wiederwahl tun müssten. Außerdem schätze er Wiltraut von Brünnecks juristische Gaben ebenso wie er sie »als einen Menschen« schätze. Der Präsident ließ daraufhin durchblicken, »dass dieses Spiel Wahl Brünneck lange vorbereitet gewesen sei, aber er wolle sich über die Richterin und die Leute, die da mitgewirkt hätten[,] nicht mehr äußern oder kombinieren«.[28]

Gebhard Müller bezog seine Informationen vor allem von Bundesverfassungsrichter Anton Henneka, der sich mit dem bayerischen Justizstaatssekretär Josef Hartinger laufend über die Richterwahl austauschte. Kurz nach Bekanntwerden des Wahlausgangs berichtete Henneka dem Gerichtspräsidenten, Drath sei »ein Opfer der Intrige gegen Dürig geworden (so seine bayerischen Gewährsmänner – Hartinger)«.[29] In der Tat hatten die SPD-regierten Länder den von Baden-Würt-

IM NAMEN DES MENSCHEN (1963–1971)

temberg vorgeschlagenen Staatsrechtslehrer Günter Dürig abgelehnt. Doch gibt es keinen ersichtlichen Zusammenhang mit der »Abwahl« Draths. Hartinger, der die Kommunismusvorwürfe gegen Drath erhoben hatte, hatte ein nachvollziehbares Interesse daran, der SPD die Schuld an dessen Ausscheiden zu geben, und befeuerte über sein »Sprachrohr« Henneka die Gerüchteküche. So soll Zinn »von Anfang an darauf ausgegangen« sein, Wiltraut von Brünneck an das Bundesverfassungsgericht »zu bringen«. Der hessische Ministerpräsident »habe sogar ›Persilscheine‹ von H. v. Brentano u. Kanka (MdB) besorgt und verwertet«.[30] Die erste Behauptung findet in den Protokollen keine Stütze, da Zinn seine Kandidatin nur für den Fall vorgeschlagen hatte, dass kein amtierender Richter deswegen ausscheiden müsse. Dass Zinn seine Kompromisskandidatin den unionsregierten Ländern »schmackhaft« machen musste und dafür auf seine guten Beziehungen zu den hessischen Christdemokraten Heinrich von Brentano und Karl Kanka zurückgriff, ist hingegen plausibel. Doch ist das kein Beweis für eine hessische Intrige gegen Martin Drath.

Auch in einem zweiten Gespräch mit Müller kolportierte Henneka die bayerische Lesart der Richterwahl. Zinn habe »ebenso intensiv« die Kandidatur Dürigs bekämpft und es »zweifellos von Anfang an darauf angelegt, durch das Abschiessen von Dürig auch Draht [sic!] zu erledigen u. dessen Stelle für v. Br. frei zu machen«.[31] Jan Thiessen bemerkt dazu: »Zinn müsste über beachtliche Schauspielerqualitäten verfügt haben, um vorauszusehen, dass seine mutmaßlichen Vorbehalte gegen Dürig die Wahlaussichten von Drath gefährden und diejenige[n] von Brünneck fördern würden.«[32] Die Geschichte, die Henneka von seinen bayerischen Mittelsmännern erfahren hatte, war derart konstruiert, dass nicht einmal Müller, der für parteipolitisch gefärbte Darstellungen durchaus anfällig war, sie glauben wollte. Henneka scheint Hartinger hingegen blind vertraut zu haben. Als die Presse aus Arndts Schatten über Karlsruhe zitierte, schrieb Henneka an Müller, er halte die Veröffentlichung für eine »unüberbietbare Taktlosigkeit«, die dem Gericht und den Richtern »absolut nichts genutzt[,] sondern Schaden zugefügt« habe.[33] Er selbst wusch seine Hände in Unschuld. Müller, der inzwischen aus anderer Quelle erfahren zu haben scheint, dass Hartinger hinter der »Abwahl« Draths steckte, stellte Henneka zur Rede. Doch dieser »beharrte darauf, dass MPräs. Zinn von Anfang an Frau v. Brünneck gewollt« habe.[34]

Als im August die Wellen über Arndts Artikel hochschlugen, bereitete die Bundesratsverwaltung eine Pressemitteilung vor, die dem unwürdigen Schlagabtausch ein Ende setzen sollte. Als Erwiderung auf Arndt wird darin festgestellt, dass die sozialdemokratischen Mitglieder der Wahlvorbereitungskommission den Kompromissvorschlag mitgetragen hätten. Es könne daher keine Rede davon sein, dass die Wahl unter dem Motto »Sozialdemokraten weg« gestanden hätte. Zu den Gegenvorwürfen der Union heißt es:

»Wenn nun behauptet wird, Hessen habe bei der Wahl eigene personalpolitische Wünsche verfolgt, die eine Wiederwahl von Prof. Dr. Draht [sic!] ausschlossen, so ist auch dies nicht richtig. Tatsache ist vielmehr, dass seitens des Landes Hessens immer betont wurde, die Kandidatur von Frau von Brünneck erfolgte unter der Voraussetzung, dass durch ihre Wahl nicht einer der seither im Amt befindlichen Richter verdrängt wird. Frau von Brünneck wurde deshalb auch erst dann auf den Wahlvorschlag der Kommission gesetzt, als sich nach längeren Beratungen zeigte, dass sich für zwei der bisherigen Richter nicht die erforderliche Mehrheit für eine Wiederwahl finden würde.«

Am 22. August sollte die Pressemitteilung »[n]ach Zustimmung des Hr. Präsidenten an die Agenturen zur Veröffentlichung« gehen. Doch Kiesinger sagte: »nein!«[35]

Ein bereits aufgezeichneter Bericht über die Richterwahl für das ARD-Magazin *Panorama* wurde nie gesendet. Über die Gründe lässt sich nur mutmaßen. Vermutlich war das Thema beim geplanten Sendetermin, dem 23. September 1963, schon nicht mehr aktuell. Das Transkript der bereits aufgezeichneten Sendung ist in Martin Draths Nachlass überliefert. Hartingers Kommunismusvorwürfe werden darin ausführlich wiedergegeben. Drath erhielt Gelegenheit zur Stellungnahme. »Und Staatssekretär Jose[f] Har[t]inger?«, fragte der Sprecher: »Er war selbst Richter. Er ist heute Vertreter des Bayerischen Justizministers. Er beruft sich auf seine Schweigepflicht. Er redet nicht …« Ein anderer redete: »Der Schleswig-Holsteinische Justizminister Dr. Bernhard Leverenz war dabei; er weiß, wie es war.« Leverenz war Mitglied der FDP, gehörte einer CDU-geführten Regierung an und war jeder Nähe zur Sozialdemokratie unverdächtig. Dennoch gab er im Panorama-Interview eine Ehrenerklärung für Zinn ab: »Eines kann ich Ihnen sagen: Wenn es richtig wäre, daß der Hessische Ministerpräsident in dieser Form auf die Wahl von Frau von Brünneck insi[st]iert hätte und darauf bestanden hätte, dann müßte ich bestimmt davon wissen.«[36]

Kein »Übermensch«

Am 5. August 1963 nahm Wiltraut von Brünneck in Bonn ihre Ernennungsurkunde von Bundespräsident Heinrich Lübke in Empfang. Danach trat sie eine ärztlich verordnete dreiwöchige Kneippkur im Allgäu an. Sie logierte im Haus Ingeburg auf der Höhe in Oberjoch, wo Jahre zuvor der Raketeningenieur Wernher von Braun während der letzten Kriegstage Unterschlupf gefunden hatte, ehe er sich den Amerikanern stellte. In der Abgeschiedenheit der Allgäuer Alpen erreichten sie »nur Ausläufer« der »unerfreuliche[n] parteipolitische[n] Auseinandersetzung« über die Richterwahl. Sie war »ganz froh darüber, zumal die Kur und die

IM NAMEN DES MENSCHEN (1963–1971)   251

Abb. 14: Wiltraut v. Brünneck kurz nach ihrer Wahl zur Richterin des Bundesverfassungsgerichts
Quelle: Nachlass W. Rupp-v. Brünneck / Hilde Thiele

Korrekturen der demnächst erscheinenden Lieferung des Kommentars zur Hessischen Verfassung für ausreichende Beschäftigung sorg[t]en«, wie sie Gebhard Müller wissen ließ. Ihren Dienstantritt kündigte sie für den 6. oder 10. September an.[37]

Müller und die anderen amtierenden Mitglieder des Ersten Senats blieben in der Zwischenzeit nicht untätig. Ende August beschlossen sie eine neue Geschäftsverteilung, die Wiltraut von Brünneck ein – in ihren Augen – »ebenso umfangreiches wie heterogenes Dezernat« zuteilte. Es umfasste das Kriegsfolgenrecht (Lastenausgleich, Besatzungsschäden, Vertriebenen- und Flüchtlingsrecht), die Gleichberechtigung der Frau, das Recht der unehelichen Kinder, gewisse Fragen der elterlichen Gewalt und der Sozialversicherung sowie sogenannte »Berliner Sachen« aus allen Rechtsgebieten.[38] Wiltraut von Brünneck übernahm damit die Kernmaterien zweier Dezernate. Unmittelbar trat sie die Nachfolge Erna Schefflers an, aus deren Dezernat die Gleichberechtigung, das Unehelichenrecht und die familienrechtlichen Materien stammten. Für das Kriegsfolgenrecht war Martin Drath zuständig gewesen. Es handelte sich um ein undankbares Rechtsgebiet, das kein amtierender Richter freiwillig bearbeiten wollte. Wiltraut von Brünneck sollte später von der »scheusslichen Erbschaft des Kriegsfolgenwesens« sprechen, die ihr der Senat »als Morgengabe« präsentiert habe. Sie musste rasch merken, dass ihre »bescheidenen Kenntnisse der Verfassungswirklichkeit für das Arbeitsgebiet des Senats recht wenig nützten«.[39]

Die Arbeitslast, die Wiltraut von Brünneck bei ihrem Dienstantritt vorfand, war erdrückend. Aus den Dezernaten von Scheffler und Drath hatte sie insgesamt 54 rückständige Verfahren geerbt, »von denen der größere Teil wegen der Bedeutung der Sache oder wegen der langen Dauer des Verfahrens nur durch eine Senatsentscheidung abgeschlossen werden konnte«.[40] Betrachtet man die Gesamtrückstände des Senats – 678 Verfassungsbeschwerden blieben am Ende des Jahres 1963 unerledigt –, erscheinen 54 Rückstände nicht übermäßig viel. Doch der Blick auf die Entscheidungsstatistik ergibt ein anderes Bild.[41] Im Zeitraum zwischen 1957 und 1962, als dem Senat noch zehn Richter angehört hatten, wurden pro Jahr im Schnitt 36 Verfahren durch Senatsentscheidung erledigt. Ein Richter hatte im Jahresdurchschnitt drei bis vier Senatsentscheidungen vorbereitet. Der Großteil der Verfahren wurde durch Dreierausschüsse oder »anders«, d. h. durch Rücknahme oder Einstellung, erledigt. Unterstellt man, dass Wiltraut von Brünneck wirklich für den »größeren Teil« der 54 Rückstände ein Senatsvotum vorlegen musste, bedeutete das bereits bei Amtsantritt ein Arbeitspensum für die nächsten zehn Jahre.

Als hätten die Rückstände den Amtsantritt nicht schon genug erschwert, musste Wiltraut von Brünneck auch feststellen, dass ihr »kein eingearbeiteter wissenschaftlicher Hilfsarbeiter zugeteilt« worden war und sie während der

Im Namen des Menschen (1963–1971)   253

ersten Monate sogar ganz ohne Unterstützung auskommen musste. Vor allem
»die Kenntnis der Verfahrenspraxis« musste sie sich »mühsam selbst aneignen«.
Dabei hatte sie den Gerichtspräsidenten schon vor ihrem Amtsantritt darauf
hingewiesen, dass sie seiner und »des Senates geduldiger Hilfe bedürfen« werde,
»ehe sie das Stadium der Einarbeitung in die Arbeitsweise des Gerichts und die
Rechtsprechung des Senats überwunden« haben würde.[42]

Unter dem Vorsitz von Gebhard Müller amtierten bei Wiltraut von Brünnecks
Amtsantritt im Ersten Senat die Richter Hugo Berger, Karl Haager, Karl Heck,
Theodor Ritterspach, Herbert Scholtissek und Erwin Stein. Ritterspach, Schol-
tissek und Stein gehörten dem Gericht bereits seit seiner Gründung im Jahr
1951 an. Heck war 1954, Berger und Müller 1959, Haager 1962 hinzugekommen.
Die Atmosphäre im Senat war durch die Vorgänge um die Richterwahl 1963 ge-
trübt. Ein verbitterter Brief Karl Hecks an seinen »abgewählten« Kollegen Martin
Drath gibt darüber Aufschluss. Der 12. Juli 1963 sei zu einem *dies ater* für das
Bundesverfassungsgericht geworden.

»Nachdem Frau Scheffler, Lehmann und Sie fortfallen, ist in dem Senat nichts mehr drin. Die
Tage seines Glanzes, gekennzeichnet durch die Parteiverbote, durch Namen wie Lüth und Elfes,
durch die Entscheidungen zu § 26 des Einkommensteuergesetzes und das Apotheken-Urteil,
sind schon lange einem grauen Alltag gewichen, mindestens seit dem Handwerks-Urteil [von
1961, F. M.].«

Die Zurückhaltung des Senats in jüngerer Zeit möge »einer inneren Notwendigkeit entsprochen haben«. Schließlich habe »der revolutionäre Schwung der ersten
Jahre« nicht »ewig dauern« können. »Aber von dem Senat in seiner jetzigen Zusammensetzung ist nichts Schöpferisches mehr zu erwarten«, prophezeite Heck,
»[...] und Frau von Brünneck müßte ein Übermensch sein, wenn sie daran etwas
ändern könnte.«[43]

Ein »Übermensch« war Wiltraut von Brünneck nicht. An »Schöpferisches«
konnte sie nach ihrem holprigen Amtsantritt auch nicht denken. Sie hatte alle
Hände voll zu tun, sich einen Überblick über ihr Dezernat zu verschaffen und
das Gericht mit seinem förmlichen Verfahren und inoffiziellen Arbeitsweisen
kennenzulernen. Unterstützung erhielt sie dabei von drei Kollegen, zu denen sie
ein vertrauensvolles Verhältnis aufbauen konnte. Der eine war Erwin Stein, der
in den Jahren 1949 und 1950 als hessischer Justizminister für kurze Zeit ihr Vorgesetzter gewesen war.[44] Stein war CDU-Mitglied, aber geneigt, Parteigrenzen
zu überbrücken. Mit Georg August Zinn verband ihn eine Freundschaft. Auch zu
Adolf Arndt pflegte Erwin Stein Kontakt. Er war Arndts gerichtsinterne Quelle
für den Beitrag *Schatten über Karlsruhe* gewesen, und bezog seine Informationen
über die Richterwahl mit großer Wahrscheinlichkeit direkt aus der hessischen

Staatskanzlei. Wiltraut von Brünneck hatte mit Erwin Stein auch nach dessen Wechsel nach Karlsruhe zu tun gehabt, nicht zuletzt im Zusammenhang mit dem Kommentar zur hessischen Verfassung (»Zinn/Stein«), dessen Loseblatt-Ausgabe 1963 erstmals erschien.

Hugo Berger hatte ebenfalls eine hessische Vergangenheit. Bevor er 1954 an das Bundesarbeitsgericht und 1959 an das Bundesverfassungsgericht gewählt worden war, hatte er die Abteilung I des hessischen Justizministeriums geleitet, in der Wiltraut von Brünneck tätig gewesen war. Er war Wiltraut von Brünnecks direkter Vorgesetzter im verfassungsrechtlichen Referat Ia gewesen. Gemeinsam hatten sie vor allem Fragen des Streikrechts bearbeitet, an dem Georg August Zinn so viel gelegen war. Seine Wahl zum Bundesarbeitsrichter dürfte Hugo Berger seinem früheren Minister ebenso zu verdanken gehabt haben wie seine Wahl zum Richter des Bundesverfassungsgerichts durch den Bundesrat.[45]

Der dritte Richter, der sich um die Einbindung der neuen Kollegin bemühte, war Theodor Ritterspach.[46] 1904 in der bayerischen Pfalz geboren, hatte er in München Jura studiert und eine Karriere in der bayerischen, Reichs- und Bundesverwaltung durchlaufen, ehe er 1951 auf Vorschlag der CSU-geführten Bayerischen Staatsregierung und unterstützt durch den christdemokratischen Bundesinnenminister Robert Lehr zum Richter des Bundesverfassungsgerichts gewählt wurde. Ritterspach war konservativ eingestellt, hatte aber kein Parteibuch. Für Gebhard Müller war er der »erfahrenste und am besten befähigte Richter des Ersten Senates«. Ritterspach kenne die Rechtsprechung, die er selbst mitgestaltet habe, und werde seit Jahren zur Abfassung aller schwierigen Urteile herangezogen, auch wenn er nicht selbst Berichterstatter sei.[47] Besondere Verdienste hatte sich der nach außen hin zurückhaltende Pfälzer 1958 als Berichterstatter des Lüth-Urteils erworben.[48]

Wiltraut von Brünneck schätzte die »mannigfachen kollegialen Ratschläge«, die sie von Stein, Berger und Ritterspach erhielt. Sie überspannten »von dem Dschungel der Zulässigkeit der Verfassungsbeschwerde über den Umgang mit Präsidenten, Kollegen und Rechnungsbeamten bis zu den Hinweisen auf das beste Skigeschäft ein weites Feld«. Man verabredete sich zu »Spaziergänge[n] im Schlosspark am damals noch vorhandenen Schwanenteich«, traf sich zu »gemeinsamen Mittagessen im Italiener oder Chinesen« und sprach »manche schöne Einladung in gastfreundlich geöffnete Häuser aus«.[49]

Im Kollegenkreis machte sie aber nicht nur angenehme Erfahrungen. Mit Gebhard Müller und Herbert Scholtissek amtierten im Ersten Senat zwei eingefleischte Konservative, die Jahre gebraucht hatten, um sich an Wiltraut von Brünnecks Vorgängerin Erna Scheffler zu gewöhnen. Scheffler gab sich im persönlichen Umgang mit den Kollegen als gute Hausfrau, die nach einer Kontroverse im Senat schon einmal nachhause fuhr und »zwei Gläser Johannisbeergelee«

Im Namen des Menschen (1963–1971)　　255

einkochte, um ihr »seelisches Gleichgewicht« wiederzufinden.[50] Wiltraut von Brünneck machte auf ihre konservativen Kollegen, zu denen (obwohl von der SPD vorgeschlagen) zumindest habituell auch Karl Haager zählte, einen ganz anderen Eindruck. An Johannisbeergelee war bei ihr nicht zu denken. Im Interview mit der *Süddeutschen Zeitung* bekannte sie kurz nach ihrem Dienstantritt: »Auf meinem Balkon habe ich einen kleinen Küchenkräutergarten, aber zum Kochen komme ich nur selten, obwohl ich eigentlich ganz gerne auch mal am Herd stehe« – keine Hausfrau also. Ihre Herkunft – »Mein Vater war Geheimer Justizrat und Vortragender Rat im preußischen Justizministerium« –, ihre ausgezeichneten Examensnoten und ihr politisches Netzwerk dürften auf den ein oder anderen Senatskollegen einschüchternd gewirkt haben. Und das, obwohl die Frau »wesentlich jünger« aussah, als sie war – »wozu das Grazile ihrer Erscheinung beitrug«.[51] Noch nicht einmal verheiratet war sie: Fräulein Richterin des Bundesverfassungsgerichts, sozusagen.

Den Familienstand sollte ein namentlich nicht bekannter Kollege in einem Verfahren aufspießen, in dem es um den grundgesetzlichen Schutz der Ehe ging. »[E]indringlich« hielt er Wiltraut von Brünneck ihre »mangelnde Lebenserfahrung« auf diesem Gebiet vor – eine unangenehme Unterredung, die sie später mit Ironie verarbeitete: »[M]erkwürdigerweise wurden hinsichtlich der Rechtsfragen des unehelichen Kindes ähnliche Einwände nicht erhoben!«[52] In den ersten Monaten am Bundesverfassungsgericht machten Wiltraut von Brünneck solche Erlebnisse mehr zu schaffen, als die spätere humoristische Verarbeitung vermuten lässt. Adolf Arndt vertraute sie 1965 in einem Brief an, dass sie den »beruflichen Wechsel nach Karlsruhe« in der Anfangszeit »oft genug verwünscht« habe.[53]

Ein Grund für diese Verwünschungen war Gebhard Müller. Wiltraut von Brünneck kannte ihn schon aus der Zeit, als er noch Ministerpräsident von Baden-Württemberg gewesen war. Doch im Bundesrat und auf den Ministerpräsidentenkonferenzen, wo sie ihm begegnet war, war Müller einer unter Gleichen gewesen. Im Gericht beanspruchte er die Führungsrolle, auch gegenüber »seinen« Richtern. Wiltraut von Brünneck sollte das bei ihrer ersten Plenarsitzung im November 1963 erleben. Es ging um die *Schatten über Karlsruhe*. Adolf Arndt war so unklug gewesen, ausgerechnet dem CSU-nahen Richter Anton Henneka zu erzählen, »dass er alle seine Informationen [...] von BVR Stein bei dessen Aufenthalt in Berlin erhalten habe«. Henneka setzte sogleich Müller davon in Kenntnis und fügte empört hinzu: »So eine Gemeinheit! Und das will ein CDU-Mann sein!«[54] Müller war es gewohnt, das Fehlverhalten seiner »Untergebenen« zu ahnden. Er übertrug das Hierarchieverhältnis der baden-württembergischen Staatskanzlei auf das Bundesverfassungsgericht und wollte ein Disziplinarverfahren wegen der

»Weitergabe der Kenntnis von Erörterungen innerhalb eines Wahlgremiums an einen Bundestagsabgeordneten durch ein Mitglied des Gerichts« einleiten.[55]

Das Protokoll der Plenarsitzung, auf der darüber beraten wurde, ist nicht überliefert, wohl aber ein vertraulicher Brief des Richters Berger, der sich nach »nochmaliger Durchdenkung« am nächsten Tag an »die Frau und die Herren Mitglieder des Bundesverfassungsgerichts« wandte, um ihnen seine Bedenken gegen »das vom Plenum eingeschlagene Verfahren« vorzutragen. Berger legte dar, weshalb das Plenum keine Disziplinarbefugnisse gegenüber einzelnen Mitgliedern habe. Der Richter des Bundesverfassungsgerichts sei »eine Persönlichkeit, von der der Gesetzgeber annimmt, daß sie ihre Pflichten in und außer Dienst erfüllt, auch wenn über sie keine Dienstaufsicht und keine Disziplinargewalt wacht«. Er erläuterte, weshalb es »schwer einzusehen« sei, dass ein Bundesverfassungsrichter dadurch seine Berufspflichten verletze, dass er seine irgendwie erlangte Kenntnis von den Erörterungen innerhalb eines Wahlgremiums an einen ihm bekannten Bundestagsabgeordneten weitergebe. Denn diese Weitergabe stelle weder eine Verletzung der richterlichen Schweigepflicht noch des Amtsgeheimnisses dar und sei auch nicht der Achtung und dem Vertrauen abträglich, die der Beruf des Bundesverfassungsrichters erforderte.[56] Das Plenum sah daraufhin von weiteren Schritten ab.[57]

Für Wiltraut von Brünneck war die Plenarsitzung ein Vorgeschmack davon, was sie von Gebhard Müller und seiner autoritären Amtsführung zu erwarten hatte. Müller, der sich mit Vorliebe mit dicken Zigarren ablichten ließ, zeichnete sich durch weitere Eigenschaften aus, die Wiltraut von Brünneck misstrauisch stimmen mussten.[58] Der 63-jährige Müller stammte aus Füramoos bei Biberach in Oberschwaben und pflegte das lokale Idiom, das Wiltraut von Brünneck nur mit Mühe verstand und auch nicht mochte, wie sie überhaupt »die Konfrontation mit dem schwäbischen Element«, das ihr in Karlsruhe »in mancherlei Ausprägungen entgegentrat«, vor Probleme stellte.[59] Müller war zudem hochkatholisch, jedenfalls gab er sich so. Er führte Buch über die Konfessionszugehörigkeit der Richter,[60] über die er bei Wiltraut von Brünneck angesichts ihrer ostelbischen Herkunft nicht lange rätseln musste. Schwerer wog das kaum verborgene parteipolitische Kalkül, mit dem Müller Personalfragen behandelte. Er intervenierte bei Richterwahlen, umgab sich im Gericht mit loyalen Parteifreunden und hatte einen direkten Draht in die entscheidenden Bundesministerien und die Staatskanzleien der unionsregierten Länder.

Einem schwäbischen Klischee machte Müller alle Ehre: dem unermüdlichen Fleiß, den er auch von »seinen« Richtern einforderte. Für ihn gab es kaum etwas Schlimmeres als Faulheit oder das, was er dafür hielt. Schon bei seinem Dienstantritt im Jahr 1959 hatte er sich gegenüber der Presse über die »laxe Dienstauffassung« der »Karlsruher Richterkönige« beklagt.[61] Die Vermutung Adolf Arndts, dass Müller bei der Richterwahl 1963 Martin Draths »Faulheit« ins Spiel gebracht hatte, war keineswegs aus der Luft gegriffen. Zum einen verzeichnete Draths Dezernat in der Tat erhebliche Rückstände, die nun Wiltraut von Brünneck abzuarbeiten hatte. Zum anderen hatte Müller bereits bei anderer Gelegenheit, die Erledigungszahlen gegen einen Richter ins Feld geführt. 1959 nämlich, als Joachim Lehmann zur Wiederwahl stand, hatte Müller dem Vorsitzenden des Wahlmännergremiums Matthias Hoogen (CDU) mitgeteilt, dass »Lehmann besonders viele Rückstände« habe. Hoogen hatte diese Auskunft seinen Wahlmännerkollegen übermittelt, unter ihnen Adolf Arndt, der sich an den »[l]iebe[n] Martin Drath« mit der Frage wandte, »ob der Präsident eine derartige Auskunft über einen Richter erteilen darf, insbesondere ob eine solche nachteilige Auskunft gleichsam unter der Hand nur einem der Wahlmänner gegeben werden kann«.[62]

Den Vorwurf der »Faulheit« erhob Gebhard Müller mit Vorliebe bei Richtern, die er dem anderen politischen Lager zurechnete. Auch Wiltraut von Brünneck entging dem nicht. Im Herbst 1964, als ein Nachfolger für den ausscheidenden Karl Heck gesucht wurde, berichtete Müller seinem Parteifreund Eugen Gerstenmaier, dem Präsidenten des Bundestages, von der Überlastung des Ersten Senates:

»Die Situation hat sich dadurch verschärft, daß die personelle Umgestaltung des Gerichtes zum 1.9.1963, das Ausscheiden der besonders befähigten Frau Scheffler und die Tatsache, daß ihre Nachfolgerin in den 14 Monaten ihrer Zugehörigkeit zum Gericht noch keinen Fall zur Entscheidung des Senates vorgelegt hat, eine weitere Verzögerung in der Erledigung der anhängigen Fälle mit sich gebracht haben.«[63]

Müller hielt »bei dieser Sachlage die Zuwahl eines besonders befähigten Richters« für »zwingend geboten« und hatte dafür schon Vorschläge parat, nämlich zwei Senatspräsidenten beim Bundesgerichtshof, die kaum zufällig konservativ und katholisch waren.[64] Am Ende machte der Richter am Bundesverwaltungsgericht Werner Böhmer das Rennen. Der war zwar ebenfalls konservativ und katholisch, doch hatte Müller von Böhmers Scheidung und Wiederverheiratung gehört.[65] Vielleicht lag es daran, dass Werner Böhmer, mit dem Wiltraut von Brünneck im Streit um das Abtreibungsurteil einen heftigen Konflikt austragen sollte, an seiner Sittenstrenge nie einen Zweifel aufkommen ließ.

»Brücke zwischen den Senaten«

Mit den Mitgliedern des Zweiten Senats kam Wiltraut von Brünneck kaum in Kontakt. Sie musste rasch feststellen, dass die beiden Senate des Zwillingsge-

Abb. 15: Berlin-Besuch des Bundesverfassungsgerichts am 16. März 1965
V. l. n. r.: 1. Hans Rupp, 2. unbek., 3. Willi Geiger, 4. Werner Böhmer, 5. Gebhard Müller, 6. Karl Haager, 7. Wiltraut v. Brünneck, 8. Herbert Scholtissek, 9. Gregor Geller, 10. Anton Henneka, 11. Hugo Berger, 12. Theodor Ritterspach, 13. Julius Federer, 14. Hans Kutscher, 15. Polizist.
Quelle: LAB, F Rep. 290 (06) Nr. 0103874 / Hans Seiler

richts »in gänzlich getrennten Sphären ihre Kreise« zogen.[66] Der Erste und der Zweite Senat lebten »in getrennten Welten [...], vielleicht nicht gerade wie 2 feindliche Heerhaufen, aber doch etwa im Zustand der bewaffnenden Neutralität«.[67] Abgesehen von den Plenarsitzungen gab es eine halbförmliche Gelegenheit, die Kollegen aus dem Zweiten Senat kennenzulernen: die festlichen Abende, die der *Verein der Richter des Bundesverfassungsgerichts* ein- bis zweimal jährlich veranstaltete, um den Austausch zwischen amtierenden und ausgeschiedenen Richtern zu pflegen. Einem dieser Abende um die JahreswEnde 1963/64 verdankte Wiltraut von Brünneck eine »entscheidende Begegnung«, die ihr eine unerwartete »Lebensveränderung und -bereicherung« bescheren und Licht in die »anfangs etwas trübe[n] Karlsruher Zeit« bringen sollte.[68]

Es war die Begegnung mit Hans Rupp, der seit der Gründung des Gerichts dem Zweiten Senat angehörte. Gegenüber gesessen hatten sich er und Wiltraut von Brünneck schon früher, »allerdings nur stumm [...], da ein kleiner Niveauunterschied in der Anordnung der Sitze und der Zweck des Zusammentreffens

IM NAMEN DES MENSCHEN (1963–1971)   259

eine persönliche Unterhaltung ausschlossen«. Nach Wiltraut von Brünnecks
Wahl zur Verfassungsrichterin hatte sich der Niveauunterschied eingeebnet.
Beim Festabend des Richtervereins lernten sich die beiden auf Augenhöhe
kennen, wobei sie zunächst »entsetzt« feststellen musste, dass er »einem Volks-
stamm angehörte, dessen Sprache sie nicht verstand, und mit dessen Vertretern
sie schon üble Erfahrungen gemacht hatte«. Hans Rupp war nämlich Schwabe
und erzählte später halb im Ernst, halb im Scherz, dass gegen ihn zunächst sehr
der Umstand gesprochen habe, »daß seine Landsleute im vergangenen Jahrhundert mehrfach auf der Seite der Feinde ihres Landes gekämpft hatten«. Er konnte
sich aber die Feststellung nicht verkneifen, »daß sich seine Landsleute im letzten
dieser Kriege [1866, F. M.] anders als die ihrigen bundestreu verhalten haben«.
Aus dem gegenseitigen Necken über preußisch-württembergische Gegensätze
entwickelte sich rasch eine innige Zuneigung. Wiltraut von Brünneck kramte für
Hans Rupp sogar die in der Landfrauenschule widerwillig erworbenen Fertig-
keiten in der »Nadelarbeit« heraus und beschenkte ihn mit einem »grün-roten
Topflappen«.[69]

Hans Georg Rupp wurde am 30. April 1907 in Stuttgart geboren und wuchs
in Reutlingen auf.[70] Sein Vater Erwin (1855–1916) war der erste Jurist, den die
aus Reutlingen stammende protestantische Kaufmannsfamilie hervorgebracht
hatte.[71] Erwin Rupp hatte Karriere in königlich-württembergischen Diensten
gemacht, war Generalstaatsanwalt in Stuttgart und zuletzt Ministerialdirektor
im Justizministerium gewesen. Eine solche Laufbahn strebte sein Sohn nicht
an. Für ihn war »der juristische Beruf keineswegs der Traumberuf«, sollte er
später erklären.[72] Er wollte in den auswärtigen Dienst, wofür die juristischen
Examina ebenfalls zweckmäßig waren. Ab 1925 studierte Hans Rupp daher
Jura, zuerst zwei Semester im nahen Tübingen, dann im fernen Berlin. Sein
Interesse galt dem Staats- und Verwaltungsrecht, weniger dem bürgerlichen
Recht und dem Strafrecht. Neben den juristischen Vorlesungen besuchte er
zahlreiche Veranstaltungen anderer Disziplinen. »Ich habe zu viel in anderen
Fakultäten herumstudiert«, erinnerte er sich später, was sich bei seinem Refe-
rendarexamen dann »negativ bemerkbar gemacht« habe. Das habe er nur »sehr
dürftig hingekriegt«, nämlich mit der Note »ausreichend«. Mit der Zeit fing die
Juristerei an, ihm »in Teilbereichen« Spaß zu machen. Im Mai 1930 trat er in
den Vorbereitungsdienst ein, verfolgte aber zeitgleich ein Promotionsvorhaben
beim Berliner Völkerrechtler Viktor Bruns, für das er sich eineinhalb Jahre vom
Referendardienst beurlauben ließ. 1933 legte er seine Dissertation *Staatsvertreter
vor internationalen Schiedsgerichten* vor, mit der er in Berlin zum Doktor der Rechte
promoviert wurde. Das Referendariat setzte er in Tübingen fort und legte am
22. Juni 1934 die große Staatsprüfung ab, diesmal mit der überdurchschnittli-

chen Note »gut« (heute: »vollbefriedigend«). Er war ein »ganz passabler Jurist« geworden.

Hans Rupp war nach eigenem Bekunden »immer links« gewesen. Seit 1928 wählte er die SPD. Obwohl er mit dem nationalsozialistischen Staat haderte, blieb er zunächst im Justizdienst und wurde Mitte Juli stellvertretender Amtsrichter in Stuttgart. Im September 1934 wechselte er an das Amtsgericht Reutlingen. In der gleichgeschalteten Justiz sah er jedoch keine Zukunft für sich: »Ich war nicht bereit irgendwelche politischen Konzessionen zu machen und das war natürlich ab 1933 [...] immer unerlässlicher«, erinnerte er sich. Als sich ihm im September 1935 die Gelegenheit bot, mit einem Forschungsstipendium nach Harvard zu gehen, zögerte er nicht. In den Vereinigten Staaten angekommen hätte der 28-Jährige promovierte Volljurist der Rechtswissenschaft gern den Rücken gekehrt, Geschichte studiert »und Economics und solche Dinge«. Doch seine Gastgeber bedeuteten ihm, dass er jetzt »in der Law School« sei – »und damit fertig«. Er sollte es nicht bereuen. Rupps Betreuer in Harvard war Felix Frankfurter, ein liberaler Straf- und Verfassungsrechtler, der die *American Civil Liberties Union* mitbegründet hatte. Frankfurter war ein »lebenslänglicher Anhänger« der Doktrin des *judicial self-restraint*, wonach die Gerichte dem Gesetzgeber und der Verwaltung größere Entscheidungsspielräume belassen sollten.[73] Dieser Topos sollte auch in Hans Rupps Karriere eine wichtige Rolle spielen. Als sich sein Forschungsaufenthalt im Sommer 1937 dem Ende zuneigte, erwog er, in den USA zu bleiben. Doch Frankfurter erklärte, dass er »im Moment [...] für die Juden sorgen« müsse. Man werde Rupp nach seiner Rückkehr schon »nicht einsperren und nicht umbringen«, wenn er sich nicht aktiv gegen das Regime stelle.

Zurück in Deutschland verdingte sich Hans Rupp für ein paar Monate als Volontär bei der *Kabelwerk Dr. Cassirer und Co. AG* in Berlin. »Diener von Kaufleuten« wollte er aber nicht bleiben. Beruflich ohne Perspektive meldete er sich im April 1938 für drei Monate als Zeitfreiwilliger bei der Wehrmacht. Danach war er arbeitslos – der bittere Preis dafür, dass er keine Konzessionen machen wollte. Bald tat sich ein Ausweg auf. Am Kaiser-Wilhelm-Institut für ausländisches und internationales Privatrecht in Berlin, dem Vorgänger des heutigen Hamburger Max-Planck-Instituts, war die Stelle eines Hauptreferenten für anglo-amerikanisches Recht zu besetzen, für die Rupp bestens qualifiziert war. Im September 1938 bezog er sein Büro im Berliner Stadtschloss, wo das Kaiser-Wilhelm-Institut seinen Sitz hatte. Seine Tätigkeit bestand im Wesentlichen in der Begutachtung auslandsrechtlicher Fragen für deutsche Gerichte, vor allem in erbrechtlichen Angelegenheiten. Das Kaiser-Wilhelm-Institut war für den sozialdemokratisch gesinnten Juristen die ideale Nische im NS-Staat. Ganz ohne formale Zugeständnisse an das Regime ging es aber doch nicht. 1939 wurde Hans Rupp Mitglied der *National-*

IM NAMEN DES MENSCHEN (1963–1971)   261

sozialistischen Volkswohlfahrt – eine Mitgliedschaft, die aufgrund ihrer Üblichkeit kaum als belastend gelten kann.

Ende Juli 1939 heiratete er die Studienratstochter Barbara Bleisch. Einen Monat später erhielt Hans Rupp im Zuge der Generalmobilmachung den Gestellungsbefehl und nahm am Polenfeldzug teil. Schon im November 1939 konnte er wieder an das Kaiser-Wilhelm-Institut zurückkehren, das auch dafür sorgte, dass er in der Folge »unabkömmlich« gestellt wurde. Im Oktober 1940 kam der Sohn der Eheleute Rupp, Johann Georg, zur Welt. Hans Rupp trug nun Verantwortung nicht mehr nur für sich selbst und arrangierte sich zusehends mit den Verhältnissen. Die weitgehend unpolitische Tätigkeit am Kaiser-Wilhelm-Institut erleichterte es ihm und erwies sich zudem als wissenschaftlich reizvoll – die sechs Jahre am Institut waren »mit die glücklichsten« seines beruflichen Lebens, sollte er rückblickend sagen. 1941 veröffentlichte er gemeinsam mit seinen Institutskollegen Gerhard Kegel und Konrad Zweigert den Band *Die Einwirkung des Krieges auf Verträge in der Rechtsprechung Deutschlands, Frankreichs, Englands und der Vereinigten Staaten von Amerika.* Er steuerte den Beitrag über die USA bei, sein Freund Zweigert den Teil über Frankreich. Die beiden sorgten auch dafür, dass im Frühjahr 1944 die wertvolle auslandrechtliche Bibliothek des Instituts vor Luftangriffen in Sicherheit gebracht wurde, und zwar in Rupps württembergische Heimat: nach Tübingen.[74]

1941 erhielt Hans Rupp die – offenbar schon länger beantragte –[75] Zulassung zur Rechtsanwaltschaft, für die sein Beitritt zum *NS-Rechtswahrerbund* im gleichen Jahr den Weg geebnet haben dürfte. Mit Ernst Heymann, dem regimetreuen Institutsdirektor, verband ihn politisch wenig.[76] Dennoch kamen die beiden miteinander aus. Vom Wintersemester 1942 bis zum Wintersemester 1944/1945 hielt Rupp auf Heymanns Einladung Vorlesungen über das US-amerikanische Recht an der Universität Berlin. Im Wintersemester 1942/43 erteilte ihm die Jenaer Juristenfakultät einen Lehrauftrag für privat- und wirtschaftsrechtliche Vorlesungen.[77] Seine Lehrtätigkeit übte er »mit großer Gewissenhaftigkeit, schneller Einfühlungsgabe und wachsendem Erfolg« aus. Die Jenaer Fakultät stellte ihm in Aussicht, ihn zu habilitieren, »sobald die Verhältnisse es zulassen würden«.[78] Die Verhältnisse ließen es nicht mehr zu. Im Februar 1945 reiste Hans Rupp ein letztes Mal nach Jena.

Die letzten Wochen des Krieges erlebte Rupp in Tübingen, wo er mit dem regimekritischen Völkerrechtler Carlo Schmid zusammentraf, der kurz zuvor vom Militärverwaltungsdienst in Nordfrankreich zurückgekehrt war. Schmid erinnerte sich später, dass es mit Hans Rupp und dessen Institutskollegen Konrad Zweigert »sehr oft zu Gesprächen ohne politische Vorsicht« gekommen sei: »Sie dachten wie ich über das Dritte Reich, und ihre Vorstellungen über die Zukunft Deutschlands und welche Stellung dabei gerade die Gebildeten einzunehmen

hätten, stimmten mit den meinen überein.«[79] Nach Ankunft der französischen
Truppen nahm Schmid Kontakt mit Bürgern auf, von denen er wusste, »daß sie
mit den Nazis nichts zu tun gehabt hatten«, darunter seine »Freunde Rupp und
Zweigert«. Er gründete die *Demokratische Vereinigung*, »deren Zweck es sein sollte,
die Menschen zu sammeln, von denen man erwarten durfte, sie könnten beim
späteren Aufbau demokratischer Einrichtungen nützlich sein«.[80]

Hans Rupp erwies sich als besonders nützlich. Nachdem Carlo Schmid von
den Franzosen zum Landesdirektor für das Unterrichtswesen und die kulturellen
Angelegenheiten in Württemberg bestellt worden war, holte er seinen Freund in
seine Behörde. Im Juli 1945 übernahm Hans Rupp – zum Ministerialrat ernannt –
die Leitung der Hauptabteilung Hochschulen in der württembergischen Landes-
verwaltung für Kultus, Erziehung und Kunst. Eine seiner ersten Amtshandlungen war die Inobhutnahme »der in Württemberg befindlichen Kaiser-Wilhelm-
Institute« und die Ernennung eines neuen Direktors für das nun offiziell in Tübingen ansässige Kaiser-Wilhelm-Institut für ausländisches und internationales
Recht,[81] dem er als wissenschaftliches Mitglied verbunden blieb. Nach der endgültigen Abgrenzung der Besatzungszonen wurde Rupp Diener zweier Herren:
des Landes Württemberg-Baden in der US-Zone, in dessen »Kultministerium« er
die Hochschulabteilung leitete, und des »Verwaltungsgebiets« Württemberg und
Hohenzollern in der französischen Zone, in dessen von Carlo Schmid geleitetem
Staatssekretariat er ebenfalls das Hochschulwesen betreute. Mit der Konstituierung der ersten Landesregierung von Württemberg-Baden Ende September 1945
erhielt Hans Rupp auch in Stuttgart einen neuen »Kultminister«: Theodor Heuss,
dessen fachliche Wertschätzung und persönliches Vertrauen er rasch gewinnen
konnte.[82] Sowohl dem Sozialdemokraten Carlo Schmid als auch dem Freidemo-
kraten Theodor Heuss sollte Hans Rupp ein Leben lang freundschaftlich verbunden bleiben.

Im Herbst 1946 wurde er auf der Liste der SPD zum Mitglied der Beratenden
Landesversammlung für Württemberg-Hohenzollern gewählt, die auf Geheiß
der französischen Besatzungsmacht eine Verfassung für das kleine Land ausarbeiten sollte. Nach fünf Monaten verabschiedete das Gremium einen Entwurf,
der in einem Referendum angenommen wurde. Der sozialdemokratische Einfluss auf die Verfassung war angesichts der »überwältigenden CDU-Mehrheit«
in der Landesversammlung gering. »Viel erreicht haben wir da eigentlich nicht«,
erinnerte sich Rupp, konzedierte aber, dass es eine »ordentliche demokratische
Verfassung« geworden war. Schon seit dem November 1946 hatte er sich mit
christdemokratischen »Kultministern« in beiden Ländern, denen er diente,
arrangieren müssen. Er erfüllte seine Dienstaufgaben in den Hochschulabtei-
lungen auch zu deren Zufriedenheit. Im Sommersemester 1946 erteilte ihm die
Rechtswissenschaftliche Fakultät der Universität Tübingen eine Lehrermäch-

tigung für Vorlesungen »auf dem Gebiet des ausländischen, insbesondere des anglo-amerikanischen Rechts und des internationalen Privatrechts«.[83] Sein Freund Konrad Zweigert, der zunächst ebenfalls im »Kultministerium« untergekommen war, wurde 1946 in Tübingen aufgrund seiner früheren Arbeiten habilitiert und zwei Jahre später zum ordentlichen Professor ernannt.

Eine akademische Karriere strebte Hans Rupp nicht an. Doch auch in der württembergischen Ministerialverwaltung hielt es ihn nicht, zumal »die weiteren politischen Entwicklungen« in Südwestdeutschland »nicht sehr erfreulich waren«. Im April 1949 besuchte er im Rahmen einer von der Militärregierung »veranlassten« Studienreise die USA. Als er zurückkam, war das Grundgesetz in Kraft getreten, die erste Bundestagswahl stand bevor und die Errichtung von Bundesministerien versprach einen neuen Arbeitsmarkt für verdiente Landesbeamte wie ihn. Am 15. August 1949, dem Tag nach der Bundestagswahl, erhielt er von seinem württemberg-badischen Minister eine hervorragende dienstliche Beurteilung für die Bewerbung »um eine entsprechende Stelle bei der Bundesregierung in Bonn«. »Wenn [...] die Universität Tübingen heute als die führende Hochschule der Westzonen gilt, so ist dies in hohem Grade sein persönliches Verdienst«. Rupp sei ein sehr geschickter Verhandlungspartner, wisse das Wesentliche vom Unwesentlichen zu trennen und scheue sich nie, seine persönliche Ansicht zum Ausdruck zu bringen. Kurzum: »Dr. Rupp bringt die Voraussetzungen für einen leitenden Posten in der Bundesregierung mit.«[84] Theodor Heuss, inzwischen zum Bundespräsidenten gewählt, brachte seinen Freund als Leiter der Kulturabteilung des Auswärtigen Amtes ins Gespräch – eine Stelle, die der Vernunftjurist Rupp, dessen ursprünglicher Berufswunsch der auswärtige Dienst gewesen war, gern angetreten hätte. In einer »sehr interessanten einstündigen Unterredung« stellte Adenauer ihm den Posten in Aussicht, wurde jedoch wieder davon abgebracht: Schließlich war Rupp Sozialdemokrat und Protestant – Eigenschaften, die ihn nicht gerade für einen Leitungsposten in der auswärtigen Kulturpolitik der Adenauerrepublik qualifizierten. Eine als Ersatz angebotene Diplomatenstelle lehnte er ab und blieb zwei weitere Jahre als Ministerialrat im Südwesten.

»Da kam das Bundesverfassungsgericht.« Mit der Wahl zum Richter dieses neuen Gerichts hatte Rupp nicht gerechnet – »eine ziemliche Überraschung« –, zumal er eine derart juristische Position für sich nicht ernsthaft in Betracht gezogen hatte. Vermutlich verdankte er den Vorschlag seinem Freund Carlo Schmid, der inzwischen als stellvertretender Vorsitzender der SPD-Bundestagsfraktion in Bonn tätig war. So fand sich Hans Rupp »in der Gesellschaft gleichgesinnter, teilweise zu verehrender, teilweise aber mindestens hoch zu achtender, fähiger Kollegen« wieder: der Erstbesetzung des Bundesverfassungsgerichts, 23 Richter und eine Richterin. Den Tag seiner Ernennung, den 7. September 1951, hatte er noch im hohen Lebensalter in lebhafter Erinnerung. Um 17.00 Uhr wurde er zuerst von Bundesjustizminister Dehler zum Richter am Bundesgerichtshof ernannt, weil er am Bundesverfassungsgericht eine der »Richter-Richter«-Stellen einnehmen sollte – »aufgrund irgendeiner blödsinnigen Bestimmung«, wie er später kommentierte. Richter am Bundesgerichtshof war er aber nur für wenige Stunden. Am Abend des 7. September ernannte ihn sein Freund Heuss zum Richter des Bundesverfassungsgerichts. Schon am Vormittag hatte der designierte Gerichtspräsident Hermann Höpker-Aschoff das Plenum des Gerichts einberufen, um zu beraten, welcher Senat für das erste bereits anhängige Verfahren zuständig sein sollte: den Streit um den Südweststaat. Die Plenarsitzung des noch nicht offiziell konstituierten Gerichts war Hans Rupps erster Eindruck von seinen künftigen Kollegen:

»Da waren also verschiedene Leute, die man noch nicht kannte, die äußerten da sehr kluge Meinungen, und mein Freund und Kollege Zweigert [...] neigte sich zu mir rüber und sagte: ›Rupp, ich glaube da gehen wir lieber weg. Das sind alles Leute, die sind viel gescheiter als wir. Da haben wir gar nichts zu sagen.‹«

Doch sie blieben: Konrad Zweigert, ebenfalls SPD-Mitglied, gehörte dem Ersten Senat bis zur Verkleinerung des Gerichts im Jahr 1956 an, Hans Rupp dem Zweiten Senat bis zum Erreichen des Ruhestandsalters im Jahr 1975.

Da aufgrund seiner »hervorragenden Position des praktischen Rechtslebens« eine hauptberufliche Rückkehr in die Wissenschaft ausgeschlossen erschien, ernannte die Universität Tübingen Hans Rupp 1955 in Anerkennung seiner akademischen Verdienste zum Honorarprofessor für internationales Privatrecht und Rechtsvergleichung unter besonderer Berücksichtigung des angloamerikanischen Rechtskreises.[85] Seine Expertise im US-Recht prägte auch sein Amtsverständnis als Bundesverfassungsrichter. Für ihn war klar, dass das Gericht als Verfassungsorgan eine politisch gestaltende Rolle übernehmen musste, wie sie der US-Supreme Court in seiner langen Geschichte immer wieder eingenommen hatte. Die Rechtsfragen, mit denen vor allem der Zweite Senat in seiner Funktion als »Staatsgerichtshof« befasst war, waren durch eine bloße Interpretation des Grundgesetzes nicht zu beantworten. »Ein Sich-Drum-Drücken gab's ja nicht«, erklärte er später: »Entweder dafür oder dagegen«. Wenn es das Bundesverfassungsgericht für notwendig halte, werde eine Auslegung gefunden, »die – sagen wir mal – vernünftig ist«. Hans Rupp war ein pragmatischer Rechtsrealist, von denen es in der jungen Bundesrepublik nur wenige gab.

Als Sozialdemokrat fand er sich im Zweiten Senat in einer strukturellen Minderheitsposition wieder. Nicht selten gelang es ihm aber, die Gräben zu überbrücken. Sein Senatskollege Willi Geiger, der im anderen politischen Lager stand, berichtete: »Sein Naturell half ihm dabei: Gelassen, niemals nervös, gleichblei-

IM NAMEN DES MENSCHEN (1963–1971) 265

bend freundlich im Umgang mit jedem im Kreis, auch wenn die Wogen der Beratung hochgingen.« Geiger erinnerte sich nicht, dass Rupp »je einmal heftig und laut geworden wäre«.»Seine Ungeduld, wenn sich Kollegen wiederholten, machte sich allenfalls bemerkbar in einer halblaut hingeworfenen flapsig-ironischen Bemerkung [...].« Flapsigkeit und Ironie, mit einer Tendenz zum Spott waren auch außerhalb von Senatssitzungen hervorstechende Merkmale des Rupp'schen Charakters. Auf prozessuale Fragen legte Rupp nach Geigers Erinnerung keinen Wert:

> »Die materiell-rechtlichen Fragen zogen ihn an. Wenn er die Gefahr sah, eine Entscheidung könnte zu einer Verkürzung oder Beeinträchtigung von Freiheitsrechten oder demokratischen Grundsätzen führen, konnten seine sonst knappen und ruhigen Äußerungen einen eindringlichen und entschiedenen Ton gewinnen«.

Jeder Fall habe Rupp intensiv beschäftigt, bis er entschieden worden sei. »[V]on da an galt für ihn, wenn eine Entscheidung nicht seiner Vorstellung entsprach, die Maxime, mit der er auch unterlegene Kollegen tröstete, ›auch an dieser Entscheidung wird die Bundesrepublik nicht zugrunde gehen‹.« Für Willi Geiger war Hans Rupp »ein Muster des innerlich unabhängigen, disziplinierten, verantwortungsvollen und sich seiner Grenzen bewußten Richters«.[86]

Freundschaften pflegte Hans Rupp mit seinen Senatskollegen Walter Klaas, der 1963 in den Ruhestand trat, und Hans Kutscher, den Wiltraut von Brünneck bereits 1953 kennengelernt hatte, als dieser noch Sekretär des Rechtsausschusses des Bundesrates gewesen war. Es gab nur wenige Richter, mit denen er überhaupt nicht auskam. Dazu gehörte Gerhard Leibholz, der seine Rolle als professoraler »Star« des Zweiten Senats offenbar mit einer gewissen Herablassung gegenüber den weniger prominenten Kollegen verband. Eine tiefe Abneigung hegte er gegenüber seinem schwäbischen Landsmann Gebhard Müller, dessen Habitus und Parteilichkeit Rupp zuwider waren. Doch er stieß sich nicht nur an Müllers Amtsführung, sondern auch an der unbeholfenen Art des Präsidenten auf dem diplomatischen Parkett. Die am Gericht ausgerichteten Empfänge waren legendär spartanisch. Die hohen Gäste blieben hungrig und durstig. Dem weltläufigen und lebensfrohen Hans Rupp war das ein Graus.

Hans Rupp lebte in seiner Heimatstadt Reutlingen, wo er mit Frau und Sohn ein Haus bewohnte.[87] Seine Vorlesungstätigkeit führte ihn häufig ins benachbarte Tübingen. Nach Karlsruhe kam er nur für die Senatsberatungen, Verhandlungen und Verkündungstermine. Das Leben in der Idylle seiner württembergischen Heimat war nicht ungetrübt. Hans Rupp hatte seine Frau einst in dem Wissen geheiratet, dass sie unter einer unheilbaren Blutkrankheit litt. Da die Ärzte zur Linderung der Beschwerden Aufenthalte in Höhenlagen empfahlen, bauten die Eheleute ein weiteres Haus in Apfelstetten bei Münsingen auf der Schwäbischen Alb.[88] Barbara Rupp wurde älter, als die Mediziner vorhergesagt hatten. Im Oktober 1960 verstarb sie mit 50 Jahren. Viel Zeit für Trauer blieb dem Witwer nicht. Sein Senat war in diesen Tagen mit dem Fernsehstreit äußerst in Anspruch genommen. Als drei Jahre später die Frau ihr Amt als Bundesverfassungsrichterin antrat, mit der er eine zweite Ehe eingehen sollte, weilte Hans Rupp als *Visiting Professor* in den Vereinigten Staaten. Auf Einladung des Verfassungsrechtlers Paul G. Kauper hielt er an der University of Michigan Law School in Ann Arbor ein Seminar zur Verfassungsrechtsvergleichung ab.[89] Er war einer der wenigen deutschen Juristen, die regelmäßig in US-amerikanischen Fachzeitschriften publizierten. So brachte er in seinem Aufsatz *Judicial Review in the Federal Republic of Germany* (1960) dem amerikanischen Diskurs das verfassungsgerichtliche Kontrollsystem in Deutschland näher. Sein Fazit hat beinahe prophetische Züge, angesichts dessen, was ihm in Karlsruhe noch bevorstand. Das System funktioniere gut, »as long as the Federal Constitutional Court avoids putting itself in the place of the political departments of government and succeeds in balancing the needs of government against the interests of the individual«.[90]

>»Der Bundesverfassungsrichter Prof. Dr. Hans Georg Rupp und die Bundesverfassungsrichterin Emmy Agathe Carola Margarete Wiltraut v. Brünneck, Tochter des Geh. Justizrats u. Vortragenden Rats Dr. Werner v. Brünneck und seiner Ehefrau Margarete geb. v. Schmidt sind entschlossen, untereinander die Ehe einzugehen[,] u. werden diesen Entschluss, wenn das Geschick ihnen weiter gnädig ist, in wenigen Wochen verwirklichen.«[91]

So beschloss Wiltraut von Brünneck ihre Tischrede beim »gerichtlichen Verlobungsessen« im Karlsruher Hotel Eden am 28. Juli 1965. Zu dem festlichen Essen hatten sie und ihr Verlobter die ihnen nahestehenden Richter des Bundesverfassungsgerichts mit Gattinnen eingeladen: Hugo Berger, Theodor Ritterspach und Erwin Stein aus dem Ersten, Hans Kutscher und den 1963 in den Ruhestand getretenen Walter Klaas aus dem Zweiten Senat. Hinzu gesellte sich Wiltraut von Brünnecks langjährige Freundin Anneliese Cüny, inzwischen Landgerichtsrätin in Karlsruhe, in deren Haus sie während der Sitzungstage wohnte. Ihre Wiesbadener Wohnung gab Wiltraut von Brünneck erst nach der Hochzeit auf.

Die Sitzordnung ist in Wiltraut von Brünnecks Nachlass erhalten. In einer handschriftlichen Skizze platzierte sie die Gäste sorgfältig um die festlich geschmückte Tafel. Auch das Menü des Verlobungsessens hat die Jahrzehnte überdauert. Die üppige Speisefolge, die den kulinarischen Geschmack der sechziger Jahre spiegelt, entsprach dem feierlichen Anlass. Auf »Frische Champignons auf Toast überbacken« folgte eine Kraftbrühe »Trevise«. Den Hauptgang bildete eine gespickte Ochsenlende »Jardinière« mit »pommes croquettes«. Das Dessert war eine Reminiszenz an vergangene Zeiten: »Königin-Bombe«, die in keinem preußischen Kochbuch gefehlt hatte. Für die Weinbegleitung dürfte hingegen der

IM NAMEN DES MENSCHEN (1963–1971)   267

Schwabe Rupp verantwortlich zeichnen: ein »1962er Neuweierer Mauerwein Ries-
ling Spätlese« und ein »1963er Hohenhaslacher Kirchberg Trollinger«.

Die Stimmung war gelöst, wovon die humorvolle Tischrede zeugt. Die beabsichtigte Eheschließung präsentierte Wiltraut von Brünneck ihren Gästen als die
Lösung dreier Probleme: erstens der Herstellung einer »persönliche[n] Verbindung zwischen den Senaten«, zweitens der Veränderung ihres bisherigen Famili-
enstandes – der von manchen nicht anwesenden Kollegen als Ausdruck mangeln-
der Lebenserfahrung interpretiert wurde – und drittens des »landsmannschaftli-
che[n]« Problems, das mit der Übersiedlung von Wiesbaden nach Karlsruhe einherging und in der »Konfrontation mit dem schwäbischen Element« gipfelte.[92]

Bei aller Heiterkeit hatte die Verlobungsfeier einen ernsten Hintergrund, auf
den Wiltraut von Brünneck implizit hinwies, indem sie das Essen als »Zweckessen« titulierte. Es ging ihr und Hans Rupp auch darum, sich ihrer gerichtsinternen Verbündeten zu vergewissern, auf deren Unterstützung sie angewiesen sein
würden, sollte die beabsichtigte Ehe zum Politikum werden. Das Potential dafür
hatte sie. Denn eine Heirat zwischen zwei Mitgliedern eines obersten Bundes-
organs hatte es in der Geschichte der Bundesrepublik noch nicht gegeben. Man
konnte sich keineswegs sicher sein, wie Kollegen, Politiker und Journalisten darauf reagieren würden. Am Morgen nach dem »Zweckessen«, noch bevor sich die
Neuigkeit im Gericht herumsprechen konnte, setzte Hans Rupp Gebhard Müller,
auf dessen Reaktion es entscheidend ankam, von der Heiratsabsicht in Kenntnis.
Der Präsident opponierte nicht, jedenfalls nicht offen. Die »Brücke‹ zwischen
den beiden Senaten« sollte erst Jahre später, als es um Wiltraut Rupp-von Brünnecks Wiederwahl ging, in der Presse problematisiert werden.[93]

Wiltraut Rupp-von Brünneck erzählte später, dass sie »›jederzeit ausgeschieden‹ wäre aus dem höchsten Gericht der Republik, wenn die durchaus vorhandenen Bedenken (beziehungsweise Pressionen) gegen die Verehelichung zweier
Verfassungsrichter überhand genommen hätten«.[94] Doch so weit kam es nicht.
Am 31. August 1965 heirateten Wiltraut von Brünneck und Hans Rupp in Wiesbaden. Trauzeugen waren der hessische Ministerpräsident Georg August Zinn
und der Ministerialdirigent in der hessischen Staatskanzlei Hans-Joachim Reh,
Wiltraut von Brünnecks Nachfolger als Leiter der Bundesratsabteilung. Im Anschluss an die Eheschließung lud das Brautpaar »zu einem Glase Sekt in das Ho-
tel Schwarzer Bock, Wiesbaden, Kranzplatz 12«.[95] Unter den Gästen, erinnert sich
Wiltraut Rupp-von Brünnecks Neffe Alexander von Brünneck, damals Jurastu-
dent in Berlin, machten zwei Fragen die Runde: »Wer von beiden hat die besseren
Examensnoten?« und »Ist die Ehe zwischen zwei Verfassungsrichtern zulässig?«
Jedenfalls über die Antwort auf die erste Frage sei man sich rasch einig geworden.

Die kirchliche Trauung fand am 4. September 1965 in der evangelischen Kirche
von Apfelstetten statt.[96] Das dortige »Häuschen« mit einem Panoramablick über

Abb. 16: Trauung der Eheleute Hans Rupp und Wiltraut Rupp-v. Brünneck in Wiesbaden am 31. August 1965
Das Foto zeigt die Eheleute auf dem Treppenaufgang des Standesamts am Wiesbadener Marktplatz. Links
der Trauzeuge Georg August Zinn; rechts seine Ehefrau Christa Zinn, geb. Wöhler.
Quelle: Nachlass W. Rupp-v. Brünneck

die Schwäbische Alb wurde zum Rückzugsort der Eheleute. Das Haus in Reutlingen nutzten sie nur, wenn Hans Rupp Vorlesungen in Tübingen hielt, oder für
Zwischenhalte auf dem Weg von Karlsruhe auf die Schwäbische Alb. Im April 1966
bezogen sie außerdem eine gemeinsame Wohnung in der Karlsruher Waldstadt,
einer in den Jahren zuvor errichteten Retortenstadt mit günstiger Verkehrsanbin-
dung.[97] Der Kontrast zwischen der nüchternen Arbeits- und der idyllischen Privatwohnung hätte deutlicher kaum sein können. Er manifestierte die Trennung
zwischen Beruflichem und Privatem, um die sich die verheirateten Bundesverfassungsrichter bemühten. Öffentlich sprach Wiltraut Rupp-von Brünneck von
ihrem Ehemann nur als einem ihr »nahestehende[n] Kollegen«.[98]

Abb. 17: Das Richterehepaar in Robe am 18. Januar 1967
Das Foto ist Teil einer Serie von Doppelporträts, die nicht veröffentlicht wurden.
Quelle: BArch, B 145 Bild-F023853-0012 / Engelbert Reineke

Spiegel-Urteil

Privat stand Mitte der sechziger Jahre alles zum Besten, doch beruflich konnte sich Wiltraut Rupp-von Brünneck nur mit Mühe verwirklichen. Sie musste die Rückstände abarbeiten, die ihre Vorgänger ihr hinterlassen hatten. In den Jahren 1963 bis 1966 gingen nur vier Senatsentscheidungen aus ihrem Dezernat hervor. Die meisten Verfahren erledigte sie im Dreierausschuss, dessen Zusammensetzung und Entscheidungen nicht überliefert sind. Besondere Akzente setzte Wiltraut Rupp-von Brünneck als Berichterstatterin zunächst nicht.[99] Die Presse thematisierte, sofern sie überhaupt von der neuen Richterin Notiz nahm, vor allem deren Geschlecht. So wusste die FAZ vom Neujahrsempfang des Bundesverfassungsgerichts 1964 zu berichten, dass die »mittelgroße, blonde Dame [...] das materielle Attribut der Weiblichkeit, die Handtasche, neben sich am Stuhl stehen«

hatte.[100] In dieser Zeit machte das Gericht, das aus dem Prinz-Max-Palais ausziehen musste, vor allem wegen seiner Raumnöte von sich reden. Wiltraut von Brünneck gehörte dem »Bauausschuss« an, der den Neubau auf dem Karlsruher Schlossplatz begleitete.[101]

Anfang 1966 kamen andere Schlagzeilen aus Karlsruhe. Die Spiegel-Affäre, der bis dahin größte politische Skandal der Bonner Republik, hatte nach vier Jahren das Bundesverfassungsgericht erreicht. Als der Erste Senat vom 25. bis 27. Januar 1966 über die Verfassungsbeschwerde des *Spiegel-Verlags* gegen die Ermittlungsmaßnahmen verhandelte, richtete sich das Augenmerk der Pressevertreter nicht nur auf die erörterten Rechtsprobleme. Auch das Verhalten der einzelnen Richter während der mündlichen Verhandlung wurde aufmerksam beobachtet. Wiltraut Rupp-von Brünneck hatte besonders kritische Fragen an die Zeugen gestellt und dabei ihre Zweifel an der Rechtmäßigkeit der Durchsuchung der Verlagsräume kaum verbergen können. Die FAZ gab ihre Befragung eines Kriminalbeamten wörtlich wieder.[102] Der SPIEGEL veröffentlichte Auszüge aus dem Verhandlungsprotokoll, die Wiltraut Rupp-von Brünnecks bohrende Nachfragen an den verantwortlichen Bundesanwalt dokumentieren.[103] Auch andere Richter hatten sich durch ihre »zum Teil unerbittlich-kritischen Fragen« exponiert, vor allem Erwin Scholtissek, der als Berichterstatter fungierte, Hugo Berger und Erwin Stein.[104] Von Gebhard Müller, Werner Böhmer und Karl Haager nahmen die Prozessbeobachter hingegen an, dass sie der »Staatssicherheit« den Vorrang vor der Pressefreiheit einräumen würden. Theodor Ritterspach hatte keine Tendenz erkennen lassen.[105]

Am Ende der intensiven Beratungen stimmten vier Richter für, vier gegen eine Grundrechtsverletzung. Das Urteil vom 5. August 1966 wies die Verfassungsbeschwerde daraufhin zurück, denn »[b]ei Stimmengleichheit kann ein Verstoß gegen das Grundgesetz [...] nicht festgestellt werden«.[106] Den gerichtsinternen Vorgängen, die zum Patt im Ersten Senat und zu der Zurückweisung der Verfassungsbeschwerde führten, hat sich jüngst Thomas Darnstädt auf der Grundlage des bereits zugänglichen Archivmaterials genähert. Gewissheit, sollte sie überhaupt zu erreichen sein, verspricht erst die Öffnung der entscheidungsvorbereitenden Akten im Jahr 2026. Bis dahin wird man sich auf Darnstädts Rekonstruktion der Beratungen verlassen können, nach der sich der Senat in zwei »Fraktionen« spaltete: Die eine gruppierte sich um den Berichterstatter Herbert Scholtissek, die andere um den Präsidenten Gebhard Müller. Theodor Ritterspach, der zum Mitberichterstatter bestellt wurde, hatte sich in die Müller-Fraktion eingereiht.[107]

Das Urteil, das die Zurückweisung der Verfassungsbeschwerde begründete, sucht in der deutschen Rechtsgeschichte seinesgleichen.[108] In Abschnitt C der Entschei-

IM NAMEN DES MENSCHEN (1963–1971)　　271

dungsgründe werden die Maßstäbe zur Pressefreiheit aufgestellt, auf die sich der
Senat einigen konnte. Der Abschnitt beginnt mit dem denkwürdigen Satz »Eine freie, nicht von der öffentlichen Gewalt gelenkte, keiner Zensur unterworfene
Presse ist ein Wesenselement des freiheitlichen Staates.« Auf den übrigen 51 Seiten der Urteilsgründe wird die Anordnung der Durchsuchung der Verlagsräume
auf ihre Verfassungsmäßigkeit überprüft. Da die Meinungen im Senat darüber
auseinandergingen, wurden sie im Urteilstext gegenübergestellt. Zuerst kam die
eine Auffassung zu Wort, dann die andere. In Abschnitt E folgt noch einmal ein
allgemein konsentierter Teil über die Bedeutung der Pressefreiheit bei der Auslegung und Anwendung der Strafprozessordnung. Die daran anschließende Prüfung der Durchsuchungsanordnung erfolgt wieder in Gegenüberstellung der beiden Ansichten. Die eigenwillige Darstellung macht das Spiegel-Urteil zu einem
schwer verständlichen Judikat. Das Urteil goss Wasser auf die Mühlen der Befürworter der Einführung des offenen Sondervotums nach dem Vorbild der US-amerikanischen *dissenting opinion*, mit dem die vier unterlegenen Richter ihre Ansicht
klar strukturiert hätten darlegen können.

Der interessierten Öffentlichkeit wurde durch das »zwiespältige« Urteil erstmals voll bewusst, dass es auch in Karlsruhe nicht um die Erkenntnis von Wahr-
heiten, sondern um die Durchsetzung von Rechtsansichten ging. Die FAZ resümierte über die beiden Fraktionen im Senat:

> »Die einen hoben das Staatswohl hervor, wandten sich, stellenweise mit spürbarer Gereiztheit,
> gegen eine ›reine Privilegierung der Presse‹. Die anderen legten dar, was ein Eingriff wie die
> ›Spiegel‹-Aktion nicht nur für die unmittelbar Betroffenen, sondern für den ganzen Prozeß der
> politischen Auseinandersetzung in der Bundesrepublik, damit also für die Demokratie, bedeu-
> te, und sie hielten die Strafjustiz für verpflichtet, wegen dieser Wirkungen weniger störende
> Mittel zu wählen.«

Das Gericht habe »mit zwei Zungen gesprochen«. Die »gewünschte Klarheit« sei
ausgeblieben.[109] Das Spiegel-Urteil war für die junge Bundesrepublik ein Lehrstück über die Relativität des Verfassungsrechts und relativierte damit zugleich
die Überhöhung des Bundesverfassungsgerichts zur letzten Instanz in Verfas-
sungsfragen.

Den Beobachtern des Karlsruher Gerichtsbetriebs erteilte das Spiegel-Urteil
noch eine andere Lektion: Wenn es um grundlegende bürgerliche Freiheiten
ging, versagte die politische Farbenlehre. Hans Scholtissek war ein Konserva-
tiver. Trotzdem hatte er im Spiegel-Fall eine dezidiert liberale Grundhaltung
eingenommen und war darin von Erwin Stein, ebenfalls CDU-Mitglied, unterstützt worden. Umgekehrt hatte sich Karl Haager, der auf Vorschlag der SPD
zum Verfassungsrichter gewählt worden war, der Fraktion um den erzkonserva-
tiven Gerichtspräsidenten angeschlossen. Dabei mag Haagers Sozialisation in

der ordentlichen Gerichtsbarkeit – er war zuletzt Richter am Bundesgerichtshof gewesen – eine größere Rolle gespielt haben als seine parteipolitische Affiliation. Dass auch Theodor Ritterspach, der als »neutraler« Richter galt, gegen den *Spiegel*-Verlag votiert hatte, musste erstaunen. Denn im Lüth-Fall hatte sich Ritterspach klar zugunsten der Meinungsfreiheit positioniert. Damals ging es allerdings um den Ausgleich kollidierender Grundrechte, nicht um die Abwägung »Freiheit gegen Staatssicherheit«, bei der Ritterspach andere Präferenzen hatte. Nach dem Spiegel-Urteil stand fest: Der Erste Senat des Jahres 1966 war nicht mehr der »rote Senat« der Gründungsphase. Von einem »schwarzen Senat« zu sprechen, wäre angesichts des Stimmenpatts ebenso unangemessen gewesen. Wichtiger als die Parteinähe war die Persönlichkeit der Richter, die unter dem »Schleier des Beratungsgeheimnisses« verborgen blieb. Das Spiegel-Urteil hat den Schleier etwas angehoben. Gelüftet hat es ihn nicht.

Abb. 18: Besuch von Richtern des Bundesverfassungsgerichts beim Südwestfunk am 2. Juni 1967
V. l. n. r.: 1. Herbert Scholtissek, 2. unbek., 3. Gebhard Müller, 4. unbek.; 5. SWF-Intendant Helmut Hammerschmidt, 6. Hans Rupp, 7. Wiltraut Rupp-v. Brünneck, 8. Gerhard Leibholz, 9. Karl Haager.
Quelle: HStAS, Q I/35 Bü 974

Wurst-Affäre

Auf den SPIEGEL-Artikel *Bedingt abwehrbereit* aus dem Jahr 1962 folgte eine politische Affäre, die bis heute nachhallt. Auf den SPIEGEL-Artikel *Zu spät* aus dem Jahr 1968 folgte eine gerichtsinterne Affäre, die bis heute verborgen blieb. Sie sagt viel aus über die Atmosphäre am Bundesverfassungsgericht kurz vor dem Umzug in das neue Dienstgebäude am Karlsruher Schlossplatz. Die Protagonisten waren Gebhard Müller, Wiltraut Rupp-von Brünneck und der Bankkaufmann Karl Wurst, mit dessen tragischer Geschichte die Affäre begann.[110]

Karl Wurst war einst stolzer Besitzer einer hellgelben Geige, nicht irgendeiner Geige, sondern einer echten Stradivari, hergestellt 1721 in Cremona. Sein Vater hatte sie ihm 1914 anvertraut. Die Geige überstand den Ersten Weltkrieg und den Zweiten. Doch im August 1945, als sich US-Besatzungssoldaten im Hause Wurst einquartierten, war sie plötzlich verschwunden. Die Amerikaner hatten die Stradivari mitgehen lassen. 1953 beantragte Wurst beim Besatzungskostenamt, das solche Schadensfälle regulierte, eine Entschädigung in Höhe von 200.000 DM. Er bekam nur sechstausend. Denn nach den besatzungsrechtlichen Vorschriften war der geschätzte Vorkriegswert von 60.000 RM im Verhältnis zehn zu eins umzurechnen. 1955 beschloss der Bundestag ein Gesetz, nach dem Wurst eine deutlich höhere Entschädigungssumme erhalten hätte. Doch der Bescheid des Besatzungskostenamts war längst bestandskräftig. Wurst beauftragte einen auf Besatzungsschäden spezialisierten Rechtsanwalt damit, Verfassungsbeschwerde gegen das Gesetz zu erheben, mit dem Ziel, eine rückwirkende Anpassung der bereits festgesetzten Entschädigungssummen zu erreichen. Am 16. Oktober 1956 ging die Verfassungsbeschwerde in Karlsruhe ein. Zum Berichterstatter wurde Martin Drath bestellt.

Über Jahre hinweg wurden Schriftsätze ausgetauscht, ehe Anfang 1961 das Gericht die Beteiligten wissen ließ, dass nun »von beiden Seiten alles Erforderliche vorgetragen« worden sei. Wursts Prozessbevollmächtigter drang auf eine rasche Entscheidung, erhielt jedoch im September 1961 von Martin Drath die Mitteilung, dass sich die Bearbeitung des Falles wegen »starker Überlastung des Bundesverfassungsgerichts« sowie »Erkrankung und Urlaub des Berichterstatters« verzögert habe. Es sei aber »geplant, die Angelegenheit nach Abschluß der Beratungspause (15. September 1961) möglichst bald zum Abschluß zu bringen«. Doch es geschah nichts. Im Oktober 1962 erbat der Rechtsanwalt einen »kurzen Zwischenbericht«, den Drath ihm sechs Monate später mit dem Hinweis zukommen ließ, »daß sich der Senat trotz seiner anderweitigen starken Belastung in einigen Wochen mit dieser Sache befassen« werde. Wieder geschah nichts. Im Juni 1963 teilte Drath mit, dass der Senat bis zum Ferienbeginn nicht mehr »aufnahmefähig« sei, er aber die Besatzungsschädenfälle alsbald vorlegen wolle. Nach den Ferien war der Berichterstatter »abgewählt«.

Ab Oktober 1963 setzte der Prozessbevollmächtigte seine Korrespondenz mit der neuen Berichterstatterin Wiltraut von Brünneck fort. Sie teilte mit, dass sie angesichts der »großen Zahl weiterer [...] wichtiger Verfahren«, die ihr übertragen worden seien, nicht wisse, ob sie sich an den Zeitplan ihres Vorgängers halten könne. Sie konnte es nicht, zumal Drath nichts getan hatte, was den Fall einer Entscheidung nähergebracht hätte. Auch sonst scheint der Bereich »Besatzungsschäden« in seinem Dezernat weitgehend brachgelegen zu haben. Im Februar 1964 wandte sich Wursts Rechtsanwalt hilfesuchend an den Gerichtspräsidenten Gebhard Müller, der ihm zur Antwort gab, »mit Frau Bundesverfassungsrichterin von Brünneck übereingekommen« zu sein, »daß die Sache vordringlich behandelt« werde. Doch wieder geschah nichts. Auch der auf Nachfrage mitgeteilte Entscheidungszeitraum »Anfang 1965« verstrich ohne Ergebnis. Der Rechtsanwalt richtete eine Petition an den Bundestag, stattete dem Bundesverfassungsgericht einen Besuch ab und erhob schließlich eine Dienstaufsichtsbeschwerde. Im Februar 1968 beteuerte Müller noch einmal, dass er sicher sei, »daß in absehbarer Zeit, jedenfalls noch in diesem Jahr, eine Entscheidung« ergehe. Kurz darauf starb Karl Wurst. Der SPIEGEL griff seine Geschichte auf und widmete ihr in Heft 25 vom 17. Juni 1968 einen ganzseitigen Artikel mit der Überschrift *Zu spät*.

Als Müller den Artikel im Pressespiegel las, war er außer sich. Das Ansehen des Gerichts und sein Ruf als fleißiger Präsident standen auf dem Spiel. Sein Versprechen einer Entscheidung »noch in diesem Jahr« hatte der SPIEGEL – dramaturgisch geschickt – der Nachricht vom Tode Wursts vorangestellt. In seinem Zorn setzte Müller ein Schreiben an »die Mitglieder des Ersten Senates« ab, das es in sich hatte:

»Der Artikel in Nr. 25 des ›Spiegel‹, der in Fotokopie zur gefl. Kenntnisnahme anliegt, gibt mir Veranlassung, Sie darum zu bitten, künftig die älteren Sachen im Dezernat mit Vorrang zu bearbeiten. Von der Regelung sollte nur abgesehen werden, wenn jüngere Verfahren dringlich einer schnellen Entscheidung bedürfen.«[111]

Es war der Habitus des Dienstvorgesetzten, der aus der als Bitte verpackten Aufforderung sprach. Dass die Aufforderung mit dem impliziten Vorwurf der Faulheit verbunden war, verstand sich von selbst – der Brief kam schließlich von Gebhard Müller.

Wiltraut Rupp-von Brünneck reagierte ungehalten. Faulheit hatte ihr noch nie jemand vorgehalten – dafür hatte es nie einen Grund gegeben! Auch im Fall Wurst zeichnete sie sich von jeder Verantwortung frei. In einem Schreiben an den Präsidenten, das sie »nachrichtlich an die anderen Mitglieder des Ersten Senates« übersandte, erwiderte sie: »Die – ohne Rücksprache mit mir erfolgte – Übersen-

Im Namen des Menschen (1963–1971)   275

dung einer Fotokopie des Artikels [...] an alle Senatsmitglieder mit [...] impliziert einen Vorwurf gegen mich, den ich nicht unerwidert lassen kann.« Die »bedauerliche Verzögerung« des Falles Wurst habe sie – ebenso wie die Verzögerung »mancher anderer Fälle« in ihrem Dezernat – nicht zu verantworten. Müllers unausgesprochenen Vorwurf der Faulheit erwiderte sie mit dem impliziten Vorwurf des Organisationsversagens. Keinen eingearbeiteten wissenschaftlichen Hilfsarbeiter habe man ihr bei Amtsantritt zugeteilt. Mehrere Monate habe sie ganz ohne einen Mitarbeiter auskommen müssen. Der dann zugeteilte Mitarbeiter sei »nicht geeignet« gewesen. Erst 1965 habe sie eine »wirksame Unterstützung« in ihrem Dezernat erhalten. In den vergangenen Jahren habe sie den Präsidenten »immer wieder gebeten«, ihr »wenigstens für die Aufarbeitung der übernommenen Rückstände« einen weiteren Mitarbeiter zur Verfügung zu stellen. Abgesehen von einem kurzen Zeitraum sei dieser Bitte nicht entsprochen worden, obwohl mehrere andere Senatsmitglieder schon seit längerer Zeit über zwei Mitarbeiter verfügten.[112]

In dem Schreiben an den Präsidenten erläuterte die Richterin, wie sie an die Abarbeitung der in ihrem Dezernat aufgelaufenen Fälle herangegangen war. Zunächst hatte sie sich bemüht, alle noch für eine Erledigung im Annahmeverfahren in Betracht kommenden Rückstände zu bearbeiten und für eine entsprechend zügige Erledigung der neu eingegangenen Sachen im Dreierausschuss zu sorgen. Im Jahr 1965 hatte ihr Dezernat nach der Senatsstatistik die höchste Zahl an Entscheidungen durch den Dreierausschuss hervorgebracht. Für die verbleibenden Verfahren, die im Senat entschieden werden mussten, erstellte sie einen Arbeitsplan der sachlich zusammengehörigen Fälle unter arbeitsökonomischen Gesichtspunkten bündelte. Die Reihenfolge der Bearbeitung richtete Wiltraut Rupp-von Brünneck an »der Bedeutung der Sache für die Allgemeinheit und die Beteiligten« aus. Nach diesen Kriterien habe der Fall Wurst »keinen Vorzug verdienen« können. Schenkt man dieser Darstellung Glauben – und es gibt keinen Grund, daran zu zweifeln –, hatte sie das Beste aus dem desolaten Zustand gemacht, in dem sie ihr Dezernat bei Amtsantritt vorgefunden hatte. Die zügige Erledigung der einfacheren Fälle im Dreierausschuss und die Priorisierung der übrigen Verfahren nach Thema und Bedeutung war zweckmäßig. Niemand im Gericht hätte daran Anstoß genommen, hätte der SPIEGEL den Fall Wurst nicht aufgespießt. Wiltraut Rupp-von Brünnecks trotzige Schlussbemerkung lässt erkennen, dass sie mit sich im Reinen war: »Jedenfalls werde ich mir auch in Zukunft die Reihenfolge der Bearbeitung nicht vom ›Spiegel‹ vorschreiben lassen.«[113]

Gebhard Müller hätte es dabei bewenden lassen können. Doch er legte nach: »Durch die Veröffentlichung im ›Spiegel‹ ist eine sehr peinliche und belastende Situation entstanden, nicht nur für mich und den Berichterstatter, sondern für das ganze Gericht.« Die Darstellung im SPIEGEL sei sachlich zutreffend. Eine »Durchsicht der Akten« habe das »Bild fortlaufender Vertröstungen, nicht eingehaltener allgemeiner und konkreter Zusagen einer baldigen Erledigung, aber auch ein Bild der Bemühungen des Beschwerdeführers und seiner Rechtsanwälte« ergeben, in einer für den Beschwerdeführer »offenbar außerordentlich wichtigen Angelegenheit eine Entscheidung zu bekommen«. Müller rekapitulierte den Verfahrensverlauf und rechtfertigte sein Vorgehen:

> »Wenn ich mich bei dieser Sachlage darauf beschränkt habe, allen Senatsmitgliedern den ›Spiegel‹-Artikel zuzuleiten und ganz allgemein zu bitten, künftig die alten Sachen im Dezernat mit Vorrang zu behandeln, so scheint mir dies die mildest mögliche Form der Reaktion eines Vorsitzenden zu sein und es ist mir unerfindlich, wie man daraus einen Vorwurf gegen Sie zu erblicken vermag.«

Er halte es für sein Recht und seine »selbstverständliche Pflicht, für eine ordnungsgemäße Erledigung der Senatsgeschäfte zu sorgen«. Eine Verfahrensdauer von zwölf Jahren lasse sich, wenn überhaupt, nur in den seltensten Fällen begründen und sollte »schon im Interesse der Bedeutung und des Ansehens des Gerichts vermieden werden«.[114]

Im Sommer 1968 hatte das Verhältnis zwischen Gebhard Müller und Wiltraut Rupp-von Brünneck seinen Tiefpunkt erreicht. Der Präsident verstand nicht, wie die Richterin es so weit kommen lassen konnte, dass »sein« Gericht öffentlich wegen Untätigkeit am Pranger stand. Sie wiederum konnte nicht nachvollziehen, weshalb er einen Einzelfall aus längst vergangenen Zeiten so hoch bewertete, während in ihrem Dezernat politisch und gesellschaftlich weitaus wichtigere Fragen zu bearbeiten waren. Obwohl das Rundschreiben des Präsidenten an die Senatsmitglieder von wenig Fingerspitzengefühl zeugte, war die Ignoranz eine wechselseitige: Gebhard Müller und Wiltraut Rupp-von Brünneck verstanden sich einfach nicht. In seiner Replik zählte der Präsident auf, was er alles getan habe, um die Richterin zu entlasten – eine Auseinandersetzung über die Qualitäten und Erledigungsquoten verschiedener »wissenschaftlicher Hilfsarbeiter« schloss sich an. Sie wurde schließlich von Wiltraut Rupp-von Brünneck mit dem Hinweis auf die Möglichkeit einer »mündlichen Erörterung« beendet.[115]

Für Wiltraut Rupp-von Brünneck hatte der Konflikt auch sein Gutes. Es gelang ihr, Gebhard Müller davon überzeugen, dass sie in ihrem Dezernat mehr Unterstützung benötigte. Im September 1968 teilte der Präsident der Berichterstatterin mit, dass das »Vor-Votum« im Fall Wurst von dem damit betrauten Mitarbeiter voraussichtlich Ende des Monats abgeliefert werde.[116] Offenbar hatte Müller die Sache seinem eigenen Mitarbeiter anvertraut. Außerdem stellte er Wiltraut Rupp-von Brünneck für das Jahr 1969 den Staatsanwalt Klaus Hahnzog als weite-

IM NAMEN DES MENSCHEN (1963–1971) 277

ren wissenschaftlichen Mitarbeiter zur Verfügung. Sogar das Verhältnis zu Gebhard Müller besserte sich ausweislich der weiteren Korrespondenz in der Folge zusehends. Schon an den Grußformeln – »Mit vorzüglicher Hochachtung«, »Mit freundlichen Grüßen«, »Mit den besten Grüßen« und schließlich »Mit den besten Wünschen und herzlichen Grüßen« – lässt sich eine Entspannung der Beziehungen ablesen. Müller war offenbar nicht unbeeindruckt von der Selbstbehauptung der Richterin und konnte zufrieden sein, als diese dem Senat ihr Votum zu den Besatzungsschäden vorlegte.

Mit Klaus Hahnzog erhielt Wiltraut Rupp-von Brünneck einen Mitarbeiter, der fachlich mit ihr mithalten konnte. Nach der Erinnerung eines Kollegen ragte Hahnzog aus dem Kreis der Mitarbeiter heraus. Er war dynamisch und verfügte über eine schnelle Auffassungsgabe.[117] Zudem stand der in Stuttgart geborene Sozialdemokrat seiner Richterin politisch nahe, was die Zusammenarbeit befördert haben dürfte. In der Folge erhielt Wiltraut Rupp-von Brünneck weitere Mitarbeiter, die ihren hohen Ansprüchen meist genügten. Ihnen gegenüber gab sie sich nicht immer als die strenge »Chefin« – wie sie im Gericht genannt wurde –, sondern gelegentlich auch nahbar und jovial. In einem Lichthof nahe der Bibliothek spielte man gemeinsam Tischtennis. Wiltraut Rupp-von Brünneck schaffte sogar einen grünen Kunstrasen an, der das Hin- und Herlaufen erleichterte. Auf den Protest eines Kollegen hin, den das fröhliche Spiel störte, wurde der Rasen später wieder beseitigt.[118]

Die Weihnachtsfeiern des Dezernats fanden stets am Abend der letzten Senatsberatungen vor den Feiertagen in der Karlsruher Wohnung der Eheleute Rupp statt. Wiltraut Rupp-von Brünneck beschenkte ihre wissenschaftlichen Mitarbeiter mit Büchern. Auch für alle anderen Beschäftigten des Gerichts hielt sie Geschenke parat, die sie persönlich vorbeibrachte. Die Pförtner, Drucker, Wachtmeister und Geschäftsstellenbeamten erhielten wahlweise Schnaps oder Geld. Individueller waren die Geschenke für ihre Sekretärin Helga Hamann, zu der sie ein vertrauensvolles Verhältnis pflegte. Die Dezernatsmitarbeiter revanchierten sich bei der Weihnachtsfeier mit Gegengaben. Nachdem die Affäre Wurst durchgestanden war, kam Klaus Hahnzog auf die Idee, der »Chefin« einen Rauschgoldengel mit Geige zu schenken – eine Anspielung auf die Stradivari, deren Abhandenkommen für so viel Aufregung gesorgt hatte.[119] Hahnzog blieb bis 1971 in Karlsruhe. Danach kehrte er in die bayerische Justiz zurück. 1973 wurde er Leiter des Münchner Kreisverwaltungsreferats, 1984 Dritter Bürgermeister der bayerischen Landeshauptstadt. 2003 beendete er seine politische Laufbahn als Abgeordneter des Bayerischen Landtages, dem er seit 1990 angehört hatte.

Der Beschluss des Ersten Senats zu den Besatzungsschäden erging am 3. Dezember 1969. Er war als Grundsatzentscheidung konzipiert, auf die sich der Senat bei künftigen Entscheidungen zum Kriegsfolgenrecht stützen konnte.[120] Die Verfassungsbeschwerden wurden zurückgewiesen,[121] da der Senat weder einen Verstoß gegen das Eigentumsgrundrecht noch gegen den allgemeinen Gleichheitssatz erkennen konnte:

>»Der Krieg und seine Folgen haben in Millionen verschiedenartiger Fälle zu materiellen und immateriellen Schäden geführt. Es ist nicht möglich, für diesen Gesamtbereich gesetzliche Regelungen zu finden, die im Ergebnis jeden Bürger gleichstellen und Schicksalsschläge in jedem Einzelfall gerecht ausgleichen. Vielmehr muß es genügen, wenn die gesetzliche Regelung in großen Zügen dem Gerechtigkeitsgebot entspricht. Namentlich durfte sich der Gesetzgeber angesichts des Ausmaßes des ›Staatsbankrotts‹ beim Ausgleich von Schäden an Eigentum oder Vermögen darauf beschränken, gewisse äußerste Folgen auszugleichen, um die unbedingt erforderliche Grundlage für die wirtschaftliche Existenz der Betroffenen zu gewährleisten oder wiederherzustellen, er durfte also sozialen Erwägungen den Vorrang geben.«[122]

Die individuellen Anteile an der Entscheidung lassen sich nicht rekonstruieren. Die Betonung des »sehr weite[n] Gestaltungsermessen[s]« des Gesetzgebers, der »sozialen Erwägungen« den Vorzug geben dürfe, entspricht jedoch dem Verfassungsdenken Wiltraut Rupp-von Brünnecks, das Ende der sechziger Jahre Konturen annahm. Der Berichterstatterin war es offenbar auch gelungen, ihr Verständnis des Sozialstaats in ein *obiter dictum* einfließen zu lassen, auf das sie in den folgenden Jahren zurückgreifen sollte:

>»Die Wertordnung des Grundgesetzes, die den freien, sich in der Gemeinschaft entfaltenden Menschen in den Mittelpunkt der staatlichen Ordnung stellt, verlangt besonders im Hinblick auf das in Art. 20 Abs. 1 GG zum Ausdruck gekommene Sozialstaatsprinzip, daß die staatliche Gemeinschaft in der Regel Lasten mitträgt, die aus einem von der Gesamtheit zu tragenden Schicksal, namentlich durch Eingriffe von außen, entstanden sind und mehr oder weniger zufällig nur einige Bürger oder bestimmte Gruppen getroffen haben.«[123]

Dies bedeute aber keine »automatische Abwälzung solcher Lasten auf den Staat«. Vielmehr ergebe sich zunächst nur die Pflicht zu einer Lastenverteilung nach Maßgabe einer gesetzlichen Regelung, deren Ausgestaltung »in weitem Maße dem Gesetzgeber überlassen« sei. Das erste Gericht, das diesen Gedanken explizit aufgriff, war das Bundesarbeitsgericht in Kassel in einem Urteil des Dritten Senats aus dem August 1970.[124] Das Zitat war gewiss kein Zufall. Denn dem Dritten Senat des Bundesarbeitsgerichts gehörte Wiltraut Rupp-von Brünnecks langjährige Freundin Marie Luise Hilger an.[125]

Unehelichenbeschluss

Das Kriegsfolgenrecht war für Wiltraut Rupp-von Brünneck eine »scheussliche Erbschaft«,[126] die es möglichst rasch abzuwickeln galt. Das Recht der unehelichen Kinder war ihr hingegen ein Herzensanliegen. Art. 6 Abs. 5 GG verpflichtete den Gesetzgeber, den unehelichen Kindern die gleichen Bedingungen für ihre leibliche und seelische Entwicklung und ihre Stellung in der Gesellschaft zu schaffen wie den ehelichen. Dieser Verfassungsauftrag war in den ersten zwanzig Jahren des Bestehens der Bundesrepublik unerfüllt geblieben. »[U]neheliche Kinder haben keine Lobby!«, kommentierte Wiltraut Rupp-von Brünneck die Untätigkeit des Gesetzgebers.[127] Sie wollte daran etwas ändern. Ihr Engagement für die unehelichen Kinder ist im Zusammenhang mit ihrem Eintreten für die Gleichberechtigung der Geschlechter zu sehen. Denn hinter jedem unehelichen Kind stand eine unverheiratete Frau, die die ökonomischen und sozialen Folgen der gesetzlichen Diskriminierung ihres Kindes zu tragen hatte. Der *Juristinnenbund* trat daher seit seiner Gründung für die Reform des Unehelichenrechts ein.

Die Reformforderungen erhielten 1958 durch einen Beschluss des Bundesverfassungsgerichts Nachdruck, in dem klargestellt wurde, dass der Gesetzgeber Art. 6 Abs. 5 GG verletze, wenn er es unterlasse, »den Verfassungsauftrag in angemessener Frist zu erfüllen«.[128] Doch welche Frist »angemessen« war, darüber ließ sich trefflich streiten. 1962 war die Reform des Unehelichenrechts Beratungsgegenstand des 44. Deutschen Juristentages in Hannover, an dem sich Wiltraut von Brünneck als Mitglied der Ständigen Deputation »mit grossem Erfolg und unter allgemeiner Anerkennung« beteiligte.[129] Sie leitete die zivilrechtliche Abteilung, in der über das Unehelichenrecht beraten wurde. In ihrem Eingangsstatement wandte sie sich an die versammelten Juristen mit einer Erklärung, die ihr intrinsisches Interesse an der Sache verdeutlicht:

> »Ich darf [...] der Hoffnung Ausdruck geben, daß es uns gelingen möge, mit unseren Beratungen der Reform des Rechtes der unehelichen Kinder einen weiteren kräftigen Impuls zu geben und Wesentliches zur inhaltlichen Gestaltung der Reform beizutragen. Hierbei mag es uns helfen, wenn wir stets eingedenk bleiben, daß der Gegenstand aller unserer rechtsdogmatischen und rechtspolitischen Überlegungen lebendige Wesen sind.«[130]

Mit den mehrheitlich beschlossenen Leitsätzen, die Empfehlungen für eine Reform des Unehelichenrechts machten, konnte Wiltraut Rupp-von Brünneck zufrieden sein. Dass sie ein Jahr nach dem erfolgreichen Juristentag in Hannover das Unehelichenrecht in der Zuständigkeit ihres Dezernats in Karlsruhe wiederfand, kam der reformorientierten Juristin entgegen. Nun hatte sie eine Position inne, die sie nutzen konnte, um die Rechte der unehelichen Kinder durchzusetzen.

Auf ihrem Arbeitsplan für die Erledigung der Rückstände stand das Unehelichenrecht weit oben. Die ersten Beschlüsse des Senats zu Art. 6 Abs. 5 GG, die nach ihrem Dienstantritt ergingen, waren noch von Erna Scheffler und einem unbekannten interimistischen Berichterstatter vorbereitet worden. So hatte der Senat im Oktober 1963 die Nichtberücksichtigung unehelicher Kinder bei der Bemessung der Kriegsbeschädigtenversorgung für verfassungswidrig erklärt.[131] Wenige Monate später folgte die Klarstellung, dass bei der Prüfung der Frage, ob eine bestimmte gesetzliche Regelung geeignet sei, dem unehelichen Kind gleiche Lebensbedingungen wie dem ehelichen zu schaffen, die »gesamte Rechtsstellung des unehelichen Kindes« in Betracht gezogen werden müsse.[132] Obwohl die Voten andere verfasst hatten, war Wiltraut Rupp-von Brünneck mit den Inhalten einverstanden. Gerade die zweite Entscheidung, die eine Gesamtbetrachtung der Situation der unehelichen Kinder anmahnte, entsprach ihrem Selbstverständnis als lebensnahe Juristin. Später erklärte sie, dass die Gleichstellung nicht »durch eine formale schematische Übertragung« der für eheliche Kinder geltenden Rechtsvorschriften erreicht werden könne: »Die verschiedene tatsächliche Ausgangslage kann es rechtfertigen oder sogar gebieten, das nichteheliche Kind in einzelnen Beziehungen anders zu behandeln oder sogar zu begünstigen.«[133]

Wiltraut Rupp-von Brünneck hatte den schleppenden Reformprozess im Unehelichenrecht von Anfang an begleitet. Als die *Arbeitsgemeinschaft für Jugendhilfe und Jugendfürsorge* (AGJJ) Ende 1960 auf Anregung des Bundesjustizministeriums eine Reformkommission einsetzte, wurde sie vom Deutschen Juristentag als Vertreterin entsandt.[134] Gemeinsam mit dem Frankfurter (später Freiburger) Familienrechtler Wolfram Müller-Freienfels bildete sie die progressive Fraktion, die wenig später Unterstützung durch zwei langjährige Freundinnen Wiltraut von Brünnecks bekam: Anneliese Cüny, die ihre familiengerichtliche Praxiserfahrung in die Beratungen einbrachte, und Erdmute Falkenberg, geb. Hackmann, die gemeinsam mit Wiltraut von Brünneck den Sieg im Reichsberufswettkampf 1936/37 erstritten hatte und inzwischen das hessische Landesjugendamt leitete. Erdmute Falkenbergs Schwester Helga Einsele hatte die Leitung der Frauenjustizvollzugsanstalt Frankfurt-Preungesheim übernommen. Auch von deren Erfahrungen im Umgang mit Frauen aus »Kreisen mit einfacher Lebensstellung«[135] konnte Wiltraut von Brünneck beim Thema Unehelichenrecht profitieren.

Anfang März 1964 verabschiedete die Unterkommission der AGJJ ihre »Thesen« zur Reform des Unehelichenrechts. Bei den bis zuletzt umstrittenen Fragen – vor allem in den Bereichen der elterlichen Gewalt, der Vaterschaftsfeststellung und des Erbrechts – wurden Mehrheits- und die Minderheitsmeinung gegenübergestellt.[136] In einigen Bereichen hatte man aber Kompromisse erzielen können. Die Thesen waren von einem engeren Arbeitskreis vorbereitet worden, an dem auch Wiltraut von Brünneck teilgenommen hatte.[137] Sie hatte ihre progressiven Standpunkte nicht immer durchsetzen können, dürfte aber im Großen und Ganzen zufrieden gewesen sein, zumal die Thesen dem Gesetzgeber in den besonders strittigen Bereichen Regelungsalternativen aufzeigten.

Im Frühjahr 1964 begann das Bundesjustizministerium mit den Arbeiten an dem *Entwurf eines Gesetzes über die rechtliche Stellung der unehelichen Kinder*, die von regelmäßigen Besprechungen mit Experten begleitet wurden, zu denen auch Wiltraut von Brünneck, inzwischen Verfassungsrichterin, zählte. Trotz ihres Einsatzes fand sich im Referentenentwurf aus dem Mai 1966[138] vor allem das konservative Lager wieder, das es mit der Reform des Unehelichenrechts aus familien- und gesellschaftspolitischen Gründen nicht »übertreiben« wollte. Besonders skeptisch zeigte sich der Entwurf gegenüber der Zuverlässigkeit der unverheirateten Mütter, die einer strengen Überwachung durch die Jugendämter unterstellt werden sollten. Bei Kirchen und Verbänden rief der Referentenentwurf ein geteiltes Echo hervor.[139] Das Bundeskabinett erreichte er nicht mehr. Nach der Sommerpause war die Bundesregierung unter Ludwig Erhard in Auflösung begriffen. Im Oktober 1966 bildeten CDU/CSU und SPD die erste Große Koalition, mit deren Stimmen am 1. Dezember 1966 Kurt Georg Kiesinger zum Bundeskanzler gewählt wurde. Zum ersten Mal seit Gründung der Bundesrepublik trugen die Sozialdemokraten Regierungsverantwortung im Bund. Bei Wiltraut Rupp-von Brünneck wurden »Frühlingshoffnungen« wach.[140] Neuer Bundesjustizminister wurde zu ihrer Freude Gustav Heinemann.

Noch mehr freute sie sich über die Ernennung Horst Ehmkes zum Justizstaatssekretär. »[D]ie gemeinsame Besetzung des Justizministeriums durch Herrn Dr. Heinemann und durch Sie«, schrieb sie im Februar 1967 an Ehmke, »[ist mir] von Anfang an als ausgesprochener Lichtblick in dem – sich langsam lichtenden – Nebel der Großen Koalition erschienen«. Vermutlich kannte Wiltraut Rupp-von Brünneck Horst Ehmke aus dessen Zeit als wissenschaftlicher Mitarbeiter von Adolf Arndt (1952 bis 1956). Auch danach hatten sie Kontakt gehalten. Als die Verfassungsrichterin dem Staatssekretär zum Amtsantritt gratulierte, erinnerte sie sich an »vergnügliche[n] Gespräche[n]«, die sie mit ihm »seinerzeit im Hause Kutscher« geführt hatte. Hans Kutscher, der gerichtsinterne Freund der Eheleute Rupp, war offenbar auch mit Ehmke verbunden. Wiltraut Rupp-von Brünneck schrieb Horst Ehmke nicht nur, um ihn zu seiner »Bonner Mission« zu beglückwünschen. Sie äußerte vielmehr auch »die Hoffnung, daß das Bundesjustizministerium endlich ein Versäumnis gutmacht, das weder gegenüber der Verfassung noch gegenüber den unschuldigen ›Betroffenen‹ zu verantworten ist: nämlich die überfällige Reform des Rechts des unehelichen Kindes. Im Vergleich zu anderen politisch attraktiveren, aber weit komplizierteren Reformplänen handelt es sich bei dieser Materie um einen begrenzten und übersichtlichen

282   Im Namen des Menschen (1963–1971)

Gegenstand, dessen Reform ein fortschrittliches Justizministerium mit entsprechendem Druck auf die Ressort- und parlamentarischen Arbeiten ohne weiteres bis zum Ablauf der Legislaturperiode sollte bewältigen können.«[141]

Wie schon beim Kampf um die Gleichberechtigung ließ Wiltraut Rupp-von Brünneck ihre politischen Kontakte spielen, um die überfällige Reform des Unehelichenrechts voranzutreiben. Falls der Referentenentwurf aus dem Mai 1966 als Grundlage dienen solle, müsse er überarbeitet werden, ließ sie Ehmke wissen: Die Grundtendenz müsse »fortschrittlicher« werden und die Vorschriften sollten vereinfacht werden. Für beide Überarbeitungen hatte sie Ratschläge parat. »Nachdem der bindende Auftrag des Grundgesetzes nunmehr seit 17 Jahren unerfüllt ist, muß endlich etwas geschehen«, ermahnte die Verfassungsrichterin den Staatssekretär. Sonst bestehe die dringende Gefahr, dass die Rechtsprechung anstelle des Gesetzgebers versuche, die Verfassungsvorschrift zu aktualisieren, wie damals, als die Gleichberechtigung der Frau durch die Amtsgerichte verwirklicht worden sei. Im Recht der unehelichen Kinder sei dieser Weg aber »nicht glücklich«, weil sich dort komplexere Probleme stellten: »Die Zulässigkeit oder Unzulässigkeit einer Einzelregelung kann nur nach dem Gesamtbild der miteinander verflochtenen und voneinander abhängigen Einzelvorschriften beurteilt werden.«[142]

Das Schreiben an Horst Ehmke offenbart – über die Einzelfragen des Unehelichenrechts hinaus – einiges über Wiltraut Rupp-von Brünnecks Auffassungen von Recht und Gesetzgebung. Reformorientiert, wie sie war, verstand sie das Recht als Instrument des gesellschaftlichen Wandels. Dabei sah sie in erster Linie den Gesetzgeber in der Pflicht, nicht die Gerichte, auch nicht das Bundesverfassungsgericht. Die Legislative sollte fortschrittliche Reformen auf den Weg bringen, die handwerklich so gut gemacht waren, dass sie ihr sozialgestaltendes Ziel erreichen konnten. Dabei hatte sie – geschult durch zehn Jahre Gesetzgebungsarbeit im Bundesrat – auch einen Blick für vermeintlich Nebensächliches, wie eine einfache Regelungstechnik, die die Praktikabilität der Gesetze gewährleistete. Es ging ihr ums lebenswirkliche Ganze. Nicht Rechtsästhetik – sie sprach ironisch vom »Vergnügen an möglichst perfekter Einfügung in die BGB-Dogmatik« –,[143] sondern sozialwissenschaftliche Erkenntnisse sollten den Gesetzgeber anleiten. Das war in der jungen Bundesrepublik, in der sich die empirische Sozialforschung nur mit Mühe etablierte,[144] keine Selbstverständlichkeit.

Horst Ehmke antwortete auf das engagierte Schreiben der Verfassungsrichterin mit der ihm eigenen Ironie:

»Sehr geehrte, liebe Frau Rupp-v. Brünneck, haben Sie herzlichen Dank für Ihren Brief vom 10. Februar. Sie unterschätzen offenbar die Energie meines Kollegen Müller-Freienfels. Er hat mir derart nicht nur mit seinem, sondern vor allem auch mit Ihrem Zorn gedroht, so daß eine

IM NAMEN DES MENSCHEN (1963–1971)

meiner ersten Amtshandlungen in einer Reform unseres Reformentwurfs zum Unehelichen-recht bestand.«

Müller-Freienfels hatte einen kurzen Draht zu Ehmke: Die beiden waren Fakul-tätskollegen in Freiburg. Ehmke zeigte sich zuversichtlich, dass die Überarbei-tung des Referentenentwurfs Wiltraut Rupp-von Brünneck zufrieden stellen wer-de. Die Bundesregierung wolle den Entwurf noch vor den Sommerferien im Par-lament einbringen.[145] Da Gustav Heinemann eine »gänzlich neue Konzeption« der erbrechtlichen Stellung des unehelichen Kindes wünschte, konnte der neue Referentenentwurf indes erst im Juni 1967 in Umlauf gebracht werden.[146] Für ei-ne Gesetzesinitiative vor der Sommerpause war das zu spät. Erst am 5. September 1967 verabschiedete das Kabinett den Entwurf.[147]

Mochte Wiltraut Rupp-von Brünneck mit dem Inhalt des Regierungsentwurfs weitgehend zufrieden gewesen sein, war sie doch enttäuscht, dass das Gesetz-gebungsverfahren nur schleppend in Gang kam. Die Verabschiedung des Geset-zes erschien ihr »als recht zweifelhaft«. Denn »Reformgesetzentwürfe solcher Be-deutung« brauchten »nach parlamentarischer Erfahrung gewöhnlich einen viel längeren Zeitraum für die Verabschiedung« als die eineinhalb Jahre, die von der fünften Legislaturperiode noch übrig waren. Außerdem sei zu befürchten gewe-sen, »daß die Einstimmigkeit, mit der die Bundesregierung den Entwurf im Ka-binett beschlossen hatte, auf dem ›Liebesfrühling‹ der Großen Koalition beruhte und sich im weiteren Gesetzgebungsstadium als trügerisch erweisen würde«.[148] Sie war zu vertraut mit dem Bonner Betrieb, um zu hoffen, dass der Entwurf noch über die Ausschussberatung hinauskommen könnte. Womöglich reifte in ihr be-reits im Herbst 1967 der Gedanke, von Karlsruhe aus etwas »nachzuhelfen«, sollte die Reform an der parlamentarischen Diskontinuität zu scheitern drohen.

In den folgenden Monaten musste sie beobachten, wie »bei den Parlaments-beratungen die nur verdeckten Gegensätze der beiden großen Regierungspartei-en« wieder aufbrachen. Sie war besorgt:

»Diese Kontroverse beschwor die ernstliche Gefahr einer erneuten Verschiebung der Reform herauf, zumal da der Bundestag wie stets im Wahljahr [1969, F. M.] unter Zeitdruck geriet und unter wahltaktischen Gesichtspunkten diese Reform nicht besonders attraktiv erschien – un-eheliche Kinder haben keine Lobby, und mit ihrer Gleichstellung waren kaum Wähler zu gewin-nen!«[149]

Obwohl Horst Ehmke und Elisabeth Schwarzhaupt, die dem Unterausschuss »Unehelichenrecht« des Bundestagsrechtsausschusses vorsaß, sich nach Kräften bemühten, das Gesetzgebungsverfahren voranzutreiben, gerieten die Bera-tungen Anfang 1969 im Streit über zahllose Detailprobleme ins Stocken. Eine Beschlussempfehlung des Ausschusses für das Plenum war in weiter Ferne. Das Reformgesetz stand vor dem Aus.

284   IM NAMEN DES MENSCHEN (1963–1971)

Ende Januar 1969 riss dem Bundesverfassungsgericht »gewissermaßen der Geduldsfaden«, wie Wiltraut Rupp-von Brünneck rückblickend sagte – und dabei vor allem ihren eigenen Geduldsfaden meinte.[150]

»Erfüllt der Gesetzgeber den ihm von der Verfassung in Art. 6 Abs. 5 GG erteilten Auftrag zur Reform des Unehelichenrechts auf dem Gebiete des bürgerlichen Rechts nicht bis zum Ende der laufenden (5.) Legislaturperiode des Bundestages, so ist der Wille der Verfassung soweit wie möglich von der Rechtsprechung zu verwirklichen. Die Verfassungsnorm erlangt insoweit derogierende Kraft gegenüber entgegenstehendem einfachen Recht.«[151]

Dieser Leitsatz des Beschlusses des Ersten Senats vom 29. Januar 1969 hallte wie ein Paukenschlag von Karlsruhe nach Bonn. Er sollte die Parlamentarier in Sachen Unehelichenrecht zur Räson bringen und zugleich eine kontroverse Debatte über die Befugnisse des Bundesverfassungsgerichts gegenüber dem Gesetzgeber auslösen. Der Beschluss, in dem es um die Anrechnung einer Waisenrente auf den sogenannten verlängerten Unterhaltsanspruch des unehelichen Kindes nach § 1712 BGB ging, kam zum richtigen Zeitpunkt: Er setzte den Bundestag unter Zugzwang und ermöglichte so die Verabschiedung des Reformgesetzes noch vor dem Ende der Legislaturperiode. Das Bundesverfassungsgericht hatte dem *Gesetz über die rechtliche Stellung der nichtehelichen Kinder* »kräftige Geburtshilfe« geleistet, wie die Berichterstatterin später erklärte.[152]

Man darf angesichts ihrer Vorbefassung mit der Reform annehmen, dass der Entscheidungszeitpunkt kein Zufall war. Zwar mühte sie sich im Nachgang darum, den Eindruck der taktischen Terminierung zu zerstreuen: Das Verfahren habe im Januar 1969 schlicht zur Entscheidung gestanden.[153] Aber natürlich konnte sie als Berichterstatterin weitgehend frei darüber entscheiden, wann sie dem Senat ein Votum vorlegte und damit den Beratungsprozess in Gang setzte. Die Verfassungsbeschwerde zu § 1712 BGB bot sich für eine gerichtliche Intervention im stockenden Gesetzgebungsverfahren an. Sie war seit Anfang 1966 anhängig. Die Schriftsätze waren im Oktober 1966 ausgetauscht worden, eine mündliche Verhandlung war entbehrlich, kurzum: die Sache war spätestens seit Ende 1966 entscheidungsreif. Wiltraut Rupp-von Brünnecks Personalakte enthält Hinweise darauf, dass sie ab dem SpätSommer 1968 – als die Meinungsverschiedenheiten über das Reformgesetz im Bundestag offen zutage traten – das Unehelichenrecht in ihrem Dezernat priorisierte. Dabei hatte sie einen mächtigen Verbündeten: Gebhard Müller, dem nach der Wurst-Affäre viel an der Erledigung der »zahlreichen Verfahren« zum Recht der unehelichen Kinder gelegen war. Der Präsident ließ die Berichterstatterin wissen, dass er es »dankbar begrüßen« würde, wenn sie eine Entscheidung »noch bis zum Jahresende ermöglichen« könnte.[154]

Der Fall, den Wiltraut Rupp-von Brünneck aus der Menge der Verfahren für die Leitentscheidung auswählte, ist rasch berichtet: Ein uneheliches Kind erhielt von seinem Erzeuger, der die Vaterschaft anerkannt hatte, eine monatliche Unterhaltsrente. Der Vater verstarb, als das Kind elf Jahre alt war. Seither erhielt das Kind eine Waisenrente aus der Rentenversicherung des Vaters, die höher war als der Unterhaltsbetrag. Die Witwe und Alleinerbin des Vaters weigerte sich, weiterhin Unterhalt zu leisten, obwohl § 1712 BGB den Unterhaltsanspruch gegen die Erben des Vaters fortbestehen ließ. Das Landgericht Kiel gab der Witwe Recht:

»Es könne nicht Sinn und Zweck der Waisenrente sein, dem unehelichen Kind eine zusätzliche Zuwendung zu erbringen. § 1712 BGB solle dem unehelichen Kind keinen Ersatz für entgangenes Erbrecht gewähren, sondern seinen Unterhalt sichern. [...] Das uneheliche Kind sei zwar insgesamt gegenüber dem ehelichen benachteiligt, weil dieses neben der Waisenrente sein Erbrecht behalte. Dies entspreche jedoch dem Gesetz, solange die in Art. 6 Abs. 5 GG angekündigte Gleichberechtigung von ehelichen und unehelichen Kindern vom Gesetzgeber noch nicht voll durchgeführt sei. Diese Verfassungsvorschrift enthalte als bloße Anweisung an den Gesetzgeber kein geltendes Recht.«[155]

Art. 6 Abs. 5 GG soll »kein geltendes Recht« sein? Allein diese Behauptung verlangte nach einer Klarstellung. Schon 1958 hatte das Bundesverfassungsgericht der Vorschrift neben dem Gesetzgebungsauftrag eine verfassungsrechtliche Wertentscheidung entnommen, die Gerichte und Verwaltung beachten müssten.[156] Das Urteil des Landgerichts zeigte überdeutlich, wohin die Untätigkeit des Gesetzgebers geführt hatte: Ohne eine Grundlage im Gesetzesrecht dafür anzugeben, hatte das Landgericht den »verlängerten« Unterhalt auf null gekürzt. Das uneheliche Kind stand nun in zweifacher Hinsicht schlechter da als (etwaige) eheliche Kinder: Am Erbe des Vaters war es kraft Gesetzes nicht beteiligt; den Unterhaltsanspruch verlor es, weil es eine Waisenrente erhielt, die wiederum bei der Feststellung des Erb- oder Pflichtteils ehelicher Kinder außer Betracht geblieben wäre.

Es dürfte Wiltraut Rupp-von Brünneck nicht schwergefallen sein, ihre Senatskollegen von der Unhaltbarkeit dieses Ergebnisses zu überzeugen, zumal drei Richter bereits an der Entscheidung aus dem Jahr 1958 mitgewirkt hatten: Scholtissek, Stein und Ritterspach. Sie würden eventuelle politische Rücksichten zugunsten der Bindung an das eigene Präjudiz zurückstellen müssen. Auch Gebhard Müller, der auf eine rasche Erledigung drang, wird sie leicht für eine stattgebende Entscheidung gewonnen haben. Der Sozialdemokrat Wolfgang Zeidler, der im August 1967 auf Hugo Berger gefolgt war, hatte wohl von vorneherein keinen Anlass, sich einer beherzten Anwendung des Art. 6 Abs. 5 GG entgegenzustellen. Karl Haager und Werner Böhmer würden, selbst wenn sie anderer Auffassung wären, gegen eine solche Übermacht im Senat nichts ausrichten können.

Dass das Bundesverfassungsgericht das Urteil des Landgerichts Kiel aufhob, war weder überraschend, noch hätte es politische Folgen gezeitigt. Die eigentliche Pointe des Unehelichenbeschlusses vom 29. Januar 1969 lag in den grundsätzlichen Ausführungen zum Gesetzgebungsauftrag des Art. 6 Abs. 5 GG. Fünfzehn der dreißig Seiten der Entscheidung entfallen auf diesen Abschnitt. Der Berichterstatterin war es gelungen, ihre Kollegen davon zu überzeugen, sich auch zu der Frage zu verhalten, »ob Art. 6 Abs. 5 GG eine weitergehende aktuelle Bedeutung erlangt hat, weil der Gesetzgeber den Verfassungsauftrag noch immer nicht erfüllt hat«.[157] Die Bedeutung dieser Frage für den konkreten Fall leuchtet nicht sofort ein. Der Beschluss stellt den Zusammenhang mit folgender Überlegung her: Wenn Art. 6 Abs. 5 GG unmittelbar anwendbar ist, könnte er § 1712 BGB derogieren, weshalb der verlängerte Unterhaltsanspruch von vornherein entfiele. Das uneheliche Kind wäre dann wie die ehelichen Kinder direkt am Nachlass des Vaters zu beteiligen. Das war zweifellos eine Behelfskonstruktion, um zur Bedeutung des Art. 6 Abs. 5 GG im laufenden Gesetzgebungsverfahren Stellung nehmen zu können.

Die Frage nach der »derogierende[n] Kraft« des Art. 6 Abs. 5 GG ermöglichte es, den Gesetzgeber unter Druck zu setzen. Denn solange die »angemessene Frist« für den Erlass des Reformgesetzes nicht abgelaufen sei, konnte Art. 6 Abs. 5 GG das geltende Gesetzesrecht nicht verdrängen. Das Urteil des Landgerichts Kiel bezog sich auf den Rechtsstand der vierten Legislaturperiode (1961–1965), in deren Verlauf die Erörterungen im Schrifttum, auf dem Deutschen Juristentag 1962, in der AGJJ-Kommission zum Unehelichenrecht und in weiteren Gremien »zu einer Klärung der Meinungen geführt« hätten. Da die Ausarbeitung eines Gesetzentwurfs und seine Beratung in den gesetzgebenden Körperschaften einer »sich auf mehrere Jahre erstreckenden Zeitspanne« bedurfte – hier schreibt eine Beteiligte an diesem Prozess! –, sei am Ende der vierten Legislaturperiode im Herbst 1965 die Frist noch nicht abgelaufen. Nun aber, in der fünften Legislaturperiode, habe die Bundesregierung einen Gesetzentwurf vorgelegt, der vom Bundestag in erster Lesung beraten worden und dessen Behandlung im Unterausschuss des Rechtsausschusses »bereits erheblich fortgeschritten« sei. Den Gesetzgebungsorganen sei bewusst, dass der Ablauf der ihnen gegebenen angemessenen Frist auch bei großzügiger Bemessung unmittelbar bevorstehe – als Beleg dafür werden Äußerungen des Bundesjustizministers und eines CDU-Abgeordneten bei der ersten Lesung zitiert, also von Vertretern beider Koalitionsparteien. »Bei dieser Sachlage wird der Gesetzgeber dem Verfassungsauftrag des Art. 6 Abs. 5 GG nur dann gerecht, wenn er die Reform des Unehelichenrechts auf dem Gebiet des bürgerlichen Rechts noch in dieser Legislaturperiode verabschiedet.«[158]

Die Wirkung des Unehelichenbeschlusses war durchschlagend: Das Reformgesetz wurde am 14. Mai 1969 vom Plenum des Bundestages ohne Gegenstimmen

Im Namen des Menschen (1963–1971)   287

bei nur einer Enthaltung beschlossen.[159] Die Abgeordneten betonten zwar, dass die Fristsetzung durch das Bundesverfassungsgericht »eigentlich nicht mehr notwendig« gewesen sei.[160] Überzeugend klang das aber nicht, zumal ein CDU-Abgeordneter die Frage aufwarf, »ob es bei einer so schwierigen Rechtsmaterie überhaupt angebracht ist, von seiten des Bundesverfassungsgerichts dem Bundestag eine kurz bemessene Bearbeitungsfrist zu setzen [...], als ob es sich um eine Examensarbeit für einen Rechtskandidaten handelte«.[161] Einen journalistischen Beobachter bestärkte diese Einlassung in der Annahme, dass die Entscheidung des Bundesverfassungsgerichts »wohl tatsächlich erheblich daran mitgewirkt« habe, dass das Gesetz in der fünften Legislaturperiode verabschiedet worden sei.[162]

Am 20. Juni 1969 beschloss der Bundesrat auf Antrag der unionsregierten Länder Nordrhein-Westfalen und Bayern, den Vermittlungsausschuss anzurufen. Die Reform geriet dadurch erneut in Gefahr, für deren Abwehr das Bundesverfassungsgericht aber Vorkehrungen getroffen hatte, erneut mit einem auffälligen »Timing«: Am Vortag der Bundesratssitzung hatte der Senat in einem weiteren Beschluss zum Unehelichenunterhalt den nahenden Fristablauf noch einmal in Erinnerung gerufen: Herbst 1969![163] Entsprechend zügig arbeitete der Vermittlungsausschuss, dessen geringfügige Änderungsvorschläge von Bundestag und Bundesrat im Juli angenommen wurden. Am 19. August 1969 fertigte der inzwischen zum Bundespräsidenten gewählte Gustav Heinemann das *Gesetz über die rechtliche Stellung der nichtehelichen Kinder* nach Gegenzeichnung durch den Bundeskanzler und den neuen Bundesjustizminister Horst Ehmke aus.[164] Es trat am 1. Juli 1970 in Kraft.

Wiltraut Rupp-von Brünneck war mit der Reform und denen, die sie politisch vorangetrieben hatten, zufrieden. Nach der Bundestagswahl 1969 schrieb sie an Horst Ehmke, der im sozialliberalen Kabinett unter Willy Brandt Chef des Bundeskanzleramts geworden war, dass sie es bedaure, ihn aus dem Justizministerium scheiden zu sehen. Er und Heinemann hätten »nach langen Zeiten der Stagnation endlich Reformen konzipiert und durchgesetzt [...], die diesen Namen verdienen«. Sie hoffte, dass Ehmke »die zurückgelassenen Reformembryos nicht ganz vergessen und ihnen (ebenso wie den nondum concepti) wenn nötig auch von [seinem] neuen Amt aus Entwicklungsschutz leisten« werde. Dass sich die Verfassungsrichterin von der sozialliberalen Koalition weitere Reformen versprach, daran besteht kein Zweifel. Und so begrüßte sie es, dass ihr Bekannter Horst Ehmke »in eine der Schlüsselpositionen des neuen Regierungsteams« berufen worden war.[165]

Auch für sie selbst war die Reformarbeit noch nicht getan. Im November 1969 hielt sie vor hessischen Vormundschaftsrichtern, Rechtspflegern und Jugendamtsleitern einen Vortrag »[z]ur Einführung in das neue Recht der nichtehelichen Kinder«, den sie in der Zeitschrift *Das Standesamt* veröffentlichte, wo ihn vor allem familienrechtliche Praktiker lesen würden. Denn es ging Wiltraut Rupp-von Brünneck nicht um theoretische Diskussionen über Regelungstechnik, Systemkonformität und Ästhetik des Reformgesetzes, sondern um dessen praktische Wirkung. Daher konnte sie der Terminologie des Gesetzes, das im Gegensatz zum Grundgesetz nicht von »unehelichen«, sondern von »nichtehelichen« Kindern sprach – »um die mit der Vorsilbe ›un-‹ etwa verbundene Diskriminierung zu vermeiden« –, nichts abgewinnen: »Ich kann [...] darin nicht mehr sehen als eine zwar wohlgemeinte, aber nicht sehr belangvolle sprachliche Kosmetik; für die Rechtsprechung kommt es weniger auf die Bezeichnung als auf die Grundeinstellung an«.[166]

Dass sich nicht nur im Recht, sondern auch in der Gesellschaft die richtige »Grundeinstellung« durchsetzen musste, war der wirklichkeitsnah denkenden Verfassungsrichterin klar. Sie forderte einen Wandel der gesellschaftlichen Einstellung zum nichtehelichen Kind und seiner Mutter. »Die Sexwelle der letzten Jahre war in diesem Punkt eine gewisse Hilfe – wie man auch sonst zu ihren Ergebnissen und Auswüchsen stehen mag«, konstatierte sie. Es seien aber weitere Anstrengungen vonnöten, um die faktischen Diskriminierungen abzubauen. Die Erfolgschancen eines solchen gesellschaftlichen Fortschritts beurteilte Wiltraut Rupp-von Brünneck optimistisch: »Ich habe die Hoffnung, daß in nicht zu ferner Zeit niemand es mehr wagen kann, die uneheliche Abstammung eines Politikers im Wahlkampf gegen ihn auszuspielen, weil die Empörung der Öffentlichkeit alsbald gegen den Denunzianten selbst zurückschlagen würde.« – Die Anspielung auf die Diffamierungskampagnen gegen das uneheliche Kind Willy Brandt war unmissverständlich. »Vielleicht kommen wir sogar einmal soweit«, gab sich Wiltraut Rupp-von Brünneck hoffnungsvoll, »daß die hinter der vorgehaltenen Hand gemachte Mitteilung: ›Wissen sie übrigens, daß der Herr X ein uneheliches Kind ist?‹ selbst bei Lieschen Müller nur die achselzuckende Reaktion hervorruft: ›Na, wen interessiert das schon!‹«[167]

Die Statistik sollte ihr Recht geben. Lag der Anteil unehelicher Kinder im Jahr des Inkrafttretens des Reformgesetzes noch bei sieben Prozent, stieg er bereits bis Mitte der achtziger Jahre auf über 15 Prozent. Im Jahr 2019 kam ein Drittel aller Neugeborenen außerhalb einer Ehe zur Welt. Dass sie den gleichen Rechtsstatus genießen wie eheliche Kinder, ist nicht zuletzt der Hartnäckigkeit zu verdanken, mit der Wiltraut Rupp-von Brünneck – in ihren verschiedenen Ämtern und Rollen – die Reform des Nichtehelichenrechts vorantrieb. Vollständig rechtlich gleichgestellt wurden eheliche und nichteheliche Kinder erst 2011.[168]

Der Paukenschlag des Unehelichenbeschlusses war mit der Verabschiedung des Reformgesetzes nicht verhallt. War das Bundesverfassungsgericht mit seinem »Ultimatum« an den Bundestag zu weit gegangen?[169] Nicht nur unter den Abgeordneten, die zeitgleich zum Nichtehelichengesetz über grundlegende Änderungen des Bundesverfassungsgerichtsgesetzes berieten,[170] sondern auch in der Rechtswissenschaft gingen die Meinungen darüber auseinander.[171] Es dauerte nicht lange, bis sich Wiltraut Rupp-von Brünneck in der Debatte zu Wort meldete. *Darf das Bundesverfassungsgericht an den Gesetzgeber appellieren?*, fragte sie im Titel ihres Beitrags für die Festschrift zu Gebhard Müllers 70. Geburtstag. Den Unehelichenbeschluss präsentierte sie darin als das »wichtigste Beispiel eines wirksamen Appells an den Gesetzgeber«.[172] Der Beitrag liest sich wie eine nachträgliche Rechtfertigung der kühnen Entscheidung. Er gibt zugleich Aufschluss über das Rollen- und Institutionenverständnis seiner Verfasserin.

Die Verfassungsgerichtsbarkeit war für Wiltraut Rupp-von Brünneck der »vornehmste Ausdruck der Rechtsstaatlichkeit der freiheitlichen sozialen Demokratie des Grundgesetzes«. Das Bundesverfassungsgericht wahre die »Unverbrüchlichkeit der Verfassung gegenüber *allen* Trägern staatlicher Gewalt, der Gesetzgebung, der Exekutive oder der Rechtsprechung«. Wer daran Anstoß nehme, »daß eine Mehrheit von fünf (u. U. vier) Bundesverfassungsrichtern [...] ein vom Bundestag und/oder vom Bundesrat einstimmig oder mit großer Mehrheit verabschiedetes Gesetz für verfassungswidrig erklären kann«, zeige nur ein »fundamentales Unverständnis für die Rechtsstaatsidee des Grundgesetzes und für dessen Ablehnung einer Demokratie nach Rousseauschem Muster«. Die Funktion des Bundesverfassungsgerichts unterscheide sich in ihrer rechtlichen Qualität nicht von jeder anderen Rechtsprechungstätigkeit. Jedoch bestehe ein wesentlicher Unterschied in der rechtlichen und faktischen Wirkung. An den »ausfüllungsbedürftigen Wertbegriffen« des Grundgesetzes werde das »ganze Gewicht« der verfassungsgerichtlichen Verantwortung deutlich: Die Auslegung der Verfassung bedeute auch ihre Fortbildung, »weil im ständigen Wandel der Lebensverhältnisse und Rechtsüberzeugungen der jeweils dem Sinn der tragenden Prinzipien entsprechende Ausdruck zu finden« sei.[173]

Das Bundesverfassungsgericht fälle sein Urteil nicht »fern von den sogenannten Niederungen der Tagespolitik im gläsernen Turm« und richte es auch nicht »allein an mehr oder weniger theoretischen Verfassungsidealen« aus, »ohne Rücksicht auf die möglichen Wirkungen seines Urteils: fiat iustitia, pereat mundus!« Vielmehr entspringe die Institutionalisierung der Verfassungsgerichtsbarkeit der Idee des Rechtsstaates und der Kontrolle der Macht durch Gewaltentrennung. Wiltraut Rupp-von Brünneck legte besonderen Wert auf das richtige Verständnis der Rolle des Bundesverfassungsgerichts im Zusammenspiel mit den anderen Verfassungsorganen:

IM NAMEN DES MENSCHEN (1963–1971)

»Das Bundesverfassungsgericht muß blind und taub sein nicht nur gegenüber eventuellen Pressionen der streitenden Parteien, sondern auch gegenüber dem möglichen Beifall oder der möglichen Mißbilligung seines Spruches durch andere Verfassungsorgane, durch die politischen Parteien, durch die Tagespresse oder andere Machtfaktoren des politischen Lebens.«

Zugleich müsse es »seine Aufgabe als Teilfunktion im Verfassungsganzen« sehen, »die wesensmäßig auf die Zusammenarbeit mit den anderen Verfassungsorganen gerichtet« sei. Den Rechtsstreit gelte es daher »in seiner Bedeutung für die Verfassungsordnung und Verfassungswirklichkeit« zu verstehen, »d. h. unter Berücksichtigung der Realitäten, die diesen Streit veranlaßt haben, und der praktischen Probleme, welche die Auslegung der Verfassung in der einen oder anderen Weise aufwirft«.[174]

Wiltraut Rupp-von Brünneck hatte während der Tätigkeit am Bundesverfassungsgericht ihr seit jeher wirklichkeitsorientiertes Rechtsverständnis um ein neues Bezugsobjekt erweitert: die Verfassungswirklichkeit.

»Die für alle Richter geltende Notwendigkeit einer sinn- und wirklichkeitsbezogenen Rechtsfindung gilt verstärkt für den Verfassungsrichter wegen der Besonderheit des Auslegungsgegenstands und der weitreichenden Wirkungen seiner Entscheidungen. Hierzu gehört legitimerweise die Erwägung der Folgen des verfassungsrichterlichen Spruches, nicht in der Richtung möglicher Vorteile oder Nachteile der gegenwärtigen Interessenten, sondern in dem Sinne, daß die Auswirkung des Spruches auf die weitere Existenz der Verfassungsordnung und der durch sie ›verfassten‹ staatlichen Gemeinschaft bedacht werden muß, zu deren Bewahrung das Bundesverfassungsgericht und die anderen Verfassungsorgane in gleicher Weise berufen sind.«[175]

Aus dieser Funktionsbeschreibung ergab sich gleichsam zwanglos die Zulässigkeit von Appellentscheidungen wie dem Unehelichenbeschluss. Das Gericht weise in ihnen schließlich nur auf eine »Diskrepanz zwischen den Anforderungen der Verfassung und dem einfachen Recht« hin, deren Beseitigung es aber dem Gesetzgeber überlasse. Den Vorwurf eines unzulässigen Übergriffes in den Funktionsbereich des Gesetzgebers wies Wiltraut Rupp-von Brünneck als unbegründet zurück. In den Appellentscheidungen sah sie im Gegenteil »geradezu eine Bestätigung« der vom Bundesverfassungsgericht geübten richterlichen Zurückhaltung, des »judicial self-restraint«.[176] An dieser These war ihr so viel gelegen, dass sie den Beitrag für die Müller-Festschrift auch in englischer Sprache publizierte, im *American Journal of Comparative Law*, das sich in seinem 3. Heft des Jahrgangs 1972 im Schwerpunkt mit »Admonitory Functions of Constitutional Courts« beschäftigte. Die Veröffentlichung dürfte Hans Rupp arrangiert haben, der bereits seit längerem zu den Autoren des Journals zählte. Zum Herausgeberkreis der Zeitschrift gehörte eine damals noch weitgehend unbekannte 39-jährige Juraprofessorin, die einen ähnlich wirklichkeitsnahen Zugriff auf das Recht pflegte wie Wiltraut Rupp-von Brünneck: Ruth Bader Ginsburg, von 1993 bis zu ihrem Tod im Jahr 2020 Richterin am US-Supreme Court.

Adoptionsbeschluss

Eine wichtige Triebfeder für Wiltraut Rupp-von Brünnecks Engagement bei der Reform des Unehelichenrechts waren die damit verbundenen Fragen der Gleichberechtigung der Mütter. Aber auch am Wohl der Kinder war ihr aufrichtig gelegen. Seit jeher hatte sie eine besondere Verantwortung für die Schwächsten in der Gesellschaft empfunden, der sie ausgestattet mit der Autorität des Richteramts nachkommen wollte. Besonders deutlich wird diese Haltung in einem Beschluss zum Adoptionsrecht, der ein halbes Jahr vor dem Unehelichenbeschluss ergangen war.[177] Zu den Schwächsten in der Gesellschaft der Bonner Republik gehörten nämlich nicht nur die unehelichen, sondern alle minderjährigen Kinder, die der »Gewalt« ihrer Eltern unterstanden. Die elterliche Gewalt war eine ambivalente Institution (ihre heutige Form, die »elterliche Sorge«, ist es noch), der das Grundgesetz mit einer differenzierten Regelung Rechnung trägt. »Pflege und Erziehung der Kinder sind das natürliche Recht der Eltern und die zuvörderst ihnen obliegende Pflicht«, heißt es in Art. 6 Abs. 2 Satz 1 GG. Da man auf die Erfüllung dieser Pflicht nicht blind vertrauen kann, bestimmt der zweite Satz: »Über ihre Betätigung wacht die staatliche Gemeinschaft.«

Dem Staat wurde also ein »Wächteramt« über die Ausübung der elterlichen Gewalt anvertraut. Aber wer bewacht die Wächter? Dass man dem Wächter-Staat Grenzen ziehen musste, war den Mitgliedern des Parlamentarischen Rats angesichts der Erfahrungen in der NS-Zeit klar. Sie fügten dem Artikel 6 daher einen dritten Absatz hinzu: »Gegen den Willen der Erziehungsberechtigten dürfen Kinder nur auf Grund eines Gesetzes von der Familie getrennt werden, wenn die Erziehungsberechtigten versagen oder wenn die Kinder aus anderen Gründen zu verwahrlosen drohen.« Die Einhaltung dieser Grenzen des Wächteramts sollten die Gerichte überwachen, in letzter Instanz das Bundesverfassungsgericht. Die Bedeutung des Art. 6 Abs. 2 und 3 GG für das Familienrecht war bis tief in die sechziger Jahre hinein ungeklärt. Das Urteil des Bundesverfassungsgerichts zum Stichentscheid aus dem Juli 1959 traf zwar einige allgemeine Aussagen zur elterlichen Gewalt.[178] Zu den Grenzen des staatlichen Wächteramts machte es aber nur vage Andeutungen. Mehrere Richtervorlagen, die in Wiltraut Rupp-von Brünnecks Dezernat fielen, boten Gelegenheit, die offenen Fragen zu klären.

Die Vorlagen betrafen § 1747 Abs. 3 BGB, der seit 1961 die Vormundschaftsgerichte ermächtigte, die obligatorische Einwilligung eines Elternteils zur Adoption zu ersetzen, »wenn dieser seine Pflichten gegenüber dem Kind dauernd gröblich verletzt oder die elterliche Gewalt verwirkt hat, und wenn er die Einwilligung böswillig verweigert und das Unterbleiben der Annahme an Kindes Statt dem Kinde zu unverhältnismäßigem Nachteil gereichen würde«. Die Vorschrift war schon im Bundestag hoch umstritten gewesen.[179] Der Streit war mit dem Abschluss des Gesetzgebungsverfahrens keineswegs zu Ende. Gewichtige Stimmen aus der Rechtswissenschaft hielten die Ersetzungsbefugnis für unvereinbar mit Art. 6 Abs. 2 und 3 GG. Andere begrüßten die Vorschrift im Interesse des Kindes. Unter den befürwortenden Literaturstimmen, die der Adoptionsbeschluss zitiert, ist eine Veröffentlichung Erdmute Falkenbergs, in einem – aus juristischer Sicht – abseitigen Journal: dem *Nachrichtendienst des Deutschen Vereins für öffentliche und private Fürsorge.*[180]

Wiltraut Rupp-von Brünneck teilte die Auffassung ihrer Studienfreundin. Doch die Senatsmehrheit von der Verfassungsmäßigkeit des § 1747 Abs. 3 BGB zu überzeugen, war eine delikate Angelegenheit. Denn ohne Zweifel war die Ersetzung der Einwilligung ein intensiver Eingriff in das Elternrecht. Es galt daher, den Fall so aufzubereiten, dass auch die konservativen Senatsmitglieder die Rechtfertigung der Ersetzungsbefugnis anerkennen mussten. Die Berichterstatterin bediente sich dafür ungewöhnlicher Methoden. Zuerst diskutierte sie den Fall mit ihrer Sekretärin Helga Hamann, die sie in familienrechtlichen Angelegenheiten stets zu konsultieren pflegte. Das entsprach ganz ihrer Auffassung von einer lebensnahen Rechtsprechung, schließlich war die junge Frau näher an den wirklichen Dingen als irgendein Senatskollege. Außerdem wollte sie sich im Gespräch mit der Sekretärin vergewissern, dass ihre Argumentation auch von juristischen Laien verstanden werden konnte. Um ihrer Sparringspartnerin die Bedeutung des Falles vor Augen zu führen, gab Wiltraut Rupp-von Brünneck ihr Bertolt Brechts *Kaukasischen Kreidekreis* zur Lektüre mit. Die Geschichte vom Kind, das im Streit um die elterliche Sorge von der leiblichen Mutter mit Gewalt aus dem Kreidekreis gerissen und von der Ziehmutter aus Liebe losgelassen wird, sollte als Parabel für die Situation des § 1747 Abs. 3 BGB dienen. Bei Brecht spricht der Richter das Kind der Ziehmutter zu, weil sie sich durch ihr Nachgeben als »wahre« Mutter gezeigt habe. Das Kind soll denen gehören, »die für es gut sind«. Das war – einfach ausgedrückt – der Gedanke hinter der Ersetzungsbefugnis.

Nach dem Gedankenaustausch diktierte Wiltraut Rupp-von Brünneck ihrer Sekretärin den Entscheidungsvorschlag. Mit über 80 Seiten wurde es ein langes Votum. Das schätzten die Kollegen überhaupt nicht, zumal auf den Seiten mehr Text stand, als nach den gerichtsinternen Vorgaben zulässig war. Wiltraut Rupp-von Brünneck wies ihre Sekretärin an, möglichst schmale Ränder zu machen und die vorgegebene Zeilenzahl zu überschreiten, um den Eindruck der Überlänge zu vermeiden. An dem Fall war ihr zu viel gelegen, um sich kurz zu fassen. Den erwarteten Zorn ihrer Kollegen versuchte sie, mit einem ungewöhnlichen Schluss abzumildern, für den sie sich erneut aus der Literatur bediente. Er hat in den Unterlagen der Sekretärin die Jahrzehnte überdauert:

IM NAMEN DES MENSCHEN (1963–1971) 293

»Als Exkurs und zum Dank für den Leser, der sich bis hierhin der Mühe der Lektüre unterzogen hat, möchte ich eine Passage aus dem Theaterstück ›Fanny‹ des bekannten französischen Autors Marcel Pagnol anfügen, der folgende Handlung zugrunde liegt:

Marius, der junge abenteuerlustige Sohn von C[é]sar, dem Wirt einer kleinen Hafenkneipe in Marseille, verläßt seine Geliebte Fanny und geht auf See. Nach seinem Verschwinden entdeckt Fanny, daß sie schwanger ist. Um die Schande zu verbergen und ihrem Kind ein Zuhause zu geben, heiratet sie den sehr viel älteren Segelmacher Panisse, der Fanny seit langem liebt. Obwohl Panisse die Herkunft des Kindes kennt, zieht er es als Eigenes auf und liebt es zärtlich. Nach Jahren kommt Marius zurück und erfährt, daß er einen Sohn hat. Er beansprucht Fanny und den Sohn für sich. Dies führt zu folgendem Dialog zwischen Marius, César, seinem Vater, und Fanny:

César: Als der kleine geboren wurde, wog er acht Pfund – acht Pfund aus dem Fleisch und Blut seiner Mutter, aber heute, da wiegt er achtzehn Pfund. Weißt Du wohl, woher das kommt, diese zehn Pfund mehr? Zehn Pfund mehr sind zehn Pfund Liebe. Und dabei wiegt Liebe so leicht: Ein Etwas, das einen umgibt, einen einhüllt, kaum sichtbar und flüchtig wie der Rauch einer Zigarette! Man braucht schon eine Menge davon für zehn Pfund ... Ich habe mein Teil dazu beigetragen, sie (Fanny) auch. Aber das Meiste hat der da gegeben (Panisse), und Du, was hast Du denn dem Kind gegeben?

Marius: Das Leben.

César: Ach, das Leben! Auch die Hunde setzen ihre Jungen ins Leben ... Auch die Stiere tun das. Übrigens, außerdem hast du das Kind ja gar nicht gewollt. Du wolltest nur dein Vergnügen. Sag nicht, du hättest ihm das Leben gegeben. Er hat sich's von Dir genommen, das ist nicht dasselbe.

Marius: Was denn – Du bist auch gegen mich? Aber verdammt, wer ist denn eigentlich der Vater? Der, der ihm das Leben gegeben hat, oder der, der seine Milch bezahlt hat?

César: Vater ist der, der es lieb hat!«

Ob es juristische oder literarische Argumente waren, mit denen Wiltraut Rupp-von Brünneck ihre Kollegen von der Verfassungsmäßigkeit des § 1747 Abs. 3 BGB überzeugte, ist nicht überliefert. Wahrscheinlich war es eine Kombination aus beiden. Die Fälle, die den Richtervorlagen zugrunde lagen, wurden in den Entscheidungsgründen in all ihrer Drastik und Tragik dargestellt und dürften ihre Wirkung nicht verfehlt haben. Angesichts des Elends der vernachlässigten Kinder war kaum zu bestreiten, dass es Extremsituationen gab, in denen die Adoption gegen den Willen eines sorglosen Elternteils möglich sein musste, wollte der Staat sein Wächteramt nicht vernachlässigen. Der Beschluss vom 29. Juli 1968 trägt dieser Einsicht durch eine mit großer Präzision und Überzeugungskraft vorgetragene Interpretation der Art. 6 Abs. 2 und 3 GG Rechnung. Der strenge Maßstab des Art. 6 Abs. 3 GG wird darin mit einem historischen Argument für unanwendbar erklärt. Der Verfassungsgeber habe nicht die Adoption eines Kindes gegen den Willen der Eltern vor Augen gehabt, sondern die »Wegnahme« der Kinder zum

Zwecke einer staatlichen Zwangserziehung, wie sie in totalitären Staaten üblich sei.[181]

Die Ersetzungsbefugnis musste sich daher allein an Art. 6 Abs. 2 GG rechtfertigen lassen. Das kam der Überzeugung der Berichterstatterin entgegen. Denn dieser Absatz normiert nicht nur das Recht, sondern auch die Pflicht der Eltern zur Erziehung und Pflege ihrer Kinder:

>In Art. 6 Abs. 2 Satz 1 GG sind Recht und Pflicht von vornherein unlöslich miteinander verbunden; die Pflicht ist nicht eine das Recht begrenzende Schranke, sondern ein wesensbestimmender Bestandteil dieses >Elternrechts<, das insoweit treffender als >Elternverantwortung< bezeichnet werden kann«.

Der Senat hatte diese Besonderheit des Art. 6 Abs. 2 GG schon im Urteil zum Stichentscheid angedeutet. Auch Erwin Stein hatte sich in einer Veröffentlichung in diese Richtung eingelassen.[182] Doch erst der Adoptionsbeschluss zog daraus die Konsequenz: »Art. 6 Abs. 2 Satz 1 GG schützt danach eine freie Entscheidung der Eltern darüber, wie sie dieser natürlichen Verantwortung gerecht werden wollen; er schützt nicht diejenigen Eltern, die sich dieser Verantwortung entziehen.« Wenn die Eltern versagten, sei der Staat nicht nur berechtigt, sondern auch verpflichtet, die Pflege und Erziehung der Kinder sicherzustellen. Und zwar nicht allein aus sozialstaatlichen Erwägungen oder aus Gründen der öffentlichen Ordnung, sondern weil das Kind »ein Wesen mit eigener Menschenwürde und dem eigenen Recht auf Entfaltung seiner Persönlichkeit« sei.[183]

Heiratsklauseln

Kind zu sein, war in der jungen Bundesrepublik nicht immer leicht. Die Rechtsordnung konservierte ein Familienbild, das von der sozialen Realität überholt worden war. Der Krieg und seine Folgen hatte Familien auseinandergerissen, uneheliche Geburten befördert und tausende Kinder zu Waisen gemacht. Die sozialliberale Koalition, die seit Oktober 1969 die Bundesregierung stellte, versprach zwar Reformen. Doch war der Reformbedarf so gewaltig, dass eine Anpassung des Rechts an die gesellschaftliche Wirklichkeit nur in kleinen Schritten erreicht wurde. Gelegentlich musste das Bundesverfassungsgericht »nachhelfen«, in dessen Ersten Senat mit Wiltraut Rupp-von Brünneck eine Richterin amtierte, der soziale Reformen besonders am Herzen lagen. Der Zuschnitt ihres Dezernats brachte es mit sich, dass sie als Berichterstatterin erheblichen Einfluss auf die Rechtsprechung in den reformbedürftigen Rechtsgebieten nehmen und so Impulse für die Anpassung des Rechts an die Wirklichkeit setzen konnte. Ihr

Im Namen des Menschen (1963–1971)   295

sozialstaatlicher Impetus verband sich in solchen Fällen nicht selten mit dem Streben nach einer Verwirklichung der Gleichberechtigung der Geschlechter. Denn häufig litten Frauen am meisten unter der Last aus der Zeit gefallener Rechtsvorschriften.

Zu diesen Vorschriften gehörten die sogenannten Heiratsklauseln, nach denen Waisen ihren Anspruch auf Waisenrente verloren, wenn sie eine Ehe eingingen. Die Klauseln beruhten auf der Annahme, dass die verheirateten Waisen durch ihren Ehegatten versorgt würden, nahmen jedoch auf die tatsächliche Unterhaltssituation keine Rücksicht. So wurden auch solche Waisen von der Rente ausgeschlossen, die sich noch in der Ausbildung befanden, und zwar selbst dann, wenn der Ehegatte nicht für ihren Unterhalt aufkommen konnte. Der Konflikt der Heiratsklauseln mit der Ehegarantie des Art. 6 Abs. 1 GG war augenfällig, war das Entfallen der Waisenrente doch geeignet, heiratswillige Bezugsberechtigte von der Eheschließung abzuhalten, wenn sie danach wirtschaftlich schlechter standen als zuvor. Aus der Entstehungsgeschichte der Klauseln ging nicht hervor, weshalb der Gesetzgeber unterhaltsbedürftige Waisen von der Rente ausschloss. Erst vor dem Bundesverfassungsgericht schob das – damals noch CDU-geführte – Bundessozialministerium eine Begründung nach: Die Klauseln beruhten auf den »durch die Entwicklung der christlich-abendländischen Kultur seit Jahrhunderten geprägten Grundauffassungen von den Aufgaben der Familie und dem Wesen und den Wirkungen der Ehe«. Die Ehe begründe danach die Verpflichtung jedes Ehegatten zum Einstehen für den anderen, die jeder Unterhaltspflicht vorgehe. Da im Privatrecht der Unterhaltsanspruch gegen den Ehegatten den Unterhaltsanspruch des Kindes gegen die Eltern verdränge, müsse dasselbe für sozialrechtliche Unterhaltsersatzleistungen wie die Waisenrente gelten. Die Heiratsklauseln entsprächen daher der »Natur« des von Art. 6 Abs. 1 GG geregelten Lebensbereichs.[184]

Dass Wiltraut Rupp-von Brünneck, die selbst als Halbwaise aufgewachsen war, mit einer derart wirklichkeitsfernen Argumentation nicht viel anzufangen wusste, überraschte kaum. Erneut lag die Herausforderung darin, eine Mehrheit im Senat für die Beanstandung der Heiratsklauseln zu finden. Aus den zahlreichen anhängigen Verfahren wählte die Berichterstatterin die Fälle aus, von denen anzunehmen war, dass sie im Senat am ehesten zu einer Mehrheit für das Verdikt der Verfassungswidrigkeit führten. Ihr Votum formulierte sie als Leitentscheidung, auf deren Grundlage die weiteren Verfahren durch Folgeentscheidungen erledigt werden konnten. Dieses Vorgehen entsprach nicht nur ihrem Arbeitsplan, sondern versprach auch den größten Erfolg in der Sache. Die beiden ausgewählten Fälle hatten die nötige lebenswirkliche Drastik, um die Verfassungswidrigkeit der Klauseln deutlich hervortreten zu lassen. Der eine Fall betraf einen Studenten, der »ein Mädchen« geheiratet hatte – wie es im

Beschluss heißt –, das von ihm ein Kind erwartete. Die Heirat entsprach der sozialen Norm und bewahrte Kind und Mutter vor dem Makel der unehelichen Geburt. Die bittere Konsequenz war der Verlust der Waisenrente, die der Student bezogen hatte. Er musste daraufhin sein Studium aufgeben und eine Tätigkeit als Angestellter annehmen, um sich und seine junge Familie unterhalten zu können. Der zweite Fall lag ähnlich, doch waren hier beide Ehegatten Studenten und auf Waisenrente angewiesen. Die Ehe, die sie ebenfalls in Erwartung eines gemeinsamen Kindes eingegangen waren, machte sie praktisch mittellos.

Wiltraut Rupp-von Brünneck konnte sich für ihren Entscheidungsvorschlag auf die bereits gefestigte Rechtsprechung des Senates stützen, nach der die verfassungsrechtliche Ehegarantie verbiete, »die Ehe zu schädigen oder sonst zu beeinträchtigen, gleichgültig, ob dies durch Maßnahmen gegen bestehende Ehen geschieht oder ob die Bereitschaft zur Eheschließung gefährdet wird«.[185] Die Heiratsklauseln bei der Waisenrente waren damit nicht zu vereinbaren. Der Beschluss vom 27. Mai 1970, der wesentlich auf Wiltraut Rupp-von Brünnecks Votum zurückging,[186] begründete dieses Ergebnis in einer klaren, für die Berichterstatterin typischen Sprache. Sie ließ es sich nicht nehmen, das Sozialstaatsprinzip des Art. 20 Abs. 1 GG zu akzentuieren, an dem ihr besonders gelegen war: Die Hinterbliebenenversorgung sei »in ihrer heutigen Ausgestaltung«, die sich längst nicht mehr auf die Abwehr ausgesprochener Notlagen und die Vorsorge für die sozial schwächsten Bevölkerungskreise beschränke, ein besonders prägnanter Ausdruck dieses Prinzip. Die über das 18. Lebensjahr hinaus »verlängerte« Waisenrente entspreche speziell dem Unterhaltsbedarf von Auszubildenden. Betrachte man die Situation allein vom Standpunkt der Waise, so liege es auf der Hand, dass die Heirat an diesem Bedarf nichts ändere. »Wer die begonnene Ausbildung fortsetzen will, ist noch nicht in der Lage, sich selbst zu unterhalten, geschweige denn, seine Ausbildung zu finanzieren«, heißt es – ganz lebensnah – in den Entscheidungsgründen.[187]

In zwei Passagen des Beschlusses tritt Wiltraut Rupp-von Brünnecks Verfassungsverständnis besonders deutlich hervor. Die eine betont die gesellschaftliche Wirklichkeit, in der abweichend vom Idealbild der sich gegenseitig versorgenden Ehegatten immer häufiger Ehen geschlossen würden, in denen der eine Ehegatte nicht für den anderen aufkommen könne. Die andere Passage betrifft die Formulierung des Rechtsfolgenausspruchs, bei der das Gericht das Kind nicht mit dem Bade ausschütten durfte. Denn eine Nichtigerklärung der Heiratsklauseln hätte dazu geführt, dass alle verheirateten Waisen ohne Rücksicht auf ihre Bedürftigkeit einen Anspruch auf Waisenrente erhalten hätten – also auch solche, die auf die Versorgungsfunktion der Rente überhaupt nicht angewiesen waren. Dieser Fehlallokation beugte der Beschluss vor, indem er die Verfassungswidrigkeit der Heiratsklauseln lediglich feststellte und die vorlegenden Gerichte anwies, die

IM NAMEN DES MENSCHEN (1963–1971)

Verfahren bis zu einer verfassungskonformen Neuregelung durch den Gesetzgeber auszusetzen. Die umsichtige Tenorierung entsprach der auf die praktischen Folgen bedachten pragmatischen Herangehensweise der Berichterstatterin und ihrem Respekt gegenüber der Gestaltungsfreiheit des Gesetzgebers.

Dass eine Gesetzesänderung rasch kommen würde, war abzusehen. Der Bundestag beriet bereits über eine Neuregelung der Sozialleistungen für verheiratete Kinder.[188] Absehbar war auch, dass dabei die Heiratsklauseln wegfallen würden. Eine allzu schneidige Intervention des Bundesverfassungsgerichts hätte nur für Irritationen im Reformprozess gesorgt, der mit dem *Gesetz zur Änderung sozial- und beamtenrechtlicher Vorschriften über die Leistungen für verheiratete Kinder* vom 25. Januar 1971 zügig zum Abschluss gebracht wurde.[189] Die reformfreudige Bundesregierung war aufgrund des Beschlusses in der bequemen Lage, die Streichung der Klauseln lapidar wie folgt zu begründen: »Die Verheiratetenklauseln sind nicht mehr zeitgemäß und vom Bundesverfassungsgericht für verfassungswidrig erklärt worden.«[190] Die Verfassungsorgane hatten reibungslos zusammengewirkt in dem Bemühen, das überkommene Recht der gesellschaftlichen Wirklichkeit anzupassen. Das entsprach Wiltraut Rupp-von Brünnecks Vorstellungen von den Aufgaben und Funktionen der Verfassungsgerichtsbarkeit. Mit dem Ergebnis konnte sie zufrieden sein. Für die weitere Rechtsprechung fungierte der Beschluss vom 27. Mai 1970 – wie geplant – als Leitentscheidung, anhand derer die Heiratsklauseln in anderen Rechtsgebieten für verfassungswidrig erklärt wurden.[191]

Dissenting Opinion

Als Wiltraut Rupp-von Brünneck im November 1969 Horst Ehmke zum Posten des Kanzleramtschefs gratulierte, bat sie ihn um »Entwicklungsschutz« für die im Justizministerium »zurückgelassenen Reformembryos«.[192] Einer dieser »Embryos« war die Novellierung des Bundesverfassungsgerichtsgesetzes. Das *Vierte Gesetz zur Änderung des Gesetzes über das Bundesverfassungsgericht*, das nach mehrjährigen Entwurfsarbeiten und Beratungen am 25. Dezember 1970 in Kraft treten sollte,[193] war eine der folgenreichsten Änderungen des verfassungsgerichtlichen Organisations- und Verfahrensrechts. Wiltraut Rupp-von Brünneck und Hans Rupp verfolgten den Gesetzgebungsprozess mit großer persönlicher Anteilnahme und intervenierten, wo es ihnen nötig erschien. Dabei hatten sie zwei Problemkreise besonders im Blick: Die Neuregelung der Richteramtszeiten samt (Wieder-)Wahlmodalitäten und die Einführung des offenen Sondervotums, das nach dem US-amerikanischen Vorbild damals noch überwiegend *dissenting opinion* genannt wurde.

Über den Referentenentwurf des Justizministeriums, der im März 1967 das Plenum des Bundesverfassungsgerichts erreichte, war Wiltraut Rupp-von Brünneck enttäuscht. An Adolf Arndt, der als Mitglied des Rechtsausschusses des Bundestages mit der Vorlage befasst sein würde, schrieb sie:»Die Tatsache, dass ausgerechnet *dieses* [SPD-geführte, F. M.] Bundesjustizministerium einen derartigen Gesetzentwurf produziert hat, ist wie ein Reif auf alle Frühlingshoffnungen gefallen«. Die vorgeschlagenen Regelungen bedeuteten für sie nicht weniger als »das Ende der Verfassungsgerichtsbarkeit, wie der Grundgesetzgeber sie sich vorgestellt hat!«[194] Ihre Kritik setzte bei der Frage der Amtszeiten an. Bislang dauerte die Amtszeit der Richter, die vor ihrer Wahl Bundesrichter gewesen waren, so lange wie die Dauer des Bundesrichteramtes, also bis zur Erreichung des Ruhestandsalters (ungenau:»Lebenszeitrichter«). Die übrigen Richter, zu denen Wiltraut Rupp-von Brünneck zählte, wurden auf eine bestimmte Zeit gewählt, üblicherweise auf acht Jahre. Eine Wiederwahl war unbegrenzt zulässig. Das Justizministerium wollte nun die Amtszeit aller Richter einheitlich auf acht Jahre festlegen und nur eine Wiederwahl zulassen.[195]

Wiltraut Rupp-von Brünneck, deren erste Amtszeit am 31. August 1971 ablief, befürchtete infolge der Neuregelung »permanente Wahlen, bei denen zwangsläufig die Auswahl nach der generellen Eignung mehr und mehr hinter die ›Bewertung‹ des Richters nach seiner Entscheidung in bestimmten konkreten Fällen oder seinem möglichen Verhalten in anhängigen oder alsbald zu erwartenden Prozessen zurücktritt«. »[E]rschreckend« komme das Fehlen der *dissenting opinion* hinzu, mangels derer »die Wahlgremien einerseits auf jede Art von ›Information‹ über das angebliche oder mutmassliche Verhalten des Richters angewiesen sind, andererseits der Nachweis einer parteiischen Wahl in der Öffentlichkeit nicht zu befürchten brauch[t]en«.[196] Die »Abwahl« ihres eigenen Vorgängers Martin Drath stand ihr noch deutlich vor Augen.

Die Veröffentlichung von Sondervoten war ein rechtspolitisches Dauerthema.[197] Schon bei den Beratungen über die Ursprungsfassung des Bundesverfassungsgerichtsgesetzes war darüber diskutiert worden. Vor allem Adolf Arndt hatte sich damals für die *dissenting opinion* ausgesprochen, konnte aber die Zweifler, vornehmlich aus den Reihen der Union, nicht davon überzeugen. Es überwog die Befürchtung, die in die Öffentlichkeit getragene Uneinigkeit des Richterkollegiums könnte die Rechtssicherheit schmälern, die Bevölkerung verunsichern, die Autorität des Gerichts schwächen und – das war wohl der entscheidende Punkt – von der Opposition politisch verwendet werden. Bereits kurz nach der Konstituierung des Gerichts behandelte das Plenum erstmals die Frage von »Minderheitsvoten«, kam aber zu keinem eindeutigen Ergebnis. Beschlossen wurde lediglich, dass das Stimmenverhältnis bei einer Entscheidung nicht bekanntzugeben sei, aber die überstimmten Richter ihre Voten zu den Akten geben könnten.[198] Als sich 1961 durch eine Gesetzesnovelle die Gelegenheit ergab, vom Gesetzgeber die Einführung der *dissenting opinion* einzufordern, war die Meinung des Gerichtsplenums gespalten: Von den achtzehn Richtern – es fehlten Drath und Henneka – stimmten neun dafür und neun dagegen.[199] Im Rechtsausschuss des Bundestages wurde erneut kontrovers diskutiert. Wieder war Adolf Arndt der entschiedenste Befürworter, wieder setzten sich die Skeptiker durch.[200]

In der zweiten Hälfte der sechziger Jahre war eine zunehmende Personalisierung der Entscheidungen des Bundesverfassungsgerichts zu beobachten, die der Forderung nach der Einführung der *dissenting opinion* Auftrieb verschaffte. Die Darstellung der konkurrierenden Senatsauffassungen im Spiegel-Urteil hatte – bedingt durch das Stimmenpatt – den Dissens nach außen gekehrt.[201] Den Befürwortern des Sondervotums erschien das Urteil als »ein bedeutender Schritt auf dem Weg zur Veröffentlichung einer dissenting opinion«, wie Hans Rupp es 1966 in der Festschrift für Gerhard Leibholz formulierte.[202] Von Anfang an hatte Rupp – nicht zuletzt aufgrund seiner profunden Kenntnis des US-amerikanischen Rechts – die Veröffentlichung von Sondervoten gefordert. Viele Jahre später erinnerte er sich an das zähe Ringen: »Was haben wir uns – anfänglich eine verschwindende Minderheit des Gerichts – fast 20 Jahre lang für die dissenting opinion verkämpft! Ein erbitterter Gegner war vor allem – wen sollte dies wundern? – Gebhard Müller.«[203]

Die Personalisierungstendenzen waren im Zweiten Senat stärker ausgeprägt als in Müllers Erstem Senat, in dem zwischen 1959 und 1970 nur ein einziges Sondervotum zu den Akten gegeben wurde.[204] Dem Zweiten Senat gehörten neben Hans Rupp weitere Befürworter der *dissenting opinion* an: Willi Geiger, der bereits einige abweichende Meinungen für die Akten verfasst hatte, Julius Federer, der sich früh für die Veröffentlichung ausgesprochen hatte, und Gerhard Leibholz, der vermutlich aufgrund seiner Vertrautheit mit dem anglo-amerikanischen Rechtskreis dieser Institution nicht abgeneigt war.[205] Kurz nach Bekanntwerden des Referentenentwurfes im März 1967 schuf der Zweite Senat Tatsachen und teilte erstmals das Abstimmungsergebnis zu einer Entscheidung mit.[206] Das war ein demonstrativer Schritt in Richtung einer stärkeren Personalisierung der Rechtsprechung, obwohl diese erste »transparente« Senatsentscheidung einstimmig ergangen war. Im Frühjahr 1967 standen im Gericht die Zeichen auf Einführung der *dissenting opinion*. Inzwischen war auch im Ersten Senat die Zahl der Befürworter gewachsen, wobei die durch den Ehestand gebildete »Brücke« zwischen den Senaten förderlich gewirkt haben mag. Es war kein Geheimnis (und wird durch ihren Brief an Arndt bestätigt), dass Wiltraut Rupp-von Brünneck die

Auffassung ihres Ehemannes teilte. Dass der Referentenentwurf keine Regelung über Sondervoten enthielt, enttäuschte sie, zumal im Ministerium an entscheidender Stelle ein Kenner des US-amerikanischen Rechts wirkte: Staatssekretär Horst Ehmke, der in den fünfziger Jahren in Berkeley geforscht hatte.

Ausgerechnet Ehmke hatte jedoch angeordnet, die Novelle des Bundesverfassungsgerichtsgesetzes solle »keine Regelungen über die Dissenting opinion treffen«.[207] Das entsprach nicht seiner persönlichen Überzeugung, sondern war Ergebnis eines Kompromisses, der zuvor bei »politischen Gesprächen«[208] mit den Bundestagsfraktionen ausgehandelt worden war.[209] In Karlsruhe stieß der Kompromiss alle vor den Kopf: diejenigen, die seit Jahren für die Einführung des Sondervotums kämpften, und diejenigen, die sich um den Status der Richter sorgten. Einig war sich die Mehrheit der Richter darin, dass Wiederwahlen nach Möglichkeit vermieden werden und stattdessen längere Amtszeiten vorgesehen werden sollten. Das Plenum lehnte in seiner Sitzung vom 5. April 1967 den Entwurf rundheraus ab. Besonderen Anstoß nahmen die Richter an den Regelungsvorschlägen für Amtszeit und Wiederwahl, die »sichtbar mit der bevorstehenden Wahl von Mitgliedern des Bundesverfassungsgerichts in Zusammenhang« stünden (1967/68 endeten die Amtszeiten von sechs Richtern).[210] Der Widerspruch des Gerichts bedeutete das vorläufige Aus des Referentenentwurfs. Am 13. April 1967 erklärte Ehmke, dass das Justizministerium »[a]ngesichts der Stellungnahme des Plenums« davon absehe, den Entwurf weiter zu verfolgen, und erst nach den anstehenden Richterwahlen einen neuen Entwurf »umfassenderen Inhalts« vorbereiten werde.[211]

Die Richterwahlen des Jahres 1967 wurden nach dem bisherigen Recht durchgeführt. In den Ersten Senat wurden der Hamburger Verwaltungsbeamte Wolfgang Zeidler als Nachfolger für Hugo Berger und der Münsteraner Zivilrechtsprofessor Hans Brox als Nachfolger für Herbert Scholtissek gewählt. Theodor Ritterspach wurde im Amt bestätigt. Die parteipolitische Zusammensetzung hatte sich dadurch nicht geändert: Zeidler hatte ein SPD-Parteibuch; der Katholik Brox war auf Vorschlag der Union gewählt worden. Auch die Neuzugänge im Zweiten Senat brachten keine Veränderungen der Mehrheitsverhältnisse mit sich: Der konservative Rechtsanwalt Fabian von Schlabrendorff folgte auf den CDU-nahen Julius Federer, der SPD-Bundestagsabgeordnete Walter Seuffert auf seinen Parteifreund Friedrich Wilhelm Wagner und wurde in dessen Nachfolge zum Vizepräsidenten gewählt.

Gebhard Müller hatte im Vorfeld der Wahlen rege mit seinen Parteifreunden korrespondiert. Den bayerischen Justizminister Philipp Held lud er sogar zu einem konspirativen Treffen in seine Stuttgarter Privatwohnung ein.[212] Die Kartellbrüder waren per Du. Müllers vordringlichstes Ziel war es, »die Wahl eines

IM NAMEN DES MENSCHEN (1963–1971)

weiteren Kandidaten aus der Hessischen Staatskanzlei zu verhindern«.[213] Er hatte nämlich gehört, dass Georg August Zinn den Ministerialdirigenten Hans-Joachim Reh als Nachfolger für Hugo Berger vorschlagen wollte.[214] Hans-Joachim Reh war nicht nur ein hervorragender Jurist, sondern auch Wiltraut Rupp-von Brünnecks Nachfolger als Leiter der Abteilung für Bundesratsangelegenheiten und mit seiner Vorgängerin befreundet. Dass Zinn und Reh zwei Jahre zuvor als Trauzeugen der Eheleute Rupp fungiert hatten, dürfte auch Müller zu Ohren gekommen sein.

Nicht nur der Präsident wollte verhindern, dass Wiltraut Rupp-von Brünneck mit Hans-Joachim Reh einen senatsinternen Verbündeten erhielt. Auch der Richter Karl Haager opponierte, obwohl er selbst seine Wahl dem »Zinn-Zirkel« verdankte. Als Ende April 1967 die Wahl näher rückte, informierte er Müller darüber, dass Reh möglicherweise gewählt werden würde, und brachte einen Gegenkandidaten ins Spiel, um diese »Gefahr« abzuwenden.[215] Müller lieferte daraufhin dem bayerischen Justizminister Argumente gegen Zinns Wunschkandidaten: Der 63-jährige Reh sei zu alt. Er habe außerdem »radikale Auffassungen« im hessischen Schulgebetsstreit vertreten, der zur Zeit in Karlsruhe anhängig sei. Schließlich sprächen gegen ihn seine »engen Beziehungen zu der bereits im Ersten Senat befindlichen, von Hessen vorgeschlagenen Richterin v. Brünneck«.[216] Ob Philipp Held von diesen Informationen Gebrauch machte, ist nicht überliefert. Jedenfalls wurde Hans-Joachim Reh von den Vertretern der Unionsparteien so entschieden abgelehnt, dass der hessische Ministerpräsident seinen Kandidaten zurückziehen musste.[217]

Nicht nur Gebhard Müller mischte sich ein. Diesmal versuchte auch Wiltraut Rupp-von Brünneck, Einfluss auf die Wahlen zu nehmen. Durch das Ausscheiden Friedrich Wilhelm Wagners wurde der Posten des Vizepräsidenten des Gerichts frei, für den die SPD das Vorschlagsrecht hatte. Über mögliche Kandidaten führte Wiltraut Rupp-von Brünneck ein Gespräch mit Adolf Arndt. Die »Anregung«, die sie dabei gemacht hatte, wollte sie später »nicht als persönlichen Lobbyismus verstanden« wissen: »[W]enn man im persönlichen Lebenskreis soviel Grund zur Freude und Zufriedenheit hat, sind zusätzliche amtliche Würden eher eine Last!« Offenbar hatte sie ihren Ehemann für das Vizepräsidentenamt ins Spiel gebracht, weil es ihr »sonderbar« erschienen sei, »dass man durch die ganze Bundesrepublik mit der Laterne einen geeigneten Kandidaten sucht, während es im Gericht selbst sicher 2 Herren gibt, die nach meinem Urteil alle erforderlichen Voraussetzungen erfüllen: nämlich Integrität des Charakters, demokratisches Engagement und Standfestigkeit, Kenntnis der Verfassungswirklichkeit, überdurchschnittliche Intelligenz und die Fähigkeit, die schwierigen, auseinanderstrebenden Individuen immer wieder zusammenzubringen«.[218] Der andere Richter neben ihrem

Ehemann, dem Wiltraut Rupp-von Brünneck das Vizepräsidentenamt zutraute, war zweifellos Hans Kutscher.

Kutscher hatte bessere Chancen als Rupp, denn er war kein SPD-Mitglied und damit der Union leichter vermittelbar. Die SPD-Bundestagsfraktion bevorzugte aber einen Mann »von außen«: den Tübinger Staatsrechtslehrer Otto Bachof, der im Zweiten Senat ein professorales Gegengewicht zu Gerhard Leibholz hätte bilden können. Leibholz wiederum war selbst am Vizepräsidentenamt interessiert und wurde in seinen Ambitionen von Bundestagspräsident Eugen Gerstenmaier unterstützt.[219] Gerstenmaier intervenierte gegen die Wahl Otto Bachofs, mit dem Vorhalt: »PG gegen rassisch verfolgten Widerstandskämpfer?«[220] Bachof war NSDAP- und SA-Mitglied gewesen. Der SPD-Fraktionsvorstand ließ ihn daraufhin fallen, war aber nicht bereit, Leibholz zu wählen und damit sowohl Präsidenten- als auch Vizepräsidentenamt der Union zu überlassen. Bei einer gemeinsamen Autofahrt im Anschluss an einen Empfang am Bundesverfassungsgericht verlangte Staatssekretär Ehmke von Leibholz eine »schriftliche Verzichtserklärung auf die Kandidatur«. Leibholz berichtete Müller, das »entrüstet« abgelehnt zu haben, da er mit der Angelegenheit noch nicht befasst worden sei. »Zuvor habe Ehmke ihm vorgeworfen, er [...] habe die Kandidatur Bachofs torpediert, es liege eine gezielte, infame Aktion aus dem Gericht gegen Bachof vor.«[221]

Leibholz versuchte, den Verdacht auf Kutscher zu lenken, der Bachof »torpediert« habe (Müller wusste es freilich besser). Mit einiger Dramatik kündigte der standesbewusste Professor dem Präsidenten an, er »werde aus dem Gericht ausscheiden, falls K. gewählt würde«. Kutscher sei nämlich ein »Todfeind der Parteien« und habe außerdem der »indische[n] Division« angehört.[222] Ob Kutscher ebenfalls seine politische Vergangenheit zum »Verhängnis« wurde – er war Parteigenosse gewesen und hatte als Offizier in der hauptsächlich zu Propagandazwecken gegründeten »Indischen Legion« gedient –,[223] ist nicht überliefert. Zum Zuge kamen am Ende weder er noch sein Konkurrent Leibholz, sondern Walter Seuffert, der als Rechtsvertreter jüdischer Emigranten und zeitweiliger Gestapo-Häftling über jeden NS-Verdacht erhaben war. Kutscher wurde drei Jahre später zum deutschen Richter am Gerichtshof der Europäischen Wirtschaftsgemeinschaft gewählt (womöglich eine Entschädigung für das »verpasste« Vizepräsidentenamt). Der »Grandseigneur der Robe«,[224] der bereits Anfang der fünfziger Jahre mit Wiltraut von Brünneck »im Sande des Rechtsausschusses des Bundesrates« gespielt hatte, entschwebte »zu europäischen Gipfeln«.[225] 1976 wurde er als erster und bislang einziger Deutscher Präsident des Europäischen GErichtshofs.

Die Vizepräsidentenwahl des Jahres 1967 verlief nicht nach Wunsch der Eheleute Rupp. Mit einer anderen gerichtspolitischen Entwicklung konnten sie hingegen zufrieden sein. Am 23. Mai 1967 sprach sich das Plenum des Bundesverfassungs-

IM NAMEN DES MENSCHEN (1963–1971)

gerichts mehrheitlich für die Einführung der *dissenting opinion* aus. Gebhard Müller trug seine Bedenken dagegen noch einmal in aller Ausführlichkeit vor, konnte den Personalisierungstrend jedoch nicht aufhalten: Neun Richter stimmten für die Einführung, sechs dagegen.[226] Pflichtschuldig übermittelte der Präsident die Entschließung dem Bundesjustizministerium.[227] Das veröffentlichte Sondervotum war damit in greifbare Nähe gerückt und doch war noch ein langer Weg zu gehen. Denn das Plenum hatte mit dem gleichen Stimmenverhältnis festgestellt, dass die *dissenting opinion* nach geltendem Recht unzulässig sei.[228] Der Gesetzgeber war also gefordert, bei der anstehenden Gerichtsreform eine Rechtsgrundlage zu schaffen. Dafür mussten die Skeptiker in der politischen Arena überzeugt werden.

Nachdem das Bundesjustizministerium im Herbst 1967 die Arbeiten am Reformgesetz wieder aufgenommen hatte, ließ Ehmke »durchblicken [...], daß er der Einführung eines Dissenting Vote positiv gegenüberstehe«. Um seine Absichten, die auch Neuerungen beim Status der Bundesverfassungsrichter bringen sollten, eine hinreichende öffentliche Unterstützung zu sichern, führte der Staatssekretär ein »ausführliches Gespräch« mit Friedrich Karl Fromme, der in der FAZ-Redaktion für die Rechtspolitik zuständig war.[229] Der Journalist, der damals am Anfang seiner Karriere als ausgewiesener »Karlsruhe-Kenner« stand, verarbeitete die Informationen in einem ausführlichen Artikel. Er schloss mit einem abgewogenen Plädoyer für Sondervotum und Lebenszeitrichter:

»Es will [...] so scheinen, als müsse man die Einführung der dissenting opinion [...] schließlich doch mit der Einführung der Lebenszeitwahl der Zeitrichter koppeln. Der Einkauf eines richtertechnischen Versagens wäre schließlich hinzunehmen. Mutmaßliche Nachteile der dissenting opinion wären so abzufangen, wenn auch nicht verkannt werden darf, daß sich die Schwierigkeiten dann in der Erst- und Alleinwahl des Richters konzentrieren werden. Aber man hätte doch die reinere Freude (die ganz reine gibt es in der Politik nie) an der dissenting opinion: von oben her, von der Staatsgerichtsbarkeit her wäre eine Lektion zu erteilen von der Relativität der Gerechtigkeit – deren absoluter Begriff ein Element des Autoritären ist. Und es wäre der Gefahr entgegengewirkt, daß es sich das Bundesverfassungsgericht in einer Position, die Apodiktik erlaubt, künftig zum eigenen und der Rechtsstaatlichkeit Schaden rechtsprechend zu leicht machte. Spannungen im Gericht, die jetzt zum Nachteil seiner Rechtsprechung überdeckt werden, würden für sie fruchtbar gemacht.«[230]

Die »Relativität der Gerechtigkeit« bestärkte auch Wiltraut Rupp-von Brünneck in ihrem Einsatz für das Sondervotum. Absolutheitsansprüche waren unvereinbar mit ihren Überzeugungen von einer realitätsorientierten Verfassungsgerichtsbarkeit. Denn die Lebens- und Verfassungswirklichkeit unterlag einem steten Wandel – das war Ende der sechziger Jahre kaum zu bestreiten – und absolute Gerechtigkeit war für Wiltraut Rupp-von Brünneck wie für Friedrich Karl Fromme ein Element des Autoritären. Zum »Wesen der pluralistischen Demokratie« gehörte es für sie, »daß niemand in Anspruch nehmen darf, die absolute Wahrheit oder Richtigkeit für seine Auffassung ›gepachtet‹ zu haben«. Vielmehr sei die Vertretung jeder Meinung und jedes Interesses an sich legitimiert: »In einem Prozeß der öffentlichen Diskussion und gegenseitiger Überzeugung sollen sich die besseren, d. h. die auf lange Sicht sowohl im Interesse der Gemeinschaft wie der Einzelnen liegenden Argumente durchsetzen.«[231] Sondervoten erschienen ihr als eine Möglichkeit, den demokratischen Pluralismus gegenüber einer Verfassungsgerichtsbarkeit zu wahren, die mit ihrem institutionellen Anspruch auf das »letzte Wort« zur Absolutheit neigt. Ihr pluralistisches Demokratiekonzept verband sich dabei mit ihrem Geschlechterverständnis: Frauen seien weniger als Männer geneigt, sich prinzipiell festzulegen, offenbarte sie einige Jahre später einem Journalisten, der die Aussage etwas irritiert kommentierte: »Und das hält sie für einen Vorzug.«[232]

Im Februar 1968 legten die Referenten des Bundesjustizministeriums einen neuen Entwurf für die Novelle des Bundesverfassungsgerichtsgesetzes vor.[233] Darin war auch die *dissenting opinion* vorgesehen, die auf Vorschlag Ehmkes fortan »Sondervotum« genannt wurde.[234] Nun war es Justizminister Heinemann, der von den Reformplänen nichts mehr wissen wollte, vermutlich aus Rücksicht auf den Koalitionspartner. Erst nachdem der stellvertretende SPD-Fraktionsvorsitzende Martin Hirsch, später selbst Richter des Bundesverfassungsgerichts, einen empörten Appell an seinen »[l]iebe[n] Gustav Heinemann« gerichtet hatte, gab dieser grünes Licht.[235] Nach der Ressortabstimmung erreichte der Entwurf das Gericht am 28. Juni 1968 und damit nicht mehr rechtzeitig, um noch vor der Sommerpause im Plenum beraten zu werden. Nach den Ferien kam es zu weiteren Verzögerungen: Präsident Müller weilte in Japan; die Eheleute Rupp, die an der Besprechung ebenfalls teilzunehmen wünschten, kehrten erst Anfang November von einer USA-Reise zurück.[236]

Horst Ehmke legte den Entwurf ohne Stellungnahme des Gerichts der Bundesregierung vor, um den Abschluss des Gesetzgebungsverfahrens in der fünften Legislaturperiode nicht zu gefährden.[237] Im Kabinett kam es zu einer erneuten Kontroverse über das Sondervotum. Landwirtschaftsminister Hermann Höcherl (CSU) sorgte sich um die Autorität des Gerichts. Ehmke entgegnete, dass die Einführung nicht nur den Wünschen des Bundesverfassungsgerichts entspreche, sondern auch vom Deutschen Juristentag mit großer Mehrheit empfohlen worden sei.[238] In der Tat hatte sich der 47. Juristentag im September 1968 mehrheitlich für das Sondervotum in der Verfassungsgerichtsbarkeit ausgesprochen. Im Kabinett erhielt Horst Ehmke unerwartete Schützenhilfe von Innenminister Ernst Benda (CDU), der in den USA studiert hatte und sich der Vorzüge der *dissenting opinion* bewusst war. Die Frontlinie der Union gegen das Sondervotum

IM NAMEN DES MENSCHEN (1963–1971)

bekam Risse. Am Ende kämpfte Höcherl auf verlorenem Posten. Am 13. November 1968 beschloss das Bundeskabinett den Gesetzentwurf, wobei sich nur der CSU-Minister »wegen der in dem Gesetzentwurf vorgesehenen Zulassung eines Sondervotums« der Stimme enthielt.[239] Zwischenzeitlich hatte das Gerichtsplenum über den Entwurf beraten und sich im Großen und Ganzen zufrieden gezeigt.[240]

Am 12. Februar 1969 debattierte der Bundestag in erster Lesung über den Regierungsentwurf. Die Veröffentlichung des Sondervotums erhielt dabei großen Zuspruch. Der CDU-Abgeordnete Süsterhenn betonte sogar, dass mit dem Sondervotum die »vielfach verbreitete Vorstellung« beseitigt werden könne, dass im Bundesverfassungsgericht Halbgötter säßen, die keines Irrtums und keiner Meinungsverschiedenheit fähig seien. »Ich glaube«, fügte er hinzu, »daß das durchaus gut ist, zumal da wir davon ausgehen, daß sich auch das Parlament und die Regierung nicht aus Halbgöttern zusammensetzen, sondern aus Menschen, die auch einmal eine Fehlentscheidung treffen können.«[241] Claus Arndt, der 32-jährige Sohn Adolf Arndts, begrüßte für die SPD-Fraktion die Regelung, gab aber zu bedenken, dass sie mit der Möglichkeit der Wiederwahl von Richtern nicht vereinbar sei:

»Viel zu sehr würde selbst eine starke Richterpersönlichkeit verführt, zumindest gegen Ende seiner Wahlperiode auf seine Wiederwahl durch die Gremien, deren Entscheidungen er aufheben soll, zu schielen [...], als daß dies noch vertretbar wäre. Wir werden also nur entweder Sondervotum oder Wiederwahl haben können. Die Sozialdemokraten haben sich für das Sondervotum und gegen die Wiederwahl entschieden.«[242]

Alles sprach dafür, dass die Regelung über das Sondervotum Gesetz werden würde – alles bis auf die Zeit. Denn der Rechtsausschuss des Bundestags, wie stets völlig überlastet, beriet erst ab Mitte Mai über den Entwurf. Zur ersten Sitzung waren Gebhard Müller und Vizepräsident Walter Seuffert geladen. Müller referierte die Beschlusslage des Gerichtsplenums und trug – »[a]uf besondere Bitte« – auch die Gründe vor, die nach seiner persönlichen Auffassung gegen die *dissenting opinion* sprachen. Seuffert schloss sich der Linie der SPD-Fraktion an, wonach bei der Einführung des Sondervotums die Wiederwahl von Richtern ausgeschlossen werden sollte.[243] Da sich abzeichnete, dass der Ausschuss vor dem Ende der Legislaturperiode seine Arbeit nicht abschließen würde, forderten die Vertreter des Gerichts, »die Novelle nicht sang- und klanglos untergehen zu lassen«. Der Ausschuss möge vielmehr »materiell Stellung nehmen zu den offenen Fragen und dann die Bundesregierung in einer Entschließung dazu auffordern, zu Beginn der neuen Legislaturperiode einen neuen Entwurf vorzulegen«.[244] Kurz vor der Sommerpause bat der Ausschuss den inzwischen zum Justizminister avancierten Horst Ehmke, »baldmöglichst« nach Beginn der 6. Legislaturperiode dem Kabinett eine entsprechende Vorlage zuzuleiten.[245] Die Gerichtsreform war erneut vertagt.

Am 28. September 1969 fand die Wahl zum sechsten Deutschen Bundestag statt. Die SPD blieb zweitstärkste Partei, konnte aber Zugewinne verzeichnen und mit der FDP die erste sozialliberale Koalition bilden. Am 21. Oktober 1969 wurde Willy Brandt zum Bundeskanzler gewählt. Eine Woche später gab er eine Regierungserklärung ab,[246] deren Kernsatz »Wir wollen mehr Demokratie wagen« bis heute sinnbildlich für die Aufbruchsstimmung am Beginn der sozialliberalen Ära steht. An eine Forderung des Bundeskanzlers erinnern sich nur noch wenige: »Dem Verfassungsrichter [...] muß das Recht eingeräumt werden, sein von der Mehrheitsmeinung abweichendes Votum zu veröffentlichen.«[247] Die Einführung des Sondervotums war damit zur offiziellen Regierungspolitik geworden. Bereits Ende Oktober 1969 legte das Bundesjustizministerium unter dem neuen Minister Gerhard Jahn einen überarbeiteten Referentenentwurf vor, in dem am Sondervotum festgehalten und die Amtszeit der Richter einheitlich auf zwölf Jahre festgelegt wurde.[248]

Das Plenum des Bundesverfassungsgerichts hatte daran nichts auszusetzen, machte aber Regelungsvorschläge zu anderen Fragen.[249] Unter anderem sollte die 1961 abgeschaffte Qualifikationsvoraussetzung wieder eingeführt werden, wonach Richter sich »durch besondere Kenntnisse im öffentlichen Leben« auszeichnen und »im öffentlichen Leben erfahren« sein mussten. Wiltraut Rupp-von Brünneck unterstützte diesen Vorschlag. Für sie konnte »ein Bundesverfassungsrichter seiner Aufgabe nur gerecht werden [...], wenn er die Verfassungswirklichkeit, besonders die Funktion der Verfassungsorgane in der Praxis, ihr Zusammenwirken untereinander und mit den politischen und sonstigen maßgebenden Kräften des öffentlichen Lebens kennt«. Das Gericht brauche »neben wissenschaftlich oder sonst spezifisch öffentlich-rechtlich qualifizierten Juristen notwendig Persönlichkeiten, die aus einer hervorgehobenen verantwortungsvollen Tätigkeit im Landes- oder Bundesbereich eine vertiefte Kenntnis des ›politischen Raumes‹ mitbringen, ›in dem sich die Entscheidungen des Bundesverfassungsgerichts bewegen‹, und aus dieser Erfahrung die pragmatischen Gesichtspunkte beisteuern können, welche die Rechtsprechung des Bundesverfassungsgerichts davor bewahrten, wirklichkeitsfremd zu werden«.[250] Der Vorschlag wurde vom Ministerium nicht aufgegriffen,[251] doch im Übrigen war die Gerichtsreform auf einem guten Weg. Am 11. Dezember 1969 billigte das Bundeskabinett den Entwurf.[252] Am 16. Februar 1970 erreichte die Vorlage den Bundestag.[253] Für die Beratung verlegte der Rechtsausschuss seine Sitzung nach Karlsruhe – in den Neubau des Bundesverfassungsgerichts – und lud dazu den Präsidenten und den Vizepräsidenten des Gerichts sowie je zwei weitere Richter

IM NAMEN DES MENSCHEN (1963–1971)   307

ein: Gerhard Leibholz und Willi Geiger aus dem Zweiten, Karl Haager und Wiltraut Rupp-von Brünneck aus dem Ersten Senat. Wiltraut Rupp-von Brünneck nutzte die Gelegenheit für ein »persönliches Wort« zur Qualifikation der Richter und betonte, dass diese neben der juristischen Vorbildung auch Erfahrung im Verfassungsleben mitbringen sollten. Außerdem wandte sie sich gegen Müllers Vorschlag eines Mindestalters von fünfzig Jahren. »Gewiss braucht man Verfassungsrichter mit entsprechender Erfahrung«, konzedierte sie, aber man dürfe nicht verkennen, dass die Tätigkeit am Bundesverfassungsgericht »sehr speziell« sei und ihre »besonderen Schwierigkeiten« habe. »Ich glaube«, fügte sie hinzu »fast jeder, der hierherkommt braucht mehrere Jahre, bis er wirklich ›drin‹ ist und quantitativ und qualitativ eine der Aufgabe voll genügende Arbeit leisten kann.«[254] Ihre eigenen Anfangsschwierigkeiten hallten noch nach. Sie hatte selbst mehr als drei Jahre gebraucht, ehe sie eigene Akzente setzen konnte.

Müllers Bedenken gegen das Sondervotum bei gleichzeitiger Wiederwahlmöglichkeit – der Präsident sorgte sich um die Unabhängigkeit der Richter – wies Wiltraut Rupp-von Brünneck zurück:

»Wenn ein Richter, der durch eine Wahlzeit [...] und eine entsprechende Versorgungsregelung in jedem Falle gesichert ist, das Bedürfnis seines Gewissens verspürt, eine dissenting opinion abzugeben, dann aber davon Abstand nimmt aus Rücksicht auf die möglichen Folgen für seine [...] Wiederwahl, so gehört ein solcher Mann nicht in dieses Gericht – er hätte überhaupt nicht hineingewählt werden dürfen. Ich bin also der Überzeugung, wenn wir die richtigen Persönlichkeiten in unserem Gericht haben, so spielt die – notwendige – Einführung der dissenting opinion für die Regelung der Richterwahl keine Rolle.«[255]

Willi Geiger, der unter den Anwesenden bisher die meisten abweichenden Meinungen »für den Panzerschrank« verfasst hatte, hielt ein flammendes Plädoyer für die Veröffentlichung von Sondervoten. »Es ist unerhört wichtig, daß dieses Gericht nicht durch eine Begründung gleichsam sich selbst für die Zukunft ›festlegt‹«, betonte er.[256] Wiltraut Rupp-von Brünneck stimmte ihrem Kollegen aus dem Zweiten Senat zu und ergänzte seine Ausführungen um eine persönliche Note:

»Als ich in dieses Gericht eintrat, war ich eher der Auffassung, wie der Herr Präsident sie heute vertritt. Je länger ich diesem Gericht angehöre, umso dezidierter bin ich für die dissenting opinion, auch aus der Erfahrung heraus, daß in den Fällen, in denen es um bedeutsamere Gegenstände geht und einzelne Richter überstimmt werden, ihre Meinung von der Mehrheit in der Entscheidung nicht immer gewürdigt wird, vielleicht auch nicht immer gewürdigt werden kann.«

Die Autorität einer Entscheidung beruhe nicht darauf, dass eine »anonyme Mehrheit« dahinter stehe, sondern »allein auf der Überzeugungskraft der Gründe«. Im Sondervotum sah Wiltraut Rupp-von Brünneck eine Möglichkeit, »die Überzeugungskraft der Gründe der Mehrheit und des überstimmten Richters zu vergleichen und aneinander zu messen«.[257]

Die Mehrheit des Rechtsausschusses zeigte sich nach der ausführlichen Debatte von den Vorzügen des Sondervotums überzeugt. Auch die einheitliche zwölfjährige Amtszeit bei Ausschluss der Wiederwahl wurde gebilligt.[258] Am 2. Dezember 1970 verabschiedete der Bundestag das *Vierte Gesetz zur Änderung des Bundesverfassungsgerichtsgesetzes*.[259] Es trat am ersten Weihnachtstag des Jahres 1970 in Kraft.[260] Wenige Tage zuvor war mit dem Abhörurteil des Zweiten Senates die erste Entscheidung des Bundesverfassungsgerichts ergangen, bei der die abweichende Meinung der überstimmten Richter – Gregor Geller, Fabian von Schlabrendorff und Hans Rupp – veröffentlicht wurde.[261]

Mephisto-Beschluss

Im ersten Senat sollte das Sondervotum beim Mephisto-Beschluss vom 24. Februar 1971 Premiere feiern.[262] Den Anlass gab die Verfassungsbeschwerde der *Nymphenburger Verlagshandlung GmbH* gegen ein Urteil des Bundesgerichtshofs aus dem März 1968. Das Urteil verbot dem Verlag, Klaus Manns *Mephisto – Roman einer Karriere* zu veröffentlichen. Erstritten hatte dieses Verbot Peter Gründgens-Gorski, der Adoptivsohn und Alleinerbe des Schauspielers Gustaf Gründgens, mit der Begründung, der Protagonist des Romans – Hendrik Höfgen – werde von jedem auch nur oberflächlich mit dem deutschen Theaterleben der zwanziger und dreißiger Jahre vertrauten Leser mit seinem Adoptivvater in Verbindung gebracht. Der Roman zeichne durch erfundene herabsetzende Schilderungen ein verfälschtes, grob ehrverletzendes Persönlichkeitsbild. Er sei kein Kunstwerk, sondern ein Schlüsselroman, in dem sich Klaus Mann an Gründgens räche, weil er die Ehre seiner Schwester Erika durch die Heirat mit Gründgens verletzt geglaubt habe.

In der Tat thematisierte Klaus Mann in dem Roman, der erstmals 1936 in einem Exilverlag erschienen war, den Aufstieg eines hochbegabten Schauspielers, der seine politische Überzeugung verleugnet und alle menschlichen und ethischen Bindungen abstreift, um im Pakt mit den Machthabern des nationalsozialistischen Deutschlands eine künstlerische Karriere zu machen. Dass ihm für seine Romanfigur Hendrik Höfgen der Schauspieler Gustaf Gründgens als Vorlage gedient hatte, gab Mann seinerzeit unumwunden zu. Gründgens' Paraderolle war der Mephisto gewesen. Mann bestritt aber, dass es sich um einen »Schlüsselroman« handelte: Sein Höfgen unterscheide sich von Gründgens. Außerdem sei es ihm nicht um den Einzelfall gegangen, sondern um den »Typ«.

Im Namen des Menschen (1963–1971)   309

Die Zivilgerichte bis hinauf zum Bundesgerichtshof urteilten jedoch, dass der
Roman Gründgens Ehre verletze und sein Andenken verunglimpfe. Entstellun-
gen von so schwerwiegender Art seien durch die Kunstfreiheit des Art. 5 Abs. 3
GG nicht gedeckt.

Der Mephisto-Fall hatte das Zeug zu einer Grundsatzentscheidung. Denn
das Verhältnis zwischen Kunstfreiheit und Persönlichkeitsschutz war in der
Rechtsprechung des Bundesverfassungsgerichts ebenso wenig geklärt wie der
Kunstbegriff des Grundgesetzes. Hinzu kamen die verstorbenen Protagonisten,
die dem Fall Prominenz verschafften: Klaus Mann als bedeutender Vertreter der
deutschen Exilliteratur auf der einen Seite, Gustaf Gründgens als Inbegriff des
opportunistischen NS-»Kulturschaffenden« auf der anderen. Es war unvermeid-
lich, dass der Senat mit seiner Entscheidung in der Debatte über die deutsche
Vergangenheitsbewältigung Stellung bezog, die seit 1968 intensiv geführt wurde.
Öffentliche Aufmerksamkeit war dem Verfahren gewiss. Schon über den Prozess
vor den Zivilgerichten hatte die Presse ausführlich berichtet. Der »Streit um
ein Buch eines Toten über einen Toten«, wie der SPIEGEL den Mephisto-Fall
umschrieb, hatte das Potential für Schlagzeilen.[263]

Die Verfassungsbeschwerde der *Nymphenburger Verlagshandlung* fiel in das Dezernat Erwin Steins, dessen Amtszeit am Bundesverfassungsgericht sich nach
fast zwanzig Jahren dem Ende zuneigte. Im März 1971 würde er die Altersgrenze von 68 Jahren erreichen. Den Mephisto-Fall wollte er bis dahin auf jeden Fall
noch durch den Senat bringen. Die in seinem Nachlass überlieferten Unterlagen
legen nahe, dass er die Entscheidung als sein Vermächtnis konzipierte. Am 8. Dezember 1970 legte Stein seinen Senatskollegen ein 203 Seiten starkes Votum vor,
wegen dessen »großen Umfangs« er sogleich »um Nachsicht« bat: »In Anbetracht
der Tatsache, daß dieser Fragenkreis schwerwiegende Probleme aufwirft und eine eingehende Auseinandersetzung mit der Lehre und Rechtsprechung geboten
ist, mußten die Fragen umfassend behandelt werden.«[264]

Steins Entscheidungsvorschlag ging ins Grundsätzliche. Allein dem Schutzbereich der Kunstfreiheit widmete der Berichterstatter gute fünfzig Seiten. Nicht
weniger ausführlich behandelte er die Schranken der Freiheit und ihr Verhältnis zum Persönlichkeitsschutz. Das Votum war nicht nur umfangreich, sondern
hatte auch intellektuellen Tiefgang. Stein ersparte seinen Richterkollegen weder
Exkurse zur Ästhetik noch die Darlegung des literaturhistorischen Ranges des
Konflikts zwischen Kunst und Ehre. Erst ab Seite 180 wandte er sich dem konkreten Fall zu, dessen Lösung ihm nach der ausführlichen Entfaltung der Maßstäbe keine große Mühe mehr bereitete. Die Zivilgerichte hätten es versäumt, bei
der Abwägung zwischen Kunstfreiheit und Persönlichkeitsrecht die »kunstspezi-
fische Bedeutung« der Romanfigur zu berücksichtigen. Sie hätten vielmehr »allein aus der Blickrichtung eines Leserpublikums, das den Inhalt des Romans für

die Wirklichkeit nimmt, Höfgen mit Gründgens auf dem Boden der Wirklichkeit verglichen und unberücksichtigt gelassen, daß Höfgen für die ästhetische Betrachtung einer anderen Ebene angehört«. Nur wegen der Diskrepanz zwischen dem fiktiven Höfgen und dem realen Gründgens hätten die Gerichte eine Verzerrung des Persönlichkeitsbilds angenommen. »Eine solche die künstlerische Eigenständigkeit und Eigengesetzlichkeit des Romans außer Betracht lassende Interessenabwägung«, erklärte Stein, »trägt einseitig nur de[m] Persönlichkeitsschutz von Gründgens Rechnung, [...] und schränkt das der Beschwerdeführerin in Art. 5 Abs. 3 Satz 1 GG garantierte Freiheitsrecht in unzulässiger Weise ein.«[265]

Im Februar 1971 beriet der Erste Senat – ohne die Richter Haager und Simon – auf der Grundlage von Steins Votum den Mephisto-Fall. Die entscheidende Frage lautete: Hatte der Bundesgerichtshof bei seinem Urteil die Bedeutung der Kunstfreiheit hinreichend berücksichtigt oder nicht? Darüber gingen die Meinungen auseinander, wie sich anhand einer Notiz nachvollziehen lässt, die Stein während der Sitzung fertigte.[266] Nach Steins Eingangsreferat meldete sich Theodor Ritterspach zu Wort. Er betonte die besonderen Umstände des Falles. Beim Persönlichkeitsschutz im Interesse der Angehörigen müsse ein Unterschied zwischen den wirklichen Angehörigen und dem Adoptivsohn gemacht werden, bei dem das Interesse »nicht zu hoch zu bewerten« sei. Dass der Roman überhaupt von einem breiteren Publikum aufgenommen würde, sei zu bezweifeln. Leute mit Theaterbildung, die sich dafür interessierten, kennten Gustaf Gründgens gut genug, um zu unterscheiden, »was Dichtung und Wahrheit« sei. Klaus Mann habe das Persönlichkeitsbild auch nicht »so entscheidend negativ verzeichnet«, wie der Bundesgerichtshof angenommen habe. Immerhin sei der wirkliche Gründgens »dekadent« und »libertin« gewesen – Charakterzüge, die auch den literarischen Höfgen auszeichneten.

Die Gegenposition nahm Hans Brox ein. Er wollte die Abwägung des Bundesgerichtshofs »nicht beanstanden«. Man müsse auf die Leser abstellen, meinte er – und hatte dabei offenbar ein weniger gebildetes Publikum vor Augen als seine Vorredner. Wiltraut Rupp-von Brünneck hingegen schloss sich Erwin Stein an: Die Kunst bilde eine »andere Ebene oberhalb der Wirklichkeit«. Entscheidend war für sie die »geistige Vorstellungswelt im Roman«. Es erschien ihr »[w]idersinnig«, daran den »Maßstab der Wirklichkeit« anzulegen. Ein Kunstwerk an »Zügen zu messen, die angeblich falsch wiedergegeben worden« seien, sei »[i]nadäquat«. Die Grenze der Kunstfreiheit wollte sie da ziehen, wo die Handlung eines Romans nicht mehr »Sublimierung« war, sondern dazu bestimmt, eine Person zu diffamieren. Den Maßstab entlieh sie der Rechtsprechung des US-Supreme Court zur Meinungsfreiheit. Um eine Meinungsäußerung zu verbieten, müsse ein bösartiger Beweggrund – »actual malice« – nachgewiesen werden, den sie im Mephisto-Fall nicht erkennen könne. Vielmehr handle der Roman von einem Profiteur der

IM NAMEN DES MENSCHEN (1963–1971)

»Macht eines ungeistigen Regimes« und beziehe sich nicht auf eine konkrete Person, sondern – wie Klaus Mann schon gesagt hatte – auf einen »Typ«. Das Buch sei »warnend und anklagend für die Deutschen« und verfolge daher ein »legitimes Anliegen«.

Das sah Gebhard Müller ganz anders. Er ließ er sich auf Wiltraut Rupp-von Brünnecks Maßstab ein, bejahte aber einen »bösartigen Beweggrund«. Klaus Mann »gehe über Leichen«, erklärte der Gerichtspräsident, der wie Hans Brox vor allem von der sexualisierten »Tebab«-Szene des Romans angewidert war. Das Bundesverfassungsgericht überschreite die Grenzen seiner Prüfungskompetenz, wenn es die Feststellungen der Zivilgerichte in Zweifel ziehe. Es dürfe nur prüfen, ob die Gerichte die maßgebenden grundrechtlichen Gesichtspunkte erkannt hätten. Der Mephisto-Roman sei zwar ein Kunstwerk, das aber nicht viel tauge. Die Menschenwürde gelte auch nach dem Tod. Und schließlich ein Satz, den Stein wörtlich protokollierte und unterstrich: »Ein Volk entwürdigt sich, wenn es den Schutz der Toten nicht mehr ernst nimmt.« Gründgens habe immerhin »Orden bekommen«, fügte Müller hinzu und dürfte damit nicht die Auszeichnungen des Schauspielers durch Hermann Göring, sondern die Verleihung des Großen Bundesverdienstkreuzes durch Theodor Heuss gemeint haben. Werner Böhmer assistierte dem Präsidenten und hob den »Vorrang« der Menschenwürde hervor. Das Abstimmungsergebnis hatte sich bei der Beratung abgezeichnet: drei zu drei.

Im Mephisto-Fall wiederholte sich die Konstellation des Spiegel-Urteils. Obwohl ebenso viele Richter von einem Verfassungsverstoß überzeugt waren, wie ihn verneinten, war die Verfassungsbeschwerde der *Nymphenburger Verlagshandlung* zurückgewiesen. Die Veröffentlichung des Mephisto-Romans blieb verboten. Nun ging es »nur« noch um die Begründung. Anders als beim Spiegel-Urteil musste der Senat nicht mehr den umständlichen Weg gehen, beide Ansichten in den Entscheidungsgründen gegenüberzustellen. Denn nun konnten die Richter, die einen Verfassungsverstoß bejahten, ihrer Meinung in Sondervoten Ausdruck verleihen. Man einigte sich auf ein arbeitsteiliges Vorgehen. Stein fertigte als Berichterstatter einen Beschlussentwurf, soweit seine eigenen Ansichten mit der Auffassung der drei entscheidungstragenden Richter konform gingen. Große Teile seines Votums konnte er dafür verwenden, wenn er auch stark kürzen musste. Die Stimmengleichheit im Senat bezog sich nur auf die Abwägung im konkreten Fall. »Die tragende Mehrheit«, notierte Stein, »will hier den Ausführungen in den Urteilen des OLG und des BGH folgen.« Die Darstellung der Abwägung im Sinne der »tragenden Mehrheit« (die keine Mehrheit war) übernahm Gebhard Müller, genauer: sein Mitarbeiter Gerhard Ulsamer.[267]

Noch vor der letzten Senatssitzung in Sachen Mephisto am 18. Juli 1971 waren die »Dissenter« darangegangen, ihre abweichende Meinung niederzulegen. Sie wählten dafür nicht die im Zweiten Senat gebräuchliche Variante des gemeinsamen Sondervotums. Vielmehr sollte jeder Richter sein eigenes Sondervotum verfassen, wobei Steins abweichende Meinung als »Leitstimme« konzipiert war. Wiltraut Rupp-von Brünneck und Theodor Ritterspach konnten ihre Voten daran ausrichten. Ritterspach sah letztlich davon ab, eine eigene abweichende Meinung zu formulieren. Er stand der Institution des Sondervotums generell skeptisch gegenüber.[268] Wiltraut Rupp-von Brünneck hingegen hatte – trotz »wohl klimatisch bedingte[r] Kreislaufstörungen«, in deren Folge sie »ziemlich k. o.« war – den Juni über an ihrem Sondervotum gearbeitet, das sie Stein Anfang Juli zukommen ließ. Sie hatte ihren Entwurf verfasst, noch ohne Steins Sondervotum im Einzelnen zu kennen, und wollte vorab dessen »kritische Meinung« einholen. Besonders war ihr daran gelegen, mögliche Widersprüche zu Steins Votum aufzudecken, die sie »natürlich vermeiden« wollte.[269]

Die Abstimmung mit Stein war schon deshalb nötig, weil sie ihr eigenes Sondervotum mit dem Satz beginnen sollte: »Der abweichenden Meinung des Richters Dr. Stein schließe ich mich im Ergebnis und in den wesentlichen Punkten der Begründung an und möchte nur kurz die folgenden Gesichtspunkte hervorheben oder ergänzen«.[270] Stein machte einige Änderungsvorschläge, die Wiltraut Rupp-von Brünneck berücksichtigte. Vor allem ging es Stein um den Stil der Ausführungen seiner Kollegin, den er etwas »abmilderte«. Greifbar wird dies etwa bei Wiltraut Rupp-von Brünnecks drastischer Bemerkung, sie halte Mephisto »für einen schlechten Roman«, die sie auf Steins Vorschlag umformulierte:

> »Ich halte ›Mephisto‹ nicht für einen guten Roman – jedenfalls steht er nicht auf dem Niveau anderer Werke von Klaus Mann –; aber hiervon darf die Anwendung des Grundrechtsschutzes auf den Roman, der nach einhelliger Ansicht als ein Kunstwerk im Sinne des Art. 5 Abs. 3 GG anzusehen ist, nicht abhängen.«

Die Passage war zugleich der Kern dessen, was sie den drei entscheidungstragenden Richtern implizit vorwarf: das Verbot des Romans nur deswegen bestätigt zu haben, weil sie *Mephisto* für schlechte Kunst hielten.

Gerade einmal drei Seiten wenden die Entscheidungsgründe des Mephisto-Beschlusses auf die Überprüfung der zivilgerichtlichen Urteile auf. Das Bundesverfassungsgericht gehe in ständiger Rechtsprechung davon aus, »daß gerichtliche Entscheidungen auf eine Verfassungsbeschwerde hin nur in engen Grenzen nachgeprüft werden könn[t]en, daß insbesondere die Feststellung und Würdigung des Tatbestandes, die Auslegung des einfachen Rechts und seine Anwendung auf den einzelnen Fall allein Sache der dafür allgemein zuständigen

IM NAMEN DES MENSCHEN (1963–1971)

Gerichte und der Nachprüfung durch das Bundesverfassungsgericht entzogen«
seien, heißt es zu Beginn. Das Grundrecht der jeweils unterlegenen Partei sei
nicht schon dann verletzt, wenn bei der Abwägung widerstreitender Belange
die Wertung des Richters »fragwürdig« sei. Denn das Bundesverfassungsgericht sei nicht befugt, »seine eigene Wertung des Einzelfalles nach Art eines
Rechtsmittelgerichts an die Stelle derjenigen des zuständigen Richters zu setzen«. Nur wenn die Zivilgerichte nicht erkannt hätten, dass es sich um eine
Abwägung widerstreitender Grundrechte handle, oder wenn ihre Entscheidung
auf einer grundsätzlich unrichtigen Anschauung von der Bedeutung des einen
oder anderen der Grundrechte beruhe, dürfe das Bundesverfassungsgericht
intervenieren.[271]

Ausgehend von diesen Prämissen gab es für Gebhard Müller, Hans Brox
und Werner Böhmer »keine hinreichenden Gründe«, der fachgerichtlichen Bewertung des Buchs als »Schmähschrift in Romanform« entgegenzutreten.[272]
Erwin Stein und Wiltraut Rupp-von Brünneck nahmen in ihren Sondervoten den
Gegenstandpunkt ein. Stein betonte, dass die Ausstrahlungswirkung der Grundrechte auf einen Privatrechtsstreit – wie sie im Lüth-Urteil etabliert worden war
– nicht abstrakt, »sondern nur unter würdigender Heranziehung des konkreten
Interessenkonflikts ermittelt werden« könne. Auch das Bundesverfassungsgericht müsse deshalb die Vereinbarkeit der angegriffenen Entscheidungen mit
der Kunstfreiheit auf der Grundlage der konkreten Umstände des vorliegenden
Sachverhalts überprüfen.[273] Wiltraut Rupp-von Brünneck legte noch eines drauf:
Die »Abstinenz« der Senatsentscheidung laufe darauf hinaus, »daß eine gegen
die Art der Rechtsanwendung im Einzelfall gerichtete Verfassungsbeschwerde
stets aussichtslos wäre, wenn das einschlägige Grundrecht nur beim Namen
genannt und die hierzu in der Rechtsprechung des Bundesverfassungsgerichts
entwickelten Grundsätze in die Entscheidung aufgenommen sind, gleichgültig,
zu welchem Ergebnis das Gericht im Einzelfall kommt«. Darin liege eine »evi-
dente Verkürzung des bisherigen Grundrechtsschutzes« und ein »Bruch mit der
bisherigen Rechtsprechung«, der zu »sehr bedenklichen Konsequenzen« führen
könne.

Abweichende Schwerpunkte setzten die beiden Dissenter bei den Kriterien für
die Abwägung von Kunstfreiheit und Persönlichkeitsschutz. Erwin Stein machte
seinen kunsttheoretischen Ansatz stark, nach dem sich ein Vergleich der Romanfigur »in der ästhetischen Realität« des Mephisto-Romans mit den »Persönlich-
keitsdaten« Gustaf Gründgens von vornehrein verbat. Wiltraut Rupp-von Brünneck sah das »entscheidende Kriterium für die Versagung oder Gewährung des
Grundrechtsschutzes« hingegen darin, »ob der Roman bei einer Gesamtbetrachtung ganz überwiegend das Ziel verfolgt, bestimmte Personen zu beleidigen oder
zu verleumden, ob die Kunstform des Romans zu diesem Zweck mißbraucht wird

314 IM NAMEN DES MENSCHEN (1963–1971)

oder ob das Werk nach den erkennbaren Motiven des Autors und nach objektiver Würdigung des Inhalts und der Darstellung einem anderen Anliegen dient«. Das war der Ansatz, den sie schon in der Senatsberatung vorgeschlagen hatte. Im Sondervotum verwies sie »auf die außerordentlich großzügige Rechtsprechung des Supreme Court, der in bezug auf Personen und Gegenstände des Zeitgeschehens das allgemeine Interesse an der freien öffentlichen Diskussion grundsätzlich immer höher bewerte[t] als die möglicherweise durch eine falsche Information oder polemische Darstellung betroffenen persönlichen Interessen, solange nicht ›actual malice‹ vorlieg[e]«. Es liegt nahe, dass sie diesen Ansatz im Austausch mit ihrem Ehemann Hans Rupp entwickelt hatte. Denn durch ein besonderes Interesse am US-amerikanischen Recht hatte sie sich bis dahin nicht hervorgetan.

Ein »actual malice« wollte sie Klaus Mann nicht attestieren:

»Wenn auch die persönliche Abneigung des Autors gegen den ehemaligen Schwager und dessen politisches Verhalten nicht ohne Einfluß auf die Auswahl des Stoffes und seine Darstellung gewesen sein mögen, so steht doch im Vordergrund durchaus die Absicht, die innere Korrumpierung einer intellektuellen Oberschicht durch ein ebenso brutales wie ungeistiges Regime darzustellen, zu erklären und zugleich eine letzte verzweifelte Warnung an die noch ansprechbaren Kreise im damaligen Deutschland und an das Ausland zu richten.«

Der Autor habe zeigen wollen, »daß derjenige, der sich auf den Pakt mit einem solchen Regime einläßt, in ausweglose Zwangslagen geraten kann, die ihn am Ende zum Verrat auch starker menschlicher Bindungen treiben; er hat damit typisierend eine von vielen Zeitgenossen des nationalsozialistischen Regimes schmerzlich erfahrene Einsicht vorweggenommen«. Ob sie sich selbst zu diesen »vielen Zeitgenossen«, zur innerlich korrumpierten »intellektuellen Oberschicht« zählte, wissen wir nicht. Jedenfalls waren für sie »die fortdauernde, nicht nur historische Bedeutung der Vorgänge der nationalsozialistischen Zeit und der über den konkreten Anlaß hinausreichende Teil der künstlerischen Aussage von Klaus Mann« Grund genug, die Veröffentlichung des Romans zuzulassen.

Spanier-Beschluss

Für Wiltraut Rupp-von Brünneck war der Mephisto-Beschluss ein Rückschritt in der liberalen Grundrechtsjudikatur des Bundesverfassungsgerichts. Mit dem Spanier-Beschluss vom 4. Mai 1971 gelang es ihr, einen freiheitlichen Kontrapunkt zu setzen.[274] Mit erkennbarem Stolz schickte die Berichterstatterin den Umdruck der Entscheidung an den früheren Stuttgarter Oberlandesgerichtspräsidenten Richard Schmid, der sich als Kritiker der konservativen Tendenzen

IM NAMEN DES MENSCHEN (1963–1971)   315

in der bundesrepublikanischen Justiz einen Namen gemacht hatte.[275] Schmid
sollte sich für die Zusendung Jahre später mit einer postumen Würdigung der
Richterin »[i]m Dienste der Betroffenen« in der *Stuttgarter Zeitung* erkenntlich
zeigen. Mit dem Spanier-Beschluss sei Wiltraut Rupp-von Brünneck erstmals
in seinen »eigenen amtlichen Gesichtskreis getreten«.[276] Aus Schmids Artikel
stammt die folgende Schilderung des Hintergrunds der Entscheidung:

»Als mit dem deutschen Wirtschaftswunder die Einwanderung ausländischer Gastarbeiter zur
Massenerscheinung wurde, vor allem zuerst aus südlichen, europäischen Ländern, häuften sich
die Fälle von Ehevorhaben zwischen Deutschen und Ausländern. Sehr zahlreich wurden die Fälle, in denen der deutsche Teil – sei es der Mann oder die Frau – geschieden war. Wenn der andere
Teil aus einem katholischen Land stammte, nach dessen Recht die Ehe unauflöslich war, schien
der Wortlaut einer deutschen Vorschrift der neuen Ehe entgegenzustehen. Art. 13 des Einführungsgesetzes zum bürgerlichen Gesetzbuch sagte, daß ›für die Eheschließung eines Auslän-
ders das Gesetz seines Heimatlandes‹ gelte. Der heiratslustige Ausländer (oder die Ausländerin)
hatten dem Standesamt eine Bescheinigung vorzulegen, daß in ihrem Falle kein Ehehindernis
bestehe. Diese Bescheinigung hatte der Oberlandesgerichtspräsident zu erteilen. Es ergab sich,
daß alle Oberlandesgerichtspräsidenten der Bundesrepublik – mit meiner Ausnahme – diese
Bescheinigung für den Standesbeamten verweigerten, und der Bundesgerichtshof hat diese Ablehnung auf eine Beschwerde von Betroffenen hin mit ausführlicher Begründung bestätigt. [...]
Die Beteiligten wichen massenhaft nach dem dänischen Grenzstädtchen Tondern aus, wo der
Standesbeamte keine Rücksicht auf das kanonische Recht nahm – das waren die sogenannten
›Tondern-Ehen‹ – oder sie wichen nach Württemberg aus; zum Verdruß des Bundesgerichts-
hofs, der in einer seiner Entscheidungen die Standesbeamten zur Nichtbeachtung der erteilten
Befreiung ermunterte.«

José Castello G. und Hilde L. wollten nicht ausweichen. Er war Spanier, katholisch getauft, lebte seit 1962 in Deutschland und war 1967 aus der Kirche ausgetre-
ten. Sie war Deutsche evangelischen Bekenntnisses und hatte sich 1965 von ihrem
ersten, ebenfalls evangelischen Ehemann scheiden lassen. Der ehelichen Verbindung zwischen dem ausgetretenen spanischen Katholiken und der geschiedenen
deutschen Protestantin stand die Weigerung der spanischen Behörden entgegen,
José Castello G. ein Ehefähigkeitszeugnis auszustellen, weil aus ihrer Sicht – das
spanische Zivilgesetzbuch verwies auf das katholische Kirchenrecht – die Ehe seiner Verlobten fortbestand. Der Oberlandesgerichtspräsident von Hamm verweigerte die Befreiung von der Vorlage des Ehefähigkeitszeugnisses mit dem Hinweis auf Art. 13 Abs. 1 des *Einführungsgesetzes zum bürgerlichen Gesetzbuch* (EGBGB).
Die Übernahme der spanischen Ehehindernisse in das deutsche Recht solle »hinkende Ehen« vermeiden, von denen sich der ausländische Ehegatte nach Rückkehr in sein Heimatland jederzeit lösen könnte. Die »Vorstellung der Unauflös-
lichkeit des Ehebandes«, wie sie dem spanischen Recht zugrunde liege, verstoße
weder gegen die guten Sitten noch gegen den Zweck eines deutschen Gesetzes

(Art. 30 EGBGB). Damit wollten sich die Heiratswilligen nicht abfinden und erhoben Verfassungsbeschwerde.

Die Verfassungsbeschwerde bot Wiltraut Rupp-von Brünneck die Gelegenheit, eine überkommene Rechtslage an die gesellschaftliche Wirklichkeit anzupassen. Mit der Duldung der »Tondern-Ehen« bei gleichzeitiger Verweigerung der Eheschließung in Deutschland war ein »zwiespältige[r] Zustand« entstanden, der »eines Rechtsstaats unwürdig« war, wie ein Kommentator später bemerkte.[277] Die Rechtslage war auch unter anderen Gesichtspunkten wirklichkeitsfremd: »[N]ach menschlicher Erfahrung« würden »Verlobte, denen die gewünschte Heirat verweigert« werde, »sich meist nicht trennen, sondern nunmehr in ›wilder Ehe‹ zusammenleben«, heißt es im Spanier-Beschluss, ganz im Duktus der Berichterstatterin.[278] Das internationale Privatrecht (IPR) ging an den Realitäten der bundesrepublikanischen Gesellschaft vorbei, indem es das Ehebild einer fremden Rechtsordnung importierte. Diesem Zustand von Karlsruhe aus abzuhelfen, war keine leichte Aufgabe. Denn mittelbar stand das kanonische Verbot der Doppelehe auf dem Prüfstand, das von der Vorstellung der von Jesus Christus als Sakrament eingesetzten unauflöslichen Ehe getragen wurde. Der verfassungsgerichtliche Umgang mit einer derart religiös fundierten Rechtsnorm war eine sensible Angelegenheit, zumal es im Senat mit Gebhard Müller, Hans Brox und Werner Böhmer eine starke »katholische« Fraktion gab, zu der man – mit gewissen Abstrichen – auch Theodor Ritterspach rechnen darf.

Die Berichterstatterin musste den Fall in ihrem Votum daher so aufbereiten, dass einerseits die Verfassungswidrigkeit der bestehenden Rechtslage klar benannt, andererseits die katholische Fraktion nicht vor den Kopf gestoßen würde. Dafür war es ratsam, die religiösen Implikationen so gering wie möglich zu halten. Ein gut informierter zeitgenössischer Kommentator bemerkte, dass »über den konfessionellen Charakter des spanischen Rechts in dem Beschluß keine Ausführungen gemacht« worden seien, weil eine Stellungnahme dazu »den Streit verschärft und womöglich das Abstimmungsergebnis im Senat gefährdet« hätte.[279] Die entscheidungsrelevanten Akten des Spanier-Beschlusses sind noch bis 2031 unter Verschluss. Über die Inhalte des Votums und die darauf gestützten Beratungen lässt sich daher nur mutmaßen. Fest steht, dass Wiltraut Rupp-von Brünneck ihre Anliegen im Senat durchsetzen konnte und mit ihrem Votum maßgeblichen Einfluss auf den Inhalt der Entscheidung genommen hat.[280]

In einem ersten Schritt leitete der Spanier-Beschluss aus dem dürren Wortlaut des Art. 6 Abs. 1 GG – »Ehe und Familie stehen unter dem besonderen Schutz der staatlichen Ordnung« – ein Grundrecht der Eheschließungsfreiheit ab. Zur Begründung heißt es lapidar, dass der Senat bereits in einer Entscheidung aus dem Vorjahr festgestellt habe, dass das Ehegrundrecht »als wesentlichen Bestandteil das Recht oder die Freiheit« enthalte, »die Ehe mit einem selbst gewähl-

IM NAMEN DES MENSCHEN (1963–1971)

ten Partner einzugehen (Eheschließungsfreiheit)«. Der Verweis auf die eigene Vorjudikatur führt in die Irre. Denn der Beschluss von 1970 besagt nur, dass aus Art. 6 Abs. 1 GG dem Einzelnen Rechte erwachsen »können«, die insbesondere den »ungehinderte[n] Zugang zur Ehe« und die »Eheschließung« umfassten. Von der Eingehung einer Ehe »mit einem selbst gewählten Partner« – gemeint ist: mit »jedem beliebigen« Partner –[281] war gerade nicht die Rede. Diesen entscheidenden Aspekt der Eheschließungsfreiheit führte erst der Spanier-Beschluss ein. Die mehr behauptete als begründete Freiheit wurde mit Hinweisen auf die parallelen Gewährleistungen in der Europäischen Menschenrechtskonvention und der Allgemeinen Erklärung der Menschenrechte der Vereinten Nationen abgesichert. Nicht nur an dieser Stelle tragen die pragmatisch formulierten Entscheidungsgründe, denen es weniger um dogmatische Herleitungen als um das praktische Ergebnis ging, die Handschrift der Berichterstatterin.

Im nächsten Schritt musste die »Einwirkung des deutschen Verfassungsrechts« auf das IPR neu justiert werden. Nach der damals herrschenden Meinung konnten die deutschen Grundrechte bei der Anwendung ausländischen Rechts nur dann Wirkung entfalten, soweit das deutsche Gesetzesrecht, insbesondere Art. 30 EGBGB, die Möglichkeit dafür eröffnete. »Diese Auffassung wird dem Vorrang der Verfassung und der zentralen Bedeutung der Grundrechte nicht gerecht«, heißt es im Beschluss. Auch im IPR müsse man von der »Leitnorm« des Art. 1 Abs. 3 GG ausgehen, die alle staatliche Gewalt mit unmittelbarer Wirkung an die Grundrechte binde. Denn die Grundrechte bildeten einen »untrennbaren Teil der Verfassung«. Sie seien »der eigentliche Kern der freiheitlich-demokratischen Ordnung des staatlichen Lebens im Grundgesetz«. Wenn die deutschen Gerichte bei der Anwendung ausländischen Rechts die Grundrechte zur Geltung brächten, sei das kein »Oktroi deutscher Wertvorstellungen gegenüber dem Ausland«. Entscheidend sei vielmehr allein die Frage, ob eine innerstaatliche Rechtshandlung deutscher Staatsgewalt in Bezug auf einen konkreten Sachverhalt zu einer Grundrechtsverletzung führe. Ergebe die Prüfung durch die deutschen Behörden und Gerichte, dass sich die Anwendung des ausländischen Rechts im konkreten Fall an einer deutschen Grundrechtsnorm »breche«, liege darin »keine generelle Zensur« der fremden Regelung, sondern allein die Feststellung, »daß ihre konkrete Anwendung sich in einem bestimmten Punkt mit unserer Verfassungsordnung nicht« vertrage.[282]

Mit diesen allgemeinen Ausführungen, die eine generelle Festlegung vermeiden und die Bedeutung des Einzelfalles herausstellen, bereitet der Beschluss das Terrain für die Lösung der Spanier-Fälle. Das Anliegen des Gesetzgebers, die Ehevoraussetzungen dem Heimatrecht des ausländischen Ehegatten zu entnehmen, hielt der Senat für unbedenklich. Die Ausgestaltungsmöglichkeiten in den fremden Rechtsordnungen seien so verschieden, dass die allgemeine Entscheidung des Gesetzgebers für die Anwendung ausländischen Rechts nicht in Frage gestellt werden könne. Der Fokus lag auf der Anwendung des spanischen Rechts auf die Eheschließung von José Castello G. und Hilde L. Der Fall war damit dort, wo die Berichterstatterin ihn haben wollte: im Konkreten. Dort ließen sich Vorgaben machen, zu denen der Senat im Abstrakten kaum in der Lage gewesen wäre – nicht nur, weil die vielfältigen Konstellationen im IPR nicht zu überblicken waren, sondern auch, weil sich das Gericht im Abstrakten in einen Konflikt mit dem Gesetzgeber begeben hätte. Im Konkreten sprach es hingegen zur Fachgerichtsbarkeit, der es mit größerer Autorität entgegentreten konnte. Die Aufgabe des Richters, die Einwirkung der Grundrechte auf das IPR zu beachten, unterscheide sich »wesensmäßig nicht von der gewöhnlichen Verfassungsauslegung in bezug auf inlandsbezogene Sachverhalte, besonders soweit es sich um die Ausstrahlung der Grundrechte auf das Privatrecht« handele, erläutert der Beschluss mit Verweis auf das Lüth-Urteil von 1958 und die Entscheidung zum Unehelichenrecht von 1969.

Dass der Präsident des Oberlandesgerichts Hamm bei der Entscheidung über den Befreiungsantrag den Einfluss des Ehegrundrechts nicht hinreichend beachtet hatte, war nach diesen Vorarbeiten rasch begründet. Die Verweigerung der Befreiung nehme der Hilde L. die Freiheit, ihren spanischen Verlobten José Castello G. zu heiraten – eine Freiheit, die ihr bei Anwendung deutschen Rechts zustände. Damit sei zugleich José Castello G.'s Eheschließungsfreiheit verletzt. Schon die widersprüchliche Behandlung der Scheidung der Beschwerdeführerin spreche für einen unzulässigen Eingriff: »Es erscheint [...] kaum verständlich, warum der eigene Staat in Anwendung spanischen Rechts den Fortbestand einer Ehe fingiert, die er nach eigenem Recht als endgültig und mit Wirkung für und gegen alle gelöst betrachtet«, führt der Beschluss aus.

»Ist ein deutscher Verlobter nach deutschem Recht unverheiratet und insoweit uneingeschränkt ehefähig, so darf seine Ehefähigkeit [...] nicht auf Grund fremder Vorstellungen von der Ehe geleugnet werden, die mit Art. 6 Abs. 1 GG und den deutschen Eherechtsnormen unvereinbar sind.«

Die paternalistische Erwägung, den deutschen Teil der Verbindung vor einer »hinkenden Ehe« zu bewahren, konnte den Eingriff in die Eheschließungsfreiheit nicht rechtfertigen. Der Staat dürfe Verlobten seinen Schutz nicht gegen ihren Willen aufzwingen. Er sei nämlich auch sonst weder berechtigt noch verpflichtet, fürsorglich Ehen zu verhindern, deren Bestand – etwa wegen extremer Altersunterschiede oder charakterlicher Mängel – von vornherein fraglich erscheine oder bei denen mit großer Wahrscheinlichkeit schwere Nachteile für die Ehefrau zu besorgen seien. Die freiheitliche Grundhaltung der Entscheidung verbindet sich in dieser Passage mit dem Streben der Berichterstatterin

IM NAMEN DES MENSCHEN (1963–1971)   319

nach der Gleichberechtigung der Geschlechter. Die »hinkende Ehe« erschien ihr »jedenfalls das geringere Übel« gegenüber einem unehelichen Zusammenleben:

»Sie befreit Frau und Kinder von dem Makel der Illegalität und gewährt ihnen zumindest in der Bundesrepublik und in allen ausländischen Staaten, die diese Ehe anerkennen, die darauf beruhende unterhalts- und erbrechtliche Stellung sowie sozialrechtliche Ansprüche.«

Der Spanier-Beschluss vom 4. Mai 1971 war ein Meilenstein auf dem Weg zur Konstitutionalisierung der Privatrechtsordnung. Nachdem das Lüth-Urteil vom 15. Januar 1958 die Anwendung des innerstaatlichen Privatrechts dem Kontrollzugriff des Bundesverfassungsgerichts unterstellt hatte, erweiterte der Spanier-Beschluss die Kontrolle auf das internationale Privatrecht. Die *scientific community* der frühen siebziger Jahre erkannte diese Tragweite sofort. Die *Rabels Zeitschrift* des Max-Planck-Instituts für ausländisches und internationales Privatrecht widmete den Aufsatzteil ihres ersten Hefts des Jahrgangs 1972 ausschließlich dem Spanier-Beschluss und seinen Folgen.[283]

Den pointiertesten Kommentar steuerte Hans Rupps früherer Institutskollege Gerhard Kegel bei: »Der Beschluß des Bundesverfassungsgerichts ist ein juristisches Schmuckstück«, erklärte er. Der Streitstand sei vorbildlich dargestellt, der Gedankengang folgerichtig und ohne Lücke, das Ergebnis richtig. Dennoch vermochte er dem Gericht nicht zu folgen, wie schon die sprechende Überschrift seines Beitrags verriet: *Embarras de richesse.* »Zu viel des Guten« war Kegel die Durchsetzung der grundrechtlichen Wertentscheidungen »in sämtlichen Zweigen des Rechts«. Besonders missfiel ihm die weite Auslegung der Ehegarantie: »Kann man denn z. B. wirklich aus dem Schutz der Ehe (Art. 6 I GG) ein ›Grundrecht auf Eheschließung‹ ableiten?« Jeder wisse doch, »nicht jeder kann heiraten und nicht jeder jeden.« Das Bundesverfassungsgericht sei im Spanier-Beschluss de facto zum »Oberbundesgerichtshof« geworden, was de iure durch eine zusätzliche Diskussionsebene verdeckt worden sei: »[E]rst diskutieren wir prozessual oder zivilrechtlich, und wenn das nicht hilft, noch einmal verfassungsrechtlich«. Die Frage aber sei immer dieselbe: »Können wir hinnehmen, daß den Spaniern unser Scheidungsurteil Luft ist?« – »Wollt ihr Jesum oder Barrabam? Wollt ihr nicht das internationale Verfahrensrecht, wollt ihr nicht die selbständige Anknüpfung der Vorfrage im IPR, wollt ihr auch Art. 30 [EGBGB] nicht, dann schluckt das Grundrecht auf Heirat!« Damit das »Gift dieser Erfindung« den Patienten nicht umbringe – will heißen: eine »hemmungslose Heiraterei« in Gang setze –, müsse es genau dosiert werden. Der Spanier-Beschluss verabreichte, daran ließ Kegel keinen Zweifel, eine Überdosis, in dem er »den Vormarsch der Grundrechte in die Welt« ausrief, »statt sich auf die Spanierheirat zu beschränken«.[284]

Die Erstreckung der Grundrechte auf das IPR erregte nicht nur bei Gerhard Kegel, sondern auch bei den meisten anderen Kommentatoren ein gewisses »Unbehagen«, das Paul Heinrich Neuhaus in Fragen zusammenfasste:

»Wie soll es weitergehen? Werden nun alle ausländischen Ehehindernisse, die durch Eheschließung in Dänemark oder sonstwo umgangen werden können, auch im Inland fallengelassen? Das Gericht erklärt, daß nach menschlicher Erfahrung Verlobte, denen die gewünschte Heirat verwehrt wird, sich meist nicht trennen, sondern nunmehr in ›wilder Ehe‹ zusammenleben und daß demgegenüber die ›hinkende‹ Ehe jedenfalls das geringere Übel sei [...]. Wohin führt das?«[285]

Die Antwort gab der Gesetzgeber bei der Reform des IPR im Jahr 1986.[286] Er erklärte die Vereinbarkeit mit der Eheschließungsfreiheit zur Anwendungsvoraussetzung des ausländischen Rechts. »[I]nsbesondere steht die frühere Ehe eines Verlobten nicht entgegen, wenn ihr Bestand durch eine hier erlassene oder anerkannte Entscheidung beseitigt [...] ist« (Art. 13 Abs. 2 Nr. 3 EGBGB). Die Vorschrift folgte ausweislich der Gesetzesbegründung »dem vom Bundesverfassungsgericht [...] gewiesenen Weg«.[287] Wiltraut Rupp-von Brünneck sollte die gesetzgeberische Anerkennung »ihres« Spanier-Beschlusses nicht mehr erleben, wohl aber dessen unmittelbare Folgen: Die Umgehung des Doppeleheverbots durch die »Tondern-Ehen« war überflüssig geworden. Deutsch-spanische Paare konnten ab 1971 in Deutschland heiraten, auch wenn der deutsche Teil geschieden war.

»Mittelpunkt des Wertsystems«

Während Wiltraut Rupp-von Brünnecks erster achtjähriger Amtszeit als Richterin des Bundesverfassungsgerichts ergingen 29 Senatsentscheidungen, die sich ihrem Dezernat zuordnen lassen.[288] Als Berichterstatterin kam ihr »auf das Betreiben eines Verfahrens ein wesentlicher Einfluß« zu. Obwohl bei den Beratungen im Senat das Kollegialprinzip »streng praktiziert« worden sei und auch »tatsächlich dominiert« habe,[289] tragen die meisten der von ihr vorbereiteten Entscheidungen erkennbar ihre Handschrift. Dabei waren die Gestaltungsmöglichkeiten von den Zufälligkeiten der Geschäftsverteilung und des Verfahrensanfalls abhängig. Es fällt daher schwer, Wiltraut Rupp-von Brünnecks richterliche Tätigkeit zwischen 1963 und 1971 auf einen thematischen Nenner zu bringen. Ihr eigenes Wirken als Richterin reflektierte sie nur selten öffentlich. Neben den Beiträgen zum Nichtehelichenrecht und zu den Appellentscheidungen veröffentlichte

Im Namen des Menschen (1963–1971)   321

sie zwischen 1963 und 1971 nur zwei weitere Abhandlungen, die Aufschluss über
ihr Verfassungsdenken und Rollenverständnis als Richterin geben.

Unter dem Titel *Die Grundrechte im juristischen Alltag* erschien 1970 im Frankfurter *Alfred Metzler Verlag* eine 69-seitige Monographie, die auf zwei Vorträgen
aus den Jahren 1967 und 1968 beruhte. Schon den ersten Vortrag – gehalten auf
der Jahrestagung des *Juristinnenbundes* in Trier – hatte Wiltraut Rupp-von Brünneck betont lebensnah angelegt. Abweichend vom Vorschlag der Veranstalterin-
nen, denen eine »Ansprache« zum Verfassungsprozessrecht vorgeschwebt hatte, wollte sie »doch lieber die materielle Bedeutung der Grundrechte – dargestellt an praktischen Beispielen aus der jüngeren Rechtsprechung des Bundesverfassungsgerichts« behandeln. Das Prozessrecht erschien ihr als »zu trocken«;[290]
auch das »hochtrabende« Wort »Ansprache« mochte ihr nicht gefallen.[291] Nicht
nur Form und Stil des Vortrags richtete die Referentin an den Bedürfnissen des
»juristischen Alltag[s]« aus. Auch die Grundrechte selbst präsentierte sie als alltägliche Phänomene des Verfassungslebens. Das Grundgesetz habe sie »in gewissem Sinne aus dem historischen Himmel heruntergeholt, in dem sie als bahn-
brechende Ideen großer politischer Umwälzungen, als großartige Leitbilder für
das staatliche Zusammenleben erschienen sind, und in den Alltag der Verwaltung
und der Gerichtspraxis projiziert«.[292]

Diese Alltäglichkeit ist nicht zu verwechseln mit Banalität. In ihr kommt vielmehr die Bedeutung der Grundrechte »im Leben des einzelnen Bürgers« zum
Ausdruck. Der Mensch »als ein freies sich in der sozialen Gemeinschaft entfaltendes Einzelwesen« stand für Wiltraut Rupp-von Brünneck »im Mittelpunkt des
Wertsystems der Verfassung«:

»Die Grundrechte bringen diese Beziehung des ganzen Verfassungssystems auf die Würde des
Menschen in seiner Personalität zum Ausdruck und machen daher den Wesenskern der staatlichen Ordnung aus, dergestalt daß in der Bundesrepublik Deutschland nur solche öffentliche
Gewalt legitim ist, die positiv der Verwirklichung der in den Grundrechten gewährleisteten Freiheit dient.«[293]

Als Belege für diese verfassungstheoretische Prämisse dienten ihr ein Aufsatz von
Adolf Arndt sowie zwei Entscheidungen ihres Senates, nämlich das Spiegel-Urteil
und ein Beschluss vom 2. Mai 1967, den sie selbst als Berichterstatterin vorbereitet
hatte.[294]

Diesen Beschluss sollte der Präsident des Bundesverfassungsgerichts Ernst
Benda in seiner Gedenkansprache auf die verstorbene Kollegin besonders hervorheben, weil darin »bis in die Einzelformulierungen hinein Stil und Grundpositionen« der Berichterstatterin deutlich würden.[295] In der Sache ging es
um die Grundrechtsfähigkeit juristischer Personen des öffentlichen Rechts –
ein Gegenstand, an dem Wiltraut Rupp-von Brünneck ihr anthropozentrisches

Grundrechtsdenken voll entfalten konnte. »Das Wertsystem der Grundrechte geht von der Würde und Freiheit des einzelnen Menschen als natürlicher Person aus«, heißt es in den Entscheidungsgründen. »Die Grundrechte sollen in erster Linie die Freiheitssphäre des Einzelnen gegen Eingriffe der staatlichen Gewalt schützen und ihm insoweit zugleich die Voraussetzungen für eine freie aktive Mitwirkung und Mitgestaltung im Gemeinwesen sichern.« Die von einem Sozialversicherungsträger erhobene Verfassungsbeschwerde wurde daher als unzulässig zurückgewiesen. Der Staat dürfe nicht selbst zum »Teilhaber oder Nutznießer der Grundrechte« werden.[296]

In der Negation der Grundrechtsfähigkeit juristischer Personen des öffentlichen Rechts manifestiert sich die Grundüberzeugung der Berichterstatterin, dass die Grundrechte ihrem »Wesen« nach für Menschen bestimmt sind. In einer Abhandlung »[z]ur Grundrechtsfähigkeit juristischer Personen«, die sie der Festschrift für Adolf Arndt aus dem Jahr 1969 beisteuerte, vertiefte sie diesen Gedanken. Gegenüber Art. 19 Abs. 3 GG, der die Grundrechte auf inländische juristische Personen erstreckt, »soweit sie ihrem Wesen nach auf diese anwendbar sind«, zeigte sie sich skeptisch:

»Der eher beiläufige Charakter, der in dieser Einordnung der Bestimmung in die Sammel- und Schlußvorschrift des Art. 19 sowie im Wortlaut zum Ausdruck zu kommen scheint, vermag den Schock nicht aufzufangen, den ihr Inhalt dem unbefangenen Leser des Grundrechtsabschnitts verursachen muß. Wenn die Grundrechte nach Art. 1 GG als unverletzliche und unveräußerliche Menschenrechte gewährt werden, um die Würde des Menschen zu achten und zu schützen, wie können diese dem Menschen als einem natürlichen Lebewesen zuerkannten Rechte in gleicher Weise für eine juristische Person gelten, für ein künstliches Gebilde aus der Vorstellungswelt des Juristen und der Retorte des Gesetzgebers?«[297]

Den gängigen Interpretationen des Art. 19 Abs. 3 GG setzte Wiltraut Rupp-von Brünneck eine Deutung entgegen, die »vom Wesen der Grundrechte und ihrer Funktion schlechthin« ausging. Die Auslegung müsse sich allein an der Menschenwürde als der »Mitte des Verfassungssystems« orientieren, nicht an der formalen Rechtsfähigkeit der juristischen Person. Eine Gleichsetzung juristischer mit natürlichen Personen sei »von vornherein ausgeschlossen«, da Grundrechtsträger »im eigentlichen Sinne« nur Menschen sein könnten. Juristische Personen hätten nur »aus abgeleitetem Recht« am Grundrechtsschutz teil, und zwar nur dann, »wenn die Verwirklichung des durch das betreffende Grundrecht geschützten Freiheitsraums der natürlichen Person unter den Verhältnissen der Gegenwart eine Betätigung mit Hilfe juristischer Personen verlangt oder einschließt«. Nur aus ihrer Eigenschaft als »ein unschätzbares Hilfsmittel für den Menschen«, rechtfertige sich »eine beschränkte Einbeziehung dieser von der Rechtsordnung geschaffenen juristischen Zuordnungspunkte in den Grundrechtsschutz«.[298]

Der Text ist ein Schlüsseldokument für das Verfassungsverständnis seiner Verfasserin, das während der Tätigkeit als Verfassungsrichterin an Kontur gewonnen hatte. In der Skepsis gegenüber juristischen Personen, die Wiltraut Rupp-von Brünneck bald als »Gebild von Menschenhand«, bald als »juristischen Homunculus« bezeichnete, spiegelt sich ihre wirklichkeitsnahe Verfassungsinterpretation ebenso wider wie die Sorge vor einem Missbrauch der Verfassung als »wirksame Waffe für Interessenverbände und Großunternehmen«, die die Grundrechte dazu nutzen könnten, »um ihre Machtposition gegen das öffentliche Interesse zu verteidigen und den Einzelnen mehr und mehr zurückzudrängen«. Mit »Kollektivpersonen« als »reale[n], dem Menschen vergleichbare[n] Einheiten mit selbständigen Eigenleben« vermochte Wiltraut Rupp-von Brünneck nichts anzufangen.[299] In ihrer Wirklichkeit gab es nur Menschen, deren Freiheitsverwirklichung das Grundgesetz aller staatlichen Gewalt zur Pflicht gemacht hatte. Sie sprach Recht »[i]m Namen des Menschen«, wie Hans-Peter Schneider in seiner biographischen Würdigung der »großen Richterin« treffend formuliert.[300]

Indem Wiltraut Rupp-von Brünneck den Menschen »im Mittelpunkt des Wertsystems der Verfassung« verortete,[301] reihte sie sich in den verfassungstheoretischen Mainstream der jungen Bonner Republik ein. Im Januar 1958 hatte der Erste Senat im Lüth-Urteil mit gehörigem Pathos erklärt, dass das Grundgesetz in seinem Grundrechtsabschnitt eine »objektive Wertordnung« aufgerichtet habe, in der eine prinzipielle Verstärkung der Geltungskraft der Grundrechte zum Ausdruck komme. Das Lüth-Urteil war der »Urknall« der wertorientierten Verfassungsinterpretation.[302] Auf den Fluren des Prinz-Max-Palais hallte der Knall noch nach, als Wiltraut von Brünneck dort im September 1963 ihr Amt antrat. Wie selbstverständlich bediente sie sich als Berichterstatterin wertorientierter Argumente. So beruht der Unehelichenbeschluss auf der Interpretation des Art. 6 Abs. 5 GG als »Ausdruck einer verfassungsrechtlichen Wertentscheidung«. Der Adoptionsbeschluss erklärte auch Kinder zu Mittelpunkten des Wertsystems. Die Entscheidungen zu den Heiratsklauseln beruhen auf Art. 6 Abs. 1 GG als einer »wertentscheidende[n] Grundsatznorm«.[303] Daran knüpft der Spanier-Beschluss an, wenn er die »Verwirklichung der Wertentscheidung« des Ehegrundrechts im internationalen Privatrecht einfordert.[304] In ihrem Sondervotum zum Mephisto-Beschluss kritisierte Wiltraut Rupp-von Brünneck die Senatsmehrheit dafür, den »objektiven Wertmaßstäben« der Kunstfreiheit nicht zu voller Wirksamkeit verholfen zu haben.[305]

Die Werttheorie der Grundrechte entsprach dem Zeitgeist. Die mit ihr einhergehende Konstitutionalisierung der Rechtsordnung »entfaltete sich in den ersten Jahrzehnten der Bundesrepublik so mächtig, weil das ›Wertsystem‹ des Grundgesetzes einer zutiefst verunsicherten Gesellschaft und ihren staatlichen Orga-

324　　　　IM NAMEN DES MENSCHEN (1963–1971)

nen etwas wie einen säkularen Glaubenskanon bot, eine Zivilreligion«, resümiert Michael Stolleis.[306] Wiltraut Rupp-von Brünneck dürfte vor allem das strategische Potential der Werte geschätzt haben: Im Ersten Senat fand man mit wertorientierten Argumenten Gehör. Dass sie das Wertordnungsdenken so bereitwillig rezipierte, lässt sich als ein gerichtsinterner Sozialisationsvorgang deuten. Ihr gutes Verhältnis zu Theodor Ritterspach, dem Berichterstatter des Lüth-Urteils, dürfte dazu beigetragen haben. Ritterspach prägte die Rhetorik, mit der der Erste Senat seine expansive Auslegung der Grundrechte begründete. Noch bei Ritterspachs Verabschiedung im Jahr 1975 konnte Präsident Benda aus eigener Erfahrung über dessen »unbestrittene Meisterschaft im Umgang mit dem gesprochenen und geschriebenen Wort« berichten und »die Eleganz der Formulierung« hervorheben, die es ihm immer wieder ermöglicht habe, »Lösungen zu finden, die allgemeine oder doch eine ganz breite Zustimmung erreichen konnten«.[307]

Als ideengeschichtliche Grundlage der Wertordnungsjudikatur des Bundesverfassungsgerichts gilt die Integrationslehre Rudolf Smends. Befreit von ihren völkischen Elementen war sie nach 1945 anschlussfähig für die progressiven Juristenkreise, in denen sich Wiltraut Rupp-von Brünneck bewegte. So bediente sich vor allem Adolf Arndt integrationstheoretischer Argumente, um sein Konzept des »materiellen Rechtsstaats« zu begründen. Ein Arndt-Zitat durfte in keiner von Wiltraut Rupp-von Brünnecks Publikationen fehlen; gelegentlich gelang es ihr auch, eine Referenz auf Arndt in eine Senatsentscheidung einzubauen. In ihrem Nachruf würdigte sie den 1974 verstorbenen Weggefährten mit der Feststellung, dass »[d]ie heute selbstverständlich gewordene, durch die Rechtsprechung des Bundesverfassungsgerichts verwirklichte Auffassung von der umfassenden Geltungskraft der Grundrechte wesentlich von Arndt befruchtet« worden sei.[308] Sie ließ ein Zitat aus einem Aufsatz Adolf Arndts folgen, das dessen integrationstheoretische Prämissen offenlegt: »Die Grundrechte limitieren nicht den demokratisch-freiheitlichen Rechtsstaat, sondern sie definieren und integrieren ihn.«[309]

Über ihren Ehemann Hans Rupp führt eine weitere Verbindungslinie zur Smend-Schule. Rupp hatte bei Rudolf Smend in Berlin studiert und über die Jahre Kontakt gehalten. »Seit ich mich vor 20 Jahren entschlossen habe, das Karlsruher Richteramt aufzunehmen, zehre ich sozusagen von dem, was Sie uns vor mehr als einem Mannesalter vermittelt haben«, schrieb er dem verehrten Professor im Januar 1971. »Es erstaunt mich immer aufs neue, wie man damit eigentlich alle schwierigen Auslegungsfragen lösen kann.«[310] Hans Rupp wird vor allem die Elastizität integrationstheoretischer Argumente geschätzt haben: »[W]enn es das Verfassungsgericht für notwendig hält, dann wird also [...] eine Auslegung gefunden, die [...] vernünftig ist«, sollte er später sagen.[311] Einen ähnlich pragmatischen Zugriff auf das Verfassungsrecht pflegte seine Ehefrau.

Für sie war die wertorientierte Interpretation des Grundgesetzes in erster Linie Mittel zu dem Zweck, Gleichberechtigung, Freiheit und soziale Gerechtigkeit von Karlsruhe aus zu befördern.

Die Gefahren, die eine wertorientierte Grundrechtsinterpretation für die Ausbalancierung der Gewalten und den demokratischen Pluralismus mit sich brachte, waren ihr während ihrer ersten Amtszeit noch nicht voll bewusst.[312] Ihr ging es darum, die überkommene Rechtsordnung den Bedürfnissen einer freiheitlichen und sozial gerechten Industriegesellschaft anzupassen. Mit Nachdruck sprach sie sich daher für eine »Aktualisierung der Grundrechte [...] im Bereich der gewährenden Verwaltung« aus und wollte nötigenfalls auch den Gesetzgeber durch eine »mutige« Judikatur in die Pflicht nehmen.[313] Die wertorientierte Verfassungsinterpretation wies ihr auch hier den Weg. Zu den »grundlegenden Wertentscheidungen der Verfassung« zählte Wiltraut Rupp-von Brünneck nämlich nicht nur den Schutz von Ehe und Familie und die Gleichberechtigungsgebote, sondern auch das Sozialstaatsprinzip,[314] dessen »Aktualisierung« sie sich vor allem in ihrer zweiten Amtszeit annehmen sollte. Die Reformagenda der sozialliberalen Koalition versprach eine weitreichende Liberalisierung und Demokratisierung der Gesellschaft. Dass die ambivalente Werttheorie der Grundrechte wie ein Damoklesschwert über den Reformen hing, ahnten zu Beginn der siebziger Jahre wohl nur wenige.

326 IM NAMEN DES MENSCHEN (1963–1971)

Abb. 19: Wiltraut Rupp-v. Brünneck bei der Eröffnung des neuen Gerichtsgebäudes am 6. Mai 1969
Bei dem Gesprächspartner könnte es sich um den 1963 nicht wiedergewählten Richter Joachim Lehmann
handeln.
Quelle: StadtA Karlsruhe, Bild 8/Alben 421/128 / Elga Roellecke

Mehrheit und Minderheit (1971–1977)

»Seeschlange von Loch Ness«

Am 4. August 1971 brachen die Eheleute Rupp in den Sommerurlaub auf. Der »Endspurt im Gericht« war in diesem Jahr außergewöhnlich anstrengend gewesen. Bis Ende Juli hatten in Karlsruhe Sitzungen stattgefunden, »mit viel Sachen bei grässlicher Hitze«, wie Wiltraut Rupp-von Brünneck in ihr Reisetagebuch notierte.[1] Besonders belastete sie das »Geschreibe von Journalisten«, die das Bundesverfassungsgericht als »Ersatz f. d. Seeschlange v. Loch Ness« ansähen. Seit dem Frühjahr 1971 stand das Gericht im Fokus der Presse, nicht etwa wegen seiner Urteile, sondern wegen der »immer noch nicht vollzogenen Richterwahl«, mit der sich das Sommerloch hervorragend füllen ließ. Die Richterwahlen verbanden Politisches und Persönliches, beförderten und beendeten Karrieren, waren Gegenstand von Gerüchten in Bonn und Karlsruhe, kurzum: sie boten genügend Stoff, um die Zeitungen nicht mit Berichten über die Sichtung des schottischen Seeungeheuers füllen zu müssen. Insgesamt sechs Richterstellen waren 1971 zu besetzen: Im Ersten Senat schieden Erwin Stein und Gebhard Müller, im Zweiten Gerhard Leibholz und Gregor Geller wegen Erreichens der Altersgrenze aus. Wiltraut Rupp-von Brünneck und Rudi Wand, deren Amtszeiten abliefen, standen zur Wiederwahl.

Die Bestätigung des erst im Jahr zuvor – auf Betreiben Gebhard Müllers –[2] gewählten Rudi Wand galt als »eine Selbstverständlichkeit«.[3] Wiltraut Rupp-von Brünneck konnte sich ihrer Wiederwahl hingegen nicht sicher sein. Gegen sie sprach die »Ehe mit einem Richter im anderen Senat des Gerichts, was sich besonders bei Plenarentscheidungen negativ ausnimmt«, wie die FAZ am 19. Juli berichtete.[4] Der Karlsruhe-Korrespondent Friedrich Karl Fromme hatte die Loch-Ness-Potentiale der Richterwahl früh erkannt und verstand sich darauf, sie mit den Yellow-Press-Potentialen der gerichtsinternen Ehe zu garnieren. Schon im Juni sprach er von der »Schwierigkeit«, dass Wiltraut Rupp-von Brünneck »mit dem Richter Rupp im Zweiten Senat verheiratet« sei. Eine solche »Brücke« zwischen den beiden Senaten werde »allerseits als weniger zuträglich angesehen«.[5] Dass die so exponierte Richterin es zumindest für möglich hielt, nicht wiederge-

328 MEHRHEIT UND MINDERHEIT (1971–1977)

wählt zu werden, belegt ihre Korrespondenz mit Erwin Stein im Zusammenhang mit dem Mephisto-Fall. »Die Vorstellung, dass der Senat in absehbarer Zeit ohne Ihr verfassungspolitisches Engagement, Ihre universale Bildung und geistige Kapazität auskommen soll«, schrieb sie Anfang Juli an den geschätzten Kollegen, »ist wahrhaft deprimierend – aber vielleicht bleibt mir dieses Erlebnis erspart!«[6]

Die parteipolitischen Rahmenbedingungen der Richterwahl waren in Zeiten der sozialliberalen Koalition komplexer geworden. Denn die FDP, die seit dem ersten Präsidenten Hermann Höpker-Aschoff keinen Verfassungsrichter mehr nominiert hatte, erhob nunmehr Anspruch auf einen Richterposten. Die Union musste damit rechnen, dass die FDP-Stelle aus ihrem Kontingent genommen werden würde, und beharrte daher umso entschiedener darauf, wenigstens den nächsten Präsidenten benennen zu dürfen. Gebhard Müller hatte seine Parteifreunde überzeugen können, dass die »Einflussmöglichkeiten des Präs[identen] ausserordentlich gross seien« und die CDU »kein[en] Anlass« habe, »auf ihn zu verzichten«.[7] Die Suche nach einem Nachfolger für Erwin Stein, dessen Amtszeit bereits am 31. März 1971 endete, verlief aufgrund der verfahrenen Ausgangslage schleppend. »Die Härte der Auseinandersetzung um die Sitze im Bundesverfassungsgericht erklärt sich zum Teil daraus«, erläuterte Fromme vorausschauend in der FAZ, »daß [...] in absehbarer Zukunft die gesellschaftspolitischen Auseinandersetzungen stark auf das Bundesverfassungsgericht als eine Art Moderator verlagert werden dürften.«[8]

Da eine Verständigung über Steins Nachfolge im Bundesrat scheiterte, wurde das Bundesverfassungsgericht dazu aufgefordert, Vorschläge zu unterbreiten, wie es § 7a BVerfGG vorschrieb.[9] Gebhard Müller übermittelte dem Bundesrat die Vorschläge des Plenums in Form einer nummerierten Liste: 1. Richter am Bundesgerichtshof Dr. Hans Joachim Faller, 2. Richter am Bundesverwaltungsgericht Dr. Egbert Paul, 3. Senatspräsident am Bundesgerichtshof Dr. Fritz Hauss. Ein letztes Mal versuchte der scheidende Präsident, eine Richterwahl in seinem Sinne zu beeinflussen. Denn die Reihung gab seine eigene Präferenz, nicht die des Plenums wieder, das genau umgekehrt votiert hatte. Müller favorisierte seinen Landsmann und Parteifreund Faller, den er noch als Präsidialrat des Ersten Senats kannte. Zugleich stärkte er Paul Feuchte, Ministerialdirigent in der baden-württembergischen Staatskanzlei und Wunschkandidat des Ministerpräsidenten Filbinger, den Rücken, indem er in einem Telefonat mit dem Bundesratsdirektor erklärte, dass die Entscheidung des Plenums »keine verbindliche Stellungnahme« zu der umstrittenen Frage sei, ob Steins Nachfolger ein Bundesrichter sein müsse. Welcher von beiden letztlich zum Zuge kam, scheint Müller egal gewesen zu sein: Hauptsache ein Schwabe mit CDU-Parteibuch.

Filbinger hielt an seinem Kandidaten Feuchte fest und ließ daher die Wahl eines Nachfolgers für Erwin Stein vor der Sommerpause platzen. Während sich die

MEHRHEIT UND MINDERHEIT (1971–1977) 329

Eheleute Rupp im schweizerischen Pontresina erholten – das »Publikum« miss-fiel Wiltraut Rupp-von Brünneck: »viel Schweizer, viel Juden (z. T. sephardischer Art), einige Deutsche. Meist etwas spiessiges, reiches Bürgertum, einige Metzger-art, ›wenige die nach was gleich sehen‹« –,[10] bereitete die Bundesratsverwaltung die Nachbesetzung der weiteren drei Richterstellen aus dem Kontingent des Bundesrates vor: Geller, Rupp-von Brünneck und Wand. Über sie sollte in einem »Vie-rerpaket« gemeinsam mit der längst überfälligen Wahl eines Stein-Nachfolgers entschieden werden. Die Stellen von Müller und Leibholz fielen in das Kontingent des Bundestages, wurden aber bei den Verhandlungen im Bundesrat berücksichtigt. Das bedeutete eine weitere Komplikation. Denn am 4. Oktober stand der CDU-Parteitag an, bei dem ein neuer Parteivorsitzender gewählt werden sollte. Die Kandidaten – Helmut Kohl und Rainer Barzel – hatten unterschiedliche Favoriten für das Amt des Präsidenten des Bundesverfassungsgerichts. Einig waren sie sich nur darin, dass der Kandidat politisch verlässlich sein musste. Kohl sprach sich für Kiesingers Kanzleramtschef Karl Carstens aus. Barzel favorisierte den vormaligen Bundesinnenminister Ernst Benda. Mit Rücksicht auf den CDU-Parteitag wurde die Richterwahl von der Tagesordnung der Bundesratssitzung am 1. Oktober 1971 abgesetzt.

Nachdem Barzel zum CDU-Vorsitzenden gewählt worden war, verlangten die Unionsparteien plötzlich vier statt drei Richterposten und boten der SPD im Gegenzug das Präsidentenamt an. Das führte zu »[n]euen Verzögerungen bei der Neuwahl von Verfassungsrichtern«, wie Fromme in der FAZ titelte. Immerhin wusste er zu berichten, dass »über die Wiederwahl der Richterin Rupp[-]v. Brünneck, die der SPD zugerechnet wird, und von Richter Wand, der über die Quote der CDU geht«, bereits Einigkeit bestehe.[11] Neben der Präsidentenfrage sorgte die FDP-Kandidatin Emmy Diemer-Nicolaus für Unruhe, der die Union die fachliche Eignung absprach. Die FDP zog ihren Vorschlag daraufhin zurück. Es sollte bis 1986 dauern, ehe zwei Frauen zur gleichen Zeit dem Karlsruher Richterkollegium angehörten; heute sind es neun.

Schließlich gab die Union nach und begnügte sich mit dem Präsidentenamt und zwei weiteren Richtern. Am 11. November 1971 wählte der Wahlmänner-ausschuss des Bundestages Ernst Benda zu Müllers Nachfolger im Ersten Senat und den SPD-Bundestagsabgeordneten Martin Hirsch zu Leibholz' Nachfolger im Zweiten Senat. Benda und Hirsch hatten selbst dem Wahlmännergremium angehört. Tags darauf wählte der Bundesrat wie abgesprochen Ernst Benda zum Präsidenten und bestätigte Wiltraut Rupp-von Brünneck und Rudi Wand im Amt. Nachdem Baden-Württemberg seinen Kandidaten Paul Feuchte fallengelassen hatte, konnte der Bundesrat am 3. Dezember 1971 die zwei noch offenen Stellen besetzen: Hans Joachim Faller folgte auf Erwin Stein im Ersten Senat. Gellers Nachfolger im Zweiten Senat wurde der FDP-Kandidat Joachim

Rottmann, bisher Ministerialdirektor im Bundesinnenministerium. Während die parteipolitische Konstellation im Ersten Senat unverändert blieb – Ernst Benda und Hans Joachim Faller waren CDU-Mitglieder –, standen im Zweiten Senat nun vier CDU/CSU-Vorschläge drei SPD- und einem FDP-Kandidaten gegenüber.

Abb. 20: Ernennung der neu- und wiedergewählten Richter des Bundesverfassungsgerichts am 8. Dezember 1971 in Karlsruhe

Das Foto zeigt die Vereidigung des neu gewählten Präsidenten des Bundesverfassungsgerichts Ernst Benda durch Bundespräsident Gustav Heinemann. In der Bildmitte: Wiltraut Rupp-v. Brünneck; dahinter (halb verdeckt) Bundesjustizminister Gerhard Jahn. Links hinter Benda: der neu gewählte Richter Joachim Rottmann.

Quelle: StadtA Karlsruhe, 8/BA Schlesiger A22/153/1/36 / Horst Schlesinger

MEHRHEIT UND MINDERHEIT (1971–1977)   331

Österreichfälle

An einem Verfahren war Wiltraut Rupp-von Brünneck so viel gelegen, dass sie
es »unbedingt« noch während Erwin Steins Amtszeit in den Senat bringen wollte.[12] Infolge der verzögerten Richterwahlen wäre ihr das beinahe gelungen. Doch
als der Senat im Herbst 1971 über ihr Votum beriet, saß Stein in Erwartung seiner Verabschiedung schon nicht mehr mit am Beratungstisch. Im Übrigen war
der Senat noch der alte. In dem Verfahren ging es um die sogenannten »Österreich-Verfolgten« im Lastenausgleichsrecht. Der Entscheidung, die am 20. Oktober 1971 erging, lag eine in ihrer Tragik typische Verfolgungs-, Vertreibungs-
und Fluchtgeschichte zugrunde:

»Die am 25. Mai 1915 in Wien als Tochter eines rumänischen Staatsangehörigen geborene Beschwerdeführerin ist Jüdin. Sie lebte zunächst mit ihren Eltern in Czernowitz (Rumänien), bis
sie im Jahre 1920 nach Wien zu ihren Großeltern übersiedelte. Ihr Vater, der in der Bukowina
ausgedehntes Grundvermögen besaß und Mitinhaber mehrerer Fabriken war, übereignete ihr
anläßlich ihrer Eheschließung im Jahre 1937 die Hälfte seines Vermögens. Nach dem ›Anschluß‹
Österreichs im Jahre 1938 flüchtete die Beschwerdeführerin zu ihren Eltern nach Czernowitz,
wo sie seit dem 1. Juli 1941 den Judenstern tragen und seit dem 11. Oktober 1941 in einem Getto
leben mußte. Von dort wurde sie einen Monat später in das Konzentrationslager Berschad gebracht. Nach ihrer Befreiung durch die sowjetrussische Armee im Mai 1944 kehrte sie nach ihren
Angaben zunächst nach Czernowitz zurück, flüchtete aber später wegen der Besetzung der Bukowina durch die Sowjetunion nach Bukarest. 1949 flüchtete sie nach Österreich und hatte dort
ihren ständigen Aufenthalt bis zum Jahre 1962, als sie ihren nach Köln übersiedelten Eltern
folgte. Im Jahre 1953 erwarb sie die österreichische Staatsangehörigkeit.«[13]

Nach dem *Lastenausgleichsgesetz* und einer dazu erlassenen Durchführungsverordnung galt die Beschwerdeführerin als entschädigungsberechtigte Vertriebene. Der Ausgleich solcher »fiktiver Vertreibungsschäden« – »fiktiv«, weil die Beschwerdeführerin keine »Vertriebene« im Sinne des Lastenausgleichsrechts war –
sollte das erlittene NS-Unrecht wieder gut machen, unabhängig davon, ob die Betroffenen nach dem Krieg in Deutschland oder in Österreich Zuflucht gefunden
hatten. Die Beschwerdeführerin beantragte im August 1962 beim Ausgleichsamt
die Festsetzung der Entschädigung. Kurz darauf trat der *Finanz- und Ausgleichsvertrag* zwischen der Bundesrepublik Deutschland und der Republik Österreich
in Kraft.[14] Vertriebene österreichischer Staatsangehörigkeit sollten danach nur
noch dann in den Lastenausgleich einbezogen werden, wenn sie bis zum 1. Januar 1960 ihren ständigen Aufenthalt in der Bundesrepublik genommen hatten. Ein
entsprechender »Österreichvorbehalt« wurde in die Durchführungsverordnung
über die fiktiven Vertreibungsschäden übernommen. Das Ausgleichsamt lehnte
den Antrag der Beschwerdeführerin gestützt auf diesen Vorbehalt ab. Ihre ver-
waltungsgerichtliche Klage wurde in letzter Instanz vom Bundesverwaltungsge-

richt abgewiesen. Von Österreich konnte sie keine Entschädigung erwarten, da die dortige Gesetzgebung weder tatsächliche noch fiktive Vertreibungsschäden erfasste.

Wiltraut Rupp-von Brünneck wollte der Verfassungsbeschwerde stattgeben. Sie hielt den nachträglich eingeführten »Österreichvorbehalt« für unvereinbar mit den verfassungsrechtlichen Anforderungen an rückwirkende Normen. Außerdem sah sie das Eigentumsgrundrecht der Beschwerdeführerin verletzt, das nach ihrer Lesart auch den Entschädigungsanspruch schützte. Im Senat konnte sie damit nicht durchdringen. Die Mehrheit der Richter – wie viele, ist nicht überliefert – war der Ansicht, dass kein schutzwürdiger Vertrauenstatbestand zugunsten der Beschwerdeführerin begründet worden sei. Den Vertriebenen und Verfolgten habe nicht verborgen bleiben können, dass die jahrelangen Verhandlungen zwischen Deutschland und Österreich zu einer Änderung der Rechtslage führen würden. Der Ausschluss von Österreichern sei auch nicht willkürlich, da sich Deutschland nach dem Abschluss des Vertrages auf den Standpunkt habe stellen dürfen, dass Österreich seinen Staatsangehörigen Entschädigungsleistungen zukommen lassen werde. Als öffentlich-rechtliche Berechtigungen fielen die Lastenausgleichsansprüche außerdem nicht in den Schutzbereich des Eigentumsgrundrechts.

Der mit 17 Seiten recht kurze Beschluss – nur sechs Seiten entfallen auf die materielle Rechtslage – endet mit einer rechtspolitischen Schlussbemerkung, die das Bedürfnis der Senatsmehrheit nach einer Rechtfertigung des unbilligen Ergebnisses offenbart:

> »Das Bundesverfassungsgericht verkennt nicht, daß die durch die angegriffene Regelung herbeigeführte Rechtslage, obwohl sie verfassungsrechtlich nicht beanstandet werden kann, unbefriedigend ist, da die gegenwärtig geltende österreichische Gesetzgebung für die Verfolgten, die durch Maßnahmen der nationalsozialistischen Gewaltherrschaft in den Vertreibungsgebieten Vermögensschäden erlitten haben, keine Entschädigung vorsieht. Nachdem die Bundesrepublik sich mit der ursprünglichen Regelung – wenn auch freiwillig – dieser Personengruppe angenommen hatte, läge es nahe, daß sie auch weiterhin auf die Interessen dieser Verfolgten Bedacht nimmt. Art. 5 des Finanz- und Ausgleichsvertrages würde einen Weg eröffnen, auf eine entsprechende Ergänzung der österreichischen Gesetzgebung hinzuwirken.«[15]

Für Wiltraut Rupp-von Brünneck klang die Schlussbemerkung wie eine Kapitulationserklärung des Gerichts gegenüber der Politik: Obwohl die Senatsmehrheit die Rechtslage als »unbefriedigend« empfand, zog sie sich auf den zahnlosen Appell zurück, auf die Interessen der Österreich-Verfolgten »Bedacht« zu nehmen und auf eine Änderung der österreichischen Rechtslage hinzuwirken. Wiltraut Rupp-von Brünneck war hingegen überzeugt, dass man dem Grundgesetz verbindliche Vorgaben entnehmen konnte, wenn man nur wollte. Da die Mehrheit diesen Interpretationsspielraum nicht voll ausgeschöpft hatte, sah sich die überstimmte Berichterstatterin veranlasst, ihren Entscheidungsvorschlag in einer abweichenden Meinung darzulegen.[16] Mit seinen vierzehn Seiten ist das Sondervotum mehr als doppelt so lang wie die materiell-rechtlichen Ausführungen des Beschlusses.

Der Österreichvorbehalt war für Wiltraut Rupp-von Brünneck eine »belastende Regelung mit echter (retroaktiver) Rückwirkung«, die nach der Rechtsprechung des Bundesverfassungsgerichts grundsätzlich unzulässig sei. »Die Auffassung der Mehrheit, das Vertrauen der betroffenen Verfolgten auf den Fortbestand der früheren Regelung sei jedenfalls von dem Zeitpunkt ab nicht mehr schutzwürdig gewesen, in dem sich eine vertragliche Vereinbarung zwischen Österreich und der Bundesrepublik abzeichnete«, wies sie als realitätsfern zurück. Zum einen sei keineswegs sicher, dass der betroffene Personenkreis von den Verhandlungen informiert war. Zum anderen sei »kaum verständlich, wieso eine derartige Kenntnis bei den Betroffenen die Vorstellung eines nahen Verlustes ihrer Entschädigungsansprüche hätte hervorrufen sollen, obwohl doch die Verhandlungen gerade dem Ziele einer Verbesserung der Lage der Verfolgten in Österreich dienen sollten«. Das war in der Tat eine Schwachstelle in der Argumentation der Mehrheit: Veränderung heißt eben nicht Verschlechterung.

Wiltraut Rupp-von Brünneck beschränkte sich nicht auf eine abweichende Würdigung des Falles anhand der etablierten Maßstäbe, sondern schlug eine generelle Neujustierung des Rückwirkungsverbots vor:

»Bei einem Überblick über die Rechtsprechung kann man sich kaum des Eindrucks erwehren, daß bei der Prüfung, welches Maß an Kenntnissen nach verständiger Würdigung bei dem betroffenen Personenkreis vorausgesetzt werden kann, nicht immer der gleiche Maßstab angelegt wird – möglicherweise in dem verständlichen Wunsch, die angegriffene Regelung aus anderen Gründen aufrechtzuerhalten oder für nichtig zu erklären. Zum Teil geht die Rechtsprechung von dem Idealtyp eines mit den Vorgängen des staatlichen Lebens auf das Beste vertrauten und in rechtlichen Fragen bewanderten Staatsbürgers aus, wie er – bedauerlicherweise – der Verfassungswirklichkeit nicht entspricht. Angesichts der Rechtsfremdheit und des mangelnden Interesses an öffentlichen Angelegenheiten in weiten, durchaus repräsentativen Bevölkerungskreisen – Mängel, die nicht allein den Bürgern angelastet werden können! – sowie angesichts der häufig unzureichenden Information halte ich es schon für eine Überforderung, bei den Bürgern generell die Kenntnis vom Inhalt jedes Gesetzesbeschlusses des Bundestages vorauszusetzen, soweit es sich nicht um einfach zu verstehende Fragen von allgemeiner Bedeutung handelt.«

Die bisherige Rückwirkungsjudikatur verfehlte nach ihrer Ansicht nicht nur die Lebenswirklichkeit der Bürger, sondern auch die Verfassungswirklichkeit des Gesetzgebungsprozesses. Wer nur auf die Beschlusslage des Bundestages abstelle, bewerte »die Rolle der anderen am Zustandekommen eines Gesetzes beteiligten Verfassungsorgane, besonders die Einflußmöglichkeiten des Bundesrates [...] zu gering«. Aufgrund ihrer zehnjährigen Mitarbeit im Rechtsausschuss des Bundesrates wusste sie, dass ein Gesetz mit dem Bundestagsbeschluss noch längst nicht in trockenen Tüchern war. Einspruch oder Zustimmungsverweigerung durch den Bundesrat waren immer noch möglich, vor allem konnte die Anrufung des Vermittlungsausschusses entscheidende inhaltliche Veränderungen nach sich ziehen. Ein Vertrauenstatbestand konnte also erst begründet oder zerstört werden, sobald das Gesetz den Bundesrat passiert hatte. Diese praktische Erfahrung in der Gesetzgebung hatte sie den meisten ihrer Senatskollegen voraus: Böhmer, Haager und Simon waren Berufsrichter, Brox Hochschullehrer. Ritterspach war nur kurz in einem Bundesministerium tätig gewesen, bevor er nach Karlsruhe ging. Lediglich Gebhard Müller hatte als ehemaliger Ministerpräsident Erfahrung bei der Mitwirkung an der Gesetzgebung des Bundes. Doch dürfte es ihm politisch wenig opportun erschienen sein, die Maßstäbe der Rückwirkungsjudikatur daran auszurichten.

Die Dissenterin ging noch einen Schritt weiter: Für sie war die Vorhersehbarkeit einer Rechtsänderung von vornherein ein ungeeigneter Anknüpfungspunkt für das Rückwirkungsverbot:

»Das eigentliche Problem liegt in dem Konflikt zwischen dem Individualinteresse der durch die bisherige Regelung Begünstigten und dem Bestreben des Gesetzgebers nach Dispositionsfreiheit für Rechtsänderungen, die er im allgemeinen öffentlichen Interesse für geboten hält, weil sie eine gerechtere oder zweckmäßigere Ordnung des Gegenstandes herbeiführen oder weil Änderungen der Lebensverhältnisse oder der sozialen, wirtschaftlichen oder politischen Auffassungen andere Prioritäten für die staatliche Aufgaben setzen, so dass etwa nunmehr die Interessen anderer Gruppen als vorrangig erscheinen.«

Die Rückwirkung von Gesetzen war für Wiltraut Rupp-von Brünneck kein Rechtsstaats-, sondern ein Verteilungsproblem, für dessen Lösung sie als »adäquates Instrument« das Sozialstaatsprinzip des Grundgesetzes heranziehen wollte, »das in der verfassungsgerichtlichen Rechtsprechung [...] noch ein Schattendasein führ[e]«. Die Aktivierung des Sozialstaatsprinzips sollte sich wie ein roter Faden durch ihre zweite Amtszeit ziehen. Das Sondervotum zum Österreich-Beschluss war die Ouvertüre.

Die Vorzüge der sozialstaatlichen Lösung lagen auf der Hand. Anders als das Rechtsstaatsprinzip war das Sozialstaatsprinzip nicht mit historischen Erwartungen überfrachtet, sondern bot Raum für interpretative Entwicklung. Es war offen für progressive Impulse, zugleich aber unbestimmt genug, um es harmonisch in das Institutionengefüge der bundesrepublikanischen Demokratie einzupassen. Vor allem konnte es nah an der Lebens- und Verfassungswirklichkeit ausgerichtet werden. Wiltraut Rupp-von Brünneck wollte das rechtsstaatliche Postulat der Beständigkeit des Rechts nicht völlig aufgeben, betonte aber, dass die Entwicklung der modernen Industriegesellschaft zunehmend das Bedürfnis nach einer laufenden, schnellen Anpassung des Rechts an die gesellschaftlichen Veränderungen verstärke und damit die Bedeutung des Gesetzes wandle. Das Gesetz erscheine nun weniger als eine für die Dauer bestimmte, aus allgemein gültigen Regeln entnommene Ordnung des betreffenden Lebensbereiches, sondern erhalte stärker den Charakter einer auf den Status quo zugeschnittenen Willensentscheidung des Gesetzgebers über den Ausgleich divergierender Interessen. Das formale Prinzip des Rechtsstaats mit seinen Wurzeln im 19. Jahrhunderts hielt mit dieser Entwicklung nicht Schritt. Es musste dem materiellen Prinzip des Sozialstaats als einem Konzept des 20. Jahrhunderts weichen. Für die Rückwirkungsfälle hatte diese Neujustierung handfeste Konsequenzen:

»Wenn der Staat einer bestimmten Gruppe von Bürgern Leistungen gewährt, um einem sozialen oder sonstigen anerkennenswerten Bedürfnis Rechnung zu tragen, so darf er sich nicht beliebig dieser Leistung entziehen und die betroffenen Einzelnen wieder sich selbst überlassen, d. h. sie zum bloßen Objekt wechselnder Willensentscheidungen machen. Das vorangegangene Tun verpflichtet ihn, der freiwillig oder unfreiwillig übernommenen sozialen Verantwortung auch weiterhin gerecht zu werden, soweit nicht höherrangige Interessen des Gemeinwohls entgegenstehen.«

Das Besitzstandsdenken des Rechtsstaats wollte Wiltraut Rupp-von Brünneck durch das Bedürfnisdenken des Sozialstaats ablösen. Die Abwägung zwischen Individual- und Gemeinwohlinteressen ließ Raum für Differenzierungen, da es nicht mehr darauf ankommen sollte, *ob* durch den Entzug einer Rechtsposition Vertrauen enttäuscht wurde, sondern *inwieweit* der Einzelne auf diese Position angewiesen war. Im konkreten Fall konnte Wiltraut Rupp-von Brünneck keine »vordringlichen sozialstaatlichen Forderungen« erkennen, die es gerechtfertigt hätten, den Österreich-Verfolgten ihre Ansprüche rückwirkend zu entziehen.

Wiltraut Rupp-von Brünnecks Konzept einer sozialstaatlich fundierten Rückwirkungsdogmatik hat erst spät wissenschaftliche Anerkennung gefunden.[17] In der Rechtsprechung konnte es sich nicht durchsetzen.[18] Einem anderen Aspekt ihres Sondervotums war ein glücklicheres Schicksal beschieden. Die Dissenterin forderte nämlich eine »Überprüfung« der Rechtsprechung zum Eigentumsschutz öffentlich-rechtlicher Positionen und stützte damit ihren Entscheidungsvorschlag für die Österreichfälle auf ein zweites Fundament.[19]

Bislang hatte das Bundesverfassungsgericht öffentlich-rechtliche Rechtspositionen nur dann in den Eigentumsbegriff des Art. 14 Abs. 1 GG einbezogen, wenn sie dem bürgerlich-rechtlichen Eigentum ähnelten. Dafür mussten sie sich als »Äquivalent eigener Leistung« darstellen. Sozialleistungen sollten hingegen keinen Eigentumsschutz genießen.[20] Diese Rechtsprechung beruhte auf »der strengen Trennung der Bereiche des privaten und öffentlichen Rechts«, die in den Augen der Dissenterin »durch die Rechtsentwicklung überholt« war. Die bisherige

Eigentumsdogmatik ignoriere die »Veränderung der wirtschaftlichen und sozialen Verhältnisse, besonders das ständige Vordringen der staatlichen Daseinsvorsorge in vielen Lebensbereichen«.

»Wenn der Eigentumsschutz ein Stück Freiheitsschutz enthält, insofern er dem Bürger die wirtschaftlichen Voraussetzungen einer eigenverantwortlichen Lebensgestaltung sichert, so muß er sich auch auf die öffentlich-rechtlichen Berechtigungen erstrecken, auf die der Bürger in seiner wirtschaftlichen Existenz zunehmend angewiesen ist.«

Wiltraut Rupp-von Brünneck plädierte für eine wirklichkeitsnahe Neuinterpretation der Eigentumsgarantie, die den wirtschaftlichen und gesellschaftlichen Veränderungen der Industriegesellschaft Rechnung tragen sollte. Nicht mehr das bürgerliche Eigentumsideal, sondern die Angewiesenheit des Einzelnen auf eine Rechtsposition, sollte über die Reichweite des Eigentumsschutzes entscheiden. Der sozialstaatliche Impetus dieser Eigentumskonzeption war unverkennbar. Eine Blockade des Gesetzgebers durch »eine so weite Auslegung des Eigentumsbegriffs« befürchtete Wiltraut Rupp-von Brünneck nicht. Denn gerade das Eigentumsgrundrecht lasse genügend Raum für sozialstaatliche Erfordernisse. Sie konnte sich »Abstufungen *innerhalb* des Eigentumsschutzes« vorstellen, etwa danach, ob eine Position ganz oder teilweise auf staatlicher Gewährung beruhte, wieweit sie durch das Sozialstaatsprinzip gefordert oder freiwillig war und ob es sich um eine Dauerbelastung oder um einmalige Leistungen handelte.[21]

So weit, wie Wiltraut Rupp-von Brünneck vorschlug, würde das Bundesverfassungsgericht in seiner Eigentumsjudikatur nie gehen. Doch ihr Sondervotum wies die Richtung, in die sich die Rechtsprechung in den folgenden Jahren entwickeln sollte. Bereits 1975 erwog der Erste Senat, die Umgestaltung sozialversicherungsrechtlicher Ansprüche an Art. 14 GG zu messen:

»Dafür würde sprechen, daß die Eigentumsgarantie in ihrer freiheitsverbürgenden Funktion darauf zielt, dem Einzelnen die wirtschaftlichen Voraussetzungen für eine eigenverantwortliche Lebensgestaltung zu gewährleisten [...], daß in der modernen industriellen Dienstleistungsgesellschaft die große Mehrzahl der Staatsbürger ihre wirtschaftliche Existenzsicherung weniger durch privates Sachvermögen, sondern durch den Arbeitsertrag und die daran anknüpfende solidarisch getragene Daseinsvorsorge erlangt und daß gerade diese Daseinsvorsorge historisch von jeher eng mit dem Eigentumsgedanken verbunden war.«[22]

1980 wurden rentenversicherungsrechtliche Ansprüche als Eigentumsrechte anerkannt.[23] Weitere sozialversicherungsrechtliche Positionen kamen in der Folge hinzu.[24] Wiltraut Rupp-von Brünnecks Sondervotum zum Österreich-Beschluss ist, wie ihr Neffe Alexander von Brünneck rückblickend schreiben sollte, ein Beleg dafür, »daß eine zunächst nur als Minderheitsmeinung vertretene Auffassung [...] zur Mehrheitsmeinung werden kann«.[25]

MEHRHEIT UND MINDERHEIT (1971–1977) 337

Abb. 21: Wiltraut Rupp-v. Brünneck zu Beginn ihrer zweiten Amtszeit um 1971/72
Quelle: Nachlass W. Rupp-v. Brünneck / Hilde Thiele

Filmeinfuhr-Beschluss

»Der lachende Mann« hieß bürgerlich Siegfried Müller. Er war ein ehemaliger Wehrmachtssoldat, der sich in den sechziger Jahren als westlicher Söldner im Kongo verdingte. 1965 führten zwei DDR-Filmemacher ein einstündiges Interview mit dem »Kongo-Müller«, der bereits zuvor in westdeutschen Medien Aufmerksamkeit erregt hatte. Weil der Söldner, der für zahlreiche Kriegsverbrechen verantwortlich gemacht wurde, während des Interviews permanent lächelte, bereitete die Wahl des Filmtitels keine Mühe: *Der lachende Mann*. Im März 1966 kam der Film als Dokumentarfilm in die Kinos der DDR. Schon der Untertitel – »Bekenntnisse eines Mörders« – verriet den propagandistischen Anspruch des Films, der eine Anklage des westlichen Neoimperialismus in Afrika sein sollte. Müller selbst bezeichnete sich im Interview als einen »Krieger des freien Westens«. Seine »Bekenntnisse« seien, unterrichtete der Abspann das Publikum, »ein Dokument des Klassenkampfes, wie er heute geführt wird: in Afrika, Asien und in Deutschland«.

Bei einem Besuch der Leipziger Buchmesse im Jahr 1966 erhielt der pazifistisch bewegte Freiburger Versicherungsvertreter Helmut Soeder eine Kopie des Films als Geschenk. Zurück im Westen führte er den Film Freunden und Bekannten vor, ehe ihm die Kriminalpolizei weitere Vorführungen untersagte. Soeder hätte nach dem *Gesetz zur Überwachung strafrechtlicher und anderer Verbringungsverbote* von 1961 – kurz: Überwachungsgesetz (GÜV) – den Film nach der Einfuhr dem Bundesamt für gewerbliche Wirtschaft vorlegen müssen. Diese Vorlagepflicht flankierte das gesetzliche Verbot, »Filme, die nach ihrem Inhalt dazu geeignet sind, als Propagandamittel gegen die freiheitliche demokratische Grundordnung oder gegen den Gedanken der Völkerverständigung zu wirken, in den räumlichen Geltungsbereich dieses Gesetzes zu verbringen, soweit dies dem Zwecke der Verbreitung dient« (§ 5 Abs. 1 GÜV). Die Bundesregierung hatte auf dem Verordnungswege Filme aus verschiedenen Ursprungsländern von der Vorlagepflicht befreit, nicht jedoch Filme aus Ostblockstaaten.[26]

Der Vorlageaufforderung kam Helmut Soeder trotz Bußgeldandrohung nicht nach, sondern reiste mit seinen Filmrollen durch die Republik und schickte sie an verschiedene Aufführungsorte. 1968 verschwanden die Filmrollen auf dem Postweg. Das Tauziehen um den »lachenden Mann« hatte ein juristisches Nachspiel. Soeder hatte gegen die Vorlageaufforderung nämlich Klage erhoben. Im Mai 1967 setzte das Verwaltungsgericht Frankfurt am Main das Verfahren aus und legte dem Bundesverfassungsgericht die Frage zur Entscheidung vor, ob das gesetzliche Einfuhrverbot nebst Vorlagepflicht mit dem Grundgesetz vereinbar sei. Die Verwaltungsrichter bezweifelten die Konformität des Überwachungsgesetzes mit der Informations- und Berichterstattungsfreiheit nach Art. 5 Abs. 1 Sätze 1 und 2

GG und dem Zensurverbot des Art. 5 Abs. 1 Satz 3 GG. Die Mehrheit des Ersten Senates des Bundesverfassungsgerichts teilte diese Bedenken nicht. Mit Beschluss vom 25. April 1972 wurde das Einfuhrverbot für vereinbar mit dem Grundgesetz erklärt.[27]

Zwar habe der Gesetzgeber das Verbot tatbestandlich zu weit gefasst. § 5 Abs. 1 GÜV könne aber im Lichte der Informationsfreiheit verfassungskonform ausgelegt werden. Der Begriff der »Propagandamittel« erfasse demnach – bei Abwägung der Informationsfreiheit mit den Erfordernissen des Staatsschutzes – nur solche Filme, die eine »aktiv kämpferische, aggressive Haltung« gegen die freiheitlich demokratische Grundordnung oder gegen den Gedanken der Völkerverständigung erkennen ließen. Dieses dem KPD-Urteil von 1956 entlehnte Kriterium sollte die Beeinträchtigung der Informationsfreiheit auf »das zur Abwehr von Angriffen gegen die in § 5 Abs. 1 GÜV genannten Schutzgüter Erforderliche« begrenzen. Einen Verstoß gegen das Zensurverbot verneinte die Senatsmehrheit, da Art. 5 Abs. 1 Satz 3 GG nur die »Vor- oder Präventivzensur« erfasse, nicht aber die nachträgliche Kontrolle eines bereits in Verkehr gebrachten Werkes.[28]

Rudolf Gerhardt kommentierte die Entscheidung in der FAZ:

»Ein verhältnismäßig unbedeutender Dokumentarfilm der ostdeutschen Defa gab dem Bundesverfassungsgericht Anlaß, die Grenzen der Berichterstattungs- und Informationsfreiheit erneut abzuschreiten. Die nach fünfjähriger Verfahrensdauer ergangene Entscheidung gewinnt ihren besonderen Reiz durch eine temperamentvolle ›abweichende Meinung‹, in der zwei Richter (Rupp v. Brünneck, Simon) ihren Kollegen klarzumachen suchen, daß sie, zu deren Aufgaben die Auslegung des Gesetzes zählt, die Ziele des Gesetzgebers ›verfehlt oder verfälscht‹ haben.«[29]

In der Tat kritisierten Wiltraut Rupp-von Brünneck und Helmut Simon in ihrem gemeinsamen Sondervotum zum Filmeinfuhr-Beschluss vor allem das methodische Vorgehen der Senatsmehrheit:

»Wir stimmen der Mehrheit des Senats darin zu, daß die in § 5 des Überwachungsgesetzes enthaltene Verbots- und Überwachungsregelung in ihrem zur Prüfung vorgelegten uneingeschränkten Wortlaut verfassungsrechtlich nicht tragbar ist. Dieses Prüfungsergebnis nötigt aber nach unserer Ansicht dazu, die Norm für nichtig zu erklären.«[30]

Die Aufrechterhaltung des § 5 Abs. 1 GÜV durch eine verfassungskonforme Auslegung lehnten die Dissenter ab. Der »gute Sinn« der Konformauslegung gehe dahin, »von der Absicht des Gesetzgebers das Maximum dessen aufrechtzuerhalten, was nach der Verfassung aufrechterhalten werden kann«. Ihre Grenze finde die Methode dort, »wo sie mit dem Wortlaut und dem klar erkennbaren Willen des Gesetzgebers in Widerspruch treten würde«. Das entsprach der ständigen Rechtsprechung, von der der Filmeinfuhr-Beschluss nach Ansicht Wiltraut Rupp-von Brünnecks und Helmut Simons abwich:

»Die Interpretation der Mehrheit hält weder ein Minimum noch ein Maximum der gesetzgeberischen Absichten aufrecht, sondern ›verfehlt oder verfälscht das gesetzgeberische Ziel‹, indem sie der Norm die eigentlich gewollte praktische Bedeutung nimmt und ihr einen anderen normativen Gehalt unterlegt [...].«

Die methodologische Kritik, die an Goethes bekannten Xenien-Vers erinnert (»Legt ihr's nicht aus, so legt was unter.«), mag auf den ersten Blick überraschen. Denn die Dissenter konnten von sich nicht gerade behaupten, methodenstreng zu sein. Wiltraut Rupp-von Brünneck orientierte sich ausweislich ihres Aphorismen-Büchleins in Methodenfragen an einem anderen Goethe-Spruch: »Zur Methode wird nur der getrieben, dem die Empirie lästig ist.«[31] Dass sie im Filmeinfuhr-Fall so großen Wert auf »Wortlaut, Gesetzessystematik und Gesetzeszweck« legte, ist mit der Sorge vor einem »unzulässige[n] Eingriff in die rechtspolitische Entscheidungsfreiheit des Gesetzgebers« zu erklären. Denn die Senatsmehrheit hatte das Einfuhrverbot mit einem Inhalt aufrechterhalten, von dem sie wusste, dass der Gesetzgeber ihn nicht gewollt hatte. § 5 GÜV war nämlich gerade deshalb geschaffen worden, um die Einfuhr von Filmen unterbinden zu können, die unter der Schwelle der damals strafbaren verfassungsverräterischen Publikationen lagen (§ 93 StGB a. F.). Indem die Senatsmehrheit das Einfuhrverbot auf aggressiv-kämpferisch gegen die freiheitlich demokratische Grundordnung gerichtete Filme beschränkte, erfasste es genau den Bereich, für den der Gesetzgeber es *nicht* vorgesehen hatte. Das war besonders deshalb pikant, weil der Straftatbestand des § 93 StGB a. F. im Jahr 1968 durch § 86 StGB ersetzt worden war, der den Kreis der verbotenen »Propagandamittel« einengte. Durch die »verfassungskonforme« Interpretation des § 5 Abs. 1 GÜV wurde das Verbot des § 93 StGB gleichsam durch die Hintertür wieder eingeführt, wenn auch ohne Strafsanktion.

Der Filmeinfuhr-Beschluss bedeutete für die Dissenter daher eine – mit der Gewaltenteilung unvereinbare – »Verlagerung gesetzgeberischer Verantwortung auf das Gericht«. Die Gewaltenteilung war für sie kein formales Prinzip, sondern Ausdruck des »dem Freiheitsschutz dienende[n] Zusammenwirken[s] zweier selbständiger Staatsorgane«. Durch die verfassungskonforme Auslegung eines Gesetzes, das der Gesetzgeber mit verfassungswidrigem Inhalt gewollt hatte, entfalle »die Möglichkeit, die legislativen Entscheidungen des einen Organs durch ein anderes richterlich überprüfen zu lassen, was in einer freiheitlichen Demokratie im Hinblick auf das [...] Spannungsverhältnis zwischen politischen Grundrechten und politischem Staatsschutz besonders wesentlich« sei.

MEHRHEIT UND MINDERHEIT (1971–1977)   341

Das Einfuhrverbot berührte schließlich nicht irgendein Grundrecht, sondern die Informationsfreiheit, die der Senat bereits in einer früheren Entscheidung als »eine der wichtigsten Voraussetzungen der freiheitlichen Demokratie« charakterisiert hatte.[32] Die Informationsfreiheit setze den Bürger in den Stand, »sich selbst die notwendigen Voraussetzungen zur Ausübung seiner persönlichen und politischen Aufgaben zu verschaffen, um im demokratischen Sinne verantwortlich handeln zu können«. Mehr noch: Die Informationsfreiheit trage dem elementaren Bedürfnis des Menschen Rechnung, »sich aus möglichst vielen Quellen zu unterrichten, das eigene Wissen zu erweitern und sich so als Persönlichkeit zu entfalten. Zudem ist in der modernen Industriegesellschaft der Besitz von Informationen von wesentlicher Bedeutung für die soziale Stellung des Einzelnen«. Der Filmeinfuhr-Beschluss blieb aus Sicht der Dissenter hinter diesen Maßstäben zurück und gab ihnen Anlass daran zu erinnern, dass »[n]ach dem Wertsystem des Grundgesetzes [...] der politische Staatsschutz nicht der Absicherung irgendeiner beliebigen, sondern ganz speziell derjenigen politischen Ordnung [dient], für die Meinungs-, Presse- und Informationsfreiheit konstitutiv sind«.[33]

»Daraus folgen im Bereich des politischen Staatsschutzes unverkennbare Schwierigkeiten, die ihn von Vorschriften zum Schutz anderer Rechtsgüter charakteristisch unterscheiden: Je perfekter der Schutz wird, je stärker also jene Grundrechte eingeschränkt werden, desto mehr wächst die Gefahr, daß ungewollt das Schutzobjekt selbst erstickt wird. Im Hinblick auf das Grundrecht der Informationsfreiheit ist dabei noch besonders zu berücksichtigen, daß dessen selbständige verfassungsrechtliche Gewährleistung durch die Erfahrungen unter dem nationalsozialistischen Regime veranlaßt war: Der Bürger sollte vor einer zum Instrumentarium totalitärer Staaten gehörenden Meinungslenkung und Informationsbeschränkung wie etwa staatlichen Abhörverboten für ausländische Rundfunksender wirksam geschützt werden [...].«

Vor diesem Hintergrund erschien Wiltraut Rupp-von Brünneck und Helmut Simon »die Abschirmung der Bürger der Bundesrepublik vor staatsgefährdenden Einflüssen vermittels einer Informationsbeschränkung generell als denkbar ungeeignetes Mittel, um den Bestand der Bundesrepublik *einschließlich* ihrer freiheitlichen demokratischen Grundordnung zu sichern«.

»Ein freiheitlicher demokratischer Staat, der in enger Nachbarschaft zu totalitär regierten, auf einer anderen Gesellschaftsauffassung beruhenden Staaten lebt, kann seine eigenständige Ordnung nicht wirksam verteidigen, indem er Augen und Ohren seiner Bürger vor den von draußen kommenden Informationen und Einflüssen verschließt. Sein Weiterbestand beruht vielmehr primär darauf, daß die als mündig vorausgesetzten Bürger in der Lage und willens sind, in offener Auseinandersetzung mit solchen Informationen und Einflüssen ihren Staat in seiner freiheitlichen Struktur zu schützen.«

Deutlicher konnten die Dissenter die Absurdität eines Filmeinfuhrverbots zum Schutz der freiheitlich demokratischen Grundordnung kaum herausstellen. Um an ihrem freiheitlichen Verfassungsverständnis nicht den geringsten Zweifel aufkommen zu lassen, schlossen sie die Passage mit einem Ausspruch des liberalen britischen Premierministers William Gladstone:»It is liberty alone which fits men for liberty.« Ernst Benda sollte den Satz in seinem Nachruf auf Wiltraut Rupp-von Brünneck als Beleg für ihre »ausgeprägte Liberalität« zitieren – in der deutschen Übersetzung:»Die Freiheit allein befähigt den Menschen zur Freiheit.«[34]

Wiltraut Rupp-von Brünneck und Helmut Simon beschlossen ihr Sondervotum mit einer Mahnung:»Auch wenn der Gesetzgeber nach dem Beschluss der Mehrheit ›gerade noch einmal davongekommen ist‹, wäre er gut beraten, die ganze einer freiheitlichen Demokratie wahrlich nicht zum Ruhme gereichende Regelung aus eigenem Antrieb zu beseitigen.«[35] Der Appell traf den Zeitgeist und die politischen Mehrheiten: Zwei Jahre nach dem Filmeinfuhr-Beschluss wurde die Vorlagepflicht aus dem Überwachungsgesetz gestrichen.[36] Der Filmverkehr zwischen Ost und West sah sich keinen Hindernissen mehr ausgesetzt – ein Mosaiksteinchen in der Entspannungspolitik der sozialliberalen Bundesregierung, die unter dem Motto »Wandel durch Annäherung« auf eine Normalisierung der Beziehungen mit den Ostblockstaaten hinwirkte.

Ostverträge

Mit dem Kernstück der Entspannungspolitik, den Ostverträgen, sollte das Bundesverfassungsgericht wenige Wochen nach dem Filmeinfuhr-Beschluss befasst werden. 1970 hatte die Bundesregierung mit der Sowjetunion und der Volksrepublik Polen vertraglich vereinbart, auf die Erhebung von Gebietsansprüchen zu verzichten und die europäischen Grenzen für unverletzlich zu betrachten, einschließlich der Oder-Neiße-Linie.[37] Mit dem »Verzicht« auf die ehemals deutschen Gebiete östlich der Grenzflüsse brachte die sozialliberale Koalition nicht nur die Vertriebenen gegen sich auf, sondern lieferte auch der CDU/CSU-Opposition eine willkommene Gelegenheit, die Bundesregierung zu Fall zu bringen. Durch Aus- und Übertritte war die Mehrheit der Koalitionsfraktionen im Bundestag bis zum Beginn der Debatte über die Ostverträge im Februar 1972 zusammengeschrumpft. Im April 1972 wechselte ein weiterer FDP-Abgeordneter zur CDU. Zwei seiner früheren Fraktionskollegen hatten zuvor signalisiert, im Fall eines Misstrauensvotums gegen Brandt zu stimmen. Am 23. April 1972 errang die CDU die absolute Mehrheit bei der Landtagswahl in Baden-Württemberg. Damit war die sozialliberale Mehrheit im Bundesrat dahin.

Vier Tage später wagte sich der CDU-Parteivorsitzende Rainer Barzel aus der Deckung. Er wollte sich durch ein konstruktives Misstrauensvotum zum Bundeskanzler wählen lassen und glaubte sich der Mehrheit sicher. Am Ende fehl-

MEHRHEIT UND MINDERHEIT (1971–1977)   343

ten Barzel drei Stimmen, die – wie sich Jahre später herausstellen sollte – jedenfalls teilweise von der Stasi gekauft worden waren. Wiltraut Rupp-von Brünneck war in Feierlaune, als sie vom gescheiterten Misstrauensvotum erfuhr. Sie machte aus ihren Sympathien für die SPD, den Bundeskanzler und die Entspannungspolitik der sozialliberalen Koalition keinen Hehl. Als die Nachricht von Barzels Niederlage Karlsruhe erreichte, lud sie zu einem Umtrunk in ihrem Dienstzimmer. Ihr wissenschaftlicher Mitarbeiter war nicht erschienen. Als er auf Bitten der »Chefin« geholt wurde, erklärte er schüchtern, CDU-Mitglied zu sein. »Das macht doch nichts«, entgegnete sie und forderte ihn herzlich, aber bestimmt zum Bleiben auf. Eingeladen war auch die 33-jährige Helga Seibert, die als wissenschaftliche Mitarbeiterin bei Martin Hirsch im Zweiten Senat tätig war.[38] Im November 1989 sollte Helga Seibert auf Vorschlag der SPD auf die Stelle im Ersten Senat gewählt werden, die einst Wiltraut Rupp-von Brünneck innegehabt hatte. Wenige Tage zuvor war die Mauer gefallen und die Wiedervereinigung in greifbare Nähe gerückt.

Das Stimmenpatt im Bundestag zwang Regierung und Opposition nach dem gescheiterten Misstrauensvotum zu einem Kompromiss. Auf Antrag aller Fraktionen wurde eine Entschließung verabschiedet, nach der die Ostverträge zwar einen »Modus vivendi« der Bundesrepublik mit ihren östlichen Nachbarn herstellen, die friedensvertragliche Regelung für Deutschland aber nicht vorwegnehmen und keine Rechtsgrundlage für die bestehenden Grenzen schaffen sollten. Die Union enthielt sich in der darauffolgenden Abstimmung über die Ostverträge der Stimme, so dass diese mit den Stimmen der sozialliberalen Koalition den Bundestag passieren konnten. Das Prozedere wiederholte sich bei der Bundesratssitzung am 19. Mai 1972.[39] Damit die Ostverträge in Kraft treten konnten, musste Bundespräsident Gustav Heinemann nur noch die Vertragsgesetze ausfertigen und verkünden. Durch den anschließenden Austausch der Ratifikationsurkunden würde die völkerrechtliche Verbindlichkeit hergestellt werden.

Die Sitzung des Bundesrates fand am Freitag vor der Pfingstwoche statt, die den Mitgliedern des Ersten Senats des Bundesverfassungsgerichts eine kurze Phase der Erholung in einer arbeitsreichen und krisenhaften Zeit versprach. Mit zwei umfangreichen Beschlüssen hatten sie Grundfragen der Selbstverwaltung und der Berufsfreiheit von Ärzten geklärt.[40] Kurz darauf hatte eine Anschlagserie der RAF die Bundesrepublik in Aufregung versetzt. Auf einen Bombenanschlag auf die US-Streitkräfte in Frankfurt (11. Mai) folgten Anschläge auf Polizeibehörden in Augsburg und München (12. Mai) und ein Sprengstoffattentat auf den Ermittlungsrichter am Bundesgerichtshof Wolfgang Buddenberg in Karlsruhe (15. Mai), bei dem dessen Ehefrau schwer verletzt wurde. Am Nachmittag des 19. Mai detonierten drei Sprengsätze im Hamburger Springer-Hochhaus. Der Präsident des

Bundesverfassungsgerichts Ernst Benda weilte zu dieser Zeit bereits in einem Bungalow in seinem Ferienort auf Sardinien, »ohne elektrisches Licht und ohne Telephon«. Gegen elf Uhr abends stoppte ein Funkwagen der Carabinieri vor seinem Domizil, um ihm eine Nachricht der deutschen Botschaft in Rom zu überbringen. »Als ich die Polizei sah, wußte ich, was los war«, erzählte Benda später dem SPIEGEL.[41] Ihm war klar, dass es nicht um die RAF ging, sondern um die Ostverträge.

Wiltraut Rupp-von Brünneck, die sich nach Apfelstetten zurückgezogen hatte, dürfte schon früher am Tag von den »unerwartet auf den Ersten Senat niederprasselnden Verfassungsbeschwerden und Anträge[n] auf einstweilige Anordnungen in Sachen Ostverträge« erfahren haben.[42] Nachdem der Bundesrat die Zustimmung erteilt hatte, waren zwei Verfassungsbeschwerden gegen die Zustimmungsgesetze in Karlsruhe eingegangen, jeweils verbunden mit dem Antrag, durch einstweilige Anordnung den Abschluss des Ratifikationsverfahrens zu unterbinden. Hinter den Anträgen standen Beschwerdeführer, die behaupteten, dass der Verzicht auf die früheren deutschen Ostgebiete ihr Grundeigentum in Nord-Ostpreußen und Schlesien verletze. Die Verfahren fielen in das Dezernat des Richters Werner Böhmer, der auch Sorge dafür trug, dass über die Anträge rasch entschieden werden konnte.

Eile war geboten. Denn der Bundespräsident wollte die Ostverträge am Dienstag nach Pfingsten unterzeichnen. Am Samstag, den 20. Mai 1972, landete Ernst Benda mit einem eigens für ihn abgestellten Lockheed-Jet der Bundeswehr in Stuttgart. Am Rande der Piste wartete der Berichterstatter, um dem Präsidenten die Beschwerdeschriften zu übergeben, die dieser bei der gemeinsamen Fahrt nach Karlsruhe studierte. In Böhmers Wohnung berieten Präsident und Berichterstatter das weitere Vorgehen und beraumten eine eilige Senatssitzung für Pfingstmontag, 21. Mai, 14 Uhr, an. Die weiteren Senatsmitglieder wurden, soweit sie erreichbar waren, aus den Ferien »herbeitelegraphiert«, Wiltraut Rupp-von Brünneck aus Apfelstetten, Karl Haager aus Bernau im Schwarzwald.[43] Nach sechsstündiger Beratung beschloss der Senat in reduzierter Besetzung, die Eilanträge abzulehnen. Der förmliche Beschluss erging erst am Tag danach, als auch die übrigen Richter in Karlsruhe eingetroffen waren.

Der dreiseitige Beschluss ist ein Lehrstück in richterlicher Zurückhaltung:

»Die allgemeine politische Bedeutung der Ostverträge steht außer Zweifel. [...] Die Entscheidung, die Verträge abzuschließen und die Vertragsgesetze alsbald in Kraft treten zu lassen, steht zunächst den zum politischen Handeln berufenen Organen der Bundesrepublik zu. Die Bundesregierung und die gesetzgebenden Körperschaften gehen ersichtlich davon aus, daß eine Verzögerung des Inkrafttretens der Verträge erhebliche außenpolitische Nachteile für die Bundesrepublik mit sich bringen könnte. Das Bundesverfassungsgericht könnte der politischen Beurteilung, die den Entscheidungen dieser Verfassungsorgane zugrunde liegt, im Wege einer

MEHRHEIT UND MINDERHEIT (1971–1977)   345

einstweiligen Anordnung nur dann entgegentreten und sie durch eine eigene Würdigung ersetzen, wenn zwingende Gründe des Gemeinwohls das Hinausschieben des Inkrafttretens der Verträge evident erforderten.«[44]

Solche zwingenden Gründe konnte der Senat nicht erkennen, da die Antragsteller ihre Rechte schon bisher faktisch nicht ausüben hätten können. Die behaupteten Eigentumspositionen bestanden seit 1945 – wenn überhaupt – nur mehr auf dem Papier.

Am Dienstag, den 23. Mai 1972, fertigte Gustav Heinemann die Vertragsgesetze aus. Die »[u]nermüdliche[n] Ostvertrags-Gegner« hatten den Kampf nicht aufgegeben und versuchten, das Inkrafttreten der Verträge noch »in letzter Minute zu verhindern«. Gegen den »letzten Akt«, den Austausch der Ratifikationsurkunden, feuerten sie aus allen Rohren.[45] Es war eine buntscheckige Gruppe aus dem Vertriebenenmilieu, die sich zusammengefunden hatte, um die Aussöhnung mit der Sowjetunion und Polen zu verhindern: ein Hamburger Rechtsanwalt mit Adelsprädikat, der im Jahr zuvor die rechtsextreme DVU mitbegründet hatte, ein Ehepaar, das von der »Studiengruppe für Politik und Völkerrecht« beim *Bund der Vertriebenen* vorgeschickt wurde, der *Ostpolitische Deutsche Studentenverband* und der Völkerrechtsprofessor Fritz Münch, der noch im selben Jahr aus der CDU austreten und bei der Bundestagswahl im November für die NPD kandidieren sollte; auch er engagierte sich im *Bund der Vertriebenen* (obwohl ihn niemand vertrieben hatte).

Da sich die Eigentumsgarantie als ungeeignet erwiesen hatte, verlegten sich die Beschwerdeführer auf andere Grundrechte, teils mit beachtlicher Kreativität. Der SPIEGEL berichtete:

»Einer der Antragsteller glaubt sich in seiner Menschenwürde (Artikel 1 des Grundgesetzes) verletzt, weil ihm angeblich die Ostverträge die Rückkehr in die Heimat und insofern sein ›privates Recht auf Wiedervereinigung‹ (Benda) vereiteln. Ein anderer sieht den Gleichheitsgrundsatz (Artikel 3 GG) tangiert, weil zwar das Saargebiet der Bundesrepublik wieder angegliedert, Ostdeutschland aber preisgegeben worden sei.«

Der *Ostpolitische Deutsche Studentenverband* sah seine Meinungs- und Vereinigungsfreiheit verletzt, weil er befürchtete, dass er nach Inkrafttreten der Ostverträge nicht mehr für die Wiedervereinigung und die »Wiedergewinnung der deutschen Ostgebiete« werben dürfe. Verfassungsrichter Martin Hirsch, der aufgrund seiner Zugehörigkeit zum Zweiten Senat keine Befangenheit befürchten musste, ließ sich gegenüber dem SPIEGEL zu einem bissigen Kommentar hinreißen: »Es gibt absonderliche Ideen. Aber man kann die Leute nicht hindern zu klagen.«[46]

Die wohl absonderlichste Idee hatten Professor Münch und der rechtsextreme Anwalt, die ernsthaft behaupteten, die Ostverträge verletzten ihr Grundrecht auf Freizügigkeit im »Bundesgebiet« (Art. 11 GG), »weil sie nicht ungehindert durch die Gebiete des einstigen Großdeutschen Reiches einreisen dürften, die Münch in wissenschaftlichen Aufsätzen zum Territorium der Bundesrepublik rechnet[e]«. Diese Ansicht war so abwegig, dass ein Dreierausschuss des Ersten Senats bereits die Annahme der Verfassungsbeschwerden zur Entscheidung ablehnte.[47] So scheint auch mit den anderen Beschwerden verfahren worden zu sein. Am 31. Mai 1972 entschied der Senat nur noch über die Anträge des vorgeschickten Ehepaars, das sowohl für sich – gestützt auf das elterliche Erziehungsrecht und die Familiengarantie (Art. 6 GG) – als auch für seinen minderjährigen Sohn Verfassungsbeschwerde erhoben hatte. Der Sohn war bei der Übersiedlung der Eltern in die Bundesrepublik nämlich bei den Großeltern »in Hindenburg« (also Zabrze) zurückgeblieben und befürchtete nach dem Abschluss der Ostverträge den faktischen Verlust seiner deutschen Staatsangehörigkeit, die ihm nach Art. 16 Abs. 1 GG nicht entzogen werden durfte.

Obwohl dieses Argument der stichhaltigste Vortrag war – dem Sohn war der Nachzug zu seinen Eltern durch die polnischen Behörden verweigert worden –, lehnte der Senat den Erlass einer einstweiligen Anordnung auch in diesem Fall ab. Ein bedauerliches Einzelschicksal sollte die neue Ostpolitik nicht zu Fall bringen. Immerhin war nicht ausgeschlossen, dass »für die Antragsteller etwa eintretende Nachteile durch entsprechende spätere Vereinbarungen behoben werden« würden, zumal die Ostverträge gerade eine Aufnahme diplomatischer Beziehungen bezweckten. Das Bundesverfassungsgericht zeigte sich mit seinem Beschluss vom 31. Mai 1972 verständnisvoll für die Herausforderungen der Ostdiplomatie und stellte sich dem »Wandel durch Annäherung« nicht in den Weg.[48] Welchen Anteil Wiltraut Rupp-von Brünneck daran im Einzelnen hatte, lässt sich nicht rekonstruieren. Dass ihr die Eilanträge »einigermaßen bewegte Pfingsttage« verschafften, ist in ihrer Korrespondenz mit Adolf Arndt überliefert.[49]

Grundlagenvertrag

Um das Patt im Bundestag zu durchbrechen, stellte Willy Brandt im September 1972 die Vertrauensfrage. Wie geplant entzog ihm die Mehrheit das Vertrauen und ebnete so den Weg für eine Neuwahl, die am 19. November 1972 stattfinden sollte. Die Entspannungspolitik der sozialliberalen Koalition war das Hauptthema des Wahlkampfes. Schon seit längerem verhandelte die Bundesregierung mit der Regierung der DDR über den sogenannten Grundlagenvertrag, der die Beziehun-

MEHRHEIT UND MINDERHEIT (1971–1977)   347

gen der beiden Teile Deutschlands rechtlich ordnen sollte. Wenige Tage vor der
Bundestagswahl gelang der Durchbruch. Am 8. November 1972 wurde der *Vertrag
über die Grundlagen der Beziehungen zwischen der Bundesrepublik Deutschland und der
Deutschen Demokratischen Republik* paraphiert. Für Willy Brandt hätten die Dinge
nicht besser laufen können: Mit dem Grundlagenvertrag in der Hinterhand wurde
die siebte Bundestagswahl zu einem »Plebiszit« über die sozialliberale Entspannungspolitik.

Die Inhalte des Grundlagenvertrags waren juristisch und politisch brisant.
Die Bundesrepublik erkannte die DDR zwar nicht völkerrechtlich an, beschränkte
aber ihre Hoheitsgewalt auf das Bundesgebiet. Beide Seiten verpflichteten sich,
die Unabhängigkeit und Selbständigkeit des jeweils anderen Staates in seinen inneren und äußeren Angelegenheiten zu respektieren. Am Sitz der jeweils anderen
Regierung wurden ständige Vertretungen eingerichtet. Aus Sicht der Bundesregierung war der Grundlagenvertrag kein völkerrechtliches Abkommen, sondern
ein staatsrechtlicher Vertrag eigener Art, der dem verfassungsrechtlichen Wiedervereinigungsgebot nicht widersprach. Dieses Gebot hatte das Bundesverfassungsgericht aus der Präambel des Grundgesetzes und der These von der Kontinuität des Deutschen Reiches abgeleitet:

»Die Wiederherstellung der staatlichen Einheit Deutschlands ist ein vordringliches nationales
Ziel; das ist politisch selbstverständlich, folgt aber auch aus dem rechtlichen Gesichtspunkt, daß
das Deutsche Reich durch den Zusammenbruch vom Jahre 1945 als Staats- und Völkerrechtssub-
jekt nicht untergegangen ist.«[50]

Die Union lief Sturm gegen den Grundlagenvertrag. Doch die Mehrheit der Deutschen unterstützte die Annäherungspolitik. Das »Plebiszit« fiel eindeutig aus:
Die SPD erzielte bei der Bundestagswahl am 19. November 1972 mit 45,8 Prozent
der Stimmen das beste Wahlergebnis ihrer Geschichte. CDU und CSU kamen
zusammen auf 44,9, die FDP auf 8,4 Prozent. Der neue Bundestag bestätigte
Willy Brandt im Amt. Am 21. Dezember 1972 wurde in Ostberlin der Grundlagenvertrag unterzeichnet. Egon Bahr, Bundesminister für besondere Aufgaben,
überreichte seinem ostdeutschen Verhandlungspartner zuvor einen »Brief zur
deutschen Einheit«, in dem die Vereinbarkeit des Grundlagenvertrags mit dem
Ziel der Wiedervereinigung des deutschen Volkes in freier Selbstbestimmung
festgestellt wurde. Die DDR quittierte den Empfang und erleichterte damit der
Bundesregierung, den Vertrag zu rechtfertigen, sollte die Vereinbarkeit mit dem
Grundgesetz bezweifelt werden.

Die Zweifler ließen nicht lange auf sich warten. Nachdem der Bundestag das Zustimmungsgesetz angenommen und der Bundesrat auf einen Einspruch verzichtet hatte, reichte die Bayerische Staatsregierung auf Betreiben des CSU-Vorsit-

zenden Franz Josef Strauß am 28. Mai 1973 einen Normenkontrollantrag beim Bundesverfassungsgericht ein.[51] Noch vor dem Abschluss des Verfahrens im Bundesrat hatte die Bayerische Staatsregierung den Erlass einer einstweiligen Anordnung beantragt, um die Ratifikation des Grundlagenvertrages zu unterbinden. Der für abstrakte Normenkontrollverfahren zuständige Zweite Senat wies den Eilantrag am 4. Juni 1973 zurück und setzte den Verkündungstermin in der Hauptsache auf den 31. Juli 1973 fest.[52] Der Beschluss offenbarte die hälftige Spaltung des Senats. Zwar hielten alle Richter den Erlass einer einstweiligen Anordnung »derzeit« nicht für dringend geboten. Bei der summarischen Prüfung der Erfolgsaussichten in der Hauptsache lagen die Meinungen aber auseinander. Vier Richter hielten es für »wenig wahrscheinlich«, dass der Senat das Vertragsgesetz für unvereinbar mit dem Grundgesetz erklären würde. Die anderen vier betonten, dass die Vereinbarkeit »noch offen« sei. Obwohl das Abstimmungsverhalten der einzelnen Richter nicht mitgeteilt wurde, erfuhr die Öffentlichkeit rasch, dass die Trennlinie entlang der Parteigrenzen verlief: Die SPD-Mitglieder Walter Seuffert, Martin Hirsch und Hans Rupp und das FDP-Mitglied Joachim Rottmann neigten dazu, den Grundlagenvertrag für verfassungsmäßig anzusehen. Willi Geiger, Hans-Justus Rinck, Fabian von Schlabrendorff und Rudi Wand – allesamt CDU-Mitglieder oder »unionsnah« – bezweifelten die Verfassungskonformität.[53]

Die Akten des Grundlagenvertragsverfahrens sind noch unter Verschluss. Hans Rupps Standpunkt offenbart ein Schreiben vom 27. Mai 1973, das in seinem Nachlass überliefert ist.[54] Rupp, der anscheinend als Berichterstatter fungierte, teilte darin dem Senat seine »vorläufigen Überlegungen« zum Eilantrag mit, der für ihn nicht weniger war als ein »Mißbrauch der Verfassungsgerichtsbarkeit«. Die auswärtige Politik sei Sache der Exekutive, die dabei vom Parlament kontrolliert werde. Ob ein Vertrag mit einem anderen Staat geschlossen werden soll und mit welchem Inhalt sei eine »ausschließlich *politische* Entscheidung«, die mit der Verabschiedung und Ratifizierung des Vertragsgesetzes »endgültig« gefallen sei. Ohne ausdrückliche Bezugnahme versuchte Rupp, die Political-Question-Doktrin des US-Supreme Court auf das Bundesverfassungsgericht zu übertragen. Schon beim Streit um die Ostverträge hätten die Beschwerdeführer das Gericht in erster Linie deshalb angerufen, »um die im Parlament gegen sie gefallene *politische* Entscheidung mit Hilfe eines Richterspruchs zu korrigieren«.

Hans Rupp warnte seine Senatskollegen eindringlich davor, sich im Parteienstreit instrumentalisieren zu lassen:

> »Nach den bekanntgewordenen Umständen hat sich die Bayer. Staatsregierung nur dem massiven Druck des CSU-Vorsitzenden Strauß gebeugt, der mit diesem Coup vor allem der Schwesterpartei, in deren Gremien er unterlegen ist, aber auch der Bundestagsmehrheit und der Regierung *politisch* eins auszuwischen versucht. In diesem Spiel ist dem Bundesverfassungsgericht,

um einen Ausdruck aus der Landessprache des Antragstellers zu gebrauchen, eindeutig die Rolle der ›Wurzn‹ zugedacht [...]. In eine solche Lage darf sich aber das Gericht im Interesse seiner weiteren Glaubwürdigkeit nicht bringen. Wir haben in einem Verfahren betr. Prüfung eines Vertragsgesetzes *noch nie* eine einstweilige Anordnung erlassen. Sollten wir wirklich ausgerechnet diesen höchst anrüchigen Fall zum Anlass nehmen[,] es zum erstenmal zu tun?«

Seine institutionenpolitischen Ausführungen ergänzte Rupp um verfahrens- und materiell-rechtliche Erwägungen. Am liebsten hätte er Zustimmungsgesetze zu völkerrechtlichen Verträgen von vornherein aus dem Anwendungsbereich des Normenkontrollverfahrens ausgenommen. Schließlich wies der juristische Pragmatiker auf die außenpolitischen Folgen einer voreilig erlassenen einstweiligen Anordnung hin, sollte sich später herausstellen, dass der Grundlagenvertrag doch mit dem Grundgesetz vereinbar sei: »Man stelle sich den aussenpolitischen Eklat und das Kopfschütteln über die ›Weisheit‹ des Verfassungsgerichts in einem solchen Falle vor! Könnte man es da verantworten, zu sagen, dass eine einstweilige Anordnung zum ›gemeinen Wohl dringend geboten‹ sei.« Es war wohl vor allem dieses Argument, mit dem er seine Kollegen überzeugte, den Eilantrag zurückzuweisen.

Durch die Zurückweisung des Eilantrags hatte der Zweite Senat versucht, das Verfahren zu entpolitisieren, um in Ruhe in der Hauptsache entscheiden zu können. Doch an einer Entpolitisierung war der Bayerischen Staatsregierung nicht gelegen. Schon vor der Entscheidung über den Eilantrag hatte sie Joachim Rottmann wegen Befangenheit abgelehnt. Der Richter, mit dem die Eheleute Rupp befreundet waren, war so unvorsichtig gewesen, sich einen Monat zuvor auf einer FDP-Veranstaltung zustimmend zur Entspannungspolitik zu äußern. Der Senat wies den Ablehnungsantrag zurück.[55] Rudi Wand gab ein Sondervotum ab, kritisierte aber nur die Begründung, nicht das Ergebnis. Nach der Zurückweisung des Eilantrags stellte die Bayerische Staatsregierung erneut einen Ablehnungsantrag. Inzwischen war ein Briefwechsel Rottmanns mit einem NPD-Politiker bekanntgeworden, in dem der Richter seine Auffassung zum umstrittenen Fortbestand des Deutschen Reiches dargelegt und damit zu einer streiterheblichen Frage Stellung bezogen hatte. Diesmal gab der Senat dem Antrag statt, mit den Stimmen der vier unionsnahen Richter.[56] Die drei überstimmten Richter mit SPD-Parteibuch verfassten ein scharf formuliertes Sondervotum. Für sie bewegte sich die Mehrheit »außerhalb der Möglichkeiten vertretbarer Rechtsprechung«.[57] Die Nerven lagen blank. Hans Rupp erinnerte sich später, dass ihn das »Hin und Her« im Senat »schwer mitgenommen« habe.[58]

Die unionsnahen Richter nutzten ihre unerwartete Mehrheit nicht dazu, die Ratifizierung des Grundlagenvertrages aufzuhalten. Zur allgemeinen Überraschung wurde am 18. Juni 1973 ein weiterer Eilantrag der Bayerischen

350 MEHRHEIT UND MINDERHEIT (1971–1977)

Staatsregierung von den verbliebenen Richtern einstimmig zurückgewiesen.[59] Die Begründung ließ erkennen, dass der Senat den Grundlagenvertrag für verfassungskonform erklären würde, aber nur mit strengen Maßgaben. Das erwartete Urteil belastete die Beziehungen zwischen Karlsruhe und Bonn wie kaum eine Entscheidung zuvor. Die FAZ berichtete am 27. Juni 1973 darüber, dass ein »führender Politiker der größeren Bonner Regierungspartei« erklärt habe, man werde sich »von den acht Arschlöchern in Karlsruhe« die Ostpolitik nicht kaputtmachen lassen.[60] Für den 16. Juli beraumte Ernst Benda eine Sitzung des Plenums an, um über eine Reaktion des Gerichts auf diese Invektive zu entscheiden. Nachdem Bundesjustizminister Jahn persönlich nach Karlsruhe gereist war und mit Präsident Benda, Vizepräsident Seuffert und den Richtern Ritterspach und Wand ein klärendes Gespräch geführt hatte, setzte der Präsident die Plenarsitzung wieder ab. Man zeigte sich »von den Erklärungen der Bundesregierung befriedigt« und betrachtete die Angelegenheit als erledigt.[61]

Bis heute wird darüber spekuliert, ob der Satz von den »acht Arschlöchern« wirklich gefallen ist und welcher SPD-Politiker sich derart abfällig über das Bundesverfassungsgericht geäußert hat. Hauptverdächtige sind Herbert Wehner und Horst Ehmke. In Gebhard Müllers Nachlass findet sich eine Notiz, die Licht ins Dunkel bringen könnte. Zwei Wochen vor dem Urteil besuchte der Präsident a. D. das Gericht und ließ sich von Richter Rudi Wand, dem Direktor des Bundesverfassungsgerichts Karl-Georg Zierlein, seinem früheren Mitarbeiter Gerhard Ulsamer und Karl Kreuzer, dem Mitarbeiter Ernst Bendas, über die Vorgänge am Gericht unterrichten. Die Schilderungen stimmten, glaubt man Müllers Gesprächsnotiz, »in allen wesentlichen Punkten« überein:

»Die Geschichte von den ›8 A-Löchern‹ habe zuerst Rottmann im Kreise von Geiger, Rinck, Schlabrendorff erzählt. Der Kanzler habe die Äusserung getan, wie er von e[inem] Gesprächsteilnehmer wisse (bei e[iner] Besprechung Brandts mit seinen engsten Mitarbeitern). Rottmann habe es dann abgeleugnet, sei aber durch Geiger, Schlabrendorff … überführt worden, als Benda ihn zur Rede stellte. Höchstwahrscheinlich habe Schlabrendorff bei einem Zus[ammen]treffen im Erbprinzen in Ettlingen mit Dr. Fromme und Reißmüller die Sache erzählt (stark angetrunken), die sie in der FAZ gebracht haben. Brandt habe es in verletzender Form abgelehnt sich mit Benda auch nur telefonisch zu unterhalten. Benda habe Plenum einberufen, vorher aber mit Jahn, Wand, Rittersp[ach], Seuffert die Sache beigelegt, da sich auf Betreiben Geigers der 2. Senat nahezu geschlossen für einen Gesch[äfts-]Ord[nungs-]Antrag aussprach, den Punkt von der TO ohne Aussprache abzusetzen. Geiger, v. Schl[abrendorff], Rottm[ann] fürchteten ihrerseits die Blamage für das BVG u. den Vorwurf der Indiskretion gegenüber FAZ, die mit Rücksicht auf Gericht schweigt. Benda wollte im Hinblick auf Haltung des 2. Senats zurücktreten.«[62]

Der wahre Kern dieser Darstellung ist nicht zu bezweifeln, obwohl Müllers Informanten ersichtlich daran gelegen war, Joachim Rottmann in ein schlechtes Licht zu rücken und so seinen Ausschluss zu rechtfertigen. Sie berichteten nämlich weiter, Rottmann habe sich vor der Entscheidung über den ersten Eilantrag der Bayerischen Staatsregierung »verpflichtet«, mit Geiger, Rinck, Schlabrendorff und Wand für die einstweilige Anordnung zu stimmen, sei dann aber »auf das intensivste von Hirsch bekniet u. umgedreht worden«. »Er habe im übrigen öffentlich zu seinen Stellungnahmen gelogen, sei ein hemmungsloser Schwätzer, ungenügend als Richter.« Auch Vizepräsident Seuffert bekam sein Fett weg: Er habe »in jeder Verhandlungspause mit Bonn telefoniert u[nd] Heinemann u[nd] Jahn ständig auf dem Laufenden gehalten, auch über Ergebnis und Verlauf vertraulicher Beratungen«. Müllers Informanten sprachen von einer »[a]bsoluten Verschwörung der 4 SPD[-]Richter, [die] Ostverträge zu halten« und bezichtigten diese einer »[u]nrichterliche[n] an Rechtsbeugung grenzende[n] Haltung«. »Besonders schlimm Rupp (Wand)«, notierte Müller im Telegrammstil: »Nach Ablehnung Rottmanns völlig konsterniert.«[63]

Am 31. Juli 1973 erklärte der Zweite Senat das Zustimmungsgesetz zum Grundlagenvertrag in einem einstimmigen Urteil für verfassungsgemäß, aber nur »in der sich aus den Gründen ergebenden Auslegung«.[64] Das Urteil trägt die Züge eines Kompromisses zwischen dem regierungs- und den oppositionsnahen Lager im Senat, bei dem die CDU-nahen Richter dank ihrer Stimmenmehrheit mehr hatten durchsetzen können. Die Entscheidungsgründe bestätigten die These vom Fortbestand des Deutschen Reiches und das Wiedervereinigungsgebot. Bei der verfassungskonformen Auslegung des Vertrages machte das Urteil Vorgaben für die weitere Annäherungspolitik, unter anderem zur kontroversen Frage der Staatsangehörigkeit, die im Grundlagenvertrag überhaupt nicht angesprochen war. Am Ende ließ sich der Senat zu einer unverblümten politischen Stellungnahme hinreißen: Mit dem Vertrag »schlechthin unvereinbar« sei die gegenwärtige Praxis an der innerdeutschen Grenze, »also Mauer, Stacheldraht, Todesstreifen und Schießbefehl«. Der Vertrag gebe eine »zusätzliche Rechtsgrundlage dafür ab, daß die Bundesregierung in Wahrnehmung ihrer grundgesetzlichen Pflicht alles ihr Mögliche tut, um diese unmenschlichen Verhältnisse zu ändern und abzubauen«.[65]

Für zeitgenössische Beobachter und Historiographen des Bundesverfassungsgerichts war der Streit um den Grundlagenvertrag eine Angelegenheit des Zweiten Senats. Kaum Notiz wurde (und wird) davon genommen, dass auch der Erste Senat durch Verfassungsbeschwerden gegen das Zustimmungsgesetz in die Auseinandersetzung hineingezogen worden war. Die Hauptlast dieser Parallelverfahren trug als Berichterstatterin Wiltraut Rupp-von Brünneck. »Die besondere Inanspruchnahme des Bundesverfassungsgerichts in der letzten Zeit«, schrieb sie am 20. Juni 1973 an Adolf Arndt, »betraf zwar in der Hauptsache den Zweiten Senat, immerhin ergaben sich auch für den Ersten Senat gewisse zeitraubende Nebenwirkungen durch bei uns anhängige – in mein Dezernat fallende – Verfassungsbeschwerden gegen den Grundlagenvertrag.«[66] Ihrem Neffen berichtete sie wenig später, dass »die Wellen« in Karlsruhe »sehr hoch« geschlagen seien, »wegen der Bayernklage und einer parallelen Verfassungsbeschwerde, für die ich Berichterstatter war«.[67]

Der Beschwerdeführer, der die »zeitraubende[n] Nebenwirkungen« verursacht hatte, erklärte, den Grundlagenvertrag nicht »vernichten«, sondern nur auf eine Klärung und Bereinigung der offenen Fragen hinwirken zu wollen. Das kann man getrost auf das Konto »Prozesstaktik« verbuchen, wie überhaupt die parallel zum Normenkontrollantrag laufende Verfassungsbeschwerde nebst Eilantrag taktisch motiviert gewesen sein dürfte. Denn die Befassung des Ersten Senats bedeutete für die Vertragsgegner eine neue Chance, den Ratifikationsprozess zu unterbinden. Anders als im Zweiten Senat waren die politischen Lager dort nicht in gleicher Stärke vertreten. Die unionsnahen Richter waren vielmehr von vornherein in der Mehrheit: Benda, Böhmer, Brox, Faller und Ritterspach. Die SPD-nahen Richter Haager, Rupp-von Brünneck und Simon würden, so das Kalkül, gegen diese Mehrheit nichts ausrichten können, sollte es zu einer »politischen« Entscheidung über den Eilantrag kommen. Zu diesen – möglichen – taktischen Erwägungen passte das in Karlsruhe kursierende Gerücht, Präsident Benda habe versucht, »die Bayern-Klage vor den Ersten Senat zu ziehen [...], obgleich nach der Geschäftsverteilung des Gerichts an der Zuständigkeit des Zweiten Senats [...] kein Zweifel sein« konnte.[68]

Wiltraut Rupp-von Brünneck, die wie ihr Ehemann den Grundlagenvertrag begrüßte, konnte kein Interesse an der inhaltlichen Befassung ihres Senates haben. Eine kompromisshafte Entscheidung des Zweiten Senates war für die sozialliberale Entspannungspolitik allemal besser als eine Nichtigerklärung des Zustimmungsgesetzes durch die CDU/CSU-Mehrheit im Ersten Senat. Um diese Gefahr zu bannen, gab es nur einen Weg: Der Eilantrag des Beschwerdeführers musste ohne Auseinandersetzung in der Sache abgelehnt werden, und zwar, nachdem der Zweite Senat über den Eilantrag der Bayerischen Staatsregierung entschieden haben würde. So geschah es: Der Zweite Senat lehnte den bayerischen Antrag am 18. Juni 1973 ab. Einen Tag später folgte die ablehnende Entscheidung des Ersten Senats über den Eilantrag des Beschwerdeführers. Der Beschluss verweist zur Begründung auf die Entscheidung vom Vortag. Was der Zweite Senat über die Folgenabwägung im Normenkontrollverfahren ausgeführt habe, gelte »auch und erst recht gegenüber der vom Beschwerdeführer behaupteten Beeinträchtigung seiner individuellen Rechte«.[69]

MEHRHEIT UND MINDERHEIT (1971–1977)   353

Wenige Tage später – noch vor dem Urteil des Zweiten Senates in der Hauptsache! – gab Ernst Benda dem SPIEGEL ein Interview, in dem er durchblicken ließ, mit der Zurückhaltung seines Senats einverstanden gewesen zu sein:

»Gerade wenn es um den Erlaß einer einstweiligen Anordnung geht, wird das Gericht bei der Abwägung der Vor- und Nachteile – unter Zeitdruck – zu einer Prognose gezwungen, die nur sehr begrenzt möglich ist. Im Bereich der Prognosen kann der Richter nicht in Anspruch nehmen, klüger oder weitsichtiger zu sein als der für die Außenpolitik der Regierung verantwortliche Minister oder die Regierung selber.«[70]

Ein wenig taktisches Geschick wird aber nötig gewesen sein, um die Entscheidungen der beiden Senate zeitlich wie inhaltlich aufeinander abzustimmen. Dabei dürfte der Berichterstatterin Wiltraut Rupp-von Brünneck zugutegekommen sein, am besten von allen Mitgliedern des Ersten Senates über die Meinungsbildung im Zweiten Senat unterrichtet zu sein. Gut möglich, dass die eheliche »Brücke« zwischen den beiden Senaten im Juni 1973 ihren Teil dazu beigetragen hat, die Brücke zwischen den beiden deutschen Staaten nicht einzureißen, ehe sie überhaupt passierbar war.

Der Grundlagenvertrag beschäftigte die Eheleute Rupp über das Urteil hinaus. Nach seinem Ausscheiden aus dem Gericht dokumentierte Hans Rupp seine abweichende Meinung in einem Beitrag für das *American Journal of Comparative Law*.[71] Wiltraut Rupp-von Brünneck griff das Thema im Dezember 1975 in einem Vortrag auf dem Geburtstagssymposium für Herbert Krüger auf: »Wie weit reicht die Bindungswirkung des Grundvertragsurteils des Bundesverfassungsgerichts?« War es für sich genommen eine Provokation, dass sich ein amtierendes Mitglied des Bundesverfassungsgerichts öffentlich zu einer Entscheidung des anderen Senates äußerte, legte die streitbare Richterin mit der Frage nach der Bindungswirkung noch eines drauf. Sie kritisierte die umstrittenste Aussage des Urteils, wonach alle Ausführungen der Urteilsbegründung Teil der die Entscheidung tragenden Gründe seien und damit für die anderen Gewalten Bindungswirkung entfalteten.[72] Damit habe das Gericht »mindestens indirekt eine Kompetenz-Kompetenz in Anspruch« genommen, konstatierte Wiltraut Rupp-von Brünneck: »Es bewegt sich zwar auf der Linie der ständigen Rechtsprechung, wonach die tragenden Gründe, d. h. *nur* diese an der Bindungswirkung des Tenors teilnehmen, meint aber offenbar, den Umfang der tragenden Gründe in eigener Machtvollkommenheit abgrenzen zu können.«[73]

Hochschulurteil

Im Mai 1971 hatte Friedrich Karl Fromme in der FAZ prognostiziert, »daß [...] in absehbarer Zukunft die gesellschaftspolitischen Auseinandersetzungen stark auf das Bundesverfassungsgericht als eine Art Moderator verlagert werden dürften«.[74] Die erste große gesellschaftspolitische Auseinandersetzung erreichte das Gericht ein halbes Jahr später, als hunderte Professoren eine Verfassungsbeschwerde gegen das *Vorschaltgesetz für ein Niedersächsisches Gesamthochschulgesetz* erhoben und damit die sozialliberale Hochschulpolitik auf den verfassungsrechtlichen Prüfstand stellten.[75] Das Vorschaltgesetz ersetzte die überkommene Hochschulverfassung, die an »der sozialen Realität von Forschung und Lehre« vorbeiging, durch ein neues Organisationsmodell.[76] Die Ordinarien- wurde durch die Gruppenuniversität abgelöst. Die Gruppe der Professoren konnte in den universitären Selbstverwaltungsgremien nicht mehr allein entscheiden, sondern war zu Kompromissen mit den anderen Gruppen gezwungen und musste darüber hinaus eine Kränkung ihres Statusbewusstseins hinnehmen. Zur neuen Gruppe der »Hochschullehrer« zählten nämlich nicht nur Habilitierte, sondern auch Oberassistenten, Akademische Räte, Studienräte und vergleichbare Beamte des höheren Dienstes – kurz: alle Berufsgruppen, die hauptamtlich in der selbständigen universitären Lehre tätig waren.

Der Widerstand der Professoren war vorprogrammiert. Zuerst boykottierten sie die Gremienwahlen, dann erhoben mehr als dreihundert Hochschullehrer eine Verfassungsbeschwerde gegen das Vorschaltgesetz. Zuständig für die »Professorenklage« war der Erste Senat, wo das Verfahren in das Dezernat des neu gewählten Richters Hans Joachim Faller fiel. Faller mochte als vormaliger Bundesrichter an aufwendige Prozesse gewöhnt gewesen sein. Die politische Dimension des Hochschulstreits war für ihn neu. Wie Florian Meinel in seiner zeithistorischen Studie über das Verfahren herausgearbeitet hat, ging es dabei nämlich um weit mehr als die Hochschulreform:

> »Der eigentliche Elefant im Raum des Hochschulurteils war vermutlich keine schon gefällte, sondern eine noch ausstehende Entscheidung. Der Begriff der ›Mitbestimmung‹ verband sich nämlich im Jahr 1972/1973 keineswegs nur mit der Hochschulmitbestimmung, sondern vor allem mit der Arbeitnehmermitbestimmung in großen Wirtschaftsunternehmen, über die das Bundesverfassungsgericht 1979 zu entscheiden hatte.«[77]

Sieht man den Streit um das niedersächsische Vorschaltgesetz im größeren zeitgeschichtlichen Kontext, betraf er nicht weniger als die Demokratisierung der Gesellschaft, der sich die sozialliberalen Reformer in Bund und Ländern getreu dem Motto »Mehr Demokratie wagen« verschrieben hatten.

Mit ihrem demokratischen Impetus griff die Hochschulreform – wenn auch in abgemilderter Form – zentrale Anliegen der Studentenbewegung auf, die in den sechziger Jahren nicht nur mit der Forderung nach zeitgemäßen Universitäten, sondern auch mit Demonstrationen gegen den Vietnamkrieg und mit dem Protest gegen die Notstandsgesetzgebung gesamtgesellschaftliche Debatten angestoßen hatte. Die Verfassungsbeschwerden der Hochschullehrer stellten diese Reformimpulse infrage, obwohl es im Prozess vor dem Bundesverfassungsgericht vordergründig nur um die nüchternen Paragraphen der Hochschulverfassung ging. Kaum einem Mitglied des Senats dürfte diese gesellschaftspolitische Dimension des Verfahrens deutlicher vor Augen gestanden haben als Wiltraut Rupp-von Brünneck, die stets um eine Nähe zur Verfassungs- und Lebenswirklichkeit bemüht war.

Zur Studentenbewegung hatte sie ein ambivalentes Verhältnis, das in ihrer Korrespondenz mit ihrem Neffen Alexander von Brünneck, dem Sohn ihres Wulkower Vetters Wilhelm, dokumentiert ist. Alexander von Brünneck studierte Jura in Berlin. 1967 berichtete er seiner Tante über die Studentenunruhen und äußerte Kritik an den geplanten Notstandsgesetzen der Großen Koalition, die ihm und seinen Kommilitonen als Sinnbild für eine autoritäre Regierungspolitik galten.[78] Wiltraut Rupp-von Brünneck antwortete – abgehalten von Gericht und »Hausstand« – erst Ende Juni 1968, als die Notstandsgesetze bereits verabschiedet worden waren. Sie zog eine zurückhaltende Bilanz: »Einiges Positives ist bestimmt erreicht – aber ist wirklich eine neue politische Bewegung über die Kreise der Studenten hinaus in Gang gesetzt, wie auch ich sie zur Entwicklung eines demokratischen Bewusstseins dringend erwünschte?« Kritische Worte fand sie für den Protest gegen die Notstandsgesetzgebung, der am 11. Mai 1968 mit dem Sternmarsch auf Bonn seinen Höhepunkt erreicht hatte: »[D]ie Notstandsdiskussion war m. E. eine unglückliche Sache, weil die meisten Gegner sich überhaupt nicht die Mühe machten, die Gesetzentwürfe zu lesen und zu verstehen.«[79]

Die Korrespondenz setzte sich fort, nachdem Alexander von Brünneck 1969 für das Referendariat nach Frankfurt am Main gegangen war. Dort kam er in Kontakt mit den Redakteuren der im Jahr zuvor gegründeten Zeitschrift *Kritische Justiz* (KJ).[80] »Diese Zeitschrift wird hier in Frankfurt von einer Reihe jüngerer Juristen herausgegeben, die sich vorgenommen haben, das Recht bewußt aus dem gesellschaftlichen Gesamtzusammenhang zu begreifen«, berichtete er seiner Tante, die er mit KJ-Heften und Sonderdrucken belieferte.[81] Schon bald arbeitete er in der Redaktion mit.[82] »Im Ausgangspunkt war die Kritische Justiz an eine Öffentlichkeit adressiert, deren Verfall sie selbst konstatierte«, resümierte Ulrich Mückenberger zum zwanzigsten Gründungsjubiläum und verwies auf die »großen Themen der ersten Jahrgänge«: Notstandsgesetzgebung, Staat und Recht im Nationalsozialismus und die Rolle früherer Nationalsozialisten in der bundesrepublikanischen Justiz.[83] Alexander von Brünneck nahm sich besonders der Analyse des NS-Rechtssystems an. 1969 rezensierte er Ernst Fraenkels *Doppelstaat*, der damals nur in der englischen Fassung von 1941 vorlag und in Deutschland kaum bekannt war.[84] Es war die erste Besprechung dieser grundlegenden Analyse des NS-Rechts in einer deutschen Fachzeitschrift.

Ein Jahr später nahm er sich selbst des Themas »Die Justiz im deutschen Faschismus« an. Auf der Grundlage einer Analyse der Aufgaben der Justiz im NS-Staat kam er zu einem eindeutigen Urteil:

»Die Justiz unterstützte den Aufbau und die Erhaltung der faschistischen Herrschaft in Deutschland in vier wichtigen Bereichen: Sie trug zur Funktionsfähigkeit der kapitalistischen Wirtschaft bei, sie wickelte die rassenpolitische und antijüdische Gesetzgebung ab, sie übernahm einen Teil des Kampfes gegen die politischen Gegner und sie half mit, den Faschismus vor der Bevölkerung zu legitimieren.«

Das war eine klare Absage an den Mythos der »sauberen Justiz«, der sich in der Bundesrepublik hartnäckig hielt. Widerstandshandlungen und Hilfeleistungen für Opfer des Regimes durch Justizangehörige leugnete Alexander von Brünneck zwar nicht, gab aber zu bedenken, dass gerade die widerständigen Richter sich grundsätzlich regimetreu verhalten mussten, um ihre Position nicht zu verlieren. In dieser Deutung diente »der individuelle Widerstand im Apparat meist nur dazu, dem Nationalsozialismus einen Vorwand für die Verschärfung des innenpolitischen Kampfes zu geben oder ihm die Möglichkeit zu verschaffen, sich nach außen auf den Fortbestand einer unabhängigen Rechtspflege zu berufen«.[85]

Wiltraut Rupp-von Brünneck gefiel die Studie ihres Neffen »recht gut [...], besonders in der Gesamtdarstellung u. Wertung«. »In vielen Einzelheiten« war sie aber anderer Meinung. So hob sie hervor, dass die Widerstandsleistungen einzelner Richter und Gerichte »weit wirkungsreicher« gewesen seien, als sich aufgrund der überlieferten Entscheidungen feststellen lasse, »weil sie sich gerade um direkte Eingriffe der Gestapo zu verhindern, tarnen, d. h. der Sprache u. Organisation der Machthaber bedienen« hätten müssen.

»Hilfreich zur Abwehr von NS-Gewaltmassnahmen war für die Justiz u. auch sonst der Dschungel der Zuständigkeiten von Parteistellen, regulären u. irregulären Staatsbehörden (Kriegsverwaltung), wobei die Gestapo keineswegs immer und überall das letzte Wort hatte: es kam insoweit darauf an, den richtigen Protektor zu finden, der auf Grund amtlicher oder höchstpersönlicher Beziehung in dem betreffenden Fall den längeren Arm hatte. Ich bin nach eigenen, wenn auch sehr flüchtigen Einblicken sicher, dass man dergleichen auch heute in den Volksdemokratien studieren kann.«[86]

In der NS-Zeit hatte sie das Wirken solcher »Protektoren« eingehender studiert, in der Kanzlei des einflussreichen Rechtsanwalts Rüdiger Graf von der Goltz, später im Reichsjustizministerium, das sich – mit Rückendeckung der Parteikanzlei

MEHRHEIT UND MINDERHEIT (1971–1977)   357

– mehr als einmal maßnahmenstaatlicher Übergriffe erwehrte. Von diesen Vorgängen berichtete sie ihrem Neffen nicht. Sie hätten seiner dialektischen Kritik
kaum standgehalten: Waren es doch gerade die »korrigierenden« Interventionen
von »Protektoren« gewesen, die das Regime insgesamt stabilisiert hatten.

Der Brief aus dem Januar 1972 leitet nach der Würdigung des Faschismus-Ar-
tikels zur aufgeheizten Situation an den Hochschulen über, die wenige Wochen
zuvor in Gestalt der »Professorenklage« das Bundesverfassungsgericht erreicht
hatte. Wiltraut Rupp-von Brünneck wurde in ihrer Kritik an der Studentenbewegung deutlicher als 1968:

»[I]ch sympathisiere weiß Gott mit jeder Bestrebung zur Abwehr der Gewalt u. zur Abwehr
von Angriffen der Menschenrechte u. der Menschenwürde. Fehlt aber den von Deinen politischen Freunden insoweit unternommenen Versuchen nicht jede innere Glaubwürdigkeit, weil
sie nicht bereit sind, diesen Schutz auch dem politischen Gegner angedeihen zu lassen, vielmehr
dunklen jesuitischen Gebräuchen huldigen? Die unter Anwendung aller Mittel durchgeführten
Campagnen gg. sogar liberale u. reformbereite Professoren zeigen allein schon, dass dieses Berufen auf die Grundlagen unserer Verfassungsordnung reine Taktik im Kampf gegen eben diese
Ordnung ist. Der beklagenswerte u. von Einsichtigen schon seinerzeit vorhergesagte ›Erfolg‹ ist
allein die Stagnation der sich bereits abzeichnenden Reformen und der erneute Sieg der Reaktion in vielen Bereichen.«

Den »erneute[n] Sieg der Reaktion« galt es im Hochschulstreit abzuwenden.
Mochte Wiltraut Rupp-von Brünneck auch die Methoden der Studentenbe-
wegung nicht billigen, so teilte sie doch das Anliegen der gesellschaftlichen
Demokratisierung, zumal wenn diese vom Gesetzgeber vorangetrieben wurde.
Die Mitbestimmung an den Hochschulen war für sie ein Teil jener »politische[n]
Bewegung«, die sie »zur Entwicklung eines demokratischen Bewusstseins dringend erwünschte«.[87] Diesen Wunsch hegten keineswegs alle Mitglieder des
Ersten Senats, gewiss nicht der frühere CDU-Bundesminister Ernst Benda und
die CDU-Mitglieder Hans Joachim Faller und Werner Böhmer. Auch der Münsteraner Ordinarius Hans Brox dürfte wenig Sympathien für eine Demokratisierung
der Hochschulen verspürt haben; er war der einzige Professor im Senat. Theodor
Ritterspach war zwar, wenn es um die klassischen Freiheitsrechte ging, liberal eingestellt. Gesellschaftspolitischen Reformen stand aber auch er skeptisch
gegenüber. Das SPD-Mitglied Karl Haager pflegte trotz seines Parteibuchs den
Habitus des strukturkonservativen Bundesrichters, der er vor 1962 gewesen war,
und hatte sich schon unter Gebhard Müllers Präsidentschaft aus sozialdemokratischer Sicht als unsicherer Kantonist erwiesen, im Spiegel-Streit etwa und bei
den Richterwahlen.

Blieb nur Helmut Simon. Obwohl er mit Faller, Böhmer und Haager die
Berufserfahrung eines Bundesrichters teilte, war er das Gegenteil eines struktur-

konservativen Juristen.[88] 1922 geboren, wuchs Simon in einem protestantisch-pietistischen Umfeld im Bergischen Land auf. Mit dem Nationalsozialismus wusste er nichts anzufangen. Er wollte Pfarrer werden. 1941 machte er Abitur und wurde zum Kriegsdienst eingezogen, den er bei der Kriegsmarine ableistete. Der Gefangenschaft entgangen, konnte er ab dem Wintersemester 1945/46 in Bonn Jura studieren. Simon belegte auch Veranstaltungen anderer Disziplinen, vor allem der Theologie. Prägenden Einfluss übte auf ihn der Schweizer Theologe Karl Barth aus, dem er einen Studienaufenthalt in Basel verdankte. Dort kam Simon in Kontakt mit kommunistischen Kreisen, die ihm »zu einer nüchternen und maßvolleren Beurteilung des Marxismus und des Kommunismus« verhalfen.[89]

Fortan träumte er »von einem freiheitlichen Sozialismus im Herzen Europas und von Deutschland als Brücke zwischen Ost und West«. 1949 bestand er sein erstes Examen mit »gut«, 1953 das Assessorexamen mit »vollbefriedigend«. Während des Referendariats hatte er über das Naturrechtsdenken in der zeitgenössischen evangelischen Theologie promoviert.[90] Er entwickelte sich zu einem pronocierten Vertreter des Linksprotestantismus, einer Strömung, die erst in den sechziger Jahren größeren Zulauf erhalten sollte. Da Simon 1948 eine Familie gegründet hatte, bemühte er sich nach seinen Examina um eine auskömmliche Beschäftigung in der Justiz. Seine Richterlaufbahn begann beim Landgericht Düsseldorf, wo er in der Kammer für gewerblichen Rechtsschutz tätig war. 1958 wurde er für zwei Jahre an den entsprechenden Senat des Bundesgerichtshofs als wissenschaftlicher Hilfsarbeiter abgeordnet. Zurück in Düsseldorf wurde er Oberlandesgerichtsrat. 1965 wählte ihn der Richterwahlausschuss zum Richter am Bundesgerichtshof – trotz anfänglicher Bedenken wegen Simons Ostkontakten. Die »kirchlichen Besuchsreisen nach Prag und nach Russland« erwiesen sich bei näherem Hinsehen jedoch als unverfänglich.[91]

Die Beschäftigung mit der weitgehend unpolitischen Materie des gewerblichen Rechtsschutzes schätzte er, weil sie sein »exponiertes außerberufliches kirchliches und politisches Engagement nicht behinderte«. Simon engagierte sich nicht nur in der Amtskirche, sondern auch in freien Organisationen, die die Wiederbewaffnung kritisierten. Dabei knüpfte er Kontakte zu führenden Politikern der *Gesamtdeutschen Volkspartei*, allen voran zu Gustav Heinemann, Johannes Rau und Diether Posser, die 1957 geschlossen zur SPD übertraten. Simon selbst wurde erst Ende der sechziger Jahre SPD-Mitglied, nachdem Heinemann Bundespräsident geworden war und Rau, inzwischen Landtagsabgeordneter in NRW, ihn nachdrücklich zum Beitritt aufgefordert hatte. »Ich erklärte meinen Eintritt«, erinnerte sich Simon später, »da ich nicht zu den Bundesrichtern gehören wollte, die sich für eine Parteimitgliedschaft zu schade dünkten und sich etwas auf ihre parteipolitische Neutralität einbildeten, in Wahrheit aber

MEHRHEIT UND MINDERHEIT (1971–1977)

politisch viel unbeweglicher und weniger selbstkritisch als die Minderheit der anders [F]estgelegten waren.«[92]

Im Juni 1970 wählte der Bundesrat Helmut Simon zum Richter des Bundesverfassungsgerichts. Die Stelle im Ersten Senat war außerplanmäßig freigeworden. Simons Vorgänger Wolfgang Zeidler war keine drei Jahre im Amt gewesen, als er das Gericht wieder verließ, um die Nachfolge des verstorbenen Präsidenten des Bundesverwaltungsgerichts Fritz Werner anzutreten. Für die Zeidler-Nachfolge in Karlsruhe hatte die SPD das Vorschlagsrecht. Die Sozialdemokraten mussten nicht lange suchen, um mit Helmut Simon einen geeigneten Kandidaten zu finden. Sowohl die SPD-Bundestagsfraktion als auch die nordrhein-westfälische Landesregierung setzten ihn auf die Vorschlagsliste.[93] In der Wahlvorbereitungskommission des Bundesrates war es sein alter Freund Diether Posser, inzwischen Minister für Bundesangelegenheiten in NRW, der ihn nominierte. Die unionsgeführten Länder äußerten »keine Bedenken«.[94] Die Wahl im Bundesrat war nur noch Formsache.

Für Wiltraut Rupp-von Brünneck war Helmut Simon ein willkommener Verbündeter in einer Zeit, in der sich das Bundesverfassungsgericht immer mehr zum »Zuchtmeister für Bonn und Bürger« entwickelte, wie der SPIEGEL 1975 titeln sollte.[95] Drei ihrer insgesamt sieben Sondervoten verfasste sie gemeinsam mit Simon, einem weiteren schloss dieser sich an. Trotz dieser inhaltlichen Übereinstimmung hatte sie zu ihrem Kollegen »keinen echten Draht«, wie sich ihr Mitarbeiter Lutz Gusseck erinnert. Der Kirchenmann war ihr »zu theoretisch, zu abgehoben«.[96] Politisch standen sich die beiden nahe, im Zugriff auf das Recht trennten sie Welten. Während er über »[d]ie Annahme der grundgesetzlichen Verfassungsordnung als Christenpflicht« philosophierte,[97] konzentrierte sie sich auf handfeste juristische Arbeit und pragmatische Argumente. Dafür brauchte sie kein transzendentales Fundament. Der Sinn für die Wirklichkeit war ihr genug. Ihre Rolle im Senat hatte sie längst gefunden, als Helmut Simon noch davon träumte, er »säße am Steuer eines Autos, sei aber auf Zurufe der Mitfahrer angewiesen, da [er] beim Bremsen und Gasgeben jeweils so tief abrutschen musste, daß [er] die Fahrbahn nicht mehr sehen konnte«.[98] Die Fahrbahn hatte Wiltraut Rupp-von Brünneck stets im Blick. Dafür brauchte sie die Zurufe ihrer Senatskollegen nicht.

Als der Erste Senat sich mit den Verfassungsbeschwerden der niedersächsischen Professoren befasste, waren Wiltraut Rupp-von Brünneck und Helmut Simon die einzigen Richter, von denen der Reformgesetzgeber Verständnis erwarten konnte. Das zeigte sich bereits bei der dreitägigen mündlichen Verhandlung im Dezember 1972, über die Hanno Kühnert in der *Süddeutschen Zeitung* berichtete:

360 MEHRHEIT UND MINDERHEIT (1971–1977)

»In dem lichtdurchfluteten Saal mit den doppelten Glaswänden, der so gar nicht den Schwurgerichtssälen alter Provenienz ähnelt, sitzen zwei Juristenheere und gehen in eine dreitägige geistige Schlacht. 200 Sitze sind besetzt. Ein guter Teil der deutschen Staatsrechtsprofessoren hat sich eingefunden, Anwälte mit bekannten Namen sitzen in der Robe da, Ministeriale spielen mit Mikrophonen. Es geht um die Macht an den deutschen Universitäten. Macht ist heute in demokratischen Gremien die Abstimmungsmehrheit. Jahrhunderte hatten die Ordinarien das Übergewicht in den deutschen Hochschulen. Aber der Wandel zur Massenuniversität, viel Unfähigkeit der Selbstregierung und die Studentenrevolte von 1968 haben diese Positionen gründlich erschüttert.«

Neben Präsident Benda erwähnte der Journalist in seinem Prozessbericht nur zwei Senatsmitglieder namentlich: »Die Richter Frau Rupp-von Brünneck und Dr. Simon fragen immer wieder, dringen auf Präzision.« Als Karl Doehring aus Heidelberg berichtete, wie es an den Universitäten »wirklich« aussah, wollte Wiltraut Rupp-von Brünneck wissen, ob der Professor »denn gegen die Gruppenuniversität überhaupt sei«. Als Gerd Roellecke aus Mannheim die Geschichte der Habilitation ausbreitete, beklagte sie sich über die länglichen »rechtshistorische[n] Vorlesungen«. Benda federte die Rüge seiner Kollegin mit Humor ab: »[B]ei einer Verhandlung von 20 Stunden erwartet auch das Gericht nicht jede Minute ein Goldkorn«.[99]

Rudolf Gerhardt resümierte nach dem Verhandlungsmarathon in der FAZ:

»Die hohen Richter im roten Gewand, die die nicht einfache Aufgabe zu meistern haben, täglich sieben Stunden lang zuzuhören und dabei auszusehen wie hohe Richter, haben es ganz gewiß nicht leicht. Wieder einmal müssen sie, indem sie einen Grundrechtsartikel gegen das Licht halten, eine politische Entscheidung treffen, diesmal eine grundlegende Entscheidung für die Hochschulpolitik.«[100]

Dass die »Suche nach der Wissenschaftsfreiheit«[101] einige Zeit in Anspruch nehmen würde, war den Prozessbeobachtern klar: »Karlsruhe wird Monate brauchen«, schrieb Kühnert in der SZ und gab zu bedenken: »Das Verfassungsgericht kann nur entscheiden, was verfassungsgemäß, nicht was zweckmäßig ist.«[102] Darauf hatte in der mündlichen Verhandlung vor allem Erhard Denninger, der Prozessbevollmächtigte des immer noch »roten« Hessens, hingewiesen. Man darf annehmen, dass die Frage, wo die Grenze zwischen Verfassungs- und Zweckmäßigkeit der Hochschulorganisation verlief, auch die intensiven Beratungen im Ersten Senat dominierte. »Das Hochschul-Urteil hat den Ersten Senat ein halbes Jahr blockiert«, sollte Präsident Benda später sagen.[103]

Die Beschwerdeführer erwarteten vom Bundesverfassungsgericht eine Art konservativen *judicial activism*: Es sollte ihrer Auslegung des Art. 5 Abs. 3 Satz 1 GG – »Wissenschaft, Forschung und Lehre sind frei« – als institutionelle Garantie folgen, darunter die Ordinarienuniversität subsumieren und sie so dem gesetzgeberischen Zugriff entziehen.[104] Sie wurden enttäuscht. »Im Laufe der

MEHRHEIT UND MINDERHEIT (1971–1977)　　361

Diskussion über die Hochschulreform ist nicht überall der Versuchung widerstanden worden, Art. 5 Abs. 3 GG mit hochschulpolitischen Forderungen der verschiedensten Art aufzuladen, um dann Regelungen und Vorgänge im Hochschulbereich, die sich diesen Forderungen nicht fügen wollen, als der Verfassungsnorm widersprechend zu kennzeichnen«, stellte der Senat in seinem Urteil vom 23. Mai 1973 fest.[105] Zwar erkannte er die objektive Wirkung des Art. 5 Abs. 3 GG an, vermochte darin aber keine Garantie der überkommenen Organisationsform zu erblicken: »Die Garantie der Wissenschaftsfreiheit hat [...] weder das überlieferte Strukturmodell der deutschen Universität zur Grundlage, noch schreibt sie überhaupt eine bestimmte Organisationsform des Wissenschaftsbetriebs an den Hochschulen vor.«

Die Maximalposition der Beschwerdeführer war damit vom Tisch. Der politische Gestaltungsspielraum im Hochschulrecht wurde durch das Urteil dennoch stark eingeengt. Zwar gestand die Senatsmehrheit dem Gesetzgeber einen »breite[n] Raum zur Verwirklichung seiner hochschulpolitischen Auffassungen« zu, leitete zugleich aber aus Art. 5 Abs. 3 GG – verstanden als »eine das Verhältnis der Wissenschaft zum Staat regelnde wertentscheidende Grundsatznorm« – detaillierte Vorgaben an die Hochschulorganisation ab. Das Modell der Gruppenuniversität hielt diesen Vorgaben im Grundsatz stand. Die konkrete Ausgestaltung durch den niedersächsischen Gesetzgeber verwarf die Senatsmehrheit jedoch, weil sie der von Art. 5 Abs. 3 GG geforderten »herausgehobene[n] Stellung« der Professoren nicht hinreichend Rechnung trage.

Die herausgehobene Stellung der Professoren zog der demokratischen Mitbestimmung Grenzen. Zwar musste der Gesetzgeber ihnen nicht in allen Gremien eine »eindeutige Mehrheit« sichern. Aus Art. 5 Abs. 3 GG folgerte der Senat vielmehr ein abgestuftes Mitbestimmungsregime: In Fragen der Lehre sei eine Mitwirkung von Studenten und wissenschaftlichen Mitarbeitern verfassungsrechtlich unbedenklich, solange den Hochschullehrern ein »maßgebliche[r] Einfluß« verbleibe. Bei Forschungsfragen und in Berufungsverfahren müssten sie »ausschlaggebende[n] Einfluß« nehmen können. Außerdem sei es dem Gesetzgeber verwehrt, die Gruppe der Hochschullehrer »in sich inhomogen« zusammenzusetzen, so dass sie dem »Typus des Hochschullehrers« nicht mehr entspreche. An diesen Vorgaben scheiterten nicht nur die Einbeziehung des nicht habilitierten Lehrpersonals in die Gruppe der Hochschullehrer, sondern auch die Stimmengewichtung in den Beschlussgremien. Wiederholt betont das Urteil, dass es nicht Sache des Bundesverfassungsgerichts sei, dem Gesetzgeber vorzuschreiben, wie er den Einfluss der Hochschullehrer sicherstelle. Doch der verbleibende legislative Spielraum war denkbar gering.

In der Rückschau mag das Hochschulurteil als gelungener Ausgleich zwischen den hochschulpolitischen Extrempositionen erscheinen. »Gerade darin, dass das Gericht einen in der Hochschulgesetzgebung praktisch zu verwirklichenden und für die Besonnenen auf beiden Seiten handhabbaren Kompromiss skizzierte und damit die Blockade der Gesetzgebungsverfahren auf Bundes- und Landesebene auflöste«, liegt für Florian Meinel »auf lange Sicht betrachtet« der Erfolg des Urteils.[106] Schon Zeitgenossen bemerkten, »daß der Spruch der Richter in etwa eine mittlere Linie der gegenwärtigen Hochschuldiskussion verfolgt[e]«.[107] Uwe Wesel sollte später sogar behaupten, dass es »manchem Sozialdemokraten gar nicht so unrecht« gewesen sei, die Hochschulreform »von oben gestoppt« zu sehen.[108] In der Tat war der hochschulpolitische Reformimpetus der sozialliberalen Koalition bereits geschwunden, als der Erste Senat sein Urteil verkündete.[109]

Obwohl beide politischen Lager mit den Vorgaben des Urteils leben konnten, sahen sich Wiltraut Rupp-von Brünneck und Helmut Simon veranlasst, ihre abweichende Meinung in einem Sondervotum niederzulegen. »Dissentings wurden in der Regel für gewichtige Meinungsverschiedenheiten aufgespart, da sie viel Zeit und Arbeit kosten«, notierte Simon in seinen Lebenserinnerungen.[110] Diesen Aufwand nahmen er und seine Kollegin im Frühjahr 1973 auf sich. Dabei ging es ihnen weniger um die Einzelheiten der Hochschulreform. Eine zu dominante Rolle der revoltierenden Studenten sahen auch sie kritisch. Vielmehr provozierte die allgemeinpolitische Dimension der Entscheidung ihren Widerspruch: Es war das erste Urteil, mit dem sich Karlsruhe offen gegen ein sozialliberales Reformprojekt gestellt hatte.

Die Begründung aus den Grundrechten ließ sich auf andere Reformvorhaben übertragen – auf die Mitbestimmung in den Betrieben, die Schaffung eines neuen Bodenrechts, den Ausbau des Mieterschutzes, die Ehe- und Familienrechtsreform und nicht zuletzt eine Neuregelung des Schwangerschaftsabbruchs.[111] Für jedes dieser Vorhaben ließ sich ein passender Grundrechtsartikel auftun, der in der Interpretation als »objektive Wertentscheidung« den Reformgesetzgeber in die Schranken weisen konnte. Da auch nach über zwanzig Jahren Karlsruher Verfassungsjudikatur Grundsatzentscheidungen rar waren, hinderte eine konservative Senatsmehrheit nichts daran, grundrechtliche Direktiven so zu formulieren, dass sie die sozialliberalen Reformvorhaben durchkreuzten. Der »Gestaltungsspielraum« des Reformgesetzgebers, den der Senat im Hochschulurteil auffällig oft betonte, würde dadurch zusammenschrumpfen, ohne dass das Bundesverfassungsgericht sich mit einem ausdrücklichen »nein« gegen die Reform zu stellen brauchte. Es müsste nur sagen »so nicht« und hätte damit sein oppositionelles Werk schon wirksamer verrichtet, als es jede inner- oder außerparlamentarische Opposition hätte tun können. Das Hochschulurteil wies den Weg. Wiltraut Rupp-von Brünneck und Helmut Simon konnten dazu nicht schweigen. Ihr Sondervo-

MEHRHEIT UND MINDERHEIT (1971–1977)   363

tum liest sich daher, obwohl als Kritik des Entschiedenen formuliert, wie eine
Mahnung für das noch zu Entscheidende.

Die Dissenter beginnen konziliant mit der Klarstellung, dass »Ergebnis und
Begründung des Urteils [...] weithin auf übereinstimmender verfassungsrechtlicher Beurteilung« beruhten:

»Insbesondere teilen wir auch die Auffassung, daß Art. 5 Abs. 3 über ein subjektives Abwehrrecht gegen konkrete Eingriffe in die Wissenschaftsfreiheit hinaus eine Wertentscheidung enthält, die der Staat als allgemeine Richtlinie bei Regelungen über Universitäten oder andere öffentliche Einrichtungen im Bereich von Forschung und Lehre zu beachten hat. Ebenso stimmen
wir der Senatsmehrheit darin zu, daß zwischen den einzelnen Gruppen der Hochschulangehö-
rigen gewichtige rechtserhebliche Unterschiede bestehen, deren Nivellierung nach dem Sche-
ma ›one man one vote‹ zu Recht von niemand befürwortet wird.«[112]

Damit war der Konsens aber schon am Ende: »Jedoch halten wir es nicht für
vertretbar, unmittelbar aus der Verfassung detaillierte organisatorische Anforderungen für die Selbstverwaltung der Universität herleiten zu wollen.« Es folgt
die zentrale Kritik:

»Mit dieser Entscheidung setzt sich das Bundesverfassungsgericht unter Überschreitung seiner Funktion an die Stelle des Gesetzgebers. Die scheinbar übereinstimmend anerkannte Gestaltungsfreiheit des demokratisch legitimierten Gesetzgebers für die Organisation der Wis-
senschaftsverwaltung wird von der Senatsmehrheit in einem anfangs unmerklichen, schließlich aber unverkennbaren Erosionsprozeß weitgehend ins Gegenteil verkehrt; sie erhebt Zweck-
mäßigkeitserwägungen, die der Gesetzgeber bei seiner Willensbildung anzustellen hat [...], unzulässig zu unabdingbaren, mit der Verfassungsbeschwerde durchsetzbaren Postulaten. Ihre
Begründung leidet zudem an Unklarheiten über die verfassungsrechtliche Bedeutung objektiver Wertentscheidungen mit der Folge, daß das vorbehaltlos gewährleistete Freiheitsrecht des
Art. 5 Abs. 3 GG einerseits der Gefahr der Relativierung ausgesetzt, andererseits sinnwidrig in
ein ständisches Gruppenprivileg und Herrschaftsrecht umgemünzt wird. Dieses Vorgehen erscheint nicht zuletzt deshalb bedenklich, weil verfassungsgerichtliche Verbote im Unterschied
zu inhaltsgleichen Gesetzesregelungen auch in ihren Fehleinschätzungen nur schwer korrigier-
bar sind und die weitere hochschulpolitische Entwicklung in einer krisenhaften Übergangspha-
se festschreiben, in der sich der Freiheitsgedanke eher in zukunftsoffener Flexibilität bewähren
müßte.«

Die Einwände werden auf den folgenden Seiten im Einzelnen ausgeführt. Obwohl sich nicht mit Gewissheit sagen lässt, wer welche Aspekte zum Sondervotum beigesteuert hat, kommen darin deutlich Wiltraut Rupp-von Brünnecks ver-
fassungspolitische Grundüberzeugungen zum Ausdruck. Ihr Vertrauen in den
Gesetzgebungsprozess gründete auf zehn Jahren Mitwirkung an der Bundesge-
setzgebung im Rechtsausschuss des Bundesrates. Das Beharren auf Flexibilität
entsprach ihrem Pragmatismus, der mit prinzipiellen Festlegungen nichts anzu-

fangen wusste. Verfassungsrechtsprechung musste zukunftsoffen bleiben, davon war sie überzeugt, schon um des gesellschaftlichen Fortschritts Willen.

»Der demokratische Gedanke [...] lebt davon, daß in allgemein bedeutsamen Angelegenheiten Mehrheitsbefugnisse auch nicht für Eliten unveränderbar vorgegeben sind, sondern durch Fähigkeiten, Argumente und Überzeugungskraft gewonnen sowie in ständiger geistiger Auseinandersetzung behauptet werden müssen.«

Die Dissenter beziehen sich hier auf die Mehrheitsverhältnisse in den Hochschulgremien. Ihre Mahnung an die Senatsmehrheit schwingt aber unüberhörbar mit. Obwohl Bundesverfassungsrichter als »Elite« mit nahezu unbeschränkter Entscheidungsmacht ausgestattet waren, mussten auch und gerade sie sich »in allgemein bedeutsamen Angelegenheiten« zurückhalten, um den »demokratische[n] Gedanken« nicht zu ersticken. Vor allem sollten sie die Grundrechte nicht so interpretieren, dass sie die Machtposition der Mehrheit absichern.

»Denn in einer Demokratie besteht die freiheitssichernde Funktion der Grundrechte auch und gerade darin, ihren Träger gegen Entscheidungen einer andersdenkenden Mehrheit zu schützen. Daher ist die Kumulierung von Grundrechtsschutz und Mehrheitsposition geradezu ein verfassungsrechtlicher Widerspruch.«

In seinen kritischen Passagen verrät das Sondervotum viel über das Grundrechts- und Demokratieverständnis seiner Verfasser. Aufschlussreich ist es auch dort, wo Wiltraut Rupp-von Brünneck und Helmut Simon der Mehrheit zustimmten, nämlich bei der Interpretation des Art. 5 Abs. 3 GG als »vom Gesetzgeber zu beachtende[r] Wertentscheidung«. Die werttheoretische Prämisse griffen die Dissenter nicht an, obwohl sie die Senatsmehrheit zur Deduktion der detaillierten Vorgaben an den Hochschulgesetzgeber geführt hatte. Für den jungen Rechtswissenschaftler Bernhard Schlink ging der Einwand der Dissenter, dass diese Vorgaben nicht das Ergebnis einer Auslegung des Grundgesetzes sein könnten, von vornherein fehl. Denn das Gericht habe »in den Ausführungen zur Wertentscheidung die Grenzen juristischer Hermeneutik längst hinter sich gelassen«.[113] Bei Schlink ist die Kritik der Schmitt-Schule an der Wertordnungsjudikatur unüberhörbar. Wiltraut Rupp-von Brünneck und Helmut Simon konnten und wollten sich dieser Kritik nicht anschließen. Sie brauchten die Wertordnung für ihre eigene progressive Grundrechtsinterpretation. Im Hochschulstreit mussten sie aber schmerzlich feststellen, dass das »Ausreizen der Grundrechte« sich »mit einem Mal gegen das demokratische Reformprogramm der linksliberalen Mehrheit« wandte, wie Christoph Möllers formuliert: »Es feuerte zurück.«[114]

Dass Wiltraut Rupp-von Brünneck das konservative Potential der Wertordnungsjudikatur nicht rechtzeitig erkannt hatte, mag in der Rückschau naiv erscheinen. Es fügt sich aber in Michael Stolleis' allgemeinen Befund ein:

>Die Konzentration auf die Verwirklichung der >Wertordnung< des Grundgesetzes in der gesamten Rechtsordnung hatte [...] eine Verengung und Provinzialisierung zur Folge. Sie wandelte auch methodisch auf Pfaden, die eigentlich hätten verdächtig erscheinen müssen. Denn schon dem flüchtigen Erinnern musste gegenwärtig sein, dass der gesamte Vorgang zwar inhaltlich sowohl die größtmögliche Distanz zum Nationalsozialismus als auch eine Modernisierung der Gesellschaft bedeuten sollte, aber methodisch gerade der Umstellung auf >neue Werte< entsprach, wie man sie 1933 erlebt hatte und wie sie nach 1945 parallel auch wieder in der DDR zu beobachten war.«[115]

Gerade Wiltraut Rupp-von Brünneck hätte Verdacht schöpfen müssen, hatte sie doch die Umwertung der Rechtsordnung im Geiste des Nationalsozialismus aktiv miterlebt. Doch sie erkannte nicht, dass die Wertordnung nach 1949 wie einst die Volksgemeinschaft nach 1933 zum »ideologischen Filter« geworden war, »den das Licht der Rechtserkenntnis« passieren musste. »Erst im Rückblick«, konstatiert Stolleis, »ist dies offenbar bewusst geworden, auf breiterer Basis erst Mitte der siebziger Jahre.«[116]

Das Hochschulurteil öffnete Wiltraut Rupp-von Brünneck und Helmut Simon die Augen. Von den »objektiven Wertentscheidungen« wollten sie dennoch nicht lassen. Wie sehr sie argumentativ darauf angewiesen waren, zeigt das Numerus-Clausus-Urteil aus dem Vorjahr.[117] Simon hatte als Berichterstatter den Senat für eine »Fortentwicklung des Grundrechtsschutzes zu einem Teilhaberecht im Bildungsbereich gewinnen« können. Seine Kollegin von dieser »Weiterbildung des Verfassungsrechts«[118] zu überzeugen, wird ihm kaum Mühe bereitet haben. »Aus dem in Art. 12 Abs. 1 Satz 1 GG gewährleisteten Recht auf freie Wahl des Berufes und der Ausbildungsstätte in Verbindung mit dem allgemeinen Gleichheitssatz und dem Sozialstaatsprinzip folgt ein Recht auf Zulassung zum Hochschulstudium«, lautet der zweite Leitsatz des Numerus-Clausus-Urteils. Diese Aktivierung des Sozialstaatsprinzips war ganz im Sinne Wiltraut Rupp-von Brünnecks, die schon in ihrer ersten Amtszeit mutigere Entscheidungen im sozialen Bereich eingefordert hatte[119] und nach ihrer Wiederwahl daran anknüpfen sollte.

Lebach-Urteil

Wie sehr Wiltraut Rupp-von Brünneck auf die Werttheorie der Grundrechte angewiesen war, zeigt das Lebach-Urteil vom 5. Juni 1973, das sie als Berichterstatterin vorbereitet hatte.[120] Die saarländische Kleinstadt Lebach war 1969 Schauplatz eines Verbrechens gewesen, das die Bundesrepublik in Atem hielt. Des Nachts drangen zwei Männer in ein Waffendepot der Bundeswehr ein, töteten drei Soldaten auf der Stelle und verletzten zwei weitere. Einer der Verletzten starb im Krankenhaus. Die Täter entwendeten Waffen und Munition und verschwanden in der Dunkelheit. Über die Hintergründe der Tat wurde zunächst spekuliert. Ein CDU-Politiker wähnte die Täter bei der außerparlamentarischen Opposition. Doch die Ermittler identifizierten nach einer aufwendigen Fahndung drei homosexuelle junge Männer aus der Pfalz, die mit den erbeuteten Waffen weitere Verbrechen begehen wollten, um sich Geld zu beschaffen. Mit dem Geld wollten sie sich eine Hazienda in Südamerika kaufen und dort eine »Lebensgemeinschaft außerhalb der von ihnen abgelehnten Gesellschaft« gründen.[121] Im Sommer 1970 wurden die beiden Haupttäter zu lebenslangen Freiheitsstrafen verurteilt. Der dritte Angeklagte hieß Gernot Wenzel. Er hatte zwar am Überfall nicht teilgenommen, war aber in die Pläne eingeweiht gewesen und hatte einem der Haupttäter den Umgang mit der Tatwaffe erläutert. Wegen Beihilfe zum Mord wurde er zu sechs Jahren Haft verurteilt.

Tat und Fahndung hatten großes öffentliches Aufsehen erregt, nicht zuletzt deshalb, weil die Ermittler den entscheidenden Hinweis auf die Täter nach einem Aufruf in der ZDF-Sendung *Aktenzeichen XY ... ungelöst* erhalten hatten. Das ZDF erkannte das mediale Potential des Verbrechens und produzierte nach dem Strafprozess das Dokumentar-Fernsehspiel *Der Soldatenmord von Lebach*. Es sollte im Juni 1972 an einem Freitagabend als zweiteilige Sendung mit einer Gesamtdauer von zwei Stunden und vierzig Minuten ausgestrahlt werden. Zu Beginn der Sendung sollten Fotos der beiden Haupttäter und des Gehilfen gezeigt werden. Im Dokumentarspiel selbst übernahmen Schauspieler ihre »Rollen« – unter dem bürgerlichen Namen der Täter. Die Produktion löste eine Kontroverse über die Verantwortung der Medien im Umgang mit Straftätern aus: »Politiker, Professoren und Bischöfe protestieren. Die Theologen Friedrich Wetter und Walter Ebrecht aus Speyer befürchten das ›Aufreißen alter Wunden‹; der Bielefelder Jurist Joachim Schultz-Tornau spricht von ›moralischer Lynchjustiz‹«, berichtete der SPIEGEL.[122] Aufgrund der Proteste wurde die Ausstrahlung zunächst verschoben.

Gernot Wenzel sah sich durch das Dokumentarspiel in seinem Persönlichkeitsrecht verletzt. Er konnte mit seiner vorzeitigen Haftentlassung im Juli 1973 rechnen und wollte in seine Heimatstadt zurückkehren. Für Wenzel bedeute die ZDF-Sendung »das bürgerliche Todesurteil«, kommentierte der Münchner Strafrechtsprofessor Claus Roxin den Vorgang. Wenzels Resozialisierung würde durch das Dokumentarspiel unmöglich gemacht. Um die Ausstrahlung zu verhindern, beantragte Wenzel beim Landgericht Mainz eine einstweilige Verfügung – ohne

MEHRHEIT UND MINDERHEIT (1971–1977)   367

Erfolg. Die Berufung zum Oberlandesgericht Koblenz blieb ebenfalls erfolglos. Bei der Abwägung des Persönlichkeitsrechts gegen die Rundfunkfreiheit kam das Gericht zu dem Ergebnis, dass Gernot Wenzel eine »relative Person der Zeitgeschichte« geworden sei und daher die Ausstrahlung des Dokumentarspiels hinnehmen müsse. Die Bevölkerung habe ein »nicht unerhebliches Interesse« an einer wahrheitsgemäßen Unterrichtung über das Tatgeschehen. Wenzel müsse »etwaige Nachteile ertragen, die in unserem freiheitlich-demokratischen Rechtsstaat angesichts des Art. 5 GG insbesondere denen zugemutet werden, die im öffentlichen Interesse stehen«.[123]

Gegen die Entscheidungen der Zivilgerichte erhob Gernot Wenzel Verfassungsbeschwerde. Die SZ berichtete:

»Zum erstenmal vor dem höchsten Gericht: hier ein Straftäter, der seine Strafe verbüßt hat und um ein Recht auf Ruhe und Vergessen kämpft, dort eine mächtige Fernsehanstalt, die sich des Interesses ihrer Zuschauer sicher weiß und die Informationsfreiheit für sich in Anspruch nimmt. Wo liegt die Grenze?«[124]

Das Dokumentarspiel, das auf Wunsch des ZDF-Fernsehrats um die Hälfte gekürzt worden war, sollte am Freitag, dem 5. Januar 1973, ausgestrahlt werden.[125] Das ZDF setzte den Sendetermin erneut ab. Es wollte die Entscheidung des Bundesverfassungsgerichts abwarten und hoffte auf ein zügiges Verfahren. Doch die Berichterstatterin Wiltraut Rupp-von Brünneck, zu deren Dezernat seit 1971 das Persönlichkeitsrecht gehörte, musste die Erwartung enttäuschen. Sie wollte dem Senat das Votum für eine Grundsatzentscheidung vorlegen. Für die Vorbereitung benötigte sie mehrere Monate. So lange war das ZDF nicht bereit zu warten. Es nahm seine Zusage, die Ausstrahlung aufzuschieben, zurück.[126] Wenzels Rechtsanwalt reagierte mit einem Antrag auf Erlass einer einstweiligen Anordnung, dem der Senat am 13. März 1973 stattgab. Die Folgen einer Ausstrahlung seien für den Beschwerdeführer irreparabel. Dem ZDF hingegen drohe kein gravierender Nachteil, wenn das Dokumentarspiel erst einige Zeit später ausgestrahlt werde.[127]

Am 2. und 3. Mai 1973 verhandelte der Erste Senat mündlich über den Lebach-Fall. Es sollte die einzige mündliche Verhandlung in einem Verfahren bleiben, bei dem Wiltraut Rupp-von Brünneck als Berichterstatterin fungierte. Dass sie den Verhandlungstermin angeregt hatte, ist wahrscheinlich. Denn die Anhörung von Prozessbeteiligten und Sachverständigen diente Zwecken, die ganz auf ihrer methodischen Linie lagen: Es ging vor allem darum, außerjuristischen Sachverstand heranzuziehen, um die Probleme des Falles konkret und lebensnah beurteilen zu können. Der Senat war schon bei der Vorbereitung der Verhandlung darum bemüht gewesen, den Sachverhalt so präzise wie möglich

368 MEHRHEIT UND MINDERHEIT (1971–1977)

aufzuklären. Er begnügte sich nicht mit den Schriftsätzen der Parteien, sondern gab verschiedenen Stellen und Organisationen Gelegenheit zur Äußerung: dem für das Persönlichkeitsrecht zuständigen VI. Zivilsenat des Bundesgerichtshofs, der ARD, dem *Deutschen Presserat*, dem *Verband Deutscher Zeitschriftenverleger*, dem *Deutschen Journalisten-Verband* und dem *Bundesverband Deutscher Zeitungsverleger*. Eine Abordnung des Senats nahm in den Räumen des ZDF in Mainz das Dokumentarspiel in Augenschein. Im Anschluss wurde ein umfangreicher Fragenkatalog für die Sachverständigen erarbeitet.

Drei Sachverständige wurden in der mündlichen Verhandlung angehört: der Soziologieprofessor Kurt Lüscher, der Diplompsychologe Kurt Possehl, der als Anstaltspsychologe in Wenzels Haftanstalt tätig war, und die Regierungsdirektorin Dr. Helga Einsele, die als Leiterin der hessischen Frauenvollzugsanstalt Frankfurt-Preungesheim Kenntnisse aus der Strafvollzugspraxis beisteuern sollte. Der Einfluss Wiltraut Rupp-von Brünnecks auf die Auswahl der Experten wird schon daran deutlich, dass ihre Heidelberger Kommilitonin Helga Einsele als Sachverständige auftrat. Auch im Übrigen ging es ihr darum, lebensnahe Expertisen einzuholen: Der Psychologe Possehl hatte den Beschwerdeführer »eingehend exploriert« und konnte somit eine informierte Prognose über dessen Resozialisierung anstellen. Der Soziologe Lüscher hatte einen Lehrstuhl an der jungen Reformuniversität Konstanz inne und konnte aufgrund seiner Forschung fundierte Angaben über die sozialpsychologischen und kommunikationswissenschaftlichen Dimensionen des Lebach-Falles machen. Er sollte später die Zusammenarbeit von *Jurisprudenz und Soziologie* am Beispiel des Lebach-Verfahrens analysieren und betonen, dass »der Beizug eines Soziologen in einem konkreten Rechtsfall [...] ungewöhnlich und für alle Beteiligten neu« gewesen sei.[128]

Dass der Senat so tief in den Bereich der Sachverhaltsermittlung vordrang, war angesichts seiner bisherigen Rechtsprechung zur Überprüfung fachgerichtlicher Urteile bemerkenswert.[129] Bis zum Lebach-Urteil hatte er nur geprüft, ob die Entscheidungen der Zivilgerichte auf einer grundsätzlich unrichtigen Anschauung von der Bedeutung und Reichweite eines Grundrechts beruhten oder ob das Auslegungsergebnis mit den Grundrechtsnormen und der in ihnen aufgerichteten Wertordnung unvereinbar war. Noch ein Senatsbeschluss aus dem Vorjahr betonte, dass die Feststellung und Würdigung des Sachverhalts den Zivilgerichten obliege.[130] Im Lebach-Urteil heißt es hingegen:

»Die angefochtene Entscheidung ist auch dann zu beanstanden, wenn das Gericht bei Anwendung der typischen Kriterien, die sich aus der Ausstrahlung der Grundrechte für die Beurteilung von Fällen der vorliegenden Art ergeben, nicht zu dem gefundenen *Ergebnis* hätte gelangen können.«[131]

Wiltraut Rupp-von Brünneck konnte hier die Position durchsetzen, die sie zwei Jahre zuvor in ihrem Sondervotum zum Mephisto-Beschluss fast wortgleich formuliert hatte.[132] Im Lebach-Urteil leitet die ergebnisbezogene Prämisse zwanglos zur Befugnis des Bundesverfassungsgerichts über, eigene Feststellungen über den Sachverhalt zu treffen, »um sich eine tragfähige Grundlage für die verfassungsrechtliche Beurteilung zu schaffen«.[133]

Das Lebach-Urteil ist als Grundsatzentscheidung konzipiert. An die Entfaltung des Prüfungsmaßstabs schließt sich nicht unmittelbar die Überprüfung der angegriffenen Entscheidungen an. Vielmehr macht der Senat auf rund zwanzig Seiten allgemeine Vorgaben für die Auflösung der »Spannungslage« zwischen dem Persönlichkeitsschutz und der Rundfunkfreiheit. Dieser Maßstäbeteil[134] geht maßgeblich auf Wiltraut Rupp-von Brünnecks (noch nicht zugängliches) Votum zurück, wie schon am ersten Zitat unschwer zu erkennen ist. Für den grundrechtlichen Schutz des Rechts, »für sich zu sein«, verweist das Urteil auf eine Anmerkung Adolf Arndts zu einer einschlägigen BGH-Entscheidung.[135] Die Berichterstatterin sollte ihrem langjährigen Weggefährten später einen Umdruck des Lebach-Urteils zukommen lassen, mit dem Hinweis, dass »der Senat« sich weitgehend dessen »überzeugenden Ausführungen« angeschlossen habe.[136] Arndt wird gewusst haben, wem er diese verfassungsgerichtliche Nobilitierung seiner Thesen zu verdanken hatte.

Die Struktur des Lebach-Urteils ist anspruchsvoll. Zunächst arbeitet der Senat heraus, dass »im Einzelfall eine generelle und konkrete Abwägung der sich gegenüberstehenden Rechtsgüter« erforderlich sei. Die Direktiven für die »generelle Abwägung« offenbaren erneut den Einfluss der Berichterstatterin: Die Lösung des Konflikts zwischen Persönlichkeitsrecht und Rundfunkfreiheit habe davon auszugehen, »daß nach dem Willen der Verfassung beide Verfassungswerte essentielle Bestandteile der freiheitlichen demokratischen Ordnung des Grundgesetzes bilde[te]n, so daß keiner von ihnen einen grundsätzlichen Vorrang beanspruchen« könne.

»Das Menschenbild des Grundgesetzes und die ihm entsprechende Gestaltung der staatlichen Gemeinschaft verlangen ebensowohl die Anerkennung der Eigenständigkeit der individuellen Persönlichkeit wie die Sicherung eines freiheitlichen Lebensklimas, die in der Gegenwart ohne freie Kommunikation nicht denkbar ist. Beide Verfassungswerte müssen daher im Konfliktsfall nach Möglichkeit zum Ausgleich gebracht werden; läßt sich dies nicht erreichen, so ist unter Berücksichtigung der falltypischen Gestaltung und der besonderen Umstände des Einzelfalles zu entscheiden, welches Interesse zurückzutreten hat. Hierbei sind beide Verfassungswerte in ihrer Beziehung zur Menschenwürde als dem *Mittelpunkt des Wertsystems der Verfassung* zu sehen.«[137]

Obwohl der Gedanke von der Menschenwürde als »Mittelpunkt des Wertsystems der Verfassung« bereits im Lüth-Urteil angelegt ist,[138] findet sich diese Wendung wörtlich erst im Unehelichenbeschluss vom 29. Januar 1969.[139] Im Lebach-Urteil markiert der Menschenwürdebezug die äußerste Grenze der »restriktiven Wirkungen«, die durch den Gebrauch der Rundfunkfreiheit auf das Persönlichkeitsrecht ausgehen dürfen: »[D]ie durch eine öffentliche Darstellung bewirkte Einbuße an ›Personalität‹ [darf] nicht außer Verhältnis zur Bedeutung der Veröffentlichung für die freie Kommunikation stehen« – auch dafür wird Arndts Urteilsanmerkung als Beleg angeführt. Weiter ergebe sich »aus diesem Richtwert«, dass bei der Abwägung auf der einen Seite die Intensität des Eingriffs, auf der anderen Seite das konkrete Informationsinteresse zu berücksichtigen sei. Davon ausgehend formuliert das Urteil für die persönlichkeitsrechtliche Beurteilung von Fernsehsendungen einige »verfassungsrechtliche bedeutsame Kriterien«: Namensnennung und Abbildung des Betroffenen, Objektivität und Sachlichkeit der Darstellung, Art und Reichweite der Sendung, »faszinative Wirkung« der Inszenierung, »Illusion des Authentischen« und das Problem der »selektiven Wahrnehmung« durch den Zuschauer. All diese Kriterien sprächen bei einem Dokumentarspiel über eine Straftat regelmäßig für einen »schweren Eingriff« in die Persönlichkeitssphäre des Täters.[140]

Andererseits sprächen aber »erhebliche Erwägungen für eine auch die Person des Täters einbeziehende vollständige Information der Öffentlichkeit«. Wöge man das Informationsinteresse an einer entsprechenden Berichterstattung im Fernsehen generell gegen den damit verbundenen Eingriff in den Persönlichkeitsbereich des Täters ab, so verdiene für die aktuelle Berichterstattung über Straftaten das Informationsinteresse »im allgemeinen« den Vorrang. Man könnte an dieser Stelle meinen, Gernot Wenzel habe den Prozess verloren. Doch das Urteil schränkt sogleich ein: »Freilich gilt dieser Vorrang des Informationsinteresses nicht schrankenlos.« Vielmehr verlange die »zentrale verfassungsrechtliche Bedeutung des Persönlichkeitsrechts [...] neben der Rücksicht auf den unantastbaren innersten Lebensbereich [...] die strikte Beachtung des Grundsatzes der Verhältnismäßigkeit«.

Die zentrale Größe in der Verhältnismäßigkeitsprüfung bildet die Zeitdimension: Nach der Befriedigung des aktuellen Informationsinteresses gewinne das Recht, »allein gelassen zu werden«, zunehmende Bedeutung und setze dem Wunsch der Massenmedien und den Informations- und Unterhaltungsbedürfnissen des Publikums Grenzen. Die zeitliche Grenze lasse sich »nicht allgemein, jedenfalls nicht mit einer nach Monaten und Jahren für alle Fälle fest umrissenen Frist fixieren«. Das »entscheidende Kriterium« liege vielmehr darin, ob die Berichterstattung gegenüber der aktuellen Information eine erhebliche neue oder zusätzliche Beeinträchtigung des Täters zu bewirken geeignet sei. Dabei komme als »maßgebender Orientierungspunkt [...] das Interesse an der Wieder-

MEHRHEIT UND MINDERHEIT (1971–1977)　　371

eingliederung des Straftäters in die Gesellschaft, an seiner Resozialisierung in Betracht.«

Das Urteil erlaubt sich an dieser Stelle einen Exkurs über die Resozialisierung, an dem Wiltraut Rupp-von Brünneck besonders viel gelegen war.[141] In der Betonung des Resozialisierungsgedankens manifestiert sich nicht nur ihr sozialstaatliches Verfassungsverständnis, sondern auch die langjährige Freundschaft mit Helga Einsele, die sich in der Bundesrepublik als wortmächtige Fürsprecherin einer auf Resozialisierung bedachten Strafvollzugspolitik hervorgetan hatte.[142] Das Resozialisierungsinteresse gab schließlich in der konkreten Verhältnismäßigkeitsprüfung den Ausschlag. Gestützt auf die Einschätzung der Sachverständigen geht das Urteil davon aus, dass die Resozialisierung nur gelingen könne, wenn die Voraussetzungen für die Eingliederung in die »normale freie Gesellschaft« vorlägen. Dabei genüge nicht, dass der ehemalige Häftling Unterkunft und Arbeit finde. Vielmehr müsse auch die »Einstellung der Umwelt gegenüber dem Entlassenen« günstig sein. Diese Einstellung werde durch eine Fernsehberichterstattung über die Tat, namentlich in Form eines Dokumentarspiels, ungünstig beeinflusst, zumal die »Notwendigkeit, dem Strafentlassenen von seiten der Gesellschaft bei der Wiedereingliederung zu helfen, in weiten Kreisen der Bevölkerung noch nicht hinreichend erkannt und akzeptiert worden« sei.[143]

Nach dem Spanier-Beschluss war das Lebach-Urteil die zweite Entscheidung, in der Wiltraut Rupp-von Brünneck als Berichterstatterin zukunftsweisende verfassungsrechtliche Maßstäbe setzen konnte. Das Urteil ist nicht ohne Kritik geblieben. Denn die Kaskaden seiner Verhältnismäßigkeitsprüfung zeigen geradezu prototypisch, »wie begrenzt die Rationalität verfassungsrechtlicher Abwägungsentscheidungen ist«.[144] So fragt Matthias Cornils, »ob die allgemeinen Wertungsregeln [...] wirklich Destillate verfassungsrechtlicher Normativität sind oder doch nur [...] Setzungen praktischer Vernunft, die mit besserer Kompetenz und mindestens gleicher Legitimität auch von der Fachgerichtsbarkeit gefunden werden könnten«. Zugleich attestiert er dem Lebach-Urteil »ein gutes Augenmaß« für die auf der generellen Ebene gefundenen Abwägungsregeln. Hinzu komme das rechtsstaatlich eminent wichtige Signal für die Rechtsstellung des Straftäters:

»Dass dessen Anspruch, nicht zusätzlich zu der Kriminalstrafe noch einer ewigen gesellschaftlichen Ächtung anheimzufallen, sondern eine Chance auf das ›Vergessen‹ und auf einen sozialen Neubeginn zu erhalten, keine zivilisatorische Selbstverständlichkeit ist, zeigt etwa die US-amerikanische Praxis öffentlicher Registrierung verurteilter Sexualstraftäter im Internet – ohne zeitliche Grenze.«[145]

372 MEHRHEIT UND MINDERHEIT (1971–1977)

Araber-Beschluss

Beim Lebach-Urteil ging es darum, dem Einzelnen den Rückweg in die Gesellschaft offenzuhalten, von der er durch die Strafhaft getrennt wurde. Beim Araber-Beschluss ging es darum, zu verhindern, dass der Einzelne überhaupt erst aus der Gesellschaft herausgerissen wird.[146] Es war die erste Entscheidung, mit der das Bundesverfassungsgericht die Rechtsstellung von Ausländern in der Bundesrepublik stärkte – und damit »beträchtliches Aufsehen« erregte.[147] Hintergrund des Araber-Beschlusses war die massenhafte Ausweisung palästinensischer Studenten nach dem Münchner Olympia-Attentat vom 5. September 1972. Nachdem die Sicherheitsbehörden bei der Abwehr der palästinensischen Terroristen so kläglich versagt hatten, versuchten sie, durch ein hartes ausländerrechtliches Vorgehen gegen deren Landsleute Stärke zu demonstrieren. Insgesamt wurden nach dem Olympia-Attentat knapp 200 aufenthaltsberechtigte Staatsangehörige arabischer Staaten aus der Bundesrepublik ausgewiesen; die zahlreichen Abschiebungen von illegal in Deutschland lebenden Arabern wurde nicht dokumentiert.[148]

Von den bayerischen Behörden wurden zwei Medizinstudenten ausgewiesen, weil sie sich in der *Generalunion Palästinensischer Studenten* (GUPS) engagiert hatten, die nach dem Olympia-Attentat verboten worden war. Die GUPS hatte in der Vergangenheit Anschläge gebilligt und wurde verdächtigt, Verbindungen zu palästinensischen Terroristen zu unterhalten. Den Ausgewiesenen wurden jedoch keine konkreten Taten zur Last gelegt. Den bayerischen Behörden genügte die Möglichkeit, dass sie »zu ausländischen Gruppen und Einzelpersonen Kontakte« unterhielten, »die für schwerwiegende Störungen der Sicherheit verantwortlich seien«.[149] Die Ausweisungsverfügungen waren auf § 10 Abs. 1 Nr. 11 des *Ausländergesetzes* gestützt, wonach es für die Ausweisung genügte, dass ein Ausländer durch seine Anwesenheit erhebliche Belange der Bundesrepublik Deutschland beeinträchtigte. Wegen des besonderen öffentlichen Interesses an ihrer Durchsetzung wurde die Verfügung für sofort vollziehbar erklärt. Einer der beiden Studenten, ein Palästinaflüchtling syrischer Staatsangehörigkeit, wurde im Februar 1973 nach Syrien abgeschoben. Die Abschiebung des anderen Studenten, eines Jordaniers palästinensischer Abstammung, der mit einer Deutschen verheiratet war, wurde vorerst nicht vollzogen.

Die Studenten hatten gegen die Ausweisungsverfügungen Widerspruch eingelegt und um einstweiligen Rechtsschutz nachgesucht. Die Verwaltungsgerichte lehnten ihre Eilanträge ab: Das öffentliche Interesse an der sofortigen Vollziehung überwiege die Individualinteressen der Studenten. Schon der Verdacht der Unterstützung palästinensischer Widerstandsgruppen genüge, um die betroffenen Personen bis zur endgültigen Klärung des Sachverhalts aus der Bundesre-

MEHRHEIT UND MINDERHEIT (1971–1977)   373

publik zu entfernen. Die Verwaltungsgerichte erkannten zwar an, dass die Unterbrechung des Studiums die Ausgewiesenen »nicht leicht« treffe – beide standen kurz vorm Examen. Doch könne das von ihnen ausgehende Sicherheitsrisiko nicht bis zum Studienabschluss hingenommen werden. Noch nicht einmal die Aufrechterhaltung der ehelichen Lebensgemeinschaft des verheirateten Studenten vermochte gegen »das öffentliche Interesse an der Ausschaltung schwerwiegender Sicherheitsrisiken« anzukommen. Bei der sofortigen Vollziehung der Ausweisung handle es sich »nur um eine vorläufige Maßnahme, deren Endgültigkeit vom Ausgang des Hauptsacheverfahrens abhänge«. Dass die Abgeschobenen vom Ausland aus ihre Rechte kaum wahrnehmen konnten, war für die Verwaltungsgerichte ohne Bedeutung.

Kritik am Vorgehen von Behörden und Gerichten im Nachgang des Olympia-Attentats kam von linksliberalen Medien ebenso wie von den maoistischen K-Gruppen. Zwischen diesen Polen sammelten sich Juristen, die den Betroffenen Rechtsbeistand leisteten.[150] Auch die beiden Medizinstudenten wurden von linken »Szeneanwälten« vertreten,[151] die gegen die letztinstanzlichen Entscheidungen des Bayerischen Verwaltungsgerichtshofs Verfassungsbeschwerde erhoben. Zur Berichterstatterin wurde Wiltraut Rupp-von Brünneck bestellt, die sofort erkannte »daß es um ein Grundsatzproblem des freiheitlichen Rechtsstaates ging: hie die Vorbeugung gegen Terroranschläge, hie individueller Rechtsschutz für Menschen«.[152] Der Überlieferung nach soll sie »alle Ausländerbehörden« angerufen und um Aufschub der Abschiebung gebeten haben, bis der Senat entscheide.[153] Ob sie so viel Zeit zum Telefonieren hatte, darf man bezweifeln. Fest steht, dass sie ihren Kollegen das Votum für eine einstweilige Anordnung vorlegte, die am 30. Mai 1973 erging und die Abschiebung des noch in Deutschland befindlichen Beschwerdeführers untersagte.[154] Die Entscheidung in der Hauptsache, die Wiltraut Rupp-von Brünneck für den Sommer 1973 vorbereitete, sollte weit über diesen Einzelfall hinaus Bedeutung haben.

Am 18. Juli 1973 hob der Erste Senat des Bundesverfassungsgerichts die Beschlüsse des Bayerischen Verwaltungsgerichtshofs wegen Verletzung der allgemeinen Handlungsfreiheit in Verbindung mit dem Recht auf effektiven Rechtsschutz auf. Im Fall des verheirateten Studenten trat die Verletzung der Ehegarantie hinzu.[155] Den Behörden wurde die Vollziehung der Ausweisungsverfügungen untersagt, dem bereits abgeschobenen Studenten die Rückkehr nach Deutschland gestattet. Über die Anträge der Studenten sollte der Bayerische Verwaltungsgerichtshof, an den die Sache zurückverwiesen wurde, erneut entscheiden – in aller Ruhe. Das Bundesverfassungsgericht bekräftige die »Prinzipien des freiheitlichen Rechtsstaates für Aufenthaltsrecht und Rechtsmittelverfahren der Ausländer«, kommentierte Helmut Rittstieg in einer Entscheidungsbesprechung. Die

»Schatten polizeistaatlichen Denkens« seien damit zwar nicht überwunden. Die Chancen für eine rechtsstaatliche Entwicklung hätten sich jedoch verbessert.[156] Die zentralen Sätze der Entscheidungsgründe sind prägnant:

»Das Grundrecht aus Art. 2 Abs. 1 GG auf die freie Entfaltung der Persönlichkeit steht als allgemeines Menschenrecht auch Ausländern in der Bundesrepublik zu. Die Beschränkung des Grundrechts der Freizügigkeit auf Deutsche und auf das Bundesgebiet (Art. 11 GG) schließt nicht aus, auf den Aufenthalt von Menschen in der Bundesrepublik auch Art. 2 Abs. 1 GG anzuwenden.«

Damit war der Aufenthalt von Ausländern grundrechtlich abgesichert – in den Grenzen des *Ausländergesetzes*, an dem der Senat trotz weit formulierter Ausweisungstatbestände nichts auszusetzen hatte. Beanstandet wurde hingegen die Anwendung dieser Tatbestände durch Behörden und Gerichte: Die allgemeine rechtsstaatliche Forderung nach angemessenem Rechtsschutz gelte »in vollem Umfang auch für Ausländer«. Effektiver Rechtsschutz werde aber illusorisch, wenn die Behörden irreparable Maßnahmen durchführten, bevor die Gerichte deren Rechtmäßigkeit geprüft hätten. Rechtsbehelfe müssten daher grundsätzlich aufschiebende Wirkung entfalten, also die Vollziehung angefochtener Verwaltungsakte hemmen. »Eine Verwaltungspraxis, die dieses Regel-Ausnahme-Verhältnis umkehrte [...], und eine Rechtsprechung, die eine solche Praxis billigt, wären mit der Verfassung nicht vereinbar.«[157]

Der Beschluss begibt sich tief in die Niederungen des einfachen Rechts, wenn er für die Anordnung der sofortigen Vollziehung »ein besonderes öffentliches Interesse« verlangt, »das über jenes Interesse hinausgeht, das den Verwaltungsakt selbst rechtfertigt«. Diese Formel gehört heute zum Standardrepertoire der verwaltungsrechtlichen Dogmatik;[158] damals war sie innovativ: Die Behörden mussten fortan gesondert begründen, weshalb sie den Abschluss des Rechtsbehelfsverfahrens nicht abwarten, sondern den Verwaltungsakt sofort vollziehen wollten. Sie konnten sich nicht mehr auf die bloße Behauptung eines öffentlichen Interesses zurückziehen. Das Verwaltungsgericht wiederum musste nachprüfen, warum der Rechtsschutzanspruch des Einzelnen ausnahmsweise hinter die öffentlichen Belange zurücktreten sollte. Der Araber-Beschluss stellt dafür einen flexiblen Maßstab zur Verfügung, der bis heute Gültigkeit besitzt: »Der Rechtsschutzanspruch des Bürgers ist um so stärker und darf um so weniger zurückstehen, je schwerwiegender die ihm auferlegte Belastung ist und je mehr die Maßnahmen der Verwaltung Unabänderliches bewirken.«[159]

Dass die sofortige Abschiebung der beiden Studenten diesem Maßstab nicht standhalten konnte, lag auf der Hand. Auf dem Weg zum Ergebnis machte der Senat aber einen Umweg: Es könne kein Zweifel bestehen, »daß der Schutz der Allgemeinheit vor Terroranschlägen zu den wichtigsten öffentlichen Aufgaben gehört und notfalls auch sehr weitreichende Eingriffe in die Rechte Einzelner zuläßt«. Damit wurde das Sicherheitsbedürfnis nach dem Olympia-Attentat explizit anerkannt. Doch hatte der Bayerische Verwaltungsgerichtshof selbst gesagt, dass die bloße Mitgliedschaft in der GUPS nicht ausreichte, um die Studenten sofort außer Landes zu bringen. Vielmehr müsse die Möglichkeit bestehen, dass diese aufgrund ihrer möglicherweise bestehenden Kontakte zum palästinensischen Widerstand zukünftig für die Terrorunterstützung rekrutiert würden. Dieser »allgemeine Verdacht« genügte dem Senat nicht. Er beanstandete, dass der Verwaltungsgerichtshof die »schwer zu behebenden Folgen« der Abschiebung ignoriert und die erschwerte Rechtsverfolgung im Ausland nicht in Rechnung gestellt hatte. Ausländer könnten sich vom Ausland aus »nicht leicht« rechtliches Gehör verschaffen. Die Besonderheiten des Ausländerrechts dürften »nicht zu einer Verminderung des Grundrechtsschutzes führen«. Vielmehr müsse »der Bedeutung der Grundrechte als Grundlage jeder menschlichen Gemeinschaft (vgl. Art. 1 Abs. 2 GG) auch in der Ausweisungspraxis voll Rechnung getragen werden«.

Der Verweis auf das in Art. 1 Abs. 2 GG enthaltene Bekenntnis zu den »unverletzlichen und unveräußerlichen Menschenrechten als Grundlage jeder menschlichen Gemeinschaft, des Friedens und der Gerechtigkeit in der Welt« macht deutlich, wie wichtig es dem Senat (nicht zuletzt der Berichterstatterin) war, die Bedeutung der Grund- und Menschenrechte im Ausländerrecht zu betonen. Ein Zitat von Art. 1 Abs. 2 GG hatte (und hat) Seltenheitswert. In der Rechtsprechung des Ersten Senats war die Vorschrift bis dahin überhaupt nur einmal erwähnt worden: Im Spanier-Beschluss aus dem Mai 1971,[160] der nicht zufällig aus Wiltraut Rupp-von Brünnecks Feder stammte. War es ihr damals gelungen, ihre Kollegen von der Bedeutung der Grundrechte im internationalen Privatrecht zu überzeugen, gelang ihr nun dasselbe im Ausländerrecht.

»Der Fortschritt ist eine Schnecke«

In der Wohnung der Eheleute Rupp in der Karlsruher Waldstadt stand eine antike Vitrine mit allerlei Zierrat: Vasen und Kerzenhalter, der geigende Rauschgoldengel, der an den Fall Wurst erinnerte, und ein vergoldeter Teller, den der hessische Ministerpräsident Georg August Zinn seiner geschätzten Juristin geschenkt hatte. Unter den Stücken war ein besonderer Porzellanteller aus der Manufaktur Rosenthal, deren Inhaber Philip Rosenthal seit 1969 für die SPD im Bundestag saß. 1973 gab Rosenthal bei Günter Grass den Entwurf eines »Literatentellers« in Auftrag. Der Schriftsteller gestaltete einen weißen Teller mit der Zeichnung einer

Schnecke. Über das Weichtier schrieb er: »Der Fortschritt ist eine Schnecke«. Der Teller wurde in einer limitierten Auflage produziert. Ein Exemplar fand den Weg in die Rupp'sche Wohnung, wo ihn Anfang 1975 ein Reporter erspähte.[161]

Das Motto des Tellers war eine Anspielung auf Grass' Erzählung *Aus dem Tagebuch einer Schnecke*. »Die Schnecke, das ist der Fortschritt«, erklärt darin der Ich-Erzähler seinen Kindern, die fragend zurückgeben: »Und was issen Fortschritt?«« Der Erzähler antwortet: »Bisschen schneller sein als die Schnecke ...‹ / ... und nie ankommen, Kinder.«[162] Das Schnecken-Tagebuch, das den Wahlkampf 1969 thematisierte, erschien 1972, in einem Jahr, das »in vieler Hinsicht den Höhe- und Wendepunkt der sozialliberalen Erfolge und des damit verbundenen Fortschrittsoptimismus« darstellte.[163] Es sollte nicht lange dauern, »bis die fortschrittsgewisse Euphorie [...] sich in Zweifel und Krisenempfinden verwandelt hatte.«[164] Doch Günter Grass hielt mit dem Motto auf dem »Literatenteller« an seiner Metapher fest: »Der Fortschritt ist eine Schnecke.« Erst Ende der siebziger Jahre sollte er sich korrigieren: »Die Schnecke ist uns zu schnell. Und wer sie (immer noch) hinter uns auf dem Weg sieht, soll sich nicht täuschen: sie überrundet uns abermals.«[165]

Dass Wiltraut Rupp-von Brünneck sich die mehrdeutige Schnecken-Metapher aneignete, muss kein Ausdruck von Ungeduld mit den gesellschaftlichen Reformen gewesen sein. Das Bild von der Schecke kann ebenso gut für eine nüchtern pragmatische Haltung zur sozialliberalen Reformpolitik stehen. Obwohl es der politisch denkenden Verfassungsrichterin mit manchen Reformen nicht schnell genug ging, blieb sie stets Realistin. Sie wusste, dass sich der gesellschaftliche Fortschritt nur in kleinen Schritten voranbringen ließ. Wo sie von Karlsruhe aus ihren Beitrag dazu leisten konnte, war sie bereit, das zu tun. Sie hatte ihre eigene Reformagenda, die sie verfolgte, wenn die Fälle die Gelegenheit boten. Damit war sie am Gericht nicht allein. Der US-amerikanische Rechtswissenschaftler Donald P. Kommers kam auf der Grundlage von Interviews, die er Anfang der siebziger Jahre mit Richtern geführt hatte, zu dem Schluss, dass es in Karlsruhe einige »judicial activists« gebe, die bewusst auf die Durchsetzung von politischen Zielen hinwirkten:

»For example, one Justice is dedicated to ridding the penal code of provisions that punish behaviour falling into what he regards as private morality. Another is personally committed to watching over the rights of women and illegitimate children; when the opportunity presents itself, he seeks to invalidate discriminatory provisions in the civil code against these groups.«[166]

Es besteht kein Zweifel, dass der letztgenannte Richter die einzige Frau im Karlsruher Richterkollegium war, deren Anonymität nur durch die Verwendung des männlichen Pronomens »he« gewahrt werden konnte.

MEHRHEIT UND MINDERHEIT (1971–1977)   377

In den Jahren 1973 und 1974 schlug Wiltraut Rupp-von Brünneck als Berichterstatterin ihren Kollegen die Beanstandung verschiedener diskriminierender Rechtsvorschriften vor – und verzeichnete dabei einige Erfolge. So erklärte der Senat
im November 1973 das sogenannte »Eheverbot der Geschlechtsgemeinschaft« für
unvereinbar mit dem Ehegrundrecht.[167] Das Verbot stand einer Heirat entgegen,
wenn der eine Teil mit Eltern, Großeltern oder Kindern des anderen Teils Ge-
schlechtsverkehr gehabt hatte. Es war ursprünglich mit Rücksicht auf die katholische Glaubenslehre in das bürgerliche Recht aufgenommen, 1938 aber gestrichen worden. Der NS-Gesetzgeber hatte Anstoß daran genommen, dass der Tatbestand der »Geschlechtsgemeinschaft« nur in seltenen Fällen überhaupt festgestellt werden konnte, so dass »schon aus Gründen der Gerechtigkeit« die Beseitigung der Bestimmung angezeigt sei. Das *Ehegesetz* des Alliierten Kontrollrats
stellte das Verbot indes wieder her.[168] 1961 wurde es durch das *Familienrechtsänderungsgesetz* bestätigt.[169] Eine sachliche Begründung ließ sich dafür nicht finden.
Nach Ansicht der Zivilgerichte ging das Verbot auf »uralte, lediglich geschicht-
lich verfolgbare, aber letztlich rational nicht enthüllbare ethische Auffassungen«
zurück, »nach denen derartige eheliche Verbindungen anstößig und widernatür-
lich« seien.[170]

Diese dürftige Begründung konnte der kritischen Analyse der Berichterstatterin nicht standhalten. Schließlich lag der Ehegarantie des Art. 6 Abs. 1 GG »das
Bild der ›verweltlichten‹ bürgerlich-rechtlichen Ehe« zugrunde, in dem »rational
nicht enthüllbare ethische Auffassungen« keinen Platz hatten. »[D]er Staat darf
die Eheschließungsfreiheit nicht allein auf Grund einer ›uralten kultischen Regel‹ beschränken«, heißt es im Beschluss, »sondern die Beschränkung muß sich
aus dem Bild der heutigen verweltlichten Ehe ergeben oder mit diesem vereinbar
sein.« Das verlange aber grundsätzlich, dass sachliche, verstandesmäßig fassbare
Gründe ein Eheverbot rechtfertigen. Auch wenn Art. 6 Abs. 1 GG in bestimmten
Grenzen gestatte, an »vorgefundene, überkommene Lebensformen« anzuknüp-
fen, könne im Fall des Eheverbots der Geschlechtsgemeinschaft davon nicht die
Rede sein: Es ließ sich dafür gerade keine ungebrochene Rechtstradition nachweisen.[171]

Der Senat konnte das Eheverbot dennoch nicht für nichtig erklären, da es
auf Besatzungsrecht zurückging, das seiner Jurisdiktion entzogen war. Um ein
»Schwarzer-Peter-Spiel« zu verhindern, verpflichtete er die zuständigen Verfassungsorgane, das Verbot in angemessener Frist – bis spätestens zum Ablauf
der Legislaturperiode – nach Konsultation der Alliierten außer Kraft zu setzen.
Mit dem *Ersten Eherechtsreformgesetz* vom 14. Juni 1976 wurde das Eheverbot der
Geschlechtsgemeinschaft ersatzlos gestrichen.[172] Die Änderung trat am Tag nach
der Verkündung in Kraft. Ob der Beschwerdeführerin, die den Beschluss vom
14. November 1973 erstritten hatte, damit geholfen war, ist nicht überliefert. Den

Mann, der zuvor mit ihrer Mutter die »Geschlechtsgemeinschaft gepflogen« und zwei Kinder gezeugt hatte, hätte sie nunmehr jedenfalls heiraten können. Der Fall zeigt, dass das geschlechtsneutral formulierte Eheverbot vor allem Frauen benachteiligte. Denn die Beschwerdeführerin hatte den Mann nicht zuletzt deshalb heiraten wollen, weil auch sie von ihm ein Kind erwartete. Das war 1968 – vor der rechtlichen Gleichstellung unehelicher Kinder und lange, bevor die Unehelichkeit keinen sozialen Makel für Mutter und Kind mehr darstellte.

Weil Frauen durch das Eheverbot der Geschlechtsgemeinschaft »nur« faktisch stärker betroffen waren und mit der Eheschließungsfreiheit ein spezielles Grundrecht zur Hand gewesen war, hatte der Senat das Gleichberechtigungsgebot nicht prüfen müssen. Doch es gab Fälle, in denen die Geschlechterdiskriminierung so augenfällig war, dass an der Aktivierung des Art. 3 Abs. 2 GG kein Weg vorbeiführte. Einen solchen Fall entschied das Bundesverfassungsgericht am 21. Mai 1974 auf der Grundlage des Votums seiner einzigen Richterin.[173] Es ging um § 4 Abs. 1 des *Reichs- und Staatsangehörigkeitsgesetzes* (RuStAG) von 1913: »Durch die Geburt erwirbt das eheliche Kind eines Deutschen die Staatsangehörigkeit des Vaters, das uneheliche Kind einer Deutschen die Staatsangehörigkeit der Mutter.« Anders als das Eheverbot der Geschlechtsgemeinschaft, das nur in seltenen Fällen relevant wurde, hatte die zur Prüfung stehende Regelung eine erhebliche praktische Bedeutung, wie der Erste Senat im Einklang mit der lebensnahen Rechtsanschauung der Berichterstatterin feststellte.

Die Regelung des Abstammungsprinzips im ausgehenden Kaiserreich entsprach – das hob der Beschluss in beinahe feministischem Duktus hervor – »der damaligen patriarchalischen Gesellschaftsordnung«. Die Mutter kam 1913 als Bezugsperson nicht in Betracht, weil sich auch ihre Staatsangehörigkeit nach der des Ehemannes richtete, nicht nur in Deutschland, sondern in den meisten europäischen Staaten. »Der Wandel der Stellung der Frau in Familie, Gesellschaft und Staat hat dazu geführt, dass im Recht der meisten Staaten die Eigenständigkeit der Ehefrau im Staatsangehörigkeitsrecht anerkannt ist.« Auch in Deutschland erwarb die Ehefrau nicht mehr automatisch die Staatsangehörigkeit ihres Mannes, sondern behielt ihre eigene. Erst durch diese rechtliche Eigenständigkeit der Frau konnte die Frage aufkommen, nach welchem Elternteil sich die Staatsangehörigkeit von Kindern aus binationalen Ehen richten sollte. Der Gesetzgeber ergänzte 1963 § 4 RuStAG lediglich um eine Bestimmung, nach der sich die Staatsangehörigkeit des ehelichen Kindes nach seiner Mutter richtete, wenn es anderenfalls staatenlos sein würde. Sonst blieb alles beim Alten: Das eheliche Kind erwarb die Staatsangehörigkeit des Vaters.

Als das Bundesverwaltungsgericht, der Bundesgerichtshof (das Verfahren erledigte sich später) und das Verwaltungsgericht Frankfurt in den Jahren 1971 und

MEHRHEIT UND MINDERHEIT (1971–1977)   379

1972 dem Bundesverfassungsgericht § 4 Abs. 1 RuStAG vorlegten, kam Bewegung in den politischen Prozess. In ihrer Stellungnahme stellte die Bundesregierung eine Änderung des § 4 Abs. 1 RuStAG in Aussicht. Wenige Wochen vor dem Senatsbeschluss erreichte der Entwurf eines Änderungsgesetzes den Bundesrat. Das eheliche Kind sollte danach die deutsche Staatsangehörigkeit erwerben, wenn ein Elternteil Deutscher ist, unabhängig vom Geschlecht. Die »nach wie vor unerwünscht[e]« doppelte Staatsangehörigkeit, die dadurch entstehen konnte, nahm man um der Gleichberechtigung Willen in Kauf.[174] Trotz dieser Initiative betrieb Wiltraut Rupp-von Brünneck das Verfahren mit größter Akribie. Sie gab rechtsvergleichende Gutachten in Auftrag und wertete die juristische Literatur umfassend aus. Hintergrund dieser Bemühungen dürfte die Auffassung der Bundesregierung gewesen sein, nach der die Vorschrift »nicht schon jetzt als verfassungswidrig anzusehen« sei. Die Bundesregierung wollte vermeiden, dass das Bundesverfassungsgericht § 4 Abs. 1 RuStAG rückwirkend auf den 31. März 1953 – den Ablauf der Frist des Art. 117 Abs. 1 GG – für verfassungswidrig erklärte. Die Vorschrift könne »noch hingenommen werden, bis der Gesetzgeber eine Neuregelung getroffen habe«.

Diese Relativierung der für die Gleichberechtigung so entscheidenden Fristbestimmung des Art. 117 Abs. 1 GG, die sie selbst zusammen mit Elisabeth Selbert erarbeitet hatte, konnte Wiltraut Rupp-von Brünneck nicht tolerieren, jedenfalls nicht um den Preis, dass den bis zur Gesetzesänderung geborenen Kindern einer mit einem Ausländer verheirateten Deutschen die deutsche Staatsangehörigkeit vorenthalten würde. Die Pointe des Senatsbeschlusses vom 21. Mai 1974 lag daher nicht in der Feststellung der Verfassungswidrigkeit des § 4 Abs. 1 RuStAG, sondern in der Formulierung des Rechtsfolgenausspruchs. Die vorlegenden Gerichte hatten vorgeschlagen, das Staatenlosigkeits-Kriterium aus § 4 Abs. 1 Satz 2 RuStAG per Nichtigerklärung zu »streichen«, sodass die Kinder zusätzlich die Staatsangehörigkeit der Mutter erworben hätten. »Das Bundesverfassungsgericht kann jedoch eine solche Entscheidung nicht treffen«, gab der Senat zu bedenken, »weil es damit in die dem Gesetzgeber vorbehaltene Gestaltungsfreiheit eingreifen würde.« Das entsprach der ständigen Rechtsprechung zu gesetzlichen Gleichheitsverstößen, bei denen das Gericht davon absah, selbst die benachteiligte Gruppe in die günstigere Regelung einzubeziehen. Der Senat beschränkte sich also auf die Feststellung, dass § 4 Abs. 1 RuStAG mit dem Grundgesetz unvereinbar war, soweit eheliche Kinder einer deutschen Mutter und eines ausländischen Vaters die deutsche Staatsangehörigkeit nicht unter den gleichen Voraussetzungen erwerben konnten wie eheliche Kinder eines deutschen Vaters und einer ausländischen Mutter. Der Gesetzgeber sollte die Vorschrift durch eine verfassungskonforme Regelung ersetzen.

380   MEHRHEIT UND MINDERHEIT (1971–1977)

Aber was sollte für die Kinder gelten, die in der Zwischenzeit zur Welt kamen? Für sie mussten die Wirkungen der Unvereinbarkeitsfeststellung präzisiert werden: »Wird die Verfassungswidrigkeit einer Norm lediglich festgestellt, so hat dies verfassungsrechtlich die gleiche Wirkung wie die Nichtigerklärung: die Norm darf ab sofort, d. h. vom Zeitpunkt der Entscheidung des Bundesverfassungsgerichts an, [...] nicht mehr angewandt werden.« Das aber hätte zu einem »rechtliche[n] Vakuum« geführt, das die »entscheidende Bedeutung der Staatsangehörigkeit für den gesamten Status der betroffenen Kinder« nicht zulasse. Deshalb adjustierte der Senat die Rechtsfolge erneut:

»Die bisherige Regelung gilt daher zunächst in ihrem positiven Gehalt weiter, d. h. soweit sie ehelichen Kindern mit nur einem deutschen Elternteil die deutsche Staatsangehörigkeit gewährt: Nach Satz 1 des § 4 Abs. 1 RuStAG werden also eheliche Kinder eines deutschen Vaters und einer nichtdeutschen Mutter, nach Satz 2 der Vorschrift eheliche Kinder einer deutschen Mutter, die sonst staatenlos sein würden, wie bisher mit der Geburt deutsche Staatsangehörige.«

Vorübergehend blieb alles beim Alten, kraft einer bundesverfassungsgerichtlichen »Weitergeltungsanordnung«, wie sie der Senat zwei Jahre zuvor im Numerus-Clausus-Urteil erstmals eingesetzt hatte.[175] Die pragmatische Berichterstatterin hatte bei der Formulierung ihres Votums darauf zurückgreifen können.

Pragmatisch ist auch eine weitere Anordnung des Staatsangehörigkeitsbeschlusses. Der Gesetzgeber wurde nämlich nicht nur verpflichtet, § 4 Abs. 1 RuStAG durch eine verfassungskonforme Regelung zu ersetzen. Entsprechend dem Rechtsgedanken des – nicht direkt anwendbaren – § 79 Abs. 2 BVerfGG wurde ihm auch auferlegt, für die nach dem 31. März 1953 geborenen Kinder die nachteiligen Folgen des § 4 Abs. 1 RuStAG für die Zukunft zu beseitigen: »Insoweit steht ihm nur *ein* Weg zur Gleichstellung der in dem genannten Zeitraum geborenen Kinder offen.« Dafür genüge grundsätzlich eine Überleitungsregelung, die den Kindern ein Optionsrecht auf die deutsche Staatsangehörigkeit einräume. Eine solche Regelung sah der Regierungsentwurf zwar vor, beschränkte sie aber auf Kinder, die zum Zeitpunkt des Inkrafttretens minderjährig waren. Der Senat bezog diese Regelung gleichsam antizipierend in seine Prüfung ein und erklärte sie für unvereinbar mit den Vorgaben seines Beschlusses: »Schließlich darf die Abgrenzung des begünstigten Personenkreises nicht maßgebend von der Dauer des Gesetzgebungsverfahrens abhängig gemacht werden.«

Der Staatsangehörigkeitsbeschluss schuf mit seiner differenzierenden Regelung eine tragbare Übergangslösung und wahrte gleichzeitig in größtmöglichem Umfang die Gestaltungsfreiheit des Gesetzgebers. Der Interimszustand sollte nicht lange andauern: Der Bundestag beriet intensiv über die Vorgaben des

Bundesverfassungsgerichts.[176] Die CDU/CSU-Opposition plädierte für einen gesetzlichen Erwerb der deutschen Staatsangehörigkeit durch alle Kinder, die nach dem 31. März 1953 geboren waren. Die sozialliberale Koalition bevorzugte das vom Bundesverfassungsgericht abgesegnete Optionsmodell ohne Altersgrenze,[177] das schließlich mehrheitlich beschlossen wurde. Das Änderungsgesetz trat am 1. Januar 1975 in Kraft.[178] Bis zum 31. Dezember 1977 konnten eheliche Kinder deutscher Mütter und ausländischer Väter ihr Optionsrecht ausüben. 82 Prozent der 176.302 Optionsberechtigten entschieden sich für den Erwerb der deutschen Staatsangehörigkeit.[179]

Abb. 22: Wiltraut Rupp-v. Brünneck an ihrem Schreibtisch in Karlsruhe um 1974
Quelle: Nachlass W. Rupp-v. Brünneck / Fotostudio Gleis

Soziale Gleichheit

Schon in ihrer ersten Amtszeit hatte sich Wiltraut Rupp-von Brünneck dafür ausgesprochen, dem Sozialstaatsprinzip des Grundgesetzes schärfere Konturen zu verleihen. Als Berichterstatterin für das Kriegsfolgenrecht war es ihr gelungen, die Sozialstaatlichkeit als wesentliches Element der Wertordnung des Grundgesetzes in Stellung zu bringen. Die staatliche Gemeinschaft habe die Lasten mitzutragen, die dem Einzelnen aus einem von der Gesamtheit zu tragenden Schicksal entstanden seien.[180] Mit ihrem Vorschlag, das Rückwirkungsverbot auf ein sozialstaatliches Fundament zu gründen, war sie hingegen nicht erfolgreich gewesen. Ihre von der Mehrheitsauffassung abweichende Konzeption hatte sie in ihrem Sondervotum zum Österreicher-Beschluss niedergelegt. Die drängendste Frage des Sozialstaatsprinzips war um die Mitte der siebziger Jahre noch weitgehend unbeantwortet: die Frage nach dem Verfassungsrang der »sozialen Gleichheit«.

Hans F. Zacher, der Vorkämpfer der rechtswissenschaftlichen Disziplin »Sozialrecht«,[181] hatte 1968 die Zurückhaltung des Bundesverfassungsgerichts bei der Überprüfung sozialstaatlich relevanter Gesetze anhand des Gleichheitssatzes herausgearbeitet. Er attestierte dem Gericht »Minimalismus und Quietismus« und plädierte dafür, »dem Gleichheitssatz vorsichtig, beweglich und unter Schonung der demokratischen Strukturen positiven Sinn zu geben – und so auch einer grundsätzlichen Betrachtung des Gleichheitssatzes als einer Garantie sozialer Gleichheit aufzugreifen«. Nur so könne dem Sozialstaatsprinzip »Leben« gegeben werden: »[W]ie auch immer Gleichheit verstanden werden mag – Aktualität des Gleichheitssatzes ist das entscheidende Minimum an subjektiv verfügbarer Sanktion des Sozialstaatsprinzips.«[182] Wiltraut Rupp-von Brünneck hatte dafür ein offenes Ohr. Vielleicht gehe das Bundesverfassungsgericht in der selbst auferlegten Enthaltsamkeit im Sozialrecht manchmal etwas zu weit, bemerkte sie schon in ihrer ersten Amtszeit.[183] Wie Zacher wollte sie das Sozialstaatsprinzip aktualisieren, dabei aber die Prinzipien der Demokratie und der Gewaltenteilung schonen. Die dogmatische Grundlage sollte eine sozialstaatlich orientierte Interpretation des Gleichheitssatzes bilden.

Die erste Gelegenheit zur Anwendung der »sozialen Gleichheit« bot eine Richtervorlage zur Nachentrichtung von Beiträgen in die Rentenversicherung.[184] Die Nachentrichtung hatte eine erhebliche Bedeutung für Frauen. Denn das *Angestelltenversicherungsgesetz* von 1924 ermöglichte weiblichen Versicherten, sich aus Anlass ihrer Heirat ihre bisherigen Versicherungsbeiträge auszahlen zu lassen. Die Frauen waren – so die damalige Auffassung – durch ihren Ehemann fürs Alter abgesichert. Viele Frauen hatten davon Gebrauch gemacht und auf den Aufbau einer eigenen Altersvorsorge verzichtet. Ende der sechziger Jahre schaffte der Gesetzgeber die Auszahlungsmöglichkeit ab und räumte den Frauen, die davon Gebrauch gemacht hatten, das Recht ein, ihre Beiträge rückwirkend nachzuentrichten. Die Frauen konnten so eine volle Altersvorsorge erreichen. Zur Nachentrichtung berechtigt waren nur versicherungspflichtig Beschäftigte, nicht aber Frauen, die bereits aus dem Berufsleben ausgeschieden waren.

Der Richtervorlage lag ein Härtefall zugrunde: Die Klägerin des Ausgangsrechtsstreits hatte von 1926 bis 1934 in die Rentenversicherung eingezahlt. 1935 wurden ihr die Beiträge für diesen Zeitraum aus Anlass der Heirat ausgezahlt. Sie nahm jedoch im selben Jahr erneut eine versicherungspflichtige Tätigkeit auf und entrichtete fortlaufend Beiträge. 1965 wurde sie erwerbsunfähig. Als sie 1971 im Alter von 60 Jahren vorgezogenes Altersruhegeld beantragte, wollte sie zuerst die Rentenbeiträge für den Zeitraum von 1926 bis 1934 nachentrichten, um die Versicherungslücke zu schließen und ihren Ruhegeldanspruch zu erhöhen. Da sie wegen ihrer Erwerbsunfähigkeit nicht mehr versicherungspflichtig beschäftigt war, wurde ihr die Nachentrichtung verweigert. Das vorlegende Sozialgericht bezweifelte nicht die Verfassungsmäßigkeit des allgemeinen Ausschlusses von nicht mehr erwerbstätigen Frauen, wohl aber den Ausschluss von erwerbsunfähigen Versicherten, der gegen den Gleichheitssatz in Verbindung mit dem Sozialstaatsprinzip verstoße. Damit waren bereits die Vorschriften benannt, die die Berichterstatterin zur Lösung des Falles heranziehen wollte: Art. 3 Abs. 1 in Verbindung mit Art. 20 Abs. 1 GG.

In ihrer Kritik an der Nachentrichtungsregelung ging Wiltraut Rupp-von Brünneck weiter als das vorlegende Gericht. Sie sah im Ausschluss von nicht mehr versicherungspflichtig beschäftigten Frauen insgesamt einen Verstoß gegen die soziale Gleichheit, konnte ihre Senatskollegen davon aber nicht überzeugen. Die Senatsmehrheit akzeptierte vielmehr die Beschränkung der Nachentrichtung auf den Kreis der aktuell Versicherten und hatte sogar am Ausschluss von erwerbsunfähigen Frauen nichts auszusetzen. Die überstimmte Berichterstatterin beurteilte die Nachentrichtungsvorschrift völlig anders, wie sie in einem Sondervotum darlegte. Für sie lag »der Verfassungsverstoß bereits darin, daß die Gewährung der Vergünstigung von dem nach sozialgerechten Maßstäben irrelevanten Umstand abhängig gemacht wird, daß die Versicherte gerade *im Zeitpunkt der Nachentrichtung* noch oder wieder pflichtversichert ist«. Von der »Sozialwidrigkeit dieser Regelung« war sie überzeugt.

»Sozialwidrig« war für Wiltraut Rupp-von Brünneck gleichbedeutend mit gleichheitswidrig und damit verfassungswidrig:

»Es bedarf hier nicht der grundsätzlichen Auseinandersetzung damit, ob die bekannte Zurückhaltung der Rechtsprechung des Bundesverfassungsgerichts bei der Auslegung und Anwendung des allgemeinen Gleichheitssatzes in jeder Hinsicht zu rechtfertigen ist oder ob das Bundesverfassungsgericht im selbst auferlegten judicial restraint mitunter zu weit geht und der Gefahr der Anwendung erstarrter Formeln unterliegt. Jedenfalls darf sich bei Regelungen, die wie hier Fragen der sozialen Sicherung zum Gegenstand haben, die verfassungsrechtliche Prüfung nicht mit dem allgemeinen restriktiven, auf das Willkürverbot reduzierten Verständnis des Art. 3 Abs. 1 GG begnügen; vielmehr ist die Einwirkung des Sozialstaatsprinzips (Art. 20

Abs. 1, 28 Abs. 1 Satz 1 GG) zu beachten. Dem trägt die Argumentation des von der Mehrheit gefaßten Beschlusses nicht ausreichend Rechnung.«

Die Ursache für die »gewisse Scheu« des Bundesverfassungsgerichts bei der Aktivierung des Sozialstaatsprinzips lag für Wiltraut Rupp-von Brünneck – »neben möglichen anderen Gründen« – in der Unbestimmtheit des Prinzips, »wobei freilich Ursache und Wirkung umkehrbar« seien. Gerade die mangelnde Berücksichtigung verhindere, dass das Sozialstaatsprinzip verfassungsrechtlich deutlicher konturiert werde. Mit der Andeutung möglicher anderer Gründe gab sie zu erkennen, dass sie (auch) politische Motive für die zurückhaltende Sozialstaatsjudikatur vermutete. Schließlich hatte der Senat keine Mühe damit gehabt, anderen unbestimmten Verfassungsnormen konkrete Direktiven für die Gesetzgebung zu entnehmen, wenn es der Mehrheit politisch opportun erschienen war. Das Hochschulurteil mit seinen dürftigen Ableitungen aus der Wissenschaftsfreiheit lag erst ein halbes Jahr zurück.

Wiltraut Rupp-von Brünneck stellte den Gleichheitssatz in den Mittelpunkt ihrer Ausführungen: »[E]s kommt auf die ›soziale Gleichheit‹ an.« Das Sozialstaatsprinzip umfasse nicht allein die Verpflichtung zur staatlichen Fürsorge für Hilfsbedürftige oder sonst sozial benachteiligte Gruppen und Einzelpersonen. Im modernen Sozialstaat gehöre vielmehr eine angemessene soziale Sicherung bei Alter und Krankheit zu den selbstverständlichen Existenzgrundlagen für alle Bürger. Die Ausgestaltung dieser Existenzgrundlagen müsse »auch in den Einzelheiten sozialgerecht« sein. Dem Fürsorgedenken, wie es das Wohlfahrtsrecht des Kaiserreichs und der Weimarer Republik geprägt hatte, erteilte sie eine klare Absage:

»Eine Verbesserung der sozialen Sicherung durch den Gesetzgeber ist [...] nicht als unverdientes Geschenk, als ein Akt staatlicher Wohlfahrt, anzusehen, der nach einer – ohnehin fragwürdig gewordenen – Einordnung nicht der eingreifenden, sondern der gewährenden Verwaltung zuzurechnen wäre und deswegen von vornherein milderen Maßstäben unterläge.«

Daher müsse jede Regelung zugunsten der Versicherten »in ihrer Struktur, in der Abgrenzung des begünstigten Personenkreises und der Auswahl der für die Einbeziehung wesentlichen Tatbestandsmerkmale den Anforderungen sozialer Gerechtigkeit genügen«.

Natürlich gestand Wiltraut Rupp-von Brünneck dem Gesetzgeber einen weiten Gestaltungsspielraum zu. Alles andere wäre mit ihrem Demokratieverständnis nicht vereinbar gewesen. So habe der Gesetzgeber über den Umfang der Nachentrichtung entscheiden können. Dabei habe er »selbstverständlich« die finanziellen Belastungen für die Versichertengemeinschaft berücksichtigen dürfen. Jedoch war ihr »in keiner Weise ersichtlich, welche Beziehung zwischen dem Umstand, ob die Versicherte im Zeitpunkt der Nachentrichtung noch oder wieder

MEHRHEIT UND MINDERHEIT (1971–1977)   385

eine versicherungspflichtige Tätigkeit ausübt, und ihrem Beitrag zu den Lasten der Versichertengemeinschaft bestehen soll«. Die Voraussetzung der bestehenden Versicherungspflicht erschien ihr geradezu »sinnwidrig«, da der Zeitpunkt der Nachentrichtung keinen Schluss auf den bisherigen oder den zukünftigen Beitrag zulasse. Es gebe »keinen Anhaltspunkt für die verblüffende Prognose der Mehrheit: ›wer gegenwärtig pflichtversichert ist, wird es wahrscheinlich noch eine gewisse Zeit bleiben‹ [...]. Dies ist eine reine Vermutung, für deren Richtigkeit oder Unrichtigkeit die gleiche Wahrscheinlichkeit spricht«.

Es entsprach dem wirklichkeitsnahen Rechtsverständnis der Dissenterin, dass sie in diesem Zusammenhang die fehlende Hinweispflicht der Versicherungsträger monierte. Dadurch hänge es weitgehend vom Zufall ab, ob die Versicherte so rechtzeitig davon erfahre, dass sie erforderlichenfalls die fehlende Voraussetzung für die Nachentrichtung noch schaffen könne. Bei der Kompliziertheit des Sozialversicherungsrechts überhaupt und der Nachentrichtungsregelung im Besonderen könne man die etwaige Unkenntnis nicht den Versicherten anlasten. Wiltraut Rupp-von Brünneck zeigte hier ein besonderes Sensorium für die diskriminierenden Folgen der sozialstaatlichen Normenflut. Marie Raschke, eine der ersten deutschen Juristinnen, hatte zu Beginn des 20. Jahrhunderts die Losung ausgegeben: »Rechtskenntnis ist der beste Rechtsschutz«.[185] Wiltraut Rupp-von Brünneck wusste, dass dieses Ideal im immer komplizierter werdenden Rechtsleben der modernen Industriegesellschaft unerreichbar war. Gesetze mussten so formuliert werden, dass es auf ihre exakte Kenntnis nicht ankam. Das galt vor allem für das Sozialrecht, das sich vornehmlich an die Teile der Bevölkerung richtete, bei denen die geringsten Rechtskenntnisse zu erwarten waren und die den schlechtesten Zugang zu professionellem Rechtsrat hatten. In der Fußnote notierte sie: »Es wäre der Mühe wert, wenn die allgemeinen Bestrebungen um verständlichen Inhalt und klare Sprache gesetzlicher Vorschriften sich endlich konsequent auch der Sozialversicherungsgesetzgebung annehmen würden.«

Das Sondervotum schließt mit einer scharfen Kritik an der Mehrheit, die immer wieder auf den konkreten Härtefall als vernachlässigbare Ausnahmekonstellation verwiesen hatte. »Der Fehler im System«, entgegnete Wiltraut Rupp-von Brünneck, »liegt [...] schon generell in der Anknüpfung an die punktuelle Versicherungspflicht.« Die fehlerhafte Anknüpfung an eine unter sozialen Gesichtspunkten nicht gerechtfertigte Voraussetzung könne auch nicht mit Erwägungen zur persönlichen Situation der Klägerin korrigiert werden: In Wahrheit sei es »schon methodisch verfehlt, bei einer den Gegenstand des Normenkontrollverfahrens bildenden abstrakten Prüfung, ob die betreffende Gesetzesvorschrift mit der Verfassung vereinbar ist, Argumente ad hominem in die Waagschale zu werfen«. Dieser Einwand zeigt die unterschiedlichen Perspektiven von Berichterstatterin und Senatsmehrheit auf den Fall. Während es Wiltraut Rupp-von Brünneck um ein soziales Gerechtigkeitsproblem ging, unter dem tausende Frauen litten, orientierten sich ihre Kollegen an der auf den Einzelfall bezogenen Vorlage des Sozialgerichts. Durch diese Verengung des Blicks konnten (oder wollten) sie die sozialen Dimensionen des Verfahrens nicht voll erfassen.

Im Nachentrichtungsbeschluss hatte Wiltraut Rupp-von Brünneck ihr Konzept der »sozialen Gleichheit« nicht durchsetzen können. Die Senatsmehrheit hatte sich darauf beschränkt festzustellen, dass das Sozialstaatsprinzip den Gesetzgeber nicht zwinge, auf Kosten der Praktikabilität jegliche Härte im Einzelfall zu vermeiden, und dass die Sozialversicherung die Versicherten nicht gegen sämtliche Nachteile von Gesundheitsschäden sichern müsse. »Thesen, die in dieser Allgemeinheit ebensowenig angreifbar sind, wie sie nur an der Oberfläche bleiben«, kritisierte die überstimmte Berichterstatterin.[186] Entscheidend für die Senatsmehrheit war die Interpretation des allgemeinen Gleichheitssatzes als bloßes Willkürverbot gewesen, das mit der Angabe irgendeines sachlichen Grundes gewahrt werden konnte. Damit wollte sich Wiltraut Rupp-von Brünneck in sozialstaatlich relevanten Fällen nicht zufrieden geben. Ein Jahr später bot ihr der Kriegerwitwen-Fall erneut die Gelegenheit, ihr Konzept der »sozialen Gleichheit« in der Senatsrechtsprechung zu verankern. Diesmal sollte sie mehr Erfolg haben. Die Verbindung des allgemeinen Gleichheitssatzes mit dem Sozialstaatsprinzip schaffte es sogar in den Leitsatz der Entscheidung.[187]

Die zugrundeliegende Verfassungsbeschwerde war bereits seit sechs Jahren anhängig. Sie betraf einen Fall, wie ihn das 20. Jahrhundert schrieb. Die Beschwerdeführerin hatte ihren ersten Ehemann im Krieg verloren. Danach bezog sie zunächst Witwenrente. 1953 heiratete sie einen vier Jahre jüngeren Mann. Dadurch entfiel ihr Rentenanspruch gegen eine einmalige Abfindung. Ihr neuer Ehemann wünschte sich ein Kind. Doch die Frau hatte bereits zwei Kinder, eines mit ihrem ersten Ehemann, ein uneheliches mit einem Mann, der ebenfalls im Krieg gefallen war. Sie fühlte sich »zu alt und verbraucht«, um noch einmal Mutter zu werden. Da sie jedoch Verständnis für den Kinderwunsch ihres Ehemannes hatte, wollte sie ihm den Weg zu einer »altersmäßig zu ihm passenden Frau« nicht versperren. Die Eheleute einigten sich auf die Scheidung. Der Mann bot an, die Schuld zu übernehmen, hätte als Beamter dadurch jedoch Nachteile erleiden können. So übernahm die Frau die Alleinschuld, ohne zu ahnen, was das für ihre Witwenrente bedeutete. Die Ehe wurde 1958 geschieden.

Ihren Antrag auf Wiedergewährung der Witwenrente lehnte das Versorgungsamt unter Hinweis auf § 44 Abs. 2 des *Bundesversorgungsgesetzes* (BVG) ab. Diese Vorschrift schloss ein Wiederaufleben des Rentenanspruchs aus, wenn die zweite Ehe durch alleiniges oder überwiegendes Verschulden der Witwe aufgelöst worden war. Die Frau klagte erfolglos vor den Sozialgerichten gegen den Ablehnungsbescheid und erhob schließlich Verfassungsbeschwerde. Die Verpflichtung des Staates, der kraft seiner Machtfülle jeden gesunden Mann zum Kriegsdienst zwingen und in den Tod schicken dürfe, gegenüber den Hinterbliebenen eines Gefallenen könne nicht geringer sein als seine Verpflichtung gegenüber den Witwen seiner Beamten und Berufssoldaten, hieß es in der Beschwerdebegründung. Der Gesetzgeber habe nicht das moralische Recht, schuldig Geschiedene zu benachteiligen und persönlich zu disqualifizieren.[188]

Die Ungerechtigkeit, die der Kriegerwitwe widerfuhr, war mit Händen zu greifen. Der Fall eignete sich daher hervorragend für einen zweiten Anlauf des Konzepts der »sozialen Gleichheit«. Wiltraut Rupp-von Brünneck hatte dieses inzwischen weiterentwickelt und in einem Beitrag über die *Qualität des Lebens in verfassungsrechtlicher Sicht dargestellt*. Anders als noch im Sondervotum zum Nachentrichtungsbeschluss stellte sie nun einen engen Zusammenhang zwischen der sozialen Gleichheit und den Freiheitsgewährleistungen des Grundgesetzes her:

»Die Freiheitrechte dürfen nicht das Privileg weniger bleiben, sondern sollen allen zugute kommen. [...]. Es ist [...] eine Binsenweisheit, daß der Einzelne gar nicht mehr in der Lage ist, aus eigener Kraft die Voraussetzungen zu schaffen, unter denen die Entfaltung persönlicher Freiheit überhaupt erst möglich ist; er ist vielfach auf die Vorsorge und Fürsorge des Staates, den Einsatz öffentlicher Mittel und die Bereitstellung der erforderlichen staatlichen Einrichtungen angewiesen.«[189]

Soziale Gleichheit als Freiheitsvoraussetzung – das war ein Gedanke, mit dem man im Ersten Senat Gehör finden konnte. Im Numerus-Clausus-Urteil aus dem Jahr 1972 hatte der Senat sogar soziale Teilhaberechte anerkannt.[190]

Der Fall der Kriegerwitwe bot noch einen weiteren Anknüpfungspunkt für eine Aktivierung des Sozialstaatsprinzips. Das *Bundesversorgungsgesetz* gehörte nämlich zum Kriegsfolgenrecht, zu dem der Senat bereits entschieden hatte, dass es »speziell durch das Sozialstaatsprinzip geprägt« war. Der Kriegerwitwen-Beschluss konnte an dieses Präjudiz, das Wiltraut Rupp-von Brünneck als Berichterstatterin vorbereitet hatte, anschließen.[191] Terminologisch musste die Verfechterin der »sozialen Gleichheit« freilich Konzessionen an ihre Kollegen machen. So klingen die Formulierungen des Beschlusses noch nach der hergebrachten Willkürformel. In der Sache begnügte sich der Senat aber nicht mit irgendeinem sachlich einleuchtenden Grund, sondern hinterfragte kritisch die Ziele der Verschuldensklausel des § 44 Abs. 2 BVG.

Das Sozialstaatsprinzip bildete dabei den inhaltlichen Maßstab. So betont der Beschluss, dass die Witwenrente der Versorgungspflicht entspringe, die der Staat gegenüber der Witwe wegen des Verlusts ihres ersten Ehemanns übernommen habe. Das Erlöschen des Rentenanspruchs durch die Wiederverheiratung

388   MEHRHEIT UND MINDERHEIT (1971–1977)

der Witwe stelle für die öffentliche Hand eine zufällige Begünstigung dar. Dass diese Begünstigung nach der Scheidung wieder wegfalle, sei nur folgerichtig:

»Nimmt danach der Staat mit dem Wiederaufleben der Witwenrente nach einer für ihn günstigen Unterbrechung die ursprüngliche Versorgungslast wieder auf sich, so erfordern der soziale Charakter der Leistung und die ihr eigene Funktion der Versorgungssicherung, daß sie dann wieder gewährt wird, wenn die Witwe aus der geschiedenen Ehe keine Unterhaltsansprüche hat. Wenn § 44 Abs. 2 BVG dies im Falle des Scheidungsverschuldens ausschließen will, so stellt sich eine solche Regelung objektiv als ›Scheidungsstrafe‹ dar; eine solche Sanktion steht mit den hier eingreifenden Verfassungsgrundsätzen des Art. 3 Abs. 1 und Art. 20 Abs. 1 GG nicht in Einklang.«[192]

Diese Erwägungen werden mit Hinweisen auf die abweichenden Regelungen im Beamten- und Sozialversicherungsrecht untermauert, die die »Sachwidrigkeit« der Verschuldensklausel bestätigten. Aus dem Vergleich mit den anderen Rechtsgebieten folgert der Senat zudem, dass der Gesetzgeber bei Kenntnis des Verfassungsverstoßes »mit Sicherheit« die Verschuldensklausel gestrichen, die Regelung im Übrigen aber aufrechterhalten hätte. Das Bundesverfassungsgericht greife daher nicht in die Entschließungsfreiheit des Gesetzgebers ein, wenn es die Verschuldensklausel für nichtig erkläre. Anders als bei den typischen Gleichheitsverstößen konnte der Senat die Verschuldensklausel also »streichen«, § 44 Abs. 2 BVG aber im Übrigen aufrechterhalten und die Sache an das Sozialgericht zurückverweisen.

Aufgrund der Gesetzeskraft der Entscheidung lebte nicht nur für die Beschwerdeführerin, sondern für alle schuldhaft geschiedenen Kriegerwitwen der Anspruch auf Witwenversorgung rückwirkend wieder auf. Zweieinhalb Jahre nach dem Beschluss gehörte auch das Schuldprinzip im Scheidungsrecht der Vergangenheit an. Die von der sozialliberalen Koalition vorangetriebene Reform des Ehe- und Familienrechts ersetzte es durch das Zerrüttungsprinzip. Die Verfassungsmäßigkeit dieser Reform wurde 1980 vom Bundesverfassungsgericht bestätigt.[193]

Abtreibungsurteil

Eine andere gesellschaftspolitische Reform scheiterte am Verdikt der Karlsruher »Zuchtmeister«, wie der SPIEGEL das Bundesverfassungsgericht anlässlich des umstrittenen Urteils bezeichnete:[194] die Reform des Abtreibungsstrafrechts, die der Erste Senat am 25. Februar 1975 mehrheitlich für verfassungswidrig erklärte.[195] Wiltraut Rupp-von Brünnecks Name ist bis heute mit dem Abtreibungsur-

MEHRHEIT UND MINDERHEIT (1971–1977)   389

teil verbunden. Denn gemeinsam mit Helmut Simon fügte sie der Entscheidung
ein Sondervotum an, das die Schwachstellen der Mehrheitsmeinung schonungs-
los offenlegte und damit der Mehrheit der Bevölkerung, vor allem den Frauen,
die sich im restriktiven Urteil nicht wiederfanden, eine Stimme gab. Dem Verfassungsstreit um die Abtreibungsreform war eine mehrjährige Auseinandersetzung vorangegangen, die die bundesrepublikanische Gesellschaft polarisiert hatte.

Die öffentliche Kontroverse begann im Juni 1971, als der *Stern* mit der Schlag-
zeile titelte: »Wir haben abgetrieben!«. 374 Frauen, darunter Prominente wie die
Schauspielerinnen Senta Berger und Romy Schneider, bekannten sich dazu, illegal eine Schwangerschaft abgebrochen zu haben, und forderten eine Reform
des § 218 StGB, der auf das *Reichsstrafgesetzbuch* von 1871 zurückging.[196] Hinter
der aufsehenerregenden Aktion standen Aktivistinnen, allen voran Alice Schwarzer, die sich durch eine vergleichbare Selbstbezichtigungskampagne in Frankreich inspirieren hatte lassen.[197] Für die Frauen, die sich in der *Aktion 218* zusam-
menschlossen, kam der Abtreibungsparagraph einem »Zwang zur Mutterschaft«
gleich, der die Selbstbestimmung von Frauen negiere und ihre Diskriminierung
im Arbeitsleben zementiere.[198] Die Gegenbewegung ließ nicht lange auf sich warten. Vor allem Vertreter der katholischen Kirche stellten sich gegen die Reform des
Abtreibungsstrafrechts und wussten den Papst auf ihrer Seite, der in einer Enzyklika aus dem Jahr 1968 nicht nur den »Gebrauch direkt empfängnisverhütender
Mittel«, sondern auch den »direkte[n] Abbruch einer begonnenen Zeugung« verworfen hatte.[199]

Im parlamentarischen Raum bezog als erste die FDP-Bundestagsfraktion eine
klare Position: Schon kurz nach der *Stern*-Aktion machten sich die Freien Demokraten für eine Fristenlösung stark, wie sie 1970 von einer Gruppe Strafrechtspro-
fessoren vorgeschlagen worden war.[200] Der sozialdemokratische Koalitionspartner durchlief hingegen einen wechselvollen Meinungsbildungsprozess. Bundesjustizminister Gerhard Jahn sprach sich prominent gegen die Fristenlösung aus,
die zahlreiche Fürsprecher in der SPD-Bundestagsfraktion und bei den sozialdemokratischen Frauen hatte. Im September 1971 stellte der Minister den Referentenentwurf für eine Indikationenlösung der Öffentlichkeit vor und löste damit
Kontroversen in den Leitungsgremien der Partei aus. Bei einem außerordentlichen Parteitag im Oktober 1971 stärkte Willy Brandt seinem Minister den Rücken.
Die große Mehrheit der Delegierten votierte trotzdem für das Fristenmodell. Eine Arbeitsgruppe der SPD-Bundestagsfraktion erarbeitete auf der Grundlage des
Parteitagsbeschlusses einen Gesetzentwurf, der Anfang 1972 vom Fraktionsvor-
stand zurückgewiesen wurde.[201] Die deutsche Sozialdemokratie war über die Frage der Abtreibung nicht weniger gespalten als die deutsche Gesellschaft.

Es fügt sich in dieses Gesamtbild, dass auch Wiltraut Rupp-von Brünneck keine glühende Verfechterin der Abtreibungsreform war. Im Januar 1972 äußerte sie sich zu dem Thema in einem Brief an ihren Neffen. Wie einst die Notstandskampagne sei der »Kampf um § 218« ein »Kampf gg. Windmühlenflügel«. »Heute ist weiss Gott die Freigabe der Abtreibung nicht das soziale Problem Nr. 1 und die törichte Publicierung dafür ist nur geeignet, weit wichtigere Reformen wie etwa die Ehescheidungsreform in Misskredit zu bringen.«[202] Man darf diese starken Worte nicht missverstehen: Wiltraut Rupp-von Brünneck kritisierte nicht die Reformbemühungen, die auch der *Juristinnenbund* unterstützte. Sie beklagte vielmehr die »törichte Publicierung«, von der sie annahm, sie werde den politischen Diskurs polarisieren und dadurch andere Reformprojekte gefährden. Dass sie in der Modernisierung des Scheidungsrechts eine »weit wichtigere« Reform sah, kann angesichts ihres jahrelangen Einsatzes für ein progressives Ehe- und Familienrecht nicht verwundern. Sie dachte gewohnt pragmatisch: Das überkommene Scheidungsrecht betraf in den siebziger Jahren eine deutlich größere Zahl von Frauen viel stärker als das Abtreibungsstrafrecht, das seit Beginn des Jahrzehnts in der Praxis zunehmend liberal gehandhabt wurde. Schon nach altem Recht begründete nämlich die gesundheitliche Gefährdung der Mutter (»medizinische Indikation«) die Straflosigkeit. In immer mehr Fällen stellten die Ärzte die Gefahr einer sozialen Notlage (»soziale Indikation«) der medizinischen Indikation gleich. Die Zahlen der legalen Abtreibungen stiegen daraufhin drastisch an. Von einem regelrechten »Abtreibungsboom« war die Rede.[203]

Wiltraut Rupp-von Brünneck setzte die Reform des Abtreibungsstrafrechts nüchtern ins Verhältnis zu den anderen gesellschaftspolitischen Reformvorhaben und kam dabei zu einem eindeutigen Ergebnis: Warum sich bei einer praktisch zunehmend in den Hintergrund tretenden Strafvorschrift verkämpfen, wenn man zugleich über die parlamentarischen Mehrheiten verfügt, um Reformen mit viel größerer Tragweite in Angriff zu nehmen? Das emanzipatorische Potential der Abtreibungsdebatte war für sie offenbar keine relevante Größe, wie sie überhaupt mit den Zielen und Protestformen der »neuen« Frauenbewegung nicht viel anzufangen wusste. Es war kein Zufall, dass sie den »Kampf um § 218« in einem Atemzug mit der »Notstandskampagne« nannte, die »durch missverstandene bisherige Erfahrung bedingt« gewesen sei. Die Proteste gegen die Notstandsgesetze mündeten in die Studentenbewegung, aus der wiederum die »neue« Frauenbewegung mit ihren neuartigen Aktionsformen hervorgegangen war. Diese Aktionen stießen in Wiltraut Rupp-von Brünnecks Generation auf Unverständnis – »törichte Publicierung«! –, während umgekehrt die »bewegten« jungen Frauen die vermeintliche Angepasstheit ihrer älteren Geschlechtsgenossinnen anprangerten. »Die neue Bewegung war bemüht um Abgrenzung von trügerischen Gleichberechtigungsparolen und von den Resten bürgerlicher

Frauenpolitik, die sich als Frauenverbände im vorparlamentarischen Raum allzu genügsam etabliert hatten«, resümiert Ute Gerhard nicht ohne Sympathie für die »neue Bewegung«.[204]

Die neue Frauenbewegung politisierte nicht nur das Private, indem sie Sexualität, Schwangerschaft und Abtreibung öffentlich thematisierte, sie verweigerte sich auch »alle[n] bisherigen Formen, Politik zu treiben: in Vereinen, in Parteien oder gar im Parlament«. Ihre Mitglieder forderten »Autonomie«, worunter sie vor allem den Ausschluss von Männern verstanden.[205] Von den wenigen Frauen, die in den siebziger Jahren öffentliche Ämter bekleideten, trennte die neuen Feministinnen nicht nur der Generationenunterschied, sondern auch ein grundlegend anderes Politikverständnis.[206] Wiltraut Rupp-von Brünneck musste dieser Ansatz, obwohl sie manche Ziele geteilt haben wird, irritieren: Alles, was sie für die Frauen in der Bundesrepublik erreicht hatte, hatte sie in traditionellen politischen Formaten und in Zusammenarbeit mit Männern erreicht: im Parlamentarischen Rat, in der hessischen Staatskanzlei, im Bundesrat und am Bundesverfassungsgericht. Natürlich wusste sie, dass die Selbstorganisation von Frauen unverzichtbar war, um in einer männlich dominierten Gesellschaft zu bestehen. Mit der Selbstorganisation hatte sie schon 1934 im Heidelberger Juristinnenzirkel unter dem Paradigma der NS-Volksgemeinschaft begonnen und daran nach 1945 im hessischen Frauenverband und im *Juristinnenbund* unter demokratischen Vorzeichen angeknüpft. Doch sich gegenüber potentiellen Verbündeten abzuschotten, nur weil sie das »falsche« Geschlecht hatten, musste ihr als ideologische Verblendung erscheinen. Vor allem aber, da war sich die Pragmatikerin gewiss, schadete es der Sache.

Ihre eigene Meinung zur Rolle von Frauen in der Politik hatte sie bereits in den sechziger Jahren in einer Broschüre der Bundeszentrale für politische Bildung zusammengefasst. Auf die Frage »Politik – ist das Männersache?« antwortete Wiltraut Rupp-von Brünneck:

»Offen gesagt, ich finde die Frage überholt. Gibt es wirklich noch ernstzunehmende moderne Frauen, die glauben, daß es sie nichts angeht, wer die Macht in unserem Staate in der Hand hat, ob wir ein Regime haben, das für die Wahnideen eines Mannes oder den Ehrgeiz einer Clique das Leben von Millionen sinnlos zerstört, oder eine demokratische Regierung, welche die Rechte und Freiheiten der einzelnen Staatsbürger achtet. Gibt es noch Frauen, denen es gleichgültig ist, ob der Staat eine gute oder schlechte Wirtschafts- und Preispolitik betreibt, ob Schulen, Universitäten und andere Berufsausbildungsmöglichkeiten für die Kinder geschaffen werden, ob und was geschieht, um den berufstätigen Frauen die Doppelbelastung durch Beruf und Haushalt zu erleichtern. Ich kann es mir nicht recht vorstellen. Die Frauen sind den Fährnissen der modernen Welt genauso ausgesetzt wie die Männer und tragen die gleiche Verantwortung dafür, daß unsere Zeit mit ihren Aufgaben fertig wird. Dazu gehört unbedingt auch die Beschäftigung mit der Politik. Der Einsatz des Einzelnen im weiten Bereich der Politik ist keine Frage des Geschlechts, sondern hängt von den persönlichen Neigungen und Fähigkeiten ab. Wie die amerikanische Bundesrichterin Sarah T. Hughes [...] treffend sagt: ›Je eher wir dahin kommen, die Frauen nicht nur als Frauen, sondern jede Frau in erster Linie als Einzelwesen zu betrachten, um so besser für uns! Die Frauen sind ebensowenig einander gleich wie alle Männer sich gleichen.‹«[207]

1972 lagen dem Bundestag das Indikationenmodell in Gestalt des Regierungsentwurfs und die Fristenlösung in Gestalt eines Gruppenantrags von SPD- und FDP-Abgeordneten vor.[208] Das vorzeitige Ende der Legislaturperiode im Herbst unterbrach den Reformprozess.[209] Inzwischen war die DDR an der Bundesrepublik vorbeigezogen: Im März 1972 hatte die Volkskammer ein Gesetz verabschiedet, das ein Fristenmodell einführte. »Die Gleichberechtigung der Frau in Ausbildung und Beruf, Ehe und Familie erfordert, daß die Frau über die Schwangerschaft und deren Austragung selbst entscheiden kann«, hieß es in der Präambel.[210] Die westdeutsche Politik geriet unter Zugzwang, der durch die medienwirksamen Aktivitäten der *Aktion 218* erhöht wurde. Nach der Konstituierung des neuen Bundestages griffen die Rechtspolitiker aller Fraktionen das Reformvorhaben wieder auf.[211]

Vier Gesetzentwürfe wurden eingebracht: ein Gruppenantrag von SPD-Abgeordneten, der dem Regierungsentwurf aus der vorangegangenen Legislaturperiode entsprach, also ein Indikationenmodell mit Beratungspflicht vorschlug; ein Entwurf der Koalitionsfraktionen, der die Fristenregelung vorsah; ein Entwurf der CDU/CSU-Fraktion mit einem auf die medizinische und die kriminologische Indikation beschränkten Indikationenmodell und ein Gruppenantrag von Unionsabgeordneten, der nur die medizinische Indikation vorsah, im Ergebnis also an der bestehenden Rechtslage festhalten wollte.[212] Nachdem ein Sonderausschuss ein knappes Jahr über die Entwürfe beraten hatte, wurde über sie am 25. April 1974 in einer mehrstündigen Plenardebatte diskutiert. In der darauffolgenden Abstimmung erreichte kein Entwurf das Erfordernis der absoluten Mehrheit, auf das man sich zuvor geeinigt hatte. Im Stichentscheid setzte sich schließlich der Koalitionsentwurf (Fristenlösung) gegen den CDU/CSU-Entwurf (beschränkte Indikationenlösung) durch.[213]

Dass die Fristenlösung den Bundesrat nicht ohne weiteres passieren würde, war abzusehen: Die unionsregierten Länder hatten eine knappe, aber verlässliche Stimmenmehrheit, mit der sie am 10. Mai 1974 den Vermittlungsausschuss anriefen.[214] Doch zwischen den Befürwortern der Indikationenlösung und den Befürwortern der Fristenlösung gab es nichts zu vermitteln. Nachdem dies förmlich geklärt worden war, versagte der Bundesrat am 31. Mai 1974 dem Reformgesetz seine Zustimmung, hilfsweise erhob er dagegen Einspruch. In der vorangegangenen Debatte, die für die Gepflogenheiten des Hauses äußerst hitzig geführt wurde, war von der Legalisierung von »Mord und Totschlag« die Rede.[215] Am 5. Juni wies der Bundestag den Einspruch mit 260 zu 218 Stimmen bei vier Enthaltun-

MEHRHEIT UND MINDERHEIT (1971–1977)   393

gen zurück.[216] Bundespräsident Heinemann fertigte das *Fünfte Gesetz zur Reform des Strafgesetzes* am 18. Juni aus. Es wurde am 21. Juni 1974 im Bundesgesetzblatt verkündet und sollte am nächsten Tag in Kraft treten.[217]

Die Gegner der Fristenlösung waren nicht untätig geblieben. Schon während der Beratungen im Bundestag hatten Unionsabgeordnete angekündigt, die Reform nötigenfalls in Karlsruhe zu stoppen.[218] Nach Ausfertigung des Gesetzes durch den Bundespräsidenten beschloss die CDU/CSU-Fraktion, einen Normenkontrollantrag zu stellen.[219] Die Landesregierung von Baden-Württemberg kam ihr zuvor und beantragte am 20. Juni 1974 beim Bundesverfassungsgericht den Erlass einer einstweiligen Anordnung, die das Inkrafttreten der Abtreibungsreform verhindern sollte.[220] Für den Folgetag wurde eine mündliche Verhandlung anberaumt, um über den Antrag rechtzeitig vor dem Inkrafttreten des Gesetzes entscheiden zu können.[221] Um 15.00 Uhr kam der Erste Senat zu einer Vorberatung zusammen. Zum Berichterstatter wurde Hans Joachim Faller bestellt. Um 17.00 Uhr begann die mündliche Verhandlung. Nach Sachbericht und Antragstellung zog sich der Senat um 17.38 Uhr zur Beratung zurück.[222] Um 21.33 Uhr verkündete Ernst Benda ein salomonisches Urteil.[223] Die Fristenregelung des § 218a StGB sollte »einstweilen« nicht in Kraft treten. Dafür erstreckte das Gericht die Indikationenregelung, die der Gesetzgeber für Abbrüche nach der zwölften Woche vorgesehen hatte, auf Abbrüche in den ersten zwölf Wochen.

Am selben Tag gaben die Prozessbevollmächtigten von 192 CDU/CSU-Bundestagsabgeordneten ihre Antragsschrift zur Post.[224] Ihre ausführliche Begründung reichten sie im Juli nach. Den Dreh- und Angelpunkt der Argumentation bildete der verfassungsrechtliche »Schutzauftrag« nach Art. 2 Abs. 2 Satz 1 GG. Das Grundrecht auf Leben schütze auch das ungeborene Leben.[225] Der Hauptsacheantrag der Landesregierung von Baden-Württemberg, dem sich die Landesregierungen von Bayern, Rheinland-Pfalz, Schleswig-Holstein und dem Saarland anschlossen, folgte im Juli.[226] Damit hatten sich neben der großen Mehrheit der CDU/CSU-Bundestagsfraktion alle unionsregierten Länder gegen die Abtreibungsreform der sozialliberalen Koalition in Stellung gebracht: Die Opposition setzte ihre Hoffnung auf Karlsruhe.

Dass vor dem Bundesverfassungsgericht mit harten Bandagen gekämpft werden würde, ließen bereits die Schriftsätze der Antragsteller erahnen. Die Prozessvertreter der Länder kritisierten eine »merkwürdige, verzerrende Übertreibung und Überschätzung des sog. Selbstbestimmungsrechts der Schwangeren«. Die Monopolisierung der elterlichen Verantwortung für die Leibesfrucht bei der Frau konnten sie sich nur als »Kulturrückfall« erklären, in dem sich »[f]alsch verstandene Emanzipationsbestrebungen« ausdrückten.[227] Das war mehr als eine verfassungsrechtliche Argumentation: Wie im Streit um die Hochschulreform die

Studentenbewegung vor das Bundesverfassungsgericht gezerrt worden war, sollte im Abtreibungsstreit die neue Frauenbewegung auf den verfassungsgerichtlichen Prüfstand gestellt werden. Der Streit um die Abtreibungsreform war eine gesellschaftspolitische Auseinandersetzung in rechtlichem Gewand – erneut wurde das Bundesverfassungsgericht angerufen, um eine progressive Gesetzgebung zu Fall zu bringen.

Im Hochschulurteil hatte das Bundesverfassungsgericht vorgezeichnet, wie sich das Grundgesetz konservativ interpretieren ließ: anhand der grundrechtlichen Wertordnung. Diesen Faden griffen die Antragsteller im Abtreibungsstreit dankbar auf: »Hier ist der richtige Ort, wo insbesondere an die Rechtsvorstellung der ›Grundwertentscheidungen‹ des Grundgesetzes zu denken ist«, schrieben die Prozessvertreter der Unionsabgeordneten.[228] Die Antragsschrift der Landesregierung von Baden-Württemberg ergänzte:

»Es gibt angesichts der gesicherten Erkenntnis, daß die ›menschliche Persönlichkeit‹ mit der Entstehung des Lebens bereits angelegt ist und sich fortlaufend ›entfaltet‹, keinen Grund daran zu zweifeln, daß in diesem Sinne auch schon der nasciturus eine ›sich frei entfaltende menschliche Persönlichkeit‹ darstellt, die im Zentrum des grundrechtlichen Wertsystems steht.«[229]

Die Antragsteller konnten sich auf Veröffentlichungen des verhinderten Verfassungsrichters Günter Dürig sowie des zukünftigen Verfassungsrichters Ernst-Wolfgang Böckenförde stützen[230] und sogar die Auffassung eines amtierenden Verfassungsrichters für ihren Standpunkt in Anspruch nehmen. Willi Geiger hatte im Juni 1974 in den *Bayerischen Verwaltungsblättern* einen Aufsatz über die »Grundwertentscheidungen des Grundgesetzes« veröffentlicht, in dem er die »Konsequenz« der Wertordnungsjudikatur für den Gesetzgeber herausstellte:

»Einfaches Recht kann verfassungswidrig sein, weil der Gesetzgeber die Bedeutung und Tragweite jener Grundentscheidungen verkannt hat; das kann insbesondere auch von Bedeutung sein, wenn der Gesetzgeber geltendes Recht aufhebt. Wenn beispielsweise seit je das Verbot der Tötung der Leibesfrucht Ausdruck des Respekts vor der Grundentscheidung der Verfassung zugunsten des Lebens des noch ungeborenen und deshalb besonders schutzbedürftigen Menschen war, dann ist die Aufhebung dieses strafrechtlichen Schutzes unvereinbar mit einer Grundwertentscheidung des Grundgesetzes – jedenfalls solange andere, weniger wertvolle Güter, z. B. Sacheigentum oder Vermögen, strafrechtlich umhegt bleiben.«[231]

Dass das von Geiger bemühte »Beispiel« Gegenstand der tagesaktuellen politischen Debatte war und die »wissenschaftliche« Äußerung des Verfassungsrichters in diese Debatte eingriff, war gewiss kein Zufall. Geiger konnte sich diese Parteinahme erlauben, weil die sich abzeichnenden Normenkontrollanträge gegen die Abtreibungsreform nicht in die Zuständigkeit seines Senats fielen.

Ein anderer Richter hätte sich größere Zurückhaltung auferlegen müssen, ließ sich aber dennoch zu einer Stellungnahme hinreißen: Hans Brox. Ein Jahr,

MEHRHEIT UND MINDERHEIT (1971–1977) 395

bevor die Abtreibungsreform das Bundesverfassungsgericht erreichte, hatte der katholische Zivilrechtsprofessor in der vom Erzbistum Paderborn herausgegebenen Wochenzeitung *Der Dom* einen Artikel über das »Recht auf Leben« veröffentlicht, der auf die anstehende »Neuregelung des § 218 StGB« einging. Dass der Embryo Träger des Grundrechts auf Leben, ja sogar der Menschenwürde war, stand für Brox außer Frage. Für ihn folgte daraus eine Pflicht des Gesetzgebers, das »Leben im Mutterleib« »durch Rechtsnormen möglichst vollkommen zu schützen«. Die Konsequenz für die Reform lag auf der Hand:

»Würde man hier einen strafrechtlichen Schutz verweigern, dann würde man der Leibesfrucht jeglichen Rechtsschutz versagen. Deshalb handelt der Gesetzgeber verfassungswidrig, wenn er die Strafbestimmung über die Abtreibung ganz oder für einen bestimmten Zeitraum (etwa für die ersten drei Monate) beseitigt.«[232]

Am Ende seines Artikels setzte sich der Verfassungsrichter mit einer Aussage des Bundeskanzlers auseinander. Willy Brandt hatte auf dem SPD-Parteitag 1972 erklärt, dass auf den Gebieten, wo der Staat auf Strafdrohung verzichte, das Gewissen der Bürger in besonderer Weise gefordert sei. Brox hielt dem zweierlei entgegen:

»1. Das menschliche Leben kann durch einen Appell an das Gewissen der Bürger nicht hinreichend geschützt werden; denn wäre das möglich, könnten auch die Strafbestimmungen über Mord und Totschlag abgeschafft werden. 2. Das vom Staat geduldete oder gar legalisierte Töten des Kindes im Mutterleib wäre Verfassungsunrecht [...]. Ich hoffe, daß der Bundestag bei der Neuregelung des § 218 StGB sich an die Verfassung hält.«[233]

War das noch die »Äußerung einer wissenschaftlichen Meinung zu einer Rechtsfrage«, die Hans Brox vom Vorwurf der Befangenheit enthoben hätte?[234] Oder hatte sich der Richter derart in den politischen Meinungskampf eingemischt, dass die Besorgnis seiner Befangenheit begründet war? Der Ausschluss des Richters Rottmann vom Verfahren über den Grundlagenvertrag lag noch nicht lange zurück. Doch anders als damals die Bayerische Staatsregierung stellten die Vertreter von Bundesregierung und Bundestag keinen Ablehnungsantrag. Hans Brox, der entschlossen war, das drohende »Verfassungsunrecht« zu verhindern, erklärte sich auch nicht selbst für befangen. Rudolf Augstein kommentierte den Vorgang im SPIEGEL mit einiger Bitterkeit: »Befangen sind nur SPD/FDP-Richter, wie der Bundesverfassungsrichter Rottmann, der den Verhandlungen des Zweiten Senats über den Grundvertrag fernbleiben mußte, weil er sich zum Thema geäußert hatte. Befangen sind offenbar nur nichtkatholische Richter.«[235]

Die Bundesregierung nahm im September 1974 zu den Anträgen Stellung.[236] Für den Bundestag äußerte sich wenig später Horst Ehmke, Bundestagsabgeordneter und Bundesminister a. D. Er parierte die Argumente der Antragsteller und fand dabei – wie diese – klare Worte: Die These, das ungeborene Leben stelle »zumindest von dem Zeitpunkt der Nidation bis zur Geburt einen stets gleichbleibenden absoluten Höchstwert dar«, wies er als »wertphilosophische Behauptung« zurück, der »nicht nur philosophische, sondern vor allem jede juristische Qualität« fehle. Ehmke betonte demgegenüber die »wohltuende, rechtliche Nüchternheit des Supreme Court zu diesen ›Lehrfragen‹«.[237] Im Jahr zuvor hatte das höchste US-Gericht in der Rechtssache *Roe v. Wade* den Schwangerschaftsabbruch bis zur 28. Woche straffrei gestellt und dabei die Frage, ob der Embryo »Person« im Sinne des Verfassungsrechts sei, dezidiert juristisch beantwortet, d. h. verneint.[238]

Ehmke bestritt nicht, dass Art. 2 Abs. 2 Satz 1 GG als »Grundsatznorm« auch »das ungeborene Leben als Vorstufe des Menschenlebens« schütze. Damit sei aber nicht entschieden, wann dieser Schutz beginne, welcher Art er zu sein habe und wie er gegenüber verschiedenen Adressaten zu differenzieren sei.[239] Besonderen Wert legte er auf die Feststellung, dass das Verhältnis der Schwangeren zum Embryo mit der Stellung eines Dritten oder des Staates nicht zu vergleichen sei: »Die Symbiose von schwangerer Frau und Leibesfrucht, der Umstand, daß die Leibesfrucht ohne die feste Verbindung mit der Mutter nicht lebensfähig ist, führt dazu, daß jede die Leibesfrucht betreffende Regelung zugleich die Mutter betrifft.« Aus dieser Perspektive kehrte sich das Problem der Straflosigkeit um. Nicht die Abwesenheit von Strafe war rechtfertigungsbedürftig, sondern ihre Androhung:

»Während die Poenalisierung des Schwangerschaftsabbruchs von Dritten nur ein Unterlassen verlangt, verlangt es von der Mutter, die Gefahren, Strapazen und Belastungen der Schwangerschaft und Mutterschaft auf sich zu nehmen. Weder der Staat noch ein Dritter können gegenüber ungeborenen Leben je in eine der Konfliktsituationen der schwangeren Frau vergleichbare Situation kommen.«

Am 18. und 19. November 1974 fand in Karlsruhe die mündliche Verhandlung statt, in der beide Seiten ihre Standpunkte – medienwirksam – wiederholten.[240] Für den Prozessbeobachter der *Süddeutschen Zeitung* Hanno Kühnert war der »Aufmarsch der Gelehrten« in Karlsruhe eine Enttäuschung: »Obwohl die Disziplin bemerkenswert war und fast jeder Redner auf seine Schriftsätze verwies und sich nicht wiederholen wollte, waren kaum neue Argumente zu hören.« Es sei nicht anzunehmen, dass ein Richter oder ein Zuhörer seine Meinung noch ändern werde. Der Journalist ahnte auch, dass die Richter »in ihrer Meinung über die Fristenregelung in zwei Lager gespalten waren«. Er vermochte aber nicht zu sagen, wo der »Meinungsspalt« verlief. Selbst nach dem zweiten Verhandlungstag habe niemand eine Prognose über den Ausgang des Verfahrens wagen wollen: »Wagte sie der ein oder andere dennoch, so überwog der Tip einer 4:4-Entscheidung, womit die Fristenregelung in Kraft treten könnte, allerdings etwas angeschlagen.«[241]

MEHRHEIT UND MINDERHEIT (1971–1977)   397

Die Grundlage für solche Prognosen war dürftig. Nur die Hälfte der Richter hatte die Gelegenheit genutzt, Fragen an die Prozessbeteiligten zu richten. Das Wortprotokoll verzeichnet 17 Wortmeldungen von Richtern, darunter zwei des Präsidenten Benda und vier des Berichterstatters Faller.[242] Außer diesen beiden kraft Funktion aktiven Senatsmitgliedern meldeten sich nur Helmut Simon (sechs Mal) und Wiltraut Rupp-von Brünneck (fünf Mal) zu Wort. Der Rest schwieg. Den Fragen Helmut Simons und Wiltraut Rupp-von Brünnecks konnten aufmerksame Prozessbeobachter entnehmen, dass beide Richter die Fristenlösung für verfassungskonform hielten. Helmut Simon betonte den Prognose- und Gestaltungsspielraum des Gesetzgebers, Wiltraut Rupp-von Brünneck zweifelte daran, dass »eine unbedingte Pflicht des Gesetzgebers zum Strafen« mit »dem freiheitlichen Charakter« der Grundrechte vereinbar sei. Beim »Schutz des werdenden Lebens« zeigte sie sich ein weiteres Mal von ihrer lebensnahen Seite:

»Bedeutet das in erster Linie, oder allein, nur Sicherung der physischen Existenz, also Sicherung des Geborenwerdens, Zwang der Mutter, daß sie dieses Kind austrägt, oder gehört nicht dazu mindestens in gleicher Weise auch die Sicherung eines Geborenwerdens unter Lebensbedingungen, die eine harmonische Entwicklung versprechen, die also dem Kind eine gewisse Chance geben.«

Sie schob eine für ihr Rechtsdenken typische Frage nach:

»Kommt es insoweit in erster Linie auf das abstrakte Prinzip, also die Kennzeichnung der Schwangerschaftsunterbrechung als Unrecht an, oder ist der allgemeine Schutz [...] von vornherein auf die Effektivität bezogen? Bedeutet Schutz des werdenden Lebens also [...] wirksamer Schutz unter Berücksichtigung der konkreten Situation des Gemeinschaftslebens im jeweiligen Zeitpunkt?«

Wiltraut Rupp-von Brünneck griff in der Frage ein Argument auf, das Horst Ehmke in seinem Schriftsatz vorgebracht hatte: Die bisherige Strafandrohung habe das werdende Leben »zu keiner Zeit wirklich zu schützen vermocht«, da sie die große Zahl legaler und illegaler Abtreibungen nicht habe verhindern können. Durch die Verbindung der Fristenlösung mit der Beratungspflicht habe der Gesetzgeber »den Weg eines positiven Schutzes ungeborenen Lebens betreten, um dem ungeborenen Leben [...] überhaupt effektiven Schutz zuteil werden zu lassen«.[243] In der mündlichen Verhandlung ergänzte Ehmke: »Die Argumentation der Antragsteller ist nicht an der praktischen Wirkung des Gesetzes [...] ausgerichtet, sondern an einem abstrakten Prinzip.«[244] Mit abstrakten Prinzipien wusste er ebenso wenig anzufangen wie Wiltraut Rupp-von Brünneck.

Friedrich Karl Fromme enthielt sich in der FAZ einer Prognose über den Ausgang des Verfahrens und verlegte sich stattdessen auf eine Beschreibung der Szenerie:

»Verfassungsrichter Haager, ein solide und praktisch denkender Jurist, schaute fasziniert auf den von der Bundesregierung aufgebotenen Bevölkerungswissenschaftler, als der seine Zahlenschätzungen produzierte. Mit dergleichen kann man also, so war von Haagers Miene abzulesen, auch sein Geld verdienen. Verfassungsrichterin Rupp-von Brünneck stellte Fragen, die einem Plädoyer für die Fristenregelung ähnelten, aber niemand war bereit, sich darüber besonders zu wundern, schließlich wollen die erfahrenen ›Karlsruher Beobachter‹ den Anspruch wahren, ihre Pappenheimer zu kennen.«

Der Journalist, der aus seiner Ablehnung der Fristenlösung keinen Hehl machte, sparte nicht mit süffisanten Kommentaren über »deutsche Professoren«, Politikerinnen im »Blümchenkleid«, »eine schwarzgekleidete bräunliche Schöne mit ebenmäßigen Zügen« (Horst Ehmkes »tschechische Frau«) und das Publikum, an dem sich gezeigt habe, dass der »demonstrative Kampf um die Abtreibungsfreiheit« vorüber sei: »Niemand demonstrierte mit einem Schild, das verkündete, der jeweils eigene Bauch ›gehöre‹ seinem Inhaber.«[245]

Abb. 23: Wiltraut Rupp-v. Brünneck auf der Richterbank
Das Foto wurde bei der mündlichen Verhandlung über die Neuregelung des Schwangerschaftsabbruchs am 18. November 1974 aufgenommen.
Quelle: BArch, B 145 Bild-F044188-0026a / Engelbert Reineke

Über den Verlauf der gerichtsinternen Meinungsbildung nach der mündlichen Verhandlung gibt es nur Gerüchte. Ob sich der »Schleier des Beratungsgeheimnisses« jemals lüften lassen wird, ist fraglich. Die Akten des Abtreibungsurteils wurden bislang nicht an das Bundesarchiv abgegeben. Uwe Wesel weiß ohne Quellenangabe zu berichten, dass Theodor Ritterspach den »Ausschlag« gegeben habe: In der Vorberatung habe Ritterspach bei seinen Kollegen den Eindruck erweckt, er würde für die Neuregelung stimmen. Am Ende habe er doch gegen die Reform votiert.[246] Dass Theodor Ritterspach, die auf Integration und Konsens bedachte graue Eminenz des Senats, sein Abstimmungsverhalten später bereute, ist aus anderer Quelle überliefert.[247] Anfang 1975 erzählte man sich in Karlsruhe, Ernst Benda und Hans Joachim Faller hätten den pensionierten Gerichtspräsidenten Gebhard Müller in seiner Stuttgarter Privatwohnung aufgesucht, um mit ihm über den Fall zu sprechen. Müller dementierte gegenüber der Presse nur halbherzig. Die beiden Herren seien noch nie in seiner Wohnung gewesen. Sofern er ehemalige Kollegen »zufällig« getroffen habe, habe man nie über die anhängige Streitsache gesprochen.[248] Ob mit oder ohne Einmischung Müllers: Die Fronten im Senat waren verhärtet. Helmut Simon erinnerte sich später, dass Wiltraut Rupp-von Brünneck ihm in solchen Fällen »ermunternde Zettel« zugeschoben habe, »etwa die Frage, ob [er] nicht die Kollegen am liebsten vergiften wolle«. Ihm habe das ferngelegen.[249]

Die Urteilsverkündung war ursprünglich auf den 29. Januar 1975 terminiert worden, wurde aber auf den 25. Februar verschoben.[250] Die Meinungsbildung im Senat dürfte bereits abgeschlossen gewesen sein, als der neue Termin bekanntgegeben wurde. Die Verschiebung war vermutlich nötig geworden, um Wiltraut Rupp-von Brünneck und Helmut Simon Gelegenheit zu geben, ihr gemeinsames Sondervotum zu verfassen. Sie brauchten sechs Entwürfe.[251] Dass es ein Sondervotum geben würde, war bereits am 25. Januar durch eine nie völlig aufgeklärte Indiskretion an die Öffentlichkeit gedrungen. Zuerst berichtete das ZDF, dass die Entscheidung nicht einstimmig ergehen werde und dass die Senatsmitglieder Simon und Rupp-von Brünneck bei der Urteilsverkündung ihre abweichende Meinung vortragen würden. Um 20 Uhr folgte die Tagesschau mit folgender Meldung:

»Bei der Reform des Abtreibungsparagraphen 218 wird es voraussichtlich nicht die Fristenlösung mit einer Freigabe der Abtreibung in den ersten drei Monaten einer Schwangerschaft geben. Die Mehrheit der acht Richter beim Bundesverfassungsgericht, die über das Gesetz befinden, hat sich nach Informationen unseres Korrespondenten in Karlsruhe für eine Indikationenlösung entschieden.«[252]

Diese Vorab-Berichterstattung war ein unerhörter Vorgang, der »tiefe Verstörung im Bundesverfassungsgericht und bei all jenen« auslöste, »für die eine vernünftige Zusammenarbeit zwischen Gerichten und Presse lebenswichtig« war.[253] Wiltraut Rupp-von Brünneck und Helmut Simon zeigten sich »äußerst befremdet« und lehnten jede Stellungnahme ab.[254] Die Spekulationen über den Ausgang des Verfahrens heizten gleichsam über Nacht die öffentliche Debatte über »§ 218« wieder an, die seit der Verabschiedung des Gesetzes nur noch einseitig von den Kritikern der Reform geführt worden war. Als erste Politikerin meldete sich die FDP-Bundestagsabgeordnete Helga Schuchardt zu Wort. Sie nannte die (erwartete) Entscheidung »bedauerlich«.[255] Erfahrene Karlsruhe-Beobachter mühten sich klarzustellen, dass der bloße Umstand, dass es Sondervoten geben werde, noch nichts über den Inhalt der Entscheidung aussage.[256] Das Gericht selbst erklärte, sich zu Spekulationen nicht zu äußern.[257] Doch die Aufmerksamkeit der Öffentlichkeit war geweckt. Sie richtete sich nicht nur auf den Inhalt des bevorstehenden Abtreibungsurteils, sondern auch auf die Richter, die dieses zu verantworten hatten.

Wie groß das Interesse an den beteiligten Personen war, zeigt ein Artikel aus einem Heft der damals verbreiteten Illustrierten *Quick*: »Abtreibung: QUICK sprach mit den Richtern«. Auf einer Doppelseite wurden die acht Mitglieder des Ersten Senats mit ausdrucksstarken Fotos portraitiert. Unter jedem Foto prangte eine Art Motto. Ein kurzer, mit Zitaten gespickter Text informierte darüber, dass den Richtern »Menschliches nicht fremd« war.[258] Ernst Benda wurde als der Richter vorgestellt »der hinterher seine Familie testet«. Werner Böhmer war der »Richter, der nachts nicht schlafen kann«. Wenn er einmal ein paar Nächte hintereinander am Schreibtisch sitze, lenke seine Frau ihn so ab: »Sie behauptet, daß ich dringend irgendwas im Haus reparieren muß.« Aber selbst dann, wusste die *Quick* zu berichten, war Böhmer »mit den Gedanken bei seinen Berufsproblemen«: »Oft denkt er auch an seine Mutter (›Meine Frau ist ihr ähnlich‹): ›Sie war eine phantastische Frau! Sie hat acht Kinder großgezogen.‹« Auch bei den übrigen Senatsmitgliedern standen – thematisch passend – Familiendinge im Vordergrund. Helmut Simon war »[d]er Richter, der gerade Großvater wird«, Karl Haager »[d]er Richter, der seiner Frau nichts sagte«. Bei den kinderlosen Richtern ging es um »Wein und Zigarillos« (Brox) oder klassische Musik (Ritterspach). Hans Joachim Faller – »[d]er Richter, der sein Amt nicht nur ernst nimmt« – informierte die *Quick*-Leser darüber, dass auch am Bundesverfassungsgericht nur mit Wasser gekocht werde.

Wiltraut Rupp-von Brünneck hatte sich ebenfalls zum Gespräch mit der *Quick* bereiterklärt. Die Zeitschrift zitierte die »einzige Frau im Senat« mit dem Satz: »Aber ich habe nicht gemerkt, daß die Herren keinen Sinn für weibliche Belange haben.« Obwohl sie kinderlos sei, wisse sie, was für Probleme zwischen Kindern und Eltern entstehen könnten: »Ich war früher mal im Vormundschaftsgericht« (sie meinte Sangerhausen 1945/46). Dass sie noch, ehe die Abtreibungsrechtsre-

MEHRHEIT UND MINDERHEIT (1971–1977)   401

form vor das Verfassungsgericht gekommen war, mit ihrem Mann über das Gesetz gesprochen habe, erklärte sie mit dem Satz:»Das ist doch ganz natürlich.« Die *Quick* machte daraus »Die Richterin, die natürlich ihren Mann fragte«. Obwohl sie über diese Verzerrung nicht glücklich gewesen sein konnte, erreichte Wiltraut Rupp-von Brünneck mit dem Interview ihr Ziel: Es ging ihr ersichtlich darum, zu verhindern, als »Feministin« oder »Emanze« abgestempelt zu werden. Der sexistische Schluss des *Quick*-Portraits dürfte ihr daher nicht ungelegen gekommen sein. Sie lieferte dafür eine Steilvorlage:

»Über die Probleme, die ihre Aufgabe mit sich bringt, hat die Richterin nicht vergessen, was allen Frauen der Welt am meisten Vergnügen bereitet:›Es ist wunderschön, Kleider zu kaufen. Ich habe einen ganzen Schrank voll davon. Leider komme ich viel zu selten dazu, mit meinem Mann so einen richtig schönen, ausgedehnten Schaufensterbummel zu machen.‹«

In der hessischen Staatskanzlei hatte Wiltraut Rupp-von Brünneck den Umgang mit Medien gelernt. Ob beim Konflikt über den preußischen Kulturbesitz oder beim Streit um das Adenauerfernsehen, stets hatte sie im Blick gehabt, wie Presse und Rundfunk reagieren würden. Als Verfassungsrichterin konnte sie auf diesen Erfahrungsschatz zurückgreifen. So setzte sie nach der Verkündung des Abtreibungsurteils in einem Interview mit dem SPIEGEL-Reporter Hermann Schreiber fort, was sie im Gespräch mit der *Quick* begonnen hatte: Sie erzählte Schreiber, dass sie jederzeit aus dem Gericht ausgeschieden wäre, wenn sich die Ehe mit Hans Rupp zum Problem entwickelt hätte. Für ein Foto posierte sie lächelnd »vor dem Bild ihres Gatten«, von dem sie »gleich zwei Gemälde« hatte: eines zuhause und eines im Büro. Der Journalist schrieb, woran der Richterin gelegen war: »Schwerlich eine Feministin also; und von Fanatismus nicht die Spur.« Sie erklärte, dass es in ihrem Sondervotum eigentlich um die Kritik an der »heillose[n] Neigung« gehe, »das Bundesverfassungsgericht in eine Rolle zu drängen, für die es weder kompetent noch ausgerüstet ist« sei. Die Botschaft kam an: »Da ficht nicht eine Frauenrechtlerin für die Fristenlösung, da malt eine Insiderin der Institution Bundesverfassungsgericht ihr Menetekel an die Wand.«[259]
    In den Wochen vor der Urteilsverkündung war das Bundesverfassungsgericht immer mehr in den »Sog der Politik« geraten.[260] Am 3. Februar 1975 strahlte das ARD-Magazin *Panorama* ein Interview mit Bundeskanzler Helmut Schmidt aus, in dem dieser zwar das »Rollenverständnis« der Richter nicht kommentieren wollte, wohl aber die Frage stellte, »ob das Bundesverfassungsgericht seine eigene Rolle richtig versteht«. Der Kanzler verwies auf die liberalen Abtreibungsurteile der Höchstgerichte in den USA, in Frankreich und Österreich und merkte an: »[E]s würde einen schon sehr wundern, wenn die obersten Gerichte dieser rechtsstaatlichen Demokratien zu völlig verschiedenen Ergebnissen kämen im Verhältnis zu uns«.[261] Die Opposition reagierte prompt. Helmut

Kohl »bezeichnete es als unerträglich, daß Schmidt das Rollenverständnis des Bundesverfassungsgerichtes anzweifle«.[262]

Nicht nur der Bundeskanzler, sondern auch die liberale Presse sah Defizite beim Gericht: »Die Neigung des Bundesverfassungsgerichts über den jeweiligen Klagegegenstand hinaus bei der Interpretation der Verfassung zu weit ins Tagesgeschehen einzugreifen, ist in erster Linie Ausdruck einer Krise des Verfassungsrechts«, kommentierte Robert Leicht in der SZ und benannte zwei Ursachen:

> »Da ist zum einen der juristische Substanzverlust im Gericht selbst. Zum anderen liegt eine Art politischer Weltflucht darin, daß die parlamentarischen Kräfte das Verfassungsrecht in doppelter Weise zum billigen Hilfsinstrument machen: die einen, indem sie jeden halbwegs reformerischen Gedanken in den Geruch der Verfassungswidrigkeit bringen; die anderen, indem sie viele politisch durchaus vertretbare Forderungen sogleich als verfassungsrechtlich gebotenes Minimum drapieren. Diese Tendenz findet ihren geradezu konsequenten personellen Ausdruck in der unverhohlenen Politisierung der Richterwahlen, wodurch sich der Kreis schließt.«[263]

Am 25. Februar 1975 war es endlich so weit. Der Erste Senat verkündete das Urteil, dessen Inhalt längst ein offenes Geheimnis war.[264] Um elf Uhr betraten die acht Senatsmitglieder den Sitzungssaal. Ernst Benda verlas die Urteilsformel:

> »I. § 218a des Strafgesetzbuches [...] ist mit Artikel 2 Absatz 2 Satz 1 in Verbindung mit Artikel 1 Absatz 1 des Grundgesetzes insoweit unvereinbar und nichtig, als er den Schwangerschaftsabbruch auch dann von der Strafbarkeit ausnimmt, wenn keine Gründe vorliegen, die – im Sinne der Entscheidungsgründe – vor der Wertordnung Bestand haben.«

In Ziffer II wurde entsprechend der einstweiligen Anordnung aus dem Vorjahr ein Indikationsmodell bis zum Inkrafttreten einer gesetzlichen Neuregelung angeordnet. Im Anschluss teilte Benda die wesentlichen Entscheidungsgründe mit. Dafür brauchte er eine Stunde. Dann gab er bekannt, dass die Richter Rupp-von Brünneck und Simon von der Möglichkeit Gebrauch gemacht hätten, ihre abweichende Meinung in einem Sondervotum niederzulegen. Um 12.07 Uhr wurde die Sitzung unterbrochen.[265]

Für die Mitteilung des wesentlichen Inhalts der abweichenden Meinung wurde die Sitzung um 12.20 Uhr fortgesetzt. Auf der Richterbank saßen jetzt nur noch sieben Richter. Werner Böhmer hatte während der Unterbrechung das Gerichtsgebäude verlassen. Schon eine Woche zuvor hatte er im Senat angekündigt, dass er »an der Verlesung dieses Dissenting Vote nicht teilnehmen werde«. Daraufhin seien »wenigstens die schlimmsten Sätze weggelassen und einige Formulierungen abgemildert worden«, berichtete er später Gebhard Müller. Doch Böhmer gingen die Abmilderungen nicht weit genug. Der Senat beschloss daher, ihm durch die Unterbrechung der Sitzung die Möglichkeit zu geben, »bei der Bekanntgabe der abweichenden Meinung nicht anwesend sein

Abb. 24: Wiltraut Rupp-v. Brünneck vor dem Porträt ihres Ehemannes um 1974
Der SPIEGEL vom 3.2.1975 druckte das Foto mit folgender Bildunterschrift: »Ehefrau Rupp-v. Brünneck.
Schwerlich eine Feministin«.
Quelle: Nachlass W. Rupp-v. Brünneck / Fotostudio Gleis

zu müssen«. »Ob dieses Dissenting Vote, das dem Ansehen des Gerichts großen Schaden zugefügt hat, auch in Ihrer Gegenwart verlesen worden wäre?«, fragte der verstimmte Richter den Präsidenten a. D.[266] Besonderen Anstoß hatte Böhmer daran genommen, dass die Dissenter der Senatsmehrheit »Rigorismus« vorwarfen. Er wollte sich nicht öffentlich als Rigorist »beschimpfen« lassen. Wiltraut Rupp-von Brünneck schlug daraufhin die Bedeutung von »Rigorismus« im Brockhaus nach: »Haltung von großer, scharf an Grundsätzen ausgerichteter Strenge im Denken und Handeln, bes. in sittlicher Hinsicht«.[267] Sie notierte die Definition auf einen Zettel, den sie Böhmer vor der Verkündung zusteckte.[268] Verhindern konnte sie den »Affront auf der Richterbank«[269] dadurch nicht. Für den SZ-Journalisten Ernst Müller-Meiningen jr. hatte sich Werner Böhmer durch sein Verschwinden in der Sitzungspause selbst »disqualifiziert«: »[D]enn Anhören und Anhörenkönnen ist eine unerläßliche richterliche Eigenschaft. Nicht männliche Überlegenheit, sondern männliche Inferiorität war hier am Werke.«[270]

Dass sie mit der Verlesung des Sondervotums die Aufmerksamkeit der Öffentlichkeit auf sich ziehen würde, war Wiltraut Rupp-von Brünneck bewusst. Auf die Inszenierung des senatsinternen Dissenses kam es ihr an.[271] Sie wusste, dass auf ihr die Erwartungen der Frauen ruhte, die eine Liberalisierung des Abtreibungsstrafrechts befürworteten. Diese Frauen sollten sich im Sondervotum wiederfinden, sollten eine Stimme erhalten, sollten erfahren, dass man die Dinge auch anders beurteilen konnte. Nicht ohne Grund forderte Wiltraut Rupp-von Brünneck ihre beiden Sekretärinnen daher auf, entgegen der Gewohnheit zur Verkündung in den Sitzungssaal zu kommen.[272] Sie sollten stellvertretend miterleben, wie die einzige Richterin des Bundesverfassungsgerichts sich für die »Sache der Frauen« einsetzte. Doch nicht nur die Frauen fanden sich im Sondervotum wieder, sondern auch die sozialliberalen Koalitionäre, deren Reformagenda durch die Opposition in Karlsruhe ernsthaft gefährdet erschien. Horst Ehmke wurde vom FAZ-Korrespondenten Friedrich Karl Fromme während der Verkündung von Urteil und Sondervotum aufmerksam beobachtet:

> »Bei Ehmke kann man gelegentlich meinen, er träume sich, während die Verfassungsrichterin Rupp von Brünneck das der Fristenregelung geneigte Sondervotum verliest, es sei das Urteil. Manchmal schiebt sich Ehmke, während Frau von Brünneck mit mühsam gebändigter Stimme ihr Votum verliest, so über die Bank, als wolle er der Richterin näher sein.«[273]

Von einer feministischen Streitschrift war das Sondervotum weit entfernt. Die Dissenter machten sich nicht zum Sprachrohr der *Aktion 218*, sondern nahmen vor allem die Probleme in den Blick, die das Abtreibungsurteil im Gewaltengefüge des Grundgesetzes bereitete.[274] »Das Leben jedes einzelnen Menschen ist

MEHRHEIT UND MINDERHEIT (1971–1977)   405

selbstverständlich ein zentraler Wert der Rechtsordnung«, konzedierten sie. Unbestritten umfasse die verfassungsrechtliche Pflicht zum Schutz des Lebens auch seine Vorstufe vor der Geburt. Über das »Wie dieses Schutzes« habe aber der Gesetzgeber zu befinden. Aus der Verfassung könne unter keinen Umständen eine Pflicht des Staates hergeleitet werden, den Schwangerschaftsabbruch in jedem Stadium der Schwangerschaft unter Strafe zu stellen. Der Gesetzgeber habe sich sowohl für die Beratungs- und Fristenregelung als auch für die Indikationslösung entscheiden dürfen. Eine entgegengesetzte Auslegung des Grundgesetzes sei mit dem freiheitlichen Charakter der Grundrechtsnormen nicht vereinbar und verlagere in folgenschwerem Ausmaß Entscheidungskompetenzen auf das Bundesverfassungsgericht. Hauptangriffspunkt der Dissenter war also die von der Senatsmehrheit statuierte Pflicht zum Strafen, nicht der Verfassungsrang des vorgeburtlichen Lebensschutzes.

Die Pflicht zum Strafen wird im Urteil mehr behauptet als begründet:

»Die Schutzpflicht des Staates ist umfassend. Sie verbietet nicht nur – selbstverständlich – unmittelbare staatliche Eingriffe in das sich entwickelnde Leben, sondern gebietet dem Staat auch, sich schützend und fördernd vor dieses Leben zu stellen, das heißt vor allem, es auch vor rechtswidrigen Eingriffen von seiten anderer zu bewahren. [...] Die Schutzverpflichtung des Staates muß um so ernster genommen werden, je höher der Rang des in Frage stehenden Rechtsgutes innerhalb der Wertordnung des Grundgesetzes anzusetzen ist. Das menschliche Leben stellt, wie nicht näher begründet werden muß, innerhalb der grundgesetzlichen Ordnung einen Höchstwert dar; es ist die vitale Basis der Menschenwürde und die Voraussetzung aller anderen Grundrechte.«

Daraus folgerte die Senatsmehrheit gleichsam zwanglos die Pflicht des Staates, das werdende Leben »grundsätzlich auch gegenüber der Mutter« zu schützen. Die Grundrechte der Mutter könnten von vornherein niemals die Befugnis umfassen, »in die geschützte Rechtssphäre eines anderen ohne rechtfertigenden Grund einzugreifen oder sie gar mit dem Leben selbst zu zerstören, am wenigsten dann, wenn nach der Natur eine besondere Verantwortung gerade für dieses Leben« bestehe.[275]

Für einen Ausgleich zwischen Lebensschutz und Selbstbestimmung sah die Senatsmehrheit keinen Raum, da Schwangerschaftsabbruch immer Vernichtung des ungeborenen Lebens bedeute:

»Bei der deshalb erforderlichen Abwägung ›sind beide Verfassungswerte in ihrer Beziehung zur Menschenwürde als dem Mittelpunkt des Wertsystems der Verfassung zu sehen‹ (BVerfGE 35, 202 [225]). Bei einer Orientierung an Art. 1 Abs. 1 GG muß die Entscheidung zugunsten des Vorrangs des Lebensschutzes für die Leibesfrucht vor dem Selbstbestimmungsrecht der Schwangeren fallen.«[276]

Diese Aussage dürfte Wiltraut Rupp-von Brünneck besonders missfallen haben. Denn die zitierte Passage ist dem Lebach-Urteil entnommen, das sie als Berichterstatterin maßgeblich gestaltet hatte. Die Senatsmehrheit hatte das Zitat aus dem Zusammenhang gerissen: Das Lebach-Urteil schickt dem Menschenwürdebezug nämlich die Prämisse voraus, dass kein Grundrecht vor dem anderen einen »grundsätzlichen Vorrang« beanspruchen könne.[277] Gerade das aber behauptete das Abtreibungsurteil: den abstrakten Vorrang des Lebensschutzes vor den Grundrechten der Mutter, aus dem die Pflicht des Staates zur Bestrafung des Schwangerschaftsabbruchs folgen soll.

Die Dissenter bestritten nicht nur den abstrakten Vorrang des vermeintlichen »Höchstwerts« Leben, sondern auch die daraus abgeleitete Pflicht zum Strafen. Die Pflicht des Staates zur Verwirklichung der objektiven Wertentscheidungen der Grundrechte sei »vom Bundesverfassungsgericht in dem begrüßenswerten Bemühen entwickelt worden, den Grundrechten in ihrem freiheitssichernden und auf soziale Gerechtigkeit angelegten Gehalt größere Wirksamkeit zu verleihen«. Die Senatsmehrheit berücksichtige in ihrer Ableitung nicht hinreichend die »wesentlichen Unterschiede« zwischen Abwehrrechten und Wertentscheidungen. Während die Grundrechte als Abwehrrechte »einen verhältnismäßig deutlich erkennbaren Inhalt« hätten, sei es »regelmäßig eine höchst komplexe Frage, *wie* eine Wertentscheidung durch aktive Maßnahmen des Gesetzgebers zu verwirklichen« sei.

»Je nach der Beurteilung der tatsächlichen Verhältnisse, der konkreten Zielsetzungen und ihrer Priorität, der Eignung der denkbaren Mittel und Wege sind sehr verschiedene Lösungen möglich. Die Entscheidung, die häufig Kompromisse voraussetzt und sich im Verfahren des trial and error vollzieht, gehört nach dem Grundsatz der Gewaltenteilung und dem demokratischen Prinzip in die Verantwortung des vom Volk unmittelbar legitimierten Gesetzgebers (Vgl. dazu näher unsere abweichende Meinung im Hochschul-Urteil, BVerfGE 37, 148 [150, 153, 155 f.]).«[278]

Die Bezugnahme auf das Sondervotum zum Hochschulurteil macht deutlich, dass es Wiltraut Rupp-von Brünneck und Helmut Simon in erster Linie um die Wahrung des gesetzgeberischen Gestaltungsspielraums gegenüber einer konservativen (Um-)Interpretation der grundrechtlichen Wertordnung ging. Sie appellierten daher an den »judicial self-restraint«, den sie – im Anschluss an Gerhard Leibholz – »als das ›Lebenselexier‹ [sic!] der Rechtsprechung des Bundesverfassungsgerichts« charakterisierten: »Die Befugnis des Bundesverfassungsgerichts, Entscheidungen des parlamentarischen Gesetzgebers zu annullieren, erfordert einen sparsamen Gebrauch, wenn eine Verschiebung der Gewichte zwischen den Verfassungsorganen vermieden werden soll.«[279]

Das Sondervotum zum Abtreibungsurteil war der Versuch, die Wertordnung der Grundrechte vor der politischen Instrumentalisierung durch die konservati-

MEHRHEIT UND MINDERHEIT (1971–1977)   407

ve Opposition zu retten. Das Bundesverfassungsgericht solle nicht »als politische Schiedsinstanz für die Auswahl zwischen konkurrierenden Gesetzgebungsprojekten in Anspruch genommen« werden können. Die Wertordnung dürfe »nicht zum Vehikel werden, um spezifisch gesetzgeberische Funktionen in der Gestaltung der Sozialordnung zu verlagern«. Das Bundesverfassungsgericht solle vielmehr »weiter die Zurückhaltung wahren, die es bis zum Hochschul-Urteil geübt« habe.[280]

Die konservative Stoßrichtung des Abtreibungsurteils gab Wiltraut Rupp-von Brünneck und Helmut Simon auch aus grundrechtstheoretischer Sicht Anlass zu Sorge:

>»Unser stärkstes Bedenken richtet sich dagegen, daß erstmals in der verfassungsgerichtlichen Rechtsprechung eine objektive Wertentscheidung dazu dienen soll, eine *Pflicht* des Gesetzgebers *zum Erlaß von Strafnormen*, also zum stärksten denkbaren Eingriff in den Freiheitsbereich des Bürgers zu postulieren. Dies verkehrt die Funktion der Grundrechte in ihr Gegenteil. Wenn die in einer Grundrechtsnorm enthaltene objektive Wertentscheidung zum Schutz eines bestimmten Rechtsgutes genügen soll, um daraus die Pflicht zum Strafen herzuleiten, so könnten die Grundrechte unter der Hand aus einem Hort der Freiheitssicherung zur Grundlage einer Fülle von freiheitsbeschränkenden Reglementierungen werden. Was für den Schutz des Lebens gilt, kann auch für andere Rechtsgüter von hohem Rang – etwa körperliche Unversehrtheit, Freiheit, Ehe und Familie – in Anspruch genommen werden.«

Bei einem solchen Grundrechtsverständnis müsste das Gericht künftig nicht nur prüfen, »ob eine Strafvorschrift zu weit in den Rechtsbereich des Bürgers eingreift, sondern auch umgekehrt, ob der Staat *zu wenig* straft«.

Die weitere Auseinandersetzung mit der Urteilsbegründung zeigt, dass sich Wiltraut Rupp-von Brünneck und Helmut Simon keineswegs in allen Punkten einig waren. Zwar kritisierten sie übereinstimmend, dass die Senatsmehrheit die *»Singularität des Schwangerschaftsabbruchs* im Verhältnis zu anderen Gefährdungen menschlichen Lebens« vernachlässigt habe. Der schwangeren Frau werde »weit mehr abverlangt als nur ein Unterlassen«. Über die rechtliche Qualität des Schwangerschaftsabbruchs gingen die Ansichten jedoch auseinander:

>»Nach *Auffassung der unterzeichnenden Richterin* ist die Weigerung der Schwangeren, die Menschwerdung ihrer Leibesfrucht in ihrem Körper zuzulassen, nicht allein nach dem natürlichen Empfinden der Frau, sondern auch rechtlich etwas wesentlich anderes als die Vernichtung selbständig existenten Lebens.«

Wiltraut Rupp-von Brünneck wollte dem »längeren Entwicklungsprozeß« während der Schwangerschaft Rechnung tragen und »bei der rechtlichen Beurteilung zeitliche, dieser Entwicklung entsprechende Zäsuren [...] berücksichtigen«. Dafür konnte sie auf das Vorbild des US Supreme Court, aber auch auf die aristotelische Lehre der »Sukzessiv-Beseelung« verweisen, die bis Ende des 19. Jahrhunderts die Haltung der Kirchen zur Abtreibung geprägt hatte. Der »unterzeichnende Richter« neigte hingegen dazu, »diesen weiteren Überlegungen zum Verhältnis zwischen der Schwangeren und ihrer Leibesfrucht rechtlich eine geringere Bedeutung beizumessen«. Simon wollte nicht grundlegend von der neueren kirchlichen Lehre abweichen. Schon lange vor der Reformdiskussion und seiner Wahl an das Bundesverfassungsgericht hatte er sich für eine Indikationenlösung ausgesprochen. Dieser Dissens zwischen den Dissentern führte zum ersten »Sondervotum im Sondervotum« in der Geschichte des Bundesverfassungsgerichts.

Einig waren sich die Dissenter wieder in der Kritik daran, dass die Senatsmehrheit die faktischen Wirkungen des Abtreibungsstrafrechts weitgehend ausgeblendet hatte. Sie zogen bereits die Eignung der Strafsanktion für den Lebensschutz in Zweifel. Denn der bestehende Straftatbestand habe die hohe Zahl legaler und illegaler Abtreibungen nicht verhindern können. Dass ihre Senatskollegen nicht in Betracht gezogen hatten, ob die vom Reformgesetzgeber vorgesehene Beratungspflicht die Zahl der Abtreibungen auf mittlere Frist womöglich sogar reduzieren würde, konnten Wiltraut Rupp-von Brünneck und Helmut Simon nicht nachvollziehen. Die Erwägung des Gesetzgebers lasse sich »nicht damit abtun, dies sei eine ›pauschale Abwägung von Leben gegen Leben‹, die mit der verfassungsrechtlichen Pflicht zum individuellen Schutz eines einzelnen ungeborenen Lebens unvereinbar sei«. Die Kritik an dieser Sicht war hart:

> »Mit dieser Argumentation verschließt sich die Mehrheit in schwer verständlicher Weise der Einsicht, daß sie selbst tut, was sie dem Gesetzgeber vorwirft. Denn sie nötigt ihrerseits den Gesetzgeber sogar von Verfassungs wegen zu einer Verrechnung, indem sie ihn durch die Forderung nach der Beibehaltung der Strafvorschrift zwingt, solches ungeborenes Leben schutzlos zu lassen, das bei einer Rücknahme der Strafandrohung durch geeignete Beratung bewahrt bleiben könnte.«

Es folgt der Satz, der bei Werner Böhmer das Fass zum Überlaufen brachte: »Der Rigorismus der Mehrheit verträgt sich zudem schwer mit der ausdrücklichen Zulassung einer Abwägung nicht nur von Leben gegen Leben, sondern sogar von Leben gegen minderrangige Rechtsgüter bei indizierten Schwangerschaftsabbrüchen.«

Das Sondervotum zum Abtreibungsurteil war pointiert formuliert, aber es war weder polemisch noch beleidigend und gab der Mehrheit gewiss keinen Grund »bestürzt« zu sein, wie Böhmer später an Müller schrieb. Dass »[a]uch Herr Haager [...] sehr deutlich sein Mißfallen zum Ausdruck gebracht hatte«, ist nicht verwunderlich: Karl Haager hatte zwar mit Wiltraut Rupp-von Brünneck und Helmut Simon gegen die Mehrheit gestimmt (die Entscheidung erging, wie das Bundesverfassungsgericht später klarstellte, mit fünf zu drei Stimmen).[281] Er hatte aber die Institution des Sondervotums stets abgelehnt und dürfte keinen

Anlass gesehen haben, ausgerechnet im Abtreibungsstreit von seiner Haltung abzurücken.

Böhmer machte gegenüber Müller noch weitere Andeutungen, deren Wahrheitsgehalt sich nicht überprüfen lässt. Für ihn war es evident, dass die Dissenter sich nicht im Rahmen der gesetzlichen Vorschriften und der Verfahrensordnung gehalten hätten:

»Was hier niedergelegt ist, ist keineswegs die Wiedergabe der in der Beratung vertretenen abweichenden Meinung, wie es das Gesetz vorschreibt. Über die Vorgänge, die zu diesem Dissenting Vote geführt haben, ließe sich manches sagen. Die Öffentlichkeit wäre sicherlich überrascht, wenn die Einzelheiten bekannt würden.«

Die Einzelheiten wurden nicht bekannt. Manches spricht dafür, dass es Böhmer vor allem darum ging, sein Verhalten, das »in einigen Zeitungen auf Kritik gestoßen« war, gegenüber Müller zu rechtfertigen. Womöglich hatten die Dissenter die Senatsmehrheit aber tatsächlich mit Argumenten kritisiert, die sie bei den Beratungen nicht vorgebracht hatten. Trösten konnte sich Böhmer damit, dass er »weit über 200 Zuschriften erhalten« hatte, die sich »ausnahmslos zustimmend« zu seinem Verhalten geäußert hätten.[282]

Abb. 25: Verkündung des Abtreibungsurteils am 25. Februar 1975
Auf der Richterbank v. l. n. r.: Helmut Simon, Werner Böhmer, Karl Haager, Hans Joachim Faller, Ernst Benda, Theodor Ritterspach, Wiltraut Rupp-v. Brünneck, Hans Brox.
Quelle: Bundesregierung / Lothar Schaack

410 MEHRHEIT UND MINDERHEIT (1971–1977)

Die öffentlichen Sympathien waren anders verteilt, als der Posteingang Werner Böhmer glauben ließ. Zumindest in der linksliberalen Presse stieß das Abtreibungsurteil auf breite Ablehnung. Das Sondervotum wurde hingegen mit großer Zustimmung aufgenommen. Robert Leicht kommentierte das Urteil in der *Süddeutschen Zeitung* unter der sprechenden Überschrift »Grenzüberschreitung in Karlsruhe«:

> »Bedeutet dieses Urteil strafrechtlich gesehen nicht den Weltuntergang, so stellt es doch verfassungsrechtlich und verfassungspolitisch eine offenkundige Kompetenzüberschreitung dar, die auf das Gericht zurückzufallen droht: Dadurch daß das Gericht die vernünftigen Grenzen einer Verfassungsgerichtsbarkeit weit überschreitet, schwächt es auf die Dauer seine Stellung, anstatt sie zu stärken [...]. Zu all diesen Fragen stellt das abweichende Votum der Richter Rupp-von Brünneck und Simon im Grunde alles Wesentliche klar. Aber was ist dies für ein Gericht, das sich nun zum wiederholten Male von einer Senatsminderheit auf seine Grenzen aufmerksam machen, das sich von seinen ›fortschrittlichen‹ Richtern auf seine ursprünglichen Grundsätze zurückverweisen lassen muß?«[283]

Die SZ veröffentlichte Auszüge aus Urteil und Sondervotum. Die als Überschriften ausgewählten Zitate bringen die unterschiedlichen Prämissen von Mehrheit und Minderheit auf den Punkt: »Der Schwangerschaftsabbruch ist grundsätzlich als Unrecht anzusehen« – »Das Gericht wird zur politischen Schiedsinstanz«.[284] Tags darauf zog die FAZ mit einem Abdruck von ausgewählten Passagen nach.[285] Ihr Karlsruhe-Korrespondent Fromme, ein unerschütterlicher Gegner der Fristenlösung, konnte sich die Bemerkung nicht verkneifen, dass »Frau von Brünneck die Einrichtung des Sondervotums ein wenig mißverstanden« habe. Das Sondervotum ermöglichte nach seiner Ansicht den überstimmten Richtern nämlich nur, ihre Argumentation zum Prozessgegenstand niederzulegen. Das bedeute nicht, »daß sich die überstimmten Richter mit der Mehrheit kritisch auseinander setzen sollen«.[286] Mit dieser eigenwilligen Deutung der Institution des Sondervotums blieb der Journalist allein.

Der SPIEGEL brachte in seinem Heft vom 3. März 1975 neben dem erwähnten Artikel über Wiltraut Rupp-von Brünneck ein ausführliches Interview mit Ernst Benda, das gleich zu Beginn die Machtfrage aufwarf: »SPIEGEL: Herr Präsident, will das Bundesverfassungsgericht in Bonn die Macht ergreifen? BENDA: Nein.«[287] Der Präsident betonte, dass das Gericht nur nach juristischen Maßstäben entscheide. Geglaubt haben dürften das die wenigsten Leser. Die Deutung hatte die SPIEGEL-Redaktion nämlich in einem dem Interview vorangestellten Artikel vorgegeben, der das Bundesverfassungsgericht als »Zuchtmeister für Bonn und Bürger« charakterisierte. »Selbst Richter des urteilenden Senats kritisieren, das Verfassungsgericht habe seine Kompetenzen überschritten und sich die Rolle des Gesetzgebers angemaßt«, heißt es gleich unterhalb der Überschrift. Die parteipolitische Konstellation im Ersten Senat hob der SPIEGEL besonders hervor. Schon seit längerem sei zu vermuten, dass politisch relevante Entscheidungen von den fünf Richtern getragen würden, die der CDU angehörten oder ihr zugerechnet würden: »Ernst Benda, Hans Faller, Hans Brox, Theodor Ritterspach und auch jener Werner Böhmer, der sich bei der Urteilsverkündung die ›abweichende Meinung‹ seiner überstimmten Kollegen nicht einmal anhören mochte und deshalb aus dem Gerichtssaal verschwand.« Der »böse Schein« sei bislang nie Lügen gestraft worden: »Wann immer es ›abweichende Meinungen‹ gab, wurden sie von Wiltraut Rupp-v. Brünneck und Helmut Simon unterschrieben.«[288]

Das Abtreibungsurteil stürzte das Bundesverfassungsgericht in eine Vertrauenskrise. Nach einer repräsentativen Umfrage des *Allensbacher Instituts* bedauerte die Hälfte der Befragten die Ablehnung der Fristenregelung. Nur 32 Prozent begrüßten die Entscheidung. Am größten war die Ablehnung mit 59 Prozent bei den Unter-Dreißig-Jährigen. Deutliche Unterschiede zeigten sich bei der Konfession: So waren die Katholiken in zwei annähernd gleich große Lager gespalten (42 Prozent Zustimmung, 39 Prozent Ablehnung), während bei den Protestanten die Urteilskritiker mit 57 Prozent klar gegenüber den Befürwortern (27 Prozent) überwogen.[289] Trotz der fortdauernden Kontroverse über die Reform des Abtreibungsstrafrechts, verschwand das Urteil rasch aus den Schlagzeilen. Am 27. Februar 1975, zwei Tage nach der Urteilsverkündung und zwei Tage vor der Wahl zum Berliner Abgeordnetenhaus, wurde der Spitzenkandidat der Berliner CDU Peter Lorenz von Terroristen der *Bewegung 2. Juni* entführt. Durch das »Berliner Drama« trat das Abtreibungsurteil in den Hintergrund.[290]

Ebenfalls am 27. Februar 1975, kurz nach 20.00 Uhr, explodierte am Gebäude des Bundesverfassungsgerichts ein Sprengsatz. Einige Scheiben gingen zu Bruch, verletzt wurde niemand. Zur Tat bekannten sich die *Frauen der Revolutionären Zelle*, die mit dem Anschlag ein Zeichen gegen die Unterdrückung von Frauen durch die Strafbarkeit des Schwangerschaftsabbruchs setzen wollten.[291] In der Folge wurde der Personenschutz der Richter erhöht. Die Eheleute Rupp reagierten auf die »Terroristengefahr« gelassen. Wiltraut Rupp-von Brünneck erklärte, sie habe mehr Angst vor einem wild gewordenen Ehemann oder Vater, der mit einer Entscheidung des Gerichts nicht zufrieden sei, als vor Terroristen. Hans Rupp bestätigte das Klischee des sparsamen Schwaben und freute sich über die Wertsteigerung, die sein Haus in Apfelstetten durch den Einbau von Sicherheitstüren und schusssicheren Fenstern erfuhr.[292]

Die rechtswissenschaftliche Debatte über Abtreibungsurteil und Sondervotum setzte im Frühjahr 1975 ein. Dutzende Male wurde die Entscheidung in Fachzeitschriften kommentiert. Allein die *Juristenzeitung* brachte drei Besprechungen.[293] Martin Kriele würdigte in seiner Anmerkung besonders das Sondervotum: »[I]n seiner gedanklichen Schärfe und seinem leidenschaftlichen Engagement für politische Zurückhaltung des Gerichts« erinnere es »an die Tradition der großen amerikanischen Dissenters – *Holmes, Brandeis, Stone, Cardozo* und *Frankfurter*«. Die Grundsätze über den Respekt vor der Gestaltungsfreiheit des Gesetzgebers, die Wiltraut Rupp-von Brünneck und Helmut Simon dargelegt hätten, könnten nicht nachdrücklich genug unterstrichen werden. Eine grundrechtlich begründete Pflicht des Staates zum Strafen wollte Kriele anders als die Dissenter nicht von vornherein ausschließen: »Wenn das BVerfG die Funktion hat, das Leben zu schützen, so kann es sich der Konsequenz nicht entziehen, die Verpflichtung zu Strafgesetzen auszusprechen, vorausgesetzt, es steht fest, daß diese ein geeignetes und erforderliches Mittel zum Schutz des Lebens sind.« Dass die Strafsanktionierung des Schwangerschaftsabbruchs diese Kriterien erfüllte, bezweifelte aber auch er.[294]

Eine regelrechte Kampfschrift gegen das Abtreibungsurteil veröffentlichte Wolfgang Abendroth in der *Kritischen Justiz*.[295] Auch für Abendroth verdiente das Sondervotum »hohes Lob ob seines meist exakten juristischen Denkens«. Es unterscheide sich »wohltuend von dem (notwendig; dies sei nicht als moralischer Vorwurf gemeint) Vor-Urteils-bestimmten und wenig logischen Inexaktheiten, die in den Urteilsgründen enthalten« seien. Ein Problem hätten aber auch die Dissenter »nicht genau genug erklärt«, nämlich die Grundrechtsträgerschaft des Foetus. Für Abendroth begann die Grundrechtsträgerschaft erst mit der Geburt: »Zur Zeit der Entstehung des Grundgesetzes war juristische Bildung immerhin so weit verbreitet, daß § 1 BGB nicht ganz unbekannt war«. Ein Grundrecht ohne Grundrechtsträger könne es nicht geben: »Grundrechte als subjektive Freiheitsrechte sowohl gegenüber der öffentlichen Gewalt [...] als auch eventuell gegenüber Dritten« waren für Abendroth »an Rechtsträger, an konkrete Rechtssubjekte geknüpft«. In der Tat wäre es auf Grundlage »diese[r] juristische[n] Erwägung [...] unmöglich gewesen, das gewünschte Resultat zu begründen«. Der KJ-Redakteur Alexander von Brünneck übersandte das Heft mit Abendroths Aufsatz gleich nach Erscheinen im Juli 1975 seiner Tante.

Wiltraut Rupp-von Brünneck las die Urteilskritik »natürlich mit grossem Interesse und weitgehender Zustimmung«. Abendroths Thesen zur Grundrechtsträgerschaft wies sie aber zurück und erläuterte zugleich ihren eigenen Standpunkt:

»Die von Mehrheit und Minderheit gleichermassen offengelassene Frage, ob der foetus ein Grundrechtsträger sein kann, lässt sich m. E. nicht simplifizierend generell bejahen oder verneinen, es kommt auf die Möglichkeit der Verselbständigung, aber in erster Linie auf das Entwicklungsstadium an, z. B. auf die mögliche Lebensfähigkeit ausserhalb des Mutterleibs (vgl. das Urteil des Supreme Court), vielleicht auch auf die verschiedenen Sachverhalte, in denen die Frage gestellt wird. Entgegen der Ansicht von Abendroth lag aber hier nicht des Pudels Kern, es sei denn man wollte die im Ansatz doch sehr positive und für die Aktualisierung der Grundrechte fruchtbare Lehre von den in den Grundrechten enthaltenen objektiven Wertentscheidungen über Bord werfen. Dass der Staat grundsätzlich verpflichtet ist, auch das – gewollte – ungeborene Leben zu schützen, doch nicht nur selbst nicht in dieses Leben ein[zu]greifen, sondern auch positive Maßnahmen etwa sozialer oder sozialmedizinischer Art zu treffen, kann man m. E. nicht leugnen u. lässt sich neben anderen GG-Vorschriften auch aus Art. 2 Abs. 2 GG herleiten. Der Grundfehler ist aber, diesen Schutzgedanken in Wege einer formalen Trennung von Mutter und Foetus auf das Verhältnis dieser beiden zunächst doch untrennbaren Lebensteile auszuweiten und – vor allem, wie Abendroth richtig hervorhebt, die Schutzpflicht in eine Strafpflicht zu pervertieren.«[296]

Der Brief bestätigt nicht nur, dass Wiltraut Rupp-von Brünneck einen nach Entwicklungsstadien gestuften vorgeburtlichen Lebensschutz befürwortete, wie es in ihrem »Sondervotum im Sondervotum« bereits angeklungen war. Er zeigt vielmehr auch, dass sie die Werttheorie der Grundrechte trotz der zunehmenden Usurpation durch das konservative Lager im Senat nicht aufgeben wollte. Ihre Antwort auf die Krise der Werte war nicht die (Rück-)Besinnung auf die abwehrrechtliche Funktion der Grundrechte, sondern die Ausdifferenzierung des verfassungsgerichtlichen Prüfprogramms zwischen subjektivem Abwehrrecht und objektiver Wertentscheidung. Während sie bei staatlichen Eingriffen in individuelle Freiheitsbereiche eine grundsätzlich unbeschränkte Überprüfung für geboten hielt, trat sie bei der Realisierung von Wertentscheidungen durch den Gesetzgeber für richterliche Zurückhaltung ein. Völlig ausgeschlossen erschien ihr die verfassungsgerichtliche Kontrolle aber auch in diesem Bereich nicht, »schon wegen der wachsenden Bedeutung fördernder Sozialmaßnahmen für die Effektuierung der Grundrechte«, wie es im Sondervotum zum Abtreibungsurteil heißt. Welchen Stellenwert Wiltraut Rupp-von Brünneck und Helmut Simon der Frage nach der Kontrolldichte im Bereich der objektiven Wertentscheidungen beimaßen, zeigt die sich anschließende Bemerkung: »[D]ie Erarbeitung eines geeigneten, die Gestaltungsfreiheit des Gesetzgebers respektierenden Instrumentariums wird möglicherweise zu den Hauptaufgaben der Rechtsprechung in den nächsten Jahrzehnten gehören.«[297]

Eine der zentralen Aufgaben des Gesetzgebers war es, nach dem Scheitern der Fristenlösung eine urteilskonforme Neuregelung des Abtreibungsstrafrechts zu verabschieden. An der Debatte beteiligte sich auch die Evangelische Kirche, der Wiltraut Rupp-von Brünneck durch ihr Richteramt in der Landeskirche in Hessen und Nassau verbunden war. Mitte April 1975 lud die Evangelische Akademie Bad Boll zu einer Tagung, die sich offiziell an die kirchlichen Beschäftigten in der Familienfürsorge und im Beratungsdienst richtete, aber als Beitrag zur Reformdebatte konzipiert war.[298] Hauptredner waren der evangelische Theologe Siegfried Keil und Wiltraut Rupp-von Brünneck, die zur »Reform des § 218 StGB aus der Sicht des Bundesverfassungsgerichts« referierte. Sie überraschte die Ausrichter der Tagung damit, dass sie auf eine Kritik am Abtreibungsurteil verzichtete: »Ich halte es nicht für angemessen«, stellte sie vorab klar, »zu den Meinungsverschiedenheiten zwischen der Mehrheit und der Minderheit des Ersten Senates [...] öffentlich Stellung zu nehmen.« Ein Richter spreche durch das Urteil, soweit er überstimmt sei, durch sein Sondervotum. Die weitere öffentliche Diskussion solle er Dritten überlassen. Besonders müsse ein dissentierender Richter auch nur den Anschein vermeiden, »als wolle er aus Rechthaberei oder Publicitysucht nun in der Öffentlichkeit die Auseinandersetzung mit der Mehrheit des Gerichts fortsetzen, obwohl er doch diesem Gericht weiter angehört«.[299]

Im Übrigen gab sich die überstimmte Richterin pragmatisch:

»Die Dissenter mögen zu Recht oder Unrecht hoffen, daß ihr Beitrag nicht umsonst war und daß ihre Auffassung vielleicht in der Zukunft die Rechtsentwicklung beeinflussen könne. Für die Gegenwart, für die parlamentarische, juristische, sozialpolitische Praxis ist der Verfassungsstreit der Schnee von gestern: Wir alle haben uns nunmehr auf den Boden des Urteils und der Mehrheitsmeinung zu stellen.«

Nachdem sie die Maßgaben des Urteils hatte, erlaubte sie sich ein »persönliches Wort« zur Reform:

»Ich wünsche vor allem, daß sich der Gesetzgeber, alle zuständigen Stellen und die gesamte interessierte Öffentlichkeit nicht erneut an der Frage der strafrechtlichen Behandlung von Schwangerschaftsabbrüchen festbeißen, sondern umfassend und intensiv darüber nachdenken, auf welche Weise der sogenannten ›Abtreibungsseuche‹ entgegengesteuert werden kann, die mit so viel individuellem Leid und Schaden für die Allgemeinheit verbunden ist und im ganzen unserem Sozialstaat ein recht schlechtes Zeugnis ausstellt.«[300]

Wiltraut Rupp-von Brünneck warb für die Einrichtung von hinreichend ausgestatteten Beratungsstellen, vor allem für die Entwicklung von »Einrichtungen und Lebensformen, die es der Frau ermöglichen, Mutterschaft und Familienleben mit einer chancengleichen persönlichen Entfaltung besonders auf beruflichem Gebiet zu verbinden«. Nicht nur den Staat sah sie in der Pflicht:

»Es sollte ins allgemeine Bewußtsein gehoben werden, daß Frauen und Männer in gleicher Weise die Verantwortung für die Erziehung und Betreuung der Kinder tragen und daß die Sorge dafür zu den vornehmsten Aufgaben der Gemeinschaft gehört. Wenn in dieser Hinsicht noch viel im Argen liegt, ist dies nach meiner Ansicht nicht zuletzt dadurch bedingt, daß es noch immer an der tatsächlichen Gleichberechtigung hapert, in vielen Gremien, die i[m] politischen, kommunalen, gesellschaftlichen Bereich maßgebend mitwirken – Parlamente, behördliche Verbandsausschüsse aller Art, Rundfunkräte usw. – sind Frauen überhaupt nicht oder nur verschwindend gering beteiligt.«

Als einzige Frau im Karlsruher Richterkollegium, wusste sie, wovon sie sprach.

Rote Fäden

Die Monate nach der Aufregung um das Abtreibungsurteil nutzte Wiltraut Rupp-von Brünneck, um Fälle zu erledigen, deren »Thema« sich wie ein roter Faden durch ihre inzwischen zwölfjährige Tätigkeit am Gericht zog: die Aktualisierung des Sozialstaatsprinzips. Am 6. Mai 1975 erklärte der Erste Senat auf der Grundlage ihres Entscheidungsvorschlags eine Regelung des *Reichsknappschaftsgesetzes* für verfassungswidrig, die Rentnern den Kinderzuschuss für Enkel vorenthielt, wenn sie diese erst nach dem Renteneintritt in ihren Haushalt aufgenommen hatten. Für die Differenzierung nach dem Zeitpunkt des Renteneintritts ließen »sich keine vernünftigen, sachlich einleuchtenden Gründe finden; vom Blickpunkt sozialer Gerechtigkeit erschein[e] sie als unangemessen und sachwidrig«.[301] Wiltraut Rupp-von Brünnecks Konzept der sozialen Gleichheit, die nach Art. 3 Abs. 1 GG in Verbindung mit dem Sozialstaatsprinzip bei der Ausgestaltung des Sozialrechts zu beachten sein sollte, etablierte sich zusehends in der Rechtsprechung.

Dass eine solche Judikatur Begehrlichkeiten wecken würde, war der lebensnah denkenden Richterin bewusst. Es galt daher, die begründeten von den unbegründeten Fällen klar zu unterscheiden, nicht zuletzt, um zu verhindern, dass das Bundesverfassungsgericht dem Gesetzgeber seine eigenen sozialpolitischen Vorstellungen aufoktroyierte. In diesem Sinne ist ein Beschluss vom 18. Juni 1975 zu deuten, der den gesetzlichen Ausschluss von körperlich oder geistig behinderten Waisen von der Waisenrente nach Vollendung des 25. Lebensjahres als verfassungskonform ansah.[302] Der Senat betonte zwar, dass die Fürsorge für Hilfsbedürftige einschließlich der sozialen Hilfe für die Mitbürger, die wegen körperlicher oder geistiger Gebrechen an ihrer persönlichen und sozialen Entfaltung gehindert seien, zu den selbstverständlichen Pflichten eines Sozialstaates gehöre. Die staatliche Gemeinschaft müsse ihnen jedenfalls die Mindestvoraussetzungen für ein menschenwürdiges Dasein sichern und sich darüber hinaus bemühen, sie soweit möglich in die Gesellschaft einzugliedern, ihre angemessene Betreuung in der Familie oder durch Dritte fördern sowie die notwendigen Pflegeeinrichtungen schaffen. Diese allgemeine Schutzpflicht könne nicht an einer bestimmten Altersgrenze enden; sie müsse vielmehr dem jeweils vorhandenen Bedarf an sozialer Hilfe entsprechen. Doch wie diese »allgemeine Schutzpflicht« zu verwirklichen sei, sollte angesichts der »vielfältige[n] Möglichkeiten, den gebotenen Schutz zu verwirklichen«, der Gesetzgeber entscheiden.

Erst wenn eine Regelung den »Anforderungen sozialer Gerechtigkeit« widerspreche, liege ein Verstoß gegen die Verfassungsgrundsätze der Art. 3 Abs. 1 und Art. 20 Abs. 1 GG vor. Einen solchen Gerechtigkeitsverstoß konnte der Senat bei der Waisenrente für Behinderte nicht ausmachen. Denn die Rente solle nur den typischen Bedarf decken, der durch den Ausfall väterlicher oder mütterlicher

Unterhaltsleistungen bestehe. Dass der Gesetzgeber die spezifische Situation von schwer behinderten Waisen jenseits der Altersgrenze von 25 Jahren unberücksichtigt gelassen habe, sei von seiner Typisierungsbefugnis gedeckt, zumal die Betroffenen andere Sozialleistungen in Anspruch nehmen könnten. Der Beschluss berücksichtigte, dass Bundesregierung und Bundestag »die stufenweise Verwirklichung einer eigenständigen sozialen Sicherung der Behinderten« anstrebten. Auch wenn danach der soziale Schutz der Behinderten noch weiterer Verbesserungen fähig und bedürftig sei, komme es für die verfassungsrechtliche Prüfung darauf an, »daß die zuständigen Verfassungsorgane die Notwendigkeit entsprechender Hilfsmaßnahmen hinreichend erkannt haben und sich um ihre Verwirklichung bemühen«.

Die Berücksichtigung künftiger Reformvorhaben ist eine bemerkenswerte Form des *judicial self-restraint*, die deutlich macht, dass die Gestaltung des Sozialrechts – schon wegen der damit einhergehenden Verteilungsfragen – weitgehend der Legislative überlassen bleiben sollte. Die Zurückhaltung im konkreten Fall war auch deshalb geboten, weil der Bundesrat 1974 auf Antrag des CDU-regierten Landes Baden-Württemberg einen Gesetzentwurf eingebracht hatte, der die Altersgrenze für behinderte Waisen aufheben sollte.[303] Im Bundestag war dieser Entwurf zurückgestellt worden, da er die Pläne der sozialliberalen Koalition zu einer umfassenden Neugestaltung des sozialversicherungsrechtlichen Status von Menschen mit Behinderung durchkreuzt hätte. Ein Entschließungsantrag Baden-Württembergs aus dem April 1975, die Beratung über den Entwurf wieder aufzunehmen, hatte im Bundesrat keine Mehrheit gefunden.[304] Hätte das Bundesverfassungsgericht die Altersgrenze für verfassungswidrig erklärt, hätte es sich erneut als »politische Schiedsinstanz für die Auswahl zwischen konkurrierenden Gesetzgebungsprojekten« betätigt.[305] Daran konnte die Berichterstatterin, die der Senatsmehrheit im Streit um die Abtreibungsreform ebendiesen Vorwurf gemacht hatte, kein Interesse haben.

Ein weiter Spielraum wurde dem Gesetzgeber auch bei der Entschädigung für Schäden eingeräumt, die durch alliierte Reparationsmaßnahmen nach dem Zweiten Weltkrieg entstanden waren. In zwei Beschlüssen vom 13. Januar 1976 bestätigte der Erste Senat die im *Reparationsschädengesetz* getroffene Ausgleichsregelung.[306] Es waren die letzten Entscheidungen zum Kriegsfolgenrecht, die Wiltraut Rupp-von Brünneck als Berichterstatterin vorbereitete. Sie konnte dabei an die Maßstäbe anknüpfen, die sie bereits während ihrer ersten Amtszeit für die Abgeltung von Besatzungsschäden entwickelt hatte: »Wie das Bundesverfassungsgericht in ständiger Rechtsprechung entschieden hat, steht dem Gesetzgeber [...] bei der Regelung der Kriegs- und Kriegsfolgelasten wegen des

MEHRHEIT UND MINDERHEIT (1971–1977)   417

Staatsbankrotts auch im Hinblick auf Art. 3 Abs. 1 GG eine sehr weite Gestaltungsfreiheit zu«.[307]

An beiden Beschlüssen, die auf Verfassungsbeschwerden von Industrieunternehmen ergangen waren, ist das Bemühen abzulesen, den »Missbrauch« der Grundrechte für rein ökonomische Interessen abzuwehren – eine Gefahr, vor der Wiltraut Rupp-von Brünneck bereits 1969 in ihrem Aufsatz zur Grundrechtsberechtigung juristischer Personen gewarnt hatte. Zwar wurde den Beschwerdeführern nicht die Grundrechtsberechtigung versagt, doch die Prüfung des Gleichheitssatzes lässt deutlich erkennen, dass Kapitalgesellschaften nach Ansicht des Senats einen geringeren Schutz verdienten als Einzelpersonen. Geradezu programmatisch heißt es im vierten Leitsatz, dass der Gesetzgeber, die »verfügbaren begrenzten Mittel auf eine wirksame Hilfe für die betroffenen Menschen« habe beschränken und juristische Personen von einer Entschädigungsleistung habe ausschließen dürfen.[308] Im Mittelpunkt der »Wertordnung des Grundgesetzes« steht der Mensch,[309] nicht das Kapital. Die Handschrift der Berichterstatterin ist nicht zu leugnen.[310]

Wie ein roter Faden durch Wiltraut Rupp-von Brünnecks Tätigkeit am Bundesverfassungsgericht zogen sich auch die Richterwahlen. 1975 war wieder ein »Superwahljahr«, in dem insgesamt sechs Stellen zu besetzen waren. Aus dem Ersten Senat schieden Hans Brox und Theodor Ritterspach aus. Helmut Simon war zur Wiederwahl bereit. Mit Ritterspach verlor Wiltraut Rupp-von Brünneck einen alten Freund und Verbündeten, der sich jedoch bei den großen gesellschaftspolitischen Verfahren der siebziger Jahre deutlich als der Konservative zu erkennen gegeben hatte, der er immer gewesen war. Sein Nachfolger Konrad Hesse war zwar von SPD und FDP vorgeschlagen worden, galt aber als »neutraler Richter«. Die Wahl des anerkannten Freiburger Staatsrechtslehrers sollte dazu beitragen, Mehrheitsentscheidungen entlang der Parteilinien künftig zu vermeiden. Brox' Stelle wurde hingegen wieder nach Parteibuch vergeben: Die Wahl fiel auf Dietrich Katzenstein, der seit 1965 das Hamburgische Landeskirchenamt leitete. Sein Name war die »große Überraschung« bei der Richterwahl 1975.[311] In der *Süddeutschen Zeitung* wurde gemutmaßt, die CDU wolle mit dem evangelischen Christdemokraten ein Gegengewicht zum sozialdemokratischen Protestanten Helmut Simon schaffen.[312] Wiltraut Rupp-von Brünneck schätzte den Neuzugang trotz dieser parteipolitischen Konstellation: Sie kannte Katzenstein aus der gemeinsamen Zusammenarbeit im Rechtsausschuss des Bundesrates in den fünfziger Jahren.

Nach Ritterspachs Ausscheiden war Wiltraut Rupp-von Brünneck das dienstälteste Senatsmitglied und übernahm die damit verbundenen Repräsentationsaufgaben. Dazu gehörte die Erstattung eines Landesberichts über »Verfassungs-

418   MEHRHEIT UND MINDERHEIT (1971–1977)

gerichtsbarkeit und gesetzgebende Gewalt« bei der Konferenz der Europäischen
Verfassungsgerichte in Rom im Oktober 1976. Das Korreferat hielt Willi Geiger
aus dem Zweiten Senat, der letzte Richter aus der Erstbesetzung des Jahres 1951.
Denn auch Hans Rupp war im November 1975 in den Ruhestand getreten. Verabschiedet hatte er sich mit einem Sondervotum zum kontroversen Extremisten-
Beschluss.[313] Darin bestätigte der Zweite Senat die auf den »Radikalenerlass« zu-
rückgehende Praxis, die Einstellung als Beamter davon abhängig zu machen, dass
der Bewerber die Gewähr dafür bot, jederzeit für die freiheitlich demokratische
Grundordnung einzutreten. Hans Rupp nahm daran Anstoß, dass bei dieser Beurteilung auch die Mitgliedschaft in Parteien berücksichtigt werden durfte, die
nicht vom Bundesverfassungsgericht für verfassungswidrig erklärt worden waren. Das verstieß nach seiner Auffassung gegen das Parteienprivileg des Art. 21
GG.[314]

   In der Kritik an der praktischen Umsetzung des Extremistenbeschlusses waren sich die Eheleute Rupp einig. »Die ›Radikalen‹-Jagd bekümmert Onkel Hans
und mich auch sehr«, schrieb Wiltraut Rupp-von Brünneck im Sommer 1975
ihrem Neffen. »Ich fürchte, wir schlittern in ein neues McCarthy-Zeitalter hinein
– und das mit voller Zustimmung der SPD (Mehrheit).«[315] Die Zahlen gaben ihr
recht: Bis 1976 wurde beinahe eine halbe Million Bewerber für den öffentlichen
Dienst durch eine Regelanfrage beim Bundesamt für Verfassungsschutz auf
ihre Verfassungstreue überprüft. Obwohl es nur zu wenigen Ablehnungen kam,
schürte die Überprüfungspraxis unter Studenten und jungen Akademikern ein
Klima der Angst, das durch die unterschiedliche Handhabung in den Ländern
gesteigert wurde.[316]

Hetzblatt-Beschluss

Nicht nur angesichts der »Radikalen-Jagd« sorgte sich Wiltraut Rupp-von Brünneck um das »freiheitliche Klima der politischen Auseinandersetzung in der Bundesrepublik«.[317] Dass sie die politische Streitkultur ganz allgemein umtrieb, zeigt
ihr Sondervotum zum Beschluss des Ersten Senats vom 11. Mai 1976 in Sachen
Deutschland-Magazin.[318] Es sollte ihr letztes Sondervotum sein und sie zugleich an
den thematischen Ausgangspunkt ihrer Dissenter-Tätigkeit zurückführen. Wie
beim Mephisto-Fall ging es im Deutschland-Magazin-Fall um »[d]ie Frage, wo die
Grenzen der Eingriffsmöglichkeiten des Bundesverfassungsgerichts liegen, soweit es sich um die Nachprüfung der Anwendung von Privatrecht durch die Fach-
gerichte handelt«. Eine Frage, die »voraussichtlich immer problematisch bleiben«

MEHRHEIT UND MINDERHEIT (1971–1977) 419

Abb. 26: Rechtspolitischer Kongress der SPD am 8. Juni 1975 in Düsseldorf
Das Thema des Kongresses lautete »Freiheit in der sozialen Demokratie«. V. l. n. r.: Walter Seuffert (Vizepräsident des BVerfG), Gerhard Jahn (Bundesjustizminister a. D.), Helmut Schmidt (Bundeskanzler),
Hans-Jochen Vogel (Bundesjustizminister), Joachim Rottmann (Richter des BVerfG), Wiltraut Rupp-
v. Brünneck, Wolfgang Zeidler (Präsident des BVerwG).
Quelle: AdsD, 6/FOTA034473 / J. H. Darchinger

werde, zu der Wiltraut Rupp-von Brünneck dennoch – oder gerade deshalb – dezidierte Auffassungen hatte.[319]

Der Sachverhalt ist rasch berichtet: Die vom DGB herausgegebene *Gewerkschaftspresse* druckte in der heißen Phase des Bundestagswahlkampfes 1969 einen Artikel mit der Überschrift »Deutschland-Magazin – Noch ein rechtsradikales Hetzblatt«. Die darin angegriffene Zeitschrift wurde von der *Deutschland-Stiftung* herausgegeben, die »am rechten Rand der Union« angesiedelt war. Durch ihr geschäftsführendes Vorstandsmitglied Kurt Ziesel unterhielt die Stiftung enge Kontakte zur CSU und pflegte, mit »schrillen Attacken« über politische Gegner herzuziehen.[320] Ziesel bediente sich im politischen Meinungskampf mit besonderer Vorliebe juristischer Mittel und erwirkte auch im Streit mit dem DGB ein Urteil, das die Verbreitung der Behauptung untersagte, das *Deutschland-Magazin* sei ein »rechtsradikales Hetzblatt«. Die Zivilgerichte waren der Ansicht, dass die Verbindung der Wörter »rechtsradikal« und »Hetzblatt« geeignet sei, das Ansehen der *Deutschland-Stiftung* als Herausgeberin des Magazins in der Öffentlichkeit herabzuwürdigen. Zugleich würden die hinter der Stiftung stehenden Personen beleidigt. Üble Nachrede und Beleidigung seien von der Meinungsfreiheit nicht gedeckt.[321]

Die Verfassungsbeschwerde des DGB gegen das Verbot wies der Erste Senat als unbegründet zurück. Es sei nicht die Aufgabe des Bundesverfassungsgerichts, »in jedem Einzelfall nach Art einer Superinstanz seine Vorstellung von der zutreffenden Entscheidung an die Stelle derjenigen der ordentlichen Gerichte zu setzen«. Zwar seien umso strengere Anforderungen an einen Eingriff zu stellen, je »nachhaltiger« ein zivilgerichtliches Urteil die Grundrechtssphäre der unterlegenen Partei treffe. In Fällen »höchster Eingriffsintensität« sei das Bundesverfassungsgericht – wie im Lebach-Urteil ausgeführt – »durchaus befugt, die von den Zivilgerichten vorgenommene Wertung durch seine eigene zu ersetzen«. Doch eine derart hohe Belastung konnte die Senatsmehrheit im konkreten Fall nicht erkennen: Das Urteil verbiete lediglich die wörtliche Behauptung, das *Deutschland-Magazin* sei ein »rechtsradikales Hetzblatt«, nicht aber die Äußerung desselben Gedankeninhalts durch den Gebrauch anderer Worte. Außerdem habe die *Gewerkschaftspresse* ihr Ziel, die Leser über den Charakter des *Deutschland-Magazins* aufzuklären, verwirklicht, so dass der Streit über die Unterlassung der Äußerung in der Zukunft »für beide Seiten kaum mehr als eine Prestigeangelegenheit« sei. Nicht gelten lassen wollte die Senatsmehrheit das Argument des DGB, das *Deutschland-Magazin* bediene sich einer vergleichbaren Wortwahl. Es gebe kein grundrechtlich verbürgtes Recht, ehrverletzende Formulierungen weiterhin zu verwenden, weil der Gegner sich einer ähnlichen Sprache bediene oder weil die »Reizschwelle« in der Auseinandersetzung gestiegen sei. Das Grundgesetz garantiere eine geistige Auseinandersetzung, die »immer ein Argumentieren, einen Austausch von Gedanken« voraussetze. An diesem Gedankenaustausch fehle es, wenn ausschließlich über die Zulässigkeit bestimmter Formulierungen gestritten werde. In dieser Passage scheint sich das akademische Diskursverständnis des Berichterstatters Konrad Hesse niedergeschlagen zu haben.

Wiltraut Rupp-von Brünneck musste die Vorstellung weltfremd erscheinen, dass es in der *politischen* Auseinandersetzung immer um »ein Argumentieren, einen Austausch von Gedanken« gehe. Überhaupt spielte der Umstand, dass es sich bei der Kontroverse um einen Streit zwischen zwei im politischen Spektrum klar verorteten Presseorganen handelte, im Urteil keine erkennbare Rolle. Die Senatsmehrheit zeigte sich nicht nur wenig sensibel für den Kontext, in dem die inkriminierte Äußerung gefallen war, sondern blendete auch die Wirkungen aus, die das Verbot der Äußerung auf die Wahrnehmung der Meinungsfreiheit durch andere Diskursteilnehmer haben konnte. Die Differenzierung zwischen sprachlicher Äußerung und »Gedankeninhalt« atmete den Geist des Elfenbeinturms. Sie war in der Praxis nicht durchzuhalten. Für Wiltraut Rupp-von Brünneck war diese Lebensferne des Hetzblatt-Beschlusses Anlass genug, ihre abweichende Meinung in einem Sondervotum niederzulegen. Helmut Simon schloss sich ihren Ausführungen an, übernahm diesmal aber keine Ko-Autorenschaft.

Das Sondervotum beginnt mit einem Lob: »Der jetzige Beschluß geht [...] in begrüßenswerter Weise weiter und ist flexibler als die Mehrheitsmeinung in der Mephisto-Entscheidung.« Doch die Neujustierung des Prüfungsumfangs bei der Nachprüfung fachgerichtlicher Entscheidungen reichte der Dissenterin nicht aus. Sie schlug vor, zwischen zwei Fallgruppen zu differenzieren: solchen, in denen die Anwendung des Privatrechts notwendig eine Abwägung zwischen dem betroffenen Grundrecht und anderen Rechtsgütern verlange, und solchen, in denen sich die Rechtsanwendung nur im Ergebnis auf den Grundrechtsbereich auswirke. Bei einer Abwägungsentscheidung – etwa zwischen Meinungsfreiheit und Ehrschutz – müsse die verfassungsgerichtliche Kontrolle strenger ausfallen, weil »spezifisches Verfassungsrecht« in Rede stehe. Sie wiederholte ihre Forderung aus dem Mephisto-Sondervotum, wonach das Bundesverfassungsgericht in solchen Fällen ein fachgerichtliches Urteil auch dann aufheben müsse, wenn das Fachgericht »im konkreten Fall *niemals* zu dem gefundenen Ergebnis hätte gelangen dürfen«. Eine kleine Spitze gegen die Senatsmehrheit konnte sie sich bei dieser Gelegenheit nicht verkneifen: Der »Trend zur restriktiven Auslegung der Prüfungsbefugnis im Verhältnis zu den Fachgerichten« harmoniere nicht recht »mit der Tendenz zur Ausweitung der verfassungsgerichtlichen Prüfung gegenüber dem Gesetzgeber«. Der Vorwurf wurde durch einen Verweis auf die Sondervoten zum Hochschul- und zum Abtreibungsurteil unterstrichen.[322]

Den konkreten Fall hätte Wiltraut Rupp-von Brünneck anders entschieden, auch anhand der Maßstäbe der Senatsmehrheit. Sie stützte sich auf die »vom Senatsbeschluß ausdrücklich als Orientierungspunkt anerkannte[n] Lebach-Entscheidung«, die sie selbst als Berichterstatterin vorbereitet hatte. Im Lebach-Urteil seien »für die gebotene konkrete Abwägung eine Reihe verfassungsrechtlich bedeutsamer, falltypischer Kriterien entwickelt worden«, die sich auf die Kollision zwischen Meinungsfreiheit und Ehrschutz übertragen ließen. So habe die Äußerung »rechtsradikales Hetzblatt« nicht die Bewertung von Personen, sondern die Qualifizierung einer Zeitschrift zum Gegenstand gehabt. Zwar könne die »Kritik eines geistigen Werkes in gewissem Maße auf den Autor zurückschlagen«, aber selbst die »deutliche Disqualifizierung« einer Produktion müsse nicht zwingend als Unwerturteil über Autor oder Herausgeber verstanden werden. Die Dissenterin argumentierte gewohnt lebensnah:

»Es gibt zahlreiche Fälle, in denen jemand ein bestimmtes Werk eines sonst anerkannten Publizisten oder Schriftstellers als mißlungen, polemisch, rechts- oder linksradikal, gefährlich oder hetzerisch empfindet und sich die Freiheit nimmt, dies zu sagen, obwohl es ihm fern liegt, an der persönlichen Integrität des Autors zu zweifeln.«

Entscheidend sei, dass es sich bei dem kritisierten Geistesprodukt um ein Presseerzeugnis handele. Zur Pressefreiheit gehörte für Wiltraut Rupp-von Brünneck nämlich »gerade die freie Auseinandersetzung zwischen verschiedenen Organen der politischen Presse«. Dass es dabei nicht nur um den Austausch von Argumenten ging, hatte die im Umgang mit Medien erfahrene Richterin offenbar deutlicher vor Augen als ihre Kollegen:

>»Das bedeutet nicht nur das sachliche Gegeneinandersetzen verschiedener geistiger Inhalte, es schließt auch die Bemühungen ein, die Öffentlichkeit über den als gefährlich oder bedenklich empfundenen Charakter anderer Blätter aufzuklären und von deren Lektüre abzuhalten. Der so angesprochene Leser wird solche Kritik normalerweise schon deswegen in erster Linie oder allein auf das bezeichnete Blatt beziehen, weil er häufig keine oder nur vage Vorstellungen von der Person der jeweiligen Herausgeber hat und der Inhalt des Blattes zudem von einer Mehrheit von Autoren gestaltet wird. Je deutlicher die Kritik sich gegen das Presseerzeugnis und nicht gegen bestimmte Personen richtet, desto mehr spricht jedenfalls die Vermutung für den Vorrang der Pressefreiheit (vgl. BVerfGE 7, 198 [212]; 12, 113 [127] – Schmid-Spiegel –).«

In ihrer Kritik am Hetzblatt-Beschluss formulierte Wiltraut Rupp-von Brünneck einen Gedanken, dem eine beachtliche Karriere in der Grundrechtsdogmatik beschieden sein sollte. Schon bei der kritischen Auseinandersetzung mit der Bestimmung des Prüfungsmaßstabs durch die Senatsmehrheit klingt die Überlegung an. Es sei »jedenfalls zu eng, wenn die für die Prüfungsbefugnis des Bundesverfassungsgerichts wesentliche Intensität des Eingriffs nur vordergründig nach der Bedeutung der konkreten Entscheidung für den einzelnen Betroffenen oder für die jeweiligen Streitgegner beurteilt« werde. Das Verfassungsbeschwerdeverfahren habe »auch die Aufgabe, vermittels der Korrektur eines konkreten einzelnen Grundrechtseingriffs die davon ausgehenden negativen Wirkungen für die generelle Ausübung dieses Grundrechts sowohl durch die Beteiligten wie durch andere Bürger zu verhindern«.

Was sie mit »negativen Wirkungen für die generelle Ausübung« meinte, machte Wiltraut Rupp-von Brünneck anhand der Differenzierung zwischen (verbotenem) sprachlichem Ausdruck und (erlaubtem) Gedankeninhalt deutlich, die ihr »als zu fein gesponnen« erschien. »[A]llen an der freien Meinungsäußerung in der politischen Auseinandersetzung Interessierten« dränge sich sofort die Frage auf: »Was also hätten die Beschwerdeführer denn sagen dürfen oder was dürfen sie in Zukunft sagen, um die inhaltsgleiche Kritik zum Ausdruck zu bringen?« Eine klare Antwort darauf hätten weder die Zivilgerichte noch die Senatsmehrheit gegeben. Die Folge sei »eine entsprechende Verunsicherung der Betroffenen, die im Zweifel von der Äußerung des bestimmten Gedankeninhalts lieber ganz absehen werden, als sich dem Risiko erneuter und diesmal womöglich härterer Sanktionen auszusetzen«. Die Dissenterin betonte »die

MEHRHEIT UND MINDERHEIT (1971–1977)   423

generalpräventive Wirkung, die von einer solchen Spaltung zwischen dem Inhalt und der Form des Werturteils und von der allgemeinen Unsicherheit über die von dem jeweils zuständigen Gericht zu erwartende ›Zensur‹ der Form ausgehen« könne. Diese Unsicherheit entfalte eine »Fernwirkung auf andere Presseorgane und Publizisten« und bedeute »[f]aktisch [...] am Ende eine Einbuße an Freiheit, wie sie nach der Absicht des Senatsbeschlusses gerade vermieden werden sollte«.

Die »generalpräventive Wirkung« von individuellen Eingriffen in die Meinungsfreiheit war im US-amerikanischen Recht als *chilling effect* bekannt. Da Wiltraut Rupp-von Brünneck sich – entgegen ihren Gepflogenheiten – nicht explizit auf den US Supreme Court bezog, ist eine direkte Übernahme des Konzepts zweifelhaft. Zumindest eine mittelbare Beeinflussung liegt aber nahe. Im Hause Rupp spielte das US-amerikanische Rechtsdenken eine große Rolle. Felix Frankfurter – Hans Rupps akademischer Lehrer in Harvard – hatte 1952 die Metapher von der »Abkühlung« des Grundrechtsgebrauchs erstmals in einer *concurring opinion* verwendet.[323] In den sechziger Jahren erlangte der *chilling effect* aufgrund mehrerer Urteile zur Meinungs- und Vereinigungsfreiheit in den USA einige Prominenz.[324] In der Rechtsprechung des Bundesverfassungsgerichts hatte sich ein vergleichbares Konzept nicht etabliert. Das Lüth- und das Spiegel-Urteil enthielten nur die vage Andeutung, dass Eingriffe in die Meinungs- und Pressefreiheit auch für andere Grundrechtsträger relevant sein könnten.[325] Es war Wiltraut Rupp-von Brünneck, die in ihrem Sondervotum zum Hetzblatt-Beschluss »erstmalig klar die mögliche Wirkung von weitgezogenen Beleidigungstatbeständen auf die Meinungsfreiheit allgemein und das freiheitliche Klima der politischen Auseinandersetzung in der Bundesrepublik« herausstellte.[326]

Schon ein halbes Jahr später, im Flugblatt-Beschluss vom 7. Dezember 1976, übernahm der Senat den Gedanken. Die Entscheidung stellt »die negativen Wirkungen auf die generelle Ausübung des Grundrechts der Meinungsfreiheit« heraus, die eine Verurteilung wegen übler Nachrede über die individuelle Belastung des Verurteilten hinaus entfalte. Wiltraut Rupp-von Brünneck hatte diesmal bei ihren Kollegen Gehör gefunden. Der Flugblatt-Beschluss legt die geistige Urheberschaft durch einen Verweis auf ihr Sondervotum zum Hetzblatt-Beschluss offen.[327] Heute gehört die »generalpräventive Wirkung« eines Eingriffs unter dem Begriff »Abschreckungseffekt« zum Standardrepertoire der Grundrechtsdogmatik. Das Konzept hat sich von der Meinungs- und Pressefreiheit »im Laufe der Jahrzehnte in fast alle anderen grundrechtlichen Bereiche ausgebreitet«[328] und beweist inzwischen seine Tragfähigkeit in digitalen Kontexten.[329]

»Kampfgeist«

Im Sommer 1976 unternahmen die Eheleute Rupp eine dreiwöchige Urlaubsreise nach Indonesien. Wiltraut Rupp-von Brünneck, die schon früher unter Kreislaufbeschwerden zu leiden hatte, kam geschwächt vom ungewohnten Klima aus dem Urlaub zurück. Vor ihr lag ein straffes Programm: Mitte September fand der 51. Deutsche Juristentag in Stuttgart statt, Ende Oktober die 3. Konferenz der Europäischen Verfassungsgerichte in Rom, bei der sie gemeinsam mit Willi Geiger das Bundesverfassungsgericht repräsentierte. Auch am Gericht war viel zu tun. Sie legte dem Senat ihr Votum in einem Verfahren vor, das die begrenzte Rückwirkung des Nichtehelichengesetzes von 1969 betraf. Die erbrechtliche Stellung nichtehelicher Kinder, die vor dem 1. Juli 1949 geboren worden waren, richtete sich aufgrund einer Übergangsvorschrift nach dem alten Recht – ein Kompromiss zwischen CDU/CSU und SPD, der die Reform überhaupt erst möglich gemacht hatte. Für die Berichterstatterin war klar, dass das Bundesverfassungsgericht diesen Kompromiss nicht nachträglich zunichte machen durfte. »Die nähere Prüfung [...] hat davon auszugehen, daß dem Gesetzgeber für die Regelung des Übergangs von einer älteren zu einer neueren, den Zielen der Verfassung und den rechtspolitischen Vorstellungen der Gegenwart besser entsprechenden Regelung notwendig ein gewisser Spielraum einzuräumen ist«, heißt es im Beschluss, der am 8. Dezember 1976 erging.[330] Es sollte die letzte Senatsentscheidung aus Wiltraut Rupp-von Brünnecks Dezernat sein.

Über Weihnachten 1976 verschlechterte sich ihr Gesundheitszustand dramatisch. Ihre Knochen schmerzten, sie konnte nur noch gebückt gehen. Der Arzt attestierte die »Kahlersche Krankheit«, eine von den Plasmazellen des Knochenmarks ausgehende Krebserkrankung (Multiples Myelom). Trotz ambulanter und kurzzeitiger stationärer Behandlungen arbeitete Wiltraut Rupp-von Brünneck weiter im Gericht. Ihre zweite Amtszeit würde noch knappe zwei Jahre, bis Dezember 1979, dauern. Bis dahin galt es, zahlreiche Verfahren »abzuarbeiten« – alltägliche Verfassungsbeschwerden, die im Dreierausschuss erledigt werden konnten, aber auch Sachen von gesellschaftspolitischer Tragweite, wie den Transsexuellen-Fall.[331] Auch in anderen Dezernaten standen Fälle zur Beratung und Entscheidung an, denen Wiltraut Rupp-von Brünneck besondere Aufmerksamkeit schenkte, etwa die Verfassungsbeschwerden gegen das hamburgische Universitätsgesetz und das zweite Numerus-Clausus-Verfahren.[332] Ernst Benda erinnerte sich, dass seine Kollegin »die allmählich und immer deutlicher erkennbare Behinderung durch eine heimtückische Krankheit wieder und wieder beiseite« geschoben habe, »als habe solches persönliche Schicksal mit ihrer Arbeit nichts zu tun«. »So etwas wirft doch einen Berliner nicht um«, sagte sie zu ihrem

Landsmann »in einem Zeitpunkt, zu dem sie wohl wissen oder ahnen mußte, wie ernst es um sie stand«.[333]

Obwohl ihr Gebrechen nicht mehr zu leugnen war, nahm Wiltraut Rupp-von Brünneck im März 1977 an der zweitägigen mündlichen Verhandlung in einem Verfahren teil, das ihr besonders am Herzen lag: die Überprüfung des § 211 StGB, der für Mord lebenslange Freiheitsstrafe anordnete. Sie ließ sich in ein Korsett schnüren, um während der Verhandlung aufrecht sitzen zu können. Ihre Senatskollegen durften davon nichts erfahren.[334] Das vorlegende Gericht hob die »persönlichkeitsschädigende[n] Folgen« hervor, die eine langjährige Freiheitsstrafe zeitige:

>»Nach einer Haftdauer von 10, 15, 20 oder jedenfalls 25 Jahren werde praktisch bei jedem Strafgefangenen ein Stadium erreicht, das durch Abflauen guter Affekte, Resignation, Stumpfheit und Gleichgültigkeit eine Persönlichkeitsänderung bewirke, die in Lebensuntauglichkeit, Unschuldssophisterei, präsenilem Begnadigungswahn und häufig in Verblödung ende. Nach ungefähr 20 Jahren Strafanstaltsaufenthalt sei der Gefangene körperlich und seelisch nichts als ein Wrack.«

Konnte ein solches Strafregime unter einer Verfassung Bestand haben, die den Menschen in den Mittelpunkt ihres Wertsystems stellte?

Das Verfahren zu § 211 StGB fiel nicht in Wiltraut Rupp-von Brünnecks Dezernat. Dass sie dennoch maßgeblichen Einfluss auf die Vorbereitung der mündlichen Verhandlung genommen hatte, zeigt die Auswahl der Sachverständigen, zu denen die »Regierungsdirektorin i. R. Dr. H. Einsele, ehemalige langjährige Leiterin der Strafanstalt für Frauen in Frankfurt« gehörte. Wiltraut Rupp-von Brünnecks Studienfreundin hatte früh wissenschaftliche Kritik an der lebenslangen Freiheitsstrafe geübt.[335] In der mündlichen Verhandlung berichtete sie über die Entwicklung von zwanzig zu lebenslanger Freiheitsstrafe verurteilten Frauen und zog das »überraschende Ergebnis neuerer Untersuchungen« in Zweifel, nach denen der Vollzug keine schwerwiegenden Persönlichkeitsschäden zur Folge hätte. Diese beruhten »möglicherweise auf methodischen Fehlern, dem jeweiligen Standpunkt der Untersucher und ihrer Definition der Persönlichkeitsschäden«. Einsele selbst beobachtete erhebliche physische und psychische Schäden bei langzeitig inhaftierten Frauen. Der Leiter einer Hamburger Justizvollzugsanstalt bestätigte diese Einschätzung. Die zwei psychiatrischen Sachverständigen hatten andere Erkenntnisse: Irreversible Persönlichkeitsschäden hätten sie bei den untersuchten Gefangenen nicht feststellen können. Im Durchschnitt sei deren Gesundheitszustand sogar besser als bei der Normalbevölkerung.[336]

Das Urteil sollte betonen, dass es nicht Sache des Bundesverfassungsgerichts sei, »darüber zu befinden, wie es zu so auseinandergehenden Beurteilungen kommen« könne. Für beide Standpunkte ließen sich »beachtliche Gesichtspunkte« geltend machen. Derzeit sei keiner von beiden durch hinreichend verlässliche Untersuchungen belegbar. Die verfassungsrechtliche Konsequenz lag auf Wiltraut Rupp-von Brünnecks Linie:

»Bei einer derartigen Sachlage ist für die verfassungsgerichtliche Nachprüfung Zurückhaltung geboten [...]. Zwar ist dem Bundesverfassungsgericht der Schutz der Grundrechte gegenüber dem Gesetzgeber übertragen. Das Gericht ist daher bei seiner Prüfung nicht an die Rechtsauffassung des Gesetzgebers gebunden. Soweit dabei jedoch Wertungen und tatsächliche Beurteilungen des Gesetzgebers von Bedeutung sind, kann sich das Gericht über sie grundsätzlich nur hinwegsetzen, wenn sie widerlegbar sind.«

Das war der *judicial self-restraint*, den die Dissenter im Abtreibungsurteil vermisst hatten.

Bei der lebenslangen Freiheitsstrafe erschien es dem Senat zwar »bedenklich, daß auch dann, wenn schwere Grundrechtseingriffe in Frage stehen, Unklarheiten in der Bewertung von Tatsachen zu Lasten des Grundrechtsträgers gehen sollen«. Dass er dennoch einen Verstoß gegen die Menschenwürdegarantie wegen (möglicher) Haftschäden verneinte, rechtfertigte er mit der »notwendigen Ergänzung« der Strafe durch einen »sinnvollen Behandlungsvollzug«, der – auch bei einer lebenslangen Freiheitsstrafe – auf die Resozialisierung der Gefangenen ziele, sie lebenstüchtig erhalte und deformierenden Persönlichkeitsveränderungen entgegenwirke. Diese »verfassungsrechtlich fundierte[n] Vollzugsaufgaben« wurden mit einem Zitat aus dem Lebach-Urteil begründet: Die Forderung nach Resozialisierung entspreche dem Selbstverständnis einer Gemeinschaft, die die Menschenwürde in den Mittelpunkt stelle und dem Sozialstaatsprinzip verpflichtet sei. Der Resozialisierungsanspruch ergebe sich für den Straftäter aus Art. 2 Abs. 1 in Verbindung mit Art. 1 GG. Der Verurteilte müsse die Chance erhalten, sich nach Verbüßung seiner Strafe wieder in die Gemeinschaft einzuordnen.[337] Im Ergebnis billigte das Urteil die rigide Strafandrohung, allerdings nur unter der Voraussetzung, dass »dem zu lebenslanger Freiheitsstrafe Verurteilten grundsätzlich eine Chance verbleibt, je wieder der Freiheit teilhaftig zu werden«.[338]

Nach der mündlichen Verhandlung über § 211 StGB sollte Wiltraut Rupp-von Brünneck das Gerichtsgebäude nicht mehr betreten. Ende März 1977 begab sie sich in stationäre Behandlung in ein Karlsruher Krankenhaus. Obwohl sie kaum mehr das Bett verlassen konnte, dachte sie nicht daran, sich von ihren Dienstaufgaben zurückzuziehen. Sie instruierte ihren Kollegen Dietrich Katzenstein, ihre Positionen zur lebenslangen Freiheitsstrafe in die Beratungen einzubringen, und ließ sich von ihm darüber laufend berichten.[339] Im Krankenhaus setzte sie einen straffen Arbeitsplan ins Werk: Nach den vormittäglichen Untersuchungen und

MEHRHEIT UND MINDERHEIT (1971–1977)   427

Behandlungen ließ sie ihre Sekretärin Helga Hamann mit den Akten aus dem Gericht kommen und diktierte ihr bis in die Abendstunden Schreiben, Verfügungen und Vermerke. Die Sekretärin schrieb an den Vormittagen die Diktate und fuhr dann mit neuen Akten wieder ins Krankenhaus. So unterzeichnete Wiltraut Rupp-von Brünneck auch die letzte Senatsentscheidung aus ihrem Dezernat – den Beschluss zum Nichtehelichen-Erbrecht – auf dem Krankenbett. Bewusst oder unbewusst folgte sie damit dem Vorbild ihres Großvaters, des Kammergerichtspräsidenten August von Schmidt, der siebzig Jahre zuvor, »noch auf dem letzten Krankenlager« im Dienst ausgeharrt hatte, getreu dem Bismarck'schen Motto »patriae inserviendo consumor« – »Im Dienste des Vaterlandes verzehre ich mich.«[340]

Gegenüber Kollegen und Mitarbeitern, Verwandten und Freunden verbarg Wiltraut Rupp-von Brünneck, wie schlecht es um ihre Gesundheit bestellt war. Nur ihr Ehemann wusste, dass keine Chance auf Heilung bestand. Ende April schrieb die Todkranke an ihre Tante Stefanie, dass man noch nicht wisse, wann sie wieder aus dem Krankenhaus »herauskomme«. Anfang Juni ließ sie den Chef der hessischen Staatskanzlei wissen, dass sie »[t]rotz merklicher Besserung [...] nach dem Urteil der Ärzte bis Ende Juni noch nicht reisefähig sein« werde und daher die *Wilhelm Leuschner-Medaille*, die ihr der hessische Ministerpräsident Holger Börner am 23. Juni 1977 verleihen wollte, nicht persönlich in Empfang nehmen könne.[341] Es war die höchste Auszeichnung, die das Land Hessen zu vergeben hatte. 1964 anlässlich des 20. Todestages des sozialdemokratischen Widerstandskämpfers von Georg August Zinn gestiftet, wurde die Medaille Personen verliehen, »die sich aus dem Geist Wilhelm Leuschners hervorragende Verdienste um die demokratische Gesellschaft und ihre Einrichtungen erworben« hatten.[342] Hans Rupp nahm die Medaille stellvertretend für seine Gattin entgegen. Im Krankenhaus erhielt Wiltraut Rupp-von Brünneck einen »wunderschöne[n] Blumenstrauß in den hessischen Farben«. Das Dankschreiben an den hessischen Ministerpräsidenten ist der letzte erhaltene Brief, den Helga Hamann für »die Chefin« schrieb.[343]

Im Briefkopf ist eine weitere Würdigung dokumentiert, die der Verfassungsrichterin auf dem Krankenbett zuteil geworden war: »Dr. h. c. Wiltraut Rupp-v. Brünneck«. Den Ehrendoktor hatte ihr der Fachbereich Rechtswissenschaft der Universität Frankfurt am Main verliehen, um »außer [i]hrer Publikationstätigkeit, vor allem [i]hrer langjährigen Mitwirkung an der Rechtsprechung des Bundesverfassungsgerichts, der Mitformung seiner Funktion und seines Selbstverständnisses und der Mitgestaltung grundrechtlich geschützter Freiheitsräume in der Bundesrepublik seinen Respekt [zu] zollen«.[344] An einen Festakt in Frankfurt war angesichts des Gesundheitszustands der zu Ehrenden nicht zu denken, auch wenn Wiltraut Rupp-von Brünneck mit dem Fachbereich bereits einen Termin für einen Festvortrag im Wintersemester vereinbart hatte. Auf Hans Rupps Betreiben sollte die Verleihung im Krankenhaus stattfinden, und zwar noch im Mai – »die Gründe liegen auf der Hand«, ließ er Ilse Staff, der ersten westdeutschen Staatsrechtslehrerin und treibenden Kraft hinter der Ehrenpromotion, wissen.[345]

Am 26. Mai 1975 kam eine kleine Delegation der Frankfurter Fakultät in das Zimmer 474 der Zweiten Medizinischen Klinik in Karlsruhe: Dekan Hans-Leo Weyers in Begleitung der Professoren Ilse Staff und Spiros Simitis. Unter den Festgästen waren außerdem Irene Maier, Ministerialrätin im Bundesjustizministerium und Wiltraut Rupp-von Brünnecks Favoritin für die eigene Nachfolge,[346] der Wiesbadener Ministerialdirigent und langjährige Freund Hans-Joachim Reh sowie die Richterkollegen Helmut Simon und Konrad Hesse. Für die Feier im Krankenzimmer wurden Sekt und Schnittchen in der Stationsküche vorbereitet. Wiltraut Rupp-von Brünneck kleidete sich festlich und kaschierte ihr dünn gewordenes Haar mit einer blonden Perücke. Der Sekt wurde auf einem Silbertablett mit dem Brünneck'schen Familienwappen gereicht, das die Eheleute Rupp nur bei festlichen Anlässen zu verwenden pflegten. Der Dekan hielt eine kurze Ansprache, in der er die »Verbindung von verfassungstheoretischer Grundlegung mit einem genauen Verständnis für die verfassungsrechtliche Balance der obersten Organe einer Demokratie« hervorhob, die Wiltraut Rupp-von Brünnecks Tätigkeit am Bundesverfassungsgericht präge. Diese Verbindung von Theorie und Praxis habe nicht erst mit ihrer Ernennung zur Verfassungsrichterin begonnen, betonte Weyers, sondern stamme aus Zeiten, aus denen es sich ganz einfach erkläre, dass gerade der Frankfurter Fachbereich sich zur Ehrung aufgerufen gefühlt habe.[347]

Wiltraut Rupp-von Brünneck griff in ihrer Danksagung diese Anspielung auf. Die Ehrendoktorwürde bestätige und vertiefe ihre jahrzehntelange Verbundenheit mit ihrer »Wahlheimat Hessen«:

> »Ich bin dort im Jahre 1947 als mittel- und stellenloser Flüchtling, als in der sowjetischen Besatzungszone enteigneter ›Junker‹ auf das großzügigste aufgenommen worden. Deshalb gedenke ich in dieser Stunde auch in großer Dankbarkeit des verehrten Justizministers und Ministerpräsidenten Georg August Zinn, der mich allezeit gefördert hat und als dessen Mitarbeiterin ich die aktivste Zeitspanne meines beruflichen Lebens verbracht habe.«

Sie zeigte sich »tief gerührt und überwältigt«, dass der Fachbereich sie eines Ehrendoktors für würdig gehalten habe: »Ich weiß, wie schwer es ist, auch nur unter acht Leuten Einstimmigkeit zu erzielen; wieviel schwieriger mag es bei einer großen Fakultät sein.« Sie versprach, sich auch in Zukunft »für die Verwirklichung der Postulate unserer Verfassungsordnung in der Praxis« einzusetzen: »Ich werde weiter streiten, sei es, wie ich hoffe, mit der Mehrheit meines Gerichts, oder, falls notwendig, als Dissenter.«[348] Ihr Gesundheitszustand erlaubte ihr nicht, das

MEHRHEIT UND MINDERHEIT (1971–1977)   429

Versprechen zu halten. Aufgrund der starken Schmerzmittel, die sie in der letzten Phase der Krankheit erhielt, musste sie die Arbeit an den Akten im Juli 1977 einstellen.

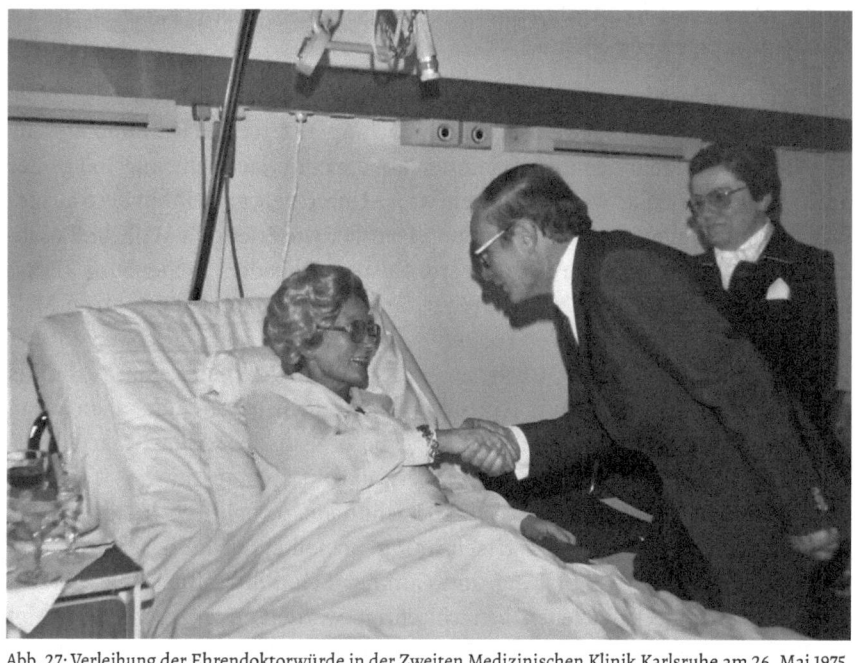

Abb. 27: Verleihung der Ehrendoktorwürde in der Zweiten Medizinischen Klinik Karlsruhe am 26. Mai 1975 Konrad Hesse und Irene Maier gratulieren Wiltraut Rupp-v. Brünneck.
Quelle: Nachlass W. Rupp-v. Brünneck

Für ihren 65. Geburtstag am 7. August 1977 holte Hans Rupp seine Frau nachhause auf die Schwäbische Alb, um eine kleine Feier auszurichten. Er wusste, dass es ihr letzter Geburtstag sein würde. Stellvertretend für die Richterkollegen kamen Karl Haager, der Vorsitzende des Vereins der Richter des Bundesverfassungsgerichts, und Joachim Rottmann. Hans Rupp lud außerdem die Sekretärinnen und die wissenschaftlichen Mitarbeiter seiner Frau ein. Auch Hans-Joachim Reh sowie Nichten und Neffe waren zur Feier gekommen. Konrad Hesse übermittelte seine Glückwünsche mit einem handschriftlichen Brief, der – weil er in einem Buch eingeklemmt war – die Zeit überdauert hat (die übrige Korrespondenz ließ Hans Rupp verbrennen). Hesse würdigte seine Kollegin mit wohlgewählten Worten:

»Sie gehören zu den – wenigen – Juristen, die die Aufgabe des Rechts (und der Juristen) nicht nur darin sehen, den Mächtigen zu dienen, sondern auch und vor allem die Schwachen zu schützen. Die Unbedingtheit und der Kampfgeist, mit denen sie für das als richtig und notwendig Erkannte einstanden, und die Frische und Herzlichkeit des Wesens, die sich mit alledem verbindet, gehören zu den nachhaltigsten Eindrücken und zu dem großen Gewinn, die mir der Eintritt in das neue Amt gebracht hat.«[349]

Eine Woche später brachte die Sekretärin Helga Hamann das Adressbuch, das sie für Wiltraut Rupp-von Brünneck führte, nach Apfelstetten. Hans Rupp kreuzte die Namen von Freunden und Bekannten an, die eine Nachricht vom Tod seiner Frau erhalten sollten, wenn es soweit wäre. Unter den gut einhundert ausgewählten Empfängern waren Juristen und Politiker wie Friedrich-Wilhelm Bosch, Ernst-Wolfgang Böckenförde, Gerhard Casper, Theodor Eschenburg, Ernst Gerner, Gerhard Kegel, Herbert Krüger, Friedrich Kübler, Anne-Gudrun Meier-Scherling, Wolfram Müller-Freienfels, Walter Mallmann, Erich Rosenthal-Pelldram, Konrad Redeker, Christian Starck, Peter Schneider, Spiros Simitis und Elisabeth Schwarzhaupt. Hinzu kamen langjährige Freunde, allen voran die Kommilitoninnen aus Heidelberg und Berlin Anneliese Cüny, Marie Luise Hilger, Helga Einsele, Erdmute Falkenberg und Margarete Thurow-Trost. Die Empfängerliste belegt, dass auch die Beziehungen zu politisch Belasteten aus der Zeit vor 1945 nie ganz abgerissen waren: So sollten auch die schwer belasteten NS-Funktionäre Karl Lang und Günther Schmidtdammer von Wiltraut Rupp-von Brünnecks Ableben benachrichtigt werden. Das Adressbuch zeigt die Widersprüche eines deutschen Juristinnenlebens im 20. Jahrhundert wie in einem Brennglas: Neben NS-Tätern stehen darin die Namen von Regimegegnern und Verfolgten wie dem deutsch-amerikanischen Rechtswissenschaftler Max Rheinstein und dem österreichischen Verfassungsrichter Wilhelm Rosenzweig.

Am 18. August 1977 starb Wiltraut Rupp-von Brünneck in Apfelstetten.[350] Noch am selben Tag veröffentlichte der Präsident des Bundesverfassungsgerichts eine Todesanzeige:

»Das Bundesverfassungsgericht verliert mit Wiltraut Rupp-von Brünneck eine hervorragende, weit über das Gericht hinaus bekannte und geachtete Richterin. Als Berichterstatterin in zahlreichen grundlegenden Verfahren zum Recht des nichtehelichen Kindes, aus dem Familien-, Persönlichkeits-, Sozial-, Ausländer- und Kriegsfolgenrecht, mit ihren richtungsweisenden Beiträgen zu den Senatsberatungen sowie mit ihren kritischen Sondervoten trat sie leidenschaftlich und unerschrocken dafür ein, das Angebot des Grundgesetzes für eine soziale und rechtsstaatliche Demokratie zur Geltung zu bringen. Am Bekenntnis zur unantastbaren Würde jedes Einzelnen, auch und gerade des Benachteiligten, hielt sie unbeirrbar fest. Für ihre ausgeprägte Liberalität war ein Satz eines ihrer Sondervoten kennzeichnend: ›Die Freiheit allein befähigt den Menschen zur Freiheit.‹ Die Kraft ihres Geistes, ihre noble Menschlichkeit, ihre reiche Erfahrung und sorgfältige Arbeitsweise verschafften ihr bei ihren Richterkollegen beträchtlichen Einfluß und auch bei Andersdenkenden respektvolle Anerkennung. In ihrer stren-

Mehrheit und Minderheit (1971–1977)

gen Selbstdisziplin nahm sie noch vom Krankenbett aus ihre richterliche Verantwortung wahr. Das Bundesverfassungsgericht trauert um eine seiner stärksten Persönlichkeiten.«[351]

Wiltraut Rupp-von Brünneck wurde im Rupp'schen Familiengrab auf dem alten Reutlinger Stadtfriedhof »Unter den Linden« beigesetzt.[352] Hans Rupp zog sich nach dem Tod seiner Frau ganz auf die Schwäbische Alb zurück, wo er am 14. September 1989 im Alter von 82 Jahren starb.

Eine Lebensbilanz

Lebensfragen

Wiltraut Rupp-von Brünnecks Leben und Wirken lässt sich nicht auf einen thematischen Nenner bringen. In den vierzig Jahren ihrer juristischen Tätigkeit im Dienst verschiedener politischer Systeme übernahm sie eine Vielzahl von Aufgaben, von denen sie manche nur vorübergehend beschäftigten: das Grundbuchrecht im Reichsjustizministerium etwa oder der Föderalismus in der hessischen Staatskanzlei. Solche eher zufällig übernommenen Aufgaben erlauben keinen Schluss auf eine eigene Agenda oder gar ein Lebenswerk. Es gibt aber Themen, die sich wie ein roter Faden durch das Leben der Juristin, Spitzenbeamtin und Verfassungsrichterin ziehen – nicht ohne inhaltliche Brüche, aber stets präsent und prägend. Man kann diese Themen als Fragen umschreiben, die sich in größeren historischen und politischen Zusammenhängen stellen: die *Geschlechterfrage*, die *soziale Frage* und die *demokratische Frage*. Für Wiltraut Rupp-von Brünneck waren diese Fragen »Lebensfragen«, die sie unter Einsatz ihres juristischen Talents und ihres politischen Geschicks beantworten wollte. Die Antworten fielen abhängig von den Zeitumständen unterschiedlich aus und markieren so die Diskontinuitäten, die Anpassungs-, Lern- und Entwicklungsprozesse in einer äußerlich (fast) bruchlosen juristischen Laufbahn zwischen 1937 und 1977.

Geschlechterfrage

Die Geschlechterfrage – zeitgenössisch: die »Frauenfrage« – beschäftigte Wiltraut Rupp-von Brünneck schon aufgrund der eigenen Stellung als Frau in einem von Männern dominierten gesellschaftlichen und beruflichen Umfeld. Als sie im Sommer 1932 ihr Jurastudium begann, stand Frauen der Zugang zu den Rechtsberufen zwar seit zehn Jahren formal offen. In der Realität mussten Juristinnen aber nach wie vor hohe Hürden überwinden, um akademisch und beruflich zu reüssieren. Nach der Machtübernahme der Nationalsozialisten drohten aus diesen Hürden unüberwindliche Wälle zu werden. Seit dem Sommer 1934 setzte sich

Wiltraut von Brünneck mit einem kleinen Kreis von Kommilitoninnen für den Erhalt der eigenen Karriereperspektiven ein. Die angehenden Juristinnen forderten keine »Gleichberechtigung« – diese Forderung wäre angesichts des dualistischen Geschlechterkonzepts der NS-Ideologie nicht durchsetzbar gewesen –, sondern den »wesensgemäßen Einsatz« in der nationalsozialistischen Volksgemeinschaft. Wiltraut von Brünneck sprach ideologiekonform von den »Aufgaben der Frau im Recht« und verlangte die Mitwirkung der »Rechtswahrerin« in den Rechtsgebieten, in denen es auf »weiblich« konnotierte Eigenschaften besonders ankam.[1]

Ob sie den völkischen Aufgabendualismus aus innerer Überzeugung heraus vertrat, lässt sich aufgrund der dürftigen Quellenlage nicht abschließend beantworten. Egodokumente aus der Zeit vor 1945 fehlen fast vollständig. Kollektivbiographisch spricht jedenfalls manches dafür: Die »alte« Frauenbewegung mit ihrer Forderung nach Gleichberechtigung galt vielen jungen Akademikerinnen in den dreißiger Jahren als gescheitert. Die »Kameradinnen« in der *Arbeitsgemeinschaft Nationalsozialistischer Studentinnen* (ANSt), der sich Wiltraut von Brünneck im Juli 1934 anschloss, wollten von »Rechtlerei« und »Geschlechterkampf« nichts wissen. Mit dem Aufbau einer »weiblichen Sphäre« innerhalb der Volksgemeinschaft versuchten sie, sich der »Konfrontation mit der Realität ihrer gesellschaftlichen Benachteiligung zu entziehen«, wie Haide Manns in ihrer Studie über nationalsozialistische Akademikerinnen konstatiert.[2] Die Gründe für die Abgrenzung von der bürgerlichen Frauenbewegung sieht Manns einerseits im »junge[n] Lebensstil« der Studentinnen, andererseits in deren abweichenden Wertefundament.[3] Während sich die Frauenbewegung in Weimar dem Pazifismus, Internationalismus und Liberalismus verschrieben hatte, gründete die Weltsicht der nationalsozialistischen Studentinnen auf nationalistischen und autoritären Ideologemen, wie sie auch in Wiltraut von Brünnecks familiärem und sozialem Umfeld verbreitet waren. Schon als Schülerin war sie in Kontakt mit völkischem, chauvinistischem und revanchistischem Gedankengut gekommen: an den Schulen der großbürgerlichen Berliner Vororte, vor allem bei den Aktivitäten des *Vereins für das Deutschtum im Ausland* (VDA), dem sie seit ihrem achten Lebensjahr angehört hatte. Der Weg vom »Deutschtum«, wie es im VDA, an der Landfrauenschule und im »Ernteeinsatz« in Ostpreußen propagiert wurde, zur nationalsozialistischen »Volksgemeinschaft« war nicht weit.

Dass Wiltraut von Brünneck auf die Geschlechterfrage zunächst eine völkische Antwort gab, bedeutet nicht, dass sie sich mit einem eng umgrenzten weiblichen Wirkungskreis zufriedengegeben hätte. In ihrem Aufsatz über die »Aufgaben der Frau im Recht« zählte sie praktisch jedes Rechtsgebiet und jeden Rechtsberuf, ja sogar die Rechtswissenschaft, zum »Einsatz«-Bereich der »Rechtswahrerin« in der Volksgemeinschaft. Ihrem Streben nach einem ausbildungsange-

EINE LEBENSBILANZ   435

messenen Platz im NS-Staat verlieh sie mit ihrem Engagement in der ANSt, der
Hochschulgemeinschaft Deutscher Frauen und der *NS-Frauenschaft* Ausdruck. In den
NS-Organisationen traf sie auf Gleichgesinnte, die sich mit der ihnen zugedach-
ten Rolle als Ehefrau und Mutter nicht abfinden wollten. Die Bilanz dieser Bemühungen ist gemischt: Zwar erlangten die nationalsozialistisch organisierten Frau-
en nie einen echten Einfluss auf die Partei- und Staatsführung. Immerhin blieben
die Universitäten aber für Frauen geöffnet. Manchen Akademikerinnen gelangen
sogar beachtliche Karrieren im NS-Staat: Die Heidelberger ANSt-Funktionärin
Anna Kottenhoff brachte es bis zur Salzburger Gaufrauenschaftsführerin. Wiltraut von Brünneck trat 1943 eine Stelle im Reichsjustizministerium an, wurde
1944 zur Regierungsrätin ernannt und übernahm in jungen Jahren die Leitung des
Grundbuchreferats. Ihre herausragenden Examensnoten und der kriegsbedingte
Mangel an männlichen Kollegen dürfen bei der Einordnung dieses aussichtsreichen Karrierebeginns nicht außer Betracht bleiben. Wiltraut von Brünneck erscheint in diesem größeren Kontext als Ausnahme von der Regel der im NS-Staat
weitgehend perspektivlosen Juristinnen.

Mit dem Zusammenbruch des NS-Regimes 1945 war die völkische Antwort auf
die Geschlechterfrage diskreditiert. Wiltraut von Brünneck hatte zunächst – wie
die meisten Frauen in der Nachkriegszeit – andere Probleme. Erst als sich ihre
persönliche und berufliche Situation stabilisierte, konnte sie sich wieder um eine Antwort auf die ungelöste Geschlechterfrage bemühen. Ihr juristisches Talent
ermöglichte es ihr, an einflussreicher Stelle für die Sache der Frauen zu wirken:
im Parlamentarischen Rat, der das Grundgesetz für den westdeutschen Bundesstaat erarbeitete. Der hessische Justizminister Georg August Zinn nahm seine
geschätzte Referentin mit nach Bonn, wo Wiltraut von Brünneck mit Elisabeth
Selbert, einer Repräsentantin der »alten« Frauenbewegung, zusammenarbeitete. Die Sozialdemokratin Selbert hatte schon in der Weimarer Republik für die
Gleichberechtigung der Frauen gestritten und setzte diesen Kampf im Parlamentarischen Rat fort. In der 36-jährigen Ministerialbeamtin aus Wiesbaden fand die
52-jährige Rechtsanwältin aus Kassel eine fähige Mitstreiterin, deren juristische
Formulierungsgabe sie sich zunutze machen konnte: Gemeinsam konzipierten
die beiden Juristinnen die Fristbestimmung des Art. 117 Abs. 1 GG, die das unbedingte Gleichberechtigungsgebot des Grundgesetzes mehrheitsfähig machte.
Wie die Beiträge an diesem Gemeinschaftswerk verteilt waren, ist nicht überliefert. Vermutlich übernahm Wiltraut von Brünneck den juristischen, Elisabeth
Selbert den politischen Part.

Es gibt keine Anzeichen dafür, dass Wiltraut von Brünneck innere Widerstände überwinden musste, als sie in der Zusammenarbeit mit Elisabeth Selbert auf
den Gleichberechtigungskurs der »alten« Frauenbewegung einschwenkte. Ohne
Mühe arrangierte sie sich mit den neuen Gegebenheiten, die jeden Rückgriff auf

geschlechterdualistische Vorstellungen ausschlossen: In der Demokratie konnte die Geschlechterfrage nur mit dem Postulat der vollen Gleichberechtigung beantwortet werden. Die juristische Pragmatikerin dürfte das rasch erkannt und die Vorzüge des »neuen alten« Paradigmas schätzen gelernt haben. Die »Gleichberechtigung nach Fristablauf« war ihr erster großer verfassungspolitischer Erfolg. Die Lorbeeren überließ sie Elisabeth Selbert.

In den fünfziger Jahren machte Wiltraut von Brünneck sich als engagiertes Mitglied des *Juristinnenbundes* und des hessischen »Aktionsausschusses« für die Durchsetzung des Gleichberechtigungsgebots stark und nutzte dafür ihr stetig wachsendes politisches Netzwerk. Am Ende bedurfte es der Intervention des Bundesverfassungsgerichts, um dem in der Adenauerrepublik wiedererstarkenden Patriarchat Einhalt zu gebieten. Wiltraut von Brünneck wirkte maßgeblich an der Vorbereitung des Verfassungsprozesses mit, der am 29. Juli 1959 mit dem wegweisenden Urteil über den Stichentscheid im Familienrecht seinen Abschluss fand.[4] Das Stichentscheid-Urteil krönte die Laufbahn einer anderen Juristin, die sich der Durchsetzung der Gleichberechtigung verschrieben hatte: Erna Scheffler, die erste Richterin des Bundesverfassungsgerichts.

Als Wiltraut von Brünneck vier Jahre später Schefflers Nachfolge in Karlsruhe antrat, waren die großen Schlachten um die Auslegung des Art. 3 Abs. 2 GG bereits geschlagen. Doch von voller Gleichberechtigung konnte noch keine Rede sein. Das Recht der Bundesrepublik war durchzogen von Vorschriften, die Frauen unmittelbar und mittelbar wegen ihres Geschlechts benachteiligten. Wann immer sich die Gelegenheit bot, nutzte Wiltraut Rupp-von Brünneck ihre Gestaltungsmacht als Verfassungsrichterin, um diese Diskriminierungen zu beseitigen: im Unehelichenrecht, bei den Heiratsklauseln im Waisenrecht, im nationalen und internationalen Eherecht, im Staatsangehörigkeitsrecht und bei den Verschuldensklauseln im Recht der Witwenversorgung. Ihr Einsatz für die Gleichberechtigung war zweifellos von einem persönlichen Engagement getragen, das der US-amerikanische Karlsruhe-Beobachter Donald P. Kommers ihr ohne Namensnennung attestierte.[5] Ob man Wiltraut Rupp-von Brünneck deshalb zu den »judicial activists« rechnen kann, ist Definitionssache. Sie musste das Grundgesetz jedenfalls nicht interpretatorisch überdehnen, um in den genannten Fällen die Verfassungswidrigkeit der jeweiligen Rechtslage zu begründen. Die eigentliche Herausforderung lag darin, im Senat eine Mehrheit für den Entscheidungsvorschlag zu finden. Wiltraut Rupp-von Brünneck gelang dies häufig, aber nicht immer, wie vor allem ihr Sondervotum zum Nachentrichtungs-Beschluss deutlich macht.

In der Rückschau wird ihr Einsatz für die Gleichberechtigung häufig auf die abweichende Meinung zum Abtreibungsurteil reduziert. Das wird weder dem Votum noch seiner Verfasserin gerecht: Wiltraut Rupp-von Brünneck ging es im

Streit um die Abtreibungsreform nicht in erster Linie um Fragen der Gleichberechtigung, sondern um Fragen der Demokratie. Persönlich war sie, wie ihre private Korrespondenz offenbart, keineswegs eine glühende Verfechterin der Fristenlösung. Die »Freigabe der Abtreibung« war für sie nicht »das soziale Problem Nr. 1«. In den Protestformen der neuen Frauenbewegung sah sie eine »törichte Publicierung«, die nur geeignet sei, »weit wichtigere Reformen wie etwa die Ehescheidungsreform in Misskredit zu bringen«.[6] Als das Bundesverfassungsgericht über die Fristenlösung zu entscheiden hatte, kämpfte Wiltraut Rupp-von Brünneck nicht nur für »die Frauen«, sondern vor allem für den sozialliberalen Reformgesetzgeber, dessen demokratische Entscheidung durch die Senatsmehrheit infrage gestellt wurde. Dass sie sich gegenüber der Presse als »gute« Ehefrau inszenierte, lässt sich als Teil einer Strategie deuten, die die eigentlichen Problemfelder der Gleichberechtigung im Ehe-, Familien- und Sozialrecht verortete. Wiltraut Rupp-von Brünneck musste ihre richterliche Autorität über den hitzigen Streit um die Abtreibungsreform retten, um in diesen Bereichen Fortschritte erzielen zu können. Im Kampf für die Gleichberechtigung setzte sie nicht auf die große emanzipatorische Geste, sondern auf diskrete Einflussnahmen.

Soziale Frage

Die soziale Frage beschäftigte Wiltraut von Brünneck ebenfalls seit ihrer Studienzeit. Der erste greifbare Ausdruck ihres sozialpolitischen Interesses ist die Teilnahme am Reichsberufswettkampf 1936/37 mit einer Arbeit über die Rechtsstellung der Industriearbeiterin. Wiltraut von Brünneck und ihren Mitstreiterinnen ging es darum, eine »vom Leben ausgehende unter einheitlichen Grundgedanken stehende Betrachtung der rechtlichen Ordnung« der Frauenarbeit vorzulegen, die in der Rechtspraxis verwertbar sein sollte. Das politische Ziel der Arbeit ergab sich – so formulierte sie selbst – »klar aus den Forderungen der nationalsozialistischen Bewegung und ihrer Verwirklichung im Dritten Reich: es ist die Einbeziehung des deutschen Arbeiters in die gesamtdeutsche Volksgemeinschaft und die Lösung aller sozialen Fragen aus der Erkenntnis, daß das Volk den höchsten Wert darstellt und jedes Einzel- oder Gruppeninteresse zugunsten des Volksganzen zurücktreten muß«.[7] Wie bei der Geschlechterfrage suchte Wiltraut von Brünneck auch bei der sozialen Frage die Antwort zunächst in der imaginierten Volksgemeinschaft.

Über die Beweggründe ihres sozialpolitischen Engagements lassen sich keine definitiven Aussagen treffen. Eigene Betroffenheit scheidet aus: Bis 1945 kannte Wiltraut von Brünneck wirtschaftliche und soziale Not weder aus eigenem Erleben noch aus dem näheren familiären und sozialen Umfeld. Sie gehörte zur

Oberschicht, wohnte in einem Villenviertel und leistete körperliche Arbeit nur in der elitären Landfrauenschule und bei der freiwilligen Teilnahme am studentischen Ernte- und Fabrikeinsatz. Dass sie und ihre Kommilitoninnen die Rechtsstellung der Industriearbeiterin zum Thema ihres Wettkampfbeitrags machten, lässt sich mit dem dualistischen Aufgabenmodell der Volksgemeinschaftsideologie erklären: »Wenn [...] die arbeitende Frau in den Mittelpunkt der Arbeit gestellt wurde, so geschah dies in der Erkenntnis, daß die vordringlichen Aufgaben, die die Rechtswahrerin zu erfüllen hat, selbstverständlich dort liegen, wo das Recht den Lebenskreis der Frau ergreift«, schrieb Wiltraut von Brünneck in ihrem Wettkampfbericht.[8] Das Soziale gehörte zur »weiblichen Sphäre« innerhalb der Volksgemeinschaft, an deren Aufbau die jungen »Rechtswahrerinnen« mitwirken wollten. Dass sie dabei nicht nur Themen mit unmittelbarem Bezug zum weiblichen Geschlecht vor Augen hatten, zeigen die Dissertationen, die aus dem Juristinnenkreis hervorgingen.[9] Alle Arbeiten entstanden unter der Betreuung des jungen Professors Wolfgang Siebert, der in den dreißiger Jahren zum führenden Arbeitsrechtler des NS-Staats avancierte. Bei Siebert, der Beiträge von Frauen zur nationalsozialistischen Rechtswissenschaft schätzte und förderte, wollte auch Wiltraut von Brünneck promovieren, ehe ein Luftangriff das Vorhaben zunichte machte.

Ihr Interesse an der sozialen Frage lässt sich nicht allein mit dem ideologischen Aufgabendualismus und dem Einfluss des akademischen Lehrers erklären. Die Ursprünge darf man vielmehr in Kindheit und Jugend vermuten. Die sprichwörtlichen preußischen Tugenden standen in Wiltraut von Brünnecks Erziehung hoch im Kurs. Für die »höheren Töchter«, zumal adeliger Herkunft, war dieses Tugendbild mit einer spezifischen Vorstellung von weiblicher Hingabe und Mildtätigkeit verbunden, die in der Preußenkönigin Luise ihre Verkörperung fand. Dieses »Idealbild deutscher Weiblichkeit«[10] dürfte auch der jungen Wiltraut vor Augen gehabt haben. Die Straße, in der sie aufwuchs, und die Landfrauenschule, die sie nach dem Abitur besuchte, trugen das Ideal im Namen: Luisenstraße, Luisenhof. Eine weitere Wurzel ihres sozialen Verantwortungsbewusstseins könnte im Gutsbesitz von Mutter und Tante liegen: Die Erbinnen des Kammergerichtspräsidenten trugen als Rittergutsbesitzerinnen in Oberröblingen nicht nur Verantwortung für die zahlreichen Landarbeiter, die in ihren Diensten standen, sondern auch für die Kleinbauern, Pächter und die Arbeiter der örtlichen Zuckerfabrik, an der sie Geschäftsanteile hielten. Als Inhaberinnen des Kirchenpatronats übernahmen sie eine hervorgehobene Rolle im gesellschaftlichen Leben des Ortes und wirkten nicht zuletzt bei der Besetzung der Pfarr- und der Lehrerstelle mit.[11] Der Gutsbesitz ging mit einem hohen Maß an Verantwortung für die »Schwächeren« einher, die Mutter und Tante pflicht- und selbstbewusst annahmen und damit ein Beispiel für Wiltraut von Brünneck setzten.

Wie stark Wiltraut von Brünnecks frühen sozialpolitischen Auffassungen vom Fürsorgedenken der preußisch-aristokratisch-protestantischen Kreise geprägt waren, in denen sie aufgewachsen war, ist angesichts der dürftigen Quellenlage nur schwer zu beurteilen. Die ersten Veröffentlichungen erlauben kaum Rückschlüsse auf die »wahre« Motivlage, da sie rhetorisch auf die NS-Ideologie abgestimmt waren. Wenn Wiltraut von Brünneck beispielsweise in der rechtspolitisch ausgerichteten Zeitschrift *Deutsches Recht* die »Gesunderhaltung der Frauen und Mütter« als eine »bevölkerungspolitische Notwendigkeit« betonte,[12] zwingt dies nicht zur Annahme eines völkischen Motivs für ihre Reformvorschläge. Notwendigkeiten der Bevölkerungspolitik waren Argumente, mit denen man im rechtspolitischen Diskurs der dreißiger Jahre Gehör fand, unabhängig davon, ob man sich mit ihnen innerlich gemein machte oder nicht. Ob Wiltraut von Brünneck wirklich an den von ihr beschworenen »Wandel[s] der sozialen Einstellung« glaubte, »der sich mit dem Nationalsozialismus vollzogen« habe,[13] muss offenbleiben. Kollektivbiographische Erkenntnisse sprechen dafür: Für sozial engagierte junge Akademikerinnen war – sofern sie selbst keine rassistisch oder politisch motivierte Ausgrenzung erleiden mussten – die Volksgemeinschaftsideologie attraktiv. Sie suggerierte eine Aufhebung der sozialen Gegensätze, die in der Endphase der Weimarer Republik mit Händen zu greifen gewesen waren. In der nationalsozialistischen Volksgemeinschaft sollte »jedes Einzel- oder Gruppeninteresse zugunsten des Volksganzen zurücktreten«,[14] die soziale Frage sich gleichsam in der Totalität des Volkes auflösen.[15]

Die Volksgemeinschaftsideologie war für weite Teile der deutschen Gesellschaft anschlussfähig. Während man in ganz Europa von einer »Hegemonie des nationalen Gemeinschaftsgedankens« in den dreißiger Jahren sprechen könne, »einer politisch-ideologischen Gegenbewegung zum Aufstieg des Klassenkampfgedankens in den Jahren vor und nach dem Ersten Weltkrieg«, seien die Konfliktlinien in Deutschland besonders ausgeprägt gewesen, betont Ulrich Herbert:

»[E]inerseits, weil sich hier die Durchsetzung der modernen Industriegesellschaft rasch und heftig vollzogen hatte, andererseits, weil durch den verlorenen Krieg sowohl die nationalen wie die sozialen Widersprüche extrem verschärft worden waren. In der Idee der nationalen, dann der rassisch bestimmten völkischen Einheit drückte sich das Unbehagen an dem komplizierten Spiel der politischen Kräfte, dem Mit- und Gegeneinander sozialer und politischer Interessen und an der mühsamen Suche nach Kompromissen und Koalitionen auf Zeit aus, welche das Leben in einer durch Komplexität und Differenzierung gekennzeichneten Industriegesellschaft prägt. ›Volksgemeinschaft‹ war darüber hinaus aber auch der Träger des gesunden ›Volksempfindens‹ gegen das Fremde schlechthin, insbesondere gegen die moderne, international orientierte Massenkultur. Die Nationalsozialisten nahmen dieses Verlangen auf und radikalisierten es in extremer Weise, einerseits durch Komplexitätsreduktion, Egalitätspostulate und soziale Leistungen, andererseits durch politische und rassische Exklusion und negative Integration.

Das gelang in bemerkenswertem Maße, solange es durch wirtschaftliche und militärische Erfolge beglaubigt wurde.«[16]

Herbert zufolge verlor die »Parole der ›Volksgemeinschaft‹« mit zunehmender Dauer des NS-Regimes an Prägekraft, nicht nur infolge des Krieges, sondern auch dadurch, »dass den Postulaten der Einheit seit dem Regierungsantritt der Nationalsozialisten und dann stetig zunehmend eine gegenläufige Praxis entgegenstand«. Die NS-Gesellschaft sei in erheblicher Weise auf Beziehungen und Korruption aufgebaut gewesen, in deren Angesicht die »Volksgemeinschaft« zur »vielfältig bespöttelten Leerformel« verkommen sei.[17] Wiltraut von Brünneck gewann in ihrer praktischen juristischen Tätigkeit Eindrücke von dieser Verkommenheit, als Referendarin in der Kanzlei des Rechtsanwalts von der Goltz, eines Mannes mit »Beziehungen«, vor allem im Reichsjustizministerium, wo sie mehr als einmal mit »Einzelinteressen« von Arisierern, Kriegsgewinnlern und NS-Günstlingen zu tun hatte. Jahre später – in ihrem Sondervotum zum Mephisto-Beschluss – sprach sie von der »innere[n] Korrumpierung einer intellektuellen Oberschicht durch ein ebenso brutales wie ungeistiges Regime«.[18] Ob sie sich selbst zu dieser Schicht zählte, wissen wir nicht. Ihren eigenen »Tatbeitrag« zum NS-Unrecht dürfte sie – den zeittypischen Belastungsmaßstäben entsprechend – als gering eingeschätzt haben, obwohl ihre Dienstaufgaben in einem engen Zusammenhang mit der Verfolgung und Entrechtung der jüdischen Bevölkerung gestanden hatten.

Die Volksgemeinschaft als »Prinzip nationaler Solidarität und völkischer Zugehörigkeit« war bereits am Ende des Krieges »weitgehend erodiert«.[19] Wiltraut von Brünneck dürfte deutlich früher erkannt haben, dass die Volksgemeinschaftsideologie ihre sozialen Versprechen nie einlösen würde, sondern nur der Stabilisierung des Regimes diente. Dass das 1941 für sie eingeleitete Parteiaufnahmeverfahren nie zum Abschluss kam, ist ein – wenn auch sehr schwaches – Indiz für eine zunehmende Distanzierung der jungen Juristin vom Nationalsozialismus, für die sie angesichts der persönlichen Schicksale in ihrem familiären und freundschaftlichen Umfeld weitere Motive gehabt haben könnte. Im Einzelnen aufklären lässt sich die Entwicklung ihres Verhältnisses zum Nationalsozialismus während des Krieges nicht. Mitglied der NSDAP wurde sie jedenfalls nie.

Nach dem Ende des NS-Regimes schied eine völkische Antwort auf die soziale Frage aus. Wiltraut von Brünneck machte sich auf die Suche nach einer neuen Projektionsfläche für ihren sozialen Reformwillen, der die Imagination der Volksgemeinschaft überdauert hatte. Fündig wurde sie in den demokratischen Verfassungen der Nachkriegszeit, zuerst in der Hessischen Verfassung vom 1. Dezember 1946, dann im Grundgesetz vom 23. Mai 1949. Der hessische Verfassungstext bot sich besonders an, sozialpolitische Reformpostulate darauf zu projizieren. Die Verfassung war von dem Versuch getragen, »die sozialen Fragen der Gegenwart durch neue Gestaltungen zu lösen«, wie Wiltraut von Brünneck in den fünfziger Jahren formulierte.[20] Es ist bezeichnend, dass sie in ihrer grundlegenden Abhandlung über die Landesverfassung nicht etwa den ersten Abschnitt über die Grundrechte, sondern den dritten Abschnitt über »Soziale und wirtschaftliche Rechte und Pflichten« zum »bedeutendste[n] Teil« der Verfassungsurkunde erklärte: Hier hebe sich die Verfassung von ihren Vorbildern bemerkenswert ab und verwirkliche »weitgehend soziale und sozialistische Gedanken«.[21] In der Tat lesen sich die Vorschriften so, als wären sie dem SPD-Parteiprogramm entnommen, etwa die Verfassungsaufträge für ein einheitliches Arbeitsrecht und eine einheitliche Sozialversicherung, die Gewährleistung des Achtstundentages und die unbeschränkte Garantie des Streikrechts. Die sozialen Bestimmungen der Landesverfassung nahmen in Wiltraut von Brünnecks Tätigkeit im verfassungsrechtlichen Referat des hessischen Justizministeriums eine zentrale Rolle ein.

Mit dem Inkrafttreten des Grundgesetzes wurden die sozialen Vorgaben der Hessischen Verfassung weitgehend obsolet. Die Gesetzgebungskompetenzen für das Arbeits- und Sozialrecht gingen auf den Bund über. Einen vergleichbaren Katalog an sozialen Rechten und Pflichten kennt das Grundgesetz nicht. Es beschränkt sich auf die Verbürgung der klassischen Grundrechte und des Sozialstaatsprinzips, ohne dieses näher auszugestalten. Wiltraut Rupp-von Brünneck hatte jedoch keine Mühe, sich dem veränderten normativen Rahmen anzupassen. Die Kritik, das Grundgesetz und die Grundrechtsjudikatur des Bundesverfassungsgerichts seien »allzusehr von der Tradition des liberalen Individualismus geprägt« und entsprächen »nicht der Situation der modernen Industriegesellschaft«, hielt sie »nur zum Teil für berechtigt«:

»Sicher ist in der ersten Periode des staatlichen Wiederaufbaus nach dem völligen Zusammenbruch bei Kriegsende die wirtschaftliche Freiheit in mancher Hinsicht überbetont worden. Sicher verlangt heute die gesellschaftliche Entwicklung eine stärkere Entfaltung der sozialen Komponente. Aber es besteht keine Veranlassung, die Errungenschaften jener freiheitlichen Entwicklung deswegen über Bord zu werfen; sie können sich auch bewähren gegenüber der notwendigen Intensivierung staatlicher Tätigkeit, die der zunehmenden sozialen Verflechtung Rechnung trägt.«[22]

In Ermangelung konkreter Verfassungsaufträge gewann die Verfassungsrichterin Wiltraut Rupp-von Brünneck ihre Antwort auf die soziale Frage – weit verstanden als die Frage nach den Existenzbedingungen des Individuums in der »modernen Industriegesellschaft« – aus der »Wertordnung«, die das Grundgesetz in der Interpretation des Bundesverfassungsgerichts mit seinem Grundrechtsabschnitt aufgerichtet hatte. In beinahe allen ihren Schriften aus den späten sechziger und siebziger Jahren findet sich ein – zumeist sinngemäßes

– Zitat aus dem Lüth-Urteil, wonach das Wertsystem »seinen Mittelpunkt in der innerhalb der Gemeinschaft sich frei entfaltenden menschlichen Persönlichkeit und ihrer Würde findet«.[23] Keine Senatsentscheidung, die sie als Berichterstatterin vorbereitete, kam ohne eine Anrufung der Menschenwürde, zumindest aber von grundrechtlichen »Wertentscheidungen« aus. Diese Wertentscheidungen brachten – in Wiltraut Rupp-von Brünnecks Worten – die »Beziehung des ganzen Verfassungssystems auf die Würde des Menschen in seiner Personalität zum Ausdruck«.[24] So emphatisch sie die Großformeln von Würde und Personalität anrief, so dürftig blieb die theoretische Durchdringung. Die pragmatische Juristin verband mit der Menschenwürde keine erkennbaren philosophischen oder gar religiösen Überzeugungen. Für sie stellte die Würdegarantie und die auf sie bezogene Wertordnung vielmehr ein argumentatives Reservoir dar, aus dem sie schöpfen konnte, um die »soziale Komponente« des Grundgesetzes zu entfalten.

Der Zusammenhang von Menschenwürde und sozialer Frage war bereits in der Hessischen Verfassung angelegt, die die Würde des Menschen an zwei Stellen erwähnt: in Art. 3, wo neben Leben, Gesundheit und Ehre des Einzelnen seine Würde für unantastbar erklärt wird, und in Art. 27, der den Abschnitt über die sozialen und wirtschaftlichen Rechte und Pflichten eröffnet. Programmatisch heißt es darin: »Die Sozial- und Wirtschaftsordnung beruht auf der Anerkennung der Würde und Persönlichkeit des Menschen.« Dass dies ohne expliziten Textbefund auch unter dem Grundgesetz gelten musste, lag für Wiltraut Rupp-von Brünneck auf der Hand. Die im Senat konsentierte Werttheorie der Grundrechte eignete sich hervorragend dafür, die soziale Seite der Verfassung herauszustellen. Denn eine Wertordnung, die die »innerhalb der Gemeinschaft sich frei entfaltende[n] menschliche[n] Persönlichkeit« in ihren Mittelpunkt stellt, ist per definitionem sozial:

»[D]er Grundrechtsträger [ist] nach der Vorstellung der Verfassung kein isoliertes oder elitäres Individuum, sondern ein Mensch innerhalb einer staatlichen Gemeinschaft, die er selbst verantwortlich mitgestaltet und der er also auch die entsprechenden Rücksichten schuldet. Dies gilt umso mehr, als in der modernen Massen- und Industriegesellschaft die Staatstätigkeit immer noch zunehmend Aufgaben der Daseinsvorsorge übernehmen muß und das Sozialstaatsprinzip (Art. 20 Abs. 1, 28 Abs. 1 GG) zu den tragenden Verfassungsgrundsätzen gehört.«[25]

Zwanglos verknüpfte Wiltraut Rupp-von Brünneck die Wertordnung der Grundrechte mit dem Sozialstaatsprinzip:

»Die Aktualisierung der Grundrechte im modernen Verwaltungs- und Sozialstaat wird nicht nur wirksam bei der Abwehr von Eingriffen der öffentlichen Gewalt in die private Rechtssphäre. Sie ist ebenso bedeutsam im Bereich der gewährenden Verwaltung, also der Daseinsvorsorge, der Sozialleistungen im weitesten Sinn, ohne die die Existenz des modernen Menschen nicht mehr denkbar ist.«[26]

Der Einzelne müsse im Interesse des Sozialstaats nicht nur Einschränkungen seiner Freiheiten hinnehmen, sondern könne auch staatliche Leistungen beanspruchen, um die materielle Grundlage seiner Freiheitsausübung zu schaffen. »Die Freiheitsrechte dürfen nicht das Privileg weniger bleiben, sondern sollen allen zugute kommen.« Für Wiltraut Rupp-von Brünneck war es »eine Binsenweisheit, daß der Einzelne gar nicht mehr in der Lage ist, aus eigener Kraft die Voraussetzungen zu schaffen, unter denen die Entfaltung persönlicher Freiheit überhaupt erst möglich ist«. Das Individuum sei vielfach auf die Vorsorge und Fürsorge des Staates, den Einsatz öffentlicher Mittel und die Bereitstellung der erforderlichen staatlichen Einrichtungen angewiesen.[27]

Entgegen der frühen Judikatur des Bundesverfassungsgerichts sah Wiltraut Rupp-von Brünneck im Sozialstaatsprinzip nicht nur einen »Programmsatz«,[28] sondern trat für seine »Aktualisierung« ein. Das Konzept »sozialer Gleichheit«, das sie während ihrer zweiten Amtszeit im Anschluss an den Sozialrechtler Hans F. Zacher zu etablieren versuchte, sollte einen Maßstab für die Überprüfung sozialstaatlich relevanter Gesetze bilden, die über die bloße Willkürprüfung nach Art. 3 Abs. 1 GG hinausging. Der Gesetzgeber musste demnach »sozialgerechte« Lösungen finden, um dem allgemeinen Gleichheitssatz in Verbindung mit dem Sozialstaatsprinzip Genüge zu tun. Im Nachentrichtungsfall hatte sie dafür noch keine Mehrheit im Senat gefunden. Die überstimmte Berichterstatterin legte ihre Ansicht in einem Sondervotum nieder. In der weiteren Rechtsprechung wurde der Gedanke aufgegriffen. Die soziale Gleichheit etablierte sich als Topos bei der Anwendung des Gleichheitssatzes,[29] konnte aber die soziale Frage in der modernen Industriegesellschaft nicht allein beantworten.

Wiltraut Rupp-von Brünneck erwog daher eine noch »weitergehende Aktualisierung« des Sozialstaatsprinzips, aus der sich »unter Umständen jedenfalls eine bindende Verpflichtung zum Handeln für den Gesetzgeber ergeben« könnte.

»Dies gilt schon, wenn man das Sozialstaatsprinzip wie bisher wesentlich als staatliche Fürsorge für sozial benachteiligte Gruppen versteht – man denke an die Ausführungen des Lebach-Urteils über die staatliche Vorsorge für die Resozialisierung der Strafgefangenen. Aus ähnlichen Erwägungen könnten sich z. B. entsprechende Pflichten für den Gesetzgeber zugunsten der Körperbehinderten, der Gastarbeiter und anderer unterprivilegierter Gruppen ergeben. Es gilt erst recht, wenn man das Sozialstaatsprinzip umfassender versteht, als die Pflicht des Staates, schlechthin die Voraussetzungen für ein menschenwürdiges Dasein zu schaffen, soweit der Einzelne hierzu nicht mehr selbst imstande ist.«[30]

Das Lebach-Urteil, das auf ihr Votum zurückging, sah sie als ersten Schritt auf dem Weg zu einer umfassenderen Aktualisierung des Sozialstaatsprinzips. Die Pflicht des Staates, die Resozialisierung der Strafgefangenen zu gewährleisten, war für sie Ausdruck einer generellen Pflicht zur sozialen Daseinsvorsorge, deren Erfüllung in erster Linie dem Gesetzgeber oblag.

Zur Entfaltung der »sozialen Komponente« des Grundgesetzes trug die Anerkennung grundrechtlicher Teilhabeansprüche bei. Die Leitentscheidung – das erste Numerus-Clausus-Urteil –[31] war zwar aus Helmut Simons Dezernat hervorgegangen. Wiltraut Rupp-von Brünneck dürfte an den Beratungen aber regen Anteil genommen haben. In ihren Veröffentlichungen räumte sie dem Urteil jedenfalls breiten Raum ein. Obwohl sie die teilhaberechtliche Dimension der Grundrechte befürwortete, standen ihr die Grenzen des Ansatzes klar vor Augen: Da öffentliche Mittel insgesamt begrenzt und nicht beliebig vermehrbar seien, dürfe ein »sozialer Teilhabeanspruch [...] stets nur unter *Rücksicht auf das Ganze* des sozialen *Zusammenlebens* verfolgt werden; er kann sich daher nur als Auftrag an den Gesetzgeber richten, bei dem die letzte Entscheidung über die Prioritäten der verschiedenen Gemeinschaftsbelange liegt«. Für einklagbare Rechte auf Bildung, Wohnen oder Arbeit konnte sie sich daher ebenso wenig »erwärmen« wie für die Einführung eines »Grundrecht[s] auf Umweltschutz oder auf eine heile oder menschenwürdige Umwelt«, die bereits Anfang der siebziger Jahre diskutiert wurde:

»Umweltschutz kann nur durch aktive Mitwirkung aller Bürger und der Gemeinschaftsorgane geleistet werden. Eine neue Verfassungsbestimmung müßte also eine entsprechende solidarische Verpflichtung zum Ausdruck bringen, wie sie sich z. B. in der Verfassung von Illinois, aber auch in der Verfassung der DDR findet.«[32]

Der für eine westdeutsche Verfassungsrichterin geradezu unerhörte Verweis auf die DDR-Verfassung unterstreicht Wiltraut Rupp-von Brünnecks pragmatischen Zugriff auf die soziale Frage, deren ökologische Dimension sich in der ausklingenden Industriegesellschaft bereits abzeichnete.

Demokratische Frage

Die demokratische Frage beschäftigte Wiltraut von Brünneck erst seit ihrer unfreiwilligen Übersiedlung nach Wiesbaden Ende 1946. Vorher hatte Demokratie in ihrem Leben keine erkennbare Rolle gespielt, jedenfalls keine positive. Allenfalls war sie in der Ablehnung des »Weimarer Systems« durch ihr Umfeld in Erscheinung getreten, durch die deutschnationalen Stahlhelmkameraden in der Familie, die gleichgeschalteten Professoren und die nationalsozialistischen Vorgesetzten. Unter ihren Studienfreundinnen waren Demokraten rar gewesen. Helga Einsele und ihre Schwester Erdmute Hackmann konnten ihre (sozial-)demokratische Gesinnung Mitte der dreißiger Jahre nicht mehr nach außen tragen. Anna Kottenhoff, Irmgard von Wallenberg (geb. von Keudell), Marie Luise Hilger und Anneliese Cüny bekannten sich durch Mitgliedschaften, Aktivitäten und Veröffent-

EINE LEBENSBILANZ 445

lichungen zum NS-Regime. Obgleich die Zustimmung zum Nationalsozialismus in der Heidelberger Juristinnengruppe unterschiedlich stark ausgeprägt war und bei manchen über die Jahre nachgelassen haben mag: Ein *demokratischer* Zirkel war diese Runde nicht.

Als Wiltraut von Brünneck nach Hessen kam, war das »Ob« der demokratischen Frage bereits beantwortet. Dass in den Westzonen Demokratien westlicher Prägung entstehen sollten, hatten die Besatzungsmächte vorgegeben. Wenige Tage nach Wiltraut von Brünnecks Ankunft in Wiesbaden wurde die Hessische Verfassung in einer Volksabstimmung mit zwei Dritteln der Stimmen angenommen. Der »Zonenflüchtling« war mangels sechsmonatigen Wohnsitzes in Hessen selbst nicht stimmberechtigt gewesen. Eine Meinung über die Verfassung wird sie sich dennoch gebildet haben. Schließlich war sie eine Woche zuvor in den Justizdienst des Landes getreten, das sich seine Verfassung in der »Überzeugung« gab, »daß Deutschland nur als demokratisches Gemeinwesen eine Gegenwart und Zukunft haben« könne (Präambel). Als Referentin im verfassungsrechtlichen Referat des Justizministeriums wirkte Wiltraut von Brünneck am Aufbau des demokratischen Gemeinwesens mit. Die Prinzipien der Demokratie konnte sie sich *by doing* aneignen. Bereits aus ihren frühen Vermerken zu beamtenrechtlichen Fragen spricht ein profundes Verständnis für das repräsentativ-demokratische System. Die Zusammenarbeit mit überzeugten (Sozial-)Demokraten wie Adolf Arndt, Georg August Zinn und Martin Drath dürfte ihr die Integration in die neue Ordnung erleichtert haben. Im sozialdemokratischen Milieu der Wiesbadener Republik erhielt sie ihre zweite politische Prägung.

Als Mitarbeiterin im Allgemeinen Redaktionsausschuss des Parlamentarischen Rates war sie an der Konstituierung der gesamt(west)deutschen Demokratie beteiligt. Bald danach sammelte sie selbst praktische Erfahrung im Bonner Politikbetrieb. Auf eine kurze Abordnung an die hessische Landesvertretung Ende 1949 folgten ab 1953 zehn Jahre Gesetzgebungstätigkeit im Rechtsausschuss des Bundesrates. Die Gründungsjahre der Bonner Republik erlebte Wiltraut von Brünneck vor allem aus der Perspektive der Legislative mit. Denn der Einfluss des »Roten Hessen«, dessen Interessen sie vertrat, war auf den Bundesrat beschränkt. Die Bundesregierung war fest in den Händen der Union. Das Bundesverfassungsgericht spielte anfangs eine untergeordnete Rolle. Erst gegen Ende der fünfziger Jahre wurde die Bedeutung der Verfassungsgerichtsbarkeit als Garantin der Verfassung und als Gegengewicht zur Regierungsgewalt deutlich. Wiltraut von Brünneck konnte sich davon aus nächster Nähe einen Eindruck verschaffen: im Streit um den preußischen Kulturbesitz, vor allem im Prozess in Sachen Adenauerfernsehen, den sie aus der hessischen Staatskanzlei heraus maßgeblich betrieben hatte. Der Erfolg der SPD-regierten Länder war »nicht zuletzt« ihr Erfolg, wie der hessische Ministerpräsident ihr anerkennend bestätigte.[33] Auch Adolf Arndt, der als Prozessvertreter der Antragsteller aufgetreten war, hob den »entscheidend[en]« Einfluss Wiltraut von Brünnecks auf den Prozessverlauf hervor.[34]

Das Fernsehurteil steht zugleich sinnbildlich für das pluralistische Element in Wiltraut Rupp-von Brünnecks Demokratieverständnis, auf das die Zusammenarbeit mit Adolf Arndt nicht ohne Einfluss geblieben war.[35] Für sie gehörte es »zum Wesen der pluralistischen Demokratie, daß niemand in Anspruch nehmen darf, die absolute Wahrheit oder Richtigkeit seiner Auffassung für sich ›gepachtet‹ zu haben«. Vielmehr sei »die Vertretung jeder Meinung und jedes Interesses an sich legitimiert. In einem Prozeß der öffentlichen Diskussion und gegenseitiger Überzeugung sollen sich die besseren, d. h. auf lange Sicht sowohl im Interesse der Gemeinschaft wie der Einzelnen liegenden Argumente durchsetzen.«[36] Das setzt einen freien Austausch von Meinungen voraus:

> »Nur die freie öffentliche Diskussion über Gegenstände von allgemeiner Bedeutung sichert die freie Bildung der öffentlichen Meinung, die sich im freiheitlich demokratischen Staat pluralistisch, im Widerstreit verschiedener und aus verschiedenen Motiven vertretener, aber jedenfalls in Freiheit vorgetragener Auffassungen vollzieht.«[37]

Den Schlusspunkt der freiheitlich-pluralistischen Meinungsbildung bildet die Mehrheitsentscheidung im Parlament. Für Wiltraut Rupp-von Brünneck war »es allein Aufgabe der vom Volk unmittelbar legitimierten Organe, im öffentlichen Willensbildungsprozeß unter Abwägung der verschiedenen, unter Umständen widerstreitenden Interessen nach dem Mehrheitsprinzip über die politische Gestaltung zu entscheiden und die Durchführung dieser Entscheidungen zu überwachen«.[38] Ihre Antwort auf das »Wie« der demokratischen Frage war damit komplett: *pluralistisch, freiheitlich* und *repräsentativ* sollte die demokratische Ordnung des Grundgesetzes sein.

Dieses Demokratiekonzept spiegelt sich in Wiltraut Rupp-von Brünnecks Institutionenverständnis der Verfassungsgerichtsbarkeit wider. Für sie war es die vornehmste Aufgabe des Bundesverfassungsgerichts, die Grundlage der pluralistischen Meinungsbildung – den freien öffentlichen Diskurs – vor Beeinträchtigungen zu schützen. Zwei Urteile aus der Frühphase der Karlsruher Rechtsprechung dienten ihr als ständige Referenz: das Lüth- und das Fernsehurteil.[39] Sie sollte ihre Senatskollegen an die Maßstäbe dieser Leitentscheidungen erinnern, wenn sie der Ansicht war, dass das Gericht seine Pflicht zur Wahrung der »Freiheit der öffentlichen Diskussion« nicht hinreichend erfüllte. Die Sondervoten zum Mephisto-, zum Filmeinfuhr- und zum Hetzblatt-Beschluss legen davon Zeugnis ab. Ihr Demokratieverständnis erklärt Wiltraut Rupp-von Brünnecks besondere »Sympathie« für die Grundrechte des Art. 5 GG, die sie mit ihrem Weggefährten Adolf Arndt teilte.[40] Meinungs-, Informations-, Presse-, Rundfunk- und

EINE LEBENSBILANZ   447

Kunstfreiheit waren für sie keine Zwecke »an sich«, sondern sollten dem »freiheitliche[n] Klima der politischen Auseinandersetzung in der Bundesrepublik«
dienen,[41] um das sich Wiltraut Rupp-von Brünneck aus *demokratischen* Gründen
sorgte.

Das freiheitliche Diskursklima galt es, gegenüber den Fachgerichten zu schützen, wenn diese den Persönlichkeitsschutz allzu hoch gegenüber der Meinungsfreiheit gewichteten. Nötigenfalls mussten die freiheitlichen Grundlagen der Demokratie auch vor dem Gesetzgeber in Schutz genommen werden, wie das Sondervotum zum Filmeinfuhr-Beschluss deutlich macht:

»Ein freiheitlicher demokratischer Staat [...] kann seine eigenständige Ordnung nicht wirksam
verteidigen, indem er Augen und Ohren seiner Bürger vor den von draußen kommenden Informationen und Einflüssen verschließt. Sein Weiterbestand beruht vielmehr primär darauf, daß
die als mündig vorausgesetzten Bürger in der Lage und willens sind, in offener Auseinandersetzung mit solchen Informationen und Einflüssen ihren Staat in seiner freiheitlichen Struktur zu
schützen. ›It is liberty alone which fits men for liberty.‹«[42]

Wiltraut Rupp-von Brünneck wusste, dass Gefährdungen der freien Kommunikation nicht allein vom Staat ausgingen. »[A]ngesichts der Entwicklung bestimmter sozialer Machtstrukturen« genüge es nicht, die Freiheiten des Art. 5 GG gegen
staatliche Eingriffe zu verteidigen, schrieb sie unter dem Eindruck des 49. Deutschen Juristentages 1972, dessen presserechtliche Abteilung sie geleitet hatte.[43]
Die Grundrechte bedürften vielmehr »auch des Schutzes gegen Beschränkungen,
die sich daraus ergeben, daß die wirtschaftlichen und technischen Mittel zu ihrer Ausübung nur wenigen zur Verfügung stehen. Insoweit kann die *Effektuierung der Freiheitsrechte* ein *positives Tätigwerden* des Staates verlangen«. Mitte der
siebziger Jahre bezog sich diese Aussage auf die »Konzernbildung im Pressewe-
sen« und die »Zunahme der Zeitungsmonopole im lokalen und regionalen Bereich«.[44] Welche Rolle Wiltraut Rupp-von Brünneck dem Bundesverfassungsgericht bei diesem positiven Freiheitsschutz zudachte, ist nicht ganz klar. Die Formulierung »Effektuierung der Freiheitsrechte« und ein Hinweis auf das Spiegel-
Urteil, das von einer »möglichen Pflicht des Staates« zum Schutz der Pressefreiheit spricht,[45] legen nahe, dass sie dem Gericht die Aufgabe zuschrieb, nötigenfalls den Impuls für ein Tätigwerden des Gesetzgebers zu setzen.

Als Berichterstatterin hatte sie immer wieder solche Impulse gesetzt, besonders wirkungsvoll im Unehelichenbeschluss. Auch mit ihren Bemühungen um
eine »Aktualisierung« des Sozialstaatsprinzips nahm sie den Gesetzgeber in die
Pflicht. Auf den ersten Blick steht diese – wenn nicht aktivistische, so doch aktive – Interpretation der Verfassung in einem gewissen »Spannungsverhältnis«
zum repräsentativen Element in Wiltraut Rupp-von Brünnecks Demokratieverständnis, das sie mit der wiederholten Forderung nach richterlicher Zurückhal-

tung hochhielt, vor allem in den vielbeachteten Sondervoten zum Hochschul- und zum Abtreibungsurteil.[46] Dieser Spannung war sie sich bewusst:

»Es bleibt das ständige Problem verfassungsgerichtlicher Normprüfung, die richtige Eingriffslinie im Verhältnis zum Gesetzgeber zu bestimmen, oder anders ausgedrückt, den gebotenen judicial restraint zu wahren [...]. Wenn einerseits den Verfassungsnormen Wertentscheidungen oder Aufträge zu entnehmen sind, die den Gesetzgeber zu einem Handeln in bestimmter Richtung verpflichten, so muß es doch andererseits in einem demokratischen, pluralistischen Gemeinwesen der Verantwortung des vom Volk unmittelbar legitimierten Parlaments überlassen bleiben, die verschiedenen u. U. einander widerstreitenden Interessen abzuwägen und zum Ausgleich zu bringen und demgemäß durch Mehrheitsentscheidung die politischen Ziele und den Weg zu ihrer Verwirklichung zu bestimmen.«[47]

Im Sondervotum zum Abtreibungsurteil hatte Wiltraut Rupp-von Brünneck gemeinsam mit Helmut Simon »die Erarbeitung eines geeigneten, die Gestaltungsfreiheit des Gesetzgebers respektierenden Instrumentariums« zu einer der »Hauptaufgaben der Rechtsprechung in den nächsten Jahrzehnten« erklärt.[48] Ansätze für ein Austarieren des Verhältnisses zwischen »Verfassungsgerichtsbarkeit und gesetzgebende[r] Gewalt« formulierte sie in ihrer letzten größeren Abhandlung, die manches von dem vorwegnahm, was in den darauffolgenden Jahren unter dem Topos der »Funktionsgrenzen« der Verfassungsgerichtsbarkeit diskutiert werden sollte.[49] Sie stellte ihrem Beitrag ein Zitat des US-Supreme-Court-Richters Felix Frankfurter voran, bei dem ihr Ehemann Hans Rupp in den dreißiger Jahren in Harvard geforscht hatte: »The process of constitutional interpretation compels the translation of policy into judgment.«[50] Die politische Dimension der Verfassungsgerichtsbarkeit legte Wiltraut Rupp-von Brünneck damit gleich zu Beginn offen. Die Entgegensetzung von Recht und Politik hielt sie für »überholt«, legte aber zugleich Wert auf den »Rechtsprechungscharakter der Tätigkeit des Bundesverfassungsgerichts«, durch den sich das Gericht von anderen Verfassungsorganen funktional unterscheide.[51]

Ausgehend von diesen Prämissen skizzierte sie ein »spezifisches Instrumentarium«, das der Beherrschung des durch die wertorientierte Grundrechtsinterpretation »erweiterten Prüfungsfeldes« dienen sollte. Sie forderte präzise und differenzierte Grundrechtsprüfungen, richterliche Zurückhaltung bei der Überprüfung von Tatsachenfeststellungen und Prognosen des Gesetzgebers und nuancierte Rechtsfolgenanordnungen, mit denen die Gestaltungsspielräume der Legislative so weit wie möglich gewahrt werden konnten.[52] Gesetze waren für sie keine abstrakten Richtigkeitsmaßstäbe, sondern in erster Linie ein Mittel der Sozialgestaltung. In ihrem Sondervotum zum Österreich-Beschluss bemerkte sie dazu:

»[D]ie Entwicklung der modernen Industriegesellschaft [verstärkt] zunehmend das Bedürfnis nach einer laufenden, schnellen Anpassung des Rechts an die gesellschaftlichen Veränderungen und wandelt damit die Bedeutung des Gesetzes, das nun weniger als eine für die Dauer bestimmte, aus allgemein gültigen Regeln entnommene Ordnung des betreffenden Lebensbereiches erscheint, sondern stärker den Charakter einer auf den Status quo zugeschnittenen Willensentscheidung des Gesetzgebers über den Ausgleich divergierender Interessen erhält.«[53]

Das Sondervotum zum Abtreibungsurteil hebt die Kompromisshaftigkeit moderner Gesetzgebung ebenso deutlich hervor wie das »Verfahren des trial and error«, in der sich diese vollzieht.[54]

Während sich die Senatsmehrheit im Abtreibungsurteil zutraute, zu sagen, »was für den Einzelnen Recht und Unrecht ist«,[55] schreckte Wiltraut Rupp-von Brünneck, die um die epistemischen und praktischen Herausforderungen der Gesetzgebung wusste, vor solchen Festlegungen zurück. Das Bundesverfassungsgericht müsse »die Auswahl zwischen mehreren Möglichkeiten der Verfassungsanwendung und Verfassungsentwicklung dem funktional gerade dafür eingesetzten und ausgerüsteten, unmittelbar demokratisch legitimierten Verfassungsorgan überlassen und sich selbst auf solche Entscheidungen beschränken, bei denen es die Gewähr für die verfassungsrechtliche ›Richtigkeit‹ eines bestimmten Ergebnisses übernehmen« könne.[56] Dass es für »diese Grenzziehung keine endgültige und perfekte Lösung« geben konnte, lag für sie auf der Hand:

»Insoweit liegt es in der Weisheit der Richter, zu wissen, wie weit sie bei der Ausübung ihrer Verfassungsaufgabe gehen können, ohne die von der Verfassungsordnung vorausgesetzte Balance [...] zu stören. Die Einsicht, daß der Gesetzgeber einen Fehler jederzeit korrigieren kann, während eine Fehlentscheidung des Bundesverfassungsgerichts niemals von Amts wegen und auch im übrigen nur in sehr engen Grenzen reparabel ist, sollte hierbei ins Gewicht fallen. Je größer die Entscheidungsmacht eines Verfassungsgerichts, umso mehr muß es den Ausspruch des Richters Jackson vom Supreme Court der USA beherzigen: ›We are not final, because we are infallible, but we are infallible, only because we are final.‹«[57]

Methoden

»Zur Methode wird nur der getrieben, dem die Empirie lästig ist.« Diesen Goethe-Spruch[58] notierte Wiltraut Rupp-von Brünneck aus voller Überzeugung in ihr Aphorismen-Büchlein.[59] Seit jeher hatte sie das Recht »lebensnah« betrachtet. Eine »Methode« im Sinne des juristischen Kanons brauchte sie dafür nicht. Die Wirklichkeit wies ihr den Weg. Ihr realitätsorientiertes Rechtsverständnis reicht bis in die Anfänge ihrer juristischen Tätigkeit zurück. Schon in ihrem Aufsatz über »[d]ie Aufgaben der Frau im Recht« aus dem Jahr 1937 bildete die »Wirklichkeit« die zentrale Referenz – die Wirklichkeit der Volksgemeinschaft: »Nationalsozialistisches Denken geht nicht von einer logisch abstrakt gewonnenen Erkenntnis zu praktischen Folgerungen über, sondern es geht zunächst von der völkischen Wirklichkeit aus.« Die Rechtswissenschaft müsse lernen »wieder allein von der völkischen Wirklichkeit auszugehen und ihre Aufgabe in einer dem völkischen Rechtsgefühl entsprechenden Ordnung der natürlichen Lebenskreise zu sehen«. Auf diese Weise werde sie »wieder in Einklang mit einem durch Erziehung geschulten Rechtsempfinden im Volke gebracht werden und wird dann keine ›Geheimwissenschaft‹ mehr sein, deren Entscheidungen auch dem einzelnen Volksgenossen oft dunkel und unverständlich sind«.[60]

Der Wirklichkeitsbezug der nationalsozialistischen Wissenschaftsideologie, der sich in der Rechtswissenschaft im konkreten Ordnungsdenken niederschlug, diente der 25-jährigen Referendarin dazu, ihren Platz als Frau im Rechtsleben des NS-Staates zu behaupten. »Die Fähigkeit der Frau, die geistige Arbeit stets unter Bezugnahme auf das konkrete Leben zu stellen, ihre Abneigung gegen ein sich vom Wirklichen ins Abstrakte verlierendes unfruchtbares Denken«, müsse aufgrund der »veränderte[n] Haltung der heutigen Wissenschaft« als positiv bewertet werden. Die Mitarbeit der Frau in der nationalsozialistischen Rechtswissenschaft war für Wiltraut von Brünneck »nicht nur wünschenswert, sondern sogar unentbehrlich«. Obwohl der Text in seinem Kontext – der Selbstbehauptung als Akademikerin in einer frauenfeindlichen Umgebung – gelesen werden muss, darf man annehmen, dass Wiltraut von Brünneck die »natürliche Lebensnähe«, die sie Frauen stereotyp zuschrieb, in der Tat als Gütekriterium für das juristische Arbeiten betrachtete.

Der Drang zum »Konkreten« und die Zurückweisung des »Abstrakten« entsprachen schon vor 1933 dem Zeitgeist. Martin Würfel hat in seiner Studie über das Reichsjustizprüfungsamt dargelegt, dass bereits die preußischen Reformen der Juristenausbildung in der Weimarer Zeit der angeblichen »Weltfremdheit der Juristen« entgegenwirken sollten:

»Die vorsichtige Abkehr vom römischen Recht und der Begriffsjurisprudenz, der Versuch die soziologisch-wirtschaftliche Bedeutung des Rechts herauszustreichen, sowie das Ziel, den ›Fachjuristen‹ aus seiner vergeistigt-realitätsfernen Nische zu vertreiben – all diese Eckpfeiler der späteren nationalsozialistischen Reformen ab 1934 wurden bereits während der Weimarer Republik eingeschlagen.«[61]

Die Reformforderungen kamen nicht nur aus dem rechten Spektrum, sondern auch aus der politischen Linken. Für eine »Lebensnähe« der Juristen einzutreten, war keine spezifisch nationalsozialistische Position, sondern entsprach der von »Progressivität und Anti-Intellektualismus«[62] geprägten Grundstimmung der zwanziger und dreißiger Jahre. Die Nationalsozialisten konnten 1934 bei der »Verreichlichung« von Justiz und Juristenausbildung daran anknüpfen. Die neue Ausbildungsordnung ermahnte die Studenten, stets darauf zu achten, »daß Rechtswissenschaft, Rechtspflege und Rechtsgestaltung ihren Sinn nur durch die Aufgabe erhalten, die sie im Leben des Volkes zu erfüllen haben«.[63] Die Studentin Wiltraut von Brünneck, die bei Inkrafttreten der Reform bereits die Hälfte ihres Studiums absolviert hatte, dürfte darin einen Fortschritt gesehen haben.

Ihre lebensnahe Perspektive musste sie nach 1945 nicht revidieren. Es genügte, das Betrachtungsobjekt auszutauschen: An die Stelle der durch Diktatur, Krieg und Holocaust diskreditierten »völkischen Wirklichkeit« trat die Lebenswirklichkeit des Individuums in der nachkriegsdeutschen Industriegesellschaft. Für die Erfüllung der Postulate von Gleichberechtigung und Sozialstaat war die wirklichkeitsbezogene Sicht auf das Recht unverzichtbar: »Soziale Gleichheit« lässt sich ohne Berücksichtigung der gesellschaftlichen Realitäten nicht definieren. Besonders deutlich wird dies bei Wiltraut Rupp-von Brünnecks jahrelangem Engagement für die Gleichstellung der nichtehelichen Kinder, die gerade nicht »durch eine formale schematische Übertragung« der für eheliche Kinder geltenden Rechtsvorschriften zu erreichen war: »Die verschiedene tatsächliche Ausgangslage kann es rechtfertigen oder sogar gebieten, das nichteheliche Kind in einzelnen Beziehungen anders zu behandeln oder sogar zu begünstigen.«[64] Lebensnahe Argumente durchziehen Wiltraut Rupp-von Brünnecks richterliche Tätigkeit ebenso wie ihre Schriften. Es ging ihr um die Verwirklichung der »Grundrechte im juristischen *Alltag*«,[65] zu der sie nicht nur mit Voten und Abhandlungen, sondern auch mit Vorträgen vor Praktikern beitragen wollte.

Der Realitätsbezug ihrer Rechtsanschauung ist untrennbar verbunden mit dem – in erster Linie sozialstaatlich motivierten – anthropozentrischen Grundrechtsdenken, das den Menschen in den Mittelpunkt der Verfassungsordnung stellte. Umso entschiedener fiel Wiltraut Rupp-von Brünnecks Kritik an der Grundrechtsfähigkeit juristischer Personen aus, deren Gleichsetzung mit Menschen sie »von vornherein« zurückwies. Mit »Kollektivpersonen« als »reale[n], dem Menschen vergleichbare[n] Einheiten« wusste sie nichts anzufangen.[66] Ihr ging es um den »Einzelnen«, den sie – abweichend von den orthographischen Usancen der Zeit – stets groß schrieb. Der Einzelne interessierte sie nicht als eine der Realität enthobene Monade, sondern »als ein freies, sich in der sozialen Gemeinschaft entfaltendes Einzelwesen«,[67] das nicht »in der Lage ist, aus eigener Kraft die Voraussetzungen zu schaffen, unter denen die Entfaltung der persönlichen Freiheit überhaupt erst möglich ist«.[68] Die Lebenswirklichkeit des auf Staat und Gesellschaft angewiesenen Individuums bildete den Orientierungspunkt ihrer richterlichen Tätigkeit, vor allem wenn es um die Durchsetzung von Gleichberechtigungs- und Sozialstaatsgeboten ging.

Hinzu trat die Verfassungswirklichkeit als Bezugspunkt ihres Demokratie- und Institutionenverständnisses:

»[D]ie Institutionalisierung des Bundesverfassungsgerichts als eines selbständigen Verfassungsorgans [kann] nicht den Sinn haben [...], diese Aufgabe einem Gremium anzuvertrauen, das fern von den sogenannten Niederungen der Tagespolitik im gläsernen Turm seinen Spruch fällt und diesen allein an mehr oder weniger theoretischen Verfassungsidealen ausrichtet, ohne Rücksicht auf die möglichen Wirkungen seines Urteils: fiat iustitia, pereat mundus!«

Das Bundesverfassungsgericht habe »seine Aufgabe als Teilfunktion im Verfassungsganzen zu sehen, die wesensmäßig auf Zusammenarbeit mit den anderen Verfassungsorganen gerichtet ist«. Es müsse »den jeweils vor ihm ausgetragenen Rechtsstreit in seiner Bedeutung für die Verfassungsordnung und Verfassungswirklichkeit versteh[en], d. h. unter Berücksichtigung der Realitäten, die diesen Streit veranlaßt haben, und der praktischen Probleme, welche die Auslegung der Verfassung in der einen oder anderen Weise aufwirft«.[69]

Von Wiltraut Rupp-von Brünnecks profundem Verständnis für die Verfassungswirklichkeit getragen sind nicht nur die Sondervoten zum Hochschul- und zum Abtreibungsurteil, die auf richterliche Zurückhaltung gegenüber dem Gesetzgeber pochen. Auch der Unehelichenbeschluss mit seiner am tagespolitischen Geschehen orientierten Fristsetzung, der Beschluss zu den Heiratsklauseln mit seiner Rücksichtnahme auf die laufenden Reformbemühungen und der Staatsangehörigkeitsbeschluss mit seiner folgensensiblen Tenorierung machen deutlich, wie stark Wiltraut Rupp-von Brünneck ihre Tätigkeit an der Verfassungswirklichkeit ausrichtete. Sie wusste, wie Gesetze gemacht werden. Die Erfahrungen, die sie als Spitzenbeamtin im Bundesrat, bei Ministerpräsidentenkonferenzen, in Bund-Länder-Kommissionen und in der täglichen Arbeit in der hessischen Staatskanzlei gesammelt hatte, prägten ihr Selbstverständnis als Richterin.

Mit den Realitäten des Verfassungslebens war sie weitaus besser vertraut als mancher ihrer Kollegen, der auf eine richterliche oder professorale Laufbahn zurückblickte. Sie sparte daher nicht mit Kritik, wenn sie der Auffassung war, dass die Senatsmehrheit an der Verfassungswirklichkeit vorbeijudizierte. In ihrem Sondervotum zum Österreich-Beschluss attestierte sie beispielsweise ihren Richterkollegen ein unzureichendes Verständnis für die Eigenheiten des Gesetzgebungsverfahrens, insbesondere die Einflussmöglichkeiten des Bunderates.[70] Ihr Eintreten für *judicial self-restraint*, gerade im Bereich von Prognoseentscheidungen, lässt sich ebenfalls als eine »Fernwirkung« ihrer eigenen praktischen Erfahrungen in der Gesetzgebung deuten.

Ihre Orientierung an der gesellschaftlichen Wirklichkeit führte Wiltraut Rupp-von Brünneck methodologisch zu einem juristischen Pragmatismus, der in den USA weitaus verbreiteter war (und ist) als auf dem europäischen Kontinent.[71] Sie interessierte sich nicht für dogmatische Ableitungen, sondern für ein Ergebnis, das dem konkreten Fall in seinem lebens- und verfassungswirklichen Kontext gerecht wurde. »The core of legal pragmatism is pragmatic adjudication, and the core of pragmatic adjudication is heightened judicial awareness of and concern for consequences, and thus a disposition to ground policy judgments in facts and consequences rather than in conceptualisms and generalities«, schreibt Richard A. Posner, der prominenteste Vertreter des heutigen US-amerikanischen Rechtspragmatismus. Wiltraut Rupp-von Brünneck hätte ihm nicht widersprochen. Posners Qualitätskriterium für pragmatische Rechtsprechung –»reasonableness with reference to social policy« – hätte sie vermutlich ebenfalls akzeptiert, und wie Posner darauf Wert gelegt, dass der juristische Pragmatismus nicht auf einen reinen Konsequentialismus hinausläuft, sondern bestimmte Begrenzungen der Folgenberücksichtigung akzeptiert: »[F]or both practical and jurisdictional reasons [...] the judge is not required or even permitted to take account of *all* the possible consequences of his decisions.«[72]

Man muss das im Konjunktiv formulieren. Denn Wiltraut Rupp-von Brünneck nahm zu methodologischen Fragen nie explizit Stellung. Es ist daher schwer zu ermessen, ob ihr Pragmatismus auf einem theoretischen Fundament beruhte oder sich – was näherliegt – aus der Praxis heraus entwickelte. Am Bundesverfassungsgericht konnte sie nicht offen pragmatisch argumentieren. Sie musste ihre Entscheidungsvorschläge mit Argumenten untermauern, die im Senat anschlussfähig waren – »reasonableness with reference to social policy« zählte nicht dazu. Sie kleidete ihre Voten daher in die Rhetorik der Wertordnungsjudikatur, die allgemein akzeptiert und zugleich vage genug war, um pragmatische Erwägungen einfließen zu lassen. Besonders deutlich wird dies im Spanier-Beschluss, der abstrakte Werte bemüht, um einem Zustand abzuhelfen, der schlicht an der konkreten Lebenswirklichkeit vorbeiging. Den Rechtswissenschaftlern, die die Entscheidung kritisierten, blieben die Schwächen der dogmatischen Ableitung nicht verborgen. Doch Dogmatik war für Wiltraut Rupp-von Brünneck keine relevante Größe. Um ihre Senatskollegen zu überzeugen, scheint die pauschale Berufung auf die »Wertentscheidung« des Art. 6 Abs. 1 GG ausgereicht zu haben.

Ihr Pragmatismus äußerte sich auch in der Vorliebe für Differenzierungen, die sich stärker am Fall orientieren als an abstrakten Maßstäben, z. B. die Differenzierung zwischen »Eingriffsschichten« bei der Grundrechtsprüfung oder die Differenzierung zwischen »Rechtsfolgeanordnungen« im Entscheidungstenor. In der auf Systemgerechtigkeit und Vorhersehbarkeit bedachten deutschen Rechtswissenschaft stieß sie damit auf wenig Gegenliebe. So sorgte das kreative Rechtsfolgearrangement des Staatsangehörigkeitsbeschlusses für »Überraschung und Verwirrung« in der *scientific community*.[73] Heute gehört die Unvereinbarkeitserklärung mit Weitergeltungsanordnung zum Standardrepertoire der Karlsruher Tenorierungspraxis. Sie wird weithin akzeptiert, weil sie einen »schonenden Übergang von der verfassungswidrigen zu einer verfassungsgemäßen Rechtslage« ermöglicht –[74] ein pragmatisches Argument, das eine Berücksichtigung der Folgen der verschiedenen Rechtsfolgenaussprüche voraussetzt.

Ihr juristischer Pragmatismus machte Wiltraut Rupp-von Brünneck sensibel für die Erkenntnisse anderer Wissenschaften. Wer seine »policy judgments« auf »facts and consequences« stützt, benötigt eine Tatsachengrundlage, die ihm das Recht allein nicht liefern kann. US-amerikanische Rechtspragmatiker tendieren daher zur Ökonomie oder vergleichbaren »Nachbarwissenschaften«, die bessere Tatsachenzugänge versprechen als die Rechtswissenschaft. Wiltraut Rupp-von Brünnecks Engagement für Gleichberechtigung und Sozialstaatlichkeit sowie der Zuschnitt ihres Dezernats brachten es mit sich, dass sie vor allem Erkenntnisse der Psychologie und der Soziologie für ihre richterliche Tätigkeit fruchtbar machte. Das Lebach-Urteil steht exemplarisch für diesen Ansatz. Die »soziale Machtposition« der Medien und die Beeinträchtigung der Resozialisierungschancen des Strafgefangenen durch das Dokumentarspiel wollte sie nicht einfach behaupten, sondern auf fachwissenschaftliche Erkenntnisse stützen. Als Sachverständige wurden daher ein auf Kommunikation spezialisierter Soziologe, ein Anstaltspsychologe und eine (mit der Berichterstatterin befreundete) Vollzugspraktikerin angehört.

Schon in früheren Verfahren hatte das Bundesverfassungsgericht externen Sachverstand berücksichtigt. Doch dass es einen Soziologen als Experten anhörte, war neu. Das Lebach-Urteil sandte ein Signal in die Rechtswissenschaft, die sich in den siebziger Jahren ebenfalls der Soziologie zu öffnen begann.[75] Der *Studienkreis für Presserecht und Pressefreiheit* erörterte im April 1974 anhand des Lebach-Falles »die Bedeutung neuerer sozialwissenschaftlicher Forschungsrichtungen für den Zustand und die Entwicklung des Presse- und Rundfunkrechts«. Es referierten der vom Gericht angehörte Soziologe Kurt Lüscher und der Medienrechtler Wolfgang Hoffmann-Riem, der 25 Jahre später selbst als Richter des Bundesverfassungsgerichts für die Rundfunkfreiheit zuständig sein sollte. Wiltraut Rupp-von Brünneck, die sich an der »lebhaften Diskussion« über die Referate beteiligte, musste sich scharfe Kritik am Lebach-Urteil aus dem juristischen Publikum anhören. Das Gericht habe »sich auf die so ›unsicheren‹ Erkenntnisse der Medienforschung eingelassen [...], wo doch die Rechtswissenschaft ›feste Erkenntnisse‹ bereithalte«. Den Referenten soll es jedoch gelungen sein, »die zunehmende Inadäquanz einer derartigen Betrachtungsweise zu verdeutlichen«.[76]

Wirkungen

Wiltraut Rupp-von Brünneck war zeit ihres Lebens eine Praktikerin, keine Theoretikerin. Sie hinterließ kein umfassendes wissenschaftliches Œuvre, sondern einzelne, wenn auch beachtliche Schriften. Zeitgenössische Wirkung entfaltete sie vor allem durch die Entscheidungen, auf die sie als Berichterstatterin maßgeblichen Einfluss nahm. Einige dieser Entscheidungen stießen Reformen des geltenden Rechts an oder verhalfen bereits vorliegenden Reformvorhaben zum Durchbruch. Zu nennen sind der Unehelichenbeschluss, die Entscheidung zu den Heiratsklauseln in der Waisenrente, der Spanier-Beschluss, der Beschluss zum Eheverbot der Geschlechtsgemeinschaft, der Staatsangehörigkeitsbeschluss und der Beschluss zu den Verschuldensklauseln in der Witwenversorgung. Alle diese Entscheidungen zogen Reaktionen des Gesetzgebers nach sich. Wiltraut Rupp-von Brünneck machte von ihrem Anteil daran nicht viel Aufhebens. Sie schrieb die Leistung stets dem Richterkollegium als Ganzem zu. Nur Eingeweihte wussten, wer die treibende Kraft hinter diesem oder jenem Beschluss war. Für die Berichterstatterin war die Angelegenheit mit der Entscheidung ein »abgeschlossenes Kapitel«.[77] Nur wenn sie es für die rechtspraktische Umsetzung für geboten hielt – wie bei der Reform des Nichtehelichenrechts –,[78] äußerte sie sich öffentlich zur Bedeutung des Richterspruchs.

Im weiteren Sinne kann man zu den von ihr angestoßenen Reformen auch Innovationen in der Rechtsprechung zählen. So stellte etwa der Araber-Beschluss die Vollzugs- und Gerichtspraxis im Ausländerrecht auf eine freiheitlich-rechtsstaatliche Grundlage. Das Lebach-Urteil setzte Maßstäbe für den Ausgleich von Rundfunkfreiheit und Persönlichkeitsschutz. Auch ihre Sondervoten hatten innovatives Potential: Die abweichende Meinung zum Österreich-Beschluss bereitete die Einbeziehung bestimmter Sozialleistungen in den Eigentumsschutz vor. Das Sondervotum zum Nachentrichtungsbeschluss entwickelte ein Konzept der sozialen Gleichheit, das in späteren Entscheidungen – wenn auch zurückhaltend – aufgegriffen wurde. Die abweichende Meinung zum Hetzblatt-Beschluss entfaltete unmittelbare Wirkung. Schon wenige Monate später wurde die darin hervorgehobene Bedeutung des Abschreckungseffekts einer staatlichen Maßnahme in der Senatsrechtsprechung anerkannt und entwickelte sich über die Jahre zum grundrechtsdogmatischen Gemeinplatz.

Wiltraut Rupp-von Brünnecks Sondervoten setzten nicht nur innovative Impulse, sie verdeutlichten auch die Relativität verfassungsgerichtlicher Entscheidungen. Ernst Benda, der in den umstrittenen Fällen stets im anderen »Lager« gestanden hatte, sollte – mit einigem zeitlichen Abstand – den Beitrag seiner streitbaren Kollegin zur »integrativen Funktion« des Gerichts hervorheben: »Gerade in solchen Entscheidungen, die in politisch äußerst kontroversen Materien ergangen sind, konnten sich Teile der Bevölkerung in der von ihr veröffentlichten abweichenden Meinung wiederfinden.«[79] Doch in einer pluralistischen Gesellschaft ist »Integration« weder durch eine autoritative Entscheidung des Gerichts noch durch deren Kritik zu erreichen. Sondervoten können lediglich den Diskurs offenhalten, indem sie den Absolutheitsanspruch der Mehrheitsentscheidung relativieren. Sie sind diskursive, keine integrativen Instrumente.[80] Als solche setzte sie Wiltraut Rupp-von Brünneck, die sich dem offenen Diskurs verpflichtet sah, ein.

Besonders wirkungsvoll war ihr Sondervotum zum Abtreibungsurteil. Es hielt nicht nur den Diskurs über eine besonders umstrittene Rechtsfrage offen, sondern stellte mit seiner Verfasserin den »Unterlegenen« im Streit um die Abtreibungsreform zugleich eine Identifikationsfigur zur Verfügung. Wiltraut Rupp-von Brünneck hatte ihre Urteilskritik zwar auf Demokratie-, nicht auf Gleichberechtigungserwägungen gestützt und sich gegenüber der Presse bemüht, dem Image der »Frauenrechtlerin« entgegenzuwirken.[81] Zudem hatte sie das Sondervotum nicht allein, sondern gemeinsam mit Helmut Simon verfasst. Dennoch konnte sie nicht verhindern, als Repräsentantin »der Frauen« in Karlsruhe wahrgenommen zu werden. Ganz verhindern wollte sie es wohl auch nicht. Immerhin ließ sie es sich nicht nehmen, den wesentlichen Inhalt der abweichenden Meinung im Verkündungstermin pressewirksam vorzutragen. Die Zeitungen widmeten der »streitbaren Richterin« Portraits[82] und präsentierten den Kritikerinnen des Urteils damit eine Figur, in der diese sich wiederfinden konnten. So schickte kurz nach der Urteilsverkündung die Frankfurter *Arbeitsgemeinschaft sozialdemokratischer Frauen* Wiltraut Rupp-von Brünneck ein Telegramm, um ihr »für den Beweis von Klugheit, Vernunft und Menschlichkeit beim Sondervotum zum Urteilsspruch § 218« zu danken.[83] Die Beantwortung dieser und weiterer der Zuschriften beschäftigte die Richterin und ihre Mitarbeiter noch mehrere Monate.[84]

Die bisherige Rezeption des Wirkens Wiltraut Rupp-von Brünnecks fokussierte sich auf die Sondervoten. Den Ton setzte schon wenige Tage nach ihrem Tod der Karlsruhe-Kenner Hans Schueler in der ZEIT. Unter der Überschrift »Ihre Warnungen verhallten ungehört« würdigte er die Verstorbene als eine der »klarsten Stimmen« des Bundesverfassungsgerichts – »eine Stimme freilich, die sich in den letzten Jahren immer weniger durchzusetzen vermochte«. In richterlichen Gremien werde nur selten nach der Kraft und Treffsicherheit der Argumente entschieden, sondern in der Regel nach der Zahl der Köpfe. »Frau Rupp-von Brünneck geriet da zunehmend in die Minderheit.«[85] Obwohl Ernst Benda dieser »Fehleinschätzung« in seiner Gedenkrede auf die verstorbene Kollegin entschieden entgegentrat und ihren »ganz wesentlichen Einfluß auf viele wich-

EINE LEBENSBILANZ   457

tige, auch von ihr mitgetragene Entscheidungen« hervorhob,[86] blieb Wiltraut
Rupp-von Brünneck vor allem als streitbare Dissenterin in Erinnerung. Neben
dem ästhetischen Reiz der Antithese dürfte dafür vor allem die Anonymität
von Senatsentscheidungen verantwortlich sein. Anders als Sondervoten entziehen sich diese Produkte eines Kollegialorgans der eindeutigen persönlichen
Zuschreibung.

Wiltraut Rupp-von Brünnecks Sondervoten bildeten immer dann eine Referenz, wenn in Karlsruhe vergleichbare Fälle entschieden wurden. So beriefen sich
1993 die Richter Ernst Gottfried Mahrenholz und Bertold Sommer in ihrer abweichenden Meinung zum zweiten Schwangerschaftsabbruchurteil auf das Sondervotum ihrer »Vorgänger«.[87] Anlässlich der umstrittenen Esra-Entscheidung des
Jahres 2007 geriet Wiltraut Rupp-von Brünnecks Sondervotum zum Mephisto-
Beschluss wieder in den Blick. Erneut hatten die »Kunstrichter von Karlsruhe«[88]
über einen angeblich nicht hinreichend »verfremdeten« Roman zu entscheiden.
Erneut endete das Verfahren in einem Verbot. Erneut gab es Widerspruch aus den
eigenen Reihen – diesmal von den Richtern Christine Hohmann-Dennhardt und
Reinhard Gaier:

»Für uns bleibt richtig, was die Richterin Rupp-v. Brünneck in ihrem damaligen Sondervotum
zur Mephisto-Entscheidung zu der Grenze ausgeführt hat, die um des Persönlichkeitsschut-
zes willen auch der Kunstfreiheit gezogen ist. Wird bei einer Gesamtbetrachtung eines Romans
offensichtlich, dass diese Kunstform missbraucht wurde und lediglich eine Mogelpackung, ein
Transportmittel ist, um bestimmte Personen zu beleidigen, zu verleumden oder verächtlich herabzuwürdigen, dann ist dies nicht mehr von der Kunstfreiheit gedeckt«.[89]

Eine solche Intention konnten die Dissenter bei Maxim Billers *Esra* ebenso wenig
erkennen, wie sie Wiltraut Rupp-von Brünneck bei Klaus Manns *Mephisto* erkannt
hatte.

Als in den letzten Jahren wieder kritischer über die (Selbst-)Positionierung
des Bundesverfassungsgerichts gegenüber dem Gesetzgeber diskutiert wurde,
lag der Rückgriff auf die Sondervoten zum Hochschul- und zum Abtreibungsurteil nahe. 2017 ermahnte der damalige Bundestagspräsident Norbert Lammert
das Gericht, sich »an die Worte der Bundesverfassungsrichterin Rupp-von Brünneck [zu] erinnern, die bereits vor 40 Jahren feststellte, dass es ›eine der wesentlichen Aufgaben der Zukunft sein (wird), die Zusammenhänge zwischen den verschiedenen Gewalten deutlich zu machen und von daher Kriterien zu entwickeln,
die trotz der Erweiterung des Prüfungsfeldes verhindern, dass das Bundesverfassungsgericht in die Rolle eines Ersatzgesetzgebers gerät‹«.[90] Das Zitat stammt
aus Wiltraut Rupp-von Brünnecks Abhandlung über »Verfassungsgerichtsbarkeit
und gesetzgebende Gewalt«, geht in der Sache aber auf das Sondervotum zum Abtreibungsurteil zurück: »[D]ie Erarbeitung eines geeigneten, die Gestaltungsfrei-

heit des Gesetzgebers respektierenden Instrumentariums wird möglicherweise zu den Hauptaufgaben der Rechtsprechung in den nächsten Jahrzehnten gehören«, heißt es darin.[91]

Neben der Beschäftigung mit den Sondervoten gab es schon früh das Bemühen, das weitere Wirken Wiltraut Rupp-von Brünnecks in den Blick zu nehmen. 1983 gab Hans-Peter Schneider unter dem Titel *Verfassung und Verantwortung* ihre gesammelten Sondervoten *und* Schriften heraus. Die darin abgedruckten Abhandlungen vermitteln ein facettenreiches Bild ihrer Tätigkeits- und Interessenschwerpunkte, die weit über die Gegenstände der Sondervoten hinausreichten. Richard Schmid nahm das Erscheinen des Bandes zum Anlass, um in der *Stuttgarter Zeitung* an die Richterin »[i]m Dienste der Betroffenen« zu erinnern und hob dabei Wiltraut Rupp-von Brünnecks Einfluss auf den Spanier-Beschluss hervor.[92] Schmid war ein »Eingeweihter«, hatte ihm die Berichterstatterin doch seinerzeit einen Umdruck des Beschlusses zukommen lassen.[93] Ein anderer Eingeweihter wusste 1984 in einem ZEIT-Dossier über Wiltraut Rupp-von Brünnecks maßgebliche Rolle im Araber-Fall zu berichten.[94] Diemut Majer skizzierte in ihrem »Richterbild« für das *Jahrbuch des öffentlichen Rechts* 1993 die verschiedenen Tätigkeitsfelder Wiltraut Rupp-von Brünnecks,[95] während Anne Lenze sich 2016 im Band *Streitbare JuristInnen* wieder auf die Sondervoten konzentrierte.[96]

Dieses Buch ist der Versuch, das Leben und Wirken seiner Protagonistin differenziert zu beschreiben und die wichtigsten Prägekräfte herauszuarbeiten: vor allem die Prägung durch das *Geschlecht* (wo Wiltraut Rupp-von Brünneck auch tätig war, meist war sie die einzige Frau), die *Generation* (aufgewachsen zwischen Kaiserreich und Diktatur), die *Milieus* (Adel, NS-Studentinnen, »Rotes Hessen« und Karlsruher Richterkollegium) und die *Normenordnungen* (das NS-Recht, die hessische Landesverfassung und das Grundgesetz). In vielerlei Hinsicht ist Wiltraut Rupp-von Brünnecks Werdegang typisch für eine juristische Karriere in ihrer Zeit. Ihre äußerlich zwanglose Anpassung an veränderte politische Verhältnisse stützt Bernd Rüthers' These von den Juristen als »Wende-Experten«.[97] Mit der Mitwirkung an Entnazifizierungskartellen und dem Schweigen über die eigene politische Verstrickung reihte sich Wiltraut Rupp-von Brünneck in das Gros der deutschen Juristen ein, die nach 1945 einfach »weitermachten«. Doch ihr entschiedenes Eintreten für Gleichberechtigung, Sozialstaat und Demokratie – zunächst als Spitzenbeamtin, dann als Verfassungsrichterin – legt nahe, dass sie es unter dem Grundgesetz aufrichtig besser machen wollte. Mit den 52 von ihr vorbereiteten Senatsentscheidungen nahm sie maßgeblichen Einfluss auf die Rechtsentwicklung in der Bonner Republik. Mit ihren Schriften und Sondervoten hinterließ Wiltraut Rupp-von Brünneck pointierte verfassungsrechtliche und politische Texte, die kaum an Aktualität eingebüßt haben. Sie bilden das bleibende Vermächtnis einer der bedeutendsten deutschen Juristinnen, deren

»Lebensfragen« – die Geschlechter-, die soziale und die demokratische Frage –
auch in unserer Zeit nach Antworten verlangen.

Dank

Allen, die meine Arbeit an diesem Buch gefördert haben, möchte ich herzlich danken, besonders der Gerda Henkel Stiftung, deren Projektförderung mir die Reise zu Archiven und Schauplätzen, die Reproduktion von Quellen und die Anschaffung von Fachliteratur ermöglicht hat.

Für die Unterstützung bei der Recherche danke ich den Mitarbeiterinnen und Mitarbeitern der Archive, besonders Michelle Bleidt (Bundesarchiv Koblenz), Thomas Müller (Archiv des Bundesrates), Mario Schäfer (Hessisches Hauptstaatsarchiv Wiesbaden), Auste Wolff (Archiv der Humboldt-Universität zu Berlin), Sabrina Zinke (Universitätsarchiv Heidelberg) und Bianca Welzing-Bräutigam (Landesarchiv Berlin). Sie haben mir selbst unverzeichnete Akten zugänglich gemacht und mich mit großer Sachkunde und Geduld durch den Dschungel von Signaturen, Findbüchern und Bestandsverzeichnissen gelotst, deren Systematik sich einem Juristen nicht stets im ersten Zugriff erschließt.

Prof. Dr. Alexander von Brünneck hat mir nicht nur Nachlässe, Fotoalben und weitere private Unterlagen zur Verfügung gestellt, sondern auch die Entstehung des Buches durch einen unermüdlichen Gedankenaustausch gefördert. Er hat auf analytische Schärfe gedrungen, wo meine Darstellung zu vage war, hat mich zur gedanklichen Stringenz ermahnt, wo ich den roten Faden verloren hatte, hat das Manuskript bis ins letzte Komma durchgesehen, mich aber stets »Herr des Verfahrens« sein lassen. In den Gesprächen mit ihm habe ich viel gelernt, nicht nur über Wiltraut Rupp-von Brünneck und ihre Zeit, sondern über Recht und Rechtswissenschaft im Allgemeinen.

Den Zeitzeugen Joachim Dammer (München), Johanna Gerhard (Lüneburg), Dr. Lutz Gusseck (Bonn), Dr. Christoph Klaas (Ettlingen), Heidrun Theis (Reutlingen) und Ingrid Usadel (Heilbronn) danke ich für die Bereitschaft, mir über ihre Erinnerungen an Wiltraut Rupp-von Brünneck und deren Umfeld Auskunft zu geben. Helga Hamann († 2021, Karlsruhe), Wiltraut Rupp-von Brünnecks langjährige Sekretärin, hat mir gestattet, aus ihren privaten Memoiren zu zitieren. Prof. Dr. Dr. Jörg Berkemann, Gabriele Krüger (beide Hamburg) und Prof. Dr. Gabriela von Wallenberg (München) danke ich für die Hintergrundgespräche über die Juristenszene der Bonner Republik, die mir manche Einordnung erleichtert haben. Gigi Deppe von der ARD-Rechtsredaktion/Hörfunk in Karlsruhe hat mir die in den Redaktionsräumen aufgestellte private Entscheidungssammlung Wiltraut Rupp-von Brünnecks zugänglich gemacht, mit der ich eine bedauerliche Lücke in der archivalischen Überlieferung schließen konnte. Hartmut Müller und Rudolf Henkner haben mich durch ihren geschichtsträchtigen Heimatort Oberröblingen geführt, der mit seiner alten Kirche, dem Schmidt'schen Erbbegräbnis und dem Rittergut eine Abfahrt von der A 38 allemal wert ist.

Prof. Dr. Oliver Lepsius verdanke ich das Interesse an historischen und biographischen Kontexten des Rechts und der Rechtsprechung. Er hat mir an seinem Lehrstuhl die Freiräume gelassen, die nötig waren, um das Projekt zu verwirklichen, und dieses durch vielfältige Denkanstöße vorangebracht. Gefördert wurde die Arbeit zudem durch den Austausch mit Dr. Konstantin Chatziathanasiou, Manuel Joseph, Dr. Stefan Lenz, Simon Pielhoff, Kathrin Strauß, Jonas Plebuch (alle Münster), Leonard Horsch und PD Dr. Thomas Schlemmer (beide München), Prof. Dr. Martin Löhnig (Regensburg) und vielen weiteren Gesprächspartnern. Gesa Plenter (Münster) danke ich für die Korrektur des Manuskripts.

Mein Dank gilt Jürgen Hotz vom Lektorat Wissenschaft des Campus Verlags für die Aufnahme des Buchs in das Verlagsprogramm und die angenehme Zusammenarbeit bei der Produktion.

Am meisten zu danken und verdanken habe ich meiner Frau Veronika Michl, die mit mir die Freude an jedem Erkenntnisfortschritt geteilt und dadurch um ein Vielfaches vergrößert hat.

Fabian Michl, Münster, im September 2021

Anmerkungen

Prolog

1 E. Benda [1983] zit. nach Hill, ZRP 1985, S. 15 (16).
2 »Abgeschoben«, ZEIT v. 13.1.1984, S. 9.
3 Meinel, Einleitung, 2019, S. 1 (7 f.); Lepsius, JöR 64 (2016), S. 123 ff.
4 Schneider, Rupp-v. Brünneck, 1983; Majer, JöR 41 (1993), S. 1 ff.; Lenze, Rupp-von Brünneck, 2016.
5 Die Covid-19-Pandemie verhinderte die Auswertung der nicht entscheidungsrelevanten Gerichtsakten, deren Erkenntniswert aber begrenzt ist.
6 Schneider, Rupp-v. Brünneck, 1983, S. 16.
7 Majer, JöR 41 (1993), S. 1.
8 Lenze, Rupp-von Brünneck, 2016, S. 427.
9 Weitere Kurzbiographien: Feuchte, BWB 2, 1999, S. 377 ff.; Jaeger, Rupp-v. Brünneck, 2003; Waldhoff, NDB 22 (2005), S. 279 f.; Röwekamp, Lexikon, 2005, S. 336 ff.
10 BVerfGE 30, 173 (225).
11 BVerfGE 39, 1 (76).
12 W. Rupp-v. Brünneck an A. Arndt, 6.11.1965, in: AdsD, Nachlass A. Arndt, Box Nr. 9, Mappe 24.
13 Die Schreibung des Rufnamens ist uneinheitlich. Nach Auskunft des Standesamts Steglitz-Zehlendorf ist im Geburtenregister des früheren Standesamts Lankwitz »Wiltraud« eingetragen. Sie selbst schrieb aber ohne Ausnahme »Wiltraut«. Im Reifezeugnis aus dem Jahr 1931, das als ältestes Dokument – jedoch nur in einer Abschrift (1946) – überliefert ist, wird der Name ebenfalls mit »t« geschrieben. Die weiteren Vornamen »Emmi Agathe Karola« schrieb sie »Emmy Agathe Carola«. Im Folgenden wird bei den Vornamen die Eigenschreibung zugrunde gelegt.
14 »Emanzipation«, in: Abendschau Baden-Württemberg v. 2.6.1971, in: SWR-Archiv.
15 Häberle, JöR 46 (1998), S. 69 (89).
16 Auchmuty/Rackley, Legal History 41 (2020), S. 186 (204 ff.).
17 Aphorismen-Buch o. D. [ca. 1970], in: Nachlass W. Rupp-v. Brünneck.

Jugend in Preußen (1912–1932)

1 Lebenslauf v. 2.4.1941, in: HU UA, UK Personalia, Nr. B 462, Bl. 2.
2 GHdA A XII, 1973, S. 90 nennt als erstes urkundlich belegtes Familienmitglied Reincz Brunichin, der um die Mitte des 14. Jahrhunderts lebte.
3 GHdGH A III, 1958, S. 100 ff.
4 Wilh. v. Brünneck, De dominio ferarum, quae illicite capiuntur, Halle 1862.
5 Habilitationsschrift: Wilh. v. Brünneck, Die Jagdgenossenschaften, Halle 1867.
6 Rehme, ZRG (GA) 39 (1918), S. V (XXIV).

7	W. Rupp-v. Brünneck an A. v. Brünneck, 22.7.1976, Privatbesitz A. v. Brünneck.
8	Obenaus, GuG 14 (1988), S. 304 ff.
9	v. Schön, Woher und Wohin?, 1842.
10	Heute ist Brücken ein Ortsteil der Gemeinde Brücken-Hackpfüffel im Landkreis Mansfeld-Südharz.
11	Alle Angaben nach DGB 118 (1943), S. 537 ff. Manche Zweige der Familie führen bis heute den Namen Schmidt-Brücken.
12	Schmidt, Stammtafel, 1938, S. 19.
13	Heute ein Ortsteil der Stadt Sangerhausen im Landkreis Mansfeld-Südharz.
14	DGB 118 (1943), S. 576, dort in Fn. 64.
15	Ule, Der Staat 32 (1993), S. 379 (385).
16	DJZ 1907, Sp. 640 (641).
17	Die herrschende Kausalitätstheorie und ihre Stellung zum Reichsstrafgesetzbuch, 1897.
18	Seelmann/Klässel, Familienfideikommisse, 1920, S. 31.
19	Weber, Fideikommißfrage [1904], 1988, S. 392. Zum überarbeiteten Entwurf ders., Kriegsgewinne [1917], 1988, S. 182 ff.
20	W. Rupp-v. Brünneck, Rede v. 7.8.1972, in: Nachlass W. Rupp-v. Brünneck. Der Mansholt-Plan war ein 1968 vorgelegtes Konzept der EWG, die Agrarsubventionen schrittweise abzubauen.
21	v. Kuhl, Marnefeldzug, 1921, S. 214 ff. Werner v. Brünneck diente im Reserve-Infanterie-Regiment Nr. 66, dessen Kriegsgeschichte bei Wunderlich, Fünfzig Monate, 1939 – zeittypisch glorifizierend – dokumentiert ist. Die Verlustliste v. 27.11.1914, S. 3004, ordnet ihn der 11. Kompanie des III. Bataillons zu.
22	Telegramm v. 12.9.1918, in: LAB, A Rep. 345, Nr. 2992, Bl. 9.
23	KG-Präsident an Reichsjustizprüfungsamt, 7.1.1941, in: BArch, PERS 101/84360 (Beiakte), Bl. 4; H. Willers, Vermerk v. 13.1.1943, in: BArch, PERS 101/84360, Bl. 12.
24	Rehme, ZRG (GA) 39 (1918), S. V (VII).
25	Werner v. Brünneck, Testament v. 3.8.1914, in: LAB, A Rep. 345, Nr. 2992.
26	Eheurkunde v. 18.7.1918, in: LAB, P Rep. 710, Standesamt Lankwitz.
27	Das Leben von Hans Schedes Großmutter Caroline Schede, geb. Wucherer, beschreibt Schede, Schede, 2018. Daraus stammen auch die Angaben über die Familie (ebd., S. 469 f.), soweit sie nicht der Heiratsurkunde (LAB, P Rep. 710, Standesamt Lankwitz) und der Testamentsakte (LAB, A Rep. 345, Nr. 7500) entnommen sind.
28	Eheurkunde v. 18.7.1918, in: LAB, P Rep. 710, Standesamt Lankwitz.
29	Gespräch mit Heidrun Theis am 1.11.2019.
30	Berliner Adreßbuch 1919, Teil I, S. 2409.
31	M. Schede an das Versorgungsamt V, 14.1.1934, in: LAB, A Rep. 240, Nr. 1867, Bl. 9.
32	H. Schede, Kodizill v. 20.1.1922, in: LAB, A Rep. 345, Nr. 7500, Bl. 15.
33	Becker, Chronik Lankwitz, 1989, S. 81 ff. Heute: Beethoven-Gymnasium, Barbarastraße 9.
34	W. Rupp-v. Brünneck, Rede v. 7.8.1972, in: Nachlass W. Rupp-v. Brünneck.
35	Becker, Chronik Lankwitz, 1989, S. 151 ff.
36	Heute: Fichtenberg-Oberschule, Rothenburgstraße 18.
37	Gessler, JHBF 8 (2002), S. 229 (229 ff.).
38	Personalbogen o. D. [1941], in: BArch, PERS 101/84360 (Beiakte), n. f.
39	W. Rupp-v. Brünneck, Rede v. 7.8.1972, in: Nachlass W. Rupp-v. Brünneck.
40	Gessler, JHBF 8 (2002), S. 229 (238) in Fn. 21.
41	Jahresbericht 1930/31, S. 27 ff. Digitalisate der Jahresberichte sind in der Sammlung »SCRIPTA paedagogica« abrufbar; URL = < https://scripta.bbf.dipf.de >.
42	Jahresbericht 1927/28, S. 32. Die Interpunktion »Zier:« ist kein Schreibfehler, sondern entspricht Ludwig Uhlands Gedicht An das Vaterland. Der Ausruf »mein Vaterland!« scheint hingegen eine Beigabe des Schulleiters zu sein; vgl. Uhland, Gedichte, 1815, S. 82.

ANMERKUNGEN 465

43 Zeugnis v. 10.3.1931, in: BArch, PERS 101/84361, Bl. 4 f.

44 Jahresbericht 1930/31, S. 19.

45 Gesetz über die Zulassung von Frauen zu den Ämtern und Berufen der Rechtspflege v. 11.7.1922, RGBl. I S. 573; dazu Röwekamp, Juristinnen, 2011, S. 316 ff.

46 Juristinnen, 1984, S. 14 f.

47 Titze, Hochschulstudium, 1987, S. 110 f.

48 H. Rupp, Rede v. 7.8.1972, in: Nachlass W. Rupp-v. Brünneck, spricht davon, dass sie von ihrer Mutter an die Landfrauenschule »geschickt« worden sei.

49 Nicolaistraße 45.

50 Irmgardstraße 31.

51 Beiträge zur Geschichte der Saxo-Borussia, 1958, S. 216. Über G. v. Brünneck ist ein nahezu vollständiger Bestand an Personalakten überliefert: BArch, R 3601/5575; R 3601/5578; VBS 1912 (R 1501) ZA VI 03332 A. 05-14 (RMI). Hinzu kommen die Unterlagen der NS-Organisationen, in: BArch, R 16/16163; R 9361-I/402, sowie die Studentenakte, in: UAH, StudA v. Brünneck, G. (1930), und die Promotionsakte, in: UAH, H-II-852/35.

52 W. v. Brünneck an J. Altstötter, 4.11.1944, in: BArch, PERS 101/84360 (Beiakte), n. f.

53 Ab 1941 ist die Wohnadresse Kaiserallee 31a, Berlin-Wilmersdorf überliefert.

54 Vertrag v. 21.5.1927, in: LASA, H 166, Nr. 731.

55 Vgl. M. Schede an Pastor Hünecke, 22.10.1937, in: Ortschronik Oberröblingen, Privatbesitz H. Müller.

56 Politische Beurteilung v. 5.9.1942, in: BLHA, Rep. 161, Obj. 05 ZA 56−7869.

57 Weiling, Christlich-deutsche Bewegung, 1998, S. 21, der die Mitgliedschaft K. v. Brünnecks auf S. 340 verzeichnet.

58 Ebd., S. 344.

59 Zur Schule Wörner-Heil, Frauenschulen, 1997, S. 189 ff.

60 Wörner-Heil, Adelige Frauen, 2010, S. 43.

61 Ebd., S. 54.

62 Ebd., S. 170.

63 Ebd., S. 176.

64 Der Heidelberger Student v. 17.1.1933, S. 19.

65 H. v. Brünneck, Werde politisch oder stirb! [ohne Autorenangabe], Oranienburg [1928]. Die Zuschreibung und die folgenden Angaben beruhen auf der Akte des Parteiausschlussverfahrens gegen H. v. Brünneck, die in BArch, R 9361-I/7880 überliefert ist.

66 Pomp, Landadel, 1996, S. 191, 194, 199 ff.; Malinowski, König, 2003, S. 534 ff.

Studium im Umbruch (1932–1936)

1 Gräfin v. Lösch, Geist, 1999, S. 11 ff.

2 Vgl. ebd., S. 481 f.

3 Ebd., S. 121 ff.

4 Zit. nach Bott, Haltung, 2009, S. 49.

5 Fragebogen v. 16.11.1946, in: BArch, PERS 101/84361, Bl. 5.

6 Vorlesungsverzeichnis WS 1933/34, S. 65.

7 v. Hippel, Universität, 1933, S. 19.

8 Abgedruckt bei Treß, Geist, 2003, S. 131.

9 Ebd., S. 129 f.

10 Ebd., S. 130 ff.

11 Vermutlich das heutige Rostki Skomackie (1938–1945: Waiblingen). In Betracht kommt aber auch das nahegelegene Rostki Bajtkowskie. Beide Orte trugen 1933 den deutschen Namen »Rostken«.

12 Das heutige Krupin (1938–1945: Kleinwittingen). Fragebogen der Dozentenschaft v. 1.2.1943, in: HU UA, Jur.Fak.01 Nr. 580, Bd. 2, n. f.

13 Manns, Frauen, 1997, S. 204.

14 Grüttner, Studenten, 1995, S. 78.

15 W. v. Brünnecks Semesteradresse und die Wohnanschrift der Tante (nach DGB 118 [1943], S. 577) lauten übereinstimmend: Nikolausberger Weg 56 II.

16 Halfmann, Pflanzstätte, 1998, S. 111 f.

17 Kraus, Krise, 1933.

18 UniA Gö, Vorlesungbelegscheine Brünneck WS 1933/1934.

19 Halfmann, Pflanzstätte, 1998, S. 115 ff.

20 Ebd., S. 112.

21 Ebd., S. 117 f.

22 Ebd., S. 112.

23 UniA Gö, Vorlesungsbelegscheine Brünneck WS 1933/1934.

24 Vorlesungsverzeichnis WS 1933/34, S. 1.; dazu Dahms, Einleitung, 1998, S. 48.

25 Grüttner, Studenten, 1995, S. 253.

26 Ebd., S. 277 f.

27 G. v. Brünneck, Privilegium, 1933, S. 30 f.

28 Schneider, Rupp-v. Brünneck, 1983, S. 17.

29 Gespräch mit Lutz Gusseck am 2.2.2021.

30 G. v. Brünneck, Privilegium, 1933, S. 30 f.

31 Ebd., S. 32 dort in Fn. 2: »Diese Auffassung ist für den nationalsozialistischen Staat – während des Drucks dieser Arbeit – von maßgebender Seite, insbesondere von Reichskanzler Adolf Hitler, ausdrücklich betont worden.«

32 Anschütz, Leben, 2008, S. 328 f. Zu Anschütz' vorzeitiger Emeritierung s. Mussgnug, Juristische Fakultät, 2006, S. 262.

33 Zu Engischs Berufung vgl. Mussgnug, Juristische Fakultät, 2006, S. 266 f.

34 Müller, Höhn, 2019, S. 53 ff.

35 Ebd., S. 57.

36 Belegliste a 811, in: UAH, Rep. 29/902.

37 W. Jellinek an W. v. Brünneck, 26.3.1955, in: HHStAW, 502/2566, n. f.

38 Belegliste a 1077, in: UAH, Rep. 29/903.

39 Zu Güntert Wachter, Sprachwissenschaft, 2006, S. 371 ff.

40 Zu Schrade Schubert, Kunstgeschichte, 2008, S. 71 ff.

41 Vorlesungsverzeichnis SS 1934, S. 33.

42 Kurzbiographie bei Grüttner, Studenten, 1995, S. 511 f.

43 »Fachschaftsarbeit im Sommersemester 1934«, Der Heidelberger Student v. 18.5.1934, S. 2.

44 Vorlesungsverzeichnis SS 1934, S. 34.

45 »Wochenend-Schulungslager der juristischen Fachschaft Heidelberg, 16./17. Juni 1934«, Der Heidelberger Student v. 23.7.1934, S. 3.

46 »Fachschaftsarbeit der Studentinnen«, Der Heidelberger Student v. 29.5.1935, S. 7.

47 Weyrather, Numerus Clausus, 1981, S. 149 ff.

48 Grüttner, Studenten, 1995, S. 114 ff.

49 Röwekamp, djbZ 2008, S. 125 (126) hebt hervor, dass die Justizverwaltungen bemüht gewesen seien, »die Zweifel der Juristinnen und Frauen im Allgemeinen an der neuen Politik zu zerstreuen, und auch nicht sofort Maßnahmen zum Ausschluss der Juristinnen erlassen hätten«.

50 Dietrich, DJZ 1933, Sp. 1255.

51	Weyrather, Numerus Clausus, 1981, S. 149 f.
52	Ebd., S. 154.
53	Vgl. ebd., 1981, S. 153.
54	Zit. nach ebd., S. 150.
55	»Die Arbeitsgemeinschaft nationalsozialistischer Studentinnen«, Der Heidelberger Student v. 27.02.1934, S. 10.
56	Antrag v. 30.10.1936, in: BArch, NS 38/4109, n. f.
57	Kurzbiographie bei Röwekamp, Lexikon, 2005, S. 364 f., jedoch mit einigen zweifelhaften Angaben.
58	»6 Jahre in der Studentinnenarbeit«, Die Bewegung v. 19.12.1942, S. 2.
59	»Studentinnen an der Arbeit«, Der Deutsche Student 7/1936, S. 326.
60	Manns, Frauen, 1997, S. 258, dort in Fn. 318.
61	»Studentinnen an der Arbeit«, Der Deutsche Student 7/1936, S. 326.
62	Ebd.
63	Der Heidelberger Student v. 5.12.1934, Beilage Ruperto Carola, S. 7.
64	Vorlesungsverzeichnis WS 1934/35, S. 61.
65	Keine Angabe im Vorlesungsverzeichnis. Im Fragebogen für die Dozentenschaft der Universität Berlin v. 6.8.1941, in: HU UA, NS-Doz. 2 ZD I 163, Bl. 1, beantwortete W. v. Brünneck aber die Frage »Waren Sie führend in studentischen Organisationen tätig« mit »Fachschaftsreferentin f. Juristinnen in Heidelberg u. Berlin«.
66	»Fachschaftsarbeit der Studentinnen«, Der Heidelberger Student v. 29.5.1935, S. 7. Der Artikel bezieht sich zwar auf die im Sommersemester 1935 für die meisten Fachbereiche eingeführten Arbeitsgemeinschaften, verweist aber zu Beginn auf die bereits im vorangegangenen Semester abgehaltenen Arbeitsgemeinschaften für Studentinnen.
67	»Fachschaftsarbeit der Studentinnen«, Der Heidelberger Student v. 29.5.1935, S. 7.
68	Erlaß über die Errichtung des Reichsjustizprüfungsamts v. 21.9.1934, RGBl. I S. 845.
69	§ 2 Abs. 1 der Justizausbildungsordnung v. 22.7.1934, RGBl. I S. 727.
70	Würfel, Reichjustizprüfungsamt, 2019, S. 95 f.
71	Richter, in: Palandt/Richter, JAO, 1934, § 2 Anm. 3.
72	H. Einsele, in: Fabricius-Brand/Berghahn/Sudhölter, Juristinnen, 1982, S. 184.
73	W. Rupp-v. Brünneck, Rede v. 7.8.1972, in: Nachlass W. Rupp-v. Brünneck.
74	Kottenhoff, Neue Deutsche Frauenzeitschrift 1937, S. 81.
75	W. v. Brünneck, Frauen-Kultur 11/1937, S. 9 f. Dazu näher im folgenden Kapitel.
76	Kurzbiographie auf Grundlage der Überlieferung des BDC und von Auskünften G. Scholtz-Klinks bei Akademie III 2, 1989, S. 41; vgl. auch Röwekamp, Juristinnen, 2011, S. 683 f.; dies., Lexikon, 2005, S. 362 f.
77	Röwekamp, Juristinnen, 2011, S. 683.
78	Völkischer Beobachter v. 8.11.1934, Frauenbeilage, S. 2. Daraus die folgenden Zitate.
79	Schneider, Rupp-v. Brünneck, 1983, S. 17.
80	Majer, JöR 41 (1993), S. 1 (4).
81	Vgl. auch die Einschätzung von Misselwitz, Hilger, 2016, S. 133.
82	Fragebogen v. 9.2.1947, in: HStAS, EA 4/152 Bü 19, Bl. 15/5.
83	B. Hofmann an W. Siebert, 22.2.1936, in: BArch, N 2285/2, Bl. 187.
84	Biographie: Misselwitz, Hilger, 2016.
85	Kurzbiographie bei Röwekamp, Lexikon, 2005, S. 91 ff., deren Angaben teilweise unrichtig sind. Hier wurden sie nach Einseles eigenen Angaben zum Lebenslauf (1954), in: HHStAW, 518/74292, Bl. 8 f. berichtigt.
86	Einsele, Frauengericht, 1939.
87	Vorgang in: UAH, StudA Hackmann, Erdmute.
88	Röwekamp, Juristinnen, 2011, S. 573.

89	W. v. Brünneck Bescheinigung v. 14.4.1947, in: GLAK, 465 q/20585, Bl. 41.
90	Einsele, Leben, 1994, S. 46.
91	OLG-Präsident Karlsruhe an H. Einsele, 14.10.1935, in: HHStAW, 518/74292, Bl. 10.
92	Röwekamp, Lexikon, 2005, S. 336.
93	S. Schwarzenberger, Autobiography [Typoskript], S. 60, 94, in: WHL, Unpub. Mem.
94	Ausdruck von Leßau, Entnazifizierungsgeschichten, 2021.
95	P. Schmitthenner war NSDAP- und SS-Mitglied sowie badischer Staatsminister; Klee, Personenlexikon, 2003, S. 549.
96	Belegliste a 522, in: UAH, Rep. 29/879.
97	»Berufung Dr. Sieberts nach Kiel«, Der Heidelberger Student v. 25.1.1935, Beilage Ruperto Carola, S. 6.
98	Misselwitz, Hilger, S. 135.
99	B. Hofmann an W. Siebert, 22.2.1936, in: BArch, N 2285/2, Bl. 187 f.; A. Cüny an W. Siebert, 11.3.1936, in: BArch, N 2285/2, Bl. 173.
100	B. Hofmann an W. Siebert, 22.2.1936, in: BArch, N 2285/2, Bl. 187. Der Absender nimmt auf den »letzten Heidelberger Aufenthalt« Sieberts Bezug, bei dem dieser den Wunsch geäußert habe, »den einen oder anderen Referendar« in Kiel zu haben, der ihn bei der Bearbeitung arbeitsrechtlicher Fragen unterstützen könnte.
101	Kiesinger, Jahre, 1989, S. 163 ff.
102	Ebd., S. 186 f.
103	»Ein Politiker zwischen den Zeiten«, ZEIT v. 18.3.1988, S. 8.
104	W. Rupp-v. Brünneck an S. v. Brünneck, 17.4.1971, in: Nachlass W. Rupp-v. Brünneck.
105	I. v. Keudell, Lebenslauf o. D. [15.1.1940], in: HU UA, Jur.Fak.01 Nr. 345, Bl. 122.
106	RMJ an die OLG-Präsidenten u. a., 10.1.1936, abgedruckt in: Juristinnen, 1984, S. 158, mit Bezugnahme auf einen Erlass vom 17.9.1935, in dem bereits die Absicht formuliert worden war, Frauen nicht mehr bei den Gerichten und Staatsanwaltschaften anzustellen; dazu Meier-Scherling, DRiZ 1975, S. 10 (11).
107	Personalbogen o. D., in: BArch, R 3601/5578, n. f.
108	Richter, in: Palandt/Richter, JAO, 1934, § 12 Anm. 2.
109	Vgl. Würfel, Reichsjustizprüfungsamt, 2019, S. 27 f.
110	Richter, in: Palandt/Richter, JAO, 1934, § 12 Anm. 2.
111	Ebd., § 13 Anm. 1.
112	§ 4 Abs. 2 JAO 1934.
113	Richter, in: Palandt/Richter, JAO, 1934, § 14 Anm. 1.
114	§ 14 Abs. 2 JAO 1934.
115	Richter, in: Palandt/Richter, JAO, 1934, § 14 Anm. 1.
116	Ebd., § 19 Anm. 2.
117	Vgl. Würfel, Reichsjustizprüfungsamt, 2019, S. 173 f.
118	Ch. Schmitt im Interview mit M. Fabricius-Brand und S. Berghahn im Sommer 1981, in: Fabricius-Brand/Berghahn/Sudhölter, Juristinnen, 1982, S. 125.
119	§ 18 Abs. 1 JAO 1934.
120	M. Bormann an RMJ, 24.8.1936, abgedruckt in: Juristinnen, 1984, S. 160.
121	»Der Führer spricht zur deutschen Frauenschaft« (Auszug), abgedruckt in: Juristinnen, 1984, S. 156 f.

Juristin in der Volksgemeinschaft (1937–1945)

1	W. v. Brünneck, Frauen-Kultur 11/1937, S. 9 f.
2	Vgl. Stephenson, Organisation, 1981, S. 156 ff.
3	»Der Führer spricht zur deutschen Frauenschaft« (Auszug), abgedruckt in: Juristinnen, 1984, S. 156 f.

ANMERKUNGEN   469

4   Manns, Frauen, 1997, S. 289.
5   Ebd., S. 293.
6   Ebd., S. 285.
7   Ebd., S. 283.
8   Mit anderem Bezugspunkt Wildt, Volksgemeinschaft, 2007.
9   W. v. Brünneck, Frauen-Kultur 11/1937, S. 9.
10 Schmitt, Rechtswissenschaftliches Denken, 1934, S. 11 ff.
11 W. v. Brünneck, Frauen-Kultur 11/1937, S. 9 (10); daraus auch die folgenden Zitate.
12 Überblick bei Stolleis, Recht im Unrecht, 1994, S. 94 ff; zum konkreten Ordnungsdenken und den
    »konkret-allgemeinen« Begriffen Rüthers, Auslegung, 2017, S. 293 ff.
13 W. v. Brünneck, Frauen-Kultur 11/1937, S. 9 (10) – Hervorhebung im Original.
14 »Wechsel in der Leitung des Amtes Studentinnen der Reichsstudentenführung«,
    Studentenpressedienst v. 4.2.1939, S. 5. Die Teilnahme W. v. Brünnecks ergibt sich aus A. Kottenhoff
    an W. v. Brünneck, 26.7.1937, in: BArch, NS 38/1475, n. f.
15 Müller, Höhn, 2019, S. 67 f.
16 »6 Jahre in der Studentinnenarbeit«, Die Bewegung v. 19.12.1942, S. 2.
17 Lang, Selbstverwaltung, 1937.
18 Anträge v. 30.10.1936, in: BArch, NS 38/4109, n. f.
19 A. Kottenhoff an W. v. Brünneck, 26.7.1937, in: BArch, NS 38/1475, n. f.
20 Klee, Personenlexikon, 2003, S. 351 f.
21 Kubach, Studenten, 1937, S. 13.
22 Korrespondenz in: BArch, NS 38/1475; »Wechsel in der Leitung des Amtes Studentinnen der
    Reichsstudentenführung«, Studentenpressedienst v. 4.2.1939, S. 5.
23 Axmann, Reichsberufswettkampf, 1938, S. 356.
24 Personalbogen o. D. [1941], in: BArch, PERS 101/84260 (Beiakte), n. f.
25 W. v. Brünneck, JuR 1937, S. 166.
26 Korrespondenz in: BArch, NS 38/1475. W. v. Brünneck, JuR 1937, S. 166, berichtet von acht
    Teilnehmerinnen; ermitteln ließen sich nur die Namen von sieben.
27 UAH, StudA Hackmann, Erdmute, n. f.
28 60 Jahre Berliner Arbeitsgerichtsbarkeit, 1987, S. 366 weist I. Höhlmann als Vorsitzende Richterin an
    einem Berliner Arbeitsgericht nach. H. Hohnhold, geb. Friese, wurde 1952 Landgerichtsrätin in Berlin
    (Juristische Rundschau 1952, S. 376).
29 Kleines ABC rechtlicher Regelungen für Bibliothekare, 1967, verzeichnet E. Zachariat als
    »wissenschaftliche Mitarbeiterin, Berliner Stadtbibliothek«.
30 Krohn, Staat und Sozialversicherung, 1942; Promotionsakte, in: HU UA, Jur.Fak.01, Nr. 345.
31 E. Hackmanns Vater war Oberstudiendirektor, I. Höhlmanns Vater Verwaltungsinspektor am Charité-
    Universitätsklinikum. H. Frieses Vater fiel als Offizier im Ersten Weltkrieg; er stammte aus einer
    Gutsbesitzerfamilie. Über E. Zachariats Familie ist nichts bekannt.
32 Höhlmann, Frauen- und Kinderschutz, 1937; Promotionsakte, in: HU UA, Jur.Fak.01, Nr. 312.
33 W. v. Brünneck, JuR 1937, S. 166.
34 Dazu und zum Folgenden Winkler, Frauenarbeit, 1977, S. 55 ff.
35 Ebd., S. 57.
36 W. v. Brünneck, JuR 1937, S. 166 (167) – Hervorhebung im Original.
37 Ebd.
38 Vgl. Manns, Frauen, 1997, S. 201 ff.
39 Einlieferungsschein v. 27.5.1937, in: BArch, NS 38/4330, n. f. Eine Recherche in den historischen
    Beständen der Universitätsbibliothek und des Universitätsarchivs der Humboldt-Universität zu Berlin
    verlief ergebnislos.
40 W. v. Brünneck, JuR 1937, S. 166 (167 f.).

470 ANMERKUNGEN

41 Vgl. Manns, Frauen, 1997, S. 290.

42 Ebd., S. 284.

43 W. v. Brünneck, JuR 1937, S. 166 (168); daraus auch die folgenden Zitate.

44 Hackmann, Mutterschaftsversicherung, 1939, S. 5.

45 v. Wallenberg, Ehrenrecht, 1941.

46 Promotionsakte, in: HU UA, Jur.Fak.01, Nr. 394.

47 Krohn, Staat, 1942.

48 Landgericht Berlin, Generalakten betreffend Richterliste 1938, Landgerichtsräte, Lfd.-Nr. 127, in: LAB, A Rep. 339 Nr. 245.

49 Kottenhoff, »Mann und Frau in geistiger Zusammenarbeit«, Neue Deutsche Frauenzeitschrift, Nr. 6 v. 1.6.1937, S. 81.

50 Zilius-Falkenberg, Studentin o. D. [1941/1942], S. 20 (27).

51 Korrespondenz in: BArch, NS 38/4330, n. f.

52 »Die Industriearbeiterin im deutschen Recht«, Die Bewegung v. 9.3.1937, S. 4.

53 A. Kottenhoff an W. v. Brünneck, 11.5.1937, in: BArch, NS 38/1475, n. f.

54 A. Kottenhoff an W. v. Brünneck, 27.5.1937, in: BArch, NS 38/1475, n. f.

55 H. Frank, »Deutsche Rechtsstudenten«, in: JuR 1937, S. 161.

56 A. Kottenhoff an W. v. Brünneck, 11.5.1937, in: BArch, NS 38/1475, n. f.

57 Vgl. Stephenson, Nazi Organisation, 1981, S. 119 f.

58 G. Scholtz-Klink, Rede v. 4.2.1937, abgedruckt in: Scholtz-Klink, Frau, 1998, S. 519 (522).

59 I. Wolf an W. v. Brünneck u. a. v. 1.6.1937, in: BArch, NS 38/1475, n. f.

60 A. Kottenhoff an W. v. Brünneck, 11.5.1937, in: BArch, NS 38/1475, n. f.

61 Vocke, Grundrechte, 1938; Promotionsunterlagen in: UAH, H-II-852-41.

62 A. Kottenhoff an W. v. Brünneck, 11.5.1937, in: BArch, NS 38/1475, n. f.

63 A. Kottenhoff an W. v. Brünneck, 26.7.1937, in: BArch, NS 38/1475, n. f., wo noch von einem gemeinsamen Artikel die Rede ist.

64 W. v. Brünneck, DR 1938, S. 96 ff.; daraus auch die folgenden Zitate.

65 W. v. Brünneck, Frauen-Kultur 11/1937, S. 9 (10).

66 Malinowski, König, 2003, S. 476 ff.

67 Polizei-Präsident Berlin an das RMJ, 15.9.1937, in: BArch, VBS 1012 (R 1501)/ZA VI 03332 A. 05-15, n. f.

68 Fragebogen v. 11.2.1938, in: BArch, R 3601/5575, n. f.

69 Politische Beurteilung v. 15.9.1942, in: BLHA, Rep. 161 Nr. 05 ZA 56–7869.

70 Interview mit Leni Freifrau v. Eckhardstein am 22.6.1975 (Transkript), Privatbesitz A. v. Brünneck.

71 Fragebogen v. 6.8.1942, in: HU UA, NS-Doz. 2 ZD I/163, Bl. 1.

72 W. v. Brünneck, Bescheinigung v. 14.4.1947, in: GLAK, 465 q 20585, Bl. 41.

73 Steinbacher, Einleitung, 2007, S. 15.

74 Zum »Historikerinnenstreit« ebd., S. 15 ff.

75 Vgl. Röwekamp, Juristinnen, 2011, S. 734.

76 Steinbacher, Einleitung, 2007, S. 9 (18).

77 Vgl. Manns, Frauen, 1997; Walcoff, Volksgenossinnen, 2007, S. 59 ff.

78 Walcoff, Volksgenossinnen, 2007, S. 63 f. Sie spricht irrtümlich vom »gehobenen Justizdienst«, von dem Frauen gerade nicht ausgeschlossen worden waren.

79 Röwekamp, Juristinnen, 2011, S. 734 ff.

80 Ebd., S. 735 f.

81 Ebd., S. 748 ff.

82 W. v. Brünneck, DR 1938, S. 96 (98).

83 Hackmann, Mutterschaftsversicherung, 1939, S. 73.

84 E. Bötticher erhielt 1936 den Lehrstuhl E. Levys; vgl. Mussgnug, Juristische Fakultät, 2006, S. 278.

85 W. v. Brünneck, DR 1938, S. 96 (97 f.).

ANMERKUNGEN 471

86 Ebd., S. 96.

87 Übereinstimmende Angaben zu Mitgliedschaften: Personalbogen o. D. [1941], in: BArch, PERS 101/84260 (Beiakte), n. f.; Fragebogen v. 6.8.1942, in: HU UA, NS-Doz. 2 ZD I/163, Bl. 1.; Fragebogen v. 1.2.1943, in: HU UA, Jur.Fak.01, Nr. 580, Bd. 2, n. f.

88 Stephenson, Organisation, 1981, S. 130 ff.; Klinksiek, Frau, 1982, S. 119 ff.

89 Klinksiek, Frau, 1982, S. 122.

90 Stephenson, Organisation, 1981, S. 156, spricht von »spiritual leadership«.

91 Klinksiek, Frau, 1982, S. 122.

92 Vgl. Röwekamp, Juristinnen, 2011, S. 748 ff.

93 Vgl. Übernahmestempel auf der Aufnahme-Erklärung des DFW v. 12.1.1937, in: BArch (Slg. BDC), NS-Frauenschaft.

94 Anordnung 13/36 v. 27.1.1936, NSDAP-VOBl. S. 327; dazu Klinksiek, Frau, 1982, S. 122.

95 Vgl. Röwekamp, Juristinnen, 2011, S. 750.

96 Fragebogen v. 1.2.1943, in: HU UA, Jur.Fak.01, Nr. 580, Bd. 2, n. f.

97 Vgl. Stephenson, Organisation, 1981, S. 189, 192, 198.

98 H. Frank, Bekanntmachung o. D. [1937], in: BArch, NS 38/3741, n. f.

99 Ebd.

100 Grüttner, Studenten, 1995, S. 414.

101 Beitrittserklärung v. 4.8.1937, in: BArch, R 9361 II/145411; Aufnahmedatum: 1.8.1937.

102 Beitrittserklärung v. 12.9.1938, in: BArch, R 9361 II/203203; Aufnahmedatum: 1.11.1938.

103 Grüttner, Studenten, 1995, S. 414.

104 »6 Jahre in der Studentinnenarbeit«, Die Bewegung v. 19.12.1942, S. 2.

105 Grüttner, Studenten, 1995, S. 508; Röwekamp, Juristinnen, 2011, S. 751. Die Formulierung bei Röwekamp (»[e]rst im Jahr 1937«) suggeriert eine zögernde Haltung Kottenhoffs, der die NSDAP-Mitgliedschaft – wie allen nach dem 1.5.1933 zum Beitritt entschlossenen – aber erst ab dem 1. Mai 1937 offenstand.

106 NSDAP-Gaukartei, in: BArch, 9361-IX/19970898.

107 Lebenslauf o. D. [15.1.1940], in: HU UA Jur.Fak.01, Nr. 345, Bl. 122.

108 Misselwitz, Hilger, 2016, S. 161.

109 HStAS, EA 4/152 Bü 19, Bl. 112.

110 Beitrittserklärung v. 12.9.1938, in: BArch, R 9361 II/203203; Aufnahmedatum: 1.11.1938.

111 Zu E. Hackmann ließen sich keine Quellen ermitteln. Zu M. Lambeck: Personalbogen o. D. [Okt. 1937], in: BArch, R 8128/ZA-VI-3426-A01-31, n. f.; Meldebogen v. 26.4.1946, in: HHStAW, 50/38, Nr. 31214, n. f.

112 »… bes. in sittlicher Hinsicht«, SPIEGEL v. 3.3.1975, S. 74.

113 B. Ermert an K. v. d. Groeben, 14.8.1937, in: BArch, R 1501/ZA VI 0332 A. 04-14, n. f.

114 Personalakte: BArch, R 3601/5575.

115 »6 Jahre in der Studentinnenarbeit«, Die Bewegung v. 19.12.1942, S. 2.

116 Gruchmann, Justiz, 2001, S. 314.

117 Versorgungsakte M. Schede, in: LAB, A Rep. 240 Nr. 1867.

118 Lebenslauf v. 22.7.1939, in: HU UA, Jur.Fak.01, Nr. 394, n. f.

119 Personalakten in: HStAS, EA 4/152 Bü 19.

120 Vgl. Ch. Schmitt im Interview mit M. Fabricius-Brand und S. Berghahn im Sommer 1981, in: Fabricius-Brand/Berghahn/Sudhölter, Juristinnen, 1982, S. 122 ff.; Misselwitz, Hilger, 2016, S. 202 ff.

121 Vgl. aber die Darstellung bei Röwekamp, Juristinnen, 2011, S. 713 f., die ausschließlich negative Erfahrungsberichte dokumentiert.

122 Ch. Schmitt im Interview mit M. Fabricius-Brand und S. Berghahn im Sommer 1981, in: Fabricius-Brand/Berghahn/Sudhölter, Juristinnen, 1982, S. 126.

123 »Emanzipation«, in: Abendschau Baden-Württemberg v. 2.6.1971, in: SWR-Archiv.

124 KG-Präsident an RMJ, 21.6.1944, in: BArch, PERS 101/84360, Bl. 23. Recherchen beim LAB und beim BLHA blieben ergebnislos.

125 Würfel, Reichsjustizprüfungsamt, 2019, S. 99 ff.

126 Ebd., S. 108.

127 Nachweisung o. D., in: BArch, PERS 101/84360 (Beiakte), n. f.

128 Fragebogen v. 16.11.1947, in: BArch, PERS 101/84361, Bl. 5.

129 Misselwitz, Hilger, 2016, S. 192 ff.

130 Hilger, Arbeitsbedingungen, 1939.

131 Cüny, Tarifvertrag, 1939.

132 R. Graf v. d. Goltz, Lebenserinnerungen o. D. [nach 1954], S. 78, in: BArch, N 1548/3.

133 Ihr Urgroßvater Magnus v. Brünneck hatte in erster Ehe Luise Caroline Christiane v. d. Goltz, in zweiter Ehe deren Schwester Sophie Wilhelmine v. d. Goltz geheiratet, die aber, soweit ersichtlich, nicht aus derselben Linie der Familie Goltz stammten wie Rüdiger Graf v. d. Goltz. Dessen nachfolgend zitierte Äußerung legt indes nahe, dass er von einer Verwandtschaft ausging.

134 Seine Lebenserinnerungen, die er als »durchaus subjektiven Beitrag zur Erkenntnis einer ohne eigenes Erleben heute kaum noch verständlichen Zeit« verfasste, haben als Typoskript den Weg in das Bundesarchiv gefunden: BArch, N 1548/1–4; das Zitat findet sich auf S. 369, in: BArch, N 1548/4.

135 Vogelsang, NDB 6 (1964), S. 634 f.

136 R. Graf v. d. Goltz, Lebenserinnerungen o. D. [nach 1954], S. 116, in: BArch, N 1548/3.

137 Akten des Obersten Parteigerichts, I. Kammer, Az. 138/1936, in: BArch, R 9361-I/7880.

138 Prot. v. 9./10.12.1947, in: StAM, SpkA K 535 von der Goltz, Bl. 66/17.

139 Tagebucheintrag v. 11.11.1938, in: Die Tagebücher von Joseph Goebbels, 2012, URL = < https://www.degruyter.com/document/database/TJGO/entry/TJG-4114/html >.

140 Zum Ganzen Feldman, Allianz, 2001, S. 233 ff.

141 RG, Urt. v. 8.6.1923, Az. VII 622/22, RGZ 108, 188 (190).

142 R. Graf v. d. Goltz, Lebenserinnerungen o. D. [nach 1954], S. 229 f., in: BArch, N 1548/3. Er behauptet auch dort, dass sich der Einwand des Aufruhrs »rechtlich fundiert in Wirklichkeit gegen eine Regierung« gerichtet habe, »die man mit ihrer eigenen Propagandalüge einer ›spontanen‹ Volksbewegung« geschlagen habe. In seinen Memoiren insinuierte er indes – anders als noch im Spruchkammerverfahren – nicht mehr, dass er im Interesse der geschädigten jüdischen Eigentümer gehandelt habe.

143 Prot. v. 9./10.12.1947, in: StAM, SpkA K 535 von der Goltz, Bl. 66/17.

144 Gesichert ist, dass sich R. Graf v. d. Goltz 1938 bei Reichsjustizminister F. Gürtner für die Versorgung schwerkriegsverletzter jüdischer Rechtsanwälte einsetzte, weil er dies für eine »Ehrenpflicht der Anwaltschaft« hielt, die durch das Ausscheiden der Juden »letzten Endes auch finanzielle Vorteile [...] mutmaßlich haben« werde – zit. nach Königseder, Recht, 2001, S. 211, die einen Einfluss des Vaters vermutet, der als Weltkriegsgeneral eine solche »Ehrenpflicht« noch am ehesten verspürt haben werde.

145 Prot. v. 9./10.12.1947, in: StAM, SpkA K 535 von der Goltz, Bl. 66/17.

146 H. Graf v. d. Goltz, Gelände, 2002, S. 59 f.

147 Vgl. die autobiographischen Erinnerungen des Sohnes ebd., S. 59: »Ende 1935 feierte man den siebzigsten Geburtstag des Großvaters Goltz. Mit Reden, Liedern, einer Aufführung der Enkel, die in Versen das Leben des Jubilars darstellen sollte. Vor dem großen Kreis der Verwandtschaft und einigen wenigen Gästen, die nicht zur Familie gehörten: General Beck, General Freiherr v. Fritsch, General Graf Schulenburg.«

148 Prot. v. 9./10.12.1947, in: StAM, SpkA K 535 von der Goltz, Bl. 66/17.

149 Weber, Eignung, 1934, S. 4.

150 Rüthers, Auslegung, 2017.

ANMERKUNGEN 473

151 So lautet die – heute amtliche – Überschrift des weitgehend unveränderten § 244 BGB. An die Stelle der »Reichswährung« ist der Euro getreten.

152 Überblick bei Ebi, Devisenrecht, 2005, S. 181 ff.; detaillierter Banken, Devisenrecht, 2006.

153 Ebi, Devisenrecht, 2005, S. 181.

154 RGBl. I S. 1851.

155 Staudinger, Bd. 2/1, 1941, Vor 244 Rn. 39.

156 Vgl. Banken, Devisenrecht, 2006, S. 188 ff.

157 Fragebogen v. 1.2.1943, in: HU UA, Jur.Fak.01, Nr. 580, Bd. 2, n. f.

158 J. Altstötter, Beurteilung v. 9.11.1943, in: BArch, PERS 101/84360 (Beiakte), Bl. 13.

159 Fragebogen v. 16.11.1946, in: BArch, PERS 101/84361, Bl. 5. Der dort angegebene Beendigungsgrund (»Reklamation durch Universität«) ist nicht nachvollziehbar, da W. v. Brünneck im Vorbereitungsdienst mit der Universität nichts zu tun hatte. Möglicherweise bezieht sich die Angabe auf eine spätere Einberufung als Flugmeldehelferin, die durch eine Intervention der Universität Berlin zurückgenommen worden sein könnte. Unterlagen darüber sind nicht überliefert.

160 KG-Präsident an RMJ, 4.1.1940, in: BArch, PERS 101/64360 (Beiakte), Bl. 20.

161 Ebd. Formal dauerte der Flugmeldedienst offenbar bis zum 15.3.1940; vgl. Fragebogen v. 16.11.1946, in: BArch, PERS 101/84361, Bl. 5. Die Annahme einer »dreijährige[n] Zwangspause als Flugmelderin« bei Majer, JöR 41 (1993), S. 1 (2), entbehrt jeder Grundlage.

162 Vgl. Schmerbach, Gemeinschaftslager, 2008, S. 130 ff.

163 G. v. Brünneck an die Zahlstelle, 19.11.1940, in: BArch, R 3601/5575, Bl. 64.

164 Nachweisung o. D., in: BArch, PERS 101/84360 (Beiakte), n. f.

165 Zur Prüfungspraxis Würfel, Reichsjustizprüfungsamt, 2019, S. 125 ff.

166 Ebd., S. 172.

167 Zit. nach ebd.

168 Ebd.

169 BArch, R 3012/44.

170 Würfel, Reichsjustizprüfungsamt, 2019, S. 207.

171 Ebd., S. 180.

172 Vgl. die Charakterisierung O. Palandts ebd., S. 89 ff.

173 Schädler, Justizkrise, 2009, S. 132.

174 Vgl. Schubert, ZRG (GA) 115 (1998), S. 86 ff.

175 Raim, Justiz, 2013, S. 363 f.

176 Gruchmann, Justiz, 2001, S. 346. Krug war wie Freisler in der »Kampfzeit« in Kassel aktiv gewesen; vgl. Verfolgung und Ermordung I, 2008, S. 228, dort in Fn. 2.

177 Zu dessen Aufgaben Würfel, Reichsjustizprüfungsamt, 2019, S. 173 f.

178 Auf einer numerischen Skala von 1 = »ungenügend« bis 7 = »ausgezeichnet« hätten ihre Einzelnoten einen Schnitt von 5,66 ergeben, aufgerundet also 6 = »lobenswert«.

179 Ausgezeichnet: 1; lobenswert: 1; gut: 15, befriedigend: 20, ausreichend: 24, nicht bestanden: 10. Zahlen nach dem Terminkalender des RJPA 1941, in: BArch, R 3012/44, in dem aber nur die ordentlichen Prüfungen, nicht die vereinfachten Kriegsteilnehmerprüfungen verzeichnet sind.

180 BArch, PERS 101/84360 (Beiakte), Bl. 9.

181 Ebd.

182 Ebd.

183 Personalbogen v. 10.2.11947, in: HStAS, EA4/152 Bü 19, Bl. I.

184 Vgl. Misselwitz, Hilger, 2016, S. 188, die aber keinen Zusammenhang zwischen dem Ausscheiden M. L. Hilgers und der Anstellung W. v. Brünnecks herstellt.

185 Ebd., S. 202.

186 Die nachfolgenden Angaben stammen aus den Personalakten in: HU UA, UK Personalia S 100; UniA Gö, Rek PA Siebert, Wolfgang, XVI. II. B. A. d. 36. Vgl. außerdem Mies, Siebert, 2007 und Haferkamp, NDB 24 (2010), S. 325.

187 Siebert, Besitzbegriff, 1928.

188 Siebert, Treuhandverhältnis, 1935.

189 Zum Privatleben Mies, Siebert, 2007, S. 25.

190 Fragebogen v. 20.9.1951, in: UniA Gö, Rek PA Siebert, Wolfgang, XVI. II. B. A. d. 36, Bl.

191 Personalbogen o. D. [1938–1941], in: HU UA, UK Personalia S 100; zum Engagement in der HJ vgl. Mies, Siebert, 2007, S. 27.

192 Zu Sieberts Wirken in Kiel Mies, Siebert, 2007, S. 29 ff.; Wiener, Kieler Fakultät, 2013, S. 100 ff.

193 Rüthers, Entartetes Recht, 1988, S. 41.

194 Mies, Siebert, 2007, S. 18; Wiener, Kieler Fakultät, 2013, S. 101.

195 Gräfin v. Lösch, Geist, 1999, S. 374.

196 Zurückhaltend Mies, Siebert, 2007, S. 39.

197 DJZ 1935, Sp. 1294 ff.

198 Gutachten v. 14.2.1940, in: HU UA, Jur.Fak.01, Nr. 345, Bl. 130.

199 Gutachten v. 26.2.1940, in: HU UA, Jur.Fak.01, Nr. 345, Bl. 130.

200 Hilger, RdA 1975, S. 121; daraus auch die folgenden Zitate.

201 Mitschrift o. D. [Okt. 1937], in: BArch, NS 38/3741, n. f.

202 Ebd.

203 Bericht v. 26.1.1939, in: HU UA, UK Personalia S 100, Bd. 2, Bl. 16.

204 Ebd.

205 Misselwitz, Hilger, 2016, S. 185 ff.

206 W. Siebert, Bescheinigung v. 20.7.1943, in: BArch, PERS 101/84360, Bl. 6; Personalakte: HU UA, UK Personalia B 462.

207 § 2 Abs. 1 Nr. 3 der Ordnung der Rechtsverhältnisse der wissenschaftlichen Assistenten und wissenschaftlichen Hilfskräfte an deutschen Hochschulen (Reichsassistentenordnung), abgedruckt in: Deutsche Wissenschaft, Erziehung und Volksbildung 1940, S. 70 f.

208 § 11 Reichsassistentenordnung. W. Siebert hatte dafür darlegen müssen, warum er ausgerechnet diese Juristin an seinem Institut beschäftigen wollte und nicht einen männlichen Kollegen. Sein Schreiben an den Universitätskurator v. 30.4.1941 hat den Krieg nicht überdauert. Er bezog sich darauf in seinem Antrag auf Weiterbeschäftigung v. 6.10.1941, in: HU UA, UK Personalia B 462, Bl. 23.

209 Regierungs-, Land- und Amtsgerichtsräte erhielten in der Dienstaltersstufe 1 der Besoldungsgruppe A 2c2 (1940) 400 RM.

210 Vorlesungsverzeichnis WS 41/42, S. 93.

211 Siebert, ZfP 33 (1943), S. 369 (377).

212 Beurteilung v. 19.4.1943, in: BArch, R 3601/5575, n. f.

213 W. Siebert an P. Gieseke, 18.12.1941, in: HU UA, Jur.Fak.01, Nr. 47, n. f.

214 P. Gieseke an L. Kreuz, 15.5.1942, in: HU UA, Jur.Fak.01, Nr. 47, n. f.

215 »Soldatenbriefe zur Berufsförderung für Rechtswahrer« o. D. [1942], in: HU UA, Jur.Fak.01, Nr. 47, n. f.

216 W. Siebert, Bericht v. 15.8.1942, in: HU UA, Jur.Fak.01, Nr. 47, n. f.

217 Ebd.

218 22. Rundbrief (Okt. 1944), S. 17, abgedruckt in: Feldpost-Briefe der Juristischen Fakultät der Universität Berlin.

219 23. Rundbrief (Nov. 1944), S. 27, abgedruckt in: Feldpost-Briefe der Juristischen Fakultät der Universität Berlin.

220 W. Rupp-v. Brünneck an S. v. Brünneck, 17.4.1971, in: Nachlass Wiltraut Rupp-v. Brünneck.

221 Personalakten: HStAS, EA4/152 Bü 19.

222 A. Cüny an den LG-Präsidenten in Berlin, 7.7.1943, in: HStAS, EA4/152 Bü 19, Bl. 120.

ANMERKUNGEN 475

223 A. Cüny an den KG-Präsidenten, 3.1.1945, in: HStAS, EA4/152 Bü 19, Bl. 126. Dort ist von August 1944 die Rede. Aus den weiteren Unterlagen ergibt sich aber, dass sie erst ab Februar 1945 wieder den Referendardienst antrat.

224 A. Cüny an das Oberlandesgericht Kiel, 16.11.1946 in: HStAS, EA4/152 Bü 19, Bl. 141.

225 Misselwitz, Hilger, 2016, S. 281 ff., die aber keine Verbindung zu Anneliese Cüny herstellt.

226 Meldebogen v. 18.9.1946, in: GLAK, 465 q/20585, Bl. 1.

227 Misselwitz, Hilger, 2016, S. 47 f.

228 Ebd., S. 326 ff.

229 Meldebogen v. 18.9.1946, in: GLAK, 465 q/20585, Bl. 1.

230 Vgl. Misselwitz, Hilger, 2016, S. 234, dort in Fn. 1219. Ob die »standrechtliche« Erschießung darauf zurückging, dass die sowjetischen Soldaten eine Uniform in einem Kleiderschrank fanden, wie es in der Hilger'schen Familienüberlieferung heißt, ist unklar. Von Brünneck'scher Seite wird nur die Zerstörung des Hauses bestätigt (Gespräch mit Heidrun Theis am 1.11.2019), die auch in den Akten belegt ist (Fragebogen v. 16.11.1946, in: BArch, PERS 101/84361, Bl. 5: »Ruinengrundstück«). Jedenfalls die Datierung passt in das Kriegsgeschehen, da die Rote Armee am 24.4.1945 ihren Vorstoß im Süden Berlins begann.

231 Adressangaben in: HU UA, Jur.Fak.01, Nr. 345, Bl. 120 ff., wo auch die Telefonnummer W. v. Brünnecks hinterlegt ist.

232 Personalakte: PA AA, P 3, 4.898.

233 Zu Kiesingers Tätigkeit Klöckler, Auslandspropaganda, 2005. Die Stelle hatte ihm ein Bundesbruder und Schüler aus seinem Repetitorium beschafft (ebd., S. 206).

234 Gespräch mit Johanna Gerhard am 28.9.2020.

235 E.-F. Harmsen, Mitteilung an den Verf. v. 3.11.2020.

236 Harmsen, Borsig, 2015, S. 126 ff.

237 »6 Jahre in der Studentinnenarbeit«, Die Bewegung v. 19.12.1942, S. 2.

238 »Parteigenossin Dr. Kottenhoff Gaufrauenschaftsleiterin von Salzburg«, Die Bewegung v. 7.3.1942, S. 9.

239 Angaben nach Dieckmann, Besatzungspolitik, Bd. 1, 2011, S. 660, dort in Fn. 19, und R. Dammer, Genealogische Forschung, URL = < https://homepage.ruhr-uni-bochum.de/raphael.dammer/pafg02.htm >.

240 Vgl. Dieckmann, Besatzungspolitik, Bd. 1, 2011, S. 663 ff.

241 »6 Jahre in der Studentinnenarbeit«, Die Bewegung v. 19.12.1942, S. 2.

242 Vgl. Akten der Parteikanzlei der NSDAP, Bd. 2, S. 1034, 1040.

243 Oberstadtdirektor Düsseldorf an den Regierungspräsidenten Düsseldorf, 9.9.1954, in: LA NRW, BRK 1139 Nr. 3, n. f. Die Hintergründe der Verurteilung ließen sich nicht aufklären.

244 M. Lambeck an die IG Farben Berlin, 29.8.1937, in: BArch, R 8128/ZA VI 3426 A.01-31, n. f.

245 L. Jonas an G. Pistor, 28.9.1937, in: BArch, R 8128/ZA VI 3426 A.01-31, n. f.

246 Zeugnis v. 19.2.1938, in: BArch, R 8128/ZA VI 3426 A.01-31, n. f.

247 Standesamt Berlin-Steglitz, Heiratsurkunde Nr. 912/1942.

248 Meldebogen v. 24.4.1946, in: HHStAW, 520/35 Nr. 31214, n. f.

249 Notiz o. D., in: HHStAW, 520/35 Nr. 31214, n. f.

250 So behauptet H. Trost in seiner Notiz, er habe 1933 nur eine »[v]orläufige Anwärterkarte« der NSDAP erhalten. In der Mitgliederkartei ist er jedoch als Mitglied seit 1.5.1933 verzeichnet (Mitgl.-Nr. 2822010), BArch, R 9361-XI-45210151. Für die von ihm behaupteten Parteiverfahren wegen der Beschäftigung zweier Jüdinnen finden sich keine Belege.

251 Standesamt Berlin-Steglitz, Heiratsurkunde Nr. 912/1942.

252 Meldebogen v. 24.4.1946, in: HHStAW, 520/35 Nr. 31214, n. f.

253 Personalbogen o. D. [1941], in: BArch, PERS 101/84360 (Beiakte), n. f.

254 Fragebogen v. 1.2.1943, in: HU UA, Jur.Fak.01, Nr. 580, n. f.; Personalbogen o. D. [1943], in: BArch
PERS 101/84360 (Beiakte), n. f.; Personalbogen o. D. [1944], in: BArch PERS 101/84360 (Beiakte), n. f.

255 Vermerk v. 12.1.1943, in: BArch, PERS 101/84360 (Beiakte), Bl. 10.

256 W. Siebert an den Universitätskurator, 29.3.1943, in: HU UA, UK Personalia B 462, Bl. 33.

257 Vermerk v. 5.2.1943, in: BArch, PERS 101/84360 (Beiakte), Bl. 10.

258 Vermerk v. 12.1.1943, in: BArch, PERS 101/84360 (Beiakte), Bl. 10.

259 W. Siebert an den Universitätskurator, 3.2.1943, in: HU UA, UK Personalia B 462, Bl. 28.

260 Biographie: Braun, Thierack, 2005.

261 Biographie: Schott, Rothenberger, 2001.

262 Peschel-Gutzeit (Hrsg.), Juristen-Urteil, 1996.

263 Schneider, Rupp-v. Brünneck, 1983, S. 17; ebenso Majer, JöR 41 (1993), S. 1 (2).

264 W. Rupp-v. Brünneck, Danksagung v. 26.5.1977, in: UAF, Abt. 1110, Nr. 18, Bl. 44.

265 Demps, Einleitung, 2012, S. 11 (36 f.).

266 Berichte der Hauptluftschutzstelle Berlin, S. 357 ff., auf der CD-Beilage zu Demps (Hrsg.),
Luftangriffe, 2012.

267 Demps, Einleitung, 2012, S. 11 (37).

268 W. Rupp-v. Brünneck, Danksagung v. 26.5.1977, in: UAF, Abt. 1110, Nr. 18, Bl. 44.

269 W. Siebert, in: Feldpost-Briefe, 17. Rundbrief, Jan. 1944, S. 7 f.

270 W. Rupp-v. Brünneck, Danksagung v. 26.5.1977, in: UAF, Abt. 1110, Nr. 18, Bl. 44.

271 W. v. Brünneck an den Dekan der Juristischen Fakultät, 30.6.1960, in: UAH, H-II-382/20, n. f.

272 Walcoff, Volksbürgerin, 2007, S. 65.

273 Die spätere Senatspräsidentin am Bundespatentgericht Lucia Guggemoos-Finger erinnerte sich, dass
im Krieg »viele Juristinnen« aufgefordert wurden, Richterin zu werden; vgl. Scholz, Berlin, 1982, S. 160.

274 Charlotte Blume; Personalakte: BArch, R 3001/51980.

275 Vgl. Walcoff, Volksbürgerin, 2007, S. 65.

276 Hesse, Grundbuchordnung, 1936; 2. Aufl. 1939.

277 Schubert, Grundbuchordnung, 1982, S. 58 f.

278 GVPl. v. 1.4.1943, in: BArch, R 3001/20058, Bl. 128.

279 Vgl. die biographische Notiz von Rüggeberg, »Fritz Sperrhake, Paul Bodenstein und Ewald
Scharwiess«, URL = < https://www.ns-akteure-in-tuebingen.de/biografien/polizei-justiz-ss/fritz-
sperrhake-paul-bodenstein-und-ewald-schwarwiess>. Personalakten: HStAS, EA 4/153 Bü 38;
Entnazifizierungsakten: StA Sigm., Wü 13 T 2, Nr. 1609/009; Nr. 2631/128.

280 Gespräch mit Lutz Gusseck am 2.2.2021.

281 Fraenkel, Doppelstaat, 2019.

282 A. v. Brünneck, Vorwort (2001), in: Fraenkel, Doppelstaat, 2019, S. 11.

283 Fraenkel, Doppelstaat, 2019, S. 120.

284 Ebd., S. 113.

285 Ebd., S. 124.

286 Vgl. ebd., S. 130 f.

287 Ebd., S. 119.

288 Zur Rolle der Justiz ebd., S. 126.

289 K. Weinrich an K. Happ, 30.8.1943, in: BArch, R 3001/20811, Bl. 367.

290 Klee, Personenlexikon, 2003, S. 104.

291 Vgl. zu diesem Kriterium Fraenkel, Doppelstaat, 2019, S. 119.

292 OLG-Präsident Kassel an RMJ, 6.10.1943, in: BArch, R 3001/20811, Bl. 362.

293 H. Klemm an O. Thierack, 30.11.1943, in: BArch, R 3001/20811, Bl. 399.

294 RMJ an den OLG-Präsidenten Kassel, 21.12.1932, in: BArch, R 3001/20811, Bl. 401.

295 K. Delitzsch an RMJ, 3.12.1943, in: BArch, R 3001/20811, Bl. 400.

296 Fraenkel, Doppelstaat, 2019, S. 126.

ANMERKUNGEN 477

297 Ebd., S. 124.

298 RGBl. I S. 573.

299 Vermerk v. 27.1.1944, in: BArch, R 3001/20821, Bl. 473; daraus auch die folgenden Zitate.

300 § 3 der Elften Verordnung zum Reichsbürgergesetz v. 25.11.1941, RGBl. I S. 722.

301 Vermerk v. 27.1.1944, in: BArch, R 3001/20821, Bl. 473.

302 Vgl. § 9 der Elften Verordnung zum Reichsbürgergesetz v. 25.11.1941, RGBl. I S. 722.

303 Vom 3.12.1938, RGBl. I, S. 1709.

304 Antrag v. 28.6.1942, in: BArch, R 3001/20821, Bl. 322.

305 Vertrag v. 27.4.1942, in: BArch, R 3001/20821, Bl. 324.

306 Antrag v. 28.6.1942, in: BArch, R 3001/20821, Bl. 322.

307 Zu K. Krieger Schubert, ZRG (GA) 109 (1992), S. 209 (223 f.).

308 K. Krieger an P. Bodenstein, 8.10.1943, in: BArch, R 3001/20821, Bl. 331.

309 RMJ an den OLG-Präsidenten Stuttgart, 9.3.1944, in: BArch, R 3001/20821, Bl. 343.

310 Verfügung v. [9.]3.1944, in: BArch, R 3001/20821, Bl. 344.

311 Vgl. die Recherchen von U. Brügmann für »Stolpersteine Konstanz«, URL = < https://stolpersteine-konstanz.de/jung_erwin.html >.

312 U. Conrad an RMJ, 28.4.1943, in: BArch, R 3001/20821, Bl. 372.

313 Bescheinigung v. 7.12.1942, in: BArch, R 3001/20821, Bl. 377.

314 Devisenstelle Stettin an den Oberfinanzpräsidenten Pommern, 23.12.1942, in: BArch, R 3001/20821, Bl. 378.

315 Oberfinanzpräsident Pommern an U. Conrad, 7.9.1943, in: BArch, R 3001/20821, Bl. 376.

316 L. Scharlack an U. Conrad, 18.8.1941, in: BArch, R 3001/20821, Bl. 379.

317 Vermerk v. 23.10.1943, in: BArch, R 3001/20821, Bl. 380.

318 RMF an RMJ, 30.3.1944, in: BArch, R 3001/20822, Bl. 40.

319 RMJ an U. Conrad, 23.4.1944, in: BArch, R 3001/20822, Bl. 42.

320 Dokumentation: »Stettin nach Lublin«, URL = < http://www.statistik-des-holocaust.de/list_ger_brb_400213.html >.

321 Angaben nach BArch, Gedenkbuch, URL = < https://www.bundesarchiv.de/gedenkbuch/de963803 >.

322 BArch, R 3001/20822, Bl. 88 ff.

323 E. Féaux de la Croix an W. v. Brünneck, 27.7.1944, in: BArch, R 3001/20822, Bl. 101.

324 Klee, Personenlexikon, 2003, S. 145.

325 W. Hesse an E. Féaux de la Croix, 5.8.1944, in: BArch, R 3001/20822, Bl. 102. Den Entwurf des Schreibens fertigte W. v. Brünneck, die den Dienstweg einhielt und ihren Vorgesetzten Hesse abzeichnen ließ. Angesichts der vorangegangenen Korrespondenz besteht kein Zweifel daran, dass die Sachentscheidung von ihr getroffen worden war.

326 RMJ an den OLG-Präsidenten Bamberg, 24.8.1944, in: BArch, R 3001/20822, Bl. 104.

327 O. Pohl an RMF, 7.11.1942, in: BArch, R 3001/20829, Bl. 64.

328 Niederschrift v. 18.12.1942, in: BArch, R 3001/20829, Bl. 68.

329 Vermerk v. 1.2.1943, in: BArch, R 3001/20829, Bl. 72.

330 Vgl. Seliger, Politische Anwälte?, 2016, S. 102, 220.

331 OLG-Präsident Kattowitz an RMJ, 11.2.1944, in: BArch, R 3001/20829, Bl. 208.

332 OLG-Präsident Kattowitz an SS-WVHA, 11.2.1944, in: BArch, R 3001/20829, Bl. 210.

333 O. Pohl an den RMF, 7.11.1942, in: BArch, R 3001/20829, Bl. 64.

334 OLG-Präsident Kattowitz an RMJ, 11.2.1944, in: BArch, R 3001/20815, Bl. 208.

335 OLG-Präsident Kattowitz an Reichsführer SS, 11.2.1944, in: BArch, R 3001/20815, Bl. 210.

336 Verfügung v. 30.5.1944, in: BArch, R 3001/20815, Bl. 211.

337 Beurteilung v. 9.11.1943, in: BArch, PERS 101/84360 (Beiakte), Bl. 13.

338 Mitteilung v. 29.2.1944, in: BArch, R 3001/20821, Bl. 446.

339 Vermerk v. 13.1.194[4], in: BArch, PERS 101/84360, Bl. 12 – Hervorhebungen im Original.

340 Vermerk v. 14./15.1.1944, in: BArch, PERS 101/84360, Bl. 9.

341 Vermerk v. 13.1.194[4], in: BArch, PERS 101/84360, Bl. 12 – Hervorhebung im Original.

342 GVPl. v. 15.2.1944, in: BArch, R 3001/24225, Bl. 15.

343 GVPl. v. 1.9.1944, in: BArch, R 3001/24225, Bl. 69.

344 Zu H. Klemm vgl. Schädler, Justizkrise, 2009, S. 150 ff.

345 Klee, Personenlexikon, 2003, S. 368 f.

346 »... bes. in sittlicher Hinsicht«, SPIEGEL v. 3.3.1975, S. 74.

347 P. Bodenstein, Lebenslauf v. 18.7.1947, in: HStAS, EA 4/153 Bü 38, n. f.: »Im Februar 1943 wurde ich als Hilfsarbeiter in das Reichsjustizministerium berufen, wo ich das Erbrechts- und Grundbuchreferat, zuletzt nur das erstere bearbeitete.«

348 GVPl. v. 15.2.1944, in: BArch, R 3001/24225, Bl. 15.

349 GVPl. v. 1.9.1944, in: BArch, R 3001/24225, Bl. 69.

350 Nur das Referat »Sprachendienst« wurde ebenfalls von einer Regierungsrätin (Dr. Melzer) geleitet, die aber vermutlich keine Juristin war.

351 R. Letz an J. Altstötter, 11.12.1944, in: BArch, R 3001/51980, Bl. 12.

352 Abelshauser, Rüstungsschmiede, 2002, S. 267 ff.

353 Ebd., S. 319 ff.

354 Erlaß des Führers über das Familienunternehmen der Firma Fried. Krupp v. 12.11.1943, RGBl. I S. 655.

355 Für die ersten 15 Jahre nach Gründung blieb das Bestimmungsrecht aber Bertha Krupp von Bohlen und Halbach vorbehalten, Ziff. VIII. der Satzung.

356 Satzung v. 15.12.1943, in: BArch, R 3001/20828, Bl. 183.

357 Registerauszug v. 4.1.1944, in: BArch, R 3001/20828, Bl. 190.

358 Fried. Krupp Direktorium an RMJ, 25.2.1944, in: BArch, R 3001/20828, Bl. 170.

359 Allgemeine Verfügung über die Einrichtung und Führung des Grundbuchs (Grundbuchverfügung) v. 8.8.1935, RMBl. I S. 637.

360 RMJ an Direktorium Fried. Krupp, 11.4.1944, in: BArch, R 3001/20828, Bl. 202.

361 H. Klemm an M. Bormann, 11.4.1944, in: BArch, R 3001/20828, Bl. 203.

362 G. Klopfer an H. Klemm, 18.5.1944, in: BArch, R 3001/20828, Bl. 237.

363 In den Akten des Grundbuchreferats findet sich kein weiteres Schreiben des Krupp-Direktoriums.

364 Vermerk v. 10.8.1944, in: BArch, R 3001/20828, Bl. 240 – Hervorhebung im Original.

365 Ebd.

366 Saage/Riedel/Fischer, Vorwort, in: Hesse/Saage/Fischer, 1954. Zur NS-Belastung des Ko-Autors Erwin Saage vgl. Görtemaker/Safferling, Rosenburg, 2016, S. 305.

367 Saage/Riedel/Fischer, Vorwort, in: Hesse/Saage/Fischer, 1954.

368 BVerfGE 30, 173 (225).

369 Dem heutigen AG Schöneberg II, Ringstraße 9, Lichterfelde-West.

370 J. Altstötter, Abteilungsverfügung v. 20.12.1944, in: BArch, R 3001/24225, Bl. 90.

371 BArch, R 3001/20831.

372 RMJ an RMI, 17.8.1944, in: BArch, R 3001/20831, Bl. 4.

373 RMJ an RMI, 27.7.1944, in: BArch, R 3001/20828, Bl. 211.

374 Aus der Personalakte des RMEL, in: BArch, R 3601/5575, ergibt sich, dass er zwischen dem 2.5.1944 und dem 20.7.1944 wieder zu seiner Einheit zurückgekehrt sein muss.

375 W. v. Brünneck an J. Altstötter, 21.8.1944, in: BArch, PERS 101/84360, Bl. 13.

376 Gespräch mit Heidrun Theis am 1.11.2019.

377 W. v. Brünneck an J. Altstötter, 21.8.1944, in: BArch, PERS 101/84360, Bl. 13.

378 Das exakte Verwandtschaftsverhältnis ließ sich nicht rekonstruieren.

379 R. Drache, Lebenslauf v. 26.6.1946, in: LAB, C Rep. 118–01, n. f.

380 Biographie: v. Mettenheim, Wentzel-Teutschenthal, 2019.

381 Ebd., S. 161 ff.

382	Pfeiffer-Wentzel, Herz, 2011, S. 113.
383	v. Mettenheim, Wentzel-Teutschenthal, 2019, S. 181 ff.
384	W. v. Brünneck, Eidesstattliche Erklärung v. 20.10.1947, in: StAL, EL 903/2 Bü 947, Bl. 113.
385	R. Drache, Lebenslauf v. 26.6.1946, in: LAB, C Rep. 118–01, n. f. Dort ist der 22.4.1945 als Datum der Entlassung angegeben, ebenso wie in den Notizen eines Mithäftlings; vgl. den Abdruck bei Tuchel, Zellengefängnis, 2014, S. 354. Im Eingangsbuch der Häftlinge ist hingegen der 21.4.1945 vermerkt; vgl. den Abdruck bei Tuchel, Zellengefängnis, 2014, S. 366.
386	Über Sanden ließ sich nichts Näheres ermitteln.
387	Interview mit Leni Freifrau v. Eckardstein am 22.6.1975 (Transkript), Privatbesitz A. v. Brünneck.
388	Ebd.; Mitchell, Erinnerungen, 2014, S. 288 f. Die Vernehmung wird außerdem erwähnt bei R. Gräfin v. Hardenberg an W. v. Hardenberg o. D. [Sommer 1946], abgedruckt in: G. Agde (Hrsg.), Hardenberg, 1994, S. 68 (104).
389	W. v. Brünneck an J. Altstötter, 4.11.1944, in: BArch, PERS 101/84360 (Beiakte), n. f.
390	Interview mit Dina Mickel am 10.6.2000 (Transkript), Privatbesitz A. v. Brünneck.
391	R. Gräfin v. Hardenberg an W. v. Hardenberg o. D. [Sommer 1946], abgedruckt in: G. Agde (Hrsg.), Hardenberg, 1994, S. 68 (87).

Zwischenzeit (1945–1950)

1	BArch, R 3001/20828, Bl. 272.
2	Gespräch mit Heidrun Theis am 1.11.2019.
3	Vgl. Heubaum/Wagner (Hrsg.), Zwischen Harz und Heide, 2015, S. 24 ff.
4	SHAEF-Gesetz Nr. 2, abgedruckt in: Henken (Hrsg.), Sammlung [1948].
5	Gespräch mit Heidrun Theis am 1.11.2019.
6	SHAEF-Proklamation Nr. 1, abgedruckt in: Henken (Hrsg.), Sammlung [1948].
7	W. v. Brünneck an die Oberjustizkasse in Naumburg, 4.10.1945, in: LASA, K 4, Nr. 1164, Bl. 4.
8	Soldbuch (DV) für Dr. Werner Genzmer (BArch); Karteikarte, in: BArch, B 563-1 KARTEI/G 1417/160.
9	Bohse, Entnazifizierung, 2017, S. 429.
10	In der spärlichen archivalischen Überlieferung des Amtsgerichts Sangerhausen aus dem Jahr 1945 finden sich zwei undatierte Personalnachweisbögen, die die chaotische Situation bei Kriegsende verdeutlichen. Auf dem ersten, wahrscheinlich älteren Bogen wurden zunächst handschriftlich vier Beamte des höheren Dienstes notiert und laufend nummeriert, nämlich »1. Graupner«, »2. Dr. Döhring«, »3. Wenzel« und »4. Nischk« (letzterer mit der Bemerkung »z. Zt. flüchtig«). Diesen wurden später die Namen »4. Müller«, »5. v. Brünneck« und »7. Wein« hinzugefügt. Aus »4. Nischk« wurde durch Überschreiben der Ziffer »6. Nischk«. Selbst wenn diese Ergänzung vor der Einreichung der ersten Liste an die Amerikaner vorgenommen worden wäre, hätte ein Außenstehter nicht erkennen können, dass Wiltraut v. Brünneck als Richterin am Amtsgericht tätig war, da ihre Amtsbezeichnung mit »Reg.Rätin« angegeben wurde; LASA, C 128 Landgericht Halle, Nr. 218, n. f.
11	Bohse, Entnazifizierung, 2017, S. 429 f., auf der Grundlage einer Auswertung der Personalakten.
12	Vgl. ebd., S. 421.
13	Stellenplan des AG Sangerhausen o. D., in: LASA, C 128 Landgericht Halle, Nr. 218, n. f.; Bohse, Entnazifizierung, 2017, S. 429, dort in Fn. 1321, datiert den Plan auf den Juni 1945.
14	Bohse, Entnazifizierung, 2017, S. 477 ff.
15	Ebd., S. 483 f.
16	Gespräch mit Heidrun Theis am 1.11.2019.
17	Ch. Franz, Suchkarte, eingegangen am 19.3.194[8], übermittelt durch den DRK-Suchdienst München am 20.11.2019.

480 ANMERKUNGEN

18 Mitteilung des DRK-Suchdiensts München v. 20.11.2019 auf der Grundlage einer Auskunft des Staatsarchivs der Russischen Föderation.

19 W. v. Brünneck, Lebenslauf v. 10.10.1945, in: LASA, K 4, Nr. 1167, n. f.

20 Sie sollte 1975 in einem Interview sagen, »früher mal beim Vormundschaftsgericht« gewesen zu sein; »Abtreibung: Quick sprach mit den Richtern«, Quick v. 6.2.1975, S. 10.

21 Bohse, Entnazifizierung, 2017, S. 502.

22 W. v. Brünneck an die Oberjustizkasse Naumburg, 4.10.1945, in: LASA, K 4, Nr. 1164, Bl. 4.

23 Bericht der Provinzialjustizabteilung an die DJV, zit. bei Bohse, Entnazifizierung, 2017, S. 503.

24 Ebd., S. 497 ff.

25 Hierzu und zum Folgenden ebd., S. 551 ff.

26 Übersetzung aus dem russischen Original ebd., S. 556.

27 Ebd., S. 557 ff. Der Erlass ist nicht erhalten, lässt sich aber aus den von Bohse ausgewerteten Aktenbeständen rekonstruieren.

28 Ebd., S. 559.

29 B. Lentz zit. nach ebd., S. 561.

30 Zum Streit über die Durchführung des SMAD-Befehls Nr. 49 ebd., S. 557 ff.; aus der Teilnehmer-Perspektive: Benjamin, Geschichte, 1976, S. 69 f.

31 OLG-Präsident Naumburg an W. v. Brünneck, 4.10.1945, in: LASA, K 4, Nr. 1164, Bl. 2.

32 Wille, Bodenreform, 1996.

33 Gespräch mit Heidrun Theis am 1.11.2019.

34 StadtA Sangerhausen, GA 2736, S. 9 f.

35 W. v. Brünneck [1958], zit. nach Genealogie o. D. [nach 1965], in: Nachlass W. Rupp-v. Brünneck.

36 Gespräch mit Heidrun Theis am 1.11.2019.

37 Erstmals findet sich die Adresse »Oberröblingen/Helme b. Sangerhausen, Hauptstr. 75« auf einer Empfangsbescheinigung v. 16.10.1945, in: LASA, K 4, Nr. 1164, Bl. 9.

38 Bauunterlagen, in: LASA, H 166, Nr. 397.

39 Er war gemeinsam mit dem Architekten Paul Thoemer für den Bau verantwortlich; vgl. Brülls/Dietzsch, Architekturführer, 2000, S. 85.

40 Ebd., S. 85.

41 Chamberlain, Grundlagen, 1899, S. 248.

42 Erstmals findet sich die neue Adresse »Husarenpförtchen 1« auf dem Lebenslauf v. 13.4.1946, in: LASA, K 4, Nr. 1164, n. f.

43 E. Heine an W. v. Brünneck, 6.7.1946, in: LASA, K 4, Nr. 1164, Bl. 14.

44 Fragebogen v. 16.11.1946, in: BArch, PERS 101/84361, Bl. 5.

45 LG-Präsident Merseburg an den OLG-Präsidenten Halle, 29.7.1946, in: LASA, K 4, Nr. 1164, Bl. 16.

46 LG-Präsident Merseburg an den OLG-Präsidenten Halle, 27.8.1946, in: LASA, K 4, Nr. 1164, Bl. 20.

47 Bohse, Entnazifizierung, 2017, S. 601 ff.

48 OLG-Präsident Halle an den Präsidenten der Provinz Sachsen, 19.7.1946, in: LASA, K 4, Nr. 1164, Bl. 15.

49 Bohse, Entnazifizierung, 2017, S. 607.

50 LASA, K 4, Nr. 1164, n. f.

51 Bohse, Entnazifizierung, 2017, S. 608 f.

52 Ebd., S. 612.

53 LG-Präsident Merseburg an den OLG-Präsidenten Halle, 29.10.1946, in: LASA, K 4, Nr. 1164, Bl. 25; LG-Präsident Merseburg an den 1. Vizepräsidenten der Provinz Sachsen, 29.10.1946, in: LASA, K 4, Nr. 1167, n. f.

54 E. Heine an W. v. Brünneck, 22.10.1946, in: LASA, K 4, Nr. 1164, Bl. 23.

55 W. v. Brünneck an den Präsidenten der Provinz Sachsen, 1.11.1946, in: LASA, K 4, Nr. 1167, n. f.

56 E. Heine an W. v. Brünneck, 7.11.1946, in: LASA, K 4, Nr. 1167, n. f.

ANMERKUNGEN 481

57 »... bes. in sittlicher Hinsicht«, SPIEGEL v. 3.3.1975, S. 74; ähnlich W. v. Brünneck, Danksagung v. 26.5.1977, in: UAF, Abt. 1110, Nr. 18, Bl. 44.

58 Meldebogen v. 24.4.1946, in: HHStAW, 520/38 Nr. 31214, n. f.

59 Seliger, Politische Anwälte?, 2016, S. 304, 545.

60 Sterbeurkunde v. 30.10.1946, in: HHStAW, 520/38 Nr. 31214, n. f.

61 Haus-Nr. 22.

62 Schneider, Rupp-v. Brünneck, 1983, S. 17, ohne Namensnennung.

63 Kontrollratsgesetz Nr. 46 (Auflösung des Staates Preußen) v. 25.2.1947, ABl. KR S. 262.

64 W. v. Brünneck an den Minister der Justiz, 16.11.1946, in: BArch, PERS 101/84361, Bl. 1.

65 M. Trost, Erklärung v. 16.11.1946, in: BArch, PERS 101/84361, Bl. 2.

66 Vom 5.3.1946, hess. GVBl. S. 57.

67 Art. 58 Abs. 1 des Befreiungsgesetzes.

68 Fragebogen v. 1.2.1943, in: HU UA, Jur.Fak.01, Nr. 580, Bd. 2, n. f.

69 H. Puttfarcken, Verfügung v. 21.11.1946, in: BArch, PERS 101/84361, Bl. 7.

70 MfpB an MdJ v. 22.11.1946, in: BArch, PERS 101/84361, Bl. 8.

71 Personalakte: HStAW, 467/1420.

72 Die ursprünglich auf zwei Wochen begrenzte Urlaubsbewilligung wurde rückwirkend verlängert. Von einer Kürzung der Bezüge sollte abgesehen werden; Vermerk v. 15.1.1947, in: BArch, PERS 101/84361, Bl. 14 [Rückseite].

73 »Im Lager: Eine Führerschicht geht unter«, Allgemeine Zeitung v. 12./13.2.1949, o. S.

74 W. Rupp-v. Brünneck, Rede v. 7.8.1972, in: Nachlass W. Rupp-v. Brünneck.

75 Biographische Literatur: Mühlhausen, Zinn, 2016; Hessisches Hauptstaatsarchiv (Hrsg.), Zinn, 2001; Stein, Zinn, 1978; Wittkop, Zinn, 1962.

76 Vgl. Kirschner, Abschlussbericht, 2013, S. 35.

77 G. A. Zinn an E. Schiffer, 6.1.1947, zit. nach Falk, Entnazifizierung, 2017, S. 249.

78 Darunter auch das Wohnungsrecht. Einer der ersten aktenkundigen Vorgänge, an denen W. v. Brünneck beteiligt war, war eine Anfrage des Amtsgerichts Hirschhorn (Neckar), ob durch das neue Wohnungsgesetz vom 8.3.1946 die Verordnung zur Linderung der Wohnungsnot vom 29.10.1945 aufgehoben worden sei; HHStAW, 505/2074, Bl. 16 ff.

79 Geschäftsverteilungspläne für die Jahre 1946 bis 1953 sind nicht überliefert. Der GVPl. aus dem Oktober 1953 (HStAW 505/1b; Datierung nach Landesrechnungshof, Gutachten v. 16.2.1954, S. 3, in: HHStAW 505/1e) lässt nur bedingt Rückschlüsse auf die Organisation in der Frühphase des Ministeriums zu. Überliefert ist jedoch ein Organisationsplan v. 1.9.1947 [handschriftlich geändert am 13.11.1948] (HHStAW 505/1a), der die Zuständigkeit des Referats Ia wie folgt umschreibt: »Allgemeine Angelegenheiten des öffentlichen Rechts, jedoch ohne Strafrecht und Völkerrecht. (Z. B. Staats- und Verwaltungsrecht, Patent- und Urheberrecht, Presserecht, Arbeits- und Sozialrecht).« Der Schwerpunkt der Tätigkeit des Referats lag in den Jahren 1946 bis 1949, soweit sich dies aufgrund der überlieferten Akten sagen lässt, im Bereich des Beamten- und Arbeitsrechts.

80 W. v. Brünneck an H. Puttfarcken, 18.6.1947, in: HHStAW, 505/6122, Bl. 206.

81 Falk, Entnazifizierung, 2017, S. 262 f.

82 G. A. Zinn im September 1946, zit. nach ebd., S. 263.

83 HHStAW, 505/6161, Bl. 16i.

84 H. Puttfarcken an MfpB, 17.7.1947, in: BArch, PERS 101/84361, Bl. 27.

85 R. Krebs an H. Puttfarcken, 25.7.1947, in: BArch, PERS 101/84361, Bl. 28.

86 Aufnahmeantrag v. 12.1.1937, übermittelt durch das BArch am 24.6.2019.

87 R. Krebs an H. Puttfarcken, 6.8.1947, in: BArch, PERS 101/84361, Bl. 29.

88 Jacobs an W. v. Brünneck, 6.8.1947, in: BArch, PERS 101/84361, Bl. 30.

89 Zu Hilgers Entnazifizierung Misselwitz, Hilger, 2016, S. 342 ff.

90 W. v. Brünneck, Bescheinigung v. 14.4.1947, in: GLAK, 465 q 20585, Bl. 41.

91 Ebd.

92 Sühnebescheid v. 20.4.1948, in: GLAK, 465 q 20585, Bl. 71.

93 Protokoll v. 3.5.1948, in: StAL, EL 903/2 Bü 947, Bl. 166.

94 K. Michaelis, Bescheinigung v. 2.12.1947, in: StAL, EL 903/2 Bü 947, Bl. 62.

95 W. Siebert, Erklärung v. 22.5.1947, in: StAL, EL 903/2 Bü 947, Bl. 128.

96 H. Einsele, Bescheinigung v. 2.11.1947, in: StAL, EL 903/2 Bü 947, Bl. 140.

97 W. v. Brünneck, Eidesstattliche Versicherung v. 23.10.1947, in: StAL, EL 903/2 Bü 947, Bl. 132.

98 Ebd.

99 Spruch v. 3.5.1947, in: StAL, EL 903/2 Bü 947, Bl. 174.

100 J. Milczewsky an die Berufungskammer der Interniertenlager, 7.12.1948, in: StAL, EL 903/2 Bü 947, Bl. 195.

101 Entnazifizierungsausschuss 3 für den Stadtkreis Kiel, Entlastungszeugnis v. 18.6.1948, in: UniA Gö, Rek PA Siebert, Wolfgang, XVI. II. B. A. d. 36, Bl. 18. Die Verfahrensakte ist nur in Teilen überliefert in: LASH, Abt. 460.19 Nr. 669. Die Entscheidung fehlt.

102 U. Schleicher, Bescheinigung v. 25.4.1946, in: LASH, Abt. 460.19, Nr. 669, n. f.

103 Spruch v. 28.7.1949, in: StAL, EL 903/2 Bü 947, Bl. 229.

104 Bescheinigung v. 21.6.1950, in: StAL, EL 903/2 Bü 947, n. f.

105 Gespräch mit Ingrid Usadel am 4.2.2021.

106 Urkunde o. D. [13.9.1954], in: LAV NRW, BRK 1139, Nr. 3.

107 Prüfungsakte: LAV NRW, NW 1131 Nr. 861.

108 Gespräch mit Joachim Dammer am 11.3.2021.

109 Spruch v. 10.12.1947, in: StAM, SpkA 535, Bl. 67/1; »Graf von der Goltz und der 20. Juli 1944«, Hochlandbote v. 19.12.1947, in: StAM, SpkA 535, Bl. 69b.

110 C. Gräfin v. d. Schulenburg, Aussage v. 10.9.1947, in: StAM, SpkA 535, Bl. 93/10.

111 C. H. Graf v. Hardenberg, Eidesstattliche Versicherung v. 22.2.1947, in: StAM, SpkA 535, Bl. 66/28.

112 Tagesspiegel v. 13.12.1947, o. S., in: StAM, SpkA 535, Bl. 69b; SZ v. 16.12.1947, S. 2.

113 Vgl. »Clay fordert 1800 Kalorien«, SZ v. 24.1.1948, S. 1.

114 MdI an MdJ, 1.3.1948, in: HHStAW, 505/6123, Bl. 46.

115 MdJ an MdI, 21.4.1948, in: HHStAW, 505/6123, Bl. 49. Das Schreiben sollte ursprünglich mit »Im Auftrag (von Brünneck) Oberregierungsrätin« gezeichnet werden. Der Abteilungsleiter J. Greiff korrigierte dies jedoch eigenhändig wie folgt: »Im Auftrag Gr. ~~(von Brünneck)~~ Ober~~regierungsrätin~~landesgerichtsrat«. Zu J. Greiff vgl. Falk, Entnazifizierung, 2017, S. 223 ff.

116 MdJ an MfAW, 16.3.1948, in: HHStAW, 505/6123, Bl. 47.

117 MfAW an MdJ, 5.5.1945, in: HHStAW, 505/6123, Bl. 70a.

118 K. Canter, Vermerk v. 13.5.1948, in: HHStAW, 505/6123, Bl. 70c.

119 MdJ an MdI, 2.7.1948, in: HHStAW, 505/6123, Bl. 70i; daraus auch die folgenden Zitate.

120 Falk, Entnazifizierung, 2017, S. 259 f.

121 Biographie: Gosewinkel, Arndt, 1991.

122 Falk, Entnazifizierung, 2017, S. 258 f.

123 Rupp-v. Brünneck, Arndt [1974], 1983, S. 307.

124 Biographische Angaben nach Sälzer, Drath, 2010, S. 29 ff.; Otto, Drath, 2012.

125 Etwa das CDU-Mitglied Hans Richter, der nach Arndts Ausscheiden die Leitung der Strafrechtsabteilung übernahm; vgl. Falk, Entnazifizierung, 2017, S. 263 f.

126 Rupp-v. Brünneck, Arndt [1974], 1983, S. 307.

127 Ley, ZParl 1975, S. 192 (201). Nach der dritten Lesung des Grundgesetzes im Hauptausschuss wirkten für die CDU/CSU-Fraktion an der Stelle H. v. Brentanos H. v. Mangoldt bzw. W. Strauß im ARA mit.

128 Ebd. Zum Versuch, den ARA geschäftsordnungsrechtlich einzuhegen, Feldkamp, Parlamentarischer Rat, 2019, S. 116.

129 G. Leisewitz an das Büro der Ministerpräsidenten, 6.11.1948, zit. nach Parl. Rat XI, S. 45, dort in Fn. 10.

ANMERKUNGEN

130 H. v. Brentano an W. v. Brünneck, 14.2.1955, in: HHStAW, 505/2566, n. f.

131 Parl. Rat V, S. 747 f.

132 E. Selbert [1978], zit. bei Böttger, Gleichheit, 1990, S. 165.

133 Artikel 148 d lautete in der Drs. Nr. 301 v. 21.11.1948: »Die dem Artikel (1 b Abs. 3) entgegenstehenden Vorschriften des bürgerlichen Rechts über die Stellung der Frau bleiben bis zu ihrer Anpassung an diese Bestimmung des Grundgesetzes in Kraft, jedoch nicht länger als bis zum 31.3.1953«, abgedruckt in: Parl. Rat VII, S. 90.

134 Zur »presse-öffentlichen« Arbeit des Hauptausschusses Feldkamp, Parlamentarischer Rat, 2019, S. 115 ff.

135 Parl. Rat XIV, S. 510 f.

136 Ebd., S. 512.

137 E. Selbert [1978], zit. bei Böttger, Gleichheit, 1990, S. 165.

138 Parl. Rat XIV, S. 1318.

139 Ebd., S. 1193 f.

140 Ebd., S. 1195.

141 Ebd., S. 1323.

142 Ebd., S. 1312.

143 E. Selbert [1978], zit. bei Böttger, Gleichheit, 1990, S. 165.

144 W. v. Brünneck an Hacks, 21.5.1949 [gez. 23.5.1949], in: HHStAW, 505/6124, Bl. 170.

145 Attest v. 22.6.1949, in: BArch, PERS 101/84361, Bl. 62.

146 W. v. Brünneck, Erklärung v. 8.3.1947, in: HHStAW, 520/08/2960, Bl. 46.

147 L. Rühls Name findet sich auf einer Mitteilung v. 1.3.1945, die W. Genzmer wegen eines Rauchwarendiebstahls an die Bewohner seines Hauses richtete. Die Mitteilung befand sich bei W. Genzmers Soldbuch und ist als Einzeldokument im BArch-Freiburg überliefert.

148 Topografie des Nationalsozialismus in Hessen, Datensatz Nr. 3292, URL = < https://www.lagis-hessen.de/de/subjects/idrec/sn/nstopo/id/3292 >.

149 Anlage zum Arbeitsblatt, 24.2.1947, in: HHStAW, 520/08/2690.

150 L. Rühl an W. Schwinn, 26.6.1944, in: HHStAW, 520/08/2690, Bl. 6.

151 Amtsgericht Höchst an die Spruchkammer Erbach, 27.2.1947, in: HHStAW, 520/08/2690, Bl. 8.

152 Klageschrift v. 26.5.1948, in: HHStAW, 520/08/2690, Bl. 28.

153 Spruch v. 8.7.1948, in: HHStAW, 520/08/2690, Bl. 59.

154 W. v. Brünneck, Erklärung v. 8.3.1947, in: HHStAW, 520/08/2960, Bl. 46.

155 Ebd.

156 Spruch v. 8.7.1948, in: HHStAW, 520/08/2690, Bl. 59.

157 Ernennungsurkunde v. 30.8.1949, in: BArch, PERS 101/84361, Bl. 64.

158 Vermerk v. 11.11.1949, in: BArch, PERS 101/84361, Bl. 71.

159 G. A. Zinn an Th. Dehler, 24.8.1949, in: AdL, NL Dehler, N-2297, Bl. 111 f.

160 Vgl. die Korrespondenz aus dem Jahr 1950, in: AdL, N1-1049.

161 MdJ an den Bevollmächtigten beim Bund, 29.12.1949, in: BArch, PERS 101/84361, Bl. 71a.

Rotes Hessen (1950–1963)

1 Berding/Zilien, Landtagsdebatten, 2014, S. 1.

2 Wedel, SPD, 2012, S. 19 ff.

3 Ausdruck von Mühlhausen, Rotes Hessen, 2016.

4 Zum Kabinett vgl. Berding/Zilien, Landtagsdebatten, 2014, S. 2 f.

5 Mühlhausen, Rotes Hessen, 2016.

6   G. A. Zinn, Regierungserklärung v. 10.1.1951, zit. nach Berding/Zilien, Landtagsdebatten, 2014, S. 71.

7   Misselwitz, Hilger, 2016, S. 378 ff.

8   W. v. Brünneck an die Vereinigung der Nordrhein-Westfälischen Arbeitgeberverbände, 17.1.1951, in: HHStAW, 505/2067, Bl. 149, mit Bezugnahme auf »Frl. Dr. Hilger vom Betriebsberater in Heidelberg«.

9   W. Weber an den niedersächs. Kultusminister, 23.1.1953, in: UniA Gö, Rek PA Siebert, Wolfgang, XVI. II. B. A. d. 36, Bl. 84.

10 Misselwitz, Hilger, 2016, S. 397 ff.

11 W. v. Brünneck an den Dekan der Juristischen Fakultät, 30.6.1960, in: UAH, H-II-382/20, n. f.

12 Kabinetts-Prot. v. 5.9.1951, in: HHStAW, 505/2067, Bl. 199.

13 H. Berger, Vermerk v. 2.10.1951, in: HHStAW, 505/2067, Bl. 200.

14 W. v. Brünneck, Vermerk v. 16.11.1951, in: HHStAW, 505/2067, Bl. 281.

15 H. Berger, Gutachten v. 20.11.1951, in: HHStAW, 505/2067, Bl. 281a.

16 W. v. Brünneck an MdJ, 26.2.1951, in: BArch, PERS 101/84361, Bl. 80.

17 W. v. Brünneck, JöR 3 (1954), S. 213 ff.

18 H. Bach an W. v. Brünneck, 12.2.1952, in: HHStAW, 505/6087, Bl. 151.

19 W. v. Brünneck, Gutachten v. 26.2.1952, in: HHStAW, 505/6087, Bl. 153.

20 H. Berger an G. A. Zinn, 29.2.1952, in: HHStAW, 505/6087, Bl. 152.

21 »Hugo Berger gestorben«, FAZ v. 22.3.1990, S. 4.

22 W. v. Brünneck, Gutachten v. 26.2.1952, in: HHStAW, 505/6087, Bl. 153.

23 Attest v. 18.2.1952, in: BArch, PERS 101/84361, Bl. 86.

24 MdJ an W. v. Brünneck, 26.2.1952, in: BArch, PERS 101/84361, Bl. 87.

25 Kirchensynode der Evangelischen Kirche in Hessen und Nassau, Erste Kirchensynode, 3. ordentliche Tagung vom 11. bis 15. Februar 1952 in Frankfurt am Main, 1952, S. 440.

26 KVVG, Urt. v. 19.1.1955, in: EKHN-ZA, KVVG, A. v. Nr. 4, Az. I 1/53, Bl. 154.

27 EKHN-ZA, KVVG, A. v. Nr. 17 u. 20, Az. I 5/57 u. I 1/58; A. v. Nr. 28, Az. I 1/62.

28 Also abweichend vom Begriffsverständnis des Beamtenrechts (vgl. § 54 BBG, § 30 Abs. 1 BeamtStG).

29 BT-Drs. 1/3802.

30 Mitgliedsorganisationen des Frauenverbands Hessen: Evangelische Frauenarbeit, Katholischer Frauenbund, Jüdische Frauenvereinigung, Hausfrauenverband, Landfrauenverband, Akademikerinnenbund, Deutscher Berufsverband der Sozialarbeiterinnen, Berufsverband der katholischen Fürsorge, Verband der Heimatvertriebenen sowie die Frauengruppen von CDU, SPD, DGB und DAG.

31 Frauenverband Hessen an G. A. Zinn, 18.6.1952, in: AddF, NL-P-11/00080M08, n. f.

32 Mitgliederverzeichnis v. 31.5.1952, in: AddF, NL-P-11/00037M05, n. f. Das genaue Beitrittsdatum ließ sich in den nur teilweise überlieferten Unterlagen des Juristinnenbundes nicht ermitteln.

33 Stellungnahme o. D. [1952], in: AddF, NL-P-11/00080M08, n. f.

34 Frauen-Verband Hessen an die Abgeordneten des Deutschen Bundestages, 14.8.1952, in: AddF, NL-P-11/00080M08, n. f.

35 Prot. v. 5.9.1952, in: AddF, NL-P-11/00080M08, n. f.

36 BT-PlPr. 1/239 v. 27.11.1952, S. 11072.

37 W. Menzel an W. v. Brünneck, 18.12.1953, in: AddF, NL-P-11/00080M08, n. f.

38 W. v. Brünneck an E. Schlepper, 5.1.1952, in: AddF, NL-P-11/00080M08, n. f.

39 W. v. Brünneck an W. Menzel, 23.12.1952, in: AddF, NL-P-11/00080M08, n. f.

40 Ebd.

41 W. Menzel an W. v. Brünneck, 18.12.195[2], in: AddF, NL-P-11/00080M08, n. f.

42 W. v. Brünneck an W. Menzel, 23.12.1952, in: AddF, NL-P-11/00080M08, n. f.

43 Ebd.

44 W. Menzel an W. v. Brünneck, 30.12.1952, in: AddF, NL-P-11/00080M08, n. f.

45 W. v. Brünneck an E. Schlepper, 5.1.1953, in: AddF, NL-P-11/00080M08, n. f.

ANMERKUNGEN 485

46 Prot. v. 13.1.1953, in: AddF, NL-P-11/00080M08, n. f.

47 Entwurf o. D. [13.1.1953], in: AddF, NL-P-11/00080M08, n. f.

48 E. Schlepper, Mitteilung o. D. [Jan. 1953], in: AddF, NL-P-11/00080M08, n. f.

49 Frauenverband Hessen an die Mitglieder des Aktionsausschusses, 26.1.1953, in: AddF, NL-P-11/00080M08, n. f.

50 W. v. Brünneck an E. Selbert, 2.3.1953, in: AddF, NL-P-11/00080M08, n. f.

51 BT-PlPr. 1/258 v. 26.3.1953, S. 12519.

52 Ebd.

53 Darnstädt, Verschlusssache, 2018, S. 101.

54 Ebd.

55 BVerfG, Urt. v. 18.12.1953, 1 BvL 106/53, BVerfGE 3, 225 (227). Dort wird der Vorlagebeschluss des OLG Frankfurt/M. paraphrasiert.

56 BGH, Stellungnahme v. 22.4.1953, Az. VRG 11/53, BGHZ 11, 34* ff.

57 BVerfG, Urt. v. 18.12.1953, 1 BvL 106/53, BVerfGE 3, 225 ff.

58 Rundschreiben v. 15.10.1952, in: AddF, NL-P-11/00037M05, n. f.

59 Liste v. 23.10.1952, in: BArch, B 106/47716, n. f.

60 BMI an hess. MdJ, 17.11.1952, in: BArch, PERS 101/84361, S. 94.

61 Richterwahlgesetz v. 25.8.1950, BGBl. I S. 368.

62 Verzeichnis v. 11.02.1953, in: BArch, B 141/15502, Bl. 14.

63 Das Protokoll der Sitzung v. 13.3.1953 wurde – anders als die anderen Sitzungsniederschriften – nicht zu den Akten gegeben; BArch, B 141/15502.

64 Namensliste v. 23.10.1952, in: BArch, B 106/47716, n. f.

65 W. v. Brünneck an MdJ, 2.7.1951, in: BArch, PERS 101/84361, Bl. 82.

66 »Zinn und Zinseszins«, SPIEGEL v. 31.10.1966, S. 62.

67 Vorlage an die Landesregierung, 14.5.1963, in: PERS 101/84362, Bl. 20.

68 Zur Bundesratstätigkeit Hessens bis 1955 vgl. Wunder, Hessen, 2000.

69 W. v. Brünneck an Schneider, 1.6.1954, in: HHStAW, Z 502/3348, Bl. 15 (Anl. 2).

70 Beschluß-Protokoll v. 24.2.1953, in: HHStAW, 502/8519, n. f.; W. v. Brünnecks Referent R. Schmunk wurde zum weiteren Vertreter bestellt.

71 W. v. Brünneck an Schneider, 1.6.1954, in: HHStAW, Z 502/3348, Bl. 15 (Anl. 2).

72 BR-Drs. 532/53.

73 Arbeitsgemeinschaft Hessischer Frauen an den Bundeskanzler u. a., 1.12.1953, in: AddF, NL-P-11/00080M08, n. f.

74 Büro für staatsbürgerliche Frauenarbeit an die Mitglieder des Aktionsausschusses u. a., 23.12.1953, in: AddF, NL-P-11/00080M08, n. f.

75 UA-Prot. v. 8.1.1954, R 2449 (3) Nr. R 2/54, S. 2 f.

76 Prot. v. 11.7.1954, in: AddF, NL-P-11/00080M08, n. f.

77 Ebd.

78 BT-Prot. d. 118. Sitzung v. 22.1.1954, S. 8 ff.

79 W. v. Brünneck an Schneider, 1.6.1954, in: HHStAW, Z 502/3348, Bl. 13.

80 BT-PlPr. 2/15, S. 478 ff.

81 Büro für staatsbürgerliche Frauenarbeit an die Mitglieder des Aktionsausschusses u. a., 29.12.1953, in: AddF, NL-P-11/00080M08, n. f. Kurzbiographie: Röwekamp, Lexikon, 2005, S. 391 ff.

82 BT-Drs. 2/3409.

83 Schriftlicher Bericht zu BT-Drs. 2/3409, S. 35.

84 Ebd., S. 40.

85 BT-PlPr. 2/206, S. 11761 ff.

86 UA-Prot. v. 8.5.1957, R 2449 (3) – Nr. R 71/57.

87 RA-Prot. v. 16.5.1957, R 005 – Nr. R 81/57.

88 Ebd., S. 19.

89 BGBl. I S. 609.

90 Prot. v. 11.7.1954, in: AddF, NL-P-11/00080M08, n. f.

91 E. Scheffler an M.-E. Lüders, 18.9.1957, zit. nach Hansen, Scheffler, 2019, S. 146.

92 Hansen, Scheffler, 2019, S. 146 f.

93 Ebd., S. 146 ff.

94 AddF, Deutscher Juristinnenbund, Kiste C, Ordner 1.

95 ai-Sonderausgabe 2003, S. 14. Das Manuskript ließ sich nicht ermitteln.

96 Rundschreiben v. 13.7.1959, in Auszügen abgedruckt in: ai-Sonderausgabe 2003, S. 24 f.

97 Darnstädt, Verschlusssache, 2018, S. 121 ff.

98 BVerfG, Urt. v. 29.7.1959, Az. 1 BvR 205/58 u. a., BVerfGE 10, 59.

99 »Vater und Mutter sollen gemeinsam entscheiden«, FAZ v. 30.7.1959, S. 1.

100 W. Rupp-v. Brünneck an E. Selbert, 19.9.1976, in: AddF, NL-P-11/00080M11, n. f.

101 Gesetzentwurf v. 20.4.1960, BT-Drs. 3/1800.

102 »Schwierigkeiten mit dem ›Schattenkabinett‹«, FAZ v. 1.2.1960, S. 3.

103 BT-Drs. 3/1800.

104 RA-Prot. v. 18.2.1960, R 0055 – Nr. R 20/60, S. 20 f.

105 »Der Bundesrat will beim Notstand mitbestimmen«, FAZ v. 27.2.1960, S. 1.

106 BR-Prot. v. 26.2.1960, S. 310.

107 »Diktaturgefahr?«, FAZ v. 27.2.1960, S. 1.

108 BT-Drs. 3/1800, Anl. 2 und 3.

109 W. v. Brünneck an A. v. Brünneck, 2.12.1962, in: Privatbesitz A. v. Brünneck.

110 W. Rupp-v. Brünneck an A. v. Brünneck, 28.6.1968, in: Privatbesitz A. v. Brünneck.

111 Zinn, Ministerpräsidenten-Konferenz, 1969, S. 488.

112 Vorlage v. 14.5.1963, in: BArch, PERS 101/84362, Bl. 16.

113 Zeitfolge o. D., in: HHStAW, 502/5448, n. f.

114 Zeitfolge o. D., in: HHStAW, 502/5453, n. f.

115 W. v. Brünneck an Schneider, 1.6.1954, in: HHStAW, Z 502/3348, Bl. 15 (Anl. 2).

116 Zum Streit Hollender, JPK 51 (2015), S. 381 ff.

117 Saalmann, Kunstpolitik, 2013, S. 269 ff.

118 W. v. Brünneck, Vermerk v. 6.8.1954, in: HHStAW, Z 505, Nr. 171 (n. v.), Bl. 8.

119 E. Burkart an W. v. Brünneck, 2.3.1955, in: HHStAW, Z 505, Nr. 171 (n. v.), Bl. 65.

120 W. v. Brünneck, Vermerk v. 24.3.1955, in: HHStAW, Z 505, Nr. 171 (n. v.), Bl. 94.

121 G. A. Zinn an A. Hennig, 24.3.1955, in: HHStAW, Z 505, Nr. 171 (n. v.), Bl. 92.

122 W. v. Brünneck, Vermerk v. 26.3.1955, in: HHStAW, Z 505, Nr. 171 (n. v.), Bl. 97.

123 BT-Drs. 2/1670, S. 51.

124 BR-Prot. v. 6.5.1955, S. 108.

125 Ebd., S. 105.

126 Ebd., S. 109.

127 »Der Erbschaftsstreit«, Rhein-Zeitung v. 8.5.1955, o. S.; »Erbschaftsstreit«, Kasseler Post v. 11.5.1955, o. S.; »Länderegoismus«, Deutsche Zeitung v. 11.5.1955, o. S.; alle in: HHStAW, Z 505, Nr. 166 (n. v.), Bl. 97.

128 »Der Preußische Kulturbesitz«, Finanzpolitische Mitteilungen v. 13.4.1955, S. 567 f.

129 Klee, Personenlexikon, 2003, S. 145.

130 W. v. Brünneck, Vermerk v. 17.5.1955, in: HHStAW, Z 505, Nr. 171 (n. v.), Bl. 161.

131 W. v. Brünneck, Vermerk v. 27.5.1955, in: HHStAW, Z 505, Nr. 171 (n. v.), Bl. 171.

132 Ebd.

133 W. v. Brünneck, Vermerk v. 1.6.1955, in: HHStAW, Z 505, Nr. 171 (n. v.), Bl. 180.

134 W. v. Brünneck, Vermerk v. 15.7.1955, in: HHStAW, Z 505, Nr. 171 (n. v.), Bl. 276.

ANMERKUNGEN 487

135 BT-PlPr. 2/103 v. 29.9.1955, S. 5704.

136 W. v. Brünneck an E. Pitz-Savelsberg, 8.11.1955, in: HHStAW, Z 505, Nr. 170 (n. v.), Bl. 406.

137 W. v. Brünneck an H. Schmitt-Vockenhausen, 9.11.1955, in: HHStAW, Z 505, Nr. 170 (n. v.), Bl. 409.

138 W. v. Brünneck an E. Pitz-Savelsberg, 8.11.1955, in: HHStAW, Z 505, Nr. 170 (n. v.), Bl. 406.

139 Prot. v. 11.1.1956, in: HHStAW, Z 505, Nr. 172 (n. v.), Bl. 392a.

140 J. v. Merkatz an K. Arnold, 1.6.1956, in: HHStAW, Z 505, Nr. 169 (n. v.), n. f.

141 BT-PlPr. 2/103 v. 21.2.1957, S. 5704 (A).

142 G. A. Zinn an alle hessischen Mitglieder des Rechtsausschusses des Bundestages u. a., 8.9.1956, in: HHStAW, Z 505, Nr. 170 (n. v.), Bl. 461.

143 A. Arndt an G. A. Zinn, 4.10.1956, in: HHStAW, Z 505, Nr. 170 (n. v.), Bl. 495.

144 W. v. Brünneck an K. G. Kiesinger, 6.12.1956, in: HHStAW, Z 505, Nr. 170 (n. v.), Bl. 519.

145 Antrag v. 26.2.1957, in: HHStAW, Z 505, Nr. 170 (n. v.), Bl. 561.

146 G. A. Zinn an alle Länderchefs, 23.2.1957, in: HHStAW, Z 505, Nr. 170 (n. v.), Bl. 561.

147 Protokollauszug v. 21.3.1957 (Ergänzung der Niederschrift v. 27.2.1957), in: HHStAW, Z 505, Nr. 170 (n. v.), Bl. 602.

148 BR-Prot. v. 8.3.1957, S. 555.

149 K. Sieveking an Th. Heuss, 21.3.1957, in: HHStAW, Z 505, Nr. 170 (n. v.), Bl. 614.

150 Gesetz zur Änderung des Gesetzes über das Bundesverfassungsgericht v. 21.7.1956, BGBl. I S. 662.

151 H. Bott an A. Hennig, 26.4.1957, in: HHStAW, Z 505, Nr. 170 (n. v.), Bl. 626.

152 W. v. Brünneck, Konzept v. 4.6.1957, in: HHStAW, Z 505, Nr. 173 (n. v.), Bl. 961.

153 Prot. v. 11./12.7.1957, in: HHStAW, Z 505, Nr. 173 (n. v.), Bl. 1014.

154 K. Th. Bleek an K. Sieveking, 25.7.1957, in: HHStAW, Z 505, Nr. 170 (n. v.), Bl. 619.

155 K. Th. Bleek an A. Hennig, 25.7.1957, in: HHStAW, Z 505, Nr. 170 (n. v.), Bl. 627.

156 BGBl. I S. 841.

157 W. v. Brünneck an die Abteilung I, 22.8.1957, in: HHStAW, Z 505, Nr. 170 (n. v.), Bl. 634.

158 »Bilder aus dem Berg«, SPIEGEL v. 8.1.1958, S. 14.

159 Länderkommission zur Frage »Preußischer Kulturbesitz«, Stellungnahme v. 11.12.1957, o. Gz. [BR-RA].

160 RA-Prot. v. 16.1.1958, R 0055 – Nr. R 8/58, S. 17.

161 BR-Prot. v. 27.1.1958, S. 4.

162 »Oberregierungsräte gegen Heuss«, FAZ v. 24.12.1957, S. 2.

163 »Bilder aus dem Berg«, SPIEGEL v. 8.1.1958, S. 14.

164 RA-Prot. v. 8.5.1958, R 0055 – Nr. R 73/58, S. 8.

165 Gespräch mit Lutz Gusseck am 2.2.2021. Zu H. Krügers Werdegang: Oppermann, Krüger, 2018, S. 835 ff.

166 Vgl. Krüger, AöR 77 (1951/52), S. 46 ff.

167 BVerfG, Urt. v. 14.7.1959, Az. 2 BvF 1/58, BVerfGE 10, 20.

168 »War das nötig?«, FAZ v. 15.7.1959, S. 1.

169 »Bundesrat zieht Klage zurück«, SZ v. 18./19.7.1959, S. 2.

170 Parl. Rat XIV, S. 1645.

171 BVerfGE 10, 20 (42).

172 Darnstädt, Verschlusssache, 2018, S. 249 ff.

173 »Scherbengericht«, SPIEGEL v. 8.3.1961, S. 18.

174 A. Arndt an G. A. Zinn, 5.12.1960, in: HHStAW, 502/4161, Bl. 306.

175 G. A. Zinn an W. v. Brünneck, 2.3.1962, in: BArch, PERS 101/84362, Bl. 14.

176 Vorgang in: HHStAW, 502/4171.

177 Dazu und zum Folgenden Steininger, PVS 17 (1976), S. 474 (486 ff.).

178 BT-Drs. 3/1434, S. 1.

179 Steininger, PVS 17 (1976), S. 474 (507 f.).

180 W. v. Brünneck, Vermerk v. 29.7.1960, in: HHStAW, 502/4163, Bl. 1.

181 W. v. Brünneck, Vermerk v. 2.8.1960, in: HHStAW, 502/4163, Bl. 3.

182 »Max Becker beigesetzt«, FAZ v. 4.8.1960, S. 1.

183 W. v. Brünneck, Vermerk v. 3.8.1960, in: HHStAW, 502/4163, Bl. 7.

184 W. v. Brünneck, Vermerk v. 2.8.1960, in: HHStAW, 502/4163, Bl. 2.

185 W. v. Brünneck, Vermerk v. 5.8.1960, in: HHStAW, 502/4163, Bl. 12 f.

186 Erklärung v. 7.8.1960, in: HHStAW, 502/4163, Bl. 17.

187 Vermerk (gez. Wiegand) v. 2.9.1960, in: HHStAW, 502/4163, Bl. 35; Vermerk (gez. Wiegand) v. 6.9.1960, in: HHStAW, 502/4163, Bl. 27.

188 Antrag v. 19.9.1960, in: Zehner (Hrsg.), Fernsehstreit, Bd. 1, 1964, S. 56.

189 W. v. Brünneck an B. Barwinski, 9.9.1960, in: HHStAW, 502/4163, Bl. 55.

190 Ebd.

191 Antrag v. 19.9.1960, in: Zehner (Hrsg.), Fernsehstreit, Bd. 1, 1964, S. 71.

192 Ebd., S. 67.

193 Ebd.

194 Ebd., S. 71.

195 BVerfGE 12, 205 (260 ff.).

196 A. Arndt an W. v. Brünneck, 17.10.1960, in: HHStAW, 502/4163, S. 103.

197 W. v. Brünneck an R. Löffler, 1.10.1960, in: HHStAW, 502/4163, Bl. 133.

198 Anwesenheitsliste o. D., in: HHStAW, 502/4163, Bl. 136a.

199 A. Arndt an W. v. Brünneck und B. Barwinski, 10.11.1960, in: HHStAW, 502/4163, Bl. 141.

200 Darnstädt, Verschlusssache, 2018, S. 269.

201 »Schlußsitzung der Ministerpräsidenten in Stuttgart«, FAZ v. 8.10.1960, S. 3.

202 Verfügung v. 5.10.1960, in: Zehner (Hrsg.), Fernsehstreit, Bd. 1, 1964, S. 454.

203 Aktennotiz des Bundeskanzleramts v. 10.10.1960, zit. nach Darnstädt, Verschlusssache, 2018, S. 261.

204 Ebd., S. 261 f.

205 Antrag v. 19.8.1960, in: Zehner (Hrsg.), Fernsehstreit, Bd. 1, 1964, S. 14.

206 »Beginn mit ›Tele West?‹«, FAZ v. 17.11.1960, S. 1.

207 Prot. v. 28., 29. u. 30.11.1960, in: Zehner (Hrsg.), Fernsehstreit, Bd. 2, 1965, S. 62 ff.

208 Zit. nach Zehner (Hrsg.), Fernsehstreit, Bd. 2, 1965, S. 81; Kurzzitat auch bei Darnstädt, Verschlusssache, 2018, S. 269.

209 Rupp-v. Brünneck, Arndt [1974], 1983, S. 307 (310).

210 BVerfG, Urt. v. 17.12.1960, Az. 2 BvQ 4/60 u. a., BVerfGE 12, 36.

211 BVerfGE 12, 36 (41).

212 »Scherbengericht«, SPIEGEL v. 8.3.1961, S. 18.

213 BVerfGE 12, 205.

214 »Das Urteil aus Karlsruhe«, FAZ v. 1.3.1961, S. 1.

215 Darnstädt, Verschlusssache, 2018, S. 276.

216 Rupp-v. Brünneck, Grundrechte [1970], 1983, S. 145 (190).

217 Vorschlag v. 4.7.1962, in: BArch, PERS 101/84362, Bl. 15.

218 W. v. Brünneck, Vermerk v. 14.1.1963, in: HHStAW, 502/7960, n. f.

219 Organisationsplan [nach 1.10.1964], in: HHStAW, 502/1a.

220 Kleiststraße 21 b. Feek.

221 Leberberg 23.

222 W. v. Brünneck an M. Drath, 30.7.1957, in: BArch, N 1341/167, Bl. 164.

223 W. Rupp-v. Brünneck, Rede v. 7.8.1972, in: Nachlass W. Rupp-v. Brünneck.

224 Gespräch mit Johanna Gerhard am 28.9.2020.

225 Nach Lohnes, notar 2001, S. 81 (82) war sie sogar die »erste Notarin im Land«.

226 W. v. Brünneck an R. Lenz-Fuchs, 1.7.1954, in: AddF, Deutscher Juristinnenbund, Kiste 7, Ordner 1, n. f.

227 Bericht über FIFMA-Kongress 1956, in: AddF, NL-P-11/000037M06, n. f.

Anmerkungen 489

228 Juristinnenbund, Rundschreiben v. 18.3.1959, in: AddF, NL-P-11/000037M06, n. f.

229 Prot. v. 12.9.1960, in: AddF, Deutscher Juristinnenbund, Kiste C, Ordner 1, n. f.

230 Juristinnenbund, Rundschreiben v. 11.1960, in: AddF, NL-P-11/000037M06, n. f.

231 Tagungsprogramm, in: AddF, Deutscher Juristinnenbund, Kiste A, Ordner 1, n. f.

232 R. Lenz-Fuchs an E. Scheffler, 27.6.1961, in: AddF, Deutscher Juristinnenbund, Kiste 7, Ordner 1, n. f.

233 Prot. v. 12.9.1960, in: AddF, Deutscher Juristinnenbund, Kiste C, Ordner 1, n. f. E. Scheffler regte auf der Vorstandssitzung an, sich mit Maier-Reimer »genauer« zu beschäftigen, »da diese Aussichten habe, ihre Nachfolgerin beim Bundesverfassungsgericht zu werden«.

234 R. Lenz-Fuchs an G. A. Zinn, 24.6.1961, in: AddF, Deutscher Juristinnenbund, Kiste 7, Ordner 1, n. f.

235 Rundschreiben v. 5.10.1962, in: AddF, NL-P-11/000037M06, n. f.

236 Rundschreiben o. D. [Aug. 1964], in: AddF, NL-P-11/000037M06, n. f.

237 W. v. Brünneck, Vermerk v. 13.12.1961, in: HHStAW, Z 502/4959, Bl. 164.

238 W. v. Brünneck, Vermerk v. 15.12.1961, in: HHStAW, Z 502/4959, Bl. 202.

239 Lindau, Planen und Bauen, 1998, S. 97.

240 W. v. Brünneck an G. Müller, 22.7.1963, in: BArch, PERS 101/84363, Bl. 5.

241 W. Rupp-v. Brünneck, Danksagung v. 26.5.1977, in: UAF, Abt. 1110, Nr. 18, Bl. 44.

242 Vgl. »Im Zweifel für die Freiheit«, Vorwärts v. 25.8.1977, S. 2.

243 W. v. Brünneck an M. Drath, 22.7.1963, in: BArch, N 1341/34, Bl. 80.

244 Ebd.

Im Namen des Menschen (1963–1971)

1 »Schatten über Karlsruhe«, Sozialdemokratischer Pressedienst (Sonderausgabe) v. 19.8.1963.

2 Deutschland-Union-Dienst v. 20.8.1963, S. 2.

3 »Schatten über Karlsruhe«, Sozialdemokratischer Pressedienst (Sonderausgabe) v. 19.8.1963, S. 4.

4 Wesel, Karlsruhe, 2004, S. 102 f.

5 Ebd., S. 106.

6 »Schatten über Karlsruhe«, Sozialdemokratischer Pressedienst (Sonderausgabe) v. 19.8.1963, S. 2. Arndt zählte noch einen dritten »abgewählten« Richter, vermutlich Walter Klaas, der aber aus Altersgründen nicht zur Wiederwahl bereit gewesen war.

7 Deutschland-Union-Dienst v. 20.8.1963, S. 1 f.

8 »Erstaunen über Arndt«, FAZ v. 22.8.1963, S. 2; »Neue CDU-Kritik an Kultursenator Arndt«, FAZ v. 23.8.1963, S. 4.

9 »Schatten über Karlsruhe«, Sozialdemokratischer Pressedienst (Sonderausgabe) v. 19.8.1963, S. 2.

10 »Neue CDU-Kritik an Kultursenator Arndt«, FAZ v. 23.8.1963, S. 4.

11 »Zinn: Hessen war nicht gegen Wiederwahl Draths«, Welt v. 23.8.1963, S. 2.

12 »Schatten über Karlsruhe«, Sozialdemokratischer Pressedienst (Sonderausgabe) v. 19.8.1963, S. 4.

13 Thiessen, Wirtschaftspolitik, 2019, S. 348.

14 Prot. v. 23.3.1963, S. 3, in: AddF, Deutscher Juristinnenbund, Kiste C, Ordner 1, n. f.

15 Kurzprot. v. 21.6.1963, in: HStAS, Q 1/35 Bü 485, n. f.

16 Kurzprot. v. 12.7.1963, in: BRA, Wahl von Bundesverfassungsrichtern, Vorgang 1963, n. f.

17 W. v. Brünneck, Rede v. 28.7.1965, Nachlass W. Rupp-v. Brünneck.

18 Kurzprot. v. 12.7.1963, in: BRA, Wahl von Bundesverfassungsrichtern, Vorgang 1963, n. f.

19 BT-Prot. d. 260. Sitzung v. 12.7.1963, S. 176 f.

20 G. Müller, Notiz v. 4.10.1963, in: HStAS, Q 1/35 Bü 485, n. f.

21 W. v. Brünneck, Rede v. 28.7.1965, in: Nachlass W. Rupp-v. Brünneck.

22 »… bes. in sittlicher Hinsicht«, SPIEGEL v. 3.3.1975, S. 74.

23 G. Müller an W. v. Brünneck, 15.7.1963, in: BArch, PERS 101/84363, Bl. 4.

24 W. v. Brünneck an G. Müller, 22.7.1963, in: BArch, PERS 101/84363, Bl. 5.

25 W. v. Brünneck an M. Drath, 22.7.1963, in: BArch, N 1341/34, Bl. 80.

26 Ebd.

27 D. Drath an A. Arndt, 18.7.1963, in: BArch, N 1341/34, Bl. 201.

28 D. Drath, Notiz v. 2[6].7.1963, in: BArch, N 1341/50, Bl. 105.

29 G. Müller, Notiz v. 15.7.1963, in: HStAS, Q 1/35 Bü 485, n. f.

30 G. Müller, Notiz v. 11.9.1963, in: HStAS, Q 1/35 Bü 485, n. f.

31 Ebd.

32 Thiessen, Wirtschaftspolitik, 2019, S. 348.

33 A. Henneka an G. Müller, 17.9.1963, in: HStAS, Q 1/35 Bü 485, n. f.

34 G. Müller, Notiz o. D., in: HStAS, Q 1/35 Bü 485, n. f. Das Gespräch fand am 1.10.1963 statt.

35 Entwurf v. 22.8.1963, in: BRA, Wahl von Bundesverfassungsrichtern, Vorgang 1963, n. f.

36 Transkript o. D., in: BArch, N 1341/176, Bl. 5 f.

37 W. v. Brünneck an G. Müller, 28.8.1963, in: BArch, PERS 101/84363, Bl. 9.

38 W. Rupp-v. Brünneck an G. Müller, 3.7.1968, in: BArch, PERS 101/84363, Bl. 2. Der GVPl. ließ sich nicht ermitteln. Die Akten der Gerichtsverwaltung aus den sechziger Jahren sind nach Auskunft des Bundesverfassungsgerichts verschollen.

39 W. v. Brünneck, Rede v. 28.7.1965, in: Nachlass W. Rupp-v. Brünneck.

40 W. Rupp-v. Brünneck an G. Müller, 3.7.1968, in: BArch, PERS 101/84363, Bl. 2.

41 Geschäftslast des Bundesverfassungsgerichts 1951–1967, in: BArch, B 141/58626, n. f.

42 W. Rupp-v. Brünneck an G. Müller, 3.7.1968, in: BArch, PERS 101/84363, Bl. 2.

43 K. Heck an M. Drath, 22.8.1963, in: BArch, N 1341/50, Bl. 3 f.

44 Biographie: Nagel, Mensch, 2019; vgl. auch die Beiträge in: Hedwig/Menk, Stein, 2003.

45 Vgl. Kommers, Judicial Politics, 1976, S. 136, der H. Berger zum »Zinn-Zirkel« zählt.

46 Zu Ritterspach vgl. Grimm, NJW 1999, S. 3100 f. Ritterspachs Personalakten sind überliefert in: BArch, R 2/102596–102598 und BArch, PERS 101/84352–84354. Eine politische Beurteilung aus der NS-Zeit findet sich in: BArch, R 9361-II/1077736; dazu Michl, »Rote Roben, weiße Westen?«, FAZ v. 13.8.2020, S. 6.

47 G. Müller an Ph. Held, 8.5.1967, in: HStAS, Q 1/35 Bü 490, n. f.

48 Darnstädt, Verschlusssache, 2018, S. 208 ff.; ders., NJW 2019, 1580 ff.; vgl. auch die Beiträge in Henne/Riedlinger (Hrsg.), Lüth-Urteil, 2005.

49 W. v. Brünneck, Rede v. 28.7.1965, in: Nachlass W. Rupp-v. Brünneck.

50 W. Zeidler, Rede v. 13.6.1983, in: BArch, PERS 101/84365, Bl. 103.

51 »Neue Hüterin des Grundgesetzes«, SZ v. 17.9.1963, S. 3.

52 W. v. Brünneck, Rede v. 28.7.1965, in: Nachlass W. Rupp-v. Brünneck.

53 W. Rupp-v. Brünneck an A. Arndt, 6.11.1965, in: AdsD, Nachlass A. Arndt, Box Nr. 9, Mappe 24, n. f.

54 G. Müller, Notiz v. 30.10.1963, in: HStAS, Q 1/35, Bü 485, n. f.

55 H. Berger an G. Müller u. a., 29.11.1963, in: HStAS, Q 1/35, Bü 485, n. f.

56 Ebd.

57 Im Nachlass G. Müller (HStAS, Q 1/35) finden sich keine weiteren Unterlagen dazu. Vgl. Thiessen, Wirtschaftspolitik, 2019, S. 353: »Das Plenum schritt nicht zur Inquisition.«

58 Charakterisierung bei Lamprecht, Karlsruhe, 2011, S. 68 ff.

59 W. v. Brünneck, Rede v. 28.7.1965, in: Nachlass W. Rupp-v. Brünneck.

60 G. Müller, Entwurf v. 5.7.1963, in: HStAS, Q 1/35 Bü 485, n. f.

61 »Rouge et noir«, SPIEGEL v. 28.8.1963, S. 18.

62 A. Arndt an M. Drath, 3.7.1959, in: BArch, N 1341/167, Bl. 95.

63 G. Müller an E. Gerstenmaier, 12.11.1964, in: HStAS, Q 1/35 Bü 487, n. f.

64 Ebd. Müllers Kandidaten waren Roderich Glanzmann und Paulheinz Baldus.

ANMERKUNGEN

491

65 G. Müller an K. Weber, 2.12.1964, in: HStAS, Q 1/35 Bü 487, n. f.

66 W. Rupp-v. Brünneck an A. Arndt, 6.11.1965, in: AdsD, Nachlass A. Arndt, Box Nr. 9, Mappe 24, n. f.

67 W. v. Brünneck, Rede v. 28.7.1965, in: Nachlass W. Rupp-v. Brünneck.

68 W. Rupp-v. Brünneck an A. Arndt, 6.11.1965, in: AdsD, Nachlass A. Arndt, Box Nr. 9, Mappe 24, n. f.; W. Rupp-v. Brünneck, Rede v. 7.12.1972, in: Nachlass W. Rupp-v. Brünneck.

69 H. Rupp, Rede v. 7.8.1972, in: Nachlass W. Rupp-v. Brünneck.

70 Personalakten der Dienststellen nach 1945 sind überliefert in: BArch, PERS 101/84357–84359. Erhalten sind außerdem Akten über die Lehrtätigkeit in Jena (UAJ, D, Nr. 2451; K Nr. 528) und Tübingen (HStAS, EA 3/150 Bü 1901). Biographische Notiz: Feuchte, BWB 2, 1999, S. 370 ff.

71 Eine Skizze der Familie Rupp zeichnet Goerlich, JZ 1989, S. 1050 (1051) in seinem Nachruf auf H. Rupp. Weitere Nachrufe bei Geiger, NJW 1989, S. 3144 f.; Majer, NVwZ 1990, S. 444 f.; Neuhaus, RabelsZ 54 (1990), S. 201 f. Die dort überwiegend gebrauchte Namensangabe Hans Georg Rupp dürfte der Abgrenzung zum gleichnamigen Staatsrechtslehrer Hans Heinrich Rupp dienen. Hans (Georg) Rupp gab den Mittelnamen nur bei Veröffentlichungen in US-amerikanischen Zeitschriften an.

72 Die folgenden Zitate stammen, soweit nicht anders angegeben, aus »Es erinnert sich: Hans Rupp«, gesendet am 7.6.1989 auf SDR2, in: SWR-Archiv.

73 Lepsius, Verwaltungsrecht, 1997, S. 286.

74 Neuhaus, RabelsZ 54 (1990), S. 201.

75 »Vom Bundestag auf Lebenszeit gewählter Richter des Bundesverfassungsgerichts«, Neue Zeitung v. 8./9.9.1951, S. 7 [Abschrift], in: BArch, PERS 101/84349, Bl. 7. Darin heißt es, dass Rupp »[w]egen seiner Nichtzugehörigkeit zur NSDAP [...] in den Jahren 1938 bis 1941 die Zulassung zur Rechtsanwaltschaft verweigert« worden sei. Die Parteimitgliedschaft war zwar keine Zulassungsvoraussetzung, jedoch wurde über die Zulassung im Einvernehmen mit dem NS-Rechtswahrerbund entschieden. Auch Goerlich, JZ 1989, S. 1050 (1051) schreibt, dass »schließlich« die Zulassung ohne Parteibuch 1941 »doch« erfolgt sei.

76 Nach Neuhaus, RabelsZ 54 (1990), S. 201 war H. Rupp »Repräsentant der politischen Opposition innerhalb des Instituts, der sich durch seine kompromißlose Sprache auszeichnete«.

77 Personalakte: UAJ, D, Nr. 2451; Akte die Lehrbeauftragten betreffend: UAJ, K, Nr. 528.

78 Rechts- und Wirtschaftswissenschaftliche Fakultät der Universität Tübingen an das Akademische Rektoramt Tübingen, 10.11.1954, in: HStAS, EA 3/150 Bü 1901, Bl. 1 (Anl.).

79 Schmid, Erinnerungen, 1979, S. 211.

80 Ebd., S. 224.

81 Neuhaus, RabelsZ 54 (1990), S. 201 (202).

82 Vgl. Th. Heuss an R. Maier, 28.12.1945, in: BArch, PERS 101/84358, n. f.

83 Rechts- und Wirtschaftswissenschaftliche Fakultät der Universität Tübingen an das Akademische Rektoramt Tübingen, 10.11.1954, in: HStAS, EA 3/150 Bü 1901, Bl. 1 (Anl.).

84 Beurteilung v. 15.8.1949, in: BArch, PERS 101/84358, Bl. 17a.

85 Rechts- und Wirtschaftswissenschaftliche Fakultät der Universität Tübingen an das Akademische Rektoramt Tübingen, 10.11.1954, in: HStAS, EA 3/150 Bü 1901, Bl. 1 (Anl.).

86 Geiger, NJW 1989, S. 3144 (3145).

87 Beethovenstraße 37 (durch einen Neubau ersetzt).

88 Bergackerweg 9.

89 H. Rupp an G. Müller, 12.6.1963, in: BArch, PERS 101/84359, Bl. 28. Die Korrespondenz mit P. G. Kauper und der Law School ist im Nachlass H. Rupp erhalten.

90 Rupp, AJCL 9 (1960), S. 29 (47).

91 W. v. Brünneck, Rede v. 28.7.1965, in: Nachlass W. Rupp-v. Brünneck.

92 Ebd.

93 »Die CDU stellt weiter den Präsidenten des Bundesverfassungsgerichts«, FAZ v. 18.6.1971, S. 4.

94 »... bes. in sittlicher Hinsicht«, SPIEGEL v. 3.3.1975, S. 74.

492 ANMERKUNGEN

95 H. Rupp/W. Rupp-v. Brünneck, Einladungskarte o. D. [1965], in: Nachlass W. Rupp-v. Brünneck.

96 E. Auer, Traupredigt v. 4.9.1965, in: Nachlass W. Rupp-v. Brünneck.

97 Neidenburger Straße 7.

98 Etwa in Rupp-v. Brünneck, Grundrechte [1970], 1983, S. 184.

99 Von allgemeinem zeithistorischem Interesse ist nur der Beschl. v. 20.1.1966, Az. 1 BvR 140/62, BVerfGE 19, 377, in dem das Gericht seine Zuständigkeit für Berliner Fälle ausweitete. Zu Grunde lag der Entscheidung eine Verfassungsbeschwerde des »Nationalrevolutionärs« Ernst Niekisch, dem die Entschädigung für erlittenes NS-Unrecht verweigert worden war.

100 »Wird es zur Zwangsräumung kommen?«, FAZ v. 30.1.1964, S. 8.

101 W. v. Brünneck an A. Arndt, 3.4.1968, in: AdsD, Nachlass A. Arndt, Box Nr. 9, Mappe 24.

102 »Beim Spiegel nach Informanten gesucht«, FAZ v. 28.1.1966, S. 4.

103 »Nichts im Wortsinn nichts zu tun«, SPIEGEL v. 7.8.1966, S. 21.

104 »Verfassungsgericht und Spiegel-Aktion«, SZ v. 6./7.8.1966, S. 4.

105 Kommers, Spiegel Affair, 1971, S. 28.

106 § 15 Abs. 2 Satz 3 BVerfGG a. F., heute: § 15 Abs. 4 Satz 3 BVerfGG.

107 Darnstädt, Verschlusssache, 2018, S. 318 ff.

108 BVerfG, Teilurt. v. 5.8.1966, Az. 1 BvR 586/62, 610/63 u. 512/64, BVerfGE 20, 162.

109 »Zwiespältiges Spiegel-Urteil«, FAZ v. 9.8.1966, S. 1.

110 »Zu spät«, SPIEGEL v. 17.6.1968, S. 52; daraus auch die folgenden Zitate.

111 G. Müller an die Mitglieder des Ersten Senats, 25.6.1968, in: BArch, PERS 101/84363, Bl. [21].

112 W. Rupp-v. Brünneck an G. Müller, 5.7.1968, in: BArch, PERS 101/84363, Bl. [21/2].

113 Ebd.

114 G. Müller an W. Rupp-v. Brünneck, 17.7.1968, in: BArch, PERS 101/84363, Bl. 21/3.

115 W. Rupp-v. Brünneck an G. Müller, 5.8.1968, in: BArch, PERS 101/84363, Bl. [21/4].

116 G. Müller an W. Rupp-v. Brünneck, 10.9.1968, in: BArch, PERS 101/84363, Bl. [21/5].

117 Jörg Berkemann, Mitteilung an den Verf. v. 31.7.2020.

118 H. Hamann, Glücksfall, 2007, S. 13, Privatbesitz A. v. Brünneck.

119 Ebd.

120 BVerfG, Beschl. v. 3.12.1969, Az. 1 BvR 624/56 u. a., BVerfGE 27, 253. Daran anschließen konnte u. a. die kurz darauf ergangene Entscheidung zur Verfassungsmäßigkeit des Ausschlusses von Freiheitsentziehungsschäden BVerfG, Beschl. v. 15.1.1970, Az. 1 BvR 293/62, BVerfGE 27, 326.

121 Der Fall Wurst war nicht darunter. Offenbar hatten die Erben die Verfassungsbeschwerde nicht weiterverfolgt.

122 BVerfGE 27, 253 (286).

123 Ebd.

124 BAG, Urt. v. 14.8.1970, Az. 3 AZR 465/69, juris, Rn. 9.

125 Zu M. L. Hilgers richterlichem Wirken Misselwitz, Hilger, 2016, S. 480 ff.

126 W. v. Brünneck, Rede v. 28.7.1965, in: Nachlass W. Rupp-v. Brünneck.

127 Rupp-v. Brünneck, Nichteheliche Kinder [1970], 1983, S. 198.

128 BVerfG, Beschl. v. 23.10.1958, Az. 1 BvL 45/56, BVerfGE 8, 210.

129 Rundschreiben v. 5.10.1962, in: AddF, NL-P-11, 00037M06, n. f.

130 44. DJT II, S. C6.

131 BVerfG, Beschl. v. 29.10.1963, Az. 1 BvL 15/58, BVerfGE 17, 148.

132 BVerfG, Beschl. v. 11.3.1964, Az. 1 BvL 4/63, BVerfGE 17, 280 (286).

133 Rupp-v. Brünneck, Nichteheliche Kinder [1970], 1983, S. 217.

134 Vgl. die Protokolle der AGJJ (Unterkommission), in: Schubert, Nichtehelichenrecht, 2003, S. 29 ff.

135 Rupp-v. Brünneck, Nichteheliche Kinder [1970], 1983, S. 207.

136 Thesen der AGJJ (Unterkommission), in: Schubert, Nichtehelichenrecht, 2003, S. 147 ff.

137 Kurzprot. v. 14.9.1962, in: Schubert, Nichtehelichenrecht, 2003, S. 90 (91).

138 Abgedruckt in: Schubert, Nichtehelichenrecht, 2003, S. 224; Einordnung ebd., S. XXI f.
139 Überblick ebd., S. XXII ff.
140 W. Rupp-v. Brünneck an A. Arndt, 6.11.1965, in: AdsD, Nachlass A. Arndt, Box Nr. 9, Mappe 24.
141 W. Rupp-v. Brünneck an H. Ehmke, 10.2.1967, in: AdsD, Nachlass H. Ehmke, 1/HEAA000224, n. f.
142 Ebd.
143 Ebd.
144 Vgl. Hopf/Müller, Empirische Sozialforschung [1995], 2016, S. 169 ff.
145 H. Ehmke an W. Rupp-v. Brünneck, 15.2.1967, in: Nachlass H. Ehmke, 1/HEAA000224, n. f.
146 Schubert, Nichtehelichenrecht, 2003, S. XXV.
147 92. Kabinettssitzung am 5.9.1967, TOP 6, »Kabinettsprotokolle online«.
148 Rupp-v. Brünneck, Nichteheliche Kinder [1970], 1983, S. 197 f.
149 Ebd., S. 198.
150 Rupp-v. Brünneck, Qualität [1974], 1983, S. 296.
151 BVerfG, Beschl. v. 29.1.1969, Az. 1 BvR 26/66, BVerfGE 25, 167.
152 Rupp-v. Brünneck, Nichteheliche Kinder [1970], 1983, S. 198.
153 Ebd.
154 G. Müller an W. Rupp-v. Brünneck, 10.9.1968, in: BArch, PERS 101/84363, n. f.
155 BVerfGE 25, 167 (170 f.).
156 BVerfG, Beschl. v. 23.10.1958, Az. 1 BvL 45/56, BVerfGE 8, 210.
157 BVerfGE 25, 167 (173).
158 BVerfGE 25, 167 (186 ff.).
159 BT-PlPr. 5/235 v. 14.5.1969, S. 13018 (D).
160 Abg. Dr. Stammberger (SPD), BT-PlPr. 5/235 v. 14.5.1969, S. 12995 (A).
161 Abg. Dr. Wahl (CDU), BT-PlPr. 5/235 v. 14.5.1969, S. 13001 (A).
162 »Bundestag beendet Diskriminierung der Unehelichen«, FAZ v. 15.5.1969, S. 3.
163 BVerfG, Beschl. v. 19.6.1969, Az. 1 BvR 125/60, BVerfGE 26, 206.
164 BGBl. I S. 1243.
165 W. Rupp-v. Brünneck an H. Ehmke, 5.11.1969, in: AdsD, Nachlass H. Ehmke, 1/HEAA000508.
166 Rupp-v. Brünneck, Nichteheliche Kinder [1970], 1983, S. 200.
167 Ebd., S. 219.
168 Zweites Gesetz zur erbrechtlichen Gleichstellung nichtehelicher Kinder v. 12.4.2011, BGBl. I S. 615.
169 »Die neue Verwandtschaft kommt auch teuer«, SZ v. 23.3.1970, S. 3.
170 BT-PlPr. 5/215 v. 12.2.1969, S. 11667 ff.; dazu im nächsten Abschnitt.
171 Zustimmend Simitis, JZ 1969, S. 277 ff.; kritisch Dieckmann, FamRZ 1969, S. 297 ff.
172 Rupp-v. Brünneck, Bundesverfassungsgericht [1970], 1983, S. 225.
173 Ebd., S. 229 f.
174 Ebd., S. 230 f.
175 Ebd., S. 231.
176 Ebd., S. 235.
177 BVerfG, Beschl. v. 29.7.1968, Az. 1 BvL 20/63, 31/66, 5/67, BVerfGE 24, 119.
178 BVerfG, Urt. v. 29.7.1959, Az. 1 BvR 205, 332, 333, 367/58, 1 BvL 27, 100/58, BVerfGE 10, 59 (84 f.).
179 Bericht des Rechtsausschusses v. 9.6.1961 zu BT-Drs. 3/2812, S. 7.
180 BVerfG, Beschl. v. 29.7.1968, Az. 1 BvL 20/63, 31/66, 5/67, BVerfGE 24, 119 (125).
181 BVerfGE 24, 119 (142).
182 Stein, Elternrecht, 1958, S. 10 zum naturrechtlichen Elternrecht.
183 BVerfGE 24, 119 (143 ff.).
184 BVerfG, Beschl. v. 27.5.1970, Az. 1 BvL 22/63, 1 BvL 27/64, BVerfGE 28, 324 (336 ff.).
185 BVerfGE 28, 324 (347) m. N.
186 Benda, Gedenkansprache [1977], 1983, S. 477.

187 BVerfGE 28, 324 (348).

188 BT-Drs. 6/125.

189 BGBl. I S. 65.

190 Gesetzentwurf zur Änderung sozial- und beamtenrechtlicher Vorschriften über Leistungen für verheiratete Kinder v. 27.10.1970, BT-Drs. 6/1316, Vorblatt.

191 BVerfG, Beschl. v. 14.7.1970, Az. 1 BvR 191/67, BVerfGE 29, 57 (Bundesversorgungsgesetz); Beschl. v. 14.7.1970, Az. 1 BvL 10/67, BVerfGE 29, 71 (Kindergeld).

192 W. Rupp-v. Brünneck an H. Ehmke, 5.11.1969, in: AdsD, Nachlass H. Ehmke, 1/HEAA000508.

193 BGBl. I S. 1765.

194 W. Rupp-v. Brünneck an A. Arndt, 10.4.1967, in: AdsD, Nachlass A. Arndt, Box Nr. 9, Mappe 24, n. f. – Hervorhebung im Original.

195 Entwurf eines Vierten Gesetzes zur Änderung des Gesetzes über das Bundesverfassungsgericht o. D. [8.3.1967], in: BArch, B 141/5621, Bl. 106.

196 W. Rupp-v. Brünneck an A. Arndt, 10.4.1967, in: AdsD, Nachlass A. Arndt, Box Nr. 9, Mappe 24, n. f.

197 Klatt, Sondervotum, i. E., C I 2 c bis g.

198 G. Müller, Vermerk v. 28.10.1960, in: HStAS, Q 1/35 Bü 496, Bl. 522.

199 Prot. v. 8.2.1961, in: HStAS, Q 1/35 Bü 496, n. f.

200 Klatt, Sondervotum, i. E., C I 2 d.

201 Ebd., C I 2 e.

202 Rupp, Dissenting opinion, 1966, S. 533.

203 H. Rupp an R. Schmidt, 5.3.1985, in: HStAS, Q 1/40 Bü 398, n. f.

204 Prot. v 23.4.1970, S. 10 ff., in: BArch, B 141/5631.

205 Klatt, Sondervotum, i. E., C I 2 e. J. Federer hatte sich bereits bei der Plenumssitzung vom 8.2.1961 dezidiert für das Sondervotum ausgesprochen und dazu auch eine Ausarbeitung vorgelegt; vgl. Prot. v. 8.2.1961, in: HStAS, Q 1/35 Bü 496, n. f.

206 BVerfG, Beschl. v. 11.4.1967, Az. 2 BvG 1/62, BVerfGE 21, 312 (328). Unterzeichnet ist die einstimmige Entscheidung nur von Leibholz, Geller, Rupp, Geiger, Federer und Kutscher. Vizepräsident Wagner und der Müller-Vertraute Henneka waren offenbar nicht beteiligt gewesen.

207 E. Lohse an K. Bahlmann, 3.3.1967, in: BArch, B 141/5621, Bl. 98.

208 Ebd.

209 BMJ, Einladungsschreiben v. 15.2.1967, in: BArch, B 141/5621, Bl. 86.

210 BVerfG (Plenum), Entschließung v. 5.4.1967, in: BArch, B 141/5621, Bl. 132.

211 H. Ehmke an G. Müller, 13.4.1967, in: BArch, B 141/5621, Bl. 146.

212 Vgl. G. Müllers Akte zu den Richterwahlen 1967: HStAS, Q 1/35 Bü 490.

213 G. Müller an A. Seifriz, 27.2.1967, in: HStAS, Q 1/35 Bü 490, n. f.

214 Ph. Held an G. Müller, 17.1.1967 [Notiz auf der Rückseite], in: HStAS, Q 1/35 Bü 490, n. f.

215 G. Müller, Notiz v. 28.4.1967, in: HStAS, Q 1/35 Bü 490, n. f.

216 G. Müller an Ph. Held, 8.5.1967, in: HStAS, Q 1/35 Bü 490, n. f.

217 Ph. Held an G. Müller, 19.5.1967, in: HStAS, Q 1/35 Bü 490, n. f.

218 W. Rupp-v. Brünneck an A. Arndt, 10.4.1967, in: AdsD, Nachlass A. Arndt, Box Nr. 9, Mappe 24, n. f.

219 M. Güde an G. Müller, 8.3.1967, in: HStAS, Q 1/35 Bü 490, n. f.

220 G. Müller, Notiz v. 1.3.1967, in: HStAS, Q 1/35 Bü 490, n. f.

221 G. Müller, Notiz v. 9.3.1967, in: HStAS, Q 1/35 Bü 490, n. f.

222 Ebd.

223 NSDAP-Gaukartei, in: BArch, R 9361-IX Kartei/24371190; Parteistatistische Erhebung 1939, in: BArch, R 9361 I/1940; Spruchkammerakte: StAL, EL 902/6 Bü 12834; Personalakten: BArch, PERS 101/84334–84337.

224 Heyde, JöR 48 (2000), S. 253 ff.

225 W. Rupp-v. Brünneck, Rede v. 7.8.1972, in: Nachlass W. Rupp-v. Brünneck.

226 G. Müller, Notiz v. 23.5.1967, in: HStAS, Q 1/35 Bü 496, n. f.

227 G. Müller an BMJ, 9.6.1967, in: BArch, B 141/5621, Bl. 154.

228 G. Müller, Notiz v. 23.5.1967, in: HStAS, Q 1/35 Bü 496, n. f.

229 E. Lohse, Vermerk v. 16.10.1967, in: BArch, B 141/5622, Bl. 7.

230 »Gleiche Zeit für alle Verfassungsrichter«, FAZ v. 11.10.1967, S. 6.

231 Rupp-v. Brünneck, Qualität [1974], 1983, S. 304.

232 »... bes. in sittlicher Hinsicht«, SPIEGEL v. 3.3.1975, S. 74.

233 Entwurf v. 23.2.1968, in: BArch, B 141/5622, Bl. 111.

234 Vorgang, in: BArch, B 141/5622.

235 M. Hirsch an G. Heinemann, 25.3.1968, in: BArch, B 141/5622, Bl. 122.

236 BVerfG an BMJ, 10.10.1968, in: BArch, B 141/5625, Bl. 2.

237 K. Bahlmann, Vermerk v. 11.10.1968, in: BArch, B 141/5625, Bl. 2.

238 145. Kabinettssitzung am 7.11.1968, TOP 7, »Kabinettsprotokolle online«.

239 146. Kabinettssitzung am 13.11.1968, TOP 6, »Kabinettsprotokolle online«.

240 G. Müller an BMJ, 8.11.1968, in: BArch, B 141/5625, Bl. 97.

241 BT-PlPr. 5/215 v. 12.2.1969, S. 11667.

242 Ebd., S. 11674.

243 M. Lepa, Vermerk v. 16.5.1969, in: BArch, B 141/5627, Anl. zu Bl. 172.

244 G. Diller, Vermerk v. 26.7.1969, in: BArch, B 141/5627, Bl. 178.

245 BT-Rechtsausschuss an BMJ, 7.6.1969, in: BArch, B 141/5627, Anl. zu Bl. 172.

246 BT-PlPr. 6/5, S. 20 ff.

247 Ebd., S. 25 f.

248 M. Dietlein an H. Maassen, 31.10.1969, in: BArch, B 141/5628, n. f.

249 Beschlüsse des Plenums v. 13.11.1969, Anl. zu BT-Drs, 6/388.

250 Rupp-v. Brünneck, Bundesverfassungsgericht [1970], 1983, S. 244 mit Binnenzitat BVerfGE 1, 208 (259).

251 M. Dietlein, Vermerk v. 26.11.1969, in: BArch, B 141/5628, n. f.

252 9. Kabinettssitzung am 11.12.1969, TOP 7, »Kabinettsprotokolle online«; BR-Drs. 678/69.

253 BT-Drs. 6/388.

254 Prot. v. 23.4.1970, S. 10 ff., in: BArch, B 141/5631.

255 Ebd., S. 26 f.

256 Ebd., S. 36 ff.

257 Prot. v. 23.4.1970, S. 55 f., in: BArch, B 141/5631.

258 Bericht v. 26.11.1970, BT-Drs. 6/1471.

259 BT-PlPr. 6/81 v. 2.12.1970, S. 4608.

260 BGBl. I S. 1765.

261 BVerfG, Urt. v. 15.12.1970, Az. 2 BvF 1/69 u. a., BVerfGE 30, 1.

262 BVerfG, Beschl. v. 24.2.1971, Az. 1 BvR 435/68, BVerfGE 30, 173.

263 »Aasig unterschoben«, SPIEGEL v. 25.8.1965, S. 82; »Fabel über Vater«, SPIEGEL v. 25.3.1968, S. 73.

264 E. Stein an die Mitglieder des Ersten Senats, 8.12.1970, in: HHStAW, 1178/525, n. f.

265 E. Stein, Votum o. D. [8.12.1970], S. 181 f., in: HHStAW, 1178/525.

266 E. Stein, Notiz v. 23.2.1971, in: HHStAW, 1178/526; daraus die folgenden Zitate.

267 E. Stein, Vermerk v. 24.2.1971, in: HHStAW, 1178/526, n. f.

268 Ritterspach, Sondervotum, 1987, S. 1379 ff.

269 W. Rupp-v. Brünneck an E. Stein, 2.7.197[1], in: HHStAW, 1178/526, n. f.

270 W. Rupp-v. Brünneck, Abweichende Meinung (Entwurf) o. D. [Juni 1971], in: HHStAW, 1178/526, n. f.

271 BVerfGE 30, 173 (196 f.).

272 Ebd., S. 197 ff.

273 Ebd., S. 200 ff.; daraus auch die folgenden Zitate.

274 BVerfG, Beschl v. 4.5.1971, Az. 1 BvR 636/68, BVerfGE 31, 58.

275 W. Rupp-v. Brünneck an R. Schmid, 24.6.1971, in: HStAS, Q 1/40 Bü 181, n. f.

276 »Im Dienste der Betroffenen«, in: Stuttgarter Zeitung v. 2.3.1985, Sonntagsbeilage.

277 Neuhaus, RabelsZ 36 (1972), S. 127 (128).

278 BVerfGE 31, 58 (85).

279 Neuhaus, RabelsZ 36 (1972), S. 127 (131). Paul Neuhaus war wie Hans Rupp wissenschaftliches Mitglied des Max-Planck-Instituts für ausländisches und internationales Privatrecht in Hamburg.

280 Benda, Gedenkansprache [1977], 1983, S. 476.

281 Neuhaus, RabelsZ 36 (1972), S. 127 (133).

282 BVerfGE 31, 58 (74 f.); aus der Entscheidung auch die folgenden Zitate.

283 RabelsZ 36 (1972), S. 1.

284 Kegel, RabelsZ 36 (1972), S. 27 ff.

285 Neuhaus, RabelsZ 36 (1972), S. 127 (138).

286 Gesetz zur Neuregelung des Internationalen Privatrechts v. 25.7.1986, BGBl. I S. 1142.

287 BT-Drs. 10/504, S. 53.

288 Vgl. die Übersicht im Anhang.

289 Rupp-v. Brünneck, Grundrechte [1970], 1983, S. 187.

290 W. Rupp-v. Brünneck an den Juristinnenbund, 17.3.1967, in: AddF, Deutscher Juristinnenbund, Kiste 7, Ordner 2, n. f.

291 W. Rupp-v. Brünneck an den Juristinnenbund, 22.6.1967, in: AddF, Deutscher Juristinnenbund, Kiste 7, Ordner 2, n. f.

292 Rupp-v. Brünneck, Grundrechte [1970], 1983, S. 149.

293 Ebd., S. 147.

294 BVerfG, Beschl. v. 2.5.1967, Az. 1 BvR 578/63, BVerfGE 21, 362.

295 Benda, Gedenkansprache [1977], 1983, S. 477.

296 BVerfGE 21, 362 (369 f.).

297 Rupp-v. Brünneck, Grundrechtsfähigkeit [1969], 1983, S. 110.

298 Ebd., S. 119 f.

299 Ebd., S. 115 ff.

300 Schneider, Rupp-v. Brünneck, 1983.

301 W. Rupp-v. Brünneck, Grundrechte [1970], 1983, S. 147.

302 Alexy, VVDStRL 61 (2002), S. 7 (9).

303 BVerfGE 28, 324 (347).

304 BVerfGE 31, 58 (69).

305 BVerfGE 30, 173 (219).

306 Stolleis, Geschichte IV, 2012, S. 245.

307 E. Benda, Ansprache v. 11.11.1975, in: HStAS, Q 1/35 Bü 502, n. f.

308 Rupp-v. Brünneck, Arndt [1974], 1983, S. 307 (309).

309 Arndt, NJW 1959, S. 6 (8).

310 H. Rupp an R. Smend, 13.1.1971, in: SUB Gö, Cod. Ms. R. Smend, A 717, Bl. 4.

311 »Es erinnert sich: Hans Rupp«, gesendet am 7.6.1989 auf SDR2, in: SWR-Archiv.

312 Rupp-v. Brünneck, Grundrechte [1970], 1983, S. 170 ff. erörtert zwar »Probleme der Durchsetzung des Grundrechtsschutzes gegenüber dem Gesetzgeber«, beschäftigt sich aber nur mit der Zulässigkeit von Appellentscheidungen und der Tenorierungspraxis.

313 Ebd., S. 165 f.

314 Ebd., S. 167.

Mehrheit und Minderheit (1971–1977)

1 Erinnerungen Sommer 1971, in: Nachlass W. Rupp-v. Brünneck.

2 R. Wand war vor seiner Wahl Direktor des Bundesverfassungsgerichts gewesen. G. Müller schlug ihn seinen Parteifreunden als Nachfolger für den an den EuGH gewechselten H. Kutscher vor, um den Direktorenposten mit Karl-Georg Zierlein, »eine[m] jüngeren, tüchtigen Juristen aus Bayern«, besetzen und so »für die CDU/CSU« dauerhaft erhalten zu können (G. Müller an F. J. Röder, 28.7.1970, in: HStAS, Q 1/35 Bü 499, n. f.). Der Plan ging auf: Zierlein blieb bis 1999 Direktor des Bundesverfassungsgerichts, überdauerte Müllers Präsidentschaft also 28 Jahre.

3 »Bonn gerät mit der Wahl von Verfassungsrichtern in Zeitnot«, FAZ v. 31.3.1971, S. 6.

4 »Wahl der Verfassungsrichter frühestens im September«, FAZ v. 19.7.1971, S. 6.

5 »Die CDU stellt weiter den Präsidenten des Bundesverfassungsgerichts«, FAZ v. 18.6.1971, S. 4.

6 W. Rupp-v. Brünneck an E. Stein, 2.7.197[1], in: HHStAW, 1178/526, n. f.

7 G. Müller, Notiz v. 1.6.1970, in: HStAS, Q 1/35 Bü 499, n. f.

8 »Harte Auseinandersetzung um die Sitze im Verfassungsgericht«, FAZ v. 25.5.1971, S. 4.

9 Präsident des BR an den Präsidenten des BVerfG, 4.6.1971, in: BRA, Wahl von Bundesverfassungsrichtern, Vorgang 1971/72, n. f.

10 Erinnerungen Sommer 1971, in: Nachlass W. Rupp-v. Brünneck.

11 »Neue Verzögerungen bei der Neuwahl von Verfassungsrichtern«, FAZ v. 18.10.1971, S. 4.

12 W. Rupp-v. Brünneck an E. Stein, 2.7.197[1], in: HHStAW, 1178/526, n. f.

13 BVerfG, Beschl. v. 20.10.1971, Az. 1 BvR 757/66, BVerfGE 32, 111 (118).

14 Gesetz zu dem Vertrag v. 27.11.1961 zwischen der Bundesrepublik Deutschland und der Republik Österreich zur Regelung von Schäden der Vertriebenen, Umsiedler und Verfolgten, über weitere finanzielle Fragen und Fragen aus dem sozialen Bereich (Finanz- und Ausgleichsvertrag) v. 21.8.1962, BGBl. II S. 1041.

15 BVerfGE 32, 111 (129).

16 Ebd.; daraus auch die folgenden Zitate.

17 Vgl. Wallrabenstein, Versicherung, 2009, S. 227.

18 Vgl. aber das Sondervotum F. v. Schlabrendorffs zu BVerfG, Beschl. v. 25.6.1974, Az. 2 BvF 2, 3/73, BVerfGE 37, 363 (414 ff.).

19 BVerfGE 32, 111 (142).

20 Überblick BVerfGE 32, 111 (141 f.) m. w. N.

21 Ebd., S. 143 – Hervorhebung im Original.

22 BVerfG, Beschl. v. 9.6.1975, Az. 1 BvR 2261, 2268/73, BVerfGE 40, 65 (83 f.).

23 BVerfG, Urt. v. 28.2.1980, Az. 1 BvL 17/77 u. a., BVerfGE 53, 257 (289) mit Verweis auf das Sondervotum.

24 BVerfG, Urt. v. 16.7.1985, Az. 1 BvL 5/80 u. a., BVerfGE 69, 272 (303) mit Verweis auf das Sondervotum.

25 A. v. Brünneck, JZ 1990, S. 992 (993).

26 Zur Filmeinfuhrkontrolle A. v. Brünneck, Politische Justiz, 1978, S. 185 ff.

27 BVerfG, Beschl. v. 25.4.1972, Az. 1 BvL 13/67, BVerfGE 33, 52.

28 Ebd., S. 68 ff.

29 »Zensur für Propagandafilme«, FAZ v. 1.9.1972, S. 2.

30 BVerfGE 33, 52 (78). Soweit nicht anders angegeben entstammen die folgenden Zitate ebenfalls dem Sondervotum.

31 Aphorismen-Buch [ca. 1970], in: Nachlass W. Rupp-v. Brünneck.

32 BVerfGE 27, 71 (81 f.).

33 BVerfGE 33, 52 (85); die folgenden Zitate entstammen ebenfalls dem Sondervotum – Hervorhebung im Original.

34 Todesanzeige v. 18.8.1977, in: BArch, PERS 101/84363, Bl. 43.

35 BVerfGE 33, 52 (90).

36 Art. 3 Nr. 1 des Zweiten Gesetzes zur Änderung des Gesetzes über Maßnahmen zur Förderung des deutschen Films v. 27.2.1974, BGBl. I S. 437.

37 Vertrag zwischen der BRD und der UdSSR v. 12.8.1970, BGBl. II 1972 S. 354; Vertrag zwischen der BRD und der VR Polen v. 7.12.1970, BGBl. II 172 S. 362.

38 H. Hamann, Glücksfall, 2007, S. 34, Privatbesitz A. v. Brünneck.

39 BR-Prot. v. 19.5.1972, S. 566 (B).

40 BVerfGE 33, 125; 33, 171.

41 »Gegen den letzten Akt«, SPIEGEL v. 29.5.1975, S. 80.

42 W. Rupp-v. Brünneck an A. Arndt, 29.5.1972, in: AdsD, Nachlass A. Arndt, Box Nr. 9, Mappe 24, n. f.

43 »Gegen den letzten Akt«, SPIEGEL v. 29.5.1975, S. 80.

44 BVerfG, Urt. v. 22.5.1972, Az. 1 BvQ 2/72, 1 BvR 203/72, BVerfGE 33, 195.

45 »Gegen den letzten Akt«, SPIEGEL v. 29.5.1980, S. 80.

46 Ebd.

47 Ebd.

48 Die Entscheidung in der Hauptsache sollte erst drei Jahre später folgen und die Ostverträge bestätigen: BVerfG, Beschl. v. 7.7.1975, Az. 1 BvR 274/72, BVerfGE 40, 141.

49 W. Rupp-v. Brünneck an A. Arndt, 29.5.1972, in: AdsD, Nachlass A. Arndt, Box Nr. 9, Mappe 24, n. f.

50 BVerfG, Urt. v. 17.8.1956, Az. 1 BvB 2/51, BVerfGE 5, 85 (126 ff.).

51 Die Antragsschriften, Entscheidungen, Sitzungsniederschriften und Tonband-Wortprotokolle sind abgedruckt in: Grundlagenvertrag, 1975.

52 BVerfG, Beschl. v. 4.6.1973, Az. 2 BvQ 1/73, BVerfGE 35, 193.

53 »Treue gegen Treue«, SPIEGEL v. 25.6.1973, S. 37 (38).

54 H. Rupp an die Mitglieder des Zweiten Senats, 27.5.1973, in: Nachlass H. Rupp. Daraus auch die folgenden Zitate; Hervorhebungen jeweils im Original.

55 BVerfG, Beschl. v. 29.5.1973, Az. 2 BvQ 1/73, BVerfGE 35, 171.

56 BVerfG, Beschl. v. 16.6.1973, Az. 2 BvQ 1/73, 2 BvF 1/73, BVerfGE 35, 246.

57 BVerfGE 35, 246 (257).

58 »Es erinnert sich: Hans Rupp«, gesendet am 7.6.1989 auf SDR2, in: SWR-Archiv.

59 BVerfG, Beschl. v. 18.6.1973, Az. 2 BvQ 1 /73, BVerfGE 35, 257.

60 »Die Regierung wird's schon recht machen«, FAZ v. 27.6.1972, S. 1.

61 »Benda sagt Sitzung des Bundesverfassungsgerichts ab«, FAZ v. 14.7.1973, S. 1.

62 G. Müller, Vermerk o. D., in: HStAS, Q 1/35 Bü 502, n. f.

63 Ebd.

64 BVerfG, Urt. v. 31.7.1973, Az. 2 BvF 1/73, BVerfGE 36, 1 (3).

65 BVerfGE 36, 1 (35).

66 W. Rupp-v. Brünneck an A. Arndt, 20.6.1973, in: AdsD, Nachlass A. Arndt, Box Nr. 9, Mappe 24, n. f.

67 W. Rupp-v. Brünneck an A. v. Brünneck, 11.7.1973, Privatbesitz A. v. Brünneck.

68 »Das Orakel des Zweiten Senates«, ZEIT v. 15.6.1973, S. 2.

69 BVerfG, Beschl. v. 19.6.1973, Az. 1 BvR 206/73, BVerfGE 35, 280 (282).

70 »Sind Richter klüger als die Regierung«, SPIEGEL v. 25.6.1973, S. 32.

71 Rupp, AJCL 25 (1977), S. 286 (298).

72 BVerfGE 36, 1 (36).

73 Rupp-v. Brünneck, Bindungswirkung [1975], 1983, S. 327 f. – Hervorhebung im Original.

74 »Harte Auseinandersetzung um die Sitze im Verfassungsgericht«, FAZ v. 25.5.1971, S. 4.

75 »Die Organisation der Universität wird auf den Kopf gestellt«, FAZ v. 2.12.1971, S. 2.

76 Meinel, Studentenbewegung, 2019, S. 392 f.

77 Ebd., S. 402.

78 Der Brief ist nicht erhalten.

79 W. Rupp-v. Brünneck an A. v. Brünneck, 28.6.1968, Privatbesitz A. v. Brünneck.

ANMERKUNGEN

499

80 Zur Gründung Mückenberger, KJ 1989, S. 109 ff.; Kemmerer, »Frankfurter Rechtsschule«, FAZ v. 26.9.2018, S. N3.

81 A. v. Brünneck an W. Rupp-v. Brünneck, 13.4.1969, Privatbesitz A. v. Brünneck.

82 A. v. Brünneck an W. Rupp-v. Brünneck, 12.4.1970, Privatbesitz A. v. Brünneck.

83 Mückenberger, KJ 1989, S. 109 (110).

84 A. v. Brünneck, KJ 1969, S. 319 ff.; vgl. ders., Vorwort (2001), in: Fraenkel, Doppelstaat, 2019, S. 15 ff.

85 A. v. Brünneck, KJ 1970, S. 21 (34 f.).

86 W. Rupp-v. Brünneck an A. v. Brünneck, 12.1.1972, Privatbesitz A. v. Brünneck.

87 W. Rupp-v. Brünneck an A. v. Brünneck, 28.6.1968, Privatbesitz A. v. Brünneck.

88 Vgl. die posthum erschienenen Lebenserinnerungen Simon, Leben, 2020, sowie die »autorisierte« Biographie Röse/Röse, Recht, 2012.

89 Simon, Leben, 2020, S. 58.

90 Simon, Rechtsgedanke, 1954.

91 Simon, Leben, 2020, S. 58.

92 Ebd., S. 60 ff.

93 BMJ, Liste v. 22.5.1970, in: BRA, Wahl von Bundesverfassungsrichtern, Vorgang 1970, n. f.

94 Kurzprot. v. 4.6.1970, in: BRA, Wahl von Bundesverfassungsrichtern, Vorgang 1970, n. f.

95 »Zuchtmeister für Bonn und Bürger«, SPIEGEL v. 3.3.1975, S. 62.

96 Gespräch am 2.2.2021.

97 Simon, Leben, 2020, S. 132 ff.

98 Ebd., S. 124.

99 »Geistige Schlacht um die Macht an den Hochschulen«, SZ v. 7.12.1972, S. 3.

100 »Auf der Suche nach der Wissenschaftsfreiheit«, FAZ v. 8.12.1972, S. 6.

101 Ebd.

102 »Karlsruhe wird Monate brauchen«, SZ v. 28.12.1972, S. 7.

103 »Weltrekord in Wartezeiten«, SPIEGEL v. 1.12.1975, S. 42.

104 Meinel, Studentenbewegung, 2019, S. 396 f. m. N. aus den Schriftsätzen.

105 BVerfG, Urt. v. 29.5.1973, Az. 1 BvR 424/71 u. 325/72, BVerfGE 35, 79; daraus die folgenden Zitate.

106 Meinel, Studentenbewegung, 2019, S. 398.

107 »Karlsruhe setzt einen Grenzstein«, SZ v. 30./31.5.1973, S. 4.

108 Wesel, Karlsruhe, 2004, S. 233.

109 Meinel, Studentenbewegung, 2019, S. 388.

110 Simon, Leben, 2020, S. 125.

111 Wahlprogramm der SPD v. 13.10.1972, URL = < http://library.fes.de/pdf-files/bibliothek/bestand/a83-02241.pdf >.

112 BVerfGE 35, 79 (148 f.). Die folgenden Zitate entstammen ebenfalls dem Sondervotum.

113 Schlink, DÖV 1973, S. 541.

114 Möllers, Grundgesetz, 2019, S. 79.

115 Stolleis, Geschichte IV, 2012, S. 243.

116 Ebd.

117 BVerfG, Urt. v. 18.7.1972, Az. 1 BvL 32/70 u. 25/71, BVerfGE 33, 303.

118 Simon, Leben, 2020, S. 117.

119 Rupp-v. Brünneck, Grundrechte [1970], 1983, S. 165 f.

120 BVerfG, Urt. v. 5.6.1973, Az. 1 BvR 536/72, BVerfGE 35, 202.

121 BVerfGE 35, 202 (204 f.).

122 »Alles, was vor die Flinte kommt«, SPIEGEL v. 19.6.1972, S. 110.

123 OLG Koblenz, Urt. v. 5.10.1972, NJW 1973, S. 251.

124 »Lebach-Film vor dem Verfassungsgericht«, SZ v. 10.3.1973, S. 4.

125 »Rückspiegel«, SPIEGEL v. 4.12.1972, S. 190.

126 »Resozialisierung für ZDF zweitrangig?«, SZ v. 10./11.3.1973, S. 9.

127 BVerfG, Beschl. v. 13.3.1973, Az. 1 BvR 536/72, BVerfGE 34, 341.

128 Lüscher, Jurisprudenz, 1975, S. 83.

129 Vgl. Cornils, Lebach, 2017, S. 240.

130 BVerfG, Beschl. v. 8.2.1972, Az. 1 BvR 170/71, BVerfGE 32, 311 (316).

131 BVerfGE 35, 202 (219) – Hervorhebung F. M.

132 BVerfGE 30, 173 (220).

133 BVerfGE 35, 202 (204).

134 Vgl. Lepsius, Gewalt, 2011.

135 Arndt, NJW 1967, S. 1845.

136 W. Rupp-v. Brünneck an A. Arndt, 20.6.1973, in: AdsD, Nachlass A. Arndt, Box Nr. 9, Mappe 24, n. f.

137 BVerfGE 35, 202 (225).

138 BVerfGE 7, 198 (205).

139 BVerfGE 25, 167 (176).

140 BVerfGE 35, 202 (225 ff.); daraus auch die folgenden Zitate.

141 Rupp-v. Brünneck, Qualität [1974], 1983, S. 293 f.

142 Vgl. Maelicke, NK 2005, S. 128 ff.; Einsele, Leben, 1994.

143 BVerfGE 35, 202 (236 ff.).

144 Cornils, Lebach, 2017, S. 242.

145 Ebd., S. 242 f.

146 BVerfG, Urt. v. 18.7.1973, Az. 1 BvR 23, 155/73, BVerfGE 35, 382.

147 Pietzcker, JZ 1975, S. 435.

148 Slobodian, German History 31 (2013), S. 204 (213).

149 BVerfGE 35, 382 (388); aus dem Beschluss auch die folgenden Zitate.

150 Slobodian, German History 31 (2013), S. 204 (215).

151 Nämlich von Hans Heinz Heldmann, dem späteren Verteidiger Andreas Baaders, von Franz Niepel, der das RAF-Mitglied Rolf Pohle verteidigte, und von Roswitha Wolff, die sich in München gegen Polizeigewalt engagierte und die Vertretung von Kriegsdienstverweigerern übernahm. Zu H. H. Heldmann vgl. Pichl, KJ 2021, S. 17 (19 f.).

152 »Abgeschoben«, ZEIT v. 13.1.1984, S. 9.

153 Ebd.

154 BVerfG, Beschl. v. 30.5.1973, Az. 1 BvR 155/73, BVerfGE 35, 177.

155 BVerfG, Beschl. v. 18.7.1973, Az. 1 BvR 23, 155/73, BVerfGE 35, 382.

156 Rittstieg, JZ 1974, S. 261.

157 BVerfGE 35, 382 (399 ff.).

158 Schoch, in: ders./Schneider, VwGO, § 80 Rn. 205 (Stand: Sept. 2011): »bekannte[n] Formel des BVerfG, die von Judikatur und Literatur weitgehend übernommen worden ist«.

159 BVerfGE 35, 382 (402); aus der Entscheidung auch die folgenden Zitate.

160 BVerfGE 31, 58 (75 f.).

161 »Abtreibung: Quick sprach mit den Richtern«, Quick v. 6.2.1975, S. 10.

162 Grass, Tagebuch [1972], 1974, S. 8.

163 Herbert, Geschichte, 2014, S. 881.

164 Ebd., S. 887.

165 Grass, Kopfgeburten, 1980, S. 138.

166 Kommers, Judicial Politics, 1976, S. 183.

167 BVerfG, Beschl. v. 14.11.1973, Az. 1 BvR 719/69, BVerfGE 36, 146.

168 Kontrollratsgesetz Nr. 16 (Ehegesetz) v. 20.2.1946, ABl. KR S. 77.

169 Gesetz zur Vereinheitlichung und Änderung familienrechtlicher Vorschriften (Familienrechtsänderungsgesetz) v. 11.8.1961, BGBl. I S. 1221.

ANMERKUNGEN

170 BVerfGE 36, 146 (153).

171 Ebd., S. 163 ff.

172 Erstes Gesetz zur Reform des Ehe- und Familienrechts (1. EheRG) v. 14.6.1976, BGBl. I S. 1421.

173 BVerfG, Beschl. v. 21.5.1974, Az. 1 BvL 22/71 u. 21/72, BVerfGE 37, 217; daraus, soweit nicht anders angegeben, die folgenden Zitate.

174 BT-Drs. 7/2175.

175 BVerfGE 33, 303.

176 Bericht und Antrag des Innenausschusses v. 14.11.1974, BT-Drs. 7/2814.

177 BT-PlPr. 7/134, S. 9055.

178 Gesetz zur Änderung des Reichs- und Staatsangehörigkeitsgesetzes (RuStAÄndG 1974) v. 20.12.1974, BGBl. I S. 3714.

179 Antwort der Bundesregierung v. 22.12.1993, BT-Drs. 12/6496, S. 2.

180 BVerfG, Beschl. v. 3.12.1969, Az. 1 BvR 624/56, BVerfGE 27, 253 – 2. Leitsatz; BVerfG, Beschl. v. 15.1.1970, Az. 1 BvR 293/62, BVerfGE 27, 326 (340 f.).

181 Vgl. Stolleis, Zacher, 2018, S. 1189 ff.

182 Zacher, AöR 93 (1968), S. 341 (357, 383).

183 Rupp-v. Brünneck, Grundrechte [1970], 1983, S. 166.

184 BVerfG, Beschl. v. 12.12.1973, Az. 1 BvL 19/72, BVerfGE 36, 237; daraus die folgenden Zitate.

185 Zit. nach Henke, Raschke, 2016, S. 405.

186 BVerfGE 36, 237 (249).

187 BVerfG, Beschl. v. 12.11.1974, Az. 1 BvR 505/68, BVerfGE 38, 187.

188 Ebd., S. 195 f.

189 Rupp-v. Brünneck, Qualität [1974], 1983, S. 296 f.

190 BVerfGE 33, 303.

191 BVerfG, Beschl. v. 12.11.1974, Az. 1 BvR 505/68, BVerfGE 38, 187 (198) mit Verweis auf BVerfG, Beschl. v. 3.12.1969, Az. 1 BvR 624/56, BVerfGE 27, 253 (283, 291).

192 BVerfGE 38, 187 (201 f.); aus der Entscheidung auch die folgenden Zitate.

193 BVerfG, Urt. v. 28.2.1980, Az. 1 BvL 136/78 u. a., BVerfGE 53, 224.

194 »Zuchtmeister für Bonn und Bürger«, SPIEGEL v. 3.3.1975, S. 62.

195 BVerfG, Urt. v. 25.2.1975, Az. 1 BvF 1–6/74, BVerfGE 39, 1.

196 Stern v. 6.6.1971.

197 Gante, § 218, 1991, S. 125 ff.

198 »Wir sind die Aktion 218«, Flugblatt aus dem Februar 1974, Digitalisat, URL = < https://www.meta-katalog.eu/Record/bdb11473fmt >.

199 Enzyklika v. 25.6.1968, Ziff. 14, 16, URL = < https://www.vatican.va/content/paul-vi/de/encyclicals/documents/hf_p-vi_enc_25071968_humanae-vitae.html >.

200 Gante, § 218, 1991, S. 121 ff., 130 f. Der Alternativentwurf ist abgedruckt bei Schroeder (Hrsg.), Abtreibung, 1972, S. 46 ff.

201 Gante, § 218, 1991, S. 133 ff.

202 W. Rupp-v. Brünneck an A. v. Brünneck, 12.1.1972, Privatbesitz A. v. Brünneck.

203 Gante, § 218, 1991, S. 105 ff.

204 Gerhard, Unerhört, 1990, S. 387.

205 Gerhard, Frauenbewegung, 2008, S. 204 f.

206 Vgl. Frevert, Frauen-Geschichte, 1986, S. 280 f.

207 W. v. Brünneck, in: Bundeszentrale für Politische Bildung, Die Frau taugt nicht für die Politik. Sagen die Männer o. D. [ca. 1965], in: Nachlass W. Rupp-v. Brünneck.

208 BT-Drs. 6/3434; 6/3137.

209 Gante, § 218, 1991, S. 105 ff.

210 Gesetz über die Unterbrechung der Schwangerschaft v. 9.3.1972, GBl. I, S. 89.

211 Überblick bei Gante, § 218, 1991, S. 152 ff.
212 BT-Drs. 7/443; BT-Drs. 7/375; BT-Drs. 7/554; BT-Drs. 7/561.
213 BT-PlPr. 7/95, S. 6331 ff.
214 BR-Prot. v. 10.5.1974, S. 155.
215 BR-Prot. v. 31.5.1974, S. 211 ff.
216 BT-PlPr. 7/104, S. 6947.
217 BGBl. I S. 1300.
218 Gante, § 218, 1991, S. 164 f.
219 »Filbinger: Reform grundgesetzwidrig«, SZ v. 19.6.1974, S. 2.
220 Antrag v. 20.6.1974, in: Arndt/Erhard/Funcke (Hrsg.), § 218 StGB, 1979, S. 1 ff.
221 »Einstweilige Anordnung ist kein vorweggenommenes Urteil«, SZ v. 22./23.6.1974, S. 4.
222 Antrag v. 20.6.1974, in: Arndt/Erhard/Funcke (Hrsg.), § 218 StGB, 1979, S. 7 f.
223 BVerfG, Urt. v. 21.6.1974, Az. 1 BvQ 4/74, BVerfGE 37, 324.
224 Antrag v. 21.6.1974, in: Arndt/Erhard/Funcke (Hrsg.), § 218 StGB, 1979, S. 13 ff.
225 Antragsbegründung v. [...].7.1974, ebd., S. 17 ff.
226 Antrag v. 3.7.1974, ebd., S. 65 f.
227 Antragsbegründung v. 25.7.1974, ebd., S. 80 f.
228 Antragsbegründung v. [...].7.1974, ebd., S. 20.
229 Antragsbegründung v. 25.7.1974, ebd., S. 77.
230 Darnstädt, Verschlusssache, 2018, S. 336 ff.
231 Geiger, BayVBl. 1974, S. 297 (299).
232 Brox, »Das Recht auf Leben«, Der Dom v. 6.5.1973, S. 6.
233 Ebd.
234 § 18 Abs. 3 Nr. 2 BVerfGG.
235 »Unseres Herrgotts Kanzlei«, SPIEGEL v. 3.2.1975, S. 22.
236 Stellungnahme v. 15.9.1974, in: Arndt/Erhard/Funcke (Hrsg.), § 218 StGB, 1979, S. 140 ff.
237 Stellungnahme v. 30.9.1974, ebd., S. 183.
238 Roe v. Wade, 410 U.S. 113 (1973).
239 Stellungnahme v. 30.9.1974, in: Arndt/Erhard/Funcke (Hrsg.), § 218 StGB, 1979, S. 181 f.; daraus auch die folgenden Zitate.
240 Prot. v. 18./19.11.1974, ebd., S. 247.
241 »Der Aufmarsch der Gelehrten«, SZ v. 20.11.1974, S. 9.
242 Prot. v. 18./19.11.1974, in: Arndt/Erhard/Funcke (Hrsg.), § 218 StGB, 1979, S. 236 ff.; daraus die folgenden Zitate.
243 Stellungnahme v. 30.9.1974, ebd., S. 206 f.
244 Prot. v. 18./19.11.1974, ebd., S. 273.
245 »Ehmke wieder einmal unter Professoren«, FAZ v. 21.11.1974, S. 12.
246 Wesel, Karlsruhe, 2004, S. 248.
247 Gespräch mit Christoph Klaas am 20.2.2021.
248 G. Müller, Notiz v. 25.2.1975, in: HStAS, Q 1/35 Bü 502, n. f.
249 Simon, Leben, 2020, S. 124.
250 Verlautbarung v. 20.1.1975, in: Arndt/Erhard/Funcke (Hrsg.), § 218 StGB, 1979, S. 384.
251 Simon, Leben, 2020, S. 125.
252 »Schlüsse, die möglich, aber nicht zwingend sind«, SZ v. 28.1.1975, S. 3.
253 Ebd.
254 »Unmut über Indiskretion zum Abtreibungsurteil«, FAZ v. 28.1.1975, S. 1.
255 »Schlüsse, die möglich, aber nicht zwingend sind«, SZ v. 28.1.1975, S. 3.
256 Ebd.
257 »Keine Stellungnahme des Bundesverfassungsgerichts«, FAZ v. 29.1.1975, S. 1.

ANMERKUNGEN 503

258 »Abtreibung: Quick sprach mit den Richtern«, Quick v. 6.2.1975, S. 10; daraus die folgenden Zitate.
259 »... bes. in sittlicher Hinsicht«, SPIEGEL v. 3.3.1975, S. 74.
260 »Gericht im Sog der Politik«, FAZ v. 29.1.1975, S. 1; Klarstellung des Zitats in BT-PlPr. 7/201, S. 13899.
261 ARD-Panorama v. 3.2.1975, in: NDR-Archiv.
262 »Kohl greift Schmidt an wegen Äußerungen in ›Panorama‹«, FAZ v. 5.2.1975, S. 4.
263 »Kritik an Karlsruhe fällt auf die Politiker zurück«, SZ v. 5.2.1975, S. 4.
264 BVerfG, Urt. v. 25.2.1975, Az. 1 BvF 1–6/74, BVerfGE 39, 1.
265 Sitzungsprotokoll v. 25.2.1975, in: Arndt/Erhard/Funcke (Hrsg.), § 218 StGB, 1979, S. 385 (387).
266 W. Böhmer an G. Müller, 25.3.1975, in: HStAS, Q 1/35 Bü 502, n. f.
267 »... bes. in sittlicher Hinsicht«, SPIEGEL v. 3.3.1975, S. 74.
268 H. Hamann, Glücksfall, 2007, S. 36, Privatbesitz A. v. Brünneck.
269 Lamprecht, Karlsruhe, 2011, S. 158.
270 »Richterliche Intoleranz«, SZ v. 1./2.3.1975, S. 4.
271 Die Mitteilung des wesentlichen Inhalts des Sondervotums im Verkündungstermin war nicht zwingend vorgeschrieben. Geregelt wurde sie – fakultativ – erst in der am 3.7.1975 beschlossenen Geschäftsordnung des Bundesverfassungsgerichts (§ 55 Abs. 4 Satz 2).
272 H. Hamann, Glücksfall, 2007, S. 36, Privatbesitz A. v. Brünneck.
273 »Wohltuende Distanz zwischen den Zentren von Politik und Justiz«, FAZ v. 26.2.1975, S. 3.
274 BVerfGE 39, 1 (68 ff.); daraus die folgenden Zitate.
275 Ebd., S. 42 f.
276 Ebd., S. 43.
277 BVerfGE 35, 202 (225).
278 BVerfGE 39, 1 (71 f.) – Hervorhebung im Original.
279 Ebd., S. 69 mit Binnenzitat der Äußerung Leibholz', in: VVDStRL 20 (1963), S. 119.
280 BVerfGE 39, 1 (72 f.); aus dem Sondervotum stammen auch die folgenden Zitate – Hervorhebungen jeweils im Original.
281 »Karlsruhe hat Fristenregelung mit 5 gegen 3 Stimmen abgewiesen«, SZ v. 28.2.1975, S. 1.
282 W. Böhmer an G. Müller, 25.3.1975, in: HStAS, Q 1/35 Bü 502, n. f.
283 »Grenzüberschreitung in Karlsruhe«, SZ v. 26.2.1975, S. 4.
284 SZ v. 26.2.1975, S. 11.
285 »Ausgleich zwischen den Rechten der Frau und des Kindes«, FAZ v. 27.2.1975, S. 7.
286 »Wohltuende Distanz zwischen den Zentren von Politik und Justiz«, FAZ v. 26.2.1975, S. 3.
287 »Karlsruhe – ein verkappter Gesetzgeber?«, SPIEGEL v. 3.3.1975, S. 68.
288 »Zuchtmeister für Bonn und Bürger«, SPIEGEL v. 3.3.1975, S. 62.
289 »Jeder zweite gegen das Abtreibungsurteil«, FAZ v. 7.3.1975, S. 5.
290 »Ein Urteil zum Nachdenken«, FAZ v. 4.3.1975, S. 1.
291 »Anarchisten: ›Mit dem Terror leben‹«, SPIEGEL v. 10.3.1975, S. 24.
292 H. Hamann, Glücksfall, 2007, S. 21, Privatbesitz A. v. Brünneck.
293 Kriele, JZ 1975, S. 222 ff.; Denninger, JZ 1975, S. 545 ff.; Esser, JZ 1975, S. 555 ff.
294 Kriele, JZ 1975, S. 222 f.
295 Abendroth, KJ 1975, S. 121 ff.
296 W. Rupp-v. Brünneck an A. v. Brünneck, 23.7.1975, Privatbesitz A. v. Brünneck.
297 BVerfGE 39, 1 (72).
298 Zu den innerkirchlichen Kontroversen im Vorfeld der Tagung Mantei, Abtreibung, 2004, S. 472 f.
299 Rupp-v. Brünneck, § 218 StGB [1975], 1983, S. 311 ff.; daraus auch die folgenden Zitate.
300 Ebd., S. 311 ff.
301 BVerfG, Beschl. v. 6.5.1975, Az. 1 BvR 332/72, BVerfGE 39, 316 (327).
302 BVerfG, Beschl. v. 18.6.1975, Az. 1 BvL 4/74, BVerfGE 40, 121; daraus die folgenden Zitate.
303 BT-Drs. 7/2351.

304 BR-Prot. v. 11.4.1975, S. 97.

305 BVerfGE 39, 1 (72).

306 BVerfG, Beschl. v. 13.1.1976, Az. 1 BvR 631/69, 24/70, BVerfGE 41, 126; Beschl. v. 13.1.1976, Az. 1 BvR 67/70, BVerfGE 41, 193.

307 BVerfGE 41, 126 (175).

308 Ebd., S. 126 f.

309 Vgl. ebd., S. 153.

310 Benda, Gedenkansprache [1977], 1983, S. 477, bestätigt die Urheberschaft.

311 »Fünf gehen, fünf kommen, einer bleibt«, FAZ v. 6.11.1975, S. 8.

312 »Schwache Vorschläge für Karlsruhe«, SZ v. 10.9.1975, S. 4.

313 BVerfG, Beschl. v. 22.5.1975, Az. 2 BvL 13/73, BVerfGE 39, 334.

314 BVerfGE 39, 334 (378 ff.).

315 W. Rupp-v. Brünneck an A. v. Brünneck, 23.7.1975, Privatbesitz A. v. Brünneck.

316 Görtemaker, Geschichte der Bundesrepublik, 1999, S. 585.

317 BVerfGE 42, 143 (162).

318 BVerfG, Beschl. v. 11.5.1976, Az. 1 BvR 671/70, BVerfGE 42, 143.

319 Ebd., S. 154.

320 Schildt, Medien-Intellektuelle, 2020, S. 451.

321 BVerfGE 42, 143 (145); daraus auch die folgenden Zitate.

322 BVerfGE 42, 143 (154 ff.); daraus auch die folgenden Zitate – Hervorhebung im Original.

323 Wiemann v. Updegraff, U.S. 344, 183 (196) (1952).

324 Vgl. Staben, Abschreckungseffekt, 2016, S. 44 ff.

325 BVerfGE 7, 198 (211); BVerfGE 20, 162 (200 f.).

326 So Frowein, AöR 105 (1980), S. 169 (186 f.); anders Staben, Abschreckungseffekt, 2016, S. 15, der den Passagen im Lüth- und im Spiegel-Urteil eine größere Bedeutung beimessen will.

327 BVerfGE 43, 130 (136).

328 Staben, Abschreckungseffekt, 2016, S. 172.

329 Ebd., S. 153 ff.

330 BVerfG, Beschl. v. 8.12.1976, Az. 1 BvR 810/70 u. a., BVerfGE 44, 1.

331 BVerfG, Beschl. v. 11.10.1978, Az. 1 BvR 16/72, BVerfGE 49, 286.

332 BVerfG, Urt. v. 8.2.1977, Az. 1 BvR 79, 278, 282/70, BVerfGE 43, 242; Urt. v. 8.2.1977, Az. 1 BvF 1/76 u. a., BVerfGE 43, 291.

333 Benda, Gedenkansprache [1977], 1983, S. 474.

334 Gespräch mit Lutz Gusseck am 2.2.2021.

335 Einsele/Feige/Müller-Dietz, Freiheitsstrafe, 1972.

336 BVerfG, Urt. v. 21.7.1977, Az. 1 BvL 14/76, BVerfGE 45, 187 (206 ff.); daraus auch die folgenden Zitate.

337 Ebd., S. 238 f. mit Verweis auf BVerfGE 35, 202 (235 f.).

338 Ebd., 3. Leitsatz.

339 Gespräch mit Lutz Gusseck am 2.2.2021.

340 DJZ 1907, Sp. 640 (641).

341 W. Rupp-v. Brünneck an R. Bartholomäi, 6.6.1977, in: HHStAW, 502/10911, n. f.

342 Art. 2 des Erlasses über die Stiftung der Wilhelm Leuschner-Medaille v. 29.9.1964, HessGVBl. I 1965, S. 336.

343 W. Rupp-v. Brünneck an H. Börner, 28.6.1977, in: HHStAW, 502/10911, n. f.

344 H.-L. Weyers an W. Rupp-v. Brünneck, 3.2.1977, in: UAF, Abt. 1110, Nr. 18, Bl. 57.

345 I. Staff an H.-L. Weyers, 2.5.1977, in: UAF, Abt. 1110, Nr. 18, Bl. 50.

346 I. Maier verfasste zwei Nachrufe auf W. Rupp-v. Brünneck: Informationen für die Frau 9/1977, S. 17 ff.; JZ 1977, S. 812 f.

347 H.-L. Weyers, Ansprache, 26.5.1977, in: UAF, Abt. 1110, Nr. 18, Bl. 46.

ANMERKUNGEN   505

348 W. Rupp-v. Brünneck, Danksagung, 26.5.1977, in: UAF, Abt. 1110, Nr. 18, Bl. 44.
349 K. Hesse an W. Rupp-v. Brünneck, 3.8.1977, in: Nachlass W. Rupp-v. Brünneck.
350 Sterbeurkunde v. 19.8.1977, in: BArch, PERS 101/84363, Bl. 41.
351 Todesanzeige v. 18.8.1977, in: BArch, PERS 101/84363, Bl. 43.
352 Abt. E/FAM, Grab-Nr. 36A–36D.

Eine Lebensbilanz

1   W. v. Brünneck, Frauen-Kultur 11/1937, S. 9 f.
2   Manns, Frauen, 1997, S. 283.
3   Ebd., S. 292 f.
4   BVerfGE 10, 59.
5   Kommers, Judicial Politics, 1976, S. 183.
6   W. Rupp-v. Brünneck an A. v. Brünneck, 12.1.1972, Privatbesitz A. v. Brünneck.
7   W. v. Brünneck, JuR, 1937, S. 166 (167 f.).
8   Ebd., S. 167.
9   Cüny, Der Tarifvertrag in der faschistischen Arbeitsverfassung im Vergleich mit dem deutschen
    Tarifrecht, 1939; Hilger, Die Arbeitsbedingungen im französischen Arbeitsrecht, 1939; v. Wallenberg,
    Soziales Ehrenrecht und Strafrecht, 1941; Krohn, Staat und Sozialversicherung in Großbritannien und
    Deutschland, 1942.
10 Vgl. Förster, Königin Luise-Mythos, 2011, Untertitel.
11 Vgl. M. Schede an Pastor Hünecke, 22.10.1937, in: Ortschronik Oberröblingen, Privatbesitz H. Müller.
12 W. v. Brünneck, DR 1938, S. 96 (98).
13 Ebd.
14 W. v. Brünneck, JuR, 1937, S. 166 (167 f.).
15 Vgl. Manns, Frauen, 1997, S. 289 ff.
16 Herbert, Nationalsozialisten, 2021, S. 226 f.
17 Ebd., S. 234.
18 BVerfGE 30, 173 (224).
19 Herbert, Nationalsozialisten, 2021, S. 238.
20 W. v. Brünneck, Verfassung [1954], 1983, S. 84.
21 Ebd., S. 87.
22 Rupp-v. Brünneck, Qualität [1974], 1983, S. 280 f.
23 BVerfGE 7, 198 (205).
24 Rupp-v. Brünneck, Grundrechte [1970], 1983, S. 147.
25 Ebd., S. 154.
26 Ebd., S. 165.
27 Rupp-v. Brünneck, Qualität [1974], 1983, S. 294 ff.
28 Ebd., S. 297.
29 BVerfGE 39, 316 (327).
30 Rupp-v. Brünneck, Qualität [1974], 1983, S. 298.
31 BVerfGE 33, 303.
32 Rupp-v. Brünneck, Qualität [1974], 1983, S. 300 ff.
33 G. A. Zinn an W. v. Brünneck, 2.3.1962, in: BArch, PERS 101/84362, Bl. 14.
34 A. Arndt an G. A. Zinn, 5.12.1960, in: HHStAW, 502/4163, Bl. 306.
35 Zu Arndts Orientierung an Pluralismus- und Integrationstheorien vgl. Gosewinkel, Arndt, 1991,
    S. 525 ff.

36 Rupp-v. Brünneck, Qualität [1974], 1983, S. 304.

37 Ebd., S. 281, mit Hinweis auf BVerfGE 20, 162 (174 f.).

38 Ebd., S. 304, mit Hinweis auf BVerfGE 33, 125 (158 f.).

39 Ebd., S. 281 ff., zitiert daneben BVerfGE 20, 162 – Spiegel.

40 Vgl. Rupp-v. Brünneck, Arndt [1974], 1983, S. 308 f.; Gosewinkel, Arndt, 1991, S. 530.

41 BVerfGE 42, 143 (162).

42 BVerfGE 33, 52 (86) mit Binnenzitat W. Gladstone.

43 49. DJT II/2, S. N6 ff.

44 Rupp-v. Brünneck, Qualität [1974], 1983, S. 285 f. – Hervorhebungen im Original.

45 BVerfGE 20, 162 (176).

46 Waldhoff, NDB 22 (2005), S. 279 (280).

47 Rupp-v. Brünneck, Verfassungsgerichtsbarkeit [1977], 1983, S. 357 f. mit Hinweis auf BVerfGE 22, 125 (159).

48 BVerfGE 39, 1 (72).

49 Rupp-v. Brünneck, Verfassungsgerichtsbarkeit [1977], 1983, S. 339 ff.

50 Frankfurter, Supreme Court, 1950, S. 45.

51 Rupp-v. Brünneck, Verfassungsgerichtsbarkeit [1977], 1983, S. 342.

52 Ebd., S. 342 ff.

53 BVerfGE 32, 111 (139).

54 BVerfGE 39, 1 (72).

55 Ebd., S. 59.

56 Rupp-v. Brünneck, Verfassungsgerichtsbarkeit [1977], 1983, S. 358.

57 Ebd., S. 365.

58 Das Original endet auf »wird«; v. Goethe, Maximen, 2006, S. 103.

59 Aphorismen-Buch o. D. [ca. 1970], in: Nachlass W. Rupp-v. Brünneck.

60 W. v. Brünneck, Frauen-Kultur 11/1937, S. 9 f.

61 Würfel, Reichsjustizprüfungsamt, 2019, S. 27.

62 Ebd.

63 § 2 Abs. 2 JAO 1934.

64 Rupp-v. Brünneck, Nichteheliche Kinder [1970], 1983, S. 192 (217).

65 Rupp-v. Brünneck, Grundrechte [1970], 1983 – Hervorhebung F. M.

66 Rupp-v. Brünneck, Grundrechtsfähigkeit [1969], 1983, S. 115.

67 Rupp-v. Brünneck, Grundrechte [1970], 1983, S. 147.

68 Rupp-v. Brünneck, Qualität [1974], 1983, S. 297.

69 Rupp-v. Brünneck, Bundesverfassungsgericht [1969], 1983, S. 230 f.

70 BVerfGE 32, 111 (138).

71 Vgl. Kasiske, Rechts- und Demokratietheorie, 2009.

72 Posner, Metaphilosophy 35 (2004), S. 147 (150 f.) – Hervorhebung im Original.

73 Schlaich/Korioth, Bundesverfassungsgericht, 2018, Rn. 419.

74 BVerfGE 91, 186 (207); Bethge, in: Maunz/Schmidt-Bleibtreu/Klein/Bethge, BVerfGG, § 78 Rn. 66 (Juni 2018).

75 Vgl. Lautmann, Soziologie, 1971.

76 Kübler, JZ 1974, S. 557.

77 Rupp-v. Brünneck, Qualität [1974], 1983, S. 296.

78 Rupp-v. Brünneck, Nichteheliche Kinder [1970], 1983.

79 E. Benda [1983] zit. nach Hill, ZRP 1985, S. 15 (16).

80 Klatt, Sondervotum, i. E., C III 1 c (bb) (ii).

81 »... bes. in sittlicher Hinsicht«, SPIEGEL v. 3.3.1975, S. 74.

ANMERKUNGEN

82 »Porträt einer streitbaren Richterin«, Mannheimer Morgen v. 1.3.1975, S. 3; »... bes. in sittlicher Hinsicht«, SPIEGEL v. 3.3.1975, S. 74; »Frau von Brünnecks Auftritt«, Welt v. 27.2.1975, S. 2.

83 »Telegramm nach Karlsruhe«, FAZ v. 27.2.1975, S. 26.

84 Gespräch mit Lutz Gusseck am 2.2.2021.

85 »Ihre Warnungen verhallten ungehört«, ZEIT v. 26.8.1977, S. 8.

86 Benda, Gedenkansprache [1977], 1983, S. 475.

87 BVerfGE 88, 203 (341, 346).

88 »Die Kunstrichter von Karlsruhe«, SZ v. 13./14.10.2007, S. 13.

89 BVerfGE 119, 1 (47) mit Hinweis auf BVerfGE 30, 218 (224).

90 »Produktive Spannung«, FAZ v. 11.5.2017, S. 8.

91 BVerfGE 39, 1 (72).

92 »Im Dienste der Betroffenen«, Stuttgarter Zeitung v. 2.3.1985, Sonntagsbeilage o. S.

93 W. Rupp-v. Brünneck an R. Schmid, 24.6.1971, in: HStAS, Q 1/40 Bü 181.

94 »Abgeschoben«, ZEIT v. 13.1.1984, S. 9.

95 Majer, JöR 41 (1993), S. 1 ff.

96 Lenze, Rupp-v. Brünneck, 2016.

97 Rüthers, Wende-Experten, 1995.

Anhang

Lebenslauf

7.8.1912	Geburt in Lankwitz
9.9.1914	Tod des Vaters in der Marneschlacht
1919–1931	Besuch von Privatschule, Lyzeum und Studienanstalt in Berlin
1931/32	Besuch einer Landfrauenschule in der Neumark
1932–1936	Jurastudium in Berlin, Königsberg, Göttingen und Heidelberg
26.8.1936	Erste Staatsprüfung in Berlin (»ausgezeichnet«)
1937–1941	Juristischer Vorbereitungsdienst in Sangerhausen und Berlin
28.8.1939–7.1.1940	Flugmeldedienst
27.3.1941	Zweite Staatsprüfung in Berlin (»ausgezeichnet«)
1.4.1941–1.5.1943	Wissenschaftliche Assistentin am Institut für Arbeitsrecht der Universität Berlin
15.7.1943–31.3.1945	(Hilfs-)Referentin im Reichsjustizministerium in Berlin und Böhmisch Leipa
20.4.1944	Ernennung zur Regierungsrätin
1.4.1945	Versetzung an das Amtsgericht Sangerhausen
12.4.1945	Einstellung des Gerichtsbetriebs
15.7.1945	Richterin am Amtsgericht Sangerhausen
1.10.1945	Bestätigung als Richterin durch die SMAD
13.12.1945	Enteignung der Familie
18.3.1946	Tod der Mutter in Oberröblingen
6.7.1946	Versetzung an das Landgericht Merseburg
3.10.1946	Entlassung aus dem Justizdienst der Provinz Sachsen
25.11.1946	Einstellung in den hessischen Justizdienst
10.1.1947–31.3.1953	Referentin im hessischen Justizministerium
26.3.1947–ca. 1950	Richterin im Nebenamt am Verwaltungsgericht Wiesbaden
1.1.1948	Ernennung zur Oberregierungsrätin
1948/49	Assistentin im Allgemeinen Redaktionsausschuss des Parlamentarischen Rates
7.9.1949	Ernennung zur Regierungsdirektorin
1.10.1949–31.12.1949	Abordnung an die hessische Vertretung in Bonn
3.12.1952	Ernennung zur Richterin des Verfassungs- und Verwaltungsgerichts der Evangelischen Kirche in Hessen und Nassau
2.2.1953	Ernennung zur Ministerialrätin
24.2.1953–31.8.1963	Vertreterin des Landes Hessen im Rechtsausschuss des Bundesrates
1.4.1953–31.8.1963	Abteilungsleiterin in der hessischen Staatskanzlei
14.9.1960	Wahl in die Ständige Deputation des Deutschen Juristentages

30.5.1963	Ernennung zur Ministerialdirigentin
12.7.1963	Wahl zur Richterin des Bundesverfassungsgerichts durch den Bundesrat auf die Dauer von acht Jahren
1.9.1963	Ernennung zur Richterin des Bundesverfassungsgerichts
1.9.1963–18.8.1977	Mitglied des Ersten Senats des Bundesverfassungsgerichts
31.8.1965	Heirat mit Hans Rupp in Wiesbaden
12.11.1971	Wiederwahl durch den Bundesrat auf die Dauer von acht Jahren
26.5.1975	Verleihung der Ehrendoktorwürde durch den Fachbereich Rechtswissenschaft der Universität Frankfurt am Main
23.6.1977	Verleihung der Wilhelm Leuschner-Medaille durch den Hessischen Ministerpräsidenten
18.8.1977	Tod in Münsingen, Stadtteil Apfelstetten

Schriften

1. Die Industriearbeiterin im deutschen Recht, in: Die Bewegung, Folge 10, 9.3.1937, S. 4
2. Die Industriearbeiterin im deutschen Recht. Bericht über eine Reichssiegerarbeit im Reichsberufswettkampf der deutschen Studenten 1936/37, in: Jugend und Recht 1937, S. 166–170
3. Die Aufgaben der Frau im Recht, in: Frauen-Kultur im Deutschen Frauenwerk 1937, Heft 11, S. 9–10
4. Die Industriearbeiterin im Recht, in: Deutsches Recht 1938, S. 96–98
5. Das Devisenrecht. Sein Einfluß auf die Erfüllung von Schuldverhältnissen, in: J. v. Staudingers Kommentar zum Bürgerlichen Gesetzbuch und dem Einführungsgesetze, Band 2, Teil 1, Recht der Schuldverhältnisse, 10. Aufl., München 1941, S. 474–519 (ohne Autorenangabe)
6. Arbeitsrechtliche Bestimmungen im Bonner Grundgesetz – Ein erster Überblick, in: Betriebsberater 1949, S. 377–378
7. Die Verwaltungsgerichtsbarkeit im Verhältnis zur Arbeitsverwaltung und Sozialversicherung, in: Betriebsberater 1949, S. 617–620
8. Bemerkungen zum Bundesbeamtenrecht, in: Betriebsberater 1950, S. 482–483
9. Zuständigkeit der Verwaltungsgerichte für Entscheidungen der Schwerbeschädigtenausschüsse und Hauptfürsorgestellen, in: Betriebsberater 1950, S. 623–624
10. Können Rechtsverordnungen, zu deren Erlaß ein Bundesminister ermächtigt ist, von der Bundesregierung erlassen werden?, in: Die Öffentliche Verwaltung 1951, S. 257–260
11. Landesbericht Hessen über die Gesetzgebung vom 15. März 1952 bis 1. Dezember 1953, in: Die Öffentliche Verwaltung 1953, S. 761–762; 1954, S. 19–22, 47–53
12. Die Verfassung des Landes Hessen vom 1. Dezember 1946, in: Jahrbuch des öffentlichen Rechts der Gegenwart, Neue Folge 3 (1954), S. 213–270 = VuV 1983, S. 49–109
13. Einführung in die Verfassung des Landes Hessen und das Grundgesetz für die Bundesrepublik Deutschland, in: Verfassung des Landes Hessen und Grundgesetz für die Bundesrepublik Deutschland mit einer Einführung und Karten von Hessen und Deutschland, 7.–31. Aufl., Bad Homburg v. d. H., 1954–1977

14. Landesbericht Hessen über die Gesetzgebung vom 1. Dezember 1953 bis 1. September 1954, in: Die Öffentliche Verwaltung 1954, S. 608–614, 689–692, 722–724

15. Landesbericht Hessen über die Gesetzgebung vom 1. September 1954 bis 31. Dezember 1955, in: Die Öffentliche Verwaltung 1956, S. 692–697, 723–725

16. Landesbericht Hessen über die Gesetzgebung vom 1. Januar 1955 bis 31. Dezember 1956, in: Die Öffentliche Verwaltung 1957, S. 881–886, 907–910

17. Teilregelung des Luftschutzrechts, in: Betriebsberater 1957, S. 1153–1157

18. Landesbericht Hessen über die Gesetzgebung vom 1. Januar 1957 bis 31. Dezember 1958, in: Die Öffentliche Verwaltung 1959, S. 820–824, 859–865, 900–904

19. Eröffnung und Bericht über die Sitzungen der bürgerlich-rechtlichen Abteilung des 44. Deutschen Juristentages: Welche Anforderungen sind an eine Reform des Rechts der unehelichen Kinder zu stellen?, in: Verhandlungen des Vierundvierzigsten Deutschen Juristentages. Hannover 1962, Band II, Tübingen 1964, S. C1–C6, H17–H23

20. Kommentierungen in: Georg August Zinn/Erwin Stein (Hrsg.), Verfassung des Landes Hessen, Loseblatt, Baden-Baden, ab 1963; im Einzelnen: Einführung (mit Georg August Zinn), Vorbemerkungen vor Art. 75, Art. 75, Art. 78–89, Art. 91 (mit Gerhard Konow), Art. 92 (mit Gerhard Konow und Friedrich Karl Schonebohm), Art. 93, 94, 98, 99 (mit Gerhard Konow)

21. Landesbericht Hessen über die Gesetzgebung vom 1. Januar 1959 bis 31. Dezember 1963, in: Die Öffentliche Verwaltung 1964, S. 696–702, 734–739, 772–775

22. Zur Grundrechtsfähigkeit juristischer Personen, in: Horst Ehmke (Hrsg.), Festschrift für Adolf Arndt zum 65. Geburtstag, Frankfurt a. M. 1969, S. 349–383 = VuV 1983, S. 110–144

23. Die Grundrechte im juristischen Alltag. Die Verwirklichung der freiheitlichen demokratischen Grundordnung in den Grundrechten, insbesondere durch die Rechtsprechung des Bundesverfassungsgerichts, Frankfurt a. M. 1970 = VuV 1983, S. 145–191

24. Zur Einführung in das neue Recht der nichtehelichen Kinder, in: Das Standesamt 1970, S. 226–235 = VuV 1983, S. 192–220

25. Darf das Bundesverfassungsgericht an den Gesetzgeber appellieren?, in: Theodor Ritterspach/Willi Geiger (Hrsg.), Festschrift für Gebhard Müller. Zum 70. Geburtstag des Präsidenten des Bundesverfassungsgerichts, Tübingen 1970, S. 355–378 = VuV 1983, S. 221–244

26. Stellung und Tätigkeit des deutschen Bundesverfassungsgerichts. Vortrag vor dem Zürcherischen Juristenverein am 14. Januar 1971, erstmals abgedruckt in: VuV 1983, S. 245–276

27. Eröffnung und Bericht über die Sitzungen der presserechtlichen Abteilung des 49. Deutschen Juristentages: Empfiehlt es sich, zum Schutze der Pressefreiheit gesetzliche Vorschriften über die innere Ordnung von Presseunternehmen zu erlassen?, in: Verhandlungen des Neunundvierzigsten Deutschen Juristentages. Düsseldorf 1972, Band II, München 1972, S. N6–N9, S12–S16

28. Admonitory Functions of Constitutional Courts – Germany: The Federal Constitutional Court, in: The American Journal of Comparative Law 20 (1972), S. 387–403

29. Qualität des Lebens in verfassungsrechtlicher Sicht, in: »Lebensqualität?« Von der Hoffnung Mensch zu sein, hrsg. v. d. Landeszentrale für politische Bildung Nordrhein-Westfalen, Köln 1974, S. 137–164 = VuV 1983, S. 277–306

30. In memoriam Adolf Arndt, in: Juristenzeitung 1974, S. 395–396 = VuV 1983, S. 307–310

31. Die Reform des § 218 aus der Sicht des Bundesverfassungsgerichts, in: Materialdienst zur Tagung »Maßnahmen sozialer Hilfe und Beratung zum § 218« vom 10. bis 12. April 1975 in der Evangelischen Akademie Bad Boll, Bad Boll 1975 = VuV 1983, S. 311–326

32. Wie weit reicht die Bindungswirkung des Grundvertragsurteils des Bundesverfassungsgerichts, in: Ingo v. Münch/Thomas Oppermann/Rudolf Stödter (Hrsg.), Finis Germaniae? Zur Lage Deutschlands nach den Ostverträgen und Helsinki. Symposon aus Anlaß des 70. Geburtstages von Herbert Krüger, Frankfurt a. M. 1977, S. 62–70 = VuV 1983, S. 327–338

33. Verfassungsgerichtsbarkeit und gesetzgebende Gewalt. Wechselseitiges Verhältnis zwischen Verfassungsgericht und Parlament, in: Archiv des öffentlichen Rechts 102 (1977), S. 1–26 = VuV 1983, S. 339–365

34. Dritte Konferenz der Europäischen Verfassungsgerichte in Rom vom 20. bis 22. Oktober 1976, in: Zeitschrift für Rechtspolitik 1977, S. 20–21

35. Verfassung und Verantwortung. Gesammelte Schriften und Sondervoten, hrsg. v. Hans-Peter Schneider, Baden-Baden 1983

Soweit die Schriften in der Sammlung »Verfassung und Verantwortung (VuV)« (Nr. 35) abgedruckt sind, wird in diesem Buch daraus zitiert. Das ursprüngliche Erscheinungsdatum wird in eckigen Klammern nach dem Kurztitel angegeben.

Entscheidungen

1. Beschl. v. 3.11.1965, Az. 1 BvR 62/61, BVerfGE 19, 150 – *Reichsbezogene Verbindlichkeiten*
2. Beschl. v. 8.12.1965, Az. 1 BvR 662/65, BVerfGE 19, 323 – *§ 546 ZPO (Berliner Fall)*
3. Beschl. v. 20.1.1966, Az. 1 BvR 140/62, BVerfGE 19, 377 – *Niekisch*
4. Beschl. v. 11.10.1966, Az. 1 BvR 164, 178/64, BVerfGE 20, 320 – *Lastenausgleich I*
5. Beschl. v. 14.3.1967, Az. 1 BvR 334/61, BVerfGE 21, 209 – *Lastenausgleich II*
6. Beschl. v. 2.5.1967, Az. 1 BvR 578/63, BVerfGE 21, 362 – *Juristische Personen des öffentlichen Rechts*
7. Beschl. v. 11.7.1967, Az. 1 BvL 23/64, BVerfGE 22, 163 – *Zweitkindergeld für Stiefvater*
8. Beschl. v. 11.7.1967, Az. 1 BvL 11/67, BVerfGE 22, 175 – *§ 1747 Abs. 3 BGB (unzulässig)*
9. Beschl. v. 28.11.1967, Az. 1 BvR 515/63, BVerfGE 22, 349 – *Waisenrente*
10. Beschl. v. 29.11.1967, Az. 1 BvL 16/63, BVerfGE 22, 373 – *§ 1708 Abs. 1 BGB (unzulässig)*
11. Beschl. v. 6.3.1968, Az. 1 BvR 975/58, BVerfGE 23, 153 – *Berliner Handelsgesellschaft*
12. Beschl. v. 21.5.1968, Az. 1 BvR 610/60, BVerfGE 23, 327 – *Lastenausgleich III*
13. Beschl. v. 29.7.1968, Az. 1 BvL 20/63, 31/66, 5/67, BVerfGE 24, 119 – *Adoptionsbeschluss*
14. Beschl. v. 14.1.1969, Az. 1 BvL 24/68, BVerfGE 25, 25 – *§ 236 StGB (unzulässig)*
15. Beschl. v. 29.1.1969, Az. 1 BvR 26/66, BVerfGE 25, 167 – *Unehelichenbeschluss*
16. Beschl. v. 3.6.1969, Az. 1 BvL 1/63, 1/64, 10/66, BVerfGE 26, 44 – *Unterhalt unehelicher Kinder*
17. Beschl. v. 19.6.1969, Az. 1 BvR 125/60, BVerfGE 26, 206 – *Sonderbedarf unehelicher Kinder*
18. Beschl. v. 2.7.1969, Az. 1 BvR 669/64, BVerfGE 26, 265 – *Heimunterbringung unehelicher Kinder*
19. Beschl. v. 2.10.1969, Az. 1 BvR 132/67, BVerfGE 27, 57 – *Versagung des Armenrechts*
20. Beschl. v. 3.12.1969, Az. 1 BvR 624/56, BVerfGE 27, 253 – *Besatzungsschäden (Umrechnung)*

518 ENTSCHEIDUNGEN

21. Beschl. v. 15.1.1970, Az. 1 BvR 293/62, BVerfGE 27, 326 – *Besatzungsschäden (Vermögensschäden)*

22. Beschl. v. 27.5.1970, Az. 1 BvL 22/63, 27/64, BVerfGE 28, 324 – *Heiratsklausel (Waisenrente)*

23. Beschl. v. 14.7.1970, Az. 1 BvR 191/67, BVerfGE 29, 57 – *Heiratsklausel (Bundesversorgungsgesetz)*

24. Beschl. v. 14.7.1970, Az. 1 BvL 10/67, BVerfGE 29, 71 – *Heiratsklausel (Kindergeld)*

25. Beschl. v. 15.12.1970, Az. 1 BvR 208/65, BVerfGE 29, 413 – *Reichsnährstand*

26. Beschl. v. 9.2.1971, Az. 1 BvL 27/70, BVerfGE 30, 170 – *Vorlage eines Rechtspflegers*

27. Beschl. v. 23.3.1971, Az. 1 BvL 9/69, BVerfGE 30, 355 – *Kindergeld und Kinderzuschlag*

28. Beschl. v. 4.5.1971, Az. 1 BvR 636/68, BVerfGE 31, 58 – *Spanier-Beschluss*

29. Beschl. v. 15.6.1971, Az. 1 BvR 192/70, BVerfGE 31, 194 – *Verkehrsrecht des geschiedenen Elternteils*

30. Beschl. v. 20.10.1971, Az. 1 BvR 757/66, BVerfGE 32, 111 – *Österreichfälle I*

31. Beschl. v. 16.11.1971, Az. 1 BvR 247/68, BVerfGE 32, 249 – *Österreichfälle II*

32. Beschl. v. 26.1.1972, Az. 1 BvL 3/71, BVerfGE 32, 296 – *§ 1300 BGB (unzulässig)*

33. Beschl. v. 13.6.1972, Az. 1 BvR 421/69, BVerfGE 33, 236 – *Vorzugsrecht der Eltern bei Bestellung als Pfleger*

34. Beschl. v. 28.6.1972, Az. 1 BvR 105/63, 275/68, BVerfGE 33, 247 – *Fehlendes Rechtsschutzinteresse bei Nebenentscheidung*

35. Beschl. v. 24.1.1973, Az. 1 BvR 16/73, BVerfGE 34, 211 – *Ausweisung (abgelehnte e. A.)*

36. Beschl. v. 13.3.1973, Az. 1 BvR 536/72, BVerfGE 34, 341 – *Lebach-Fall (e. A.)*

37. Beschl. v. 30.5.1973, Az. 1 BvR 155/73, BVerfGE 35, 177 – *Araber-Fall (e. A.)*

38. Urt. v. 5.6.1973, Az. 1 BvR 536/72, BVerfGE 35, 202 – *Lebach-Urteil*

39. Beschl. v. 19.6.1973, Az. 1 BvR 206/73, BVerfGE 35, 280 – *Grundlagenvertrag (abgelehnte e. A.)*

40. Beschl. v. 3.7.1973, Az. 1 BvR 368, 369/65, BVerfGE 35, 324 – *Lastenausgleich IV*

41. Beschl. v. 18.7.1973, Az. 1 BvR 23, 155/73, BVerfGE 35, 382 – *Araber-Beschluss*

42. Beschl. v. 14.11.1973, Az. 1 BvR 719/69, BVerfGE 36, 146 – *Eheverbot der Geschlechtsgemeinschaft*

43. Beschl. v. 29.1.1974, Az. 1 BvR 536/72, BVerfGE 36, 308 – *Lebach-Fall (Auslagen)*

44. Beschl. v. 21.5.1974, Az. 1 BvL 22/71, 21/72, BVerfGE 37, 217 – *Staatsangehörigkeitsbeschluss*

45. Beschl. v. 16.7.1974, Az. 1 BvR 75/74, BVerfGE 38, 52 – *Ausweisung wegen strafgerichtlicher Verurteilung*

46. Beschl. v. 12.11.1974, Az. 1 BvR 505/68, BVerfGE 38, 187 – *Kriegerwitwen-Beschluss*

47. Beschl. v. 4.12.1974, Az. 1 BvL 14/73, BVerfGE 38, 241 – *Zeitliche Beschränkung der Anfechtung der Ehelichkeit*

48. Beschl. v. 6.5.1975, Az. 1 BvR 332/72, BVerfGE 39, 316 – *Kinderzuschuss für Enkel*

49. Beschl. v. 18.6.1975, Az. 1 BvL 4/74, BVerfGE 40, 121 – *Waisenrente für behinderte Waisen*

50. Beschl. v. 13.1.1976, Az. 1 BvR 631/69, 24/70, BVerfGE 41, 126 – *Reparationsschäden I*

51. Beschl. v. 13.1.1976, Az. 1 BvR 67/70, BVerfGE 41, 193 – *Reparationsschäden II*

52. Beschl. v. 8.12.1976, Az. 1 BvR 810/70, 57/73, 147/76, BVerfGE 44, 1 – *Nichtehelichen-Erbrecht*

Die Zuordnung der Entscheidungen zu Wiltraut Rupp-von Brünnecks Dezernat beruht auf den handschriftlichen Eintragungen in ihrer privaten Entscheidungssammlung, die heute in den Räumen der ARD-Rechtsredaktion/Hörfunk in Karlsruhe aufgestellt ist. Die Bezeichnung der Entscheidungen orientiert sich an den Eintragungen. Einzelne dort nicht verzeichnete Entscheidungen konnten aufgrund von Korrespondenzen ihrem Dezernat zugeordnet werden. Geschäftsverteilungspläne aus den Jahren 1963 bis 1977 sind nicht überliefert.

Sondervoten

1. Beschl. v. 24.2.1971, Az. 1 BvR 435/68, BVerfGE 30, 218 – *Mephisto-Beschluss*
2. Beschl. v. 20.10.1971, Az. 1 BvR 757/66, BVerfGE 32, 129 – *Österreich-Beschluss*
3. Beschl. v. 25.4.1972, Az. 1 BvL 13/67, BVerfGE 33, 78 – *Filmeinfuhrbeschluss* (mit Helmut Simon)
4. Urt. v. 29.5.1973, Az. 1 BvR 424/71, 325/72, BVerfGE 35, 148 – *Hochschulurteil* (mit Helmut Simon)
5. Beschl. v. 12.12.1973, Az. 1 BvL 19/72, BVerfGE 36, 247 – *Nachentrichtungsbeschluss*
6. Urt. v. 25.2.1975, Az. 1 BvF 1–6/74, BVerfGE 39, 68 – *Abtreibungsurteil* (mit Helmut Simon)
7. Beschl. v. 11.5.1976, Az. 1 BvR 671/70, BVerfGE 42, 154 – *Hetzblatt-Beschluss*

Abkürzungen

a. D.	außer Dienst
a. F.	alte Fassung
Abg.	Abgeordnete(r)
ABl.	Amtsblatt
Abs.	Absatz, Absätze
Abt.	Abteilung
AddF	Archiv der deutschen Frauenbewegung
AdL	Archiv des Liberalismus
AdsD	Archiv der sozialen Demokratie
AG	(1) Amtsgericht; (2) Aktiengesellschaft
AGJJ	Arbeitsgemeinschaft für Jugendhilfe und Jugendfürsorge
ai	Aktuelle Informationen (Zeitschrift)
AJCL	American Journal of Comparative Law
Anm.	Anmerkung
ANSt	Arbeitsgemeinschaft Nationalsozialistischer Studentinnen
AöR	Archiv des öffentlichen Rechts (Zeitschrift)
ARA	Allgemeiner Redaktionsausschuss
Art.	Artikel
AStA	Allgemeiner Studentenausschuss
Aufl.	Auflage(n)
Az.	Aktenzeichen
BAG	Bundesarbeitsgericht
BArch	Bundesarchiv
Bd.	Band
BDC	Berlin Document Center
BDM	Bund Deutscher Mädel
Beschl.	Beschluss
BGB	Bürgerliches Gesetzbuch
BGBl.	Bundesgesetzblatt
BGH	Bundesgerichtshof
BGHZ	Entscheidungen des Bundesgerichtshofs in Zivilsachen (Sammlung)
BHE	Block der Heimatvertriebenen und Entrechteten
Bl.	Blatt, Blätter
BLHA	Brandenburgisches Landeshauptarchiv
BMI	Bundesminister(ium) des Innern
BMJ	Bundesminister(ium) der Justiz

BR	Bundesrat
BRA	Archiv des Bundesrates
BRD	Bundesrepublik Deutschland
BT	Bundestag
BVerfG	Bundesverfassungsgericht
BVerfGE	Entscheidungen des Bundesverfassungsgerichts (Sammlung)
BVerfGG	Gesetz über das Bundesverfassungsgericht
BVerwG	Bundesverwaltungsgericht
BVG	Bundesversorgungsgesetz
BVR	Bundesverfassungsrichter
BWB	Baden-Württembergische Biographien
ca.	circa
CdB	Christlich-deutsche Bewegung
CDU	Christlich Demokratische Union Deutschlands
CSU	Christlich-Soziale Union in Bayern
d. Ä.	der Ältere
d. h.	das heißt
d. J.	der Jüngere
DAAD	Deutscher Akademischer Austauschdienst
DAF	Deutsche Arbeitsfront
DAG	Deutsche Angestellten-Gewerkschaft
DDR	Deutsche Demokratische Republik
ders.	derselbe
dies.	dieselbe(n)
DFG	Deutsche Forschungsgemeinschaft
DFW	Deutsches Frauenwerk
DGB	(1) Deutscher Gewerkschaftsbund; (2) Deutsches Geschlechterbuch
djbZ	Zeitschrift des Deutschen Juristinnenbundes
DJT	Deutscher Juristentag
DJV	Deutsche Justizverwaltung
DJZ	Deutsche Juristen-Zeitung
DM	Deutsche Mark
DNVP	Deutschnationale Volkspartei
DP	Deutsche Partei
DPA	Deutsche Presseagentur
DR	Deutsches Recht (Zeitschrift)
DRiZ	Deutsche Richterzeitung
DRK	Deutsches Rotes Kreuz
Drs.	Drucksache
DSt	Deutsche Studentenschaft
DV	Deutscher Volkssturm
DVU	Deutsche Volksunion (Partei)
e. A.	einstweilige Anordnung
ebd.	ebenda
EGBGB	Einführungsgesetz zum Bürgerlichen Gesetzbuch

EKHN	Evangelische Kirche in Hessen und Nassau
EuGH	Europäischer Gerichtshof
f.	folgende(r)
FamRZ	Zeitschrift für das gesamte Familienrecht
FAZ	Frankfurter Allgemeine Zeitung
FDP	Freie Demokratische Partei
ff.	folgende
FIFMA	Fédération Internationale des Femmes Magistrats et Avocats
Fn.	Fußnote(n)
GBO	Grundbuchordnung
geb.	geboren(e)
Gestapo	Geheime Staatspolizei
GG	Grundgesetz
GHdA	Genealogisches Handbuch des Adels
GHdGH	Genealogisches Handbuch der Gräflichen Häuser
GLAK	Generallandesarchiv Karlsruhe
GuG	Geschichte und Gesellschaft (Zeitschrift)
GUPS	Generalunion Palästinensischer Studenten
GÜV	Gesetz zur Überwachung strafrechtlicher und anderer Verbringungsverbote
GVBl.	Gesetz- und Verordnungsblatt
GVPl.	Geschäftsverteilungsplan
HGDF	Hochschulgemeinschaft Deutscher Frauen
HHStAW	Hessisches Hauptstaatsarchiv Wiesbaden
HJ	Hitlerjugend
Hrsg.	Herausgeber(in)
HStAS	Hauptstaatsarchiv Stuttgart
HU UA	Universitätsarchiv der Humboldt-Universität zu Berlin
i. E.	im Erscheinen
i. R.	im Ruhestand
i. V. m.	in Verbindung mit
IG Farben	Interessengemeinschaft Farbenindustrie
IPR	internationales Privatrecht
JAO	Justizausbildungsordnung
JHBF	Jahrbuch für Historische Bildungsforschung
JöR	Jahrbuch des öffentlichen Rechts der Gegenwart
JuR	Jugend und Recht (Zeitschrift)
JZ	Juristenzeitung
KG	Kammergericht
KJ	Kritische Justiz (Zeitschrift)
KPD	Kommunistische Partei Deutschlands
KR	Kontrollrat
KVVG	Kirchliches Verfassungs- und Verwaltungsgericht
l.	links
LAB	Landesarchiv Berlin
LASA	Landesarchiv Sachsen-Anhalt

LASH	Landesarchiv Schleswig-Holstein
LAV NRW	Landesarchiv Nordrhein-Westfalen
LDPD	Liberal-Demokratische Partei Deutschlands
LG	Landgericht
m. E.	meines Erachtens
MD	Ministerialdirektor
MdB	Mitglied des Bundestages
MdI	Minister(ium) des Innern
MdJ	Minister(ium) der Justiz
MfAW	Minister(ium) für Arbeit und Wohlfahrt
MfpB	Minister(ium) für politische Befreiung
n.	nach
n. f.	nicht foliiert
n. v.	nicht verzeichnet
NDB	Neue Deutsche Biographien
NJW	Neue Juristische Wochenschrift
NK	Neue Kriminalpolitik (Zeitschrift)
NL	Nachlass
NPD	Nationaldemokratische Partei Deutschlands
Nr.	Nummer(n)
NSDAP	Nationalsozialistische Deutsche Arbeiterpartei
NSDStB	Nationalsozialistischer Deutscher Studentenbund
NSF	Nationalsozialistische Frauenschaft
NSFK	Nationalsozialistisches Fliegerkorps
NSKK	Nationalsozialistisches Kraftfahrkorps
NSRB	Nationalsozialistischer Rechtswahrerbund
NSV	Nationalsozialistische Volkswohlfahrt
NVwZ	Neue Zeitschrift für Verwaltungsrecht
o. D.	ohne Datum
o. J.	ohne Jahr
o. O.	ohne Ort
OLG	Oberlandesgericht
PA AA	Politisches Archiv des Auswärtigen Amtes
Parl. Rat	Parlamentarischer Rat
PG	Parteigenosse
PlPr.	Plenarprotokoll
Prot.	Protokoll
PS	Post Scriptum
PVS	Politische Vierteljahresschrift (Zeitschrift)
r.	rechts
RA	Rechtsausschuss
RabelsZ	Rabels Zeitschrift für ausländisches und internationales Privatrecht
RAF	Rote Armee Fraktion
RG	Reichsgericht
RGBl.	Reichsgesetzblatt

RGZ	Entscheidungen des Reichsgerichts in Zivilsachen (Sammlung)
RJPA	Reichsjustizprüfungsamt
RMBl.	Reichsministerialblatt
RMEL	Reichsminister(ium) für Ernährung und Landwirtschaft
RMF	Reichsminister(ium) der Finanzen
RMI	Reichsminister(ium) des Innern
RMJ	Reichsminister(ium) der Justiz
Rn.	Randnummer(n)
RuStAG	Reichs- und Staatsangehörigkeitsgesetz
S.	Seite(n)
SA	Sturmabteilung
SD	Sicherheitsdienst des Reichsführers SS
SDR	Süddeutscher Rundfunk
SDS	Sozialistischer Deutscher Studentenbund
SED	Sozialistische Einheitspartei Deutschlands
SHAEF	Supreme Headquarters Allied Expeditionary Force
SMAD	Sowjetische Militäradministration in Deutschland
Sp.	Spalte(n)
SPD	Sozialdemokratische Partei Deutschlands
SS	(1) Sommersemester; (2) Schutzstaffel
StAL	Staatsarchiv Ludwigsburg
StAM	Staatsarchiv München
StGB	Strafgesetzbuch
SUB Gö	Staats- und Universitätsbibliothek Göttingen
SWR	Südwestrundfunk
SZ	Süddeutsche Zeitung
TOP	Tagesordnungspunkt
u. U.	unter Umständen
UA	Unterausschuss
UAF	Universitätsarchiv Frankfurt a. M.
UAH	Universitätsarchiv Heidelberg
UAJ	Universitätsarchiv Jena
UdSSR	Union der Sozialistischen Sowjetrepubliken
UniA Gö	Universitätsarchiv Göttingen
URL	Uniform Resource Locator
Urt.	Urteil
v.	von, vom
VDA	Verein für das Deutschtum im Ausland
VO	Verordnung
VOBl.	Verordnungsblatt
VR	Volksrepublik
VVDStRL	Veröffentlichungen der Vereinigung der Deutschen Staatsrechtslehrer
WHL	Wiener Holocaust Library
WS	Wintersemester
WVHA	Wirtschafts-Verwaltungshauptamt

z. B.	zum Beispiel
z. D.	zur Disposition
ZA	(1) Zwischenarchiv; (2) Zentralarchiv
ZDF	Zweites Deutsches Fernsehen
ZfP	Zeitschrift für Politik
Ziff.	Ziffer(n)
zit.	zitiert
ZParl	Zeitschrift für Parlamentsfragen
ZRG (GA)	Zeitschrift der Savigny-Stiftung für Rechtsgeschichte, Germanistische Abteilung
ZRP	Zeitschrift für Rechtspolitik

Abbildungsverzeichnis

Abb. 1 Die Geschwister Helga, Wiltraut und Götz v. Brünneck um 1918 23

Abb. 2 Die Familie Brünneck 1938 30

Abb. 3 Die Studentin Wiltraut v. Brünneck um 1934 52

Abb. 4 Wiltraut v. Brünneck Anfang der vierziger Jahre 92

Abb. 5 Hochzeit von Horst und Irmgard v. Wallenberg, geb. v. Keudell 109

Abb. 6 Wiltraut v. Brünneck 1943 116

Abb. 7 Die Mutter Margarete Schede auf dem Rittergut Oberröblingen 138

Abb. 8 Wiltraut v. Brünneck um 1947 157

Abb. 9 Wiltraut v. Brünneck in Wiesbaden um 1950 182

Abb. 10 Wiltraut v. Brünneck im Rechtsausschuss des Bundesrates 1962 199

Abb. 11 Besichtigung des Hauses der Jugend am Nauener Platz in Berlin-Mitte am
25. Mai 1955 215

Abb. 12 Besichtigung der Gemäldegalerie Dahlem am 24. Mai 1955 216

Abb. 13 Wiltraut v. Brünneck und Adolf Arndt 238

Abb. 14 Wiltraut v. Brünneck kurz nach ihrer Wahl zur Richterin des
Bundesverfassungsgerichts 251

Abb. 15 Berlin-Besuch des Bundesverfassungsgerichts am 16. März 1965 258

Abb. 16 Trauung der Eheleute Hans Rupp und Wiltraut Rupp-v. Brünneck in
Wiesbaden am 31. August 1965 268

Abb. 17 Das Richterehepaar in Robe am 18. Januar 1967 269

Abb. 18 Besuch von Richtern des Bundesverfassungsgerichts beim Südwestfunk am
2. Juni 1967 272

Abb. 19 Wiltraut Rupp-v. Brünneck bei der Eröffnung des neuen Gerichtsgebäudes am
6. Mai 1969 326

Abb. 20 Ernennung der neu- und wiedergewählten Richter des
Bundesverfassungsgerichts am 8. Dezember 1971 in Karlsruhe 330

Abb. 21 Wiltraut Rupp-v. Brünneck zu Beginn ihrer zweiten Amtszeit um 1971/72 337

Abb. 22 Wiltraut Rupp-v. Brünneck an ihrem Schreibtisch in Karlsruhe um 1974 381

Abb. 23 Wiltraut Rupp-v. Brünneck auf der Richterbank 398

Abb. 24 Wiltraut Rupp-v. Brünneck vor dem Porträt ihres Ehemannes um 1974 403

Abb. 25 Verkündung des Abtreibungsurteils am 25. Februar 1975 409

Abb. 26 Rechtspolitischer Kongress der SPD am 8. Juni 1975 in Düsseldorf 419

Abb. 27 Verleihung der Ehrendoktorwürde in der Zweiten Medizinischen Klinik
Karlsruhe am 26. Mai 1975 429

Quellen und Literatur

Quellen

Staatliche Archive

Archiv des Bundesrates Berlin (BRA)
– n. v. Wahl von Bundesverfassungsrichtern

Bundesarchiv Koblenz/Berlin/Freiburg (BArch)
– B 141 Bundesministerium der Justiz
– B 106 Bundesministerium des Innern
– B 563 Deutsche Dienststelle (Wehrmachtsauskunftstelle)
– N 1341 Nachlass Martin Drath
– N 1548 Nachlass Rüdiger Graf von der Goltz
– N 2285 Nachlass Wolfgang Siebert
– NS 38 Reichsstudentenführung/Nationalsozialistischer Deutscher Studentenbund
– PERS 101 Personalakten von Beschäftigten des öffentlichen Diensts
– R 1501 Reichsministerium des Innern
– R 16 Reichsnährstand
– R 2 Reichsfinanzministerium
– R 3001 Reichsjustizministerium
– R 3012 Reichsjustizprüfungsamt
– R 3601 Reichsministerium für Ernährung und Landwirtschaft
– R 8128 IG Farbenindustrie AG
– R 9361 Sammlung Berlin Document Center

Brandenburgisches Landeshauptarchiv Potsdam (BLHA)
– Rep. 161 NS-Archiv des MfS

Generallandesarchiv Karlsruhe (GLAK)
– 465 q Spruchkammer Heidelberg

Hauptstaatsarchiv Stuttgart (HStAS)
– EA 3 Kultusministerium
– EA 4 Justizministerium
– Q 1/35 Nachlass Gebhard Müller

– Q 1/40 Nachlass Richard Schmid

Hessisches Hauptstaatsarchiv Wiesbaden (HHStAW)
– 467 Landgericht Wiesbaden
– 502 Ministerpräsident – Staatskanzlei
– 505 Justizministerium
– 518 Regierungspräsidien als Entschädigungsbehörden
– 520 Spruchkammern
– 1178 Nachlass Erwin Stein

Landesarchiv Berlin (LAB)
– A Rep. 240 Heeresversorgungsämter
– A Rep. 345 Amtsgericht Lichterfelde
– A Rep. 339 Landgericht Berlin
– C Rep. 118–01 Hauptausschuss »Opfer des Faschismus« (OdF)
– P Rep. 710 Standesamt Lankwitz

Landesarchiv Nordrhein-Westfalen Duisburg (LAV NRW)
– BRK 1139 Namensänderungen
– NW 1131 Justizministerium Prüfungsakten 2. Staatsexamen

Landesarchiv Sachsen-Anhalt Magdeburg/Merseburg (LASA)
– C 128 Landgericht Halle
– H 166 Gutsarchiv Oberröblingen
– K 4 Ministerium der Justiz

Landesarchiv Schleswig-Holstein (LASH)
– Abt. 460.19 Entnazifizierungshauptausschuss der Stadt Kiel

Politisches Archiv des Auswärtigen Amtes Berlin (PA AA)
– P 3 Weibliche Angestellte

Staatsarchiv Ludwigsburg (StAL)
– EL 902 Spruchkammer Eßlingen am Neckar
– EL 903 Spruchkammer der Interniertenlager

Staatsarchiv München (StAM)
– SpKA Spruchkammerakten

Staatsarchiv Sigmaringen (StA Sigm.)
– Wü 13 T 2 Spruchkammern

Universitätsarchive

Universitätsarchiv der Humboldt-Universität Berlin (HU UA)
– Jur.Fak. Juristische Fakultät
– NS-Doz. NS-Dozentenschaft
– UK Personalia Universitätskurator Personalakten

Universitätsarchiv Frankfurt am Main (UAF)
– Abt. 1110 Fachbereich Rechtswissenschaft

Universitätsarchiv Göttingen (UniA Gö)
– Rek Rektorat
– u. v. Vorlesungsbelegscheine

Universitätsarchiv Heidelberg (UAH)
– StudA Studentenakten
– H-II Juristische Fakultät

Universitätsarchiv Jena (UAJ)
– D Juristische/Rechtswissenschaftliche Fakultät
– K Personalakten

Sonstige Archive

Archiv der deutschen Frauenbewegung Kassel (AddF)
– NL-P-11 Nachlass Elisabeth Selbert
– u. v. Deutscher Juristinnenbund

Archiv des Liberalismus Gummersbach (AdL)
– N 1 Nachlass Thomas Dehler

Archiv des Norddeutschen Rundfunks (NDR-Archiv)
– ARD-Panorama

Archiv der sozialen Demokratie Bonn (AdsD)
– Nachlass Adolf Arndt
– Nachlass Horst Ehmke

Historisches Archiv des Südwestrundfunks (SWR-Archiv)
– Südwestfunk
– Süddeutscher Rundfunk

Niedersächsische Staats- und Universitätsbibliothek Göttingen (SUB Gö)
– Cod. Ms. R. Smend Nachlass Rudolf Smend

Stadtarchiv Karlsruhe
– 8/BA Bildarchiv Horst Schlesinger

Stadtarchiv Sangerhausen (StadtA Sangerhausen)
– GA Gemeindearchiv Oberröblingen

The Wiener Holocaust Library London (WHL)
– Unpub. Mem. Unpublished Memoires

Zentralarchiv der Evangelischen Kirche in Hessen und Nassau Darmstadt (EKHN-ZA)
– KVVG Kirchliches Verfassungs- und Verwaltungsgericht

Privatbesitz

Prof. Dr. Alexander v. Brünneck, Hannover
– Helga Hamann: Der Glücksfall. Meine Zeit mit Bundesverfassungsrichterin Wiltraut Rupp-
   v. Brünneck, 2007 (Typoskript)
– Interview mit Dina Mickel am 10.6.2000 (Transkript)
– Interview mit Leni Freifrau v. Eckardstein am 22.6.1975 (Transkript)
– Korrespondenz mit Wiltraut Rupp-v. Brünneck (1958–1977)
– Nachlass Wiltraut Rupp-v. Brünneck
– Nachlass Hans Rupp

Alexander v. Keudell, Moritzburg
– Fotografien

Heidrun Theis, Reutlingen
– Fotografien

Hartmut Müller, Oberröblingen
– Ortschronik Oberröblingen (Typoskript)

Mündliche Quellen

– Dammer, Joachim, München (Neffe von Anna Schmidtdammer, geb. Kottenhoff), Gespräch
   am 11.3.2021

QUELLEN UND LITERATUR   535

– Gerhard, Johanna, geb. v. Reden-Lütcken, Lüneburg (Patentochter von Wiltraut Rupp-
v. Brünneck), Gespräch am 28.9.2020
– Gusseck, Lutz, Bonn (Mitarbeiter von Wiltraut Rupp-v. Brünneck), Gespräch am 2.2.2021
– Klaas, Christoph, Ettlingen (Sohn von Walter Klaas), Gespräch am 20.2.2021
– Theis, Heidrun, geb. Genzmer, Reutlingen (Nichte von Wiltraut Rupp-v. Brünneck), Gespräch
am 1.11.2019
– Usadel, Ingrid, geb. Lang, Heilbronn (Tochter von Karl Lang), Gespräch am 4.2.2021

Literatur

Abelshauser, Werner: Rüstungsschmiede der Nation? Der Kruppkonzern im Dritten Reich und
in der Nachkriegszeit, in: Lothar Gall (Hrsg.), Krupp im 20. Jahrhundert, Berlin 2002,
S. 267–472
Abendroth, Wolfgang: Das Abtreibungsurteil des Bundesverfassungsgerichts, in: Kritische Jus-
tiz 1975, S. 121–128
Agde, Günter (Hrsg.): Carl-Hans Graf von Hardenberg. Ein deutsches Schicksal im Widerstand,
2. Aufl., Berlin 1994
Akademie für Deutsches Recht 1933–1945. Protokolle der Ausschüsse, hrsg. v. Werner Schubert/
Werner Schmid/Jürgen Regge, Band III/2, Berlin 1989
Alexy, Robert: Verfassungsrecht und einfaches Recht – Verfassungsgerichtsbarkeit und Fachge-
richtsbarkeit, in: Veröffentlichungen der Vereinigung der Deutschen Staatsrechtslehrer 61
(2002), S. 7–33
Anschütz, Gerhard: Aus meinem Leben, hrsg. v. Walter Pauly, 2. Aufl., Frankfurt a. M. 2008
Arndt, Adolf: »Vor unserer eigenen Tür« – Eine Besprechung der Entscheidung des BGH
v. 16.9.1966 zu dieser Fernsehsendung, in: Neue Juristische Wochenschrift 1967, S. 1845–1847
—: Das rechtliche Gehör, in: Neue Juristische Wochenschrift 1959, S. 6–8
Arndt, Claus/Erhard, Benno/Funcke, Lieselotte (Hrsg.): Der § 218 vor dem Bundesverfassungs-
gericht. Dokumentation zum Normenkontrollverfahren wegen verfassungsrechtlicher Prü-
fung des Fünften Strafrechtsreformgesetzes (Fristenregelung), Heidelberg 1979
Auchmuty, Rosemary/Rackley, Erika: Feminist Legal Biography: A Model for All Legal Life Sto-
ries, in: The Journal of Legal History 41 (2020), S. 186–211
Axmann, Artur: Der Reichsberufswettkampf, Berlin 1938
Banken, Ralf: Das nationalsozialistische Devisenrecht als Steuerungs- und Diskriminierungs-
instrument 1933–1945, in: Johannes Bähr/Ralf Banken (Hrsg.), Wirtschaftssteuerung durch
Recht im Nationalsozialismus. Studien zur Entwicklung des Wirtschaftsrechts im Interven-
tionsstaat des »Dritten Reichs«, Frankfurt a. M. 2006, S. 121–236
Becker, Heinz: Chronik Lankwitz. Lankwitzer Heimatbuch, Berlin 1989
Beiträge zur Geschichte der Saxo-Borussia zu Heidelberg, o. O. 1958
Benda, Ernst: Ansprache des Präsidenten des Bundesverfassungsgerichts auf der Gedenkfei-
er am 6. Oktober 1977, in: Wiltraut Rupp-v. Brünneck, Verfassung und Verantwortung. Ge-

sammelte Schriften und Sondervoten, hrsg. v. Hans-Peter Schneider, Baden-Baden 1983, S. 473–486

Benjamin, Hilde (als Leiterin eines Autorenkollektivs): Zur Geschichte der Rechtspflege der DDR 1945–1949, Berlin 1976

Berding, Helmut/Zilien, Johann (Bearb.): Integration, Planung, Bildung. Hessische Landtagsdebatten 1951–1970, Wiesbaden 2014

Bohse, Daniel: Die Entnazifizierung von Verwaltung und Justiz in Sachsen-Anhalt 1945/46, Halle (Saale) 2017

Bott, Marie-Luise: Die Haltung der Berliner Universität im Nationalsozialismus. Max Vasmers Rückschau 1948, Berlin 2009

Böttger, Barbara: Das Recht auf Gleichheit und Differenz. Elisabeth Selbert und der Kampf der Frauen um Art. 3 II Grundgesetz, Münster 1990

Braun, Konstanze: Dr. Otto Georg Thierack (1889–1946), Frankfurt a. M. 2005

Brülls, Holger/Dietzsch, Thomas: Architekturführer Halle an der Saale, Berlin 2000

v. Brünneck, Alexander: Die Justiz im deutschen Faschismus, in: Kritische Justiz 1970, S. 21–35

—: Eigentumsschutz der Renten – Eine Bilanz nach zehn Jahren, in: Juristenzeitung 1990, S. 992–996

—: Ernst Fraenkel, The Dual State – A Contribution to the Theory of Dictatorship [Rezension], in: Kritische Justiz 1969, S. 319–321

—: Politische Justiz gegen Kommunisten in der Bundesrepublik Deutschland 1949–1968, Frankfurt a. M. 1978

v. Brünneck, Götz: Privilegium, Individualrechtssatz und Verfügung (mit einem Anhang über § 795 BGB.), Heidelberg 1933

v. Brünneck, Harald: Werde politisch oder stirb! [ohne Autorenangabe], Oranienburg o. J. [1928]

v. Brünneck, Werner: Die herrschende Kausalitätstheorie und ihre Stellung zum Reichsstrafgesetzbuch, Berlin 1897

v. Brünneck, Wilhelm: De dominio ferarum, quae illicite capiuntur, Halle 1862

—: Die Jagdgenossenschaften, Halle (Saale) 1867

Chamberlain, Houston Stewart: Die Grundlagen des Neunzehnten Jahrhunderts, 1. Hälfte, München 1899

Cornils, Michael: BVerfGE 35, 202 – Lebach, in: Jörg Menzel/Ralf Müller-Terpitz (Hrsg.), Verfassungsrechtsprechung. Ausgewählte Entscheidungen des Bundesverfassungsgerichts in Retrospektive, 3. Aufl., Tübingen 2017, S. 238–244

Cüny, Anneliese: Der Tarifvertrag in der faschistischen Arbeitsverfassung. Im Vergleich mit dem deutschen Tarifrecht, Berlin 1939

Dahms, Hans-Joachim: Einleitung, in: Heinrich Becker/Hans-Joachim Dahms/Cornelia Wegeler (Hrsg.), Die Universität Göttingen unter dem Nationalsozialismus, 2. Aufl., München 1998, S. 29–74

Darnstädt, Thomas: Die Suche nach dem richtigen Weg. Die Auslegung des Grundgesetzes durch das Bundesverfassungsgericht, in: Neue Juristische Wochenschrift 2019, S. 1580–1586

—: Verschlusssache Karlsruhe. Die internen Akten des Bundesverfassungsgerichts, München 2018

Demps, Laurenz (Hrsg.): Luftangriffe auf Berlin. Die Berichte der Hauptluftschutzstelle 1940–1945, Berlin 2012

Denninger, Erhard: Freiheitsordnung – Wertordnung – Pflichtordnung. Zur Entwicklung der Grundrechtsjudikatur des Bundesverfassungsgerichts, in: Juristenzeitung 1975, S. 545–550

Deutsches Geschlechterbuch. Genealogisches Handbuch Bürgerlicher Familien, Band 118, hrsg. v. Bernhard Koerner, Görlitz 1943

Verhandlungen des Vierundvierzigsten Deutschen Juristentages. Hannover 1962, hrsg. v. d. Ständigen Deputation des Deutschen Juristentages, Band II, Tübingen 1964

Verhandlungen des Neunundvierzigsten Deutschen Juristentages. Düsseldorf 1972, hrsg. v. d. Ständigen Deputation des Deutschen Juristentages, Band II, Teilband 2, München 1972

Dieckmann, Albrecht: Bemerkungen zum Beschluß des Bundesverfassungsgerichts vom 29.1.1969, 1 BvR 26/66, betreffend die Neuordnung des Unehelichenrechts, in: Zeitschrift für das gesamte Familienrecht 1969, S. 297–304

Dieckmann, Christoph: Deutsche Besatzungspolitik in Litauen 1941–1944, Band 1, Göttingen 2011

Dietrich, Heinrich: Der Beruf der Frau zur Rechtsprechung, in: Deutsche Juristen-Zeitung 1933, Sp. 1255–1259

Ebi, Michael: Devisenrecht und Außenhandel, in: Dieter Gosewinkel (Hrsg.), Wirtschaftskontrolle und Recht in der nationalsozialistischen Diktatur, Frankfurt a. M. 2005, S. 181–198

Einsele, Helga/Feige, Johannes/Müller-Dietz, Heinz: Die Reform der lebenslangen Freiheitsstrafe, Stuttgart 1972

Einsele, Helga: Das Frauengericht in New York, Heidelberg 1939

—: Mein Leben mit Frauen in der Haft, Stuttgart 1994

Esser, Josef: Bemerkungen zur Unentbehrlichkeit juristischen Handwerkzeugs, in: Juristenzeitung 1975, S. 555–558

Fabricius-Brand, Margarete/Berghahn, Sabine/Sudhölter, Kristine (Hrsg.): Juristinnen. Berichte, Fakten, Interviews, Berlin 1982

Falk, Georg D.: Entnazifizierung und Kontinuität. Der Wiederaufbau der hessischen Justiz am Beispiel des Oberlandesgerichts Frankfurt am Main, Marburg 2017

Feldkamp, Michael F.: Der Parlamentarische Rat 1948–1949. Die Entstehung des Grundgesetzes, Göttingen 2019

Feldman, Gerald D.: Die Allianz und die deutsche Versicherungswirtschaft. 1933–1945, München 2001

Feuchte, Paul: Rupp, Hans Georg, in: Baden-Württembergische Biographien, Bd. 2, 1999, S. 370–373

—: Rupp-von Brünneck, Wiltraut, in: Baden-Württembergische Biographien, Bd. 2, 1999, S. 377–380

Förster, Birte: Der Königin Luise-Mythos. Mediengeschichte des »Idealbilds deutscher Weiblichkeit« 1860–1960, Göttingen 2011

Fraenkel, Ernst: Der Doppelstaat, hrsg. v. Alexander v. Brünneck, 4. Aufl., Hamburg 2019

Frankfurter, Felix: The Supreme Court, in: Sydney D. Bailey (Hrsg.), Aspects of American Government, London 1950, S. 33–48

Frevert, Ute: Frauen-Geschichte. Zwischen Bürgerlicher Verbesserung und Neuer Weiblichkeit, Frankfurt a. M. 1986

Frowein, Joachim Abr.: Reform durch Meinungsfreiheit, in: Archiv des öffentlichen Rechts 105 (1980), S. 169–187

Gante, Michael: § 218 in der Diskussion. Meinungs- und Willensbildung 1945–1976, Düsseldorf 1991

Geiger, Willi: Grundwertentscheidungen des Grundgesetzes, in: Bayerische Verwaltungsblätter 1974, S. 297–299

—: Hans Georg Rupp, in: Neue Juristische Wochenschrift 1989, S. 3144–3145

Genealogisches Handbuch der Gräflichen Häuser. Gräfliche Häuser A Band III, Glücksburg/Ostsee 1958

Genealogisches Handbuch des Adels. Adelige Häuser A Band XII, Limburg an der Lahn 1973

Georg August Zinn. Ministerpräsident 1950–1969, hrsg. v. Hessischen Hauptstaatsarchiv, Wiesbaden 2001

Gerhard, Ute: Frauenbewegung, in: Roland Roth/Dieter Rucht (Hrsg.), Die sozialen Bewegungen in Deutschland seit 1945. Ein Handbuch, Frankfurt a. M./New York 2008, S. 187–217

—: Unerhört. Die Geschichte der deutschen Frauenbewegung, Reinbek bei Hamburg 1990

Gessler, Gert: Die Schulgruppen des »Vereins für das Deutschtum im Ausland«. Das Beispiel Groß-Berlin in den Jahren 1920 bis 1940, in: Jahrbuch für Historische Bildungsforschung 8 (2002), S. 229–258

Goerlich, Helmut: Hans Georg Rupp, in: Juristenzeitung 1989, S. 1050–1051

v. Goethe, Johann Wolfgang: Maximen und Reflexionen, hrsg. v. Helmut Koopmann, München 2006

Graf von der Goltz, Hans: Unwegsames Gelände. Erinnerungen, München 2002

Görtemaker, Manfred/Safferling, Christoph: Die Akte Rosenburg. Das Bundesministerium der Justiz und die NS-Zeit, München 2016

Görtemaker, Manfred: Geschichte der Bundesrepublik. Von der Gründung bis zur Gegenwart, München 1999

Gosewinkel, Dieter: Adolf Arndt. Die Wiederbegründung des Rechtsstaats aus dem Geist der Sozialdemokratie (1945–1961), Bonn 1991

Grass, Günter: Aus dem Tagebuch einer Schnecke, Reinbek bei Hamburg 1974

—: Kopfgeburten oder die Deutschen sterben aus, Darmstadt 1980

Grimm, Dieter: Theodor Ritterspach, in: Neue Juristische Wochenschrift 1999, S. 3100–3101

Gruchmann, Lothar: Justiz im Dritten Reich 1933–1940. Anpassung und Unterwerfung in der Ära Gürtner, 3. Aufl., Berlin 2001

Der Grundlagenvertrag vor dem Bundesverfassungsgericht. Dokumentation zum Urteil vom 31. Juli 1973 über die Vereinbarkeit des Grundlagenvertrages mit dem Grundgesetz, hrsg. v. Presse- und Informationsamt der Bundesregierung, Karlsruhe 1975

Grüttner, Michael: Studenten im Dritten Reich, Paderborn 1995

Häberle, Peter: Die europäischen verfassungsrechtlichen Erfahrungen der Nachkriegszeit – das Beispiel Deutschland, in: Jahrbuch des öffentlichen Rechts 46 (1998), S. 69–94

Hackmann, Erdmute: Die Mutterschaftsversicherung in Deutschland, Quakenbrück 1939

Haferkamp, Hans-Peter: Siebert, Wolfgang, in: Neue Deutsche Biographie 24 (2010), S. 325

Halfmann, Frank: Eine »Pflanzstätte bester nationalsozialistischer Rechtsgelehrter«: Die juristische Abteilung der Rechts- und Staatswissenschaftlichen Fakultät, in: Heinrich Becker/Hans-Joachim Dahms/Cornelia Wegeler (Hrsg.), Die Universität Göttingen unter dem Nationalsozialismus, 2. Aufl., München 1998, S. 102–155

Hansen, Marike: Erna Scheffler (1893–1983). Erste Richterin am Bundesverfassungsgericht und Wegbereiterin einer geschlechtergerechten Gesellschaft, Tübingen 2019

Harmsen, Ernst-Friedrich: Ernst von Borsig. Märkischer Gutsherr und Gegner des Nationalsozialismus, Berlin 2015

Hedwig, Andreas/Menk, Gerhard (Hrsg.): Erwin Stein (1903–1992). Politisches Wirken und Ideale eines hessischen Nachkriegspolitikers, Marburg 2004

Henke, Christiane: Marie Raschke (1850–1935). »Die Juristin [...] ist berufenste Frauenbefreierin«, in: Streitbare JuristInnen. Eine andere Tradition, hrsg. v. der Kritischen Justiz, Baden-Baden 2016, S. 393–424

Henken, R. (Hrsg.): Sammlung der vom Alliierten Kontrollrat und der amerikanischen Militärregierung erlassenen Proklamationen, Gesetze, Verordnungen, Befehle und Direktiven, Loseblatt, Stuttgart o. J. [ab 1948]

Henne, Thomas/Riedlinger, Arne (Hrsg.): Das Lüth-Urteil aus (rechts-)historischer Sicht. Die Konflikte um Veit Harlan und die Grundrechtsjudikatur des Bundesverfassungsgerichts, Berlin 2005

Herbert, Ulrich: Geschichte Deutschlands im 20. Jahrhundert, München 2014

—: Wer waren die Nationalsozialisten?, München 2021

Hesse, William (Begr.)/Saage, Erwin/Fischer, Norbert: Grundbuchordnung. Nebst Ausführungsverordnung, Grundbuchverfügung, den wichtigsten Vorschriften und Sachregister. Kommentar, 3. Aufl., Berlin 1953

Hesse, William: Grundbuchordnung in der Fassung der Bekanntmachung vom 5. August 1935 nebst Ausführungsverordnung, Grundbuchverfügung und Sachregister. Kommentar, Berlin 1936

—: Grundbuchordnung in der Fassung der Bekanntmachung vom 5. August 1935 nebst Ausführungsverordnung, Grundbuchverfügung und Sachregister. Kommentar, 2. Aufl., Berlin 1939

Heubaum, Regine/Wagner, Jens-Christian (Hrsg.): Zwischen Harz und Heide. Todesmärsche und Räumungstransporte im April 1945, Göttingen 2015

Heyde, Wolfgang: Hans Kutscher. Ein Grandseigneur der Robe, in: Jahrbuch des öffentlichen Rechts der Gegenwart 48 (2000), S. 253–262

Hilger, Marie Luise: Die Arbeitsbedingungen im französischen Arbeitsrecht. Ein Beitrag zum System der französischen Arbeitsverfassung, Berlin 1939

—: Zum Gedenken an Wolfgang Siebert, in: Recht der Arbeit 1975, S. 121

Hill, Werner: Die Stimme der Minderheit. Zur Bedeutung des »abweichenden Votums« bei Entscheidungen des Bundesverfassungsgerichts, in: Zeitschrift für Rechtspolitik 1985, S. 15–18

v. Hippel, Ernst: Die Universität im neuen Staat, Königsberg 1933

Höhlmann, Ingeborg: Der Frauen- und Kinderschutz in der Heimarbeit, Saalfeld (Ostpr.) 1937

Hollender, Martin: Der »verklagte Heuss«. Die Stiftung Preußischer Kulturbesitz als Gegenstand einer Organklage der Länder, in: Jahrbuch Preußischer Kulturbesitz 51 (2015), S. 381–405

Hopf, Christel/Müller, Walter: Zur Entwicklung der empirischen Sozialforschung in der Bundesrepublik Deutschland [1995], in: Christel Hopf, Schriften zu Methodologie und Methoden qualitativer Sozialforschung, Wiesbaden 2016, S. 167–194

Jaeger, Renate: Wiltraut Rupp-v. Brünneck, in: Juristinnen in Deutschland. Die Zeit von 1900 bis 2003, hrsg. v. Deutschen Juristinnenbund, 4. Aufl., Baden-Baden 2003, S. 183–188

Juristinnen in Deutschland. Eine Dokumentation (1900–1984), hrsg. v. Deutschen Juristinnenbund, München 1984

Kasiske, Peter: Rechts- und Demokratietheorie im amerikanischen Pragmatismus, Baden-Baden 2009

Kegel, Gerhard: Embarras de richesse, in: Rabels Zeitschrift für ausländisches und internationales Privatrecht 36 (1972), S. 27–34

Kiesinger, Kurt Georg: Dunkle und helle Jahre. Erinnerungen 1904–1958, hrsg. v. Reinhard Schmoeckel, Stuttgart 1989

Erste Kirchensynode, 3. Ordentliche Tagung vom 11. bis 15. Februar 1952 in Frankfurt am Main, hrsg. v. d. Kirchensynode der Evangelischen Kirche in Hessen und Nassau, o. O. 1952

Kirschner, Albrecht: Abschlussbericht der Arbeitsgruppe zur Vorstudie »NS-Vergangenheit ehemaliger hessischer Landtagsabgeordneter« der Kommission des Hessischen Landtags für das Forschungsvorhaben »Politische und parlamentarische Geschichte des Landes Hessen«, Wiesbaden 2013

Klatt, Matthias: Das Sondervotum beim Bundesverfassungsgericht, Tübingen, im Erscheinen

Klee, Ernst: Das Personenlexikon zum Dritten Reich. Wer war was vor und nach 1945, Frankfurt a. M. 2003

Kleines ABC rechtlicher Regelungen für Bibliothekare, hrsg. v. Deutschen Bibliotheksverband, Kommission für Rechtsfragen, 2. Aufl., Leipzig 1967

Klinksiek, Dorothee: Die Frau im NS-Staat, Stuttgart 1982

Klöckler, Jürgen: Auslandspropaganda und Holocaust. Kurt Georg Kiesinger im Auswärtigen Amt, in: Günter Buchstab/Philipp Gassert/Peter Thaddäus Lang (Hrsg.), Kurt Georg Kiesinger 1904–1988. Von Ebingen ins Kanzleramt, Freiburg 2005, S. 201–227

Kommers, Donald P.: Judicial Politics in West Germany. A Study of the Federal Constitutional Court, Beverly Hills 1976

—: The Spiegel Affair. A Case Study in Judicial Politics, in: Theodore L. Becker (Hrsg.), Political Trials, Indianapolis 1971, S. 5–33

Königseder, Angelika: Recht und nationalsozialistische Herrschaft. Berliner Anwälte 1933–1945, Bonn 2001

Kottenhoff, Anna: Mann und Frau in geistiger Zusammenarbeit, in: Neue Deutsche Frauenzeitschrift 1937, S. 81

Kraus, Herbert: Die Krise des zwischenstaatlichen Denkens. Eine Bilanz, Göttingen 1933

Kriele, Martin: Anmerkung zu BVerfG, Urt. v. 25.2.1975 – 1 BvF 1–6/74, in: Juristenzeitung 1975, S. 222–225

Krohn, Marie-Elisabeth: Staat und Sozialversicherung in Großbritannien und Deutschland, Berlin 1942

Krüger, Herbert: Rechtsfragen der Sozialisierung in Hessen, in: Archiv des öffentlichen Rechts 77 (1951/52), S. 46–66

Kubach, Fritz (Hrsg.): Studenten bauen auf! Der 2. Reichsberufswettkampf der deutschen Studenten 1936/37, Berlin 1937

Kübler, Friedrich: Medienwirkung und Medienverantwortung. 35. Tagung des Studienkreises für Presserecht und Pressefreiheit, in: Juristenzeitung 1974, S. 557

v. Kuhl, Herrmann: Der Marnefeldzug 1914, Berlin 1921

Lamprecht, Rolf: Ich gehe bis nach Karlsruhe. Eine Geschichte des Bundesverfassungsgerichts, München 2011

Lang, Karl: Politische oder juristische Selbstverwaltung, Brackenheim 1937

Lautmann, Rüdiger: Soziologie vor den Toren der Jurisprudenz. Zur Kooperation der beiden Diziplinen, Stuttgart 1971

Lenze, Anne: Wiltraut Rupp-v. Brünneck (1912–1977). Die emanzipatorische Kraft von Sondervoten, in: Streitbare JuristInnen. Eine andere Tradition, hrsg. v. der Kritischen Justiz, 2016, S. 427–444

Lepsius, Oliver: Die maßstabsetzende Gewalt, in: Matthias Jestaedt/Oliver Lepsius/Christoph Möllers/Christoph Schönberger, Das entgrenzte Gericht. Eine kritische Bilanz nach sechzig Jahren Bundesverfassungsgericht, Berlin 2011, S. 159–279

—: La Cour, c'est moi. Zur Personalisierung der (Verfassungs-)Gerichtsbarkeit im Vergleich Deutschland – England – USA, in: Jahrbuch des öffentlichen Rechts der Gegenwart 64 (2016), S. 123–182

—: Verwaltungsrecht unter dem Common Law. Amerikanische Entwicklungen bis zum New Deal, Tübingen 1997

Ley, Richard: Organisation und Geschäftsordnung des Parlamentarischen Rates, in: Zeitschrift für Parlamentsfragen 6 (1975), S. 192–292

Leßau, Hanne: Entnazifizierungsgeschichten. Die Auseinandersetzung mit der eigenen NS-Vergangenheit in der frühen Nachkriegszeit, Göttingen 2020

Lindau, Friedrich: Planen und Bauen der Fünfziger Jahre in Hannover, Hannover 1998

Lohnes, Hanns Dieter: Zum Tode von Frau Justizrätin Dr. Renate Lenz Fuchs, in: notar 2001, S. 81–83

Gräfin v. Lösch, Anna: Der nackte Geist. Die Juristische Fakultät der Berliner Universität im Umbruch von 1933, Tübingen 1999

Lüscher, Kurt: Jurisprudenz und Soziologie, in: Friedrich Kübler (Hrsg.), Medienwirkung und Medienverantwortung. Überlegungen und Dokumente zum Lebach-Urteil des Bundesverfassungsgerichts, Baden-Baden 1975, S. 81–113

Maelicke, Bernd: Helga Einsele und ihre kriminalpolitischen Wirkungen in der Öffentlichkeit, in: Neue Kriminalpolitik 2005, S. 128–130

Maier, Irene: Dem Gedächtnis von Wiltraut Rupp-v. Brünneck, in: Informationen für die Frau 9/1977, S. 17–19

—: In memoriam Dr. h. c. Wiltraut Rupp-v. Brünneck, in: Juristenzeitung 1977, S. 812–813

Majer, Diemut: Hans Georg Rupp, in: Neue Zeitschrift für Verwaltungsrecht 1990, S. 444–445

—: Verantwortung in Konsens und Dissens. Wiltraut Rupp-von Brünneck – ein Porträt, in: Jahrbuch des öffentlichen Rechts der Gegenwart 41 (1993), S. 1–13

Malinowski, Stephan: Vom König zum Führer. Sozialer Niedergang und politische Radikalisierung im deutschen Adel zwischen Kaiserreich und NS-Staat, 3. Aufl., Berlin 2003

Manns, Haide: Frauen für den Nationalsozialismus. Nationalsozialistische Studentinnen und Akademikerinnen in der Weimarer Republik und im Dritten Reich, Opladen 1997

Mantei, Simone: Nein und Ja zur Abtreibung. Die evangelische Kirche in der Reformdebatte um § 218 StGB (1970–1976), Göttingen 2004

Maunz, Theodor (Begr.)/Schmidt-Bleibtreu, Bruno/Klein, Franz/Bethge, Herbert (Hrsg.): Bundesverfassungsgerichtsgesetz, Loseblatt, München

Meier-Scherling, Anne-Gudrun: Die Benachteiligung der Juristin zwischen 1933 und 1945, in: Deutsche Richterzeitung 1975, S. 10–13

Meinel, Florian: Die Studentenbewegung vor dem Bundesverfassungsgericht. Das Urteil zum Niedersächsischen Vorschaltgesetz, in: ders. (Hrsg.): Verfassungsgerichtsbarkeit in der

Bonner Republik. Aspekte einer Geschichte des Bundesverfassungsgerichts, Tübingen 2019, S. 387–408

—: Einleitung, in: ders. (Hrsg.), Verfassungsgerichtsbarkeit in der Bonner Republik. Aspekte einer Geschichte des Bundesverfassungsgerichts, Tübingen 2019, S. 1–12

v. Mettenheim, Andreas: Carl Wentzel-Teutschenthal 1876–1944. Ein Agrarunternehmer im Widerstand, Berlin 2019

Mies, Christoph: Wolfgang Siebert – Arbeitsverhältnis und Jugendarbeitsschutz im Dritten Reich und in der frühen Bundesrepublik, Diss. Köln 2007

Misselwitz, Frederike: Marie Luise Hilger. Zum Leben und Wirken einer Arbeitsrechtlerin im 20. Jahrhundert, Baden-Baden 2016

Mitchell, Isa: Erinnerungen an Prötzel, Wulkow und die Flucht 1934–1948. Eine Tochter der Familie von Eckardstein berichtet, übersetzt aus dem Englischen von Rudolf Patzer, Prötzel 2014

Möllers, Christoph: Das Grundgesetz. Geschichte und Inhalt, 2. Aufl., München 2019

Mückenberger, Ulrich: 20 Jahre Kritische Justiz, in: Kritische Justiz 1989, S. 109–116

Mühlhausen, Walter: Georg August Zinn – Baumeister des modernen Hessen, Wiesbaden 2016

—: Rotes Hessen. Gegenmodell zur Adenauerrepublik, in: Wolfgang Schroeder/Arijana Neumann (Hrsg.), Politik und Regieren in Hessen, Wiesbaden 2016, S. 251–269

Müller, Alexander O.: Reinhard Höhn. Ein Leben zwischen Kontinuität und Neubeginn, Berlin 2019

Mussgnug, Dorothee: Die Juristische Fakultät, in: Wolfgang U. Eckart/Volker Sellin/Eike Wolgast (Hrsg.), Die Universität Heidelberg im Nationalsozialismus, Heidelberg 2006, S. 261–317

Nagel, Anne C.: Ein Mensch und zwei Leben: Erwin Stein (1903–1992), Köln 2019

Neuhaus, Paul Heinrich: Bundesverfassungsgericht und Internationales Privatrecht. Versuch einer Bilanz, in: Rabels Zeitschrift für ausländisches und internationales Privatrecht 36 (1972), S. 127–140

—: Hans Rupp 30.08.1907-14.09.1989, in: Rabels Zeitschrift für ausländisches und internationales Privatrecht 54 (1990), S. 201–202

Obenaus, Herbert: Gutsbesitzerliberalismus. Zur regionalen Sonderentwicklung der liberalen Partei in Ost- und Westpreußen während des Vormärz, in: Geschichte und Gesellschaft 14 (1988), S. 304–328

Oppermann, Thomas: Herbert Krüger, in: Peter Häberle/Michael Kilian/Heinrich Wolff (Hrsg.), Staatsrechtslehrer des 20. Jahrhunderts. Deutschland – Österreich – Schweiz, 2. Aufl., Berlin 2018, S. 835–847

Otto, Martin: Martin Drath (1902–1976). »Wissen Sie denn nicht, dass Drath ein Roter ist?«, in: Gerhard Lingelbach (Hrsg.), Rechtsgelehrte der Universität Jena aus vier Jahrhunderten, Jena 2012, S. 329–356

Palandt, Otto/Richter, Heinrich: Die Justizausbildungsordnung des Reiches nebst Durchführungsbestimmungen, 1. Aufl., Berlin 1934

Der Parlamentarische Rat 1948–1949. Akten und Protokolle, hrsg. v. Deutschen Bundestag und Bundesarchiv, 14 Bände, Berlin 1975–2009

Peschel-Gutzeit, Lore Maria (Hrsg.): Das Nürnberger Juristen-Urteil vom 1947. Historischer Zusammenhang und aktuelle Bezüge, Baden-Baden 1996

Pfeiffer-Wentzel, Lore: »Ein recht mutiges Herz«. Mein Leben zwischen Willkür und Glück, Halle (Saale) 2011

Pichl, Maximilian: Vom Paria zur anwaltlichen Gegenmacht. Eine Geschichte der deutschen Asylrechtsanwaltschaft, in: Kritische Justiz 2021, S. 17–30

Pietzcker, Jost: Die neuere Rechtsprechung des Bundesverfassungsgerichts zum vorläufigen Rechtsschutz im Ausländerrecht, in: Juristenzeitung 1975, S. 435–439

Pomp, Rainer: Brandenburgischer Landadel und die Weimarer Republik, in: Kurt v. Adamy/ Kristina Hübener (Hrsg.), Adel und Staatsverwaltung in Brandenburg im 19. und 20. Jahrhundert, Berlin 1996, S. 185–218

Posner, Richard A.: Legal Pragmatism, in: Metaphilosophy 35 (2004), S. 147–159

Raim, Edith: Justiz zwischen Diktatur und Demokratie. Wiederaufbau und Ahndung von NS-Verbrechen in Westdeutschland 1945–1949, München 2013

Rehme, Paul: Wilhelm von Brünneck, in: Zeitschrift der Savigny-Stiftung für Rechtsgeschichte, Germanistische Abteilung 39 (1918), S. V–XXIV

Ritterspach, Theodor: Gedanken zum Sondervotum, in: Walter Fürst/Roman Herzog/Dieter C. Umbach (Hrsg.), Festschrift für Wolfgang Zeidler, Bd. 2, Berlin 1987, S. 1379–1389

Rittstieg, Helmut: Anmerkung zu BVerfG, Beschl. v. 15.7.1973 – 1 BvR 23/73, und 155/73, in: Juristenzeitung 1974, S. 261–262

Röse, Almut/Röse, Wolf: Helmut Simon. Recht bändigt Gewalt. Eine autorisierte Biografie, Berlin 2012

Röwekamp, Marion: Die ersten deutschen Juristinnen. Eine Geschichte ihrer Professionalisierung und Emanzipation (1900–1945), Köln 2011

—: Diskriminierung oder Beteiligung? Juristinnen zwischen 1933 und 1945, in: Zeitschrift des Deutschen Juristinnenbundes 2008, S. 125–126

—: Juristinnen. Lexikon zu Leben und Werk, Baden-Baden 2005

Rupp, Hans: Judicial Review in the Federal Republic of Germany, in: The American Journal of Comparative Law 9 (1960), S. 29–47

—: Judicial Review of International Agreements: Federal Republic of Germany, in: The American Journal of Comparative Law 25 (1977), S. 286–302

—: Zur Frage der Dissenting Opinion, in: Karl Dietrich Bracher/Christopher Dawson/Willi Geiger/Rudolf Smend (Hrsg.), Die moderne Demokratie und ihr Recht. Festschrift für Gerhard Leibholz zum 65. Geburtstag, Band 2, Tübingen 1966, S. 531–549

Rüthers, Bernd: Die unbegrenzte Auslegung. Zum Wandel der Privatrechtsordnung im Nationalsozialismus, 8. Aufl., Tübingen 2017

—: Die Wende-Experten. Zur Ideologieanfälligkeit geistiger Berufe am Beispiel der Juristen, München 1995

Saalmann, Timo: Kunstpolitik der Berliner Museen 1919–1959, Berlin 2013

Sälzer, Gerd: Martin Drath. Ein Bericht über Lebensabschnitte mit vorwiegend hessischem Einschlag und über Draths Verhältnis zu Rudolf Smend, in: Michael Henkel/Oliver W. Lembcke (Hrsg.), Moderne Staatswissenschaft. Beiträge zu Leben und Werk Martin Draths, Berlin 2010, S. 29–122

60 Jahre Berliner Arbeitsgerichtsbarkeit. 1927–1987, hrsg. v. Gesamtrichterrat der Berliner Gerichte für Arbeitssachen, Berlin 1987

Schädler, Sarah: ›Justizkrise‹ und ›Justizreform‹ im Nationalsozialismus. Das Reichsjustizministerium unter Reichsjustizminister Thierack (1942–1945), Tübingen 2009

Schede, Hans-Georg: Caroline Schede. Eine Geschichte des privaten Lebens in der Goethezeit, Berlin 2018

Schildt, Axel: Medien-Intellektuelle in der Bundesrepublik, Göttingen 2020

Schlaich, Klaus/Korioth, Stephan: Das Bundesverfassungsgericht. Stellung, Verfahren, Entscheidungen, 11. Aufl., München 2018

Schlink, Bernhard: Die Wissenschaftsfreiheit des Bundesverfassungsgerichts. Zur Entscheidung des Bundesverfassungsgerichts vom 29. Mai 1973, in: Die öffentliche Verwaltung 1973, S. 541–545

Schmerbach, Folker: Das »Gemeinschaftslager Hanns Kerrl« für Referendare in Jüterbog 1933–1939, Tübingen 2008

Schmid, Carlo: Erinnerungen, Bern 1979

Schmidt, Reinhard Benno: Die Stammtafel des Geschlechtes Schmidt aus Brücken a. d. Helme, Leipzig 1938

Schmitt, Carl: Über die drei Arten des rechtswissenschaftlichen Denkens, Hamburg 1934

Schneider, Hans-Peter: Im Namen des Menschen. Über Leben und Wirken einer großen Richterin, in: Wiltraut Rupp-v. Brünneck: Verfassung und Verantwortung. Gesammelte Schriften und Sondervoten, hrsg. v. Hans-Peter Schneider, Baden-Baden 1983, S. 13–46

Schoch, Friedrich/Schneider, Jens-Peter: Verwaltungsgerichtsordnung. Kommentar, Loseblatt, München

Scholtz-Klink, Gertrud: Die Frau im Dritten Reich. Eine Dokumentation, 2. Aufl., Tübingen 1998

Scholz, Friedrich: Berlin und seine Justiz. Die Geschichte des Kammergerichtsbezirks 1945 bis 1980, Berlin 1982

v. Schön, Theodor: Woher und Wohin? Nebst einem Nachwort von Georg Fein, Straßburg 1842

Schott, Susanne: Curt Rothenberger – eine politische Biographie, Diss. Halle 2001

Schroeder, Friedrich-Christian (Hrsg.): Abtreibung. Reform des § 218, Berlin 1972

Schubert, Dietrich: Heidelberger Kunstgeschichte unterm Hakenkreuz. Professoren im Übergang zur NS-Diktatur nach 1933, in: Ruth Heftring/Olaf Peters/Barbara Schellewald (Hrsg.), Kunstgeschichte im »Dritten Reich«. Theorien, Methoden, Praktiken, Berlin 2008, S. 65–86

Schubert, Werner (Hrsg.): Die Reform des Nichtehelichenrechts (1961–1969). Entstehung und Quellen des Gesetzes über die Rechtsstellung der nichtehelichen Kinder vom 19.8.1969, Paderborn 2003

—: Das imaginäre Kolonialreich. Die Vorbereitung der Kolonialgesetzgebung durch den Kolonialrechtsausschuss der Akademie für Deutsches Recht, das Reichskolonialamt und die Reichsministerien (1927–1942), in: Zeitschrift der Savigny-Stiftung für Rechtsgeschichte, Germanistische Abteilung 115 (1998), S. 86–149

—: Das Schiffssachenrecht der Kaiserzeit und dessen Reform von 1940 unter besonderer Berücksichtigung der Verhandlungen des Seerechtsausschusses der Akademie für Deutsches Recht, in: Zeitschrift der Savigny-Stiftung für Rechtsgeschichte. Germanistische Abteilung 109 (1992), S. 209–245

—: Einleitung. Einführung in die Entstehung des Gesetzes vom 19.8.1969, in: ders. (Hrsg.), Die Reform des Nichtehelichenrechts (1961–1969). Entstehung und Quellen des Gesetzes über die Rechtsstellung der nichtehelichen Kinder vom 19.8.1969, Paderborn 2003, S. XIII–LXX

—: Entstehungsgeschichte der Grundbuchordnung, in: Die Beratung des Bürgerlichen Gesetzbuchs in systematischer Zusammenstellung der unveröffentlichten Quellen, hrsg. v.

Horst Heinrich Jakobs/Werner Schubert, Sachenrecht III. Grundbuchordnung, Berlin 1982, S. 1–66

Seelmann, Walther/Klässel, Oskar: Das Recht der Familienfideikommisse und anderer Familiengüter, insbesondere ihre Aufhebung und das Recht der Familienstiftungen in Preußen, Berlin 1920

Seliger, Hubert: Politische Anwälte? Die Verteidiger der Nürnberger Prozesse, Baden-Baden 2016

Siebert, Wolfgang: Das rechtsgeschäftliche Treuhandverhältnis. Ein dogmatischer und rechtsvergleichender Beitrag zum Treuhandproblem, Marburg 1933

—: Der strafrechtliche Besitzbegriff, besonders in der Rechtsprechung des Reichsgerichts, Breslau 1928

—: Europäisches Arbeitsrecht in Vergangenheit, Gegenwart und Zukunft, in: Zeitschrift für Politik 33 (1943), S. 369–378

Simitis, Spiros: Zur »Aktualisierung« des Art. 6 Abs. 5 GG, in: Juristenzeitung 1969, S. 277–283

Simon, Helmut: Der Rechtsgedanke in der gegenwärtigen deutschen evangelischen Theologie unter besonderer Berücksichtigung des Problems materialer Rechtsgrundsätze, o. O. 1954

—: Leben zwischen den Zeiten. Von der Weimarer Republik bis zur Europäischen Union – vom Bauernbub zum Verfassungsrichter und Kirchentagspräsidenten, hrsg. v. Peter Becker/Heide Simon, Baden-Baden 2020

Slobodian, Quinn: The Borders of the *Rechtsstaat* in the Arab Autumn: Deportation and Law in West Germany, 1972/73, in: German History 31 (2013), S. 204–224

Staben, Julian: Der Abschreckungseffekt auf die Grundrechtsausübung. Strukturen eines verfassungsrechtlichen Arguments, Tübingen 2015

J. v. Staudingers Kommentar zum Bürgerlichen Gesetzbuch und dem Einführungsgesetze, Bd. 2/1, 10. Aufl., bearb. v. Wilhelm Weber, München 1941

Stein, Erwin: Die rechtsphilosophischen und positiv-rechtlichen Grundlagen des Elternrechts, in: ders./Wilfried Joest/Hans Dombois, Elternrecht. Studien zu seiner rechtsphilosophischen und evangelisch-theologischen Grundlegung, Heidelberg 1958, S. 5–57

—: Georg August Zinn zum Gedächtnis, Kassel 1978

Steinbacher, Sybille: Einleitung, in: dies. (Hrsg.), Volksgenossinnen. Frauen in der NS-Volksgemeinschaft, Göttingen 2007, S. 9–26

Steininger, Rolf: Rundfunk zwischen Bund und Ländern 1953–1961. Ein Beitrag zur Innenpolitik Adenauers, in: Politische Vierteljahresschrift 17 (1976), S. 474–519

Stephenson, Jill: The Nazi Organisation of Women, London 1981

Stolleis, Michael: Geschichte des öffentlichen Rechts in Deutschland, Band 4, Staats- und Verwaltungsrechtswissenschaft in West und Ost 1945–1990, München 2012

—: Hans F. Zacher (1928–2015), in: Peter Häberle/Michael Kilian/Heinrich Wolff (Hrsg.), Staatsrechtslehrer des 20. Jahrhunderts. Deutschland – Österreich – Schweiz, 2. Aufl., Berlin 2018, S. 1189–1196

—: Recht im Unrecht. Studien zur Rechtsgeschichte des Nationalsozialismus, Frankfurt a. M. 2006

Thiessen, Jan: Wirtschaftspolitik mit anderen Mitteln. Das »Feldmühle«-Verfahren des Bundesverfassungsgerichts, in: Florian Meinel (Hrsg.), Verfassungsgerichtsbarkeit in der Bonner Republik. Aspekte einer Geschichte des Bundesverfassungsgerichts, Tübingen 2019, S. 251–385

Titze, Hartmut: Das Hochschulstudium in Preußen und Deutschland 1820–1944, Göttingen 1987

Treß, Werner: Wider den undeutschen Geist. Bücherverbrennung 1933, Berlin 2003

Tuchel, Johannes: »... und ihrer aller wartete der Strick«. Das Zellengefängnis Lehrter Straße 3 nach dem 20. Juli, Berlin 2014

Uhland, Ludwig: Gedichte, Stuttgart 1815

Ule, Carl Herrmann: Über preußische Kronsyndizi, in: Der Staat 32 (1993), S. 379–400

Die Verfolgung und Ermordung der europäischen Juden durch das nationalsozialistische Deutschland 1933–1945, hrsg. v. Götz Aly u. a., Band 1, Berlin 2008

Vocke, Annemarie: Grundrechte und Nationalsozialismus, Leipzig 1938

Vogelsang, Thilo: Goltz, Rüdiger Graf von der, in: Neue Deutsche Biographie 6 (1964), S. 634–635

Wachter, Rudolf: Allgemeine und vergleichende Sprachwissenschaft, in: Wolfgang U. Eckart/ Volker Sellin/Eike Wolgast (Hrsg.), Die Universität Heidelberg im Nationalsozialismus, Heidelberg 2006, S. 371–389

Walcoff, Jennifer E.: Von der Staatsbürgerin zur »Volksbürgerin«, in: Sybille Steinbacher (Hrsg.), Volksgenossinnen. Frauen in der NS-Volksgemeinschaft, Göttingen 2007, S. 48–66

Waldhoff, Christian: Rupp-von Brünneck, Wiltraut, in: Neue Deutsche Biographie 22 (2005), S. 279–280

v. Wallenberg, Irmgard: Soziales Ehrenrecht und Strafrecht, Breslau 1941

Wallrabenstein, Astrid: Versicherung im Sozialstaat, Tübingen 2009

Weber, Max: Agrarstatistische und sozialpolitische Betrachtungen zur Fideikommißfrage in Preußen [1904], in: ders., Gesammelte Aufsätze zur Soziologie und Sozialpolitik, hrsg. v. Marianne Weber, 2. Aufl., Tübingen 1988, S. 323–393

—: Die Nobilitierung der Kriegsgewinne [1917], in: ders., Gesammelte politische Schriften, hrsg. v. Johannes Winckelmann. Tübingen, 5. Aufl., Tübingen 1988, S. 183–191

Weber, Wilhelm: Ueber die Eignung zum Juristen. Eine psychologische Untersuchung der Tätigkeit des Juristen, insbesondere des Richters, Berlin 1934

Wedel, Markus: Die hessische SPD 1950–1959. Eine Partei im Werden, Wiesbaden 2012

Weiling, Christoph: Die »Christlich-deutsche Bewegung«. Eine Studie zum konservativen Protestantismus in der Weimarer Republik, Göttingen 1998

Wesel, Uwe: Der Gang nach Karlsruhe. Das Bundesverfassungsgericht in der Geschichte der Bundesrepublik, München 2004

Weyrather, Irmgard: Numerus Clausus für Frauen. Studentinnen im Nationalsozialismus, in: Mutterkreuz und Arbeitsbuch. Zur Geschichte der Frauen in der Weimarer Republik und im Nationalsozialismus, hrsg. v. d. Frauengruppe Faschismusforschung, Frankfurt a. M. 1981, S. 131–162

Wiener, Christina: Kieler Fakultät und »Kieler Schule«. Die Rechtslehrer an der Rechts- und Staatswissenschaftlichen Fakultät zu Kiel in der Zeit des Nationalsozialismus und ihre Entnazifizierung, Baden-Baden 2013

Wille, Manfred: Die Verabschiedung der Verordnung über die Bodenreform in der Provinz Sachsen, in: Arnd Bauerkämper (Hrsg.), »Junkerland in Bauernhand«? Durchführung, Auswirkung und Stellenwert der Bodenreform in der Sowjetischen Besatzungszone, Stuttgart 1996, S. 87–102

Wildt, Michael: Volksgemeinschaft als Selbstermächtigung. Gewalt gegen Juden in der deutschen Provinz 1919 bis 1939, Hamburg 2007

Winkler, Dörte: Frauenarbeit im »Dritten Reich«, Hamburg 1977

Wittkop, Justus Franz: Georg August Zinn. Ein Staatsmann unserer Zeit, München 1962

Wörner-Heil, Ortrud: Adelige Frauen als Pionierinnen der Berufsbildung. Die ländliche Hauswirtschaft und der Reifensteiner Verband, Kassel 2010

—: Frauenschulen auf dem Lande. Reifensteiner Verband (1897–1997), Kassel 1997

Wunder, Eilika: Hessen im Bundesrat. Zum föderalistischen Selbstverständnis der hessischen Landesregierung 1949–1955, Wiesbaden 2000

Wunderlich, Curt: Fünfzig Monate Wehr im Westen. Geschichte des Reserve-Infanterie-Regiments Nr. 66, Eisleben 1939

Würfel, Martin: Das Reichsjustizprüfungsamt, Tübingen 2019

Zacher, Hans F.: Soziale Gleichheit. Zur Rechtsprechung des Bundesverfassungsgerichts zu Gleichheitssatz und Sozialstaatsprinzip, in: Archiv des öffentlichen Rechts 93 (1968), S. 341–383

Zehner, Günter (Hrsg.): Der Fernsehstreit vor dem Bundesverfassungsgericht. Eine Dokumentation des Prozessmaterials, 2 Bände, Karlsruhe 1964/1965

Zilius-Falkenberg, Waltraut: Die Studentin, in: Das weite Wirkungsfeld, hrsg. v. d. Hauptabteilung Presse/Propaganda der Reichsfrauenführung, Berlin o. J. [1941], S. 20–28

Zinn, Georg August: Die Ministerpräsidenten-Konferenz – ein Element bundesstaatlicher Kooperation, in: Horst Ehmke (Hrsg.), Festschrift für Adolf Arndt zum 65. Geburtstag, Frankfurt a. M. 1969, S. 479–497

Personenregister

Abendroth, Wolfgang 412, 413

Adenauer, Konrad 181, 184, 197, 198, 209, 210, 216, 220, 224–227, 229, 232, 233, 235, 236, 247, 263, 401, 436, 445

Altmeier, Peter 226, 227

Altstötter, Josef 91, 112, 113, 117, 129, 131, 133–135, 141, 172

Anschütz, Gerhard 38, 39

Arndgen, Josef 168

Arndt, Adolf 170–172, 217, 224, 231, 232, 234, 235, 238, 243–246, 249, 253, 255–257, 281, 298, 299, 301, 305, 321, 322, 324, 346, 351, 369, 370, 445, 446, 482, 489, 529

Arndt, Claus 305

Augstein, Rudolf 395

Auguste Viktoria (Deutsche Kaiserin) 27

Axmann, Artur 64

Baader, Andreas 500

Bach, Herrmann 241

Bachof, Otto 302

Bähnisch, Theanolte 241

Bahr, Egon 347

Baldus, Paulheinz 490

Barth, Karl 358

Barwinski, Berthold 224, 230, 232, 235, 237

Barzel, Rainer 329, 342, 343

Bäumer, Gertrud 43

Bebel, August 43

Beck, Ludwig 166, 472

Becker, Max 227

Benda, Ernst 9, 304, 321, 324, 329, 330, 342, 344, 345, 350, 352, 353, 357, 360, 393, 397, 399, 400, 402, 409–411, 424, 455, 456, 504

Berger, Hugo 186, 187, 253, 254, 256, 258, 266, 270, 285, 300, 301, 490

Berger, Senta 389

Binder, Julius 36, 37

Bismarck, Otto von 427

Bitzer, Eberhard 236

Bleek, Karl Theodor 195

Blume, Charlotte 132

Böckenförde, Ernst-Wolfgang 394, 430

Bodenstein, Paul 118, 124, 132, 478

Böhmer, Werner 257, 258, 270, 285, 311, 313, 316, 334, 344, 352, 357, 400, 402, 404, 408–411

Bonhoeffer, Dietrich 165

Bormann, Martin 57, 120, 133, 134

Börner, Holger 427

Borsig, Barbara von 108

Borsig, Ernst von 108

Bosch, Friedrich-Wilhelm 430

Bott, Hans 218

Bötticher, Eduard 69, 77, 470

Brandt, Willy 287, 288, 306, 342, 343, 346, 347, 350, 389, 395

Brauer, Max 227

Braun, Lily 43

Braun, Wernher von 250

Brecht, Bertolt 292

Brentano, Heinrich von 172–174, 249, 482

Brill, Hermann 171, 172

Brinkmann, Carl 39

Brox, Hans 300, 310, 311, 313, 316, 334, 352, 357, 394, 395, 400, 409, 411, 417

Brüning, Heinrich 32

Brünneck(-Bellschwitz), Siegfried von 17

Brünneck, Alexander von 10, 267, 336, 355, 356, 412, 461

Brünneck, Egbert von 26, 27, 30

Brünneck, Elisabeth (Elly) von (geb. von Schön) 18, 27, 30
Brünneck, Götz von 20–23, 26, 27, 29, 30, 36–40, 54, 74, 80, 82, 91, 93, 94, 103, 108, 109, 117, 137, 143, 145, 156, 465, 529, 546
Brünneck, Harald von 29, 74, 84, 87
Brünneck, Helene von 139
Brünneck, Karl von 26, 27, 30, 74, 139, 140, 465
Brünneck, Magnus von 17, 18, 472
Brünneck, Margarete von (geb. von Schmidt, verh. Schede) 17–22, 26, 30, 81, 97, 137, 138, 140, 141, 143, 148, 149, 156, 177, 266, 438, 465, 511, 529
Brünneck, Stefanie von 27, 156, 427
Brünneck, Werner von 12, 17–21, 25, 26, 33, 84, 115, 148, 149, 255, 266, 464, 511
Brünneck, Wilhelm Magnus von 17, 21
Brünneck, Wilhelm von (geb. 1839) 12, 17, 18, 20, 21
Brünneck, Wilhelm von (geb. 1905) 27, 30, 74, 355
Brünneck-Bellschwitz, Manfred Graf von 27, 33
Bruns, Viktor 259
Buddenberg, Wolfgang 343

Canter, Karl 169, 170, 172, 181
Carstens, Karl 329
Casper, Gerhard 430
Chamberlain, Houston Stewart 149
Cornils, Matthias 371
Creutzfeldt, Kurt 95, 96
Cüny, Anneliese 48, 49, 51, 53, 63, 79, 81, 83, 97, 98, 107, 161, 185, 188, 239, 266, 280, 430, 444, 475

Dabringhaus, Otto 95
Dahm, Georg 101, 104
Darnstädt, Thomas 194, 224, 233, 236, 270
Darré, Walther 103
Dehler, Thomas 173, 174, 181, 182, 264
Dehner, Fritz 127
Delitzsch, Kurt 120
Denninger, Erhard 360
Dersch, Hermann 99

Diemer-Nicolaus, Emmy 329
Doehring, Karl 360
Dörries, Hans 37
Drache, Richard 137–139, 164
Drath, Dorothea 248
Drath, Martin 171, 172, 239, 242–250, 252, 253, 257, 273, 274, 298, 299, 445
Dürig, Günter 248, 249, 394

Eben-Servaes, Ilse 46–48, 61, 71, 75, 76, 115
Ebrecht, Walter 366
Ehard, Hans 209
Ehmke, Horst 281–283, 287, 297, 300, 302–305, 350, 395–398, 404
Eichendorff, Joseph von 18
Einsele, Helga (geb. Hackmann) 48–50, 65, 79, 163, 280, 368, 371, 425, 430, 444, 467
Einsele, Wilhelm 49
Engelbrecht, Hertha 240
Engelhard, Herbert 39, 50
Engisch, Karl 39, 40, 50
Erhard, Ludwig 281
Eschenburg, Theodor 430
Eschke, Victoria 69

Falkenberg, Erdmute (geb. Hackmann) 49, 65, 69, 76, 77, 79, 280, 292, 430, 444, 469, 471
Faller, Hans Joachim 328–330, 352, 354, 357, 393, 397, 399, 400, 409, 411
Féaux de la Croix, Ernst 127, 128, 213
Federer, Julius 258, 299, 300, 494
Feuchte, Paul 328, 329
Filbinger, Hans 233, 328
Flex, Walter 25
Forsthoff, Ernst 229, 231
Fraenkel, Ernst 118, 119, 121, 356
Frank, Hans 46, 70, 71, 79, 132, 155
Frankfurter, Felix 260, 412, 423, 448
Freisler, Roland 46, 95, 473
Friedrich Wilhelm IV. (König von Preußen) 17, 18
Friesenhahn, Ernst 243
Fritsch, Werner Freiherr von 87, 472
Fröbel, Rosalie 123, 124

Fröbel, Walter 123, 124
Fromme, Friedrich Karl 303, 327–329, 350, 354, 397, 404, 410

Gaier, Reinhard 457
Gehlhoff, Kurt 216
Geiger, Willi 258, 264, 265, 299, 307, 348, 350, 351, 394, 418, 424, 494
Geller, Gregor 243, 244, 246, 247, 258, 308, 327, 329, 494
Genzmer, Helga (geb. von Brünneck) 20, 22, 23, 26, 30, 137, 141, 142, 148, 156, 196, 529
Genzmer, Werner 26, 143, 178, 483
Gerhard, Ute 391
Gerhardt, Rudolf 339, 360
Gerner, Ernst 220, 221, 246, 430
Gerstenmaier, Eugen 257, 302
Gethmann, Hildegard 196, 204
Gierke, Julius von 36
Gieseke, Paul 104
Ginsburg, Ruth Bader 290
Gladstone, William 342, 506
Glanzmann, Roderich 490
Gleispach, Wenzelslaus Graf 100
Globke, Hans 233
Goebbels, Joseph 83, 86, 87
Goerdeler, Carl Friedrich 137, 138
Goethe, Johann Wolfgang von 340, 449
Goldschmidt, James 32
Goltz, Luise Caroline Christiane von der 472
Goltz, Rüdiger Graf von der 83–88, 91, 166, 172, 356, 440, 472
Goltz, Rüdiger Graf von der (der Ältere) 83, 472
Goltz, Sophie Wilhelmine von der 472
Göring, Hermann 54, 84, 86, 87, 104, 105, 166, 311
Graf, Charlotte 240
Gramm, Hans 112
Grass, Günter 375, 376
Greiff, Joachim 188, 482
Grimm, Hans 24
Groh, Wilhelm 39
Gründgens, Gustaf 308–311, 313
Gründgens-Gorski, Peter 308
Grussendorf, Werner 97, 98, 111, 112, 114, 115

Guggemoos-Finger, Lucia (geb. Finger) 195, 476
Güntert, Hermann 40
Gürtner, Franz 46, 472
Gusseck, Lutz 359, 461
Gutzwiller, Max 39

Haager, Karl 253, 255, 258, 270–272, 285, 301, 307, 310, 334, 344, 352, 357, 398, 400, 408, 409, 429
Häberle, Peter 13
Hahnzog, Klaus 276, 277
Hamann, Helga 277, 292, 427, 430, 461
Hammerschmidt, Helmut 272
Hardenberg, Carl-Hans Graf von 139
Hardenberg, Renate Gräfin von 140, 166
Hartinger, Josef 245, 246, 248–250
Hauss, Fritz 328
Heck, Karl 253, 257
Heinemann, Gustav 281, 283, 287, 304, 330, 343, 345, 351, 358, 393
Held, Philipp 300, 301
Heldmann, Hans Heinz 500
Heller, Hermann 171
Henneka, Anton 248, 249, 255, 258, 299, 494
Hensel, Albert 34
Herbert, Ulrich 439, 440
Heß, Rudolf 84
Hesse, Konrad 13, 133, 417, 420, 428, 429
Hesse, William 117–119, 124, 128, 132, 133, 135, 136, 477
Heuss, Theodor 176, 203, 218–221, 262–264, 311
Heydrich, Reinhard 39
Heymann, Ernst 261
Hildebrandt, Heinz 50
Hilger, Marie Luise 48, 49, 51, 53, 63, 75, 79, 81, 83, 97, 98, 100, 102, 107, 108, 161, 162, 184, 185, 240, 278, 430, 444, 473, 484
Himmler, Heinrich 29, 135, 166
Hindemith, Günther 128, 129
Hindenburg, Paul von 25, 31, 33
Hippel, Ernst von 34
Hippel, Robert von 37
Hirsch, Martin 53, 304, 329, 343, 345, 348, 351

Hitler, Adolf 31, 32, 36, 39, 57, 59, 66, 72, 74, 132, 133, 137–139, 146, 166, 178, 179, 466
Höcherl, Hermann 304, 305
Hoffmann-Riem, Wolfgang 454
Hofmann, Berthold 51, 468
Höhlmann, Ingeborg 65, 469
Hohmann-Dennhardt, Christine 457
Höhn, Reinhard 39, 50, 63, 71, 105, 170
Hohnhold, Helga (geb. Friese) 65, 69, 81, 469
Hoogen, Matthias 257
Höpker-Aschoff, Hermann 264, 328
Hornung, Hugo 95
Hübener, Erhard 146, 152
Huber, Ernst-Rudolf 105
Hughes, Sarah T. 392

Illert, Karl 148
Ipsen, Hans-Peter 229, 231

Jackson, Robert H. 449
Jahn, Gerhard 306, 330, 350, 351, 389, 419
Jellinek, Walter 39, 40, 50, 158, 164, 171
Jesch, Dietrich 232
Jung, Erwin 123–125

Kanka, Karl 249
Karstedt, Ulrich 37
Karsten, Dorothea 189
Kasack, Hermann 178
Katz, Rudolf 232–234, 242
Katzenstein, Dietrich 200, 417, 426
Kauper, Paul G. 266, 491
Kay, Ella 215
Kegel, Gerhard 261, 319, 320, 430
Keil, Siegfried 413
Keudell, Walter von 54, 65, 108
Kiesinger, Kurt Georg 53, 108, 217, 218, 247, 250, 281, 329, 475
Klaas, Walter 242, 243, 265, 266, 489
Klein, Günter 212–214
Klemm, Herbert 120, 131, 133–135, 172
Klopfer, Gerhard 134, 135, 139, 162, 163
Koellreutter, Otto 38
Kohl, Georg 165
Kohl, Helmut 329, 402

Kohlrausch, Eduard 32
Kommers, Donald P. 376, 436
Königseder, Angelika 472
Kortzfleisch, Ida von 28
Kottenhoff, Anna (später Schmidtdammer) 44, 46, 48, 63–65, 69–71, 74, 76, 79, 107–110, 162, 165, 166, 435, 444, 471
Kramer, Gerhard 227
Kraus, Herbert 36
Kreuzer, Karl 350
Krieger, Karl 124, 126, 127
Kriele, Martin 411, 412
Krohn, Johannes 65
Krohn, Marie-Elisabeth 65, 69
Krug, Karl 95, 473
Krüger, Herbert 222, 229, 231, 353, 430
Krüger, Hildegard 190, 191, 195
Krupp von Bohlen und Halbach, Alfried 132, 133
Krupp von Bohlen und Halbach, Bertha 132, 478
Krutschina, Horst 35
Kubach, Fritz 63, 64
Kübler, Friedrich 430
Kühnert, Hanno 359, 360, 396
Kummer, Bernhard 63
Künßberg, Eberhard von 39, 50
Kutscher, Hans 243, 244, 258, 265, 266, 281, 302, 494, 497

Lammert, Norbert 457
Lang, Karl 48, 51, 63, 70, 71, 101, 139, 162–165, 430
Lange, Helene 43
Laternser, Hans 153
Lauritzen, Lauritz 237
Lehmann, Joachim 205, 242–244, 253, 257, 326
Lehr, Robert 254
Leibholz, Gerhard 244, 265, 272, 299, 302, 307, 327, 329, 406, 494, 503
Leicht, Robert 402, 410
Lenze, Anne 11, 458
Lenz-Fuchs, Renate 239, 240, 488
Letz, Rudolf 131
Leuschner, Wilhelm 427, 512

Leverenz, Bernhard 250
Levy, Ernst 39, 470
Lex, Hans Ritter von 195
Liszt, Franz von 19
Löffler, Lothar 37
Lorenz, Peter 411
Lübke, Heinrich 250
Lüders, Marie-Elisabeth 204, 205
Luise (Königin von Preußen) 27, 438
Lüscher, Kurt 368, 454

Mahrenholz, Ernst Gottfried 457
Maier, Irene 428, 429
Maier-Reimer, Hedwig 240, 489
Majer, Diemut 11, 458, 473
Malinowski, Stephan 74
Mallmann, Walter 229, 231, 430
Mangoldt, Hermann von 482
Mann, Erika 308
Mann, Klaus 308–312, 314, 457
Mann, Thomas 178
Manns, Haide 67, 434
Mansholt, Sicco 20, 464
Maunz, Theodor 231
McCarthy, Joseph 418
Meier-Scherling, Anne-Gudrun 240, 430
Meinel, Florian 354, 362
Menzel, Walter 190–193, 204
Mercker, Reinhold 227
Michaelis, Karl 163
Michaelis, Lili 44
Mickel, Dina 140
Mikat, Paul 231
Mirbt, Hermann 36
Misselwitz, Frederike 473, 475
Möllers, Christoph 364
Mückenberger, Ulrich 355
Müller, August 106
Müller, Gebhard 157, 205, 233, 241, 244, 246, 248, 249, 252–258, 265, 267, 270, 272–277, 284, 285, 288–290, 299–305, 307, 311, 313, 316, 327–329, 334, 350, 351, 357, 399, 402, 408, 409, 490, 494, 497
Müller, Margarete 241
Müller, Siegfried (Kongo-Müller) 338

Müller-Freienfels, Wolfram 204, 240, 280, 282, 283, 430
Müller-Lütgenau, Maria 205
Müller-Meiningen, Ernst jr. 404
Münch, Fritz 345, 346
Mussolini, Benito 81, 239

Nadig, Friederike 174–176, 190, 191, 193
Neidhardt, Wilhelm 123, 125
Neuhaus, Paul Heinrich 320, 496
Ney, Elly 109
Niekisch, Ernst 492
Niepel, Franz 500
Nikisch, Arthur 164

Oelschlegel, Gerd 210
Oppenheimer, Wilhelm 127

Pagnol, Marcel 293
Palandt, Otto 45, 94, 95
Papen, Franz von 32, 227
Paul, Egbert 328
Peters, Hans 229, 231
Pitz-Savelsberg, Elisabeth 216, 217
Pohl, Oswald 128
Pohle, Rolf 500
Posner, Richard A. 453
Possehl, Kurt 368
Posser, Diether 358, 359
Puttfarcken, Hans 159–161, 170, 172, 188

Radbruch, Gustav 39, 49
Raschke, Marie 385
Rau, Johannes 358
Redeker, Konrad 430
Reh, Hans-Joachim 239, 267, 301, 428, 429
Reißmüller, Johann Georg 350
Rembrandt, Harmensz van Rijn 211
Reusch, Paul 137
Rheinstein, Max 430
Richter, Hans 482
Richter, Heinrich 45
Ridder, Helmut 204, 229, 231
Riemenschneider, Tilman 40
Rinck, Hans-Justus 348, 350, 351

Ritterspach, Theodor 253, 254, 258, 266, 270, 272, 285, 300, 310, 312, 316, 324, 334, 350, 352, 357, 399, 400, 409, 411, 417, 490
Rittstieg, Helmut 373
Röber, Walter 215
Roellecke, Gerd 360
Rosenberg, Alfred 77
Rosenthal, Philip 375
Rosenthal-Pelldram, Erich 199, 203, 241, 430
Rosenzweig, Wilhelm 430
Rothenberger, Curt 112, 113, 131, 132
Rottmann, Joachim 330, 348–351, 395, 419, 429
Röwekamp, Marion 76, 466, 467, 471
Roxin, Claus 366
Rühl, Ludwig 177–180, 483
Rupp, Barbara (geb. Bleisch) 261, 265
Rupp, Erwin 259
Rupp, Hans 10, 12, 258–268, 272, 290, 297, 299, 308, 314, 319, 324, 348, 349, 353, 401, 411, 418, 423, 427–431, 448, 491, 496, 512, 529
Rupp, Hans Heinrich 491
Rupp, Johann Georg 261
Rüthers, Bernd 89, 458

Saage, Erwin 478
Sauter, Frieda (geb. Stern) 123, 124, 127
Schäffer, Fritz 226, 227, 234
Schaffstein, Friedrich 37, 101
Scharlack, Johanna 125–127
Scharlack, Louis 125–127
Schede, Caroline 464
Schede, Hans 21, 22, 26, 149, 464
Scheel, Gustav Adolf 40, 63, 81, 108, 109, 163
Scheffler, Erna 9, 195, 204, 205, 240, 242, 243, 246, 252–254, 257, 280, 436, 489
Scheuner, Ulrich 99, 222, 229, 231
Schiffer, Eugen 146, 158
Schlabrendorff, Fabian von 300, 308, 348, 350, 351
Schleicher, Rüdiger 165
Schleicher, Ursula 165
Schlink, Bernhard 364
Schmid, Carlo 261–263
Schmid, Richard 314, 315, 458
Schmidt, August d. Ä. 18, 148

Schmidt, August d. J. (von) 12, 18–20, 93, 115, 148, 427
Schmidt, Friedrich 18
Schmidt, Gerhard von 27
Schmidt, Helmut 401, 402, 419
Schmidt, Henriette Berta (geb. Büttner) 18
Schmidt, Mathilde (Tilla) von 27, 36, 141, 142, 148
Schmidtdammer, Günther (vormals Dammer) 109, 110, 165, 166
Schmitt, Carl 38, 99, 105, 171, 364
Schmitt, Charlotte 56, 81, 82, 195, 196
Schmitt, Rudolf 196
Schmitthenner, Paul 50, 468
Schmitt-Vockenhausen, Hermann 217
Schneider, Hans 229
Schneider, Hans-Peter 11, 113, 323, 458
Schneider, Peter 229, 240, 430
Schneider, Romy 389
Schoen, Paul 37
Scholtissek, Herbert 205, 253, 254, 258, 270–272, 285, 300
Scholtz-Klink, Gertrud 46, 71, 72, 75, 77
Schön, Theodor von 18, 33
Schrade, Hubert 40
Schramm, Percy Ernst 37
Schreiber, Hermann 401
Schröder, Gerhard (1910–1989) 206, 207
Schubert, Werner 117
Schuchardt, Helga 400
Schueler, Hans 456
Schulenburg, Charlotte Gräfin von der 166
Schulenburg, Fritz-Dietlof Graf von der 166, 472
Schultz-Tornau, Joachim 366
Schumacher, Kurt 183
Schunck, Egon 243
Schwarzenberger, Susanne 50
Schwarzer, Alice 389
Schwarzhaupt, Elisabeth 202, 205, 283, 430
Schwinn, Wilhelm 178
Seibert, Helga 343
Selbert, Elisabeth 174–177, 182, 189–191, 193, 195, 205, 379, 435, 436
Seuffert, Walter 300, 302, 305, 348, 350, 351, 419

PERSONENREGISTER

Siebert, Wolfgang 11, 50, 51, 61, 62, 69, 81, 83, 97–105, 112, 114, 161, 163–165, 169, 172, 185, 438, 468, 474
Siegert, Karl 36
Siemens, Carl Friedrich von 137
Simitis, Spiros 428, 430, 493
Simon, Helmut 13, 310, 334, 339–342, 352, 357–360, 362, 364, 365, 389, 397, 399, 400, 402, 406–413, 417, 421, 428, 444, 448, 456
Sinzheimer, Hugo 99, 100
Smend, Rudolf 164, 171, 324
Soeder, Helmut 338
Sommer, Bertold 457
Staff, Ilse 428
Starck, Christian 430
Stein, Erwin 158, 180, 182, 183, 205, 253–255, 266, 270, 271, 285, 294, 309–313, 327–329, 331
Steinbacher, Sybille 75
Stock, Christian 156, 183
Stolleis, Michael 324, 365
Strasser, Gregor 29, 84
Strauß, Franz Josef 348
Strauss, Richard 209, 210
Strauß, Walter 482
Suhr, Otto 212–214
Süsterhenn, Adolf 176, 305

Thierack, Otto 113, 120, 131, 135, 172
Thiessen, Jan 246, 249
Thoemer, Paul 480
Thyssen, Fritz 137
Treß, Werner 34
Trost, Heinz 110, 111, 153, 475
Trost, Margarete (geb. Lambeck, verh. Thurow-Trost) 80, 107, 110, 111, 153, 154, 430

Ulmer, Eugen 50
Ulsamer, Gerhard 311, 350

Vasmer, Max 32
Vocke, Annemarie 71
Vogel, Hans-Jochen 419

Wagner, Friedrich Wilhelm 300, 301, 494
Walcoff, Jennifer E. 76, 470
Wallenberg, Horst von 108, 109, 529
Wallenberg, Irmgard von (geb. von Keudell, verh. von Reden-Lütcken) 53, 54, 65, 69, 79, 99, 107–109, 239, 444, 529
Wand, Rudi 327, 329, 348–351, 497
Weber, Helene 176
Weber, Hellmuth von 164
Weber, Max 19
Weber, Renatus 203
Weber, Werner 185, 229, 231
Weber, Wilhelm 88, 89, 91
Wehner, Herbert 350
Weinrich, Karl 119
Wendt, Siegfried 39
Wentzel, Carl 137, 138
Wenzel, Gernot 366–368, 370
Werner, Fritz 359
Wesel, Uwe 362, 399
Wetter, Friedrich 366
Weyers, Hans-Leo 428
Wilhelm II. (Deutscher Kaiser) 20
Winkler, Dörte 66
Wolff, Inge 79
Wolff, Roswitha 500
Wörner-Heil, Ortrud 28
Würdinger, Hans 36
Würfel, Martin 83, 94, 450
Wurst, Karl 273–277, 284, 375, 492

Zachariat, Erika 65, 69, 469
Zacher, Hans F. 382, 443
Zeidler, Wolfgang 229, 285, 300, 359, 419
Zierlein, Karl-Georg 350, 497
Ziesel, Kurt 419
Zinn, Christa (geb. Wöhler) 268
Zinn, Georg August 6, 156, 158, 167, 170–177, 180, 181, 183–187, 189, 190, 193, 195–198, 204, 207–209, 212–215, 217–220, 223–225, 227, 229, 232, 237, 240–242, 244–250, 253, 254, 267, 268, 301, 375, 427, 428, 435, 445, 490
Zweigert, Konrad 261–264

Entscheidungsregister

BVerfGE 1, 208 495
BVerfGE 3, 225 485
BVerfGE 5, 85 498
BVerfGE 7, 198 422, 500, 504, 505
BVerfGE 8, 210 492, 493
BVerfGE 10, 20 487
BVerfGE 10, 59 486, 493, 505
BVerfGE 12, 36 488
BVerfGE 12, 205 488
BVerfGE 17, 280 492
BVerfGE 19, 377 517
BVerfGE 20, 162 492, 504, 506
BVerfGE 21, 312 494
BVerfGE 21, 362 496, 517
BVerfGE 22, 125 506
BVerfGE 24, 119 493, 517
BVerfGE 25, 167 493, 500, 517
BVerfGE 26, 206 493, 517
BVerfGE 27, 71 497
BVerfGE 27, 253 492, 501, 517
BVerfGE 27, 326 492, 501, 518
BVerfGE 28, 324 493, 494, 496, 518
BVerfGE 29, 57 494, 518
BVerfGE 29, 71 494, 518
BVerfGE 30, 1 495
BVerfGE 30, 173 463, 478, 495, 496, 500, 505
BVerfGE 30, 218 507, 521
BVerfGE 31, 58 495, 496, 500
BVerfGE 32, 311 500
BVerfGE 33, 52 497, 506
BVerfGE 33, 125 498, 506
BVerfGE 33, 171 498
BVerfGE 33, 195 498
BVerfGE 33, 303 499, 501, 505
BVerfGE 34, 341 500, 518
BVerfGE 35, 79 499

BVerfGE 35, 171 498
BVerfGE 35, 177 500, 518
BVerfGE 35, 193 498
BVerfGE 35, 202 405, 499, 500, 503, 504, 518
BVerfGE 35, 246 498
BVerfGE 35, 257 498
BVerfGE 35, 280 498, 518
BVerfGE 35, 382 500, 518
BVerfGE 36, 1 498
BVerfGE 36, 146 500, 501, 518
BVerfGE 36, 237 501
BVerfGE 37, 148 406
BVerfGE 37, 217 501, 518
BVerfGE 37, 324 502
BVerfGE 37, 363 497
BVerfGE 38, 187 501, 518
BVerfGE 39, 1 463, 501, 503, 504, 506, 507
BVerfGE 39, 316 503, 505, 519
BVerfGE 39, 334 504
BVerfGE 40, 121 503, 519
BVerfGE 40, 141 498
BVerfGE 41, 126 504, 519
BVerfGE 41, 193 504, 519
BVerfGE 42, 143 504, 506
BVerfGE 43, 130 504
BVerfGE 43, 242 504
BVerfGE 43, 291 504
BVerfGE 44, 1 504, 519
BVerfGE 45, 187 504
BVerfGE 49, 286 504
BVerfGE 53, 224 501
BVerfGE 53, 257 497
BVerfGE 69, 272 497
BVerfGE 88, 203 507
BVerfGE 91, 186 506
BVerfGE 119, 1 507

BVerfGE 17, 148 492
BVerfGE 19, 377 492

BVerfGE 32, 111 497, 506, 518
BVerfGE 40, 65 497